최대리
전산세무1급
(법인조정)

최남규 편저

도서출판 최대리

들어가기 전에

1. 본서의 특징
① 최신 기출문제 출제경향을 완벽 반영한 2025년 최신 개정판
② 이론 학습 후 관련 실기를 바로 풀어보며 이론을 정리할 수 있도록 연결하여 집필하였다.
③ 실기 프로그램의 단계적인 학습을 위해 [길라잡이] ➡ [따라하기] ➡ [연습문제]로 전개하였다.
　㉠ [길라잡이] : 한국세무사회 KcLep(케이렙) 프로그램을 세부 메뉴별로 자세하게 설명하고 있다.
　㉡ [따라하기] : 책을 보고 순서대로 따라하기만 해도 프로그램을 다룰 수 있도록 작업진행 단계별로 화면을 캡쳐하여 제공하고 있다.
④ 와우패스(wowpass.com)의 합격환급반(합격시 수강료 전액 환급) 또는 와우패스 내일배움카드 과정으로 부담없이 최대리와 함께 공부하실 수 있습니다.

2. 프로그램 다운받아 설치하기

① 한국세무사회 자격시험 홈페이지(http://license.kacpta.or.kr)에 접속하여 좌측 하단에 케이렙(수험용) 다운로드 베너를 클릭하여 프로그램을 바탕화면에 저장하고 더블클릭하여 설치한다.
② 본서(1쇄) 출간 시점 현재의 저장된 파일의 이름은 KcLepSetup_2025.07.03. 이다.
③ 본서 출간 후 프로그램의 업데이트가 발생하면 추후에 배포될 개정자료를 참고하십시오.

※ 설치동영상 : 네이버 카페(최대리 전산회계)의 [도서출판 최대리]>[DATA 자료실]에서 제공 ※

http://cafe.naver.com/choidairi

네이버 카페의 [도서출판 최대리] > [정오표] 게시판을 꼭 확인해 주세요.

   본서를 구입하신 후에도 **네이버 카페 최대리 전산회계**(http://cafe.naver.com/choidairi)에서 자격시험 및 교재와 관련된 궁금증을 언제든지 도움 받을 수 있으며, 추후에 일부 개정된 내용이 발표되면 네이버 카페 [도서출판 최대리]>[개정 자료실] 게시판에서 관련 자료를 문서로 정리하여 제공해 드리는 사후서비스를 제공하고 있습니다. 최선을 다했으나 미처 발견하지 못한 오류는 없는지 두려움이 남습니다. 부족한 부분은 독자 여러분의 격려와 충고를 통해 계속하여 보완해 나갈 것을 약속드립니다.

   본서가 전산회계 자격취득을 희망하는 여러분에게 좋은 지침서가 될 것으로 확신하며, 수험생 여러분의 앞날에 합격의 영광이 있기를 기원합니다.

2025. 8.

최남규

최대리 전산세무 1급(법인조정)

최•대•리•전•산•세•무•회•계

2025년 전산세무회계자격시험 시행공고

2025년도 시행 국가공인 전산세무회계자격시험과 한국세무사회인증 세무회계자격시험의 시행계획을 다음과 같이 공고합니다.

1. 시험일정

회 별	등 급	인터넷 원서접수	시험일자	합격자 발표
제118회	전산세무 (1·2급) 전산회계 (1·2급)	01.02. ~ 01.08.	02.09(일)	02.27(목)
제119회		03.06. ~ 03.12.	04.05(토)	04.24(목)
제120회		05.02. ~ 05.08.	06.07(토)	06.26(목)
제121회		07.03. ~ 07.09.	08.02(토)	08.21(목)
제122회		08.28. ~ 09.03.	09.28(일)	10.23(목)
제123회		10.30. ~ 11.05.	12.06(토)	12.24(수)

2. 시험시간

종 목	전산세무회계			
등 급	전산세무 1급	전산세무 2급	전산회계 1급	전산회계 2급
시험시간	15:00 ~ 16:30	12:30 ~ 14:00	15:00 ~ 16:00	12:30 ~ 13:30
	90분	90분	60분	60분

3. 시험종목 및 평가범위

종목	등급		평가범위
전산세무회계	전산세무 1급	이론	재무회계(10%), 원가회계(10%), 세무회계(10%)
		실무	재무회계 및 원가회계(15%), 부가가치세(15%), 원천제세(10%), 법인세무조정(30%)
	전산세무 2급	이론	재무회계(10%), 원가회계(10%), 세무회계(10%)
		실무	재무회계 및 원가회계(35%), 부가가치세(20%), 원천제세(15%)
	전산회계 1급	이론	회계원리(15%), 원가회계(10%), 세무회계(5%)
		실무	기초정보의 등록·수정(15%), 거래 자료의 입력(30%), 부가가치세(15%), 입력자료 및 제장부 조회(10%)
	전산회계 2급	이론	회계원리(30%)
		실무	기초정보의 등록·수정(20%), 거래 자료의 입력(40%), 입력자료 및 제장부 조회(10%)

⇨ 세부적인 평가범위는 홈페이지의 "수험정보"의 "개요 및 요강"란을 참고하기 바람.

4. 시험장소

서울, 부산, 대구, 광주, 대전, 인천, 울산, 춘천, 원주, 안양, 안산, 수원, 평택, 의정부, 청주, 천안, 당진, 포항, 구미, 안동, 창원, 김해, 진주, 전주, 순천, 목포, 제주 등
- 상기지역은 상설시험장이 설치된 지역이나 응시인원이 일정 인원에 미달할 때는 인근지역을 통합하여 실시함.
- 상기지역 내에서의 시험장 위치는 응시원서 접수결과에 따라 시험시행일 일주일 전부터 한국세무사회 홈페이지에 공고함.

5. 시험방법

이론시험(30%)은 객관식 4지 선다형 필기시험으로, 실무시험(70%)는 PC에 설치된 전산세무회계프로그램을 이용한 실기시험으로 함.
⇨ 수험용 프로그램 : 전산세무회계 자격시험용 표준프로그램 KcLep(케이렙)

6. 합격자 결정기준

- 전산세무 1급·2급, 전산회계 1급·2급 : 100점 만점에 70점 이상

7. 응시자격

제한 없음.

8. 원서접수

- 접수기간 : 각 회별 원서접수기간 내 접수
- 접수방법 : 한국세무사회 국가공인자격시험 홈페이지(http://license.kacpta.or.kr)로 접속하여 단체 및 개인별 접수(회원가입 및 사진등록)
- 응시료 납부방법 : 원서접수시 공지되는 입금기간 내에 금융기관을 통한 계좌이체

종 목	전산세무회계			
등 급	전산세무 1급	전산세무 2급	전산회계 1급	전산회계 2급
응시료	30,000원	30,000원	30,000원	30,000원

9. 합격자발표

- 해당 합격자 발표일에 한국세무사회 홈페이지에 공고하며, 자동응답전화(060-700-1921)를 통해 확인할 수 있음.
- 자격증은 홈페이지의 [자격증발급] 메뉴에서 신청가능하며, 취업희망자는 한국세무사회의 인력뱅크를 이용하시기 바람.

10. 기타 사항

기타 자세한 사항은 한국세무사회 자격시험 홈페이지(http://license.kacpta.or.kr)를 참고하거나 전화로 문의바람.

문의 : TEL (02)521-8398, FAX (02) 521-8396

차례

제1부 법인세법 일반

제1장 법인세의 개요 및 계산구조 — 12
- 제1절 법인세의 개요 — 12
- 제2절 각 사업연도 소득 — 13
- 제3절 세무조정 — 15
- 제4절 소득처분 — 18
- 제5절 세무조정의 흐름 — 25
- 제6절 소득금액조정합계표 및 명세서 — 27

제2장 익금 및 익금불산입 — 31
- 제1절 익금 항목 — 31
- 제2절 익금불산입 항목 — 36

제3장 손금 및 손금불산입 — 41
- 제1절 손금 항목 — 41
- 제2절 손금불산입 항목 — 45

제2부 수입금액 조정

제1장 수입금액 조정명세서 — 56
- 제1절 수입금액 및 손익의 귀속사업연도 — 56
- 제2절 거래유형별 기준 — 57
- 제3절 수입금액 조정명세서 — 63

제2장 조정 후 수입금액명세서 — 85

제3장 임대보증금 등의 간주익금 조정명세서 — 105
- 제1절 임대보증금 등에 대한 간주익금 — 105
- 제2절 임대보증금 등의 간주익금 조정명세서 — 107

제3부 감가상각비 조정

제1장 감가상각 　　　　　　　　　　　　　　　122
　제1절 개요 　　　　　　　　　　　　　　　　122
　제2절 감가상각방법의 종류 및 신고 　　　　　124
　제3절 감가상각 계산요소 　　　　　　　　　　125
　제4절 감가상각의 의제 　　　　　　　　　　　127

제2장 고정자산등록 　　　　　　　　　　　　　129

제3장 상각범위액 및 시부인 계산 　　　　　　143
　제1절 상각범위액의 계산 　　　　　　　　　　143
　제2절 감가상각 시부인 계산 　　　　　　　　145

제4장 미상각자산 감가상각 조정명세서 　　　　151
　제1절 유형자산(정률법) 　　　　　　　　　　　151
　제2절 유형자산(정액법) 　　　　　　　　　　　160

제4부 과목별 세무조정

제1장 세금과공과금 명세서 　　　　　　　　　186
　제1절 조세 　　　　　　　　　　　　　　　　186
　제2절 공과금 및 벌금 등 　　　　　　　　　　187
　제3절 세금과공과금 명세서 　　　　　　　　　189

제2장 선급비용 명세서 　　　　　　　　　　　199
　제1절 선급비용 　　　　　　　　　　　　　　199
　제2절 선급비용 명세서 　　　　　　　　　　　200

제3장 업무추진비 조정명세서 　　　　　　　　207
　제1절 업무추진비 　　　　　　　　　　　　　207
　제2절 업무추진비의 세무조정 　　　　　　　　208
　제3절 업무추진비의 평가 및 귀속시기 　　　　214
　제4절 업무추진비 조정명세서 　　　　　　　　217

제4장 재고자산평가 조정명세서 — 243
    제1절 재고자산의 평가 — 243
    제2절 재고자산평가 조정명세서 — 248

제5장 외화자산 등 평가차손익 조정명세서 — 259
    제1절 외화자산·부채의 평가손익 — 259
    제2절 외화자산 등 평가차손익 조정명세서 — 262

제6장 가지급금 등의 인정이자 조정명세서 — 277
    제1절 가지급금 인정이자 — 277
    제2절 가지급금 등의 인정이자 조정명세서 — 281

제7장 건설자금이자 조정명세서 — 301
    제1절 건설자금이자 — 301
    제2절 건설자금이자 조정명세서 — 304

제8장 업무무관 부동산 등에 관련한 차입금이자 조정명세서 — 313
    제1절 지급이자 손금불산입 — 313
    제2절 업무무관자산 등에 대한 지급이자 — 314
    제3절 업무무관 부동산 등에 관련한 차입금이자 조정명세서 — 317

제9장 대손충당금 및 대손금 조정명세서 — 341
    제1절 대손금 — 341
    제2절 대손충당금 — 344
    제3절 대손충당금 및 대손금 조정명세서 — 351

제10장 퇴직급여충당금 조정명세서 — 373
    제1절 퇴직급여충당금 — 373
    제2절 퇴직급여충당금 조정명세서 — 378

제11장 퇴직연금부담금 등 조정명세서 — 397
    제1절 퇴직연금부담금의 손금산입 — 397
    제2절 퇴직연금부담금 등 조정명세서 — 403

제12장 기부금 조정명세서   417
   제1절 기부금   417
   제2절 기부금 명세서 및 기부금 조정명세서   422

제5부 세액계산 및 신고서

제1장 과세표준 및 세액계산   448
   제1절 각 사업연도 소득의 계산   448
   제2절 과세표준 및 산출세액의 계산   449
   제3절 납부할 세액의 계산   451
   제4절 과세표준의 신고와 자진납부   455
   제5절 법인세 과세표준 및 세액조정계산서   457

제2장 공제감면세액   475
   제1절 세액감면   475
   제2절 세액공제   477
   제3절 공제감면세액 계산서(2)   480
   제4절 세액공제 조정명세서(3)   482
   제5절 최저한세 조정계산서   486
   제6절 일반연구 및 인력개발비 명세서   488

제3장 자본금과 적립금 조정명세서   515

[추록]

제1장 업무용승용차 관련비용   536

제1부

법인세법 일반

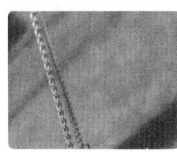
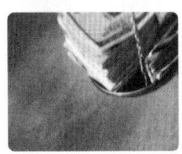
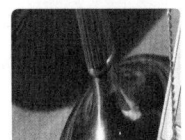

- 제1장 법인세의 개요 및 계산구조
- 제2장 익금 및 익금불산입
- 제3장 손금 및 손금불산입

제1장 법인세의 개요 및 계산구조

제1절 법인세의 개요

1. 법인세의 의의

"법인세"란 법인이 벌어들인 소득에 대하여 과세하는 조세를 말한다. 소득에 대하여 과세하는 조세에는 크게 법인세와 소득세가 있는데, 세법에서는 법인이 벌어들인 소득에 대한 법인소득세를 법인세(法人稅)로, 개인(자연인)이 벌어들인 소득에 대한 개인소득세를 소득세(所得稅)로 구분하고 있다.

2. 법인세의 과세대상 소득

법인세의 과세대상 소득에는 ① 각 사업연도 소득, ② 토지 등 양도소득, ③ 미환류소득, ④ 청산소득이 있다.

(1) 각 사업연도 소득

"각 사업연도 소득"이란 법인의 각 사업연도(회계상 회계연도와 동일한 개념)에 속하는 익금(회계상 수익에 해당하는 개념)의 총액에서 손금(회계상 비용에 해당하는 개념)의 총액을 공제한 금액을 말한다. 이는 법인이 일정한 사업연도 동안 경영활동을 통하여 얻은 이익으로서 가장 기본적인 법인세의 과세대상 소득이다.

(2) 토지 등 양도소득

"토지 등 양도소득"이란 법인이 비사업용 토지와 주택·별장을 양도함으로써 발생하는 소득을 말한다. 이는 법인의 부동산투기를 억제하기 위하여 각 사업연도 소득에 대한 법인세에 추가하여 과세하는 소득이다.

(3) 미환류소득

"미환류소득"이란 각 사업연도 종료일 현재 자기자본이 500억원을 초과하는 법인(중소기업은 제외)이나 상호출자제한기업집단에 속하는 법인이 기업소득 중 일정액을 투자, 임금 등으로 환류하지 않은 소득을 말한다. 이는 기업의 소득이 가계소득으로 흘러 들어가는 선순환을 위해서 각 사업연도 소득에 대한 법인세에 추가하여 과세하는 소득이다.

(4) 청산소득

"청산소득"이란 법인이 해산(합병·분할에 의한 해산은 제외)에 의하여 소멸할 때 그 잔여재산가액이 해산등기일 현재의 자기자본총액을 초과하는 경우 그 초과하는 금액을 말한다. 이는 각 사업연도 소득에 포함되지 않은 미실현소득(예 자산의 보유기간 중에 발생한 가치상승분) 또는 그동안 과세되지 않은 부분에 대하여 법인이 소멸되는 시점에서 과세함으로써 각 사업연도 소득에 대한 법인세를 정산·보완하는 기능을 갖는다.

제2절 각 사업연도 소득

1. 각 사업연도 소득의 의의

"각 사업연도 소득"이란 법인의 각 사업연도에 속하는 익금의 총액에서 손금의 총액을 공제한 금액을 말한다.

(1) 익금

"익금(益金)"이란 해당 법인의 순자산을 증가시키는 거래로 인하여 발생하는 수익(수입 또는 이익)의 금액을 말한다. 다만 자본 또는 출자의 납입 및 법인세법에서 규정하는 익금불산입 항목은 제외한다. 여기서 "순자산"이란 자산총액에서 부채총액을 차감한 금액을 말하며, 순자산을 증가시키는 거래라 함은 자산이 증가하거나 부채가 감소하는 거래를 의미한다.

(2) 손금

"손금(損金)"이란 해당 법인의 순자산을 감소시키는 거래로 인하여 발생하는 손비(손실 또는 비용)의 금액을 말한다. 다만 자본 또는 출자의 환급, 잉여금의 처분 및 법인세법에서 규정하는 손금불산입 항목은 제외한다. 여기서 "손비(損費)"란 그 법인의 사업과 관련하여 발생하거나 지출된 손실 또는 비용으로서 일반적으로 용인되는 통상적인 것이거나 수익과 직접 관련된 것을 의미한다.

> **각 사업연도 소득 = 각 사업연도에 속하는 (익금총액 − 손금총액)**

- 익금 = 순자산을 증가시키는 거래로 인하여 발생하는 수익의 금액 − 자본 또는 출자의 납입 − 익금불산입 항목
- 손금 = 순자산을 감소시키는 거래로 인하여 발생하는 손비의 금액 − 자본 또는 출자의 환급 − 잉여금의 처분 − 손금불산입 항목

2. 각 사업연도 소득의 계산

법인의 각 사업연도 소득은 개념상 각 사업연도에 속하는 익금총액에서 손금총액을 공제하여 계산한다. 하지만 법인의 익금과 손금의 총액을 일일이 집계하여 각 사업연도 소득을 계산하는 것은 번거롭기 때문에, 실제로 각 사업연도 소득을 계산할 때는 기업회계기준에 의하여 계산된 당기순이익을 기초로 하여 기업회계(회사의 결산서)와 세무회계(세법)의 차이로 인한 금액을 조정하여 각 사업연도 소득을 계산하게 된다.

```
손익계산서상 당기순이익   (+) 익금산입 및 손금불산입
                         (-) 손금산입 및 익금불산입   = 각 사업연도 소득
```

- 익금산입 : 기업회계상 수익으로 계상하지 않았으나 세무회계상 익금으로 인정하는 것을 가산
- 익금불산입 : 기업회계상 수익으로 계상하였으나 세무회계상 익금으로 인정하지 않는 것을 차감
- 손금산입 : 기업회계상 비용으로 계상하지 않았으나 세무회계상 손금으로 인정하는 것을 차감
- 손금불산입 : 기업회계상 비용으로 계상하였으나 세무회계상 손금으로 인정하지 않는 것을 가산

[참고] 법인세의 계산구조

계 산 구 조	
결 산 서 상 당 기 순 이 익	… 손익계산서상의 법인세비용 차감 후의 당기순이익
(+) 익금산입 및 손금불산입	… [소득금액조정합계표 및 명세서]상의 합계
(-) 손금산입 및 익금불산입	… [소득금액조정합계표 및 명세서]상의 합계
= 차 가 감 소 득 금 액	
(+) 기 부 금 한 도 초 과 액	
(-) 기부금한도초과이월액 손금산입	
= 각 사 업 연 도 소 득 금 액	
(-) 이 월 결 손 금	… 10년(15년) 이내 발생한 세무상 결손금 중 미공제액
(-) 비 과 세 소 득	… 법인세법 및 조세특례제한법상 비과세소득
(-) 소 득 공 제	… 법인세법 및 조세특례제한법상 소득공제
= 과 세 표 준	
(×) 세 율	… 9%(2억 초과분은 19%, 200억 초과분은 21%, 3천억 초과분은 24%)
= 산 출 세 액	… 토지 등 양도소득에 대한 법인세액과 미환류소득에 대한 법인세액 가산
(-) 공 제 감 면 세 액	… 법인세법 및 조특법상 공제감면세액
(+) 가 산 세	
(-) 기 납 부 세 액	… 중간예납세액, 수시부과세액, 원천징수세액
(+) 감 면 분 추 가 납 부 세 액	… 조특법상 사후관리의무 위반에 따른 추가납부세액 등
= 차 가 감 납 부 할 세 액	

- 각 사업연도 소득에 대한 과세표준 및 세액계산은 [법인조정Ⅱ]>[세액계산 및 신고서]>[법인세 과세표준 및 세액조정계산서]의 작성에 의하여 이루어지며, 동 메뉴의 각 항목들은 별도의 부속서류에 의하여 뒷받침 된다.

• [법인세 과세표준 및 세액조정계산서] 화면 •

제3절 세무조정

1. 세무조정의 의의

"세무조정"이란 기업이 일반적으로 공정·타당하다고 인정되는 기업회계기준에 의하여 작성한 손익계산서상의 당기순이익을 기초로 하여 세법의 규정에 따라 익금과 손금을 조정함으로써 정확한 과세소득을 계산하기 위한 일련의 절차를 말한다. 즉, 손익계산서상 당기순이익에서 출발하여 익금산입 및 손금불산입 사항을 가산하고 손금산입 및 익금불산입 사항을 차감하여 각 사업연도 소득에 도달하는 과정을 "협의의 세무조정"이라 한다. 한편, 각 사업연도 소득과 과세표준의 산정에서부터 납부할 세액의 계산까지를 포함하는 절차를 "광의의 세무조정"이라 한다. 일반적으로 세법상 세무조정이라 함은 후자의 경우를 말한다.

2. 세무조정의 기본구조

법인세법상 각 사업연도 소득을 계산하기 위한 세무조정의 기본구조는 다음과 같다.

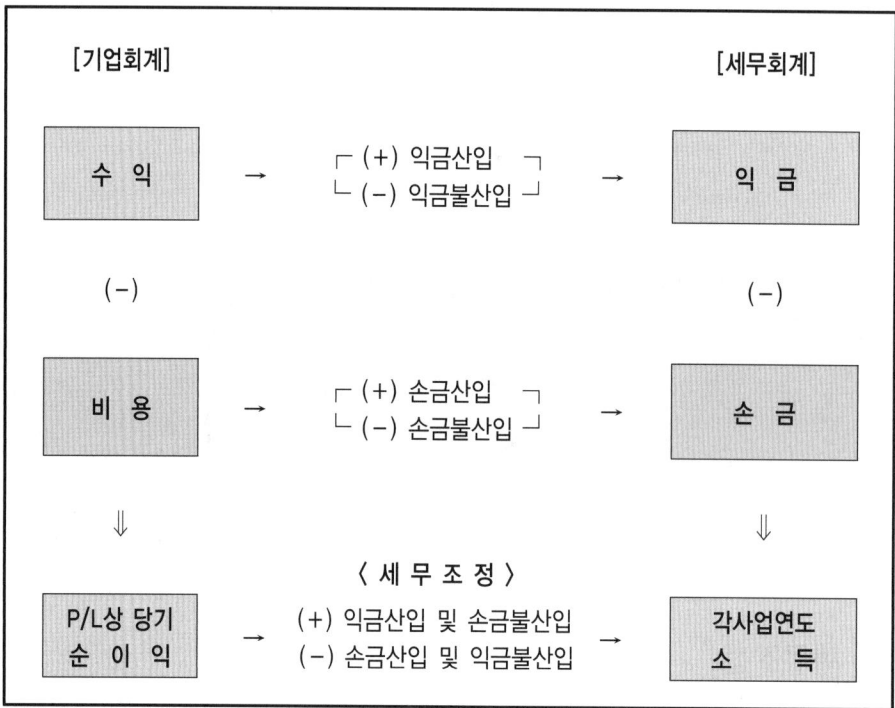

3. 가산조정과 차감조정

세무조정은 과세소득의 증가 또는 감소를 기준으로 가산조정과 차감조정으로 구분할 수 있다.

(1) 가산조정

손익계산서상 당기순이익에 가산하는 세무조정사항으로 익금산입과 손금불산입이 있다.

구 분	세 부 내 용
익금산입 (수익<익금)	회사가 손익계산서상에 수익으로 계상하지 않았으나, 세무회계상 익금에 해당하는 것으로 이를 당기순이익에 가산하는(수익으로 인정하는) 세무조정 ① 기업회계기준상 수익인 것 : 매출누락 등 ② 기업회계기준상 수익이 아닌 것 : 자기주식처분이익 등
손금불산입 (비용>손금)	회사가 손익계산서상에 비용으로 계상하였으나, 세무회계상 손금에 해당하지 않는 것으로 이를 당기순이익에 가산하는(비용으로 인정하지 않는) 세무조정 ① 기업회계기준상 비용인 것 : 접대비(=업무추진비)한도초과액 등 ② 기업회계기준상 비용이 아닌 것 : 허위로 계상한 비용 등

(2) 차감조정

손익계산서상 당기순이익에서 차감하는 세무조정사항으로 익금불산입과 손금산입이 있다.

구 분	세 부 내 용
익금불산입 (수익>익금)	회사가 손익계산서상에 수익으로 계상하였으나, 세무회계상 익금에 해당하지 않는 것으로 이를 당기순이익에서 차감하는(수익으로 인정하지 않는) 세무조정 ① 기업회계기준상 수익인 것 : 국세환급가산금 등 ② 기업회계기준상 수익이 아닌 것 : 허위로 계상한 수익 등
손금산입 (비용<손금)	회사가 손익계산서상에 비용으로 계상하지 않았으나, 세무회계상 손금에 해당하는 것으로 이를 당기순이익에서 차감하는(비용으로 인정하는) 세무조정[주] ① 기업회계기준상 비용인 것 : 매출누락에 대응하는 원가 등 ② 기업회계기준상 비용이 아닌 것 : 자기주식처분손실 등

[주] 이 경우 비용의 항목이 후술하는 결산조정사항인 경우에는 손금산입 할 수 없으며, 결산조정사항이 아닌 경우에만 신고조정으로 손금산입 할 수 있다.

4. 결산조정사항과 신고조정사항

세무조정은 절차상의 특성을 기준으로 결산조정사항과 신고조정사항으로 구분할 수 있다.

(1) 결산조정사항

"결산조정사항"이란 기업이 스스로 장부에 계상하고 결산서에 반영하여야만 세무회계상 손금으로 인정되는 사항을 말한다. 즉, 회사가 손익계산서상에 비용으로 계상하지 않거나 과소계상한 경우에는 신고조정에 의하여 손금산입 할 수 없는 사항을 말한다. 이는 주로 비용계상 여부가 외부와의 거래없이 법인의 내부적 의사결정에 맡겨져 있는 것들(예 감가상각비, 대손충당금 등)이다. 이러한 비용이 과소계상된 경우에는 손금산입 할 수 없으며, 과대계상된 경우에는 손금불산입의 세무조정을 하여야 한다.

(2) 신고조정사항

"신고조정사항"이란 결산서에 과소 또는 과대계상된 경우에 반드시 신고조정(세무조정계산서에 익금산입 및 손금산입의 세무조정)을 해야 하는 사항을 말한다. 이는 주로 외부와의 객관적인 거래나 사건들로 인한 것(예 매출액, 인건비 등)으로 익금산입·손금산입이 강제되는 사항들이다. 따라서 법인이 이러한 항목을 결산서에 과소 또는 과대계상하면 반드시 신고조정을 통하여 올바르게 수정하여야 하는 것이다. 익금항목은 모두 신고조정사항이며, 대부분의 손금항목도 신고조정사항이다. 다만, 예외적으로 감가상각비의 손금산입, 대손충당금의 손금산입 등 몇 가지의 손금항목은 결산조정사항인데 그 내용은 각 부분에서 학습하기로 한다.

제4절 소득처분

1. 소득처분의 의의

기업회계상의 당기순이익은 주주총회의 승인 절차를 거쳐 소득의 귀속자가 결정되며, 그 유형은 사내유보(이익준비금 및 임의적립금 등의 적립)와 사외유출(배당·상여 등)로 나누어진다. 이와 마찬가지로 세무회계상의 각 사업연도 소득도 그 귀속자를 결정해야 하는데, 당기순이익에 대하여는 이미 법인의 이익처분에 의하여 그 귀속자가 결정되었으므로 당기순이익과 각 사업연도 소득과의 차이인 세무조정금액의 귀속자만을 추가적으로 확정하면 된다. 이처럼 세무조정금액의 귀속자와 그 소득의 종류를 확정하는 절차를 "소득처분"이라 한다.

2. 소득처분의 유형

(1) 가산조정의 소득처분

가산조정(익금산입·손금불산입)에 대한 소득처분은 사외유출과 유보 및 기타로 구분한다. 세무조정으로 증가된 금액이 기업외부로 유출된 경우에는 사외유출로 처분하고, 그 금액의 귀속자에 따라 배당·상여·기타사외유출·기타소득으로 처분한다. 반면에 세무조정으로 증가된 금액이 기업내부에 남아 기업회계상 자본(자산·부채)과 세무회계상 자본(자산·부채)의 차이를 유발시키면 유보로, 유발시키지 않으면 기타로 처분한다.

(2) 차감조정의 소득처분

차감조정(손금산입·익금불산입)에 대한 소득처분은 △유보와 기타로 구분한다. 세무조정으로 감소된 금액이 기업회계상 자본(자산·부채)과 세무회계상 자본(자산·부채)의 차이를 유발시키면 △유보로, 유발시키지 않으면 기타로 처분한다. 세무조정으로 증가된 금액이 사외로 유출되었다는 사외유출의 개념상 차감조정에서 사외유출이 발생할 수는 없다.

구 분	세무조정금액이 기업외부로 유출	세무조정금액이 기업내부에 유보	
		자본차이 발생	자본차이 없음
가산조정	사외유출 (배당·상여·기타사외유출·기타소득)	유보	기타
차감조정	-	△유보	기타

3. 사외유출

"사외유출"이란 가산조정(익금산입·손금불산입) 금액이 기업 외부의 자에게 귀속된 것으로 인정하는 처분을 말한다. 사외유출된 금액은 그 귀속자에 따라 배당·상여·기타사외유출·기타소득으로 구분된다. 한편 사외유출된 금액은 당해 법인의 이익이 그 귀속자에게 분여된 것이므로 그 귀속자에게 납세의무가 발생한다.

(1) 배당

사외유출된 금액이 주주(임원 또는 직원인 주주는 제외)에게 귀속되었음이 분명한 경우 배당으로 처분한다.

(2) 상여

사외유출된 금액이 임원 또는 직원(주주인 임원 또는 직원을 포함)에게 귀속되었음이 분명한 경우 상여로 처분한다.

(3) 기타사외유출

사외유출된 금액이 법인이나 사업을 영위하는 개인에게 귀속되었음이 분명한 경우로서, 그 소득이 법인의 각 사업연도 소득이나 거주자의 사업소득을 구성하는 금액에 한하여 기타사외유출로 처분한다. 법인에는 국가·지방자치단체(비과세법인)도 포함된다.

(4) 기타소득

사외유출된 금액이 위 (1)·(2)·(3) 이외의 자에게 귀속되었음이 분명한 경우에는 그 귀속자에 대한 기타소득으로 처분한다.

(5) 대표자상여

사외유출된 것은 분명하나 그 귀속자가 불분명한 경우에는 대표자에 대한 상여로 처분한다. 또한, 추계에 의해 결정된 과세표준과 결산서상 법인세비용 차감전 순이익과의 차액도 대표자에 대한 상여로 처분한다.

(6) 반드시 기타사외유출

다음의 세무조정사항은 귀속자를 묻지 않고 반드시 기타사외유출로 처분한다. 이는 정책목적상 인정되지 않는 금액으로 귀속자에 대한 책임을 물을 성격이 아니기 때문이다. 그 중 자격시험과 관련된 일부를 예시하면 다음과 같다.
① 공익성 기부금 한도초과액 및 비지정기부금의 손금불산입액
② 접대비(=업무추진비) 한도초과액 및 한 차례에 3만원(경조금은 20만원) 초과 접대비로서 적격증명서류미수취로 인한 손금불산입액
③ 채권자 불분명 사채이자 및 비실명 채권·증권이자에 대한 원천징수세액 상당액
④ 업무무관자산 등에 대한 지급이자 손금불산입액
⑤ 임대보증금 등의 간주익금에 대한 익금산입액

⑥ 사외유출된 금액의 귀속이 불분명하거나 추계로 과세표준을 결정·경정할 때 대표자에 대한 상여로 처분을 한 경우, 해당 법인이 그 처분금액에 대한 소득세 등을 대납하고 이를 손비로 계상하거나 그 대표자와 특수관계인에 해당하지 아니할 때까지 회수하지 않음에 따라 손금불산입한 금액

예제1 다음에 제시된 자료에 따라 소득처분의 유형을 쓰시오.
(1) 사외유출된 금액의 귀속자가 주주인 경우 ·········(   )
(2) 사외유출된 금액의 귀속자가 임원인 경우 ·········(   )
(3) 사외유출된 금액의 귀속자가 직원인 경우 ·········(   )
(4) 사외유출된 금액의 귀속자가 주주인 임원인 경우 ·········(   )
(5) 사외유출된 금액이 법인의 각 사업연도 소득을 구성하는 경우 ·········(   )
(6) 사외유출된 금액이 개인사업자의 사업소득을 구성하는 경우 ·········(   )
(7) 사외유출된 금액의 귀속자가 홍길동인 경우 ·········(   )
(8) 사외유출된 금액의 귀속자가 불분명한 경우 ·········(   )
(9) 공익성 기부금 한도초과 손금불산입액 ·········(   )

해설 (1) 배당   (2) 상여   (3) 상여
(4) 상여   (5) 기타사외유출   (6) 기타사외유출
(7) 기타소득   (8) 대표자상여   (9) 기타사외유출

4. 유보(또는 △유보)

(1) 유보의 개념

"유보"란 가산조정(익금산입·손금불산입) 금액이 기업외부로 유출되지 않고 기업내부에 남아 있어 기업회계와 세무회계상 자산·부채에 차이가 발생하여 당해 법인의 세무회계상 자본을 증가(자산의 증가·부채의 감소)시키는 것으로 인정하는 처분을 말한다. 반면, "△유보"란 차감조정(손금산입·익금불산입) 금액이 기업내부에 남아 있어 기업회계와 세무회계상 자산·부채에 차이가 발생하여 당해 법인의 세무회계상 자본을 감소(자산의 감소·부채의 증가)시키는 것으로 인정하는 처분을 말한다.

기업회계상		세무조정	세무회계상		소득처분
자산을 과소계상 부채를 과대계상	자본을 과소계상	익금산입·손금불산입	자산을 증가시킴 부채를 감소시킴	자본을 증가시킴	유보
자산을 과대계상 부채를 과소계상	자본을 과대계상	손금산입·익금불산입	자산을 감소시킴 부채를 증가시킴	자본을 감소시킴	△유보

예제2 다음 자료에 의하여 세무조정을 하시오.

보유하고 있는 토지에 대한 재산세 200,000원을 납부하고 다음과 같이 회계처리 하였다. 법인세법상 재산세는 손금으로 인정되는 항목이다.
(차) 토지   200,000   / (대) 현금   200,000

해설 재산세는 기업회계기준상 비용이며 세무회계상 손금에 해당한다. 그러나 회사가 이를 자산으로 회계처리 하였으므로 손금산입 한다. 기업회계(회사의 회계처리를 의미한다)상 자산을 200,000원 만큼 과대계상 하여 자본을 과대계상 하였으므로 세무회계상 자본을 감소시키는 것으로 인정하는 △유보로 처분한다.
☑ 세무조정 : 〈손금산입〉 세금과공과금 200,000 (△유보)
[①회사] (차) 토지   200,000 / (대) 현금   200,000
[③조정] (차) 세금과공과금(손금산입) 200,000 / (대) 토지(자산감소)   200,000
[②세법] (차) 세금과공과금   200,000 / (대) 현금   200,000
*위 분개는 세무조정의 이해를 돕기 위한 것으로 [①회사]의 회계처리를 [②세법]의 회계처리가 되도록 하기 위해서는 [③조정]의 과정이 필요하다는 것을 설명하는 것이다.

(2) 유보의 추인

유보(또는 △유보)로 처분된 금액은 차기 이후에 기업회계와 세무회계상의 자산·부채의 차이가 소멸되면 반대의 세무조정과 소득처분을 통하여 소멸한다.

 예제3 다음 자료에 의하여 제2기와 제3기의 세무조정을 하시오.

(1) 제2기에 토지(취득가액 100,000,000원)를 취득하고 취득세 2,000,000원을 지출하고 다음과 같이 회계처리 하였다.
    (차) 토지   100,000,000 / (대) 현금   102,000,000
    (차) 세금과공과금   2,000,000

(2) 제3기에 위 토지를 처분하고 다음과 같이 회계처리 하였다.
    (차) 현금   105,000,000 / (대) 토지   100,000,000
                                         (대) 유형자산처분이익   5,000,000

해설 (1) 취득세는 기업회계기준 및 세무회계상 모두 자산의 원가에 가산해야 한다. 그러나 회사가 이를 비용으로 회계처리 하였으므로 손금불산입 한다. 기업회계상 자산을 2,000,000원 만큼 과소계상 하여 자본을 과소계상 하였으므로 세무회계상 자본을 증가시키는 것으로 인정하는 유보로 처분한다.
☑ 세무조정 : 〈손금불산입〉 세금과공과금 2,000,000 (유보)
[①회사] (차) 토지   100,000,000 / (대) 현금   102,000,000
        (차) 세금과공과금   2,000,000

[③조정]	(차) 토지(자산증가)	2,000,000 / (대) 세금과공과금(손금불산입)	2,000,000
[②세법]	(차) 토지	102,000,000 / (대) 현금	102,000,000

(2) 토지의 장부가액은 기업회계상 100,000,000원이며 세무회계상 102,000,000원이다. 그 결과 기업회계상 수익은 세무회계상 익금보다 2,000,000원이 더 많다. 따라서 동 금액은 익금불산입 한다. 전기의 세무조정으로 인하여 기업회계상 자산이 2,000,000원 만큼 과대계상 되어 자본이 과대계상 되어있으므로 세무회계상 자본을 감소시키는 것으로 인정하는 △유보로 처분하여 기업회계상 자본과 세무회계상 자본을 일치시킨다.

☑ 세무조정 : 〈익금불산입〉 유형자산처분이익 2,000,000 (△유보)

[①회사]	(차) 현금	105,000,000 / (대) 토지	100,000,000
		(대) 유형자산처분이익	5,000,000
[③조정]	(차) 유형자산처분이익(익금불산입)	2,000,000 / (대) 토지(자산감소)	2,000,000
[②세법]	(차) 현금	105,000,000 / (대) 토지	102,000,000
		(대) 유형자산처분이익	3,000,000

한마디...

"전기의 세무조정으로 인하여 기업회계상 자산이 2,000,000원 만큼 과대계상 되었다."는 의미를 이해하기 쉽지 않을 것 같아 부연설명을 하면 다음과 같다. 전기에 세무조정으로 인하여 토지는 이제 102,000,000원이 된 것이다. 그래서 이 토지가 처분되면 102,000,000원이 감소되어야 하나 회사는 당연히 100,000,000원 만을 감소시키게 된다. 따라서 토지가 처분되고 나면 자산은 0원이어야 하지만 회사가 100,000,000원 만을 감소시켰으므로 회사의 자산이 2,000,000원 만큼 남게 되는 것이다. 따라서 전기의 세무조정으로 인하여 회사의 자산이 과대계상 된다는 것이다.

(3) 유보금액의 사후관리 및 방법

유보(또는 △유보)로 처분된 금액은 바로 위의 **예제3** 처럼 차기 이후의 사업연도에 반대의 세무조정을 발생시킨다. 따라서 차기 이후의 각 사업연도 소득을 정확히 계산하기 위해서는 유보금액의 사후관리가 필요하다. 이러한 유보의 사후관리의 필요에 따라 작성되는 표가 "자본금과 적립금 조정명세서(을)"표이다. 본 프로그램에서는 [법인조정Ⅱ]>[신고부속서류]>[자본금과 적립금 조정명세서]에서 작업한다.

• [자본금과 적립금 조정명세서(을)] 화면 •

5. 기타

"기타"란 가산조정(익금산입·손금불산입) 또는 차감조정(손금산입·익금불산입) 금액이 기업외부로 유출되지 않고 기업내부에 남아 있으나 기업회계와 세무회계상의 자산·부채가 차이가 없다고 인정하는 처분을 말한다.

 예제4 다음 자료에 의하여 세무조정 하시오.

자기주식(장부가액 100,000원)을 130,000원에 처분하고 다음과 같이 회계처리 하였다.
(차) 현금   130,000 / (대) 자기주식   100,000
                                 (대) 자기주식처분이익   30,000

해설 자기주식처분이익은 기업회계기준상 자본잉여금이나 세무회계상 익금에 해당한다. 따라서 이를 익금산입 한다. 기업회계상 자산과 세무회계상 자산에는 차이가 없으므로 기업회계상 자본과 세무회계상 자본은 일치한다. 따라서 기타로 처분한다.
☑ 세무조정 : 〈익금산입〉 자기주식처분이익 30,000 (기타)

[도표] 소득처분의 유형

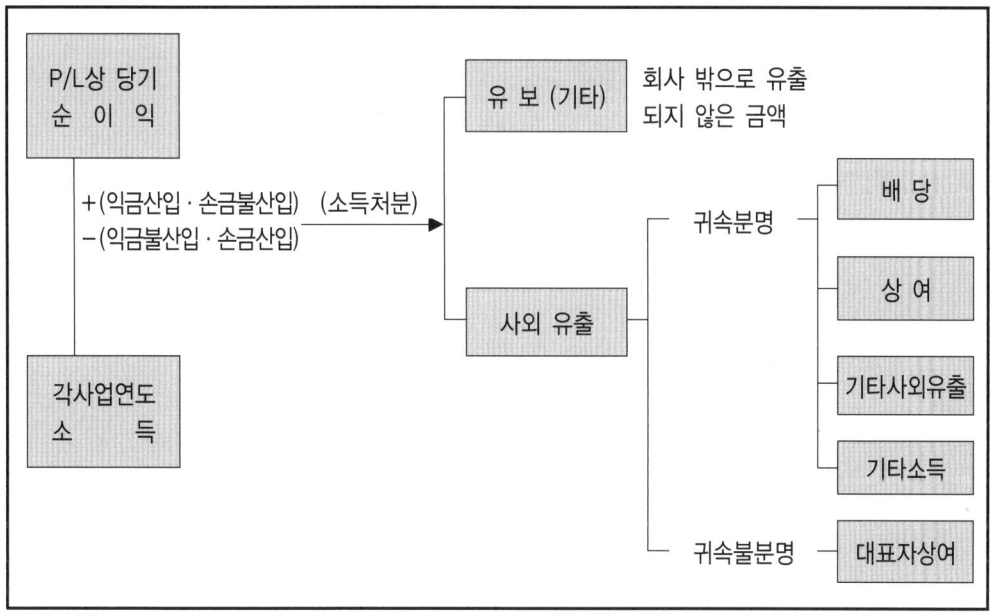

데이터 설치하기

본서를 학습하기 위해서는 다음과 같이 작업할 회사의 데이터를 설치해야 합니다.

 **본 작업 전에 프로그램(KcLep)이 설치되어 있어야 합니다(P.2 참조).**
KcLep 길라잡이

❶ 네이버 카페 최대리 전산회계(http://cafe.naver.com/choidairi)에 접속한다.
❷ [도서출판 최대리]>[DATA 자료실] 게시판에서 "[2025] 최대리 전산세무1급(법인조정) Data"의 첨부파일(1)을 바탕화면(또는 본인이 원하는 위치)에 다운받는다.
❸ 다운받은 파일을 마우스 오른쪽 클릭하고 보조창에서 "2025 최대리 전산세무1급(법인조정...."에 압축풀기(W)를 클릭한다.
❹ 압축이 풀린 폴더를 더블클릭하고 그 속에 숫자 4자리 폴더(1001 ~ 1210)를 복사해서 로컬 디스크(C:)에 KcLepDB > KcLep 폴더 속에 붙여 넣는다.
❹ 케이렙 프로그램을 실행하고 [로그인] 화면 [종목선택]란에 "전산세무1급", [드라이브]란에 "C:KcLepDB"를 선택하고 회사등록 을 클릭한다.
❺ [회사등록] 메뉴에서 상단 툴바의 F4 회사코드재생성 버튼을 클릭한다.
❻ [로그인] 화면의 [회사코드]란에서 ▭를 클릭하고 「회사코드도움」 보조창에서 "1001.㈜최대리"를 선택하고 확인 [Enter] 을 클릭한다.

> 데이터 설치하기가 잘 안되시는 분은 네이버 카페의 [도서출판 최대리] > [DATA 자료실] 게시판에서 "[2025] 최대리 전산세무1급(법인조정) 데이터 설치하기" 동영상을 수강하세요.

제5절 세무조정의 흐름

세무조정사항 중 대손충당금 등과 같이 법정서식의 작성이 필요한 세무조정사항은 먼저 해당 법정서식을 작성하고 그 세무조정사항 및 소득처분 내역을 [소득금액조정합계표 및 명세서] 메뉴에 입력하여 집계한다. 한편 법정서식이 필요없는 세무조정사항은 곧바로 [소득금액조정합계표 및 명세서] 메뉴에 입력하여 집계한다. 이하의 화면은 "㈜최대리(회사코드 : 1001.)"에 입력한 화면을 예시한 것이다.

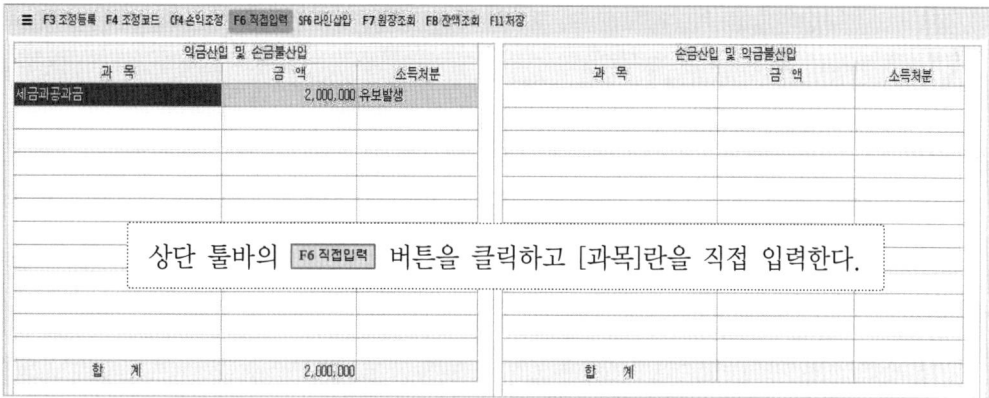

❶ 앞 **예제3** 의 경우 토지를 취득하고 취득세 2,000,000원을 세금과공과금으로 처리한 경우에는 법정서식이 필요없는 세무조정사항이며, 취득세 2,000,000원은 토지의 원가에 산입할 금액이므로 [법인조정Ⅰ]> [소득 및 과표계산]>[소득금액조정합계표 및 명세서]에 손금불산입(1:유보발생)으로 소득처분 한다.

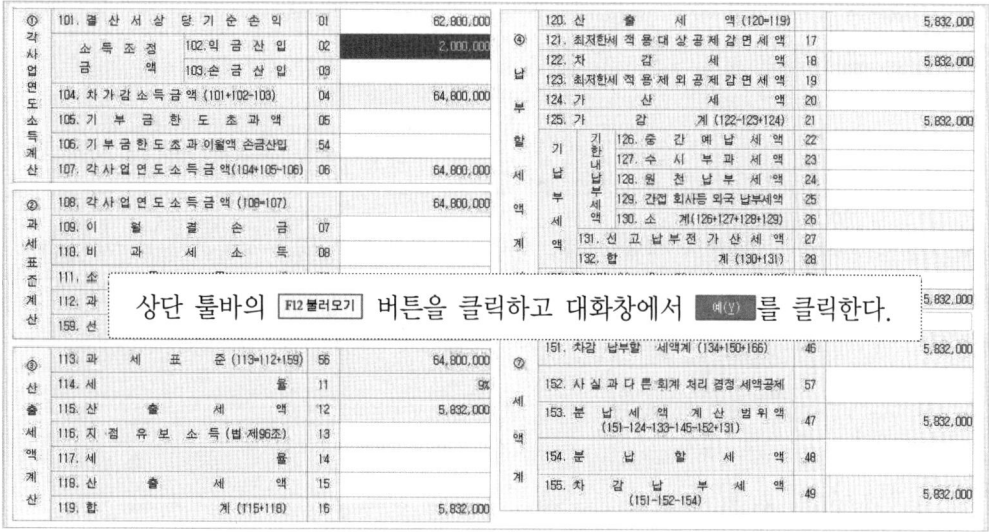

❷ [소득금액조정합계표 및 명세서] 메뉴의 [합계]란의 금액은 [법인조정Ⅱ]>[세액계산 및 신고서]>[법인세 과세표준 및 세액조정계산서]의 소득조정금액 [(102)익금산입]란과 [(103)손금산입]란에 각각 자동 반영된다.

❸ [소득금액조정합계표 및 명세서] 메뉴의 소득처분사항 중 유보발생(또는 유보감소)로 처분된 금액은 [법인조정Ⅱ]>[신고부속서류]>[자본금과 적립금 조정명세서(을)]에 자동 반영되어 유보금액의 변동사항을 관리한다.

❹ [자본금과 적립금 조정명세서(을)]의 [합계]란의 금액은 [자본금과 적립금 조정명세서(갑)]의 [7.자본금과적립금명세서(을)계]란에 자동 반영되어 세무회계상의 자본을 관리하게 된다.

제6절 소득금액조정합계표 및 명세서

본 메뉴는 각 조정명세서에 의한 조정계산 결과인 익금산입 및 손금산입 조정사항과 기타 조정사항의 익금산입 및 손금산입 조정사항을 기입하여 집계하고 소득금액조정내역을 입력하는 메뉴이다. 다만, 기부금 한도초과액 손금불산입과 기부금 한도초과이월액 손금산입 조정은 본 메뉴에서 제외하고, 당기순이익과 법인세차감전순손익과의 차액인 법인세등 손금불산입 조정은 포함하여 작성한다.

KcLep 길라잡이

- [법인조정 I]>[소득 및 과표계산]>[소득금액조정합계표 및 명세서]를 선택하면 다음과 같은 화면이 나타난다.

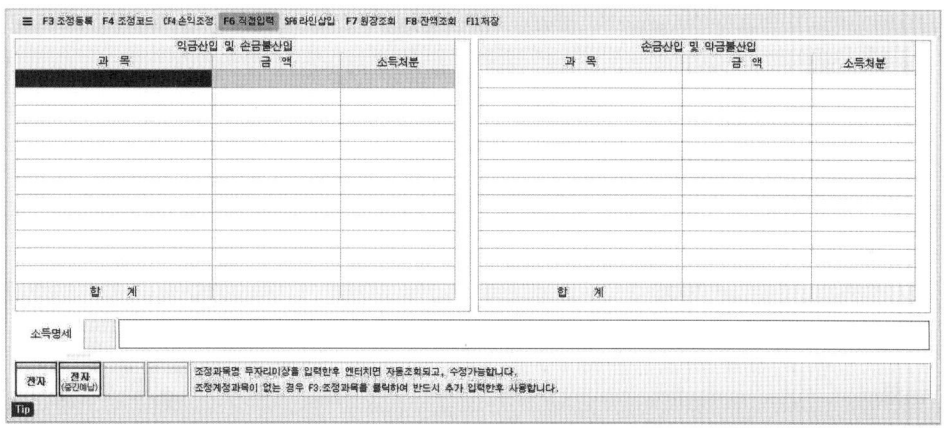

- 대손충당금 등과 같이 법정서식의 작성이 필요한 세무조정사항은 해당 메뉴인 [과목별 세무조정]>[대손충당금 및 대손금 조정명세서]를 작업한 후 F3 키(또는 상단 툴바의 F3 조정등록)를 이용하여 「조정등록」 보조창에 세무조정사항을 입력하여 [소득금액조정합계표 및 명세서] 메뉴에 반영할 수 있으며, 법정서식의 작성이 필요없는 세부조정사항(예 법인세비용)은 본 메뉴에서 직접 입력한다.

✽ 익금산입 및 손금불산입

▶ 과목

익금산입 및 손금불산입 내용을 간단·명료하게 직접 입력하거나, `코드`를 이용하여 계정과목 코드번호로 입력한다. 「조정과목등록」 보조창을 이용하지 않고 [과목]란을 직접 입력하고자 하는 경우에는 상단 툴바의 `F6 직접입력`을 클릭하고 입력한다.

▶ 금액

세무조정 해당 금액을 입력한다.

▶ 소득처분

[1:유보발생 / 2:유보감소 / 3:배당 / 4:상여 / 5:기타소득 / 6:기타사외유출 / 7:기타] 중 해당 소득처분사항을 선택한다.

▶ 합계

익금산입 및 손금불산입 [합계]란의 금액은 [법인조정Ⅱ]>[세액계산 및 신고서]>[법인세 과세표준 및 세액조정계산서]의 [(102)익금산입]란에 자동 반영된다.

✽ 손금산입 및 익금불산입

▶ 과목

손금산입 및 익금불산입 내용을 간단·명료하게 직접 입력하거나, `코드`를 이용하여 계정과목 코드번호로 입력한다.

▶ 금액

세무조정 해당 금액을 입력한다.

▶ 소득처분

[1:유보발생 / 2:유보감소 / 3:기타] 중 해당 소득처분사항을 선택한다.

▶ 합계

손금산입 및 익금불산입 [합계]란의 금액은 [법인조정Ⅱ]>[세액계산 및 신고서]>[법인세 과세표준 및 세액조정계산서]의 [(103)손금산입]란에 자동 반영된다.

> **한마디...**
> 소득처분 유형 중 [8:임시유보 / 9:출자의증가 / 10:이전소득배당] 및 [4:출자의증가]는 [자본금과 적립금 조정명세서(병)]과 관련된 내용으로 자격시험과 무관하다.

기초다지기 • • •

유보발생과 유보감소의 구분

당기에 새로이 유보(또는 △유보) 소득처분이 발생된 경우에는 "1:유보발생"을 선택하고, 전기 이전의 유보(또는 △유보) 소득처분이 당기에 소멸된 경우에는 "2:유보감소"를 선택한다. 유보(또는 △유보) 소득처분은 [법인조정Ⅱ]>[신고부속서류]>[자본금과 적립금 조정명세서]의 (을)표에서 관리하는데 프로그램에서 유보(또는 △유보)로 소득처분된 금액은 아래에서 설명하는 바와 같이 [자본금과 적립금 조정명세서]의 (을)표에 자동 반영된다. 따라서 [자본금과 적립금 조정명세서]의 (을)표를 작성요령에 따라 정확하게 작성하기 위해서는 아래에서 설명하는 바와 같이 처리해야 한다.

1. 익금산입 및 손금불산입

(1) 유보발생

당기 사업연도에 세무조정상 유보로 처분된 금액 (⑩ 위탁매출 누락분)
⇨ [자본금과 적립금 조정명세서] (을)표의 [④증가]란에 (+)로 반영됨

(2) 유보감소

전기 이전의 △유보 잔액 중 당기 사업연도에 세무조정으로 정리된 금액 (⑩ 전기 위탁매출 누락분의 대응원가)
⇨ [자본금과 적립금 조정명세서] (을)표의 [③감소]란에 (−)로 반영됨

2. 손금산입 및 익금불산입

(1) 유보발생

당기 사업연도에 세무조정상 △유보로 처분된 금액 (⑩ 위탁매출 누락분의 대응원가)
⇨ [자본금과 적립금 조정명세서] (을)표의 [④증가]란에 (−)로 반영됨

(2) 유보감소

전기 이전의 유보 잔액 중 당기 사업연도에 세무조정으로 정리된 금액 (⑩ 전기 위탁매출 누락분)
⇨ [자본금과 적립금 조정명세서] (을)표의 [③감소]란에 (+)로 반영됨

사례연구

㈜세연(제2기, 회계연도 1.1. ~ 12.31.)은 상품을 위탁판매하고 있다. 수탁자가 제2기 12월 30일 판매한 위탁매출 1,000,000원(매출원가 600,000원)을 당기(제2기) 결산에 반영하지 않고 차기(제3기) 1월 5일의 매출로 인식하였다. 제2기와 제3기의 세무조정을 하시오.

해설

위탁판매의 손익귀속시기는 수탁자가 판매한 날이므로 제2기의 수입금액(수익)이 되어야 한다. 따라서 위탁매출 과소계상액 1,000,000원을 익금산입하고, 동 매출원가 600,000원은 손금산입하는 세무조정을 한다. 그리고 회사가 수입금액(수익)으로 계상한 제3기에는 반대의 세무조정이 발생한다.

(1) 제2기

☑ 세무조정 : [익금산입 및 손금불산입] 위탁매출 과소계상액 1,000,000 (유보발생)

　　　　　　　[손금산입 및 익금불산입] 위탁매출원가 과소계상액 600,000 (유보발생)

＊[소득금액조정합계표 및 명세서] 메뉴에서 [과목]란을 "위탁매출 과소계상액" 대신에 "401.상품매출"을 사용하고, "위탁매출원가 과소계상액" 대신에 "451.상품매출원가"를 사용할 수도 있다. 즉, 자격시험에서는 내용을 간략하게 입력하면 되는 것이다. "㈜최대리(회사코드 : 1001)"의 [소득금액조정합계표 및 명세서] 메뉴에 위 내용을 직접 입력하고 [자본금과 적립금 조정명세서] (을)표에서 이를 확인해 보도록 한다. 그리고 입력한 자료는 다음 과정을 위하여 삭제한다.

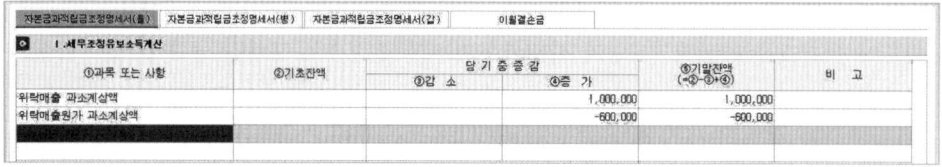

(2) 제3기

☑ 세무조정 : [손금산입 및 익금불산입] 위탁매출 과대계상액 1,000,000 (유보감소)

　　　　　　　[익금산입 및 손금불산입] 위탁매출원가 과대계상액 600,000 (유보감소)

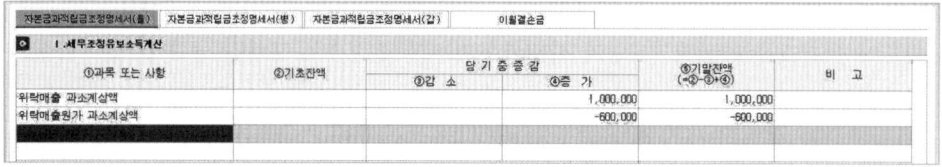

제2기의 [⑤기말잔액]란의 금액은 제3기의 [②기초잔액]란에 입력한다.

제2장 익금 및 익금불산입

제1절 익금 항목

익금을 구성하는 수익의 범위는 법인세법 및 조세특례제한법에서 다음과 같이 규정하고 있다. 하지만 이는 어디까지나 수익의 대표적인 항목을 예시한 것일 뿐이므로 여기에 열거되어 있지 않더라도 당해 법인의 순자산을 증가시키는 것이라면 원칙적으로 익금에 해당한다.

1. 사업수입금액

"사업수입금액"이란 한국표준산업분류에 의한 각 사업에서 생기는 수입금액(기업회계기준에 따른 매출에누리금액 및 매출할인금액은 제외)을 말한다. 이는 대표적인 익금 항목으로서 기업회계기준상의 매출액에 해당한다.

2. 자산의 양도금액

자산의 양도금액은 익금에 해당한다. 여기서 "자산"이란 재고자산 이외의 자산(재고자산의 양도금액은 위 사업수입금액에 해당함)을 말한다. 자산을 양도하는 경우에는 자산의 양도당시 양도금액을 익금으로 하고 있으며, 이에 대응하여 양도한 자산의 양도당시 장부가액을 손금으로 규정하고 있다(총액법). 반면, 기업회계기준에서는 재고자산 이외의 자산을 양도하는 경우 그 자산의 장부가액과 처분가액의 차이를 처분손익으로 계상하고 있다(순액법). 결과적으로 둘 사이에는 당기순이익에 미치는 영향이 차이가 없기 때문에 기업회계기준에 따라 회계처리한 경우에는 일반적으로 세무조정을 하지 않는다.

예제1 다음 자료에 의하여 세무조정을 하시오.

건물(취득가액 10,000,000원, 감가상각누계액 2,000,000원)을 9,000,000원에 처분하고 다음과 같이 회계처리 하였다.
(차) 감가상각누계액   2,000,000 / (대) 건물   10,000,000
(차) 현금   9,000,000   (대) 유형자산처분이익   1,000,000

해설 기업회계상 수익은 1,000,000원이 발생하지만 세무회계상 익금에 산입할 금액은 양도금액 9,000,000원이며 동시에 손금에 산입할 금액은 장부가액 8,000,000원이다. 결과적으로 익금에 산입할 금액은 1,000,000원이라 할 수 있는데, 회사가 수익으로 1,000,000원을 계상하였으므로 둘 사이에는 차이가 없다. 따라서 이러한 경우에는 세무조정을 하지 않는 것이다.

3. 자기주식의 양도금액

자기주식의 양도금액은 익금에 해당하며 그 장부가액은 손금에 해당한다. 따라서 이에 관한 세무조정은 위에서 설명한 것과 같이 세무조정을 하지 않는 것이 일반적이지만, 자기주식처분이익은 익금에 해당하며 자기주식처분손실은 손금에 해당하므로 이에 대한 세무조정은 하여야 한다. 기업회계기준에서는 자기주식을 처분할 때 처분가액이 취득원가보다 큰 경우에는 그 초과액을 자기주식처분이익(자본잉여금)으로 처리하며, 처분가액이 취득원가보다 적은 경우에는 과거에 자기주식의 거래에서 발생한 자기주식처분이익(자본잉여금)과 상계하고, 그것으로 부족한 경우에는 잔여분을 자기주식처분손실(자본조정)로 처리하고 있다.

> [참고] **자기주식소각손익의 처리방법**
> 기업회계기준에서는 자기주식소각이익을 감자차익(자본잉여금)으로, 자기주식소각손실을 감자차손(자본조정)으로 계상한다. 세무회계에서도 자기주식소각이익은 익금불산입 항목으로, 자기주식소각손실은 손금불산입 항목으로 취급한다.

예제2 다음 자료에 의하여 세무조정을 하시오.

(1) 자기주식(장부가액 70,000원)을 80,000원에 처분하고 다음과 같이 회계처리 하였다.
   (차) 현금   80,000 / (대) 자기주식   70,000
                                        (대) 자기주식처분이익   10,000

(2) 자기주식(장부가액 70,000원)을 60,000원에 처분하고 다음과 같이 회계처리 하였다.
   (차) 현금   60,000 / (대) 자기주식   70,000
   (차) 자기주식처분손실   10,000

(3) 자기주식(액면가 100,000원, 장부가액 70,000원)을 소각하고 다음과 같이 회계처리 하였다.
   (차) 자본금   100,000 / (대) 자기주식   70,000
                                        (대) 감자차익   30,000

[해설] (1) 자기주식처분이익은 기업회계기준상 자본잉여금이나 세무회계상 익금에 해당한다. 따라서 이를 익금산입 한다. 기업회계상 자산과 세무회계상 자산에는 차이가 없으므로 기업회계상 자본과 세무회계상 자본은 일치한다. 따라서 기타로 처분한다.
☑ 세무조정 : 〈익금산입〉 자기주식처분이익 10,000 (기타)

(2) 자기주식처분손실은 기업회계기준상 자본조정(차감) 항목이나 세무회계상 손금에 해당한다. 따라서 이를 손금산입 한다. 기업회계상 자산과 세무회계상 자산에는 차이가 없으므로 기업회계상 자본과 세무회계상 자본은 일치한다. 따라서 기타로 처분한다.
☑ 세무조정 : 〈손금산입〉 자기주식처분손실 10,000 (기타)

(3) 자기주식소각이익은 기업회계기준상 자본잉여금이며 세무회계상 익금불산입 항목이다. 따라서 기업회계기준에 따라 회계처리 한 경우에는 세무조정이 발생하지 않는다.

4. 자산의 임대료

"자산의 임대료"란 임대업을 영위하지 않는 자가 일시적으로 자산을 임대하고 받는 임대료를 말하며, 자산의 일시적인 임대로 인하여 받는 임대료는 익금 항목이다. 만약, 임대업을 영위하는 자가 자산을 임대하고 받는 임대료라면 이는 사업수입금액에 해당한다.

5. 자산의 평가이익

자산을 임의로 평가하면서 발생하는 평가이익은 아직 실현되지 않은 수익이므로 원칙적으로 익금으로 보지 않는다. 다만, 다음의 평가이익은 업종별 회계처리를 수용하기 위하여 예외적으로 익금으로 본다.
① 「보험업법」이나 그 밖의 법률에 따른 유형자산 및 무형자산 등의 평가이익
② 「자본시장과 금융투자업에 관한 법률」에 따른 투자회사 등이 보유하고 있는 유가증권 등의 평가이익
③ 기업회계기준에 따른 화폐성 외화자산·부채의 환율변동으로 인한 평가이익

예제3 다음 자료에 의하여 세무조정을 하시오.

마감환율 평가방법으로 신고한 외화단기대여금을 사업연도 종료일 현재의 매매기준율로 평가하고 다음과 같이 회계처리 하였다(세법상 평가이익은 1,200,000원).
(차) 외화단기대여금   1,000,000 / (대) 외화환산이익   1,000,000

해설 기업회계상 자산을 200,000원 만큼 과소계상 하여 자본을 과소계상 하였으므로 세무회계상 자본을 증가시키는 유보로 처분한다.
☑ 세무조정 : 〈익금산입〉 외화환산이익 200,000 (유보/발생)
[①회사] (차) 외화단기대여금   1,000,000 / (대) 외화환산이익   1,000,000
[③조정] (차) 외화단기대여금(자산증가) 200,000 / (대) 외화환산이익(익금산입) 200,000
[②세법] (차) 외화단기대여금   1,200,000 / (대) 외화환산이익   1,200,000

6. 자산수증이익과 채무면제이익(채무의 출자전환시 채무면제이익 포함)

무상으로 받은 자산의 가액과 채무의 면제 또는 소멸로 인하여 생기는 부채의 감소액은 그만큼 회사의 순자산이 증가되므로 원칙적으로 익금에 해당한다.

예제4 다음 자료에 의하여 세무조정을 하시오.

채무액 5,500,000원을 출자로 전환함에 따라 주식(액면가총액 4,500,000원, 시가총액 5,000,000원)을 발행하고 다음과 같이 회계처리 하였다.

(차) 매입채무	5,500,000	/	(대) 자본금		4,500,000
			(대) 주식발행초과금		1,000,000

해설 채무의 출자전환으로 주식의 시가 5,000,000원을 초과하여 발행된 금액 500,000원은 기업회계기준상 수익(채무조정이익)이며 세무회계상 익금에 해당한다. 따라서 이를 익금에 산입한다. 기업회계상 부채와 세무회계상 부채에는 차이가 없으므로 기업회계상 자본과 세무회계상 자본은 일치한다. 따라서 기타로 처분한다.

☑ 세무조정 : 〈익금산입〉 채무면제이익 500,000 (기타)

[①회사] (차) 매입채무 5,500,000 / (대) 자본금 4,500,000
　　　　　　　　　　　　　　　　　　 (대) 주식발행초과금 1,000,000
[③조정] (차) 주식발행초과금(자본감소) 500,000 / (대) 채무면제이익(익금산입) 500,000
[②세법] (차) 매입채무 5,500,000 / (대) 자본금 4,500,000
　　　　　　　　　　　　　　　　　　 (대) 주식발행초과금 500,000
　　　　　　　　　　　　　　　　　　 (대) 채무면제이익 500,000

7. 손금에 산입한 금액 중 환입된 금액

전기 이전에 비용으로 계상한 금액이 세무회계상 손금으로 인정받은 경우로서, 동 금액이 다시 환입되는 경우에는 익금에 해당한다. 그러나 지출 당시에 세무회계상 손금으로 인정받지 못한 금액이 환입되는 경우에는 익금에 해당하지 않는다.

구 분	사 례	환입된 금액
① 지출 당시에 손금으로 인정된 금액	재산세 등	익금에 해당함
② 지출 당시에 손금으로 인정받지 못한 금액	법인세 등	익금에 해당하지 않음

예제5 다음 자료에 의하여 세무조정을 하시오.

(1) 전기에 재산세를 납부하고 세금과공과금으로 회계처리 하였으며, 당기에 동 재산세의 과다징수에 따른 환급금 10,000원이 발생하여 다음과 같이 회계처리 하였다.
(차) 현금　　　　　　　　10,000　/　(대) 잡이익　　　　　　　10,000

(2) 전기분 법인세 과다납부로 인한 환급금 3,000,000원이 발생하여 다음과 같이 회계처리 하였다.
(차) 현금　　　　　　　3,000,000　/　(대) 전기오류수정이익(영업외수익)　3,000,000

해설 (1) 재산세는 기업회계기준상 비용이며 세무회계상 손금이다. 따라서 전기에 손금으로 인정받은 금액이 다시 환입되면 익금산입 한다. 기업회계상 수익으로 처리하였으므로 세무조정사항은 없다.

(2) 법인세는 기업회계기준상 비용이나 세무회계상 손금이 아니다. 따라서 전기에 손금으로

인정받지 못한 금액이 다시 환입되면 익금불산입 한다. 기업회계상 자산과 세무회계상 자산에는 차이가 없으므로 기업회계상 자본과 세무회계상 자본은 일치한다. 따라서 기타로 처분한다.

☑ 세무조정 : 〈익금불산입〉 전기오류수정이익 3,000,000 (기타)

8. 임대보증금 등에 대한 간주익금 *(제2부 3장에서 설명)*

부동산 등을 임대하고 받는 임대보증금이나 전세금은 부채이므로 익금이 될 수 없다. 다만, 이를 방치하면 임대보증금 등의 운용수입이 포착되어 과세되지 않는 한 임대료를 받는 경우와 과세형평이 맞지 않게 되므로, 법인세법에서는 임대보증금 등에 대하여는 그 정기예금이자 상당액을 임대료로 간주하여 익금에 산입하도록 하고 있다.

9. 유가증권의 저가매입에 따른 차액

자산의 저가매입에 따른 차액은 일반적으로 익금에 해당하지 않는다. 다만, 법인이 특수관계인인 개인으로부터 유가증권을 시가보다 낮은 가액으로 매입하는 경우, 시가와 그 매입가액의 차액에 상당하는 금액은 익금으로 본다. 이 경우에 그 차액은 당해 유가증권의 취득가액에 포함한다.

예제6 다음 자료에 의하여 제2기와 제3기의 세무조정을 하시오.

(1) 제2기에 특수관계인인 개인으로부터 시가 2,000,000원인 상장주식을 1,500,000원에 저가로 매입하고 다음과 같이 회계처리 하였다.
  (차) 단기매매증권   1,500,000 / (대) 보통예금   1,500,000

(2) 제3기에 위 주식을 2,200,000원에 처분하고 다음과 같이 회계처리 하였다.
  (차) 현금   2,200,000 / (대) 단기매매증권   1,500,000
                                   (대) 단기매매증권처분이익   700,000

해설 (1) 특수관계인인 개인으로부터 저가매입한 유가증권의 시가와 매입가액의 차액 500,000원은 익금으로 보며, 그 차액은 유가증권의 취득가액에 포함한다. 기업회계상 자산을 500,000원 만큼 과소계상 하여 자본을 과소계상 하였으므로 세무회계상 자본을 증가시키는 유보로 처분한다.

☑ 세무조정 : 〈익금산입〉 간주익금 500,000 (유보/발생)

[①회사] (차) 단기매매증권   1,500,000 / (대) 보통예금   1,500,000
[③조정] (차) 단기매매증권(자산증가)   500,000 / (대) 간주익금(익금산입) 500,000
[②세법] (차) 단기매매증권   2,000,000 / (대) 보통예금   1,500,000
                                                (대) 간주익금   500,000

(2) 단기매매증권의 장부가액은 기업회계상 1,500,000원이며 세무회계상 2,000,000원이다. 그 결과 기업회계상 수익은 세무회계상 익금보다 500,000원이 더 많다. 따라서 동 금액은 익금불산입 한다. 전기의 세무조정으로 인하여 기업회계상 자산이 500,000원 만큼 과대계상 되어 자본이 과대계상 되어 있으므로 세무회계상 자본을 감소시키는 △유보로 처분하여 기업회계상 자본과 세무회계상 자본을 일치시킨다.

☑ 세무조정 : 〈익금불산입〉 단기매매증권처분이익 500,000 (△유보/감소)

[①회사]	(차) 현금	2,200,000	/ (대) 단기매매증권	1,500,00
			(대) 단기매매증권처분이익	700,000
[③조정]	(차) 단기매매증권처분이익(익금불산입)	500,000	/ (대) 단기매매증권(자산감소)	500,000
[②세법]	(차) 현금	2,200,000	/ (대) 단기매매증권	2,000,000
			(대) 단기매매증권처분이익	200,000

10. 그 밖의 수익으로서 그 법인에 귀속되었거나 귀속될 금액

법인세법은 익금의 범위를 포괄적으로 규정하고 있으므로 위에서 본 익금 항목들은 예시적인 것에 불과하다. 따라서 위의 예시에 해당되지 않는 사항이라도 법인의 순자산을 증가시키는 거래에서 발생한 금액은 후술하는 익금불산입 항목의 경우를 제외하고 모두 익금에 해당한다. 이러한 익금 항목을 추가로 예시하면 다음과 같다.

① 이자수익, 배당금수익
② 자산 취득에 충당할 국고보조금 · 공사부담금
③ 보험차익

제2절 익금불산입 항목

법인의 순자산을 증가시키는 거래로 인하여 발생하는 수익의 금액이라 하더라도, 다음의 항목들은 익금으로 보지 않는다.

1. 주식발행액면초과액

"주식발행액면초과액"이란 액면금액 이상으로 주식을 발행하는 경우 그 액면금액을 초과하는 금액을 말한다. 이는 법인의 순자산을 증가시키는 거래이기는 하지만 사실상 출자의 일부이므로 이를 익금으로 과세하게 되면 출자금에 대하여 과세하는 결과가 되어 자본충실화를 기할 수 없으므로 이를 익금으로 보지 않는다. 기업회계기준에서도 이러한 경우 자본잉여금(주식발행초과금)으로 계상하도록 규정하고 있다. 다만, 채무의 출자전환으로 주식의 시가를 초과하여 발행된 금액은 익금항목인 채무면제이익으로 보며, 기업회계기준에서도 이것을 채무조정이익(영업외수익)으로 계상하도록 하고 있다.

2. 감자차익

"감자차익"이란 자본금을 감소하는 경우에 그 감소액이 주식소각의 대가로 주주에게 반환되는 금액 또는 결손금 보전에 충당한 금액을 초과한 때에 그 초과금액을 말한다. 이는 법인의 순자산을 증가시키는 거래이기는 하지만 실질은 자본금이 감자를 통하여 주주에게 반환되고 남아있는 금액으로서, 그 근본은 주주의 출자에 기인한 것이므로 주식발행액면초과액과 동일한 이유로 익금으로 보지 않는다. 기업회계기준에서도 이러한 경우 자본잉여금(감자차익)으로 계상하도록 규정하고 있다.

3. 자산의 평가이익

자산을 임의로 평가하면서 발생하는 평가이익은 아직 실현되지 않은 수익이므로 원칙적으로 익금으로 보지 않는다. 다만, 다음의 평가이익은 업종별 회계처리를 수용하기 위하여 예외적으로 익금으로 본다.
① 「보험업법」이나 그 밖의 법률에 따른 유형자산 및 무형자산 등의 평가이익
② 「자본시장과 금융투자업에 관한 법률」에 따른 투자회사 등이 보유하고 있는 유가증권 등의 평가이익
③ 화폐성 외화자산·부채의 환율변동으로 인한 평가이익

예제1 다음 자료에 의하여 세무조정을 하시오.
(1) 단기매매증권(장부가액 1,000,000원)을 기말 공정가액 1,530,000원으로 평가하고 다음과 같이 회계처리 하였다.
  (차) 단기매매증권   530,000 / (대) 단기매매증권평가이익   530,000
(2) 당기 중에 구입한 시장성 있는 매도가능증권(취득가액 5,000,000원)을 기말 공정가액 5,200,000원으로 평가하고 다음과 같이 회계처리 하였다.
  (차) 매도가능증권   200,000 / (대) 매도가능증권평가이익   200,000
           (기타포괄손익누계액)
(3) 회사가 보유하고 있는 토지와 건물에 대해 기말에 재평가를 실시하고 다음과 같이 회계처리 하였다(임의평가이익에 해당 함).
  (차) 토지   150,000 / (대) 재평가차익(기타포괄손익누계액) 250,000
  (차) 건물   100,000

해설 (1) 단기매매증권평가이익은 기업회계기준상 수익이지만, 세무회계상 익금에 해당하지 않으므로 익금불산입 한다. 기업회계상 자산을 530,000원 만큼 과대계상 하여 자본을 과대계상 하였으므로 세무회계상 자본을 감소시키는 △유보로 처분한다.
  ☑ 세무조정 : 〈익금불산입〉 단기매매증권평가이익 530,000 (△유보/발생)

```
[①회사] (차) 단기매매증권          530,000 / (대) 단기매매증권평가이익      530,000
[③조정] (차) 단기매매증권평가이익(익금불산입) 530,000 / (대) 단기매매증권(자산감소) 530,000
[②세법] 단기매매증권의 평가이익은 익금으로 인정하지 않는다.
```

(2) 매도가능증권평가이익은 기업회계기준상 기타포괄손익누계액이며, 세무회계상 익금에 해당하지 않는다. 기업회계상 수익을 계상하지는 않았지만 자산을 200,000원 만큼 과대계상 하여 자본을 과대계상 하였으므로 세무회계상 자본을 감소시키는 △유보로 처분한다. 이와 동시에 과세소득에 영향을 미치지 않도록 동일한 금액을 반대로 세무조정 한다.

☑ 세무조정 : 〈손금산입 및 익금불산입〉 매도가능증권 200,000 (△유보/발생)
          〈익금산입 및 손금불산입〉 매도가능증권평가이익 200,000 (기타)

(3) 유형자산의 재평가차익은 기업회계기준상 기타포괄손익누계액이며, 세무회계상 익금에 해당하지 않는다. 기업회계상 수익을 계상하지는 않았지만 자산을 250,000원 만큼 과대계상 하여 자본을 과대계상 하였으므로 세무회계상 자본을 감소시키는 △유보로 처분한다. 이와 동시에 과세소득에 영향을 미치지 않도록 동일한 금액을 반대로 세무조정 한다.

☑ 세무조정 : 〈손금산입 및 익금불산입〉 토지 150,000 (△유보/발생)
                              건물 100,000 (△유보/발생)
          〈익금산입 및 손금불산입〉 재평가차익 250,000 (기타)

4. 자산수증이익과 채무면제이익 중 이월결손금의 보전에 충당한 금액

자산수증이익과 채무면제이익(채무의 출자전환시 채무면제이익 포함) 중 이월결손금을 보전하는데 충당한 금액은 익금으로 보지 않는다. 여기서 "이월결손금"이란 세무회계상 결손금으로서 그 후의 각 사업연도의 과세표준을 계산할 때 공제되지 않은 금액을 말하며, 그 발생시점에는 제한이 없다. 이는 이미 공제시한 10년(2008.12.31. 이전에 개시하는 사업연도에 발생하는 결손금은 5년) 이 경과된 이월결손금도 자산수증이익 등에 의해 보전하게 되면, 자산수증이익 등을 익금불산입 할 수 있게 함으로써 결손보전을 촉진하여 자본충실을 기하기 위한 것이다.

5. 각 사업연도의 소득으로 이미 과세된 소득

각 사업연도의 소득으로 이미 과세된 소득은 익금으로 보지 않는다. 이미 과세된 소득을 다시 수익으로 계상하는 것을 방치하면 동일한 소득에 대하여 이중으로 과세하는 결과가 되기 때문에 익금불산입 항목으로 규정하고 있는 것이다.

예제2 다음 자료에 의하여 제2기와 제3기의 세무조정을 하시오.

(1) 제2기에 토지(취득가액 100,000,000원)를 취득하고 취득세 2,000,000원을 지출하고 다음과 같이 회계처리 하였다.

```
(차) 토지           100,000,000 / (대) 현금      102,000,000
(차) 세금과공과금      2,000,000
```

(2) 제3기에 위 취득세와 관련하여 다음과 같이 수정 회계처리 하였다.
(차) 토지　　　　　　　　2,000,000　/　(대) 전기오류수정이익(영업외수익)　2,000,000

해설 (1) 취득세는 기업회계기준 및 세무회계상 모두 자산의 취득원가에 가산해야 한다. 그러나 회사가 이를 비용으로 회계처리 하였으므로 손금불산입 한다. 기업회계상 자산을 2,000,000원 만큼 과소계상 하여 자본을 과소계상 하였으므로 세무회계상 자본을 증가시키는 유보로 처분한다.

☑ 세무조정 : 〈손금불산입〉 세금과공과금 2,000,000 (유보/발생)

[①회사] (차) 토지　　　　　　　　　100,000,000 / (대) 현금　　　　　　　102,000,000
　　　　(차) 세금과공과금　　　　　　2,000,000
[③조정] (차) 토지(자산증가)　　　　　2,000,000 / (대) 세금과공과금(손금불산입)　2,000,000
[②세법] (차) 토지　　　　　　　　　102,000,000 / (대) 현금　　　　　　　102,000,000

(2) 전기에 손금불산입 하여 이미 과세된 소득 2,000,000원을 다시 수익으로 계상하였으므로 이중과세를 방지하기 위하여 이를 익금불산입 한다. 전기의 세무조정으로 인하여 기업회계상 자산이 2,000,000원 만큼 과대계상 되어 자본이 과대계상 되어 있으므로 세무회계상 자본을 감소시키는 △유보로 처분하여 기업회계상 자본과 세무회계상 자본을 일치시킨다.

☑ 세무조정 : 〈익금불산입〉 전기오류수정이익 2,000,000 (△유보/감소)

[①회사] (차) 토지　　　　　　　　　　2,000,000 / (대) 전기오류수정이익　　2,000,000
[③조정] (차) 전기오류수정이익(익금불산입)　2,000,000 / (대) 토지(자산감소)　　2,000,000
[②세법] 이미 과세된 소득은 익금으로 보지 않는다.

6. 법인세 또는 법인지방소득세의 환급액

손금에 산입하지 아니한 법인세 또는 법인지방소득세를 환급받았거나, 환급받을 금액을 다른 세액에 충당한 금액은 익금으로 보지 않는다.

7. 부가가치세의 매출세액

부가가치세의 매출세액은 사업자가 재화 또는 용역을 공급할 때 공급받는 자로부터 거래 징수하여 정부에 납부할 금액으로서 사업자에게 귀속되는 수입이 아니라 부채에 해당한다. 따라서 동 금액은 익금으로 보지 않는다.

8. 국세 또는 지방세 과오납금의 환급금에 대한 이자

국세 또는 지방세를 과오납부 하여 환급받는 경우 그 환급금과 함께 받는 이자(국세환급가산금 또는 지방세환급가산금)는 보상의 성격을 가지므로 세목에 관계없이 익금으로 보지 않는다.

예제3 다음 자료에 의하여 세무조정을 하시오.

업무용 화물트럭에 대한 자동차세의 과오납금에 대한 환급금 400,000원과 환부이자 26,000원을 모두 이자수익으로 회계처리 하였다.

해설 지출 당시에 손금으로 인정받은 자동차세가 다시 환입되면 익금산입 한다. 따라서 회사가 이를 수익으로 계상하였으므로 세무조정은 발생하지 않는다. 다만, 국세 또는 지방세의 과오납금의 환급금에 대한 이자(환부이자)는 익금으로 보지 않으므로 익금불산입 한다. 기업회계상 자산과 세무회계상 자산에는 차이가 없으므로 기업회계상 자본과 세무회계상 자본은 일치한다. 따라서 기타로 처분한다.

☑ 세무조정 : 〈익금불산입〉 이자수익 26,000 (기타)

제3장 손금 및 손금불산입

제1절 손금 항목

법인세법 시행령에서는 손비의 범위를 다음과 같이 규정하고 있다. 하지만 이는 어디까지나 손비의 대표적인 항목을 예시한 것일 뿐이므로 여기에 열거되어 있지 않더라도 당해 법인의 사업과 관련하여 순자산을 감소시키는 것이라면 원칙적으로 손금에 해당한다.

1. 판매한 상품 또는 제품에 대한 원료의 매입가액과 판매와 관련된 부대비용

판매한 상품과 제품에 대한 원료의 매입가액(기업회계기준에 의한 매입에누리금액 및 매입할인금액은 제외)은 그 상품 등이 매출된 사업연도의 손금에 해당한다. 익금의 대표적인 항목이 사업수입금액인 것처럼 이는 손금의 대표적인 항목이다. 또한 판매한 상품 또는 제품의 보관료, 포장비, 운반비, 판매장려금 및 판매수당 등 판매와 관련된 부대비용(판매장려금 및 판매수당의 경우 사전약정 없이 지급하는 경우를 포함)도 손금에 해당한다.

2. 양도한 자산의 양도당시 장부가액

자산(재고자산 이외의 자산을 말함)을 양도하는 경우 자산의 양도당시 양도금액은 익금에 해당하고, 이에 대응하여 양도한 자산의 양도당시 장부가액은 손금에 해당한다.

3. 인건비

"인건비"란 임원과 직원의 근로제공에 대한 대가로서 지급되는 각종 비용으로서 급여, 임금, 수당, 상여금, 퇴직급여 및 복리후생비 등을 모두 포함한다. 이는 업무와 관련된 비용으로서 당해 법인의 순자산을 감소시키는 지출이므로 손금으로 인정되는 것이 원칙이다. 다만, 인건비 중 과다하거나 부당하다고 인정되는 금액은 손금으로 인정하지 않는다.

[참고] 임원의 범위
① 법인의 회장·사장·부사장·대표이사·전무이사·상무이사 등 이사회의 구성원 전원과 청산인
② 합명회사·합자회사 및 유한회사의 업무집행사원 또는 이사
③ 유한책임회사의 업무집행자
④ 감사
⑤ 기타 위 ① ~ ④에 준하는 직무에 종사하는 자

(1) 일반급여

급여·임금·급료·보수·수당 등은 원칙적으로 손금으로 인정된다. 다만, 다음과 같은 예외가 있다.

① 지배주주 등(특수관계인을 포함)인 임원 또는 직원에게 정당한 사유없이 동일 직위에 있는 지배주주 등 외의 임원 또는 직원에게 지급하는 금액을 초과하여 보수를 지급하는 경우 그 초과금액은 손금에 산입하지 않는다.[주1]

② 비상근임원에게 지급하는 보수는 손금에 산입한다. 다만, 부당행위계산에 해당하는 경우에는 손금에 산입하지 않는다.[주2]

[주1] "지배주주 등"이란 법인의 발행주식총수(또는 출자총액)의 1% 이상의 주식(또는 출자지분)을 소유한 주주 등으로서 그와 특수관계에 있는 자와의 소유 주식(또는 출자지분)의 합계가 당해 법인의 주주 등 중 가장 많은 경우의 해당 주주 등을 말한다.

[주2] "부당행위계산"이란 비상근임원의 보수가 당해 법인의 규모·영업내용·비상근임원의 직무내용·직원에 대한 급여지급사항과 그 법인과 동일한 규모의 사업을 영위하는 법인의 임원에게 지급하는 보수 등으로 미루어 법인의 소득을 부당하게 감소시키는 것으로 인정 되는 경우를 말한다.

(2) 상여금

법인이 임원과 직원에게 지급하는 상여금은 원칙적으로 손금으로 인정된다. 다만, 임원에게 지급하는 상여금 중 정관·주주총회·사원총회 또는 이사회의 결의에 따라 결정된 급여지급기준에 의한 금액을 초과하여 지급하는 금액은 손금에 산입하지 않는다. 직원에게 지급하는 상여금은 이러한 제한을 받지 않는다.

예제1 다음 자료에 의하여 세무조정을 하시오.

출자상근임원에 대하여 상여금을 15,350,000원 지급하였으나, 급여지급규정상으로는 10,000,000원으로 되어 있음을 발견하였다. 급여지급규정보다 추가 지급된 이유는 회사에 기여한 공로가 많아서 지급된 것이다.

해설 임원에게 지급하는 상여금 중 회사의 급여지급기준을 초과하는 금액은 손금불산입하고 그 귀속자에 대한 상여로 처분한다.

☑ 세무조정 : 〈손금불산입〉 지급기준초과 임원상여금 5,350,000 (상여)

(3) 퇴직급여

법인이 임원 또는 직원에게 지급하는 퇴직급여는 임원 또는 직원이 현실적으로 퇴직하는 경우에 지급하는 것에 한하여 손금으로 인정된다. 비현실적인 퇴직으로 인하여 지급하는 퇴직급여는 현실적으로 퇴직할 때까지 이를 업무와 무관한 가지급금으로 보며, 현실적인 퇴직이 있을 때 손금에 산입한다.

현실적인 퇴직에 해당하는 경우	현실적인 퇴직에 해당하지 않는 경우
① 직원이 임원으로 취임한 경우 ② 상근임원이 비상근임원으로 된 경우 ③ 임원 또는 직원이 그 법인의 조직변경·합병·분할 또는 사업양도에 따라 퇴직한 때 ④ 「근로자퇴직급여보장법」 규정에 따라 퇴직금을 중간정산하여 지급한 경우 ⑤ 임원에게 정관 또는 정관에서 위임된 퇴직급여지급규정에 따른 경우로서 장기 요양 등의 사유로 중간정산하여 퇴직급여를 지급한 때	① 임원이 연임된 경우 ② 법인의 대주주 변동으로 인하여 계산의 편의, 기타 사유로 전 직원에게 퇴직금을 지급한 경우 ③ 외국법인의 국내지점 종업원이 본점(본국)으로 전출하는 경우 ④ 정부투자기관 등이 민영화됨에 따라 전 종업원의 사표를 일단 수리한 후 다시 채용하는 경우 ⑤ 「근로자퇴직급여보장법」에 따라 퇴직급여를 중간정산하기로 하였으나 이를 실제로 지급하지 않은 경우

(4) 임원퇴직급여 한도액

직원에게 지급하는 퇴직급여는 금액의 제한없이 손금에 산입하는 데 반하여, 임원에게 지급한 퇴직급여 중 다음의 한도액을 초과하는 금액은 손금에 산입하지 않는다.

구 분	임원퇴직급여 한도액
① 정관에 퇴직급여(퇴직위로금 등 포함)로 지급할 금액이 정해진 경우(정관에 임원퇴직급여 계산기준이 기재된 경우 포함)	정관에 정해진 금액
② 그 외의 경우	퇴직 전 1년간의 총급여액 × 10% × 근속연수

*총급여액은 근로의 제공으로 인하여 받은 봉급·급료·보수·임금·상여·수당 기타 이와 유사한 급여와 이익처분에 따라 받은 상여금에 해당하는 금액(비과세 근로소득 제외)으로 하되, 손금에 산입되지 않는 금액은 제외한다.
*근속연수는 역년에 따라 계산하되, 1년 미만의 기간은 월수로 계산하고 1개월 미만의 기간은 이를 산입하지 않는다.

예제2 다음 자료에 의하여 세무조정을 하시오.

지급구분	급여	상여	퇴직급여
대표이사	42,000,000원	15,000,000원	15,000,000원
전무이사	30,000,000원	12,000,000원	29,000,000원
상무이사	25,000,000원	11,000,000원	-
총무과장	18,000,000원	9,000,000원	-

(1) 대표이사의 퇴직급여는 주주총회에서 대표이사를 연임하기로 결정하여 지난 임기에 대한 퇴직급여를 지급한 것으로 확인되었다.

(2) 전무이사(근속연수 5년)의 퇴직급여는 개인적 사정으로 사직함에 따라 지급한 것이고,

회사는 퇴직급여지급규정을 두고 있지 않다. 전무이사의 퇴직 직전 1년간 총급여와 상여는 당기분 포함하여 50,000,000원이다.

(3) 주주총회결의에 따라 결정된 급여지급기준에는 모든 임직원에 대한 상여는 급여의 40%를 지급하도록 규정하고 있다.

[해설] (1) 비현실적인 퇴직(임원의 연임)으로 인하여 지급하는 퇴직급여는 현실적으로 퇴직할 때까지 이를 업무와 무관한 가지급금으로 본다. 기업회계상 자산을 15,000,000원 만큼 과소계상 하여 자본을 과소계상 하였으므로 세무회계상 자본을 증가시키는 것으로 인정하는 유보로 처분한다.
  ☑ 세무조정 : 〈손금불산입〉 업무무관 가지급금 15,000,000 (유보/발생)

(2) 임원에게 지급한 퇴직급여 중 한도액을 초과하는 금액은 손금에 산입하지 않는다.
  ☑ 세무조정 : 〈손금불산입〉 임원퇴직금 한도초과액 4,000,000 (상여)
  *임원 퇴직급여 한도액 = 50,000,000 × 10% × 5년 = 25,000,000원

(3) 임원에게 지급하는 상여금 중 주주총회의 결의에 따라 결정된 급여지급기준에 의한 금액을 초과하여 지급하는 금액은 손금에 산입하지 않는다.
  ☑ 세무조정 : 〈손금불산입〉 임원상여금 한도초과액 1,000,000 (상여)
  *임원(상무이사) 상여금 한도액 = 25,000,000 × 40% = 10,000,000원

(5) 복리후생비

법인이 그 임원 또는 직원(파견근로자 포함)을 위하여 지출한 복리후생비 중 다음 중 어느 하나에 해당하는 비용 외의 비용은 손금에 산입하지 아니한다.
① 직장체육비
② 직장문화비, 직장회식비
③ 우리사주조합의 운영비
④ 「국민건강보험법」 및 「노인장기요양보험법」에 따라 사용자로서 부담하는 보험료 및 부담금
⑤ 「영유아보육법」에 의하여 설치된 직장어린이집의 운영비
⑥ 「고용보험법」에 의하여 사용자로서 부담하는 보험료
⑦ 그 밖에 임원 또는 직원에게 사회통념상 타당하다고 인정되는 범위에서 지급하는 경조사비 등 위 ① ~ ⑥의 비용과 유사한 비용

4. 자산의 평가손실

자산을 임의로 평가하면서 발생하는 평가손실은 아직 실현되지 않은 손실이므로 원칙적으로 손금에 산입하지 않는다. 다만, 다음의 평가손실은 예외적으로 손금에 산입한다.

① 재고자산으로서 파손·부패 등의 사유로 인하여 정상가격으로 판매할 수 없는 것
② 유형자산으로서 천재지변, 화재, 법령에 따른 수용 등, 채굴예정량의 채진으로 인한 폐광 등의 사유로 파손 또는 멸실된 것
③ 주식 등을 발행법인이 파산한 경우의 해당 주식 등
④ 기업회계기준에 따른 화폐성 외화자산·부채의 환율변동으로 인한 평가손실

5. 그 밖의 손금 항목

① 유형자산의 수선비
② 유형자산 및 무형자산에 대한 감가상각비
③ 자산의 임차료
④ 차입금이자
⑤ 회수할 수 없는 부가가치세 매출세액 미수금(부가가치세법에 따라 대손세액공제를 받지 아니한 것에 한정한다)
⑥ 제세공과금
⑦ 영업자가 조직한 단체로서 법인이거나 주무관청에 등록된 조합 또는 협회에 지급한 회비

구 분		세법상 처리
㉠ 영업자가 조직한 단체로서 법인이거나 주무관청에 등록된 조합 또는 협회에 지급한 회비	일반회비	전액 손금 인정
	특별회비	기부금으로 보아 기부금 한도 내에서 손금 인정
㉡ 임의로 조직된 조합 또는 협회에 지급한 회비	모든회비	

⑧ 광업의 탐광비(탐광을 위한 개발비를 포함한다)
⑨ 업무와 관련있는 해외시찰·훈련비
⑩ 장식·환경미화 등의 목적으로 사무실·복도 등 여러 사람이 볼 수 있는 공간에 항상 전시하는 미술품의 취득가액을 그 취득한 날이 속하는 사업연도의 손비로 계상한 경우에는 그 취득가액(취득가액이 거래단위별로 1,000만원 이하인 것에 한정한다)
⑪ 광고선전 목적으로 기증한 물품의 구입비용[단, 특정인에게 기증한 물품(개당 3만원 이하의 물품은 제외)의 경우에는 연간 5만원 이내의 금액에 한정한다]
⑫ 그 밖의 손비로서 그 법인에 귀속되었거나 귀속될 금액

제2절 손금불산입 항목

"손금불산입"이란 해당 법인의 순자산을 감소시키는 손비(손실 또는 비용)라 하더라도 그 손비의 성질 또는 조세정책적인 목적에서 이를 손금으로 인정하지 않는 경우를 말한다. 세법에서 규정하고 있는 손금불산입 항목을 유형에 따라 분류하면 다음과 같다.

1. 감가상각비의 손금불산입 *(제3부 1장에서 설명)*

법인이 각 사업연도의 결산을 확정할 때 유형자산 및 무형자산에 대한 감가상각비를 손비로 계상한 경우에는 상각범위액(대통령령으로 정하는 바에 따라 계산한 금액)의 범위에서 그 계상한 감가상각비를 해당 사업연도의 소득금액을 계산할 때 손금에 산입하고, 그 계상한 금액 중 상각범위액을 초과하는 금액은 손금에 산입하지 아니한다.

2. 세금과 공과금의 손금불산입 *(제4부 1장에서 설명)*

다음의 세금과 공과금은 각 사업연도 소득금액을 계산할 때 손금에 산입하지 아니한다.
 ① 각 사업연도에 납부하였거나 납부할 법인세 또는 법인지방소득세
 ② 각 세법에 규정된 의무 불이행으로 인하여 납부하였거나 납부할 세액(가산세 포함)
 ③ 벌금, 과료, 과태료, 가산금 및 체납처분비
 ④ 법령에 따라 의무적으로 납부하는 것이 아닌 공과금
 ⑤ 법령에 따른 의무불이행 또는 금지·제한 등의 위반에 대한 제재로서 부과되는 공과금

예제1 다음 자료에 의하여 세무조정을 하시오.

(1) 당기 손익계산서상 법인세비용은 20,000,000원이다.
(2) 전년도 법인세에 대한 추가 납부분 3,000,000원을 전기오류수정손실(영업외비용)로 계상하였다.
(3) 공장용 토지 구입시 지출한 취득세 840,000원이 세금과공과금으로 계상되어 있다.
(4) 잡손실 계정에는 관세법 위반에 대한 벌과금 3,000,000원이 포함되어 있다.

해설 (1) 법인세비용은 손금불산입하고 귀속자가 국가(비과세법인)이므로 기타사외유출로 처분한다.
  ☑ 세무조정 : 〈손금불산입〉 법인세비용 20,000,000 (기타사외유출)
(2) 법인세 추가 납부분은 손금불산입하고 기타사외유출로 처분한다.
  ☑ 세무조정 : 〈손금불산입〉 전기오류수정손실 3,000,000 (기타사외유출)
(3) 취득세는 자산의 원가에 가산해야 하는데 회사가 이를 비용으로 처리 하였으므로 손금불산입하고 유보로 처분한다.
  ☑ 세무조정 : 〈손금불산입〉 세금과공과금 840,000 (유보/발생)
(4) 벌과금은 손금불산입하고 기타사외유출로 처분한다.
  ☑ 세무조정 : 〈손금불산입〉 잡손실 3,000,000 (기타사외유출)

3. 접대비(=업무추진비)의 손금불산입 *(제4부 2장에서 설명)*

법인이 각 사업연도에 지출한 접대비 중 다음의 금액은 손금에 산입하지 아니한다.
① 한 차례의 접대에 지출한 접대비 중 3만원(경조금은 20만원)을 초과하는 접대비로서 적격 증명서류를 수취하지 않은 것
② 접대비(위 ①은 제외) 중 접대비한도초과액

4. 자산의 평가손실의 손금불산입 *(제4부 3절 & 4절에서 설명)*

자산을 임의로 평가하면서 발생하는 평가손실은 아직 실현되지 않은 손실이므로 원칙적으로 손금에 산입하지 않는다. 다만, 일정한 경우(p.44 참조)에는 자산의 평가손실을 손금에 산입할 수 있다.

예제2 다음 자료에 의하여 세무조정을 하시오.

단기간 매매차익 목적으로 상장회사인 ㈜현대의 주식(취득가액 1,000,000원)을 보유하고 있으며 기말현재의 종가는 800,000원이다. 기말 결산시에 다음과 같이 회계처리 하였다.
(차) 단기매매증권평가손실   200,000   /   (대) 단기매매증권   200,000

해설 단기매매증권평가손실은 기업회계기준상 비용이지만, 세무회계상 손금에 해당하지 않으므로 손금불산입 한다. 기업회계상 자산을 200,000원 만큼 과소계상 하여 자본을 과소계상 하였으므로 세무회계상 자본을 증가시키는 유보로 처분한다.
☑ 세무조정 : 〈손금불산입〉 단기매매증권평가손실 200,000 (유보/발생)
[①회사] (차) 단기매매증권평가손실   200,000 / (대) 단기매매증권   200,000
[③조정] (차) 단기매매증권(자산증가)   200,000 / (대) 단기매매증권평가손실(손금불산입) 200,000
[②세법] 단기매매증권의 평가손실은 손금으로 인정하지 않는다.

5. 지급이자의 손금불산입 *(제4부 7절에서 설명)*

다음의 차입금의 이자는 손금에 산입하지 아니한다.
① 채권자가 불분명한 사채의 이자
② 지급받은 자가 불분명한 채권·증권의 이자·할인액 또는 차익
③ 건설자금에 충당된 차입금의 이자
④ 업무무관자산 등에 대한 지급이자

6. 업무와 관련 없는 비용의 손금불산입 *(제4부 7절에서 설명)*

법인이 지출한 비용 중 다음의 금액은 손금에 산입하지 아니한다.
① 법인의 업무와 직접 관련이 없다고 인정되는 자산을 취득·관리함으로써 생기는 비용, 유지비, 수선비 및 이와 관련되는 비용

② 해당 법인이 직접 사용하지 아니하고 다른 사람(주주 등이 아닌 임원과 소액주주 등인 임원 및 직원은 제외)이 주로 사용하는 장소·건축물·물건 등의 유지비·관리비·사용료와 이와 관련되는 지출금
③ 해당 법인의 주주 등(소액주주 등은 제외)이거나 출연자인 임원 또는 그 친족이 사용하고 있는 사택의 유지비·관리비·사용료와 이와 관련되는 지출금
④ 업무와 직접 관련이 없는 자산을 취득하기 위하여 지출한 자금의 차입과 관련된 비용

예제3 다음 자료에 의하여 세무조정을 하시오.

법인의 출자자(소액주주가 아님)인 임원이 사용하고 있는 사택의 유지비 3,500,000원을 건물관리비로 처리하였고, 소액주주인 임원이 사용하는 사택의 유지비 2,900,000원은 복리후생비로 계상하였다.

해설 출자자인 임원(소액주주인 임원은 제외)이 사용하는 사택의 유지비는 손금불산입하고 상여로 처분한다.
☑ 세무조정 : 〈손금불산입〉 건물관리비 3,500,000 (상여)

7. 대손금의 손금불산입 *(제4부 8장에서 설명)*

법인이 보유하고 있는 채권 중 채무자의 파산 등 법인세법 시행령(제19조의2)으로 정하는 사유로 회수할 수 없는 채권의 금액(이하 "대손금"이라 한다)은 사업연도의 소득금액을 계산할 때 손금에 산입한다. 다만, 다음의 채권은 대손금으로 손금에 산입하지 아니한다.
① 채무보증으로 발생한 구상채권
② 특수관계인에게 해당 법인의 업무와 관련없이 지급한 가지급금

8. 기부금의 손금불산입 *(제4부 11장에서 설명)*

법인이 각 사업연도에 지출한 기부금 중 법정(특례)기부금·우리사주조합기부금·지정(일반)기부금의 한도초과액과 비지정기부금은 손금에 산입하지 아니한다.

KcLep 따라하기

 다음 자료에 의하여 ㈜최대리(회사코드 : 1001)의 [소득금액조정합계표 및 명세서]를 작성하시오(소득명세의 작성은 생략하되, 소득처분은 반드시 입력할 것).

① 당기 결산서상 비용으로 계상한 법인세 등은 2,200,000원이다.
② 자기주식(장부가액 70,000원)을 60,000원에 처분하고 자기주식처분손실(자본조정) 10,000원을 계상하였다.
③ 전기분 법인세 과다납부로 인한 환급금 20,000원이 발생하여 잡이익으로 회계처리 하였다.
④ 마감환율 평가방법으로 신고한 외화단기대여금을 기말에 매매기준율로 평가하고 다음과 같이 회계처리 하였다(세법상 평가이익은 1,200,000원).
   (차) 외화단기대여금 1,000,000 / (대) 외화환산이익 1,000,000
⑤ 토지의 취득과 관련된 취득세 2,000,000원을 지출하고 세금과공과금으로 회계처리 하였다.

◈ 소득금액조정합계표 및 명세서

소득금액조정합계표 및 명세서					
익금산입 및 손금불산입			손금산입 및 익금불산입		
과 목	금 액	소득처분	과 목	금 액	소득처분
법인세비용	2,200,000	기타사외유출	자기주식처분손실	10,000	기타
외화환산이익	200,000	유보발생	잡이익	20,000	기타
토지 취득세	2,000,000	유보발생			

❶ 상단 툴바의 `F6 직접입력`을 클릭하고 [과목]란을 직접 입력한다. 법인세비용은 손금불산입하고 귀속자가 국가(비과세법인)이므로 기타사외유출로 처분한다.
❷ 자기주식처분손실은 손금산입하고 기타로 처분한다.
❸ 지출시 손금으로 인정받지 못한 조세(법인세)가 환입되면 익금불산입하고 기타로 처분한다. [과목]란의 명칭은 법인세 환급금으로 할 수도 있다.
❹ 과소 계상한 외화환산이익은 익금산입하고 유보발생으로 처분한다.
❺ 취득세는 자산의 원가에 가산해야 하는데 회사가 이를 비용으로 처리 하였으므로 손금불산입하고 유보발생으로 처분한다.

한마디...
교재 P.24 "데이터 설치하기"에 따라 데이터를 먼저 설치한다. 본서의 모든 문제 풀이시 지문에 제시된 자료와 입력된 자료가 다른 경우에는 지문에 제시된 자료에 따라 처리한다.

기/출/문/제 [실기]

01 다음 자료를 이용하여 ㈜세연(회사코드 : 1002)의 [소득금액조정합계표 및 명세서]를 작성하시오(소득명세의 작성은 생략하되, 소득처분은 반드시 입력할 것).

(1) 재무상태표에 계상되어 있는 자기주식처분이익 3,000,000원은 자기주식을 처분함에 따라 발생된 것이다.(2점)

(2) 채무액 5,500,000원을 출자로 전환함에 따라 주식(액면가총액 4,500,000원, 시가총액 5,000,000원)을 발행하고, 발행가액과 액면가액의 차액 1,000,000원을 주식발행초과금으로 계상하였다.(2점)

(3) 영업외수익에 포함된 전기오류수정이익 3,000,000원은 전기 법인세 과다납부분을 환급받은 것이다.(2점)

(4) 상무이사인 개인 정준수씨로부터 시가 20,000,000원인 상장주식을 15,000,000원에 저가로 매수하고 다음과 같이 회계처리 하였다.(2점)

 (차) 단기매매증권   15,000,000   /   (대) 보통예금   15,000,000

(5) 시장성 있는 주식의 단기매매증권평가이익 5,300,000원이 손익계산서에 계상되어 있다.(1점)

(6) 당기 중에 구입한 매도가능증권(취득가액 50,000,000원, 시장성 있음)의 기말 공정가액은 52,000,000원이고, 이에 대한 회계처리는 기업회계기준에 따라 다음과 같이 회계처리 하였다.

 (차) 매도가능증권   2,000,000   /   (대) 매도가능증권평가이익   2,000,000

(7) 회사가 보유하고 있는 토지와 건물에 대해 재평가를 실시하여 기말에 재평가차익(기타포괄손익누계액)으로 토지 150,000,000원과 건물 100,000,000원을 인식하였다.(3점)

(8) 전기에 토지를 20,000,000원에 취득하고 취득세 등 920,000원을 세금과공과금으로 처리하였고 이에 대한 세무조정은 적절하게 이루어졌다. 당기에 이 토지를 20,500,000원에 처분하고 다음과 같이 회계처리 하였다.(2점)

 (차) 보통예금   20,500,000   /   (대) 토지   20,000,000
                  (대) 유형자산처분이익   500,000

(9) 업무용 화물트럭에 대한 자동차세의 과오납금에 대한 환급금 400,000원과 환부이자 26,000원을 모두 이자수익으로 회계처리 하였다.(1점)

02 다음 자료를 이용하여 ㈜세희(회사코드 : 1003)의 [소득금액조정합계표 및 명세서]를 작성하시오(소득명세의 작성은 생략하되, 소득처분은 반드시 입력할 것).

(1) 출자상근임원에 대하여 상여금을 15,350,000원 지급하였으나, 급여지급규정상으로는 10,000,000원으로 되어 있음을 발견하였다. 급여지급규정보다 추가로 지급된 이유는 회사에 기여한 공로가 많아 지급된 것이다.

(2) 회사의 판매비와관리비에 계상된 인건비 내역이 아래와 같을 때 이와 관련된 세무조정을 하시오.(6점)

지급구분	급여	상여	퇴직급여
대표이사	42,000,000원	15,000,000원	15,000,000원
전무이사	30,000,000원	12,000,000원	29,000,000원
상무이사	25,000,000원	11,000,000원	-
총무과장	18,000,000원	9,000,000원	-

① 대표이사의 퇴직급여는 주주총회에서 대표이사를 연임하기로 결정하여 지난 임기에 대한 퇴직급여를 지급한 것으로 확인되었다.
② 전무이사(근속연수 5년)의 퇴직급여는 개인적 사정으로 사직함에 따라 지급한 것이고, 회사는 퇴직급여지급규정을 두고 있지 않다. 전무이사의 퇴직 직전 1년간 총급여와 상여는 당기분 포함하여 50,000,000원이다.
③ 주주총회결의에 따라 결정된 급여지급기준에는 모든 임직원에 대한 상여는 급여의 40%를 지급하도록 규정하고 있다.

(3) 당기 손익계산서상 법인세비용은 20,000,000원이다.

(4) 전년도 법인세에 대한 추가 납부분 3,000,000원을 전기오류수정손실(영업외비용)로 계상하였다.

(5) 공장용 토지 구입시 지출한 취득세 840,000원이 세금과공과금으로 계상되어 있다.(2점)

(6) 잡손실 계정에는 관세법 위반에 대한 벌과금 3,000,000원이 포함되어 있다.(1점)

(7) 법인의 출자자(소액주주가 아님)인 임원이 사용하고 있는 사택의 유지비 3,500,000원을 건물관리비로 처리하였고, 소액주주인 임원이 사용하는 사택의 유지비 2,900,000원은 복리후생비로 계상하였다.(2점)

KcLep 도우미

해설 1　　　　　　　　　　　1002

소득금액조정합계표 및 명세서						
익금산입 및 손금불산입			손금산입 및 익금불산입		
과 목	금 액	소득처분	과 목	금 액	소득처분
자기주식처분이익	3,000,000	기타	전기오류수정이익	3,000,000	기타
채무면제이익	500,000	기타	단기매매증권평가이익	5,300,000	유보발생
간주익금	5,000,000	유보발생	매도가능증권	2,000,000	유보발생
매도가능증권평가이익	2,000,000	기타	토지	150,000,000	유보발생
재평가차익	250,000,000	기타	건물	100,000,000	유보발생
			유형자산처분이익	920,000	유보감소
			이자수익	26,000	기타

❶ 자기주식처분이익은 익금산입하고 기타로 처분한다.
❷ 채무의 출자전환으로 주식의 시가를 초과하여 발행된 금액 500,000원은 채무면제이익으로 보아 익금산입하고 기타로 처분한다.
❸ 전기에 손금으로 인정받지 못한 법인세가 환입되면 익금불산입하고 기타로 처분한다.
❹ 특수관계인인 개인으로부터 저가매입한 유가증권의 시가와 매입가액의 차액 5,000,000원은 익금산입하고 유보발생으로 처분한다.
❺ 단기매매증권평가이익은 익금에 해당하지 않으므로 익금불산입하고 유보발생으로 처분한다.
❻ 기업회계상 수익을 계상하지는 않았지만 자산을 2,000,000원 만큼 과대계상 하여 자본을 과대계상 하였으므로, 세무회계상 자본을 감소시키기 위하여 손금산입 및 익금불산입하고 유보발생으로 처분한다. 이와 동시에 과세소득에 영향을 미치지 않도록 동일한 금액을 익금산입 및 손금불산입하고 기타로 처분한다.
❼ 기업회계상 수익을 계상하지는 않았지만 자산을 250,000,000원 만큼 과대계상 하여 자본을 과대계상 하였으므로, 세무회계상 자본을 감소시키기 위하여 손금산입 및 익금불산입하고 유보발생으로 처분한다. 이와 동시에 과세소득에 영향을 미치지 않도록 동일한 금액을 익금산입 및 손금불산입하고 기타로 처분한다.
❽ 전기에 손금불산입 유보발생으로 처분된 920,000원은 해당 자산을 처분하는 경우에 동 금액만큼 처분이익을 과대계상하게 되므로 익금불산입 유보감소로 처분한다.
❾ 지출 당시에 손금으로 인정받은 자동차세가 다시 환입되면 익금산입 한다. 따라서 회사가 이를 수익으로 계상하였으므로 세무조정은 발생하지 않는다. 다만, 환부이자는 환급금 자체가 익금에 해당하는지 여부에 관계없이 익금으로 보지 않으므로 익금불산입하고 기타로 처분한다.

해설 2   1003

소득금액조정합계표 및 명세서					
익금산입 및 손금불산입			손금산입 및 익금불산입		
과 목	금 액	소득처분	과 목	금 액	소득처분
지급기준초과 임원상여금	5,350,000	상여			
업무무관 가지급금	15,000,000	유보발생			
임원퇴직금 한도초과액	4,000,000	상여			
임원상여금 한도초과액	1,000,000	상여			
법인세비용	20,000,000	기타사외유출			
전기오류수정손실	3,000,000	기타사외유출			
세금과공과금	840,000	유보발생			
잡손실	3,000,000	기타사외유출			
건물관리비	3,500,000	상여			

❶ 임원에게 지급하는 상여금 중 회사의 급여지급기준을 초과하는 금액은 손금불산입하고 그 귀속자에 대한 상여로 처분한다.

❷ 비현실적인 퇴직(임원의 연임)으로 인하여 지급하는 퇴직급여는 현실적으로 퇴직할 때까지 이를 업무와 무관한 가지급금으로 손금불산입하고 유보발생으로 처분한다.

❸ 임원(전무이사)에게 지급한 퇴직급여 중 한도액을 초과하는 금액은 손금불산입하고 그 귀속자에 대한 상여로 처분한다.
  * 임원 퇴직급여 한도액 = 50,000,000 × 10% × 5년 = 25,000,000원

❹ 임원(상무이사)에게 지급하는 상여금 중 주주총회의 결의에 따라 결정된 급여지급기준에 의한 금액을 초과하여 지급하는 금액은 손금불산입하고 그 귀속자에 대한 상여로 처분한다.
  * 임원 상여금 한도액 = 25,000,000 × 40% = 10,000,000원

❺ 법인세비용은 손금불산입하고 귀속자가 국가(비과세법인)이므로 기타사외유출로 처분한다.

❻ 법인세 추가 납부분은 손금불산입하고 기타사외유출로 처분한다.

❼ 취득세는 자산의 원가에 가산해야 하는데 회사가 이를 비용으로 처리 하였으므로 손금불산입하고 유보발생으로 처분한다.

❽ 벌과금은 손금불산입하고 기타사외유출로 처분한다.

❾ 출자자인 임원(소액주주인 임원은 제외)이 사용하는 사택의 유지비는 손금불산입하고 상여로 처분한다.

memo

제2부

수입금액 조정

↘ 제1장 수입금액 조정명세서

↘ 제2장 조정후 수입금액명세서

↘ 제3장 임대보증금 등의 간주익금 조정명세서

제1장 수입금액 조정명세서

제1절 수입금액 및 손익의 귀속사업연도

1. 수입금액

"수입금액"이란 기업회계기준에 의하여 계산한 매출액(매출환입및에누리와 매출할인을 차감한 금액)을 말한다. 즉, 법인의 주된 영업활동으로부터 발생하는 수익을 말하며, 주된 영업활동 이외에서 발생하는 영업외수익은 수입금액에 포함하지 않는다. 수입금액은 기업회계기준에 의하여 계산한 매출액이므로 기업회계기준과 회사계상액과의 차이로 인한 금액은 고려해야 하지만, 기업회계기준과 법인세법의 차이로 인한 금액은 고려하지 않는다.

수입금액에 포함하는 것	수입금액에 포함하지 않는 것
① 영업수입금액(매출액) ② 영업부수수익(반제품·부산물·작업폐물 매출액)	① 매출환입및에누리·매출할인 ② 영업외수익 ③ 간주임대료

 예제 다음 자료에 의하여 수입금액을 계산하시오.

(1) 손익계산서상 수익계정 내역
  ① 제품매출액 : 1,000,000원
  ② 영업외수익 : 450,000원

(2) 기타 자료
  ① 제품 매출에누리액 30,000원과 매출할인 20,000원을 잡손실로 처리하였다.
  ② 영업외수익에는 부산물 매각대금 50,000원이 잡이익으로 처리되어 있다.

해설 수입금액 = (1,000,000 - 30,000 - 20,000) + 50,000 = 1,000,000원

2. 손익의 귀속사업연도

(1) 손익인식의 일반원칙

법인의 손익은 기업의 경영활동 전반에 걸쳐 계속적으로 발생한다. 따라서 각 사업연도 단위

로 과세소득을 산정하기 위해서는 익금과 손금을 인위적으로 구분하여 사업연도에 귀속시켜야 할 필요가 있다. 법인세법은 손익인식기준에 관하여 "권리의무확정주의"를 채택하고 있다. 즉, 각 사업연도의 익금과 손금의 귀속사업연도는 그 익금과 손금이 확정된 날이 속하는 사업연도로 한다는 것이다. 따라서 익금은 받을 권리가 확정된 시점에 인식하고, 손금은 지급할 의무가 확정된 시점에 인식한다.

(2) 기업회계기준 및 관행의 보충적 적용

법인의 과세소득을 계산함에 있어서 손익의 귀속사업연도에 관하여 일반적으로 공정·타당하다고 인정되는 기업회계기준(K-IFRS, 일반기업회계기준 등) 및 관행을 계속적으로 적용하여 온 경우에는, 법인세법 및 조세특례제한법에서 달리 규정하고 있는 경우를 제외하고는 기업회계기준 및 관행에 따른다. 즉, 세법의 규정을 우선적으로 적용하고, 세법에 규정이 없는 경우에 한하여 기업회계기준 및 관행을 보충적으로 적용한다.

제2절 거래유형별 기준

법인세법 시행령에서는 대표적인 거래의 유형별로 권리의무확정주의에 따른 원칙적인 귀속시기를 규정하고, 기업회계기준과 세무회계의 차이를 최소화하기 위하여 일부의 거래유형에 대하여는 발생주의에 따른 회계처리도 수용하는 특례규정을 두고 있는데, 이것을 "거래유형별 기준"이라고 한다.

1. 자산의 판매손익 등의 귀속사업연도

자산의 양도 등으로 인한 익금 및 손금의 귀속사업연도는 다음의 날이 속하는 사업연도로 한다.

(1) 상품 등의 판매

상품 등을 판매한 경우에는 그 상품 등을 인도하는 날(상품권을 발행하는 경우에는 그 상품권과 교환으로 상품 등을 인도한 날)이 속하는 사업연도에 귀속되는 것으로 한다. 여기서 "상품 등"이란 상품(부동산을 제외한다)·제품 또는 기타의 생산품을 말한다. 따라서 재고자산에 해당하는 부동산의 손익의 귀속사업연도는 (1)의 인도하는 날이 아닌 (3)의 대금을 청산한 날을 적용한다. 법인이 매출할인을 하는 경우 그 매출할인금액은 상대방과의 약정에 의한 지급기일(그 지급기일이 정해져 있지 않은 경우에는 지급한 날)이 속하는 사업연도의 매출액에서 차감한다.

예제1 다음 자료에 의하여 세무조정을 하시오.

㈜일공이는 상품권 판매액 15,000원을 전액 결산서에 상품매출로 계상하고 있으며, 실제

상품권과의 교환으로 출고된 상품의 매출금액은 10,000원이다. 상품권과 교환으로 출고된 상품에 대해서는 매출원가를 결산서에 반영하였다.

해설 상품권을 발행한 때에는 선수금으로 처리하고, 상품권과 교환으로 상품 등을 인도한 날에 손익을 인식한다. 따라서 상품권과 교환되지 않은 금액은 당기의 수입금액에서 차감해야 한다. 기업회계상 부채(선수금)를 과소계상 하여 자본을 과대계상 하였으므로 익금불산입하고 세무회계상 자본을 감소시키는 △유보로 처분한다.

☑ 세무조정 : 〈익금불산입〉 상품매출 5,000 (△유보/발생)

[①회사] (차) 자산	15,000 / (대) 상품매출	15,000
[③조정] (차) 상품매출(익금불산입)	5,000 / (대) 선수금(부채증가)	5,000
[②세법] (차) 자산	15,000 / (대) 상품매출	10,000
	(대) 선수금	5,000

(2) 상품 등의 시용판매

상품 등을 시용판매한 경우에는 상대방이 그 상품 등에 대한 구입의 의사를 표시한 날이 속하는 사업연도에 귀속되는 것으로 한다.

예제2 다음 자료에 의하여 세무조정을 하시오.

㈜일공일의 상품재고액 중 7,500원(판매가액 8,150원)은 시송품으로 거래처에 기 반출한 것으로서, 상대방이 당기 12월 31일에 구입의사표시를 전달해 왔으나 결산서에는 시용매출이 아직 반영되지 않았다.

해설 시용판매한 경우에는 상대방이 구입의사표시를 한 날에 손익을 인식하므로 당기의 수입금액에 가산해야 한다. 기업회계상 자산(외상매출금)을 과소계상 하여 자본을 과소계상 하였으므로 익금산입하고 세무회계상 자본을 증가시키는 유보로 처분한다. 또한 기업회계상 자산(상품)을 과대계상 하여 자본을 과대계상 하였으므로 세무회계상 자본을 감소시키는 △유보로 처분한다.

☑ 세무조정 : 〈익금산입〉 시용매출 과소계상액 8,150 (유보/발생)
〈손금산입〉 시용매출원가 과소계상액 7,500 (△유보/발생)

[①회사]	–	
[③조정] (차) 외상매출금(자산증가)	8,150 / (대) 상품매출(익금산입)	8,150
[②세법] (차) 외상매출금	8,150 / (대) 상품매출	8,150
[①회사]	–	
[③조정] (차) 상품매출원가(손금산입)	7,500 / (대) 상품(자산감소)	7,500
[②세법] (차) 상품매출원가	7,500 / (대) 상품	7,500

(3) 상품 등 외의 자산의 양도

상품 등 외의 자산을 양도하는 경우에는 그 대금을 청산한 날이 속하는 사업연도에 귀속되는 것으로 한다. 다만, 대금을 청산하기 전에 소유권 등의 이전등기(등록을 포함한다)를 하거나 당해 자산을 인도하거나 상대방이 당해 자산을 사용수익하는 경우에는, 그 이전등기일(등록일을 포함한다)·인도일 또는 사용수익일 중 빠른날이 속하는 사업연도에 귀속되는 것으로 한다.

(4) 자산의 위탁매매

자산의 위탁매매에 따른 손익은 수탁자가 그 위탁자산을 매매한 날이 속하는 사업연도에 귀속되는 것으로 한다.

예제3 다음 자료에 의하여 세무조정을 하시오.

㈜일공일의 제품재고액 중 5,000원(판매가액 8,000원)은 타인에게 위탁판매하기 위한 위탁품(적송품)으로서, 당기 12월 31일에 수탁자가 판매한 것으로 결산서에는 위탁매출이 아직 반영되지 않았다.

[해설] 위탁매매한 경우에는 수탁자가 그 위탁자산을 매매한 날에 손익을 인식하므로 당기의 수입금액에 가산해야 한다. 기업회계상 자산(외상매출금)을 과소계상 하여 자본을 과소계상 하였으므로 익금산입하고 세무회계상 자본을 증가시키는 유보로 처분한다. 또한 기업회계상 자산(제품)을 과대계상 하여 자본을 과대계상 하였으므로 세무회계상 자본을 감소시키는 △유보로 처분한다.

☑ 세무조정 : 〈익금산입〉 위탁매출 과소계상액 8,000 (유보/발생)
　　　　　　〈손금산입〉 위탁매출원가 과소계상액 5,000 (△유보/발생)

[①회사]　　　　　　　　　　　　　　　－
[③조정] (차) 외상매출금(자산증가)　　8,000 / (대) 제품매출(익금산입)　　8,000
[②세법] (차) 외상매출금　　　　　　　8,000 / (대) 제품매출　　　　　　　8,000
[①회사]　　　　　　　　　　　　　　　－
[③조정] (차) 제품매출원가(손금산입)　5,000 / (대) 제품(자산감소)　　　　5,000
[②세법] (차) 제품매출원가　　　　　　5,000 / (대) 제품　　　　　　　　　5,000

2. 용역제공 등에 의한 손익의 귀속사업연도

(1) 진행기준

건설·제조 기타 용역(도급공사 및 예약매출을 포함한다)의 제공으로 인한 익금과 손금은 그 목적물의 건설 등의 착수일이 속하는 사업연도부터 그 목적물의 인도일(용역제공의 경우에는 그 제공을 완료한 날을 말한다)이 속하는 사업연도까지, 그 목적물의 건설 등을 완료한 정도(작업진행률)를 기준으로 하여 계산한 수익과 비용을 각각 해당 사업연도의 익금과 손금에 산입한다. 다만,

다음의 어느 하나에 해당하는 경우에는 그 목적물의 인도일이 속하는 사업연도의 익금과 손금에 산입할 수 있다(인도기준).
① 중소기업인 법인이 수행하는 계약기간이 1년 미만인 건설 등의 경우
② 기업회계기준에 따라 그 목적물의 인도일이 속하는 사업연도의 수익과 비용으로 계상한 경우

(2) 익금 및 손금의 계산

작업진행률에 의하여 계산한 수익과 비용은 각각 해당 사업연도의 익금과 손금에 산입한다.

> ① 익금 = (계약금액 × 작업진행률) - 직전 사업연도말까지 익금에 산입한 금액
> ② 손금 = 해당 사업연도에 발생된 총비용

$$작업진행률 = \frac{해당\ 사업연도말까지\ 발생한\ 총공사비누적액}{총공사예정비}$$

- 총공사예정비 : 기업회계기준을 적용하여 계약 당시 추정한 공사원가에 해당 사업연도 말까지의 변동상황을 반영하여 합리적으로 추정한 공사원가
- 해당 사업연도말까지 발생한 총공사비누적액 : 공사착수 시점부터 해당 사업연도 종료일까지 실제 투입한 총공사비누적액

예제4 다음 자료에 의하여 세무조정을 하시오.

(1) 당사는 중소기업이며 사업연도는 제3기(1.1. ~ 12.31.)이다.
(2) 공사현장별 도급금액 등의 내역은 다음과 같으며 진행기준을 사용하고 있다.

공사명	도급금액	공사기간	총공사예정비	손익계산서상 계상액	
				공사수익	공사원가
갑공사	30억원	제3기 7.1. ~ 제4기 4.1.	20억원	16억원	10억원
을공사	14억원	제2기 4.1. ~ 제4기 8.1.	10억원	7억원	6억원

(3) 제2기에 을공사와 관련하여 발생한 공사원가는 2억원이었으며 공사수익은 2억 8천만원이었다. 이는 법인세법에 따라 적법하게 계산된 금액이다.

해설 (1) 갑공사 : 단기건설공사

법인세법상 익금(작업진행률에 의하여 계산된 수익)보다 회사계상 수익이 더 많으므로 이를 익금불산입하고 당기의 수입금액에서 차감해야 한다. 기업회계상 부채(공사선수금)를 과소계상하여 자본을 과대계상 하였으므로 익금불산입하고 세무회계상 자본을 감소시키는 △유보로 처분한다.

*법인세법 익금 : 30억원 × (10억원/20억원) = 15억원
*회사계상 수익 : 16억원

☑ 세무조정 : 〈익금불산입〉 공사수입금 1억 (△유보/발생)

[①회사] (차) 자산　　　　　　　　　　16억 / (대) 공사수입금　　　　　　16억
[③조정] (차) 공사수입금(익금불산입)　 1억 / (대) 공사선수금(부채증가)　 1억
[②세법] (차) 자산　　　　　　　　　　16억 / (대) 공사수입금　　　　　　15억
　　　　　　　　　　　　　　　　　　　　　　(대) 공사선수금　　　　　　 1억

(2) 을공사 : 장기건설공사

법인세법상 익금보다 회사계상 수익이 더 적으므로 이를 익금산입하고 당기의 수입금액에 가산해야 한다. 기업회계상 자산(공사미수금)을 과소계상 하여 자본을 과소계상 하였으므로 익금산입하고 세무회계상 자본을 증가시키는 유보로 처분한다.

＊법인세법 익금 : { 14억원 × (2억원 + 6억원)/10억원 } - 2.8억원 = 8.4억원
＊회사계상 수익 : 7억원

☑ 세무조정 : 〈익금산입〉 공사수입금 1.4억 (유보/발생)

[①회사] (차) 자산　　　　　　　　　　　7억 / (대) 공사수입금　　　　　　 7억
[③조정] (차) 공사미수금(자산증가)　 1.4억 / (대) 공사수입금(익금산입)　1.4억
[②세법] (차) 자산　　　　　　　　　　　7억 / (대) 공사수입금　　　　　8.4억
　　　　(차) 공사미수금　　　　　　 1.4억

한마디...

"거래유형별 기준" 중에서 법인세법 시행령 제70조(이자소득 등의 귀속사업연도)와 제71조(임대료 등 기타 손익의 귀속사업연도)는 자격시험에서 중요도가 낮으므로 설명을 생략한다.

예제5 ㈜최대리는 중소기업이며, 당해 사업연도는 제2기(1.1. ~ 12.31.)이다. 다음 자료에 의하여 수입금액을 계산하고 당해 사업연도의 세무조정을 하시오.

(1) 손익계산서상 매출액 자료
　　① 제품매출액 : 1,000,000원
　　② 상품매출액 : 600,000원
　　③ 공사매출액 : 400,000원

(2) 공사현황 자료

공사명	세연빌딩 신축공사
도 급 계 약 기 간	제2기 2월 1일 ~ 제3기 5월 31일
도 급 금 액	1,000,000원
총 공 사 예 정 비	700,000원
당 해 연 도 총 공 사 비	350,000원
손 익 계 산 서 수 익 계 상 액	400,000원

(3) 기타 자료

① 수탁자로부터 위탁상품 5,000원(원가 4,000원)이 제2기 12월 30일에 외상판매 되었다는 통보를 받았으나 당기 손익계산서에 반영하지 못하였다.
② 영업외수익(잡이익) 계정에는 제품 제조과정에서 발생한 부산물매각대금 8,000원이 포함되어 있다.

해설 수입금액계산 : ① + ② + ③ + ④ = 2,113,000원
① 제품매출 : 1,000,000원
② 상품매출 : 600,000 + 5,000[주1] = 605,000원
③ 공사매출 : 400,000 + 100,000[주2] = 500,000원
④ 잡이익 : 8,000원[주3]

[주1] 위탁판매 누락분은 익금산입하고 유보로 처분하고 당기의 수입금액에 가산한다. 위탁매출원가 누락분은 손금산입하고 △유보 처분한다.
☑ 세무조정 : 〈익금산입〉 위탁매출 과소계상액 5,000 (유보/발생)
〈손금산입〉 위탁매출원가 과소계상액 4,000 (△유보/발생)

[주2] 법인세법상 익금보다 회사계상 수익이 더 적으므로 이를 익금산입하고 유보로 처분하고 당기의 수입금액에 가산한다.
* 법인세법 익금 : 1,000,000 × (350,000/700,000) = 500,000원
* 회사계상 수익 : 400,000원
☑ 세무조정 : 〈익금산입〉 공사수입금 과소계상액 100,000 (유보/발생)

[주3] 부산물매각대금은 영업부수수익으로 수입금액에 포함된다.

제3절 수입금액 조정명세서

 **KcLep 길라잡이**

- [수입금액조정]>[수입금액 조정명세서]를 선택하면 다음과 같은 화면이 나타난다.

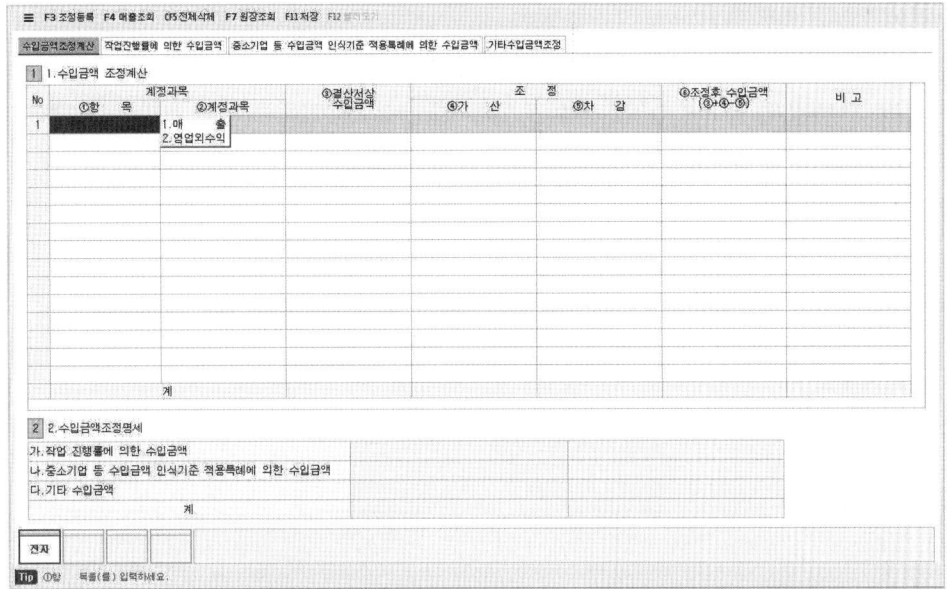

1st ∘ ∘ 1. 수입금액 조정계산

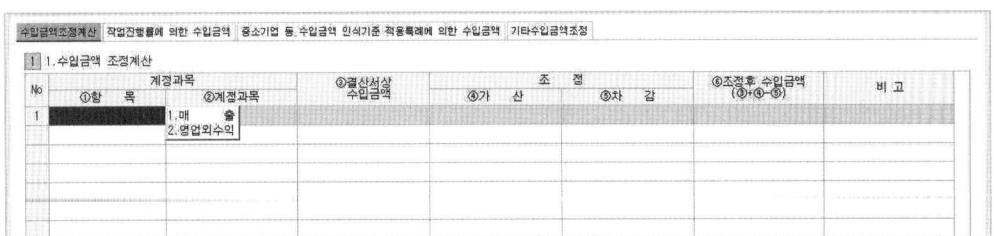

① 항목

결산서(손익계산서)상 수익 중 수입금액(기업회계기준에 의하여 계산한 매출액)에 해당하는 항목을 도움항목(1.매출 / 2.영업외수익) 중에서 선택한다.

② 계정과목

수입금액을 구성하는 계정과목을 F2 키(또는 상단 툴바의 코드)를 이용하여 계정과목 코드번호 3자리로 각각 구분하여 입력한다. [회계관리] 메뉴에 입력된 Data가 있는 경우에는 F4 키(또는 상단 툴바의 F4 매출조회)를 이용하여 「매출조회」 보조창에서 수입금액에 해당하는 계정과목을 선택하고 확인[Tab]을 클릭한다.

③ 결산서상 수입금액

결산서상 수익(영업수익, 영업외수익)으로 계상되어 있는 금액 중 수입금액에 해당하는 금액을 입력한다. [회계관리] 메뉴에 입력된 Data가 있는 경우에는 F4 키(또는 상단 툴바의 F4 매출조회)를 이용하여 계정과목을 선택하면 자동 반영된다. 단, 영업외수익 중 영업수익이 일부 포함된 경우에는 해당 금액으로 수정한다.

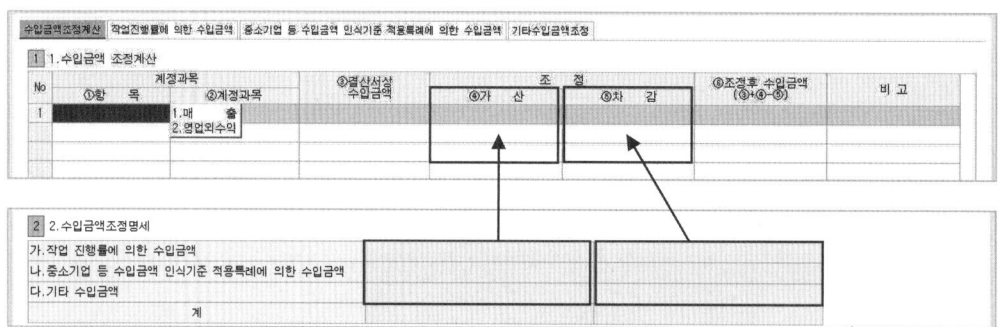

④ 조정(가산) / ⑤ 조정(차감)

『2.수입금액 조정명세』 탭을 작성한 후에 본 화면 하단에 자동 반영된 조정액 중 수입금액 증가액(박스 좌측)은 [④]란에, 수입금액 감소액(박스 우측)은 [⑤]란에 해당 항목별로 옮겨서 입력한다.

⑥ 조정후 수입금액(③+④-⑤)

각 계정과목별로 결산서상 수입금액에서 조정을 반영한 금액이 자동 반영된다.

2nd 2. 수입금액 조정명세

가. 작업진행률에 의한 수입금액

⑦ 공사명 / ⑧ 도급자

공사명과 도급자를 입력한다.

⑨ 도급금액

수입금액 계산의 기준이 되는 도급금액을 입력한다.

✱ 작업진행률계산

⑩ 해당 사업연도말 총공사비누적액(작업시간등)

해당 사업연도 말까지 발생한 총공사비누적액을 입력한다.

⑪ 총공사예정비(작업시간등)

해당 사업연도 종료일 현재 기업회계기준을 적용하여 계약 당시 추정한 공사원가에 해당 사업연도 말까지의 변동상황을 반영하여 합리적으로 추정한 공사원가를 입력한다.

⑫ 진행률(⑩/⑪)

작업진행률은 (해당 사업연도말 총공사비누적액 ÷ 총공사예정비)로 자동 반영된다.

[참고] 작업진행률
　　작업진행률은 해당 사업연도말까지 발생한 총공사비누적액이 총공사예정비에서 차지하는 비율로 계산하되, 건설의 경우 수익실현이 작업시간·작업일수 또는 기성공사의 면적이나 물량 등(이하 "작업시간 등"이라 한다)과 비례관계가 있고, 전체 작업시간 등에서 이미 투입되었거나 완성된 부분이 차지하는 비율을 객관적으로 산정할 수 있는 경우에는 그 비율로 계산할 수 있다.

⑬ 누적익금산입액(⑨×⑫)

(도급금액 × 진행률)에 의하여 자동 반영된다. 동 금액은 당해 연도 말까지 수입금액으로 계상해야 할 금액의 누계액이다.

⑭ 전기말 누적수입계상액

전기 말까지의 수입계상액을 입력한다. 즉, 전기 본 명세서상의 [⑬]란의 금액을 입력한다.

⑮ 당기 회사수입계상액

당해 연도에 회사가 수입금액으로 계상한 금액을 입력한다.

⑯ 조정액(⑬-⑭-⑮)

동 금액이 양수(+)인 경우에는 수입금액 과소계상액으로 『1.수입금액 조정계산』 탭의 [④]란에 입력하고, 음수(-)인 경우에는 수입금액 과대계상액으로 『1.수입금액 조정계산』 탭의 [⑤]란에 입력한다.

나. 중소기업 등 수입금액 인식기준 적용특례에 의한 수입금액

중소기업 수입금액 특례에 따라 신고조정할 장기할부판매 또는 단기건설 등이 있는 경우에 작업하는 메뉴로 자격시험과 무관하므로 이에 대한 설명은 생략한다.

다. 기타 수입금액

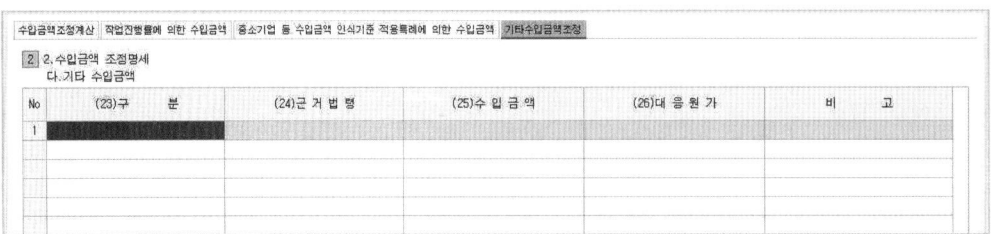

㉓ 구분

작업진행률에 의한 수입금액 이외의 영업수익으로서 조정계산이 필요한 경우와 기타 수입금액이 누락된 경우에 작업하는 메뉴로, [㉓]란에 위탁판매, 시용판매 등 구체적인 내용을 입력한다.

㉕ 수입금액

구분에 해당하는 수입금액을 입력한다. 수입금액이 과소계상된 경우에는 양수(+)로 입력하고, 과대계상된 경우에는 음수(-)로 입력한다. 동 금액이 양수(+)인 경우에는 『1.수입금액 조정계산』 탭의 [④]란에 입력하고, 음수(-)인 경우에는 『1.수입금액 조정계산』 탭의 [⑤]란에 입력한다.

㉖ 대응원가

수입금액에 대응하는 원가가 있다면 해당 금액을 입력한다. 대응원가가 과소계상된 경우에는 양수(+)로 입력하고, 과대계상된 경우에는 음수(-)로 입력한다. 대응원가는 수입금액을 증가 또는 감소시키는 성격이 아니므로 『1.수입금액 조정계산』 탭의 [조정]란에 입력하는 것이 아니라 F3 키(또는 상단 툴바의 F3 조정등록)를 이용하여 [소득 및 과표계산]>[소득금액조정합계표 및 명세서]에 반영시킨다.

세무조정사항 정리

i> [⑯조정액]란이 양수(+) : 익금산입(유보발생)

　　　　　　　음수(-) : 익금불산입(유보발생)

ii> [㉕수입금액]란이 양수(+) : 익금산입(유보발생)

　　　　　　　음수(-) : 익금불산입(유보감소)

iii> [㉖대응원가]란이 양수(+) : 손금산입(유보발생)

　　　　　　　음수(-) : 손금불산입(유보감소)

한마디...

상기의 "세무조정사항 정리"는 프로그램에서 F3(조정등록) 키를 누르면 자동으로 표시되는 세무조정사항이 해당 서식의 어느 부분인지를 이해하도록 정리해 놓은 것이다. 단, 유보의 경우에는 유보가 당기에 처음 발생하는 상황이면 유보발생이고, 전기 이전에 발생했던 유보가 정리되는 상황이면 유보감소가 된다. 따라서 동일한 위치라도 그 상황에 따라 달라질 수 있다. 위 내용은 일반적인 상황을 기록한 것이므로 항상 그렇지는 않다는 것을 이해하기 바란다.

KcLep 따라하기

 ㈜최대리(회사코드 : 1001)는 제조·도매·건설업을 영위하는 중소기업이며, 당해 사업연도(제25기)는 2025.1.1. ~ 2025.12.31.이다. 제시된 자료에 의하여 [수입금액 조정명세서]를 작성하고 당해 사업연도의 세무조정을 하시오.

(1) 손익계산서상 매출액 자료
  ① 제품매출액 : 1,000,000,000원
  ② 상품매출액 :   600,000,000원
  ③ 공사매출액 :   400,000,000원

(2) 공사현황 자료

공 사 명	세연빌딩 신축공사
도 급 자	㈜세연
계 약 일 자	당기 2월 1일
계 약 기 간	당기 2월 1일 ~ 차기 5월 31일
도 급 금 액	1,000,000,000원
총공사예정비	700,000,000원
당해 연도 총공사비	350,000,000원
손익계산서 수익계상액	400,000,000원

(3) 기타 자료
  ① 영업외수익에는 제품 제조과정에서 발생한 부산물매각대금 8,000,000원이 포함되어 있으며 세금계산서를 교부하지 않고 입금된 금액만을 잡이익으로 처리하였다.
  ② ㈜최대리는 상품을 위탁판매하고 있다. 수탁자로부터 위탁상품 5,000,000원(원가 4,000,000원)이 당기 12월 30일에 외상판매 되었다는 통보를 받았으나 당기 손익계산서에 반영하지 못하였다.

수입금액 조정명세서

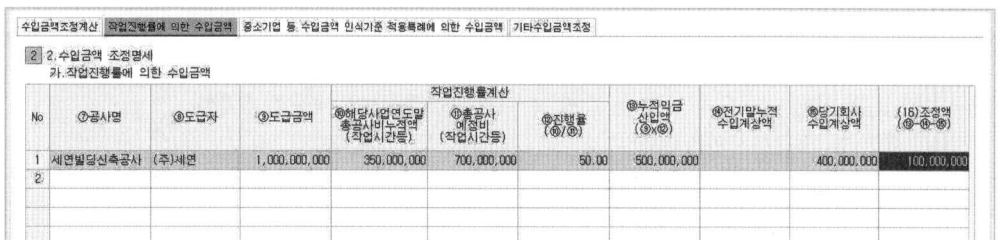

❶ 『수입금액조정계산』 탭 : [①]란에서 "1.매출"을 선택하고 [②]란에서 F2 키(또는 상단 툴바의 코드)를 이용하여 결산서상 수입금액의 계정과목(404.제품매출, 401.상품매출, 407.공사수입금)을 선택하고 금액을 입력한다.

❷ 부산물매각대금은 영업부수수익으로 수입금액에 포함되므로 [①]란에서 "2.영업외수익"을 선택하고 F2 키를 이용하여 930.잡이익 8,000,000원을 입력한다.

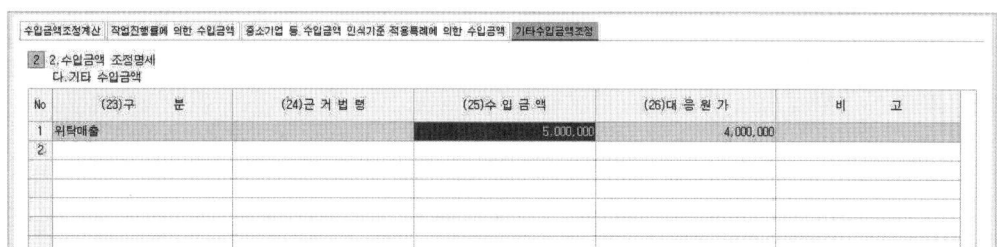

❸ 『작업진행률에 의한 수입금액』 탭 : 지문에 제시된 자료에 따라 공사현황을 입력한다.
❹ 당기에 처음 공사를 시작했으므로 [⑩]란에는 당해 연도 총공사비를 입력한다.
❺ [⑮]란에 손익계산서상 공사매출액을 입력한다.

❻ 『기타수입금액조정』 탭 : 위탁판매한 상품의 손익 귀속시기는 수탁자가 위탁품을 판매한 날이므로 당기의 매출에 포함되어야 하는데 손익계산서에 반영되지 않았으므로, [㉕]란에 판매가액 5,000,000원을 입력하고 동 매출원가 4,000,000원은 [㉖]란에 입력한다.
 *[㉓구분]란의 명칭은 상품매출, 위탁판매 등 어떤 내용으로 입력해도 상관없으며, 자격시험에서 근거법령의 입력은 생략한다.

| 수입금액조정계산 | 작업진행률에 의한 수입금액 | 중소기업 등 수입금액 인식기준 적용특례에 의한 수입금액 | 기타수입금액조정 |

1. 수입금액 조정계산

No	①항 목	계정과목 ②계정과목	③결산서상 수입금액	조 정 ④가 산	⑤차 감	⑥조정후 수입금액 (③+④-⑤)	비 고
1	매 출	제품매출	1,000,000,000			1,000,000,000	
2	매 출	상품매출	600,000,000	5,000,000		605,000,000	
3	매 출	공사수입금	400,000,000	100,000,000		500,000,000	
4	영업외수익	잡이익	8,000,000			8,000,000	
5							
		계	2,008,000,000	105,000,000		2,113,000,000	

2. 수입금액조정명세

가. 작업 진행률에 의한 수입금액		100,000,000
나. 중소기업 등 수입금액 인식기준 적용특례에 의한 수입금액		
다. 기타 수입금액		5,000,000
	계	105,000,000

❼ 『수입금액조정계산』 탭 : 상품 위탁매출누락분 5,000,000원을 상품매출의 [④]란에 입력하여 수입금액을 증가시킨다. 공사수입금 과소계상액 100,000,000원은 공사수입금의 [④]란에 자동 반영된다.

조정 등록

익금산입 및 손금불산입			손금산입 및 익금불산입		
과 목	금 액	소득처분	과 목	금 액	소득처분
공사수입금 과소계상액	100,000,000	유보발생	위탁매출원가 과소계상액	4,000,000	유보발생
위탁매출 과소계상액	5,000,000	유보발생			

❽ F3 키(또는 상단 툴바의 F3 조정등록)을 이용하여 다음과 같이 세무조정 한다.
[익금산입 및 손금불산입] 공사수입금 과소계상액 100,000,000원 (유보발생)
　　　　　　　　　　　　위탁매출 과소계상액 5,000,000원 (유보발생)
[손금산입 및 익금불산입] 위탁매출원가 과소계상액 4,000,000원 (유보발생)

한마디...

[과목]란의 명칭은 중요한 것이 아니므로 본인이 해당 내용을 알아보기 쉽도록 입력하면 된다. 즉, 공사수입금 과소계상액의 경우 공사기성고차액, 407(공사수입금) 등으로 할 수 있으며, 위탁매출 과소계상액의 경우 기타수입금액조정액, 401(상품매출), 상품매출 과소계상 등으로 할 수 있다. 그리고 위탁매출원가 과소계상액의 경우에도 기타수입대응원가, 451(상품매출원가), 상품매출원가 과소계상 등으로 할 수 있다.

※ 모든 작업이 종료되면 상단 툴바의 F11저장 을 클릭하거나, ⊗닫기 를 클릭하여 작업한 내용을 저장해야 한다(이하 모든 메뉴 작업시 동일함).

기/출/문/제 (실기)

01 다음 자료를 보고 ㈜일공일(회사코드 : 1101)의 [수입금액 조정명세서]를 작성하고 필요한 세무조정을 하시오. 단, 세무조정은 각 건별로 한다.(6점)

(1) 결산서상 수입금액은 다음과 같다.
① 제품매출 : 1,012,000,000원
② 상품매출 :   50,000,000원

(2) 상품재고액 중 7,500,000원(판매가액 8,150,000원)은 시송품으로 거래처에 기반출한 것으로서, 상대방이 당기 12.31. 구입의사표시를 전달해 왔으나 결산서에는 시용매출이 아직 반영되지 않았다.

(3) 제품재고액 중 X제품 5,000,000원(판매가액 8,000,000원)은 타인에게 위탁판매하기 위한 위탁품(적송품)으로서 당기 12.31.에 수탁자가 판매한 것으로 결산서에는 위탁매출이 아직 반영되지 않았다.

02 다음 자료를 보고 ㈜일공이(회사코드 : 1102)의 [수입금액 조정명세서]를 작성하고 필요한 세무조정을 하시오. 단, 세무조정은 각 건별로 한다.(6점)

(1) 결산서상 수입금액 내역 : 제품매출 3,515,000,000원, 상품매출 2,500,000,000원

(2) 제품 재고액 중 20대(1대당 원가 1,000,000원, 1대당 판매가 1,300,000원)는 시송품이며, 당기 12.31. 현재 15대는 구입의사표시를 받은 상태인데 시용매출과 관련 원가는 회계처리하지 않음.

(3) 상품권 판매액 : 15,000,000원(상품권 판매액은 전액 결산서상 상품매출로 계상되어 있으며, 실제 상품권과의 교환으로 출고된 상품의 매출금액은 10,000,000원이며, 상품권과 교환으로 출고된 상품에 대해서는 매출원가를 결산서에 반영함)

(4) 부산물매각대 3,000,000원을 잡이익으로 계상함.

03 다음 자료를 이용하여 ㈜일공삼(회사코드 : 1103)의 [수입금액 조정명세서]를 작성하고 필요한 세무조정을 하시오.(5점)

(1) 손익계산서상 수입금액은 다음과 같다.
① 제품매출 : 1,200,000,000원
② 상품매출 :   730,000,000원

(2) 기말상품재고액 중에는 적송품 5,700,000원이 포함되어 있다. 이 중 2,500,000원은 결산일 현재 수탁자가 3,200,000원에 이미 판매하였으나 당사에 통보되지 아니한 것으로 판명되었다.

(3) 손익계산서상 영업외수익 중 잡이익에는 부산물매각액 4,000,000원이 포함되어 있다.

04 다음 자료와 기장된 자료를 이용하여 ㈜일공사(회사코드 : 1104)의 [수입금액 조정명세서]를 작성하고 필요한 세무조정을 하시오.(6점)

(1) 장부상 매출액 내역
① 상품매출 :   932,000,000원
② 제품매출 : 3,292,400,000원

(2) 장부상 영업외손익 내역
① 영업외수익 중 잡이익에는 부산물매각액 17,000,000원이 포함되어 있다.
② 영업외비용 중 잡손실에는 제품 매출에누리액 3,400,000원이 포함되어 있다.

(3) 장부상 기말 제품재고액에 포함되어 있는 위탁품(적송품) 4,800,000원은 이미 당기 12월 30일에 수탁자가 5,760,000원에 판매한 것으로 확인된다.

05 다음 자료를 이용하여 ㈜일공오(회사코드 : 1105)의 [수입금액 조정명세서]를 작성하고 필요한 세무조정을 하시오.(6점)

(1) 결산서상 수입금액은 다음과 같다.
① 제품매출 : 1,136,630,000원(수출 320,000,000원 포함)
② 상품매출 :   724,983,000원

(2) 상품재고액 중 4,500,000원(판매가액 5,150,000원)은 시송품으로 거래처에 기 반출한 것으로서, 상대방이 구입의사표시를 전달해 왔으나 결산서에는 시용매출이 아직 반영되지 않았다.

06 다음의 자료를 이용하여 ㈜일공육(회사코드 : 1106)의 [수입금액 조정명세서]를 작성하고 관련된 세무조정사항을 소득금액조정합계표에 반영하시오.(6점)

(1) 손익계산서상 수익계상 내역

구분			금액
매출액	제품매출	제조/ 가구	1,300,000,000원
영업외수익(잡이익)	부산물매각익	제조/ 가구	10,000,000원
합계			1,310,000,000원

(2) 기타사항
　① 회사의 재고자산의 제품 계정에는 적송품 10,000,000원(1,000개, 개당 @10,000원)이 포함되어 있다. 이 중 수탁회사는 600개를 당기 12월 31일에 판매하였고, 나머지 400개는 차기에 판매하였음을 차기 2월 20일 통보받았다.
　② 수탁자의 판매가격은 제조원가에 20%를 가산한 금액이며, 판매수수료 및 부가가치세예수금 등은 무시하고, 동 매출과 관련하여 부가가치세 수정신고는 적정하게 이루어진 것으로 가정한다.

07 다음 자료를 이용하여 ㈜일공칠(회사코드 : 1107)의 [수입금액 조정명세서]를 작성하고, 관련 세무조정을 소득금액조정합계표에 반영하시오.(6점)

(1) 손익계산서상의 매출액 및 영업외수익의 자료는 다음과 같다.
　① 제품매출액 : 1,000,000,000원
　② 상품매출액 : 500,000,000원
　③ 부산물매출액 : 10,000,000원(잡이익 계정에 기입됨)
(2) 기말에 상품판매누락분이 발견되었으나, 손익계산서에는 반영을 하지 못하였다. 매출액은 10,000,000원이며, 대응원가는 8,000,000원이다.
(3) 잡손실 계정에 상품 매출에누리액 5,000,000원이 계상되어 있다.

08 다음 자료에 의하여 ㈜일공팔(회사코드 : 1108)의 [수입금액 조정명세서]를 작성하고 필요한 세무조정을 소득금액조정합계표에 반영하시오.(6점)

(1) 결산서상 수입금액 내역과 잡이익 계정에 포함되어 있는 부산물매각대금은 조회하여 반영한다.
(2) 결산일 현재 진행 중인 공사는 도급금액이 290,000,000원인 다음의 공사 한 건 뿐이다.
　• 공사명/ 건축주 : 대성빌딩/ ㈜강진
　• 계약일자/ 계약기간 : 전기 1월 20일/ 전기 2월 4일부터 차기 4월 3일
　• 총공사비누적액/ 총공사예정비 : 204,000,000원/ 240,000,000원
　• 전기말 수입계상액은 180,000,000원이며 당기에 장부상 수입계상액은 60,000,000원이다.
(3) 결산서상 상품재고액에는 ㈜부산상회에 위탁판매하기 위하여 적송한 상품 12,000,000원이 포함되어 있다. ㈜부산상회는 적송품 전액을 당기 12월 30일에 15,000,000원에 판매하였으나 당사에는 차기 1월 4일에 통보되어 당기 매출에는 계상되지 않았다.

09 다음 자료를 이용하여 ㈜일공구(회사코드 : 1109)의 [수입금액 조정명세서]를 작성하시오.(6점)

(1) 각 수입금액에 대해서는 기장자료를 조회한다.
(2) 회사는 일부 제품에 대하여 위탁판매를 하고 있다. 이 중에서 전기 12월 30일에 수탁회사에서 판매한 물품(매가 : 15,000,000원, 원가 : 10,000,000원)이미 통보되어 전기에 장부에 계상하지 아니하였고, 당기에 계상하였다. 단, 매출과 매출원가에 대하여 전기의 세무조정은 올바르게 처리되었다.
(3) 회사는 상품 판매에 대하여 상품권을 발행하고 있으며 12월 31일에 상품권 25,000,000원을 발행하고, 상품매출로 처리하였다. 12월 31일까지 회수된 상품권은 없다.

10 다음 자료를 이용하여 ㈜일일공(회사코드 : 1110)의 [수입금액 조정명세서]를 작성하시오.(7점) (AT)

세무조정 참고자료	1. 결산서상 수입금액은 기장자료를 조회한다. 2. ㈜대림상사와 체결한 공사내용은 다음과 같다.

구분	내용	구분	내용
공사명	대림본사	도급자	㈜대림
도급금액	900,000,000원	총공사비누적액	420,000,000원
총공사예정비	600,000,000원	공사계약일	전기 10.1.
도급계약기간	전기 10.1. ~ 차기 3.31.		
손익계산서 수입금액	전기	95,000,000원	
	당기	470,000,000원	

3. 제품매출 중 할부판매에 대한 자료

매출계약액	인도일	할부조건	원가율	손익계산서 수익계상액	손익계산서 원가계상액
20,000,000원	당기 7.1.	10개월 균등회수	80%	12,000,000원	9,600,000원

평가문제	수입금액조정명세서를 작성하시오. 1. [1.수입금액 조정계산]에 결산서상 수입금액을 조회하여 반영하시오. 2. [2.수입금액 조정명세]에 작업진행률에 의한 수입금액을 반영하시오. 3. [2.수입금액 조정명세]에 할부판매에 대한 수입금액을 반영하시오. 4. [1.수입금액 조정계산]에 조정사항을 반영하시오. 5. 소득금액조정합계표에 세무조정사항을 반영하시오.

KcLep 도우미

해설 1 _____ 1101

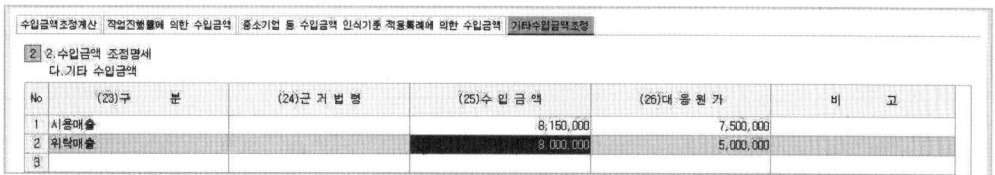

❶ 『수입금액조정계산』 탭 : [①]란에서 "1.매출"을 선택하고 [②]란에서 F2 키를 이용하여 결산서상 수입금액의 계정과목을 선택하고 금액을 입력한다.

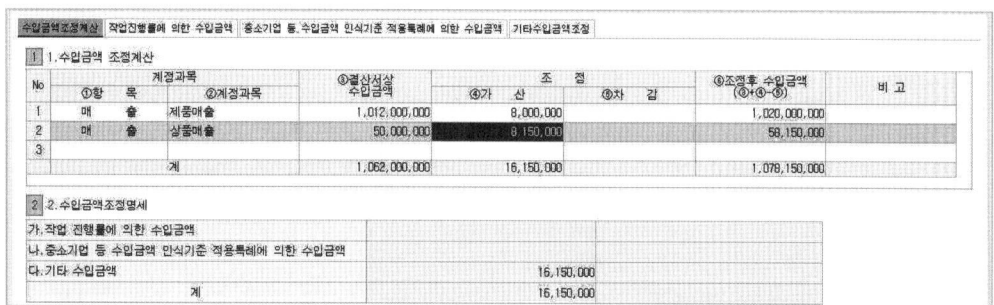

❷ 『기타수입금액조정』 탭 : 시용판매한 상품의 손익 귀속시기는 매입자로부터 구입의사표시를 받은 날이므로 당기의 매출에 포함되어야 하는데 결산서에 반영되지 않았으므로, [㉕]란에 판매가액 8,150,000원을 입력하고 동 매출원가 7,500,000원을 [㉖]란에 입력한다.

❸ 위탁판매한 제품의 손익 귀속시기는 수탁자가 위탁품을 판매한 날이므로 당기의 매출에 포함되어야 하는데 결산서에 반영되지 않았으므로, [㉕]란에 판매가액 8,000,000원을 입력하고 동 매출원가 5,000,000원을 [㉖]란에 입력한다.

❹ 『수입금액조정계산』 탭 : 상품 시용매출누락분 8,150,000원을 상품매출의 [④]란에 입력하고, 제품 위탁매출누락분 8,000,000원을 제품매출의 [④]란에 입력하여 수입금액을 증가시킨다.

❺ F3 키(또는 상단 툴바의 F3 조정등록)을 이용하여 다음과 같이 세무조정 한다.
  [익금산입 및 손금불산입] 시용매출 과소계상액 8,150,000원 (유보발생)
               위탁매출 과소계상액 8,000,000원 (유보발생)
  [손금산입 및 익금불산입] 시용매출원가 과소계상액 7,500,000원 (유보발생)
               위탁매출원가 과소계상액 5,000,000원 (유보발생)

해설 2   1102

No	계정과목 ①항목	②계정과목	③결산서상 수입금액	조정 ④가산	⑤차감	⑥조정후 수입금액 (③+④-⑤)	비고
1	매출	제품매출	3,515,000,000			3,515,000,000	
2	매출	상품매출	2,500,000,000			2,500,000,000	
3	영업외수익	잡이익	3,000,000			3,000,000	
4							

❶ 『수입금액조정계산』 탭 : [①]란에서 "1.매출"을 선택하고 [②]란에서 F2 키를 이용하여 결산서상 수입금액의 계정과목을 선택하고 금액을 입력한다.

❷ 부산물매각대는 영업부수수익으로 수입금액에 포함되므로 [①]란에서 "2.영업외수익"을 선택하고 F2 키를 이용하여 930.잡이익 3,000,000원을 입력한다.

No	(23)구 분	(24)근거법령	(25)수입금액	(26)대응원가	비고
1	시용매출		19,500,000	15,000,000	
2	상품권매출		-5,000,000		
3					

❸ 『기타수입금액조정』 탭 : [㉕]란에 시송품의 판매가 19,500,000원을 입력하고, 동 매출원가 15,000,000원을 [㉖]란에 입력한다.
  * 판매가 : 15대×1,300,000원 = 19,500,000원   * 매출원가 : 15대×1,000,000원 = 15,000,000원

❹ 상품권을 발행하는 경우 손익의 귀속시기는 그 상품권과 교환으로 상품 등을 인도한 날이므로, 상품권과 교환되지 않은 5,000,000원을 [㉕]란에 음수(-)로 입력한다.
  * 상품권과 교환으로 출고된 상품에 대해서 매출원가를 결산서에 반영하였으므로 [㉖]란은 입력하지 않는다.

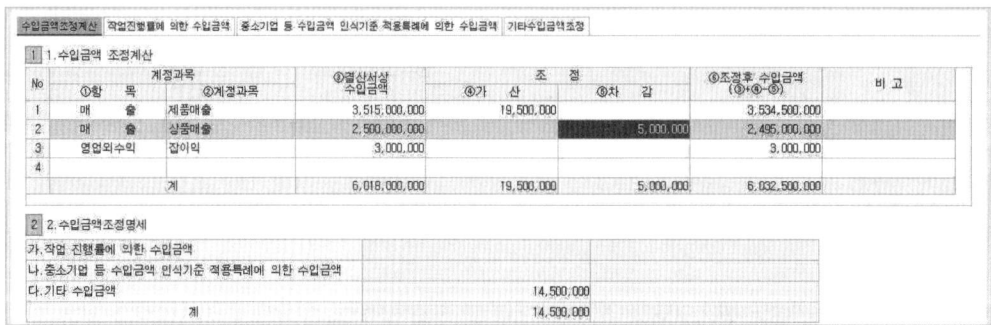

❺ 『수입금액조정계산』 탭 : 제품 시용매출누락분 19,500,000원을 제품매출의 [④]란에 입력하여 수입금액을 증가시키고, 상품매출 과대계상분(상품권과 교환되지 않은 금액) 5,000,000원을 상품매출의 [⑤]란에 입력하여 수입금액을 감소시킨다.

❻ F3 키(또는 상단 툴바의 F3 조정등록)을 이용하여 다음과 같이 세무조정 한다.
  [익금산입 및 손금불산입] 시용매출 과소계상액 19,500,000원 (유보발생)
  [손금산입 및 익금불산입] 시용매출원가 과소계상액 15,000,000원 (유보발생)
                               상품권매출 과대계상액 5,000,000원 (유보발생)

해설 3 _____1103

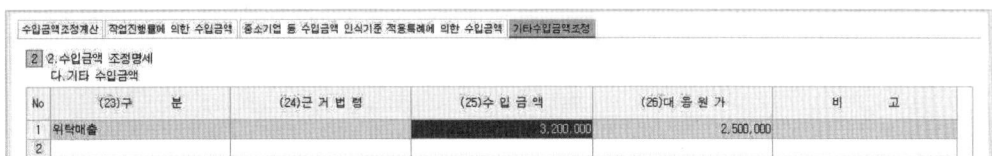

❶ 『수입금액조정계산』 탭 : [①]란에서 "1.매출"을 선택하고 [②]란에서 F2 키를 이용하여 손익계산서상 수입금액의 계정과목을 선택하고 금액을 입력한다.

❷ 부산물매각액은 영업부수수익으로 수입금액에 포함되므로 [①]란에서 "2.영업외수익"을 선택하고 F2 키를 이용하여 930.잡이익 4,000,000원을 입력한다.

❸ 『기타수입금액조정』 탭 : [㉕]란에 적송품의 판매가액 3,200,000원을 입력하고 동 매출원가 2,500,000원을 [㉖]란에 입력한다.

❹ 『수입금액조정계산』 탭 : 상품 위탁매출누락분 3,200,000원을 상품매출의 [④]란에 입력하여 수입금액을 증가시킨다.

❺ F3 키(또는 상단 툴바의 F3 조정등록)을 이용하여 다음과 같이 세무조정 한다.
 [익금산입 및 손금불산입] 위탁매출 과소계상액 3,200,000원 (유보발생)
 [손금산입 및 익금불산입] 위탁매출원가 과소계상액 2,500,000원 (유보발생)

해설 4 _____1104

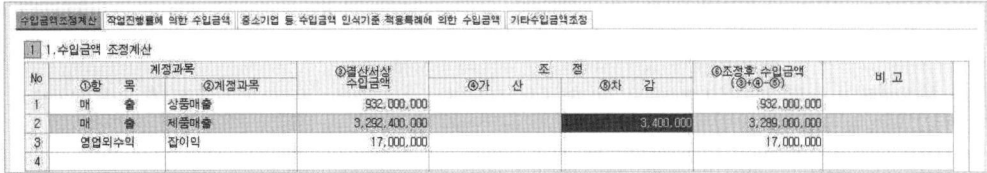

❶ 『수입금액조정계산』 탭 : [①]란에서 "1.매출"을 선택하고 [②]란에서 F2 키를 이용하여 장부상 매출액의 계정과목을 선택하고 금액을 입력한다.
❷ 부산물매각액은 영업부수수익으로 수입금액에 포함되므로 [①]란에서 "2.영업외수익"을 선택하고 F2 키를 이용하여 930.잡이익 17,000,000원을 입력한다.
❸ 매출액에서 차감하지 않고 영업외비용으로 처리한 제품 매출에누리액 3,400,000원을 제품매출의 [⑤]란에 입력하여 수입금액을 감소시킨다.

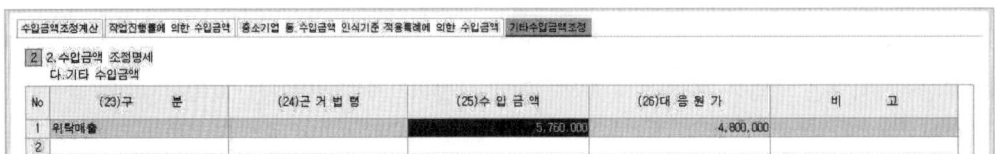

❹ 『기타수입금액조정』 탭 : [㉕]란에 위탁품의 판매가액 5,760,000원을 입력하고, 동 매출원가 4,800,000원을 [㉖]란에 입력한다.

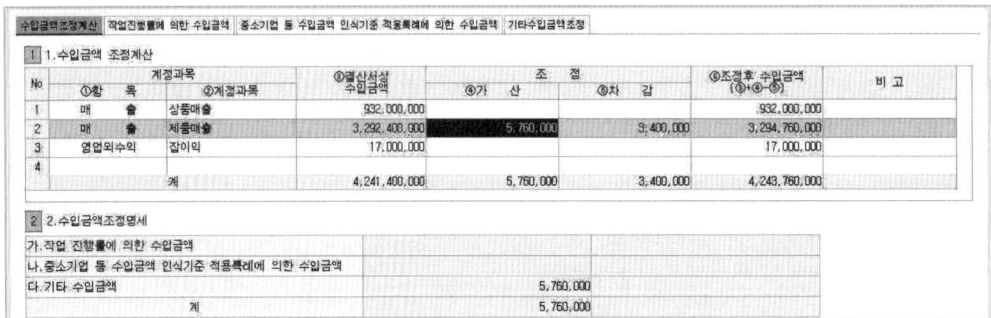

❺ 『수입금액조정계산』 탭 : 제품 위탁매출누락분 5,760,000원을 제품매출의 [④]란에 입력하여 수입금액을 증가시킨다.
❻ F3 키(또는 상단 툴바의 F3 조정등록)을 이용하여 다음과 같이 세무조정 한다.
  [익금산입 및 손금불산입] 위탁매출 과소계상액 5,760,000원 (유보발생)
  [손금산입 및 익금불산입] 위탁매출원가 과소계상액 4,800,000원 (유보발생)

해설 5   1105

❶ 『수입금액조정계산』 탭 : [①]란에서 "1.매출"을 선택하고 [②]란에서 F2 키를 이용하여 결산서상 수입금액의 계정과목을 선택하고 금액을 입력한다.
  *제품매출의 수출 320,000,000원은 본 명세서 작성과는 상관없는 내용이며, [조정 후 수입금액명세서] 메뉴를 작성할 때 필요한 자료이다.

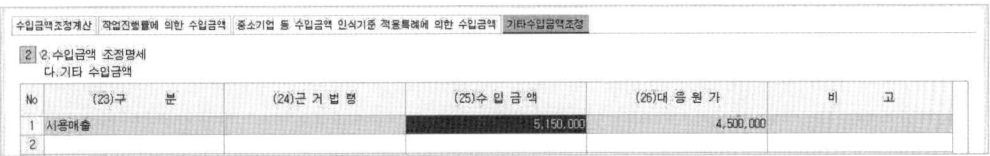

❷ 『기타수입금액조정』 탭 : [㉕]란에 시송품의 판매가액 5,150,000원을 입력하고, 동 매출원가 4,500,000원을 [㉖]란에 입력한다.

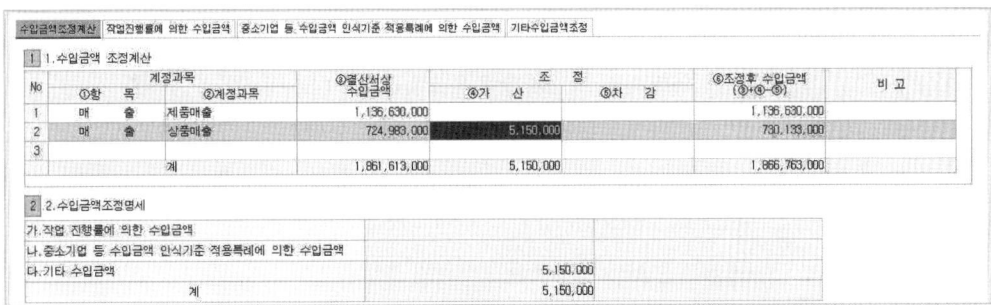

❸ 『수입금액조정계산』 탭 : 상품 시용매출누락분 5,150,000원을 상품매출의 [④]란에 입력하여 수입금액을 증가시킨다.

❹ F3 키(또는 상단 툴바의 F3 조정등록)을 이용하여 다음과 같이 세무조정 한다.
[익금산입 및 손금불산입] 시용매출 과소계상액 5,150,000원 (유보발생)
[손금산입 및 익금불산입] 시용매출원가 과소계상액 4,500,000원 (유보발생)

해설 6 _____1106

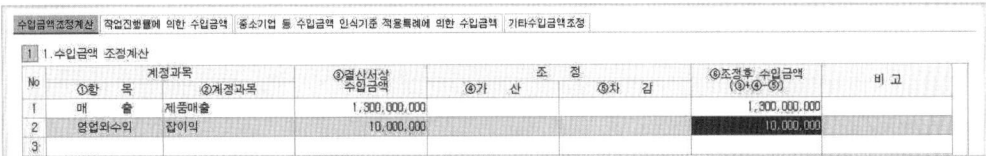

❶ 『수입금액조정계산』 탭 : [①]란에서 "1.매출"을 선택하고 [②]란에서 F2 키를 이용하여 손익계산서상 수익계상 내역의 계정과목을 선택하고 금액을 입력한다.
❷ 부산물매각익은 영업부수수익으로 수입금액에 포함되므로 [①]란에서 "2.영업외수익"을 선택하고 F2 키를 이용하여 930.잡이익 10,000,000원을 입력한다.

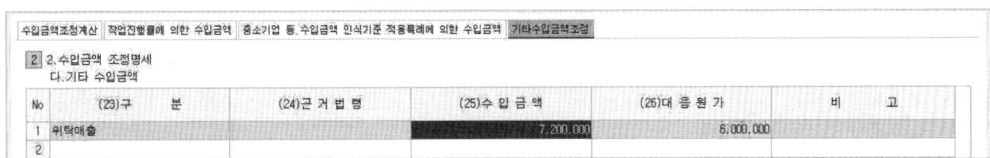

❸ 『기타수입금액조정』 탭 : [㉕]란에 적송품의 판매가액 7,200,000원을 입력하고, 동 매출원가 6,000,000원을 [㉖]란에 입력한다.
  * 판매가격 : 600개×(@10,000×1.2) = 7,200,000원   * 매출원가 : 600개×(@10,000) = 6,000,000원

❹ 『수입금액조정계산』 탭 : 제품 위탁매출누락분 7,200,000원을 제품매출의 [④]란에 입력하여 수입금액을 증가시킨다.

❺ F3 키(또는 상단 툴바의 F3 조정등록)을 이용하여 다음과 같이 세무조정 한다.
[익금산입 및 손금불산입] 위탁매출 과소계상액 7,200,000원 (유보발생)
[손금산입 및 익금불산입] 위탁매출원가 과소계상액 6,000,000원 (유보발생)

해설 7   1107

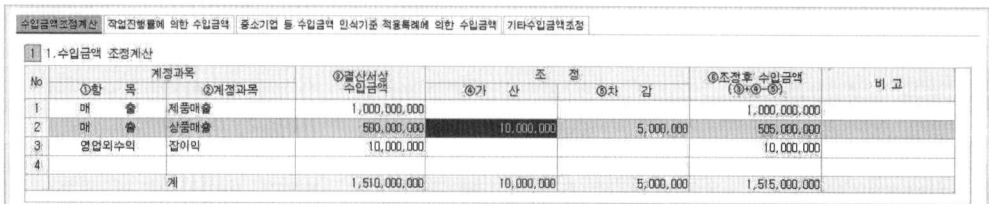

❶ 『수입금액조정계산』 탭 : [①]란에서 "1.매출"을 선택하고 [②]란에서 F2 키를 이용하여 손익계산서상 매출액의 계정과목을 선택하고 금액을 입력한다.

❷ 부산물매출액은 영업부수수익으로 수입금액에 포함되므로 [①]란에서 "2.영업외수익"을 선택하고 F2 키를 이용하여 930.잡이익 10,000,000원을 입력한다.

❸ 매출액에서 차감하지 않고 잡손실로 처리한 상품 매출에누리액 5,000,000원을 상품매출의 [⑤]란에 입력하여 수입금액을 감소시킨다.

❹ 『기타수입금액조정』 탭 : [㉕]란에 상품판매누락분 10,000,000원을 입력하고, 동 매출원가 8,000,000원을 [㉖]란에 입력한다.

❺ 『수입금액조정계산』 탭 : 상품판매누락분 10,000,000원을 상품매출의 [④]란에 입력하여 수입금액을 증가시킨다.

❻ F3 키(또는 상단 툴바의 F3 조정등록)을 이용하여 다음과 같이 세무조정 한다.
[익금산입 및 손금불산입] 상품매출 과소계상액 10,000,000원 (유보발생)
[손금산입 및 익금불산입] 상품매출원가 과소계상액 8,000,000원 (유보발생)

해설 8 _____ 1108

❶ 『수입금액조정계산』 탭 : [①]란에서 "1.매출"을 선택하고 F4 키(또는 상단 툴바의 F4 매출조회)를 이용하여 「매출조회」 보조창에서 계정과목(401.상품매출, 404.제품매출, 407.공사수입금)을 선택하고 확인 [Tab]을 클릭한다.

❷ F7 키(또는 상단 툴바의 F7 원장조회)를 이용하여 930.잡이익 계정의 부산물매각대금 3,000,000원을 확인한다.

❸ [①]란에서 "2.영업외수익"을 선택하고 930.잡이익 3,000,000원을 입력한다.

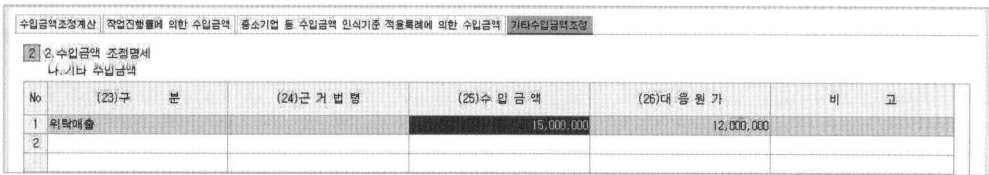

❹ 『작업진행률에 의한 수입금액』 탭 : 지문에 제시된 자료에 따라 공사현황을 입력한다.
❺ [⑮]란에 당기에 장부상 수입계상액을 입력한다.

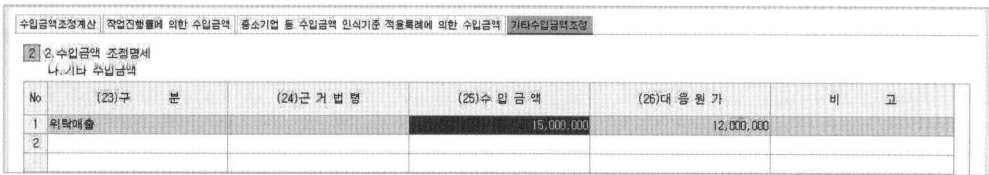

❻ 『기타수입금액조정』 탭 : [㉕]란에 적송품의 판매가액 15,000,000원을 입력하고, 동 매출원가 12,000,000원을 [㉖]란에 입력한다.

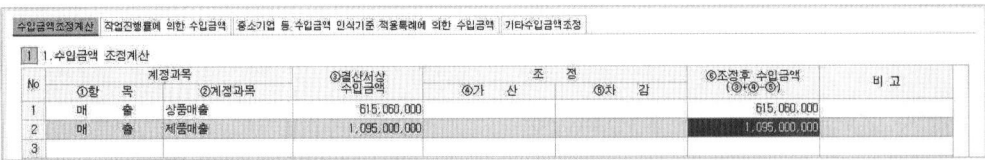

❼ 『수입금액조정계산』 탭 : 상품 위탁판매누락분 15,000,000원을 상품매출의 [④]란에 입력하여 수입금액을 증가시킨다. 공사수입금 과소계상액 6,500,000원은 공사수입금의 [④]란에 자동 반영된다.

❽ F3 키(또는 상단 툴바의 F3 조정등록)을 이용하여 다음과 같이 세무조정 한다.
[익금산입 및 손금불산입] 공사수입금 과소계상액 6,500,000원 (유보발생)
　　　　　　　　　　　　위탁매출 과소계상액 15,000,000원 (유보발생)
[손금산입 및 익금불산입] 위탁매출원가 과소계상액 12,000,000원 (유보발생)

해설 9　　　　　　　　　1109

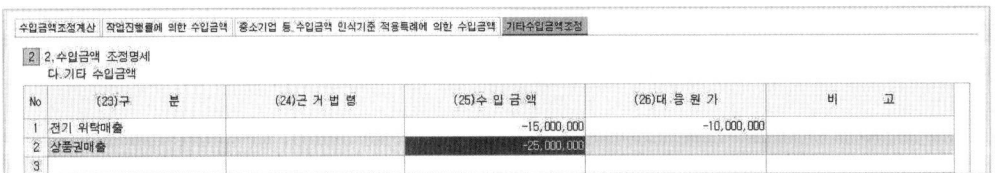

❶ 『수입금액조정계산』 탭 : [①]란에서 "1.매출"을 선택하고 F4 키(또는 상단 툴바의 F4 매출조회)를 이용하여 「매출조회」 보조창에서 계정과목(401.상품매출, 404.제품매출)을 선택하고 확인 [Tab]을 클릭한다.

❷ 『기타수입금액조정』 탭 : [㉕]란에 제품 위탁판매 과대계상분 15,000,000원을 음수(-)로 입력하고, 동 매출원가 10,000,000원을 [㉖]란에 음수(-)로 입력한다.

❸ 상품권을 발행하는 경우 손익의 귀속시기는 그 상품권과 교환으로 상품 등을 인도한 날이므로, 상품권과 교환되지 않은 25,000,000원을 [㉕]란에 음수(-)로 입력한다.

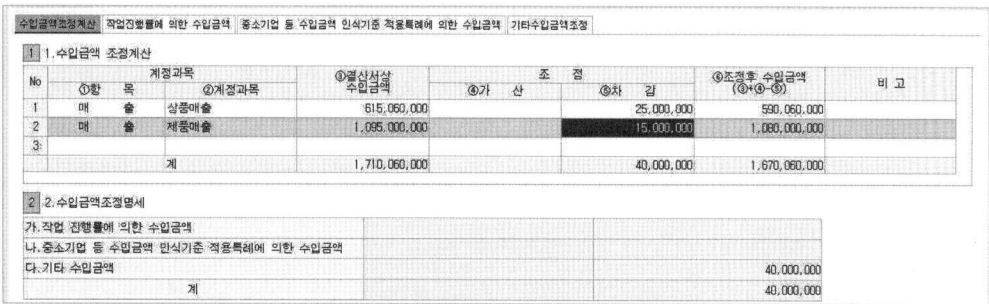

❹ 『수입금액조정계산』 탭 : 제품 위탁판매 과대계상액 15,000,000원을 제품매출의 [⑤]란에 입력하여 수입금액을 감소시키고, 상품매출 과대계상분(상품권과 교환되지 않은 금액) 25,000,000원을 상품매출의 [⑤]란에 입력하여 수입금액을 감소시킨다.

❺ F3 키(또는 상단 툴바의 F3 조정등록)을 이용하여 다음과 같이 세무조정 한다.
 [익금산입 및 손금불산입] 위탁매출원가 과대계상액 10,000,000원 (유보감소)
 [손금산입 및 익금불산입] 위탁매출 과대계상액 15,000,000원 (유보감소)
  상품권매출 과대계상액 25,000,000원 (유보발생)

해설 10 ─────────────── 1110

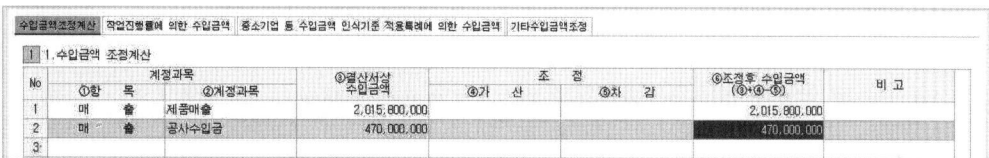

❶ 『수입금액조정계산』 탭 : [①]란에서 "1.매출"을 선택하고 F4 키(또는 상단 툴바의 F4 매출조회)를 이용하여 「매출조회」 보조창에서 계정과목(404.제품매출, 407.공사수입금)을 선택하고 확인 [Tab] 을 클릭한다.

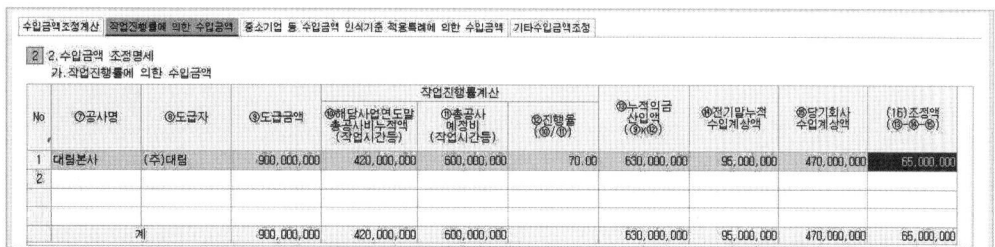

❷ 『작업진행률에 의한 수입금액』 탭 : 지문에 제시된 자료에 따라 공사현황을 입력한다.

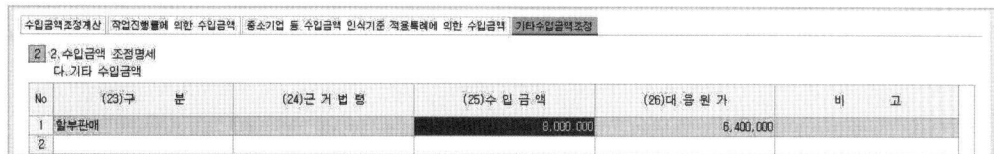

❸ 『기타수입금액조정』탭 : 단기할부판매한 제품의 손익 귀속시기는 인도일이므로 [㉕]란에 할부판매 과소계상액 8,000,000원을 입력하고 동 할부판매원가 과소계상액 6,400,000원을 [㉖]란에 입력한다.

* 할부판매 과소계상액 : 20,000,000 - 12,000,000 = 8,000,000원
* 할부판매원가 과소계상액 : (20,000,000×80%) - 9,600,000 = 6,400,000원

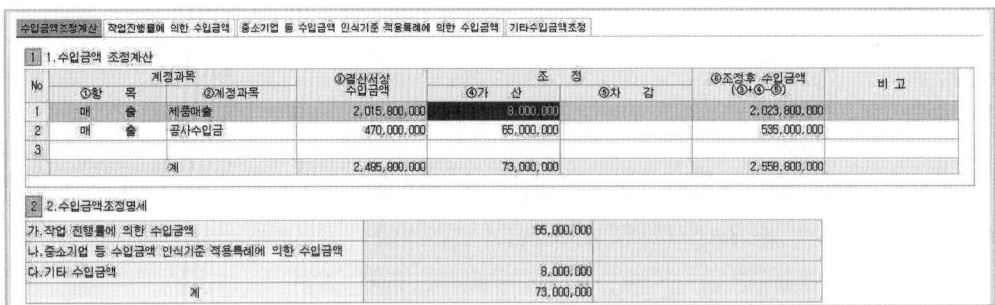

❹ 『수입금액조정계산』탭 : 제품 할부판매 과소계상액 8,000,000원을 제품매출의 [④]란에 입력하여 수입금액을 증가시킨다. 공사수입금 과소계상액 65,000,000원은 공사수입금의 [④]란에 자동 반영된다.

❺ F3 키(또는 상단 툴바의 F3 조정등록)을 이용하여 다음과 같이 세무조정 한다.
[익금산입 및 손금불산입] 공사수입금 과소계상액 65,000,000원 (유보발생)
　　　　　　　　　　　　　할부판매 과소계상액 8,000,000원 (유보발생)
[손금산입 및 익금불산입] 할부판매원가 과소계상액 6,400,000원 (유보발생)

제 2 장 조정후 수입금액명세서

KcLep 길라잡이

- [수입금액조정]>[조정후 수입금액명세서]를 선택하면 다음과 같은 화면이 나타난다.

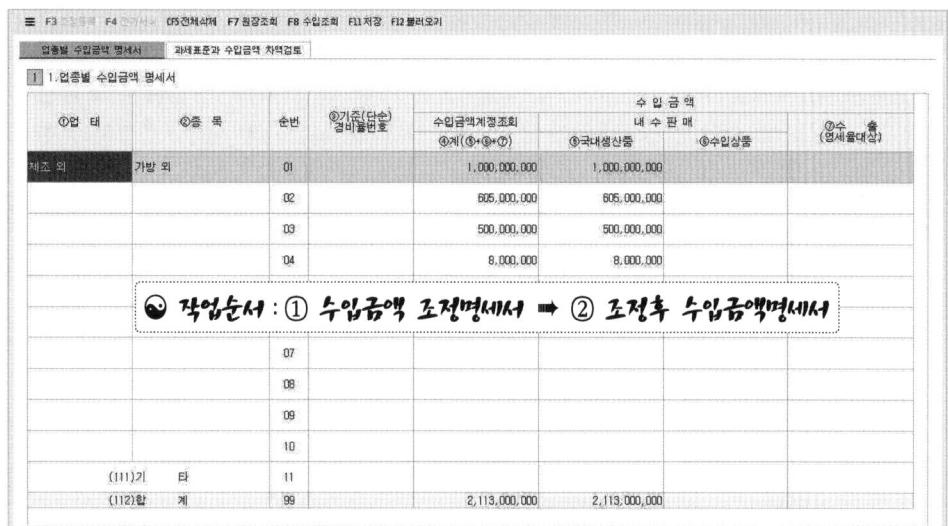

• ㈜최대리 [조정후 수입금액명세서] 화면 •

1st ° ° 1. 업종별 수입금액명세서

① 업태 / ② 종목

[기초정보관리]>[회사등록]의 [8.업태]란과 [9.종목]란에 입력한 내용이 자동 반영된다. 따라서 업종이 여러 개인 경우에는 직접 업종별로 수입금액을 나누어 입력해야 한다.

③ 기준(단순)경비율번호

업태와 종목별로 기준(단순)경비율 코드번호를 입력한다. 코드번호를 모르는 경우에는 F2 키를 이용하여 「주업종도움」 보조창에서 주업종명을 검색하여 입력한다. 입력된 주업종코드번호의 업종과 업종세부가 [①]란과 [②]란에 자동 반영된다. 수입금액이 큰 종목부터 순차적으로 입력하며, 수입금액의 점유비가 5% 미만이거나 종목수가 11개 이상이 되는 경우에는 [(111)기타]란에 합계로 입력하고 [기준(단순)경비율번호]란은 공란으로 한다.

④ 계(⑤+⑥+⑦)

[수입금액 조정명세서] 메뉴상의 [⑥조정후 수입금액]란의 금액과 일치되어야 하며, [수입금액 조정명세서] 메뉴를 작업하면 자동 반영된다. 본 메뉴 작업 후에 [수입금액 조정명세서] 메뉴를 재 작업하여 수입금액이 변경된 경우에는 상단 툴바의 F12 불러오기 를 클릭해야 한다.

※ 수입금액 입력방법 : F8 (수입조회)

업종별로 수입금액을 입력해야 할 경우에는 F8 키 (또는 상단 툴바의 F8 수입조회)를 이용하여 「수입조회」 보조창에서 업종별 수입금액을 선택하고 확인 [Enter] 을 클릭한다.
동 화면은 [수입금액 조정명세서] 메뉴에 입력된 내용을 계정과목별로 불러다 주는 것이다.

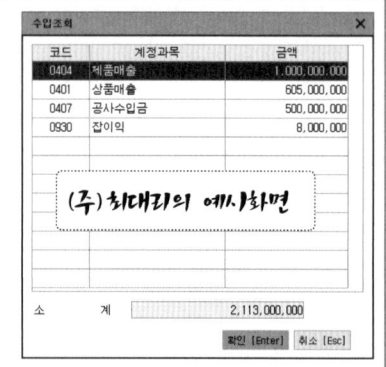

⑤ 국내생산품

국내생산품을 매입하여 판매한 수입금액을 입력한다. 해당 수입금액을 입력하면 [④]란의 금액에서 [⑤]란에 입력한 금액을 차감한 잔액은 [⑥]란에 표시된다.

⑥ 수입상품

국내 및 국외무역업자 등 타인으로부터 수입상품을 매입하여 판매한 수입금액을 입력한다. 해당 수입금액을 입력하면 잔액은 [⑦]란에 표시된다.

⑦ 수출(영세율대상)

부가가치세법 규정에 의한 수출, 국외제공용역, 외국항행용역 기타 외화획득재화 또는 용역의 공급으로 생긴 수입금액을 입력한다.

2nd. 2. 부가가치세 과세표준과 수입금액 차액 검토

업종별 수입금액 명세서	과세표준과 수입금액 차액검토					
2. 부가가치세 과세표준과 수입금액 차액 검토						부가가치세 신고 내역보기

(1) 부가가치세 과세표준과 수입금액 차액

⑧과세(일반)	⑨과세(영세율)	⑩면세수입금액	⑪합계(⑧+⑨+⑩)	⑫조정후수입금액	⑬차액(⑪-⑫)
				2,113,000,000	

(2) 수입금액과의 차액내역(부가세과표에 포함되어 있으면 +금액, 포함되지 않았으면 -금액 처리)

⑭구 분	코드	(16)금 액	비 고	⑭구 분	코드	(16)금 액	비 고
자가공급(면세전용등)	21			거래(공급)시기차이감액	30		
사업상증여(접대제공)	22			주세·개별소비세	31		
개인적공급(개인적사용)	23			매출누락	32		
간주임대료	24				33		
자산매각 유형자산 및 무형자산 매각액	25				34		
그밖의자산매각액(부산물)	26				35		
폐업시 잔존재고재화	27				36		
작업진행률 차이	28				37		
거래(공급)시기차이가산	29			(17)차 액 계	50		
				(13)차액과(17)차액계의차이금액			

(1) 부가가치세 과세표준과 수입금액 차액

[부가가치]>[신고서/부속명세]>[부가가치세]>[부가가치세신고서]에 작업한 Data가 있는 경우에는 해당 내용이 자동 반영된다.

⑧ 과세(일반) / ⑨ 과세(영세율)

당해 사업연도에 해당하는 과세기간분의 과세표준(수정신고 및 경정을 포함)을 일반과 영세율로 구분하여 입력한다.

⑩ 면세수입금액

부가가치세가 면제되는 재화 또는 용역의 공급에서 발생한 수입금액을 입력한다.

⑫ 조정후 수입금액

『1.업종별 수입금액 명세서』 탭의 [④]란의 합계금액이 자동 반영된다.

⑬ 차액(⑪-⑫)

부가가치세 과세표준과 면세수입금액의 합계에서 조정후수입금액을 차감한 금액이 자동 반영된다.

(2) 수입금액과의 차액내역

⑭ 구분

부가가치세 과세표준과 수입금액이 차이가 나는 이유를 선택한다. 해당 항목이 없는 경우에는 33~37번까지의 [⑭구분]란에 사용자가 직접 입력하여 사용한다.

⑯ 금액

부가가치세 과세표준에는 포함되어 있으나 조정후수입금액에는 포함되지 않은 경우에는 양수(+)로 입력하고, 그 반대의 경우에는 음수(-)로 입력한다.

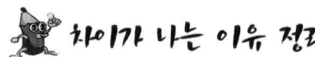
차이가 나는 이유 정리

1. 차이가 양수(+)로 나는 이유 (과세표준 > 조정후 수입금액)

부가가치세 과세표준이 수입금액 보다 더 큰 경우로서 부가가치세 과세표준에 포함되었으나 수입금액이 아닌 경우에 해당 한다. 동 금액은 양수(+)로 입력한다.
① 작업진행률을 초과하여 과세표준을 신고하고, 수입금액명세서 작성시 공사수입금 과대계상액으로 수입금액을 감소시킨 경우
② 부가가치세법상 간주공급(자가공급 · 개인적공급 · 사업상증여 · 폐업시 잔존재화)에 해당하여 과세표준에 포함하였으나 이는 대부분 접대비(=업무추진비), 복리후생비 등이어서 수입금액에 포함되지 않는 경우
③ 임대보증금 등에 대한 간주임대료를 과세표준에 포함하였으나 수입금액에 포함되지 않는 경우
④ 유형자산을 매각하고 부가가치세 과세표준에 포함하였으나 이는 유형자산처분손익으로 수입금액에 포함되지 않는 경우

2. 차이가 음수(-)로 나는 이유 (과세표준 < 조정후 수입금액)

부가가치세 과세표준이 수입금액 보다 더 적은 경우로서 부가가치세 과세표준에 포함되지 않았으나 수입금액을 증가시킨 경우에 해당한다. 동 금액은 음수(-)로 입력한다.
① 작업진행률에 미달하게 과세표준을 신고하고, 수입금액명세서 작성시 공사수입금 과소계상액으로 수입금액을 증가시킨 경우
② 위탁매출 · 시용매출 등을 누락하여 과세표준에 포함되지 않았으나 수입금액을 증가시킨 경우

KcLep 따라하기

 다음에 제시된 자료에 의하여 ㈜최대리(회사코드 : 1001)의 [조정후 수입금액명세서]를 작성하시오.

(1) 수입금액의 내역은 다음과 같으며 전액 국내에서만 생산·판매한 것이다.
  ① 제품(가방)매출액 : 1,000,000,000원
  ② 상품(신발)매출액 :   605,000,000원
  ③ 공사수입금   :   500,000,000원
  ④ 잡이익   :   8,000,000원(제품 제조과정에서 발생한 부산물매각대금)

(2) 당해 사업연도의 부가가치세 과세표준(일반)은 2,010,000,000원이며, 동 과세표준에는 기계장치 매각분 10,000,000원이 포함되어 있다. 추가적인 차액내역은 다음과 같다.
  ① 공사수입금 과소계상액 : 100,000,000원
  ② 위탁매출 과소계상액   :   5,000,000원
  ③ 부산물매각대금   :   8,000,000원(세금계산서 미발행분)

(3) 업종별 기준경비율 코드는 다음과 같다.

업 태	종 목	기준경비율 코드
제 조	가 방	191200
도 매	신 발	513141
건 설	일반건축공사	451101

조정후 수입금액명세서

①업 태	②종 목	순번	③기준(단순)경비율번호	수입금액 ④계(⑤+⑥+⑦)	내 수 판 매 ⑤국내생산품	⑥수입상품	⑦수 출(영세율대상)
제조	가방	01	191200	1,008,000,000	1,008,000,000		
도매	신발	02	513141	605,000,000	605,000,000		
건설	일반건축공사	03	451101	500,000,000	500,000,000		
		04					
(111)기 타		11					
(112)합 계		99		2,113,000,000	2,113,000,000		

❶ 『업종별 수입금액 명세서』 탭 : 업태와 종목을 입력하고 [③]란에 업종코드를 입력한다.
❷ 잡이익(부산물매각대금) 8,000,000원은 별도로 입력하지 않고 "순번 01" 라인에 포함하여 입력한다.
❸ 수입금액은 전액 국내에서만 생산·판매한 것이므로 [⑤]란은 수정하지 않는다. 만약, [⑥]란 및 [⑦]란에 해당하는 수입금액이 있는 경우에는 [⑤]란의 금액을 먼저 수정하는 방식으로 진행한다.

❹ 『과세표준과 수입금액 차액검토』 탭 : [⑧]란에 과세표준 2,010,000,000원을 입력한다.
❺ 부가가치세 과세표준과 수입금액의 차이 -103,000,000원에 대하여 [⑭구분]란을 선택하고 금액을 입력한다.

한마디...

[조정후 수입금액명세서] 메뉴는 수입금액 조정후의 금액을 기초로 하여 수입금액을 업태와 종목별로 상세하게 분류하고, 동 수입금액의 합계가 매 분기별 신고한 당해 사업연도 부가가치세신고서의 과세표준 금액과의 차이 발생시에 그 내용까지 구체적으로 작성하는데 그 목적이 있는 서식으로 세무조정은 발생하지 않는다.

기/출/문/제 [실기]

01 다음 자료를 이용하여 ㈜이공일(회사코드 : 1201)의 [수입금액 조정명세서]와 [조정후 수입금액명세서]를 작성하고 필요한 세무조정을 하시오.

(1) 수입금액조정명세서 관련사항
   ① 기 작성된 수입금액조정명세서를 참고하여 누락된 매출 관련 세무조정을 하시오.
   ② 부가가치세 수정신고서에는 반영되어있으나 결산서상에는 포함되어 있지 않은 제품매출액은 다음과 같다.
   • 외상매출액 : 5,500,000원   • 매출원가 : 3,000,000원

(2) 손익계산서상의 수익 반영 내역

구 분		업종코드	금 액
매출액	제품매출	292203(제조/전자응용공작기계)	[주] 1,109,000,000원
	공사수입금	451104(건설/건축공사)	1,100,000,000원
영업외수익 (잡이익)	부산물 매각대	292203(제조/전자응용공작기계)	1,500,000원
합 계			2,210,500,000원

[주] 직수출액 9,000,000원 포함

(3) 부가가치세법상 과세표준 내역(수정신고서 반영분)

구 분	금 액
공 사 수 입 금	1,100,000,000원
제 품 매 출	1,116,000,000원
기 계 장 치 매 각	30,000,000원
제품매출 선수금	1,000,000원
합 계	2,247,000,000원

※ 부가가치세 신고내역은 관련규정에 따라 적법하게 신고하였으며, 수정신고내역도 정확히 반영되어 있다.

02 다음 자료를 이용하여 ㈜이공이(회사코드 : 1202)의 [수입금액 조정명세서] 및 [조정후 수입금액명세서]를 작성하고 필요한 세무조정을 하시오.

(1) 손익계산서상 수입금액은 다음과 같다.
   • 제품매출(업종코드 300101) : 2,620,000,000원(수출매출액 320,000,000원 포함)
   • 상품매출(업종코드 515050) : 1,400,000,000원

(2) 기말상품재고액에 포함되어 있는 적송품 8,300,000원 중 2,000,000원은 결산일 현재 이미 수탁자가 2,700,000원에 판매하였으나 전자세금계산서를 미발급하고, 당사에 통보가 되지 아니하였다.

(3) 당사는 매출거래처에 제품 5,000,000원(시가 6,000,000원)을 증여하고 다음과 같이 회계처리 하였으며 이에 대한 부가가치세 신고는 적정하게 이루어졌다.

 (차) 접대비(=업무추진비) 5,600,000원 / (대) 제품   5,000,000원
                   (대) 부가세예수금 600,000원

03 기장된 내용과 다음 자료를 이용하여 ㈜이공삼(회사코드 : 1203)의 [수입금액 조정명세서] 및 [조정후 수입금액명세서]를 작성하시오.

(1) 손익계산서 내역(모든 매출은 국내생산품이다)
- 제품매출(300101) : 628,000,000원(수출액 180,000,000원 포함)
- 상품매출(515050) : 273,000,000원(전액 내수판매액임)
- 영업외비용 중 잡손실에는 상품 매출에누리액 2,000,000원이 포함되어 있다.

(2) 부가가치세 과세표준과 수입금액 차액검토
- 세금계산서를 발급하였으나 공급시기가 미도래하여 선수금으로 계상된 금액 5,000,000원(공급가액)이 있다.

04 다음 자료를 이용하여 ㈜이공사(회사코드 : 1204)의 [수입금액 조정명세서] 및 [조정후 수입금액명세서]를 작성하시오.

(1) 손익계산서상 수입금액은 다음과 같다.
 ① 상품매출(업종코드 : 515060, 도매/통신장비)은 256,000,000원이고, 제품매출(업종코드 : 322002, 제조/유무선통신장비)은 785,000,000원이다.
 ② 회사는 일부 제품에 대하여 위탁판매를 하고 있다. 이 중에서 전기 12월 30일에 수탁회사에서 판매한 물품(매가 : 15,000,000원, 원가 : 10,000,000원)이 통보되지 않아 전기에 매출로 회계처리하지 아니하였고, 당기에 회계처리 하였다. 단, 매출과 매출원가에 대하여 전기의 세무조정은 올바르게 처리되었다.

(2) 부가가치세신고서상 과세표준내용
 ① 손익계산서상 수입금액은 전액 부가가치세 과세대상 매출이다.
 ② 사업상 당사의 매출거래처에 시가 2,000,000원의 제품을 증여하였다. 생산시 해당 제품의 원가는 1,000,000원이고 매입세액이 공제되었다.
 ③ 제품 직수출액은 385,000,000원이 포함되어 있다.
 ④ 위 제품위탁판매와 관련된 부가가치세 신고는 적정하게 이루어졌다.

05 다음 자료를 이용하여 ㈜이공오(회사코드 : 1205)의 [수입금액 조정명세서] 및 [조정후 수입금액명세서]를 작성하시오. 부가가치세 관련 사항은 세법에 따라 신고되어 있다).

(1) 손익계산서 확인사항
① 제품매출(제조/가구, 업종코드 361002)은 475,600,000원(이 중 해외직수출분은 120,000,000원)이다.
② 상품매출(도매/가구, 업종코드 513211)은 132,500,000원(매출에누리 3,000,000원이 차감된 금액임)이다.

(2) 부가가치세신고서 확인사항
① 납품용 차량매각 대금 15,500,000원(부가가치세 별도)이 있다.
② 공급(납품)시기가 도래하기 전에 세금계산서를 발행해 주고, 결산서에 선수금으로 계상한 금액은 10,000,000원이다.

06 다음 결산서 기본자료를 이용하여 ㈜이공육(회사코드 : 1206)의 [조정후 수입금액명세서]를 작성하고 발생 가능한 사항에 대하여 필요한 세무조정을 하시오.

(1) 수입금액 조정명세서 관련사항
① 제품매출은 당기 외상매출(판매가 1,600,000원, 부가가치세 별도, 원가 1,400,000원) 관련 거래가 누락되어 부가가치세 수정신고서로 반영하였으나 결산서 내용에는 포함되지 아니하였다.
② 기 작성된 수입금액조정명세서를 참고하여 누락된 매출 관련 세무조정을 하시오.

(2) 손익계산서상의 수익 반영 내역

구 분		업종코드	금 액
매출액	제품매출	343000(제조/자동차부품)	[주] 623,000,000원
	공사수입금	451104(건설/건축공사)	460,000,000원
영업외수익(잡이익)	부산물매각대	343000(제조/자동차부품)	8,400,000원
합 계			1,091,4000,000원

[주] 직수출액 13,000,000원 포함

(3) 부가가치세법상 과세표준 내역

구 분	금 액	비 고
공사수입금	470,000,000원	기계장치 매각 10,000,000원 포함
제품매출	633,000,000원	
합 계	1,103,000,000원	

※ 부가가치세 신고내역은 관련규정에 따라 적법하게 신고하였으며, 수정신고내역도 정확히 반영되어 있다.

07 다음 자료를 이용하여 ㈜이공칠(회사코드 : 1207)의 [조정후 수입금액명세서]를 작성하시오.

(1) 손익계산서상 매출액 및 영업외손익 자료는 다음과 같다.
   ① 제품매출액 : 1,875,500,000원
   ② 부산물매출액 : 35,500,000원(영업외손익 중 잡이익 계정과목으로 처리함)
   ③ 제품매출액은 제품과 관련된 매출할인 5,000,000원이 차감된 금액임

(2) 부가가치세 2기 확정신고서에는 사업용 유형자산 매각대금 10,000,000원과 사업상증여 5,000,000원이 포함되어 있다.

(3) 제품매출액에는 부가가치세 신고서의 영세율(기타)란에 기재되어 있는 수출 300,000,000원이 포함되어 있다.

(4) [수입금액 조정명세서] 메뉴는 이미 작성되어 있다.

 도우미

해설 1 _____ 1201

※ 수입금액 조정명세서

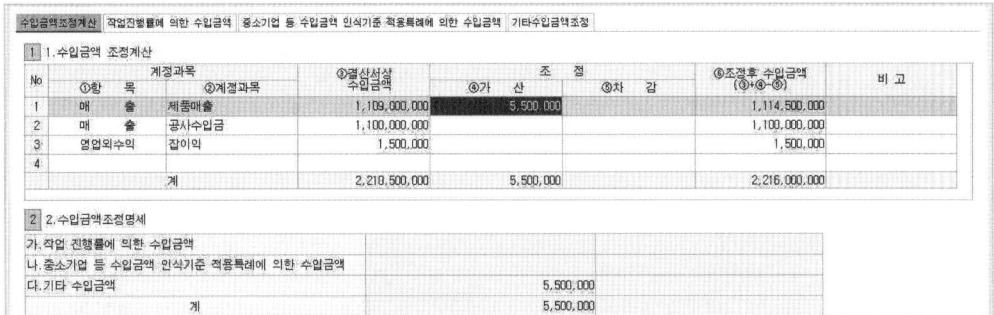

❶ 『기타수입금액조정』 탭 : [㉕]란에 제품매출누락분 5,500,000원을 입력하고, 동 매출원가 3,000,000원을 [㉖]란에 입력한다.

❷ 『수입금액조정계산』 탭 : 제품매출누락분 5,500,000원을 제품매출의 [④]란에 입력하여 수입금액을 증가시킨다.

❸ F3 키(또는 상단 툴바의 F3 조정등록)을 이용하여 다음과 같이 세무조정 한다.
  [익금산입 및 손금불산입] 제품매출 과소계상액 5,500,000원 (유보발생)
  [손금산입 및 익금불산입] 제품매출원가 과소계상액 3,000,000원 (유보발생)

※ 조정후 수입금액명세서

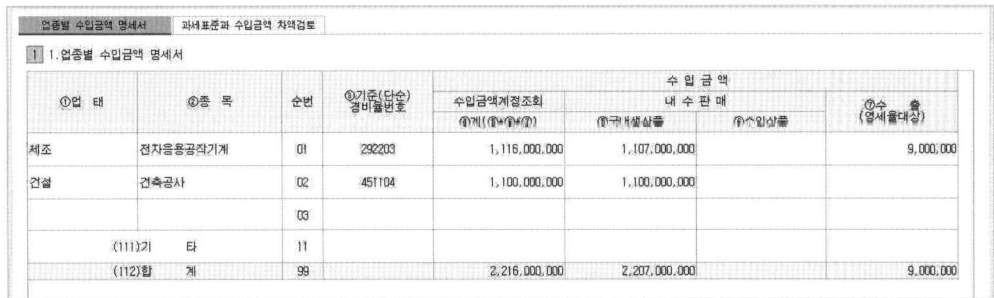

❶ 『업종별 수입금액 명세서』 탭 : 업태와 종목을 입력하고 [③]란에 업종코드를 입력한다.
❷ 잡이익(부산물매각대) 1,500,000원은 별도로 입력하지 않고 "순번 01" 라인에 포함하여 입력한다.

❸ 제품매출 직수출액 9,000,000원은 "순번 01" 라인의 [⑤]란에서 차감하고 [⑥]란에 "0"을 입력하여 [⑦]란에 반영한다.

> [TIP] 자동계산 기능을 이용하는 재치
> 계산기를 이용하여 금액을 계산하지 않고 [⑤]란에 9,000,000원을 입력하면 [⑥]란에 계산하고자 하는 결과값인 1,107,000,000원이 표시된다. 다시 커서를 [⑤]란으로 이동하여 이 금액을 보고 입력하면 [⑥]란에 9,000,000원이 입력된다. [⑥]란을 "0"으로 입력하면 [⑦]란에 자동 반영된다.

❹ 부가가치세 과세표준과 수입금액의 차이 31,000,000원에 대하여 [⑭구분]란을 선택하고 금액을 입력한다.

한마디...
제품매출 선수금이란 공급시기가 도래하기 전에 세금계산서를 발행해 주고, 결산서에 선수금으로 계상한 금액을 의미한다. 이 경우 전산세무1급 자격시험에서는 [거래(공급)시기차이가산㉙]란에 입력하도록 하고 있다.

해설 2 _____1202

❀ 수입금액 조정명세서

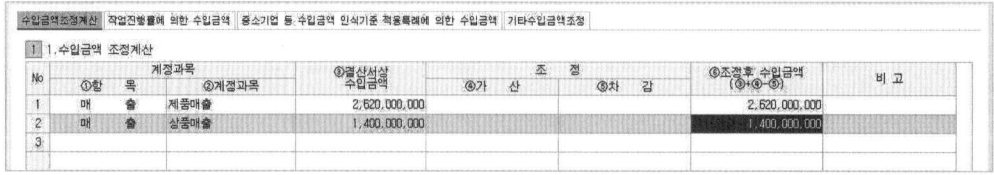

❶ 『수입금액조정계산』 탭 : [①]란에서 "1.매출"을 선택하고 [②]란에서 F2 키를 이용하여 손익계산서상 수입금액의 계정과목을 선택하고 금액을 입력한다.

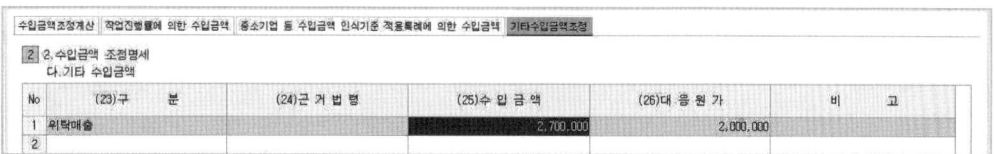

❷ 『기타수입금액조정』 탭 : [㉕]란에 적송품의 판매가액 2,700,000원을 입력하고, 동 매출원가 2,000,000원을 [㉖]란에 입력한다.

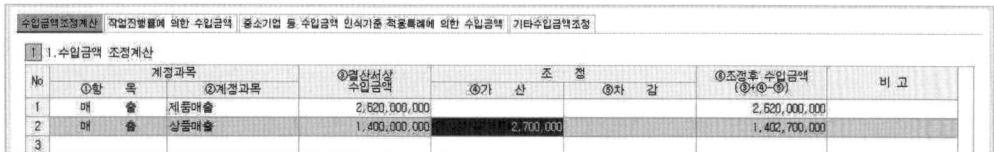

❸ 『수입금액조정계산』 탭 : 상품 위탁매출누락분 2,700,000원을 상품매출의 [④]란에 입력하여 수입금액을 증가시킨다.

❹ F3 키(또는 상단 툴바의 F3 조정등록)을 이용하여 다음과 같이 세무조정 한다.
   [익금산입 및 손금불산입] 위탁매출 과소계상액 2,700,000원 (유보발생)
   [손금산입 및 익금불산입] 위탁매출원가 과소계상액 2,000,000원 (유보발생)

조정후 수입금액명세서

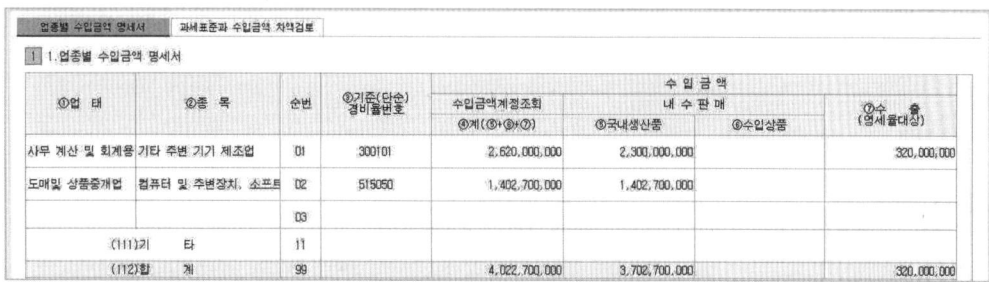

❶ 『업종별 수입금액 명세서』 탭 : [③]란에 업종코드를 입력한다.
❷ 제품 수출매출액 320,000,000원은 "순번 01" 라인의 [⑤]란에서 차감하고 [⑥]란에 "0"을 입력하여 [⑦]란에 반영한다.

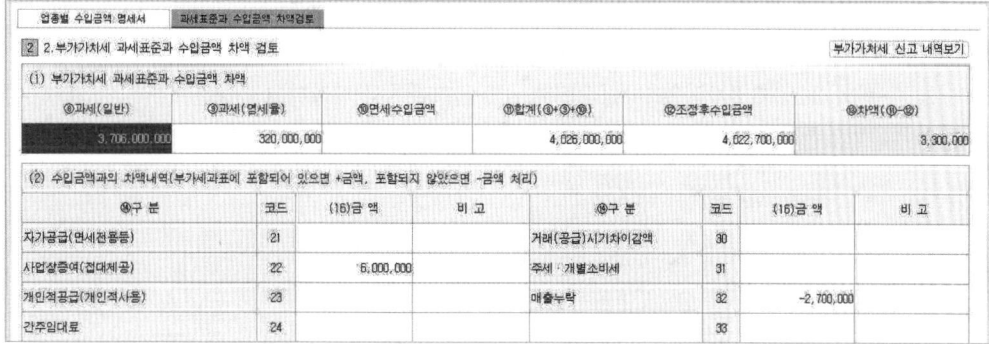

자산 매각	유형자산 및 무형자산 매각액	25			34		
	그밖의자산매각액(부산물)	26			35		
폐업시 잔존재고재화		27			36		
작업진행률 차이		28			37		
거래(공급)시기차이가산		29			(17)차 액 계	50	3,300,000
					(13)차액과(17)차액계의차이금액		

❸ 『과세표준과 수입금액 차액검토』 탭 : 부가가치세 과세표준과 수입금액의 차이 3,300,000원에 대하여 [⑭구분]란을 선택하고 금액을 입력한다.
    * 사업상증여의 부가가치세 과세표준은 시가 6,000,000원이다.

해설 3   1203

수입금액 조정명세서

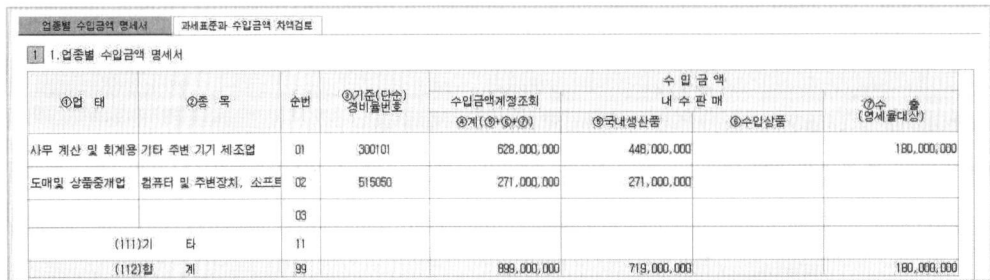

❶ 『수입금액조정계산』 탭 : [①]란에서 "1.매출"을 선택하고 [②]란에서 F2 키를 이용하여 손익계산서상 매출액의 계정과목을 선택하고 금액을 입력한다.
❷ 매출액에서 차감하지 않고 잡손실로 처리한 상품 매출에누리액 2,000,000원을 상품매출의 [⑤]란에 입력하여 수입금액을 감소시킨다.

조정후 수입금액명세서

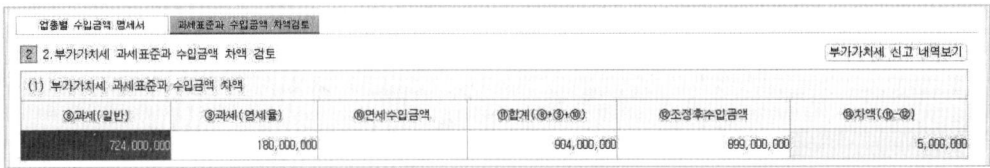

❶ 『업종별 수입금액 명세서』 탭 : [③]란에 업종코드를 입력한다.
❷ 제품 수출액 180,000,000원은 "순번 01" 라인의 [⑤]란에서 차감하고 [⑥]란에 "0"을 입력하여 [⑦]란에 반영한다.

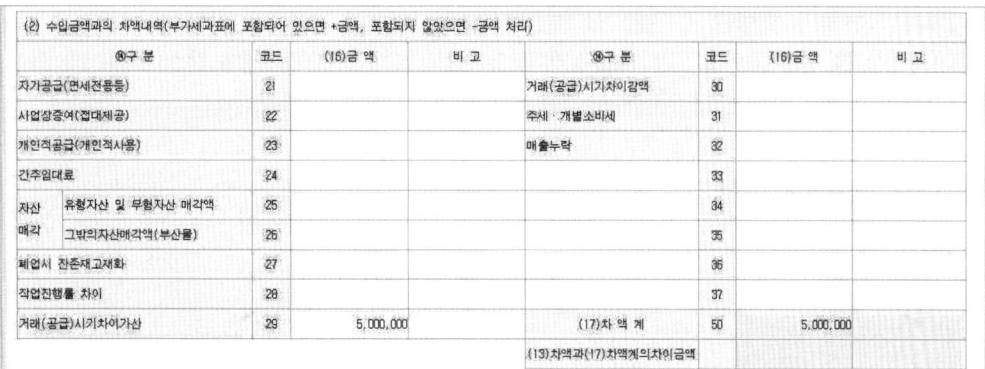

❸ 『과세표준과 수입금액 차액검토』 탭 : 부가가치세 과세표준과 수입금액의 차이 5,000,000원에 대하여 [⑭구분]란을 선택하고 금액을 입력한다.

해설 4 1204
❋ 수입금액 조정명세서

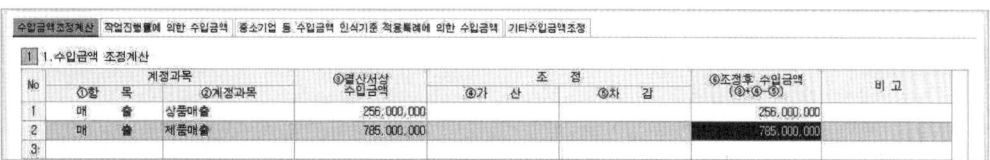

❶ 『수입금액조정계산』 탭 : [①]란에서 "1.매출"을 선택하고 [②]란에서 F2 키를 이용하여 손익계산서상 수입금액의 계정과목을 선택하고 금액을 입력한다.

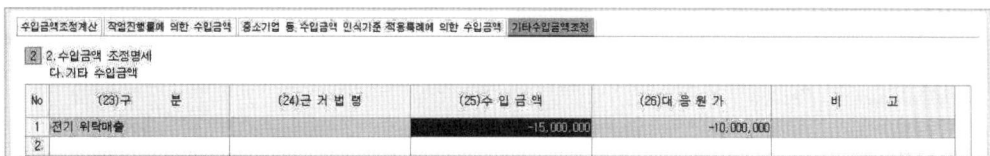

❷ 『기타수입금액조정』 탭 : [㉕]란에 제품 위탁판매 과대계상분 15,000,000원을 음수(-)로 입력하고, 동 매출원가 10,000,000원을 [㉖]란에 음수(-)로 입력한다.

❸ 『수입금액조정계산』 탭 : 제품 위탁판매 과대계상액 15,000,000원을 제품매출의 [⑤]란에 입력하여 수입금액을 감소시킨다.

❹ F3 키(또는 상단 툴바의 F3 조정등록)을 이용하여 다음과 같이 세무조정 한다.
 [익금산입 및 손금불산입] 위탁매출원가 과대계상액 10,000,000원 (유보감소)
 [손금산입 및 익금불산입] 위탁매출 과대계상액 15,000,000원 (유보감소)

조정후 수입금액명세서

❶ 『업종별 수입금액 명세서』 탭 : 업태와 종목을 입력하고 [③]란에 업종코드를 입력한다.
❷ 제품 직수출액 385,000,000원은 "순번 01" 라인의 [⑤]란에서 차감하고 [⑥]란에 "0"을 입력하여 [⑦]란에 반영한다.

❸ 『과세표준과 수입금액 차액검토』 탭 : 부가가치세 과세표준과 수입금액의 차이 2,000,000원에 대하여 [⑭구분]란을 선택하고 금액을 입력한다.

해설 5   1205

※ 수입금액 조정명세서

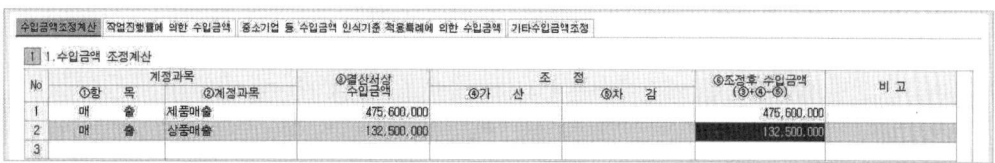

❶ 『수입금액조정계산』 탭 : [①]란에서 "1.매출"을 선택하고 [②]란에서 F2 키를 이용하여 손익계산서상 매출액의 계정과목을 선택하고 금액을 입력한다.

※ 조정후 수입금액명세서

❷ 『업종별 수입금액 명세서』 탭 : 업태와 종목을 입력하고 [③]란에 업종코드를 입력한다.
❸ 제품 해외직수출분 120,000,000원은 "순번 01" 라인의 [⑤]란에서 차감하고 [⑥]란에 "0"을 입력하여 [⑦]란에 반영한다.

❹ 『과세표준과 수입금액 차액검토』 탭 : 부가가치세 과세표준과 수입금액의 차이 25,500,000원에 대하여 [⑭구분]란을 선택하고 금액을 입력한다.

해설 6   1206

◎ 수입금액 조정명세서

❶ F3 키(또는 상단 툴바의 F3 조정등록)을 이용하여 다음과 같이 세무조정 한다.
　[익금산입 및 손금불산입] 제품매출 과소계상액 1,600,000원 (유보발생)
　[손금산입 및 익금불산입] 제품매출원가 과소계상액 1,400,000원 (유보발생)

◎ 조정후 수입금액명세서

❷ 『업종별 수입금액 명세서』 탭 : 업태와 종목을 입력하고 [③]란에 업종코드를 입력한다.
❸ 잡이익(부산물매각대) 8,400,000원은 별도로 입력하지 않고 "순번 01" 라인에 포함하여 입력한다.
❹ 제품 직수출액 13,000,000원은 "순번 01" 라인의 [⑤]란에서 차감하고 [⑥]란에 "0"을 입력하여 [⑦]란에 반영한다.

❺ 『과세표준과 수입금액 차액검토』 탭 : 부가가치세 과세표준과 수입금액의 차이 10,000,000원에 대하여 [⑭구분]란을 선택하고 금액을 입력한다.

해설 7   1207

❶ 『업종별 수입금액 명세서』 탭 : 잡이익(부산물매출액) 35,500,000원은 별도로 입력하지 않고 "순번 01" 라인에 포함하여 입력한다.

❷ 제품 수출 300,000,000원은 [⑤]란에서 차감하고 [⑥]란에 "0"을 입력하여 [⑦]란에 반영한다.

❸ 『과세표준과 수입금액 차액검토』 탭 : 부가가치세 과세표준과 수입금액의 차이 15,000,000원에 대하여 [⑭구분]란을 선택하고 금액을 입력한다.

memo

제3장 임대보증금 등의 간주익금 조정명세서

제1절 임대보증금 등에 대한 간주익금

1. 개요

부동산 등을 임대하고 받는 임대료는 수익이므로 익금에 해당되지만, 임대보증금이나 전세금은 부채이므로 익금이 될 수 없다. 다만, 이를 방치하면 임대보증금 등의 운용수입이 포착되어 과세되지 않는 한 임대료를 받는 경우와 임대보증금 등을 받는 경우 사이에 과세형평의 문제가 발생하며, 그 임대보증금 등으로 또 다른 부동산을 취득하는 경우에는 법인세의 부담 없이 계속적인 부동산 취득이 가능하게 된다. 이러한 과세형평의 문제 및 변칙적인 부동산 투기를 막기 위해서 법인세법에서는 임대보증금 및 전세금의 수령에 따른 경제적 이익을 익금으로 간주하여 법인세를 과세하도록 하고 있는데 이를 "간주익금"이라 한다.

2. 적용대상 법인

임대보증금 등에 대한 간주익금에 관한 규정은 다음의 두 가지 요건을 모두 갖춘 법인에 한하여 적용한다.
  ① **부동산임대업을 주업으로 하는 법인** : 영리내국법인으로서 사업연도 종료일 현재 자산총액 중 임대사업에 사용된 자산가액이 50% 이상인 법인
  ② **차입금 과다 법인** : 차입금적수가 자기자본적수의 2배를 초과하는 법인

3. 간주익금의 계산

다음의 산식에 따라 계산한 금액을 익금에 산입하고 기타사외유출로 처분한다.

$$간주익금 = (보증금 \ 등의 \ 적수 - 건설비 \ 상당액의 \ 적수) \times 1/365 \times 적용이자율 - 금융수익$$

• 간주익금이 "0"보다 적은 경우에는 이를 없는 것으로 하며, 윤년에는 366일로 한다.

(1) 보증금 등

"보증금 등"이란 부동산 또는 그 부동산에 관한 권리를 대여하고 받은 보증금·전세금 또는 이와 유사한 성질의 금액을 말한다. 다만, 주택임대사업을 지원하기 위하여 주택과 그 부수

토지(법에서 정한 일정한 면적 이내의 토지)를 임대하고 받은 보증금 등은 제외한다.

> [참고] 적수
> 적수는 당해 사업연도 중 매일의 잔액을 합산하여 계산하는 방법과 매월말 현재의 잔액에 경과일수를 곱하여 계산하는 방법 중 법인이 선택하여 계산할 수 있다.

(2) 건설비 상당액

"건설비 상당액"이란 해당 건축물의 취득가액을 말한다. 즉, 임대용 건축물의 취득가액(또는 건설비 총액)에 자본적 지출액을 포함하고 토지의 취득가액은 포함하지 않는다.

(3) 적용이자율

금융회사 등의 정기예금이자율을 감안하여 기획재정부령으로 정하는 이자율을 말한다.

(4) 금융수익

"금융수익"이란 해당 사업연도에 임대사업 부분에서 발생한 수입이자와 할인료·배당금·신주인수권처분이익 및 유가증권처분익(유가증권의 매각익에서 매각손을 차감한 금액)의 합계액을 말한다. 이 경우 유가증권처분익의 합계액이 음수(-)인 경우에는 "0"으로 한다.

다음 자료에 의하여 ㈜최대리 제2기(1.1. ~ 12.31.) 임대보증금에 대한 간주익금을 계산하시오. ㈜최대리는 임대보증금 등에 대한 간주익금 계산대상인 법인이며, 적용이자율은 2.1%라고 가정한다(연 일수는 365일).

(1) 임대부동산의 현황
  ① 취득가액 : 건물 600,000원, 토지 300,000원
  ② 임대기간 : 제1기 7월 1일 ~ 제3기 6월 30일
  ③ 건물 연면적 2,500㎡ (건물 임대면적 1,000㎡)

(2) 위 건물은 임대보증금 500,000원에 임대차계약을 체결하였으며, 당해 사업연도종료일 현재 계약변동사항은 없다.

(3) 임대보증금의 운용수익 내역은 다음과 같다.
  ① 이자수익   1,200원
  ② 배당금수익   700원
  ③ 단기매매증권처분이익 850원

[해설] 간주익금계산 : (① - ②) × 1/365 × 2.1% - ③ = 2,710원
  ① 보증금 등의 적수 : 500,000 × 365 = 182,500,000
  ② 건설비 상당액 적수 :
    (600,000×365) × {(1,000㎡×365)/(2,500㎡×365)} = 87,600,000
  ③ 금융수익 : 2,750원

제2절 임대보증금 등의 간주익금 조정명세서

 KcLep 길라잡이

- [수입금액조정]>[임대보증금 등의 간주익금 조정명세서]를 선택하면 다음과 같은 화면이 나타난다.

1st ˙˙ 2. 임대보증금 등의 적수계산

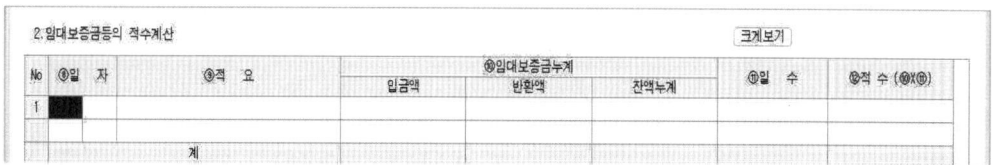

⑧ 일자

임대개시일 또는 종료일을 입력한다. 전기에 이월된 임대보증금의 경우에는 1월 1일을 입력하고 [⑨]란에서 숫자"0"을 입력("전기이월"로 표시됨)하고, 1월 1일에 신규로 입금된 경우에는 [⑨적요]란에서 숫자 "1"을 입력("보증금입금"으로 표시됨)한다.

> [참고] **세부사항**
>
> 임대사업 개시 전에 받은 선수계약금과 임차인의 사정에 의하여 임대를 개시한 후에 받은 임대보증금에 대해서도 실제 임대개시일부터 간주익금을 계산한다. 또한 임대차계약 해지 후 임차인이 퇴거하였으나 임대보증금을 반환하지 못한 경우, 퇴거일 이후의 미반환된 임대보증금은 간주익금 계산시 제외한다. 따라서 [⑧일자]란은 임대보증금의 입·출금일이 아닌 임대개시일 또는 종료일을 입력해야 한다.

⑨ 적요

해당 보증금에 대한 내용(0 : 입금, 1 : 반환)을 선택한다.

⑩ 임대보증금누계

간주익금 계산 대상이 되는 임대보증금 등의 입금액 및 반환액을 입력하면, 입금액에서 반환액을 차감한 누계액이 자동 반영된다.

⑪ 일수 / ⑫ 적수(⑩×⑪)

일수는 적수계산을 위해 자동 표시된다. 윤년인 경우 메뉴 상단의 [보증금적수계산 일수 수정]을 클릭하여 일수를 수정한다. 적수의 합계는 『1.임대보증금 등의 간주익금 조정』의 [①]란에 자동 반영된다.

2nd ◦ ◦ 3. 건설비 상당액 적수계산

나. 임대면적 등 적수계산

나.임대면적등적수계산 ; (17)건설비 총액적수				
No	⑧일 자	건설비 총액	(18)건설비총액 누계	(19)일 수	(20)적 수 ((18)X(19))
1					
			계		

⑧ 일자

전기 이전에 취득(준공)하여 임대사업을 개시한 경우에는 1월 1일을 입력하고, 당기 중에 취득(준공)하여 임대사업을 개시한 경우에는 임대사업 개시일을 입력한다.

▶ 건설비 총액

임대용 건축물의 취득가액(또는 건설비 총액)에 자본적 지출액을 포함하여 입력한다. 단 토지의 취득가액은 제외한다.

⑱ 건설비 총액 누계 / ⑲ 일수 / ⑳ 적수(⑱×⑲)

건설비 총액의 누계 및 일수가 자동 반영된다. 적수의 합계는 『가.건설비의 안분계산』의 [⑬]란에 자동 반영된다.

⑧ 일자

입실 및 퇴실일자를 입력한다. 전기에 이월된 경우에는 1월 1일을 입력한다.

▶ 입실면적 / 퇴실면적

해당 일자의 입실면적 또는 퇴실면적을 입력한다.

㉒ 임대면적 누계 / ㉓ 일수 / ㉔ 적수(㉒×㉓)

입실면적에서 퇴직면적을 차감한 임대면적 누계 및 일수가 자동 반영된다. 적수의 합계는 『가.건설비의 안분계산』의 [⑭]란에 자동 반영된다.

⑧ 일자

전기 이전에 취득(준공)하여 임대사업을 개시한 경우에는 1월 1일을 입력하고, 당기 중에 취득(준공)하여 임대사업을 개시한 경우에는 임대사업 개시일을 입력한다.

▶ 건물 연면적 총계

임대용 건축물의 연면적 총계를 입력한다.

㉖ 건물 연면적 누계 / ㉗ 일수 / ㉘ 적수(㉖×㉗)

건물 연면적 누계 및 일수가 자동 반영된다. 적수의 합계는 『가.건설비의 안분계산』의 [⑮]란에 자동 반영된다.

가. 건설비의 안분계산

3.건설비 상당액 적수계산	⑬건설비 총액적수 ((20)의 합계)	⑭임대면적 적수 ((24)의 합계)	⑮건물연면적 적수 ((28)의 합계)	(16)건설비상당액적수 ((⑬×⑭)/⑮)
가.건설비의 안분계산				

『나.임대면적등적수계산』의 [적수]란의 금액이 자동 반영되어, 건설비상당액 적수가 자동 계산된다. [⑯]란의 금액은 『임대보증금등의 간주익금 조정』 탭의 『1.임대보증금등의 간주익금 조정』의 [②]란에 자동 반영된다.

3rd. 4. 임대보증금 등의 운용수입금액 명세서

4.임대보증금등의 운용수입금액 명세서				
No	(29)과 목	(30)계 정 금 액	(31)보증금운용수입금액	(32)기타수입금액	(33)비 고
1					
	계				

㉙ 과목 / ㉚ 계정금액

임대보증금 등을 운용함으로써 발생한 금융수익이 있는 경우 해당 계정과목의 코드번호를 입력하고, 계정과목의 전체 금액을 입력한다.

㉛ 보증금 운용수입금액

해당 계정금액 중 당해 사업연도에 임대보증금 등을 운용함으로써 발생한 수익에 해당하는 금액만을 입력한다. 유가증권처분이익의 경우에는 처분이익에서 처분손실을 차감한 금액을 입력한다.

㉜ 기타 수입금액

[㉚]란에서 [㉛]란을 차감한 금액이 자동 반영된다.

4th. 1. 임대보증금 등의 간주익금 조정

1.임대보증금등의 간주익금 조정						보증금적수계산 일수 수정
①임대보증금등 적 수	②건설비상당액 적 수	③보증금잔액 ((①-②)/365)	④이자율 (%)	⑤(③×④) 익금상당액	⑥보증금운용 수 입	⑦(⑤-⑥) 익금산입금액
			3.1			

① 임대보증금 등 적수

『2.임대보증금 등의 적수계산』의 [⑫]란의 금액이 자동 반영된다.

② 건설비 상당액 적수

『3.건설비 상당액 적수계산』의 [⑯]란의 금액이 자동 반영된다.

③ 보증금 잔액{(①-②)÷365}

임대보증금 적수에서 건설비 상당액 적수를 차감한 금액을 일수로 나눈 금액이 자동 반영된다.

④ 이자율(%)

현재 3.1%가 자동 반영된다.

⑤ 익금상당액(③×④)

보증금 잔액에 이자율을 곱한 금액이 자동 반영된다.

⑥ 보증금 운용수입

『4.임대보증금 등의 운용수입금액 명세서』의 [㉛]란의 합계 금액이 자동 반영된다.

⑦ 익금산입금액(⑤-⑥)

익금상당액에서 보증금운용수입을 차감한 금액이 자동 반영된다. 다만 동 금액이 음수(-)인 경우에는 금액이 표시되지 않는다.

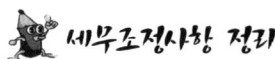 세무조정사항 정리

[⑦익금산입금액] : 익금산입(기타사외유출)

KcLep 따라하기

 다음 자료에 의하여 ㈜최대리(회사코드 : 1001)의 [임대보증금 등의 간주익금 조정명세서]를 작성하시오(이자율은 3.1%를 적용할 것).

[자료1] 부동산 임대현황

계정과목	취득원가	임대면적	임대기간	임대보증금
토지	300,000,000원	면적 600㎡	전기 7.1. ~ 차기 6.30.	500,000,000원
건물	600,000,000원	임대면적 1,000㎡ (연면적 2,500㎡)		

[자료2] 임대보증금 등의 운용현황

계정과목	임대보증금에서 발생한 금액	임대보증금 외 금융자산에서 발생한 금액	합계
이자수익	200,000원	5,800,000원	6,000,000원
배당금수익	640,000원	185,000원	825,000원
단기매매증권처분이익	350,000원	830,000원	1,180,000원

세무조정 참고자료	1. [자료1]은 상가 임대와 관련된 내역이다. 2. [자료2]는 임대보증금 등의 운용과 관련된 내역이다. 3. 본 예제에 한하여 간주익금 계산 대상 법인으로 본다.
평가문제	임대보증금 간주익금조정명세서를 작성하시오. 1. [2.임대보증금등의 적수계산]에서 임대보증금 적수계산을 하시오. 2. [3.건설비 상당액 적수계산]에서 건설비 적수계산을 하시오. 3. [4.임대보증금등의 운용수입금액 명세서]에 운용수입금액을 반영하시오. 4. [1.임대보증금등의 간주익금 조정]에서 간주익금 대상금액을 계산하여 소득금액조정합계표에 세무조정사항을 반영하시오.

임대보증금 등의 간주익금 조정명세서

2.임대보증금등의 적수계산							
No	⑧일자	⑨적요	⑩임대보증금누계			⑪일수	⑫적수(⑩×⑪)
			입금액	반환액	잔액누계		
1	01 01	전기이월	500,000,000		500,000,000	365	182,500,000,000
2							
		계	500,000,000	0	500,000,000	365	182,500,000,000

❶ 『임대보증금등의 간주익금 조정』 탭 : 일자(1.1) / 적요(0 : 전기이월)를 입력하고 [입금액]란에 임대보증금 500,000,000원을 입력한다.

나.임대면적등적수계산 : (17)건설비 총액적수					
No	⑧일자	건설비 총액	(18)건설비총액 누계	(19)일 수	(20)적 수 ((18)×(19))
1	01 01	600,000,000	600,000,000	365	219,000,000,000
2					
		계		365	219,000,000,000

❷ 『건설비 상당액 적수계산』 탭 : 「나.임대면적등적수계산 : ⑰건설비 총액적수」 란에 일자(1.1)를 입력하고 [건설비 총액]란에는 건물 취득원가 600,000,000원을 입력한다(토지 취득가액 제외).

나.임대면적등적수계산 : (21)건물임대면적 적수(공유면적 포함)						
No	⑧일자	입실면적	퇴실면적	(22)임대면적 누계	(23)일 수	(24)적 수 ((22)×(23))
1	01 01	1,000.00		1,000	365	365,000
2						
		계			365	365,000

❸ 「나.임대면적등적수계산 : ㉑건물임대면적 적수」 란에 일자(1.1)를 입력하고 [입실면적]란에 임대면적 1,000㎡을 입력한다.

나.임대면적등적수계산 : (25)건물연면적 적수(지하층 포함)					
No	⑧일자	건물연면적 총계	(26)건물연면적 누계	(27)일 수	(28)적 수 ((26)×(27))
1	01 01	2,500.00	2,500	365	912,500
2					
		계		365	912,500

❹ 「나.임대면적등적수계산 : ㉕건물연면적 적수」 란에 일자(1.1)를 입력하고 [건물연면적 총계]란에 건물 연면적 2,500㎡를 입력한다.

4.임대보증금등의 운용수입금액 명세서					
No	(29)과 목	(30)계 정 금 액	(31)보증금운용수입금액	(32)기타수입금액	(33)비 고
1	이자수익	6,000,000	200,000	5,800,000	
2	배당금수익	825,000	640,000	185,000	
3	단기매매증권처분이익	1,180,000	350,000	830,000	
4					
	계	9,005,000	1,190,000	6,815,000	

❺ 『임대보증금등의 간주익금 조정』 탭 : 「4.임대보증금등의 운용수입금액 명세서」 의 [㉙]란에 계정과목 코드번호를 입력하고, [㉚]란에 계정 전체금액을 입력한다.

❻ [㉛]란에 계정 전체금액 중 임대보증금의 운용수입금액을 입력한다.

1. 임대보증금등의 간주익금 조정

①임대보증금등 적수	②건설비상당액 적수	③보증금잔액 {(①-②)/365}	④이자율 (%)	⑤(③×④) 익금상당액	⑥보증금운용수입	⑦(⑤-⑥) 익금산입금액
182,500,000,000	87,600,000,000	260,000,000	3.1	8,060,000	1,190,000	6,870,000

2. 임대보증금등의 적수계산

No	⑧일자	⑨적요	⑩임대보증금누계 입금액	반환액	잔액누계	⑪일 수	⑫적 수 (⑩×⑪)
1	01 01	전기이월	500,000,000		500,000,000	365	182,500,000,000
2							
		계	500,000,000	0	500,000,000	365	182,500,000,000

3. 건설비 상당액 적수계산

가. 건설비의 안분계산

⑬건설비 총액적수 ((20)의 합계)	⑭임대면적 적수 ((24)의 합계)	⑮건물연면적 적수 ((28)의 합계)	(16)건설비상당액적수 ((⑬×⑭)/⑮)
219,000,000,000	365,000	912,500	87,600,000,000

4. 임대보증금등의 운용수입금액 명세서

No	(29)과 목	(30)계 정 금 액	(31)보증금운용수입금액	(32)기타수입금액	(33)비 고
1	이자수익	6,000,000	200,000	5,800,000	
2	배당금수익	825,000	640,000	185,000	
3	단기매매증권처분이익	1,180,000	350,000	830,000	
4					
	계	8,005,000	1,190,000	6,815,000	

조정등록

익금산입 및 손금불산입			손금산입 및 익금불산입		
과 목	금 액	소득처분	과 목	금 액	소득처분
임대보증금 간주익금	6,870,000	기타사외유출			

❼ F3 키(또는 상단 툴바의 F3 조정등록)을 이용하여 다음과 같이 세무조정 한다.
   [익금산입 및 손금불산입] 임대보증금 간주익금 6,870,000원 (기타사외유출)

기/출/문/제 [실기]

01 다음 자료를 이용하여 ㈜이공팔(회사코드 : 1208)의 [임대보증금 등의 간주익금 조정명세서]를 작성하고 세무조정을 하시오(이자율은 3.1%를 적용할 것). 단, 기존에 입력된 데이터는 무시하고 제시된 자료로 계산하며, 이 문제에 한정해서 부동산임대업을 주업으로 하는 영리내국법인으로서 차입금이 자기 자본의 2배를 초과하는 법인으로 가정한다. (6점)

(1) 임대보증금의 내역

구분	금액	임대면적	비고
전기이월	600,000,000원	20,000㎡	
4월 30일 보증금 감소	200,000,000원	6,000㎡	퇴실 면적 계산시 이용
6월 1일 보증금 증가	300,000,000원	6,000㎡	입실 면적 계산시 이용
기말잔액	700,000,000원	20,000㎡	

(2) 건설비상당액은 전기말 400,000,000원으로 건물의 총 연면적은 20,000㎡이다.

(3) 손익계산서상 이자수익 13,500,000원 중 임대보증금 운용수입은 2,800,000원이다.

02 다음 자료를 이용하여 ㈜이공구(회사코드 : 1209)의 [임대보증금 등의 간주익금 조정명세서]를 작성하시오(이자율은 3.1%를 적용할 것). (AT)

[자료1] 건물 및 부속토지 관련 자료

계정과목	적요	당기 12.31	전기 12.31	비고
토지	건물 부속토지	700,000,000원	700,000,000원	면적 500㎡
건물	건물	320,000,000원	300,000,000원	연면적 1,200㎡
	감가상각누계액	(159,500,000원)	(150,000,000원)	

※ 당기 3월 31일에 건물 승강기 설치비용 20,000,000원이 발생하여 자본적 지출로 회계처리 하였다.

[자료2] 임대현황

임대기간	임대보증금	연면적	임대면적
전기 5.3. ~ 차기 5.2.	600,000,000원	1,200㎡	300㎡

세무조정 참고자료	1. [자료1]은 임대건물과 부속토지 관련 내역이다. 2. [자료2]는 임대현황이다. 3. 이자수익 15,000,000원 중 672,499원은 임대보증금 운용수익이다. 4. 본 예제에 한하여 간주익금 계산 대상 법인으로 본다.
평가문제	1. [2.임대보증금등의 적수계산]에 임대보증금 적수계산을 하시오. 2. [3.건설비 상당액 적수계산]에 건설비 적수계산을 하시오. 3. [4.임대보증등의 운영수입금액 명세서]에 운용수입금액을 반영하시오. 4. [1.임대보증금등의 간주익금 조정]에 간주익금 대상금액을 계산하여 소득금액조정합계표에 세무조정사항을 반영하시오.

03 다음 자료를 이용하여 ㈜이일공(회사코드 : 1210)의 [임대보증금 등의 간주익금 조정명세서]를 작성하시오(이자율은 3.1%를 적용할 것). (AT)

[자료1] 임대보증금 변동내역

일자	적요	임대면적	차변	대변	잔액
전기이월		1,100㎡		300,000,000원	300,000,000원
4. 1.	201호 퇴실	30㎡ 감소	50,000,000원		250,000,000원
5. 1.	201호 입실	30㎡ 증가		60,000,000원	310,000,000원

[자료2] 건물 및 부속토지 기말잔액

계정과목	적요	당기 12.31	전기 12.31	비고
토지	건물 부속토지	1,000,000,000원	1,000,000,000원	면적 500㎡
건물	건물	500,000,000원	500,000,000원	연면적 2,000㎡
	감가상각누계액	(175,000,000원)	(150,000,000원)	

세무조정 참고자료	1. [자료1]은 당기 임대보증금 변동내역이다. 2. [자료2]는 임대건물과 부속토지의 기말잔액이다. 3. 이자수익 3,200,000원 중 190,844원은 임대보증금 운용수익이다. 4. 본 문제에 한하여 간주익금 계산 대상 법인으로 본다.
평가문제	1. [2.임대보증금등의 적수계산]에 임대보증금 적수계산을 하시오. 2. [3.건설비 상당액 적수계산]에 건설비 적수계산을 하시오. 3. [4.임대보증등의 운영수입금액 명세서]에 운용수입금액을 반영하시오. 4. [1.임대보증금등의 간주익금 조정]에 간주익금 대상금액을 계산하여 소득금액조정합계표에 세무조정사항을 반영하시오.

KcLep 도우미

해설 1 1208

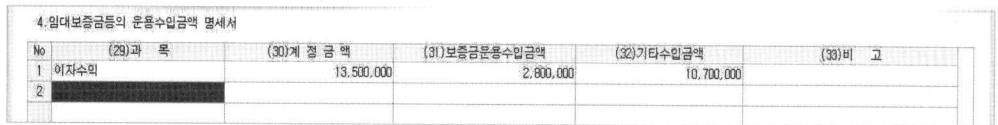

❶ 『임대보증금등의 간주익금 조정』 탭 : 일자(1.1) / 적요(0:전기이월)를 입력하고 [입금액]란에 임대보증금 600,000,000원을 입력한다.
❷ 임대보증금의 변동내역을 입력한다.

❸ 『건설비 상당액 적수계산』 탭 : 「나.임대면적등적수계산 : ⑰건설비 총액적수」란에 일자 (1.1)를 입력하고 [건설비 총액]란에 건설비상당액 400,000,000원을 입력한다.
❹ 「나.임대면적등적수계산 : ㉑건물임대면적 적수」란에 일자(1.1)를 입력하고 [입실면적]란에 임대면적 20,000㎡을 입력한다.
❺ 임대면적의 변동내역을 입력한다.
❻ 「나.임대면적등적수계산 : ㉕건물연면적 적수」란에 일자(1.1)를 입력하고 [건물연면적 총계] 란에 건물의 총 연면적 20,000㎡를 입력한다.

❼ 『임대보증금등의 간주익금 조정』 탭 : 「4.임대보증금등의 운용수입금액 명세서」의 [㉙]란에 계정과목 코드번호를 입력하고, [㉚]란에 이자수익 13,500,000원을 입력하고 [㉛]란에 임대보 증금 운용수익 2,800,000원을 입력한다.

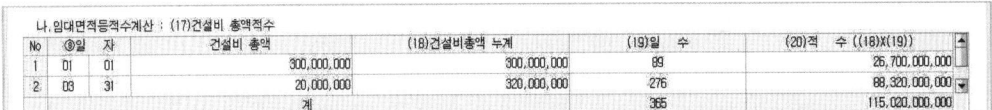

❽ F3 키(또는 상단 툴바의 F3 조정등록)을 이용하여 다음과 같이 세무조정 한다.
[익금산입 및 손금불산입] 임대보증금 간주익금 5,000,109원 (기타사외유출)

해설 2   1209

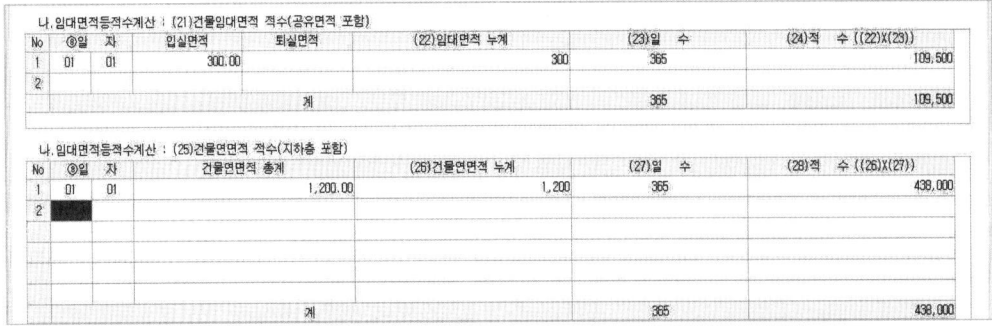

❶ 『임대보증금등의 간주익금 조정』 탭 : 일자(1.1) / 적요(0:전기이월)를 입력하고 [입금액]란에 임대보증금 600,000,000원을 입력한다.

❷ 『건설비 상당액 적수계산』 탭 : 「나.임대면적등적수계산 : ⑰건설비 총액적수」란에 일자 (1.1)를 입력하고 [건설비 총액]란에 건물의 취득원가 300,000,000원을 입력한다.

❸ 일자(3.31)를 입력하고 [건설비 총액]란에 자본적 지출액 20,000,000원을 입력한다.

❹ 「나.임대면적등적수계산 : ㉑건물임대면적 적수」란에 일자(1.1)를 입력하고 [입실면적]란에 임대면적 300㎡을 입력한다.

❺ 「나.임대면적등적수계산 : ㉕건물연면적 적수」란에 일자(1.1)를 입력하고 [건물연면적 총계]란에 건물의 연면적 1,200㎡를 입력한다.

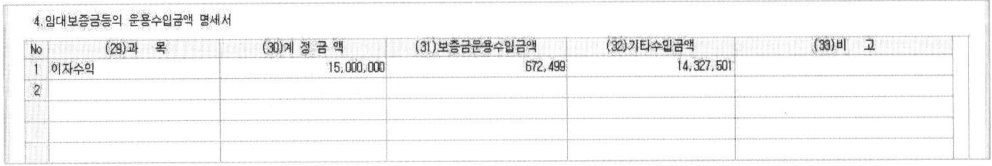

❻ 『임대보증금등의 간주익금 조정』 탭 : 「4.임대보증금등의 운용수입금액 명세서」의 [㉙]란에 계정과목 코드번호를 입력하고, [㉚]란에 이자수익 15,000,000원을 입력하고 [㉛]란에 임대보증금 운용수익 672,499원을 입력한다.

①임대보증금등 적수	②건설비상당액 적수	③보증금잔액 {(①-②)/365}	④이자율 (%)	⑤(③X④) 익금상당액	⑥보증금운용 수입	⑦(⑤-⑥) 익금산입금액
219,000,000,000	28,755,000,000	521,219,178	3.1	16,157,794	672,499	15,485,295

❼ F3 키(또는 상단 툴바의 F3조정등록)을 이용하여 다음과 같이 세무조정 한다.
[익금산입 및 손금불산입] 임대보증금 간주익금 15,485,295원 (기타사외유출)

해설 3 1210

No	⑨일자	⑩적요	⑩임대보증금누계 입금액	반환액	잔액누계	⑪일 수	⑫적 수 (⑨X⑩)
1	01 01	전기이월	300,000,000		300,000,000	90	27,000,000,000
2	04 01	201호 퇴실		50,000,000	250,000,000	30	7,500,000,000
3	05 01	201호 입실	60,000,000		310,000,000	245	75,950,000,000
4							
		계	360,000,000	50,000,000	310,000,000	365	110,450,000,000

❶ 『임대보증금등의 간주익금 조정』 탭 : 일자(1.1) / 적요(0:전기이월)를 입력하고 [입금액]란에 임대보증금 300,000,000원을 입력한다.
❷ 임대보증금의 변동내역을 입력한다.

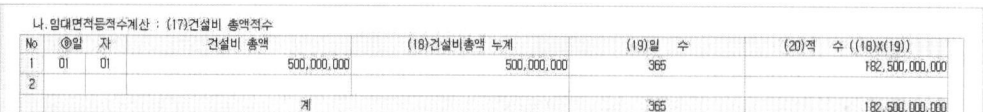

❸ 『건설비 상당액 적수계산』 탭 : 「나.임대면적등적수계산 : ⑰건설비 총액적수」란에 일자 (1.1)를 입력하고 [건설비 총액]란에 건물의 취득원가 500,000,000원을 입력한다.

No	⑨일 자	입실면적	퇴실면적	(22)임대면적 누계	(23)일 수	(24)적 수 ((22)X(23))
1	01 01	1,100.00		1,100	90	99,000
2	04 01		30.00	1,070	30	32,100
			계		365	400,600

❹ 「나.임대면적등적수계산 : ㉑건물임대면적 적수」란에 일자(1.1)를 입력하고 [입실면적]란에 임대면적 1,100㎡을 입력하다
❺ 임대면적의 변동내역을 입력한다.

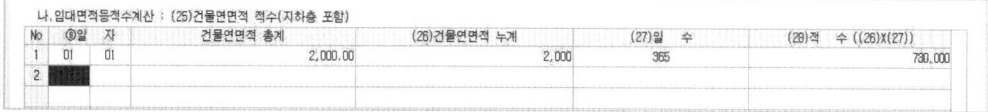

❻ 「나.임대면적등적수계산 : ㉕건물연면적 적수」란에 일자(1.1)를 입력하고 [건물연면적 총계]란에 건물의 연면적 2,000㎡를 입력한다.

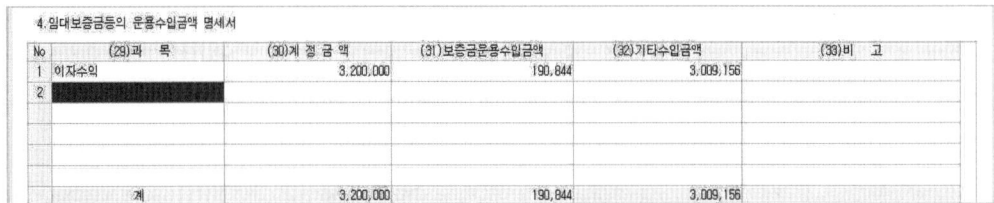

❼ 『임대보증금등의 간주익금 조정』 탭 : 「4.임대보증금증의 운용수입금액 명세서」의 [㉙]란에 계정과목 코드번호를 입력하고, [㉚]란에 이자수익 3,200,000원을 입력하고 [㉛]란에 임대보증금 운용수익 190,844원을 입력한다.

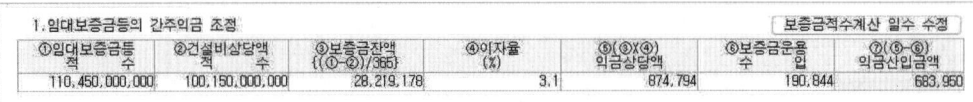

❽ F3 키(또는 상단 툴바의 F3 조정등록)을 이용하여 다음과 같이 세무조정 한다.
[익금산입 및 손금불산입] 임대보증금 간주익금 683,950원 (기타사외유출)

제3부

감가상각비 조정

- 제1장 감가상각
- 제2장 고정자산등록
- 제3장 상각범위액 및 시부인 계산
- 제4장 미상각자산 감가상각 조정명세서

제 1 장 감가상각

제1절 개요

1. 감가상각의 의의

유형자산 및 무형자산은 기업이 이를 사용하거나, 시간의 경과와 기술의 변화에 따른 진부화 등 여러 가지 원인에 의해 경제적 효익이 감소하는데, 이러한 현상을 측정하여 기업의 재무상태와 경영성과에 반영시키는 절차를 "감가상각"이라고 한다. 즉, 유형자산 및 무형자산의 취득가액에서 잔존가액을 차감한 금액을 그 자산의 내용연수에 걸쳐 합리적이고 체계적인 방법에 의하여 비용으로 배분하는 과정이다.

2. 감가상각제도의 특징

(1) 계산요소 및 상각방법의 법정화

법인세법에서는 감가상각비를 계산하기 위한 기본요소(취득가액·잔존가액·내용연수)를 구체적으로 규정하고 있다. 또한 각 자산별로 몇 가지의 상각방법을 정하여 이들 중에서 법인이 신고한 방법을 적용하도록 하고 있으며, 감가상각방법을 신고하지 아니한 경우에는 자산 종류별로 세법에 규정된 방법을 적용하도록 하고 있다.

(2) 결산조정사항

감가상각비는 법인이 각 사업연도에 결산을 확정함에 있어서 손비로 계상한 경우에 한하여 상각범위액 안에서 당해 사업연도의 소득금액 계산에 있어서 이를 손금으로 산입하고, 회사가 계상한 금액 중 상각범위액을 초과하는 금액은 이를 손금으로 산입하지 아니한다. 따라서 회사가 상각범위액을 초과하여 상각한 경우 그 초과액(상각부인액)은 손금불산입 하지만, 상각범위액에 미달하는 금액(시인부족액)의 경우에는 이를 세무조정(신고조정)으로 손금산입 할 수 없다.

(3) 임의상각제도

법인세법에서는 감가상각비로 손금산입 할 수 있는 상각범위액을 정하고, 그 범위액 내에서는 법인이 임의로 손비 계상할 수 있도록 하는 임의상각제도를 택하고 있다. 즉, 회사는 법인세법상 상각범위액을 초과하지 않는 범위 내에서 감가상각비를 계상하여도 되고 계상하지 않아도 되는 것이며, 미상각잔액이 남아있는 한 내용연수가 경과되어도 감가상각 할 수 있는 것이다.

(4) 자산별 시부인계산
감가상각비의 상각부인액 및 시인부족액의 계산은 개별 자산별로 한다. 따라서 한 자산의 상각부인액과 다른 자산의 시인부족액을 서로 상계하지 않으며 각각 별도로 세무조정 하여야 한다.

3. 감가상각자산의 범위
법인세법상 감가상각대상이 되는 자산은 토지를 제외한 다음의 자산으로 한다.

(1) 유형자산
① 건물(부속설비를 포함한다) 및 구축물(이하 "건축물"이라 한다)
② 차량 및 운반구, 공구, 기구 및 비품
③ 선박 및 항공기
④ 기계 및 장치
⑤ 동물 및 식물
⑥ 그 밖에 ① ~ ⑤와 유사한 유형자산

(2) 무형자산
① 영업권, 디자인권, 실용신안권, 상표권
② 특허권, 어업권, 「해저광물자원 개발법」에 의한 채취권, 유료도로관리권, 수리권, 전기가스공급시설이용권, 공업용수도시설이용권, 수도시설이용권, 열공급시설이용권
③ 광업권, 전신전화전용시설이용권, 전용측선이용권, 하수종말처리장시설관리권, 수도시설관리권
④ 댐사용권
⑤ 개발비
⑥ 사용수익기부자산가액
⑦ 「전파법」에 의한 주파수이용권 및 「공항시설법」에 의한 공항시설관리권
⑧ 「항만법」에 따른 항만시설관리권

[참고] 감가상각자산에 포함하지 않는 자산
① 사업에 사용하지 아니하는 것(유휴설비를 제외한다)
② 건설 중인 것
③ 시간의 경과에 따라 그 가치가 감소되지 아니하는 것

제2절 감가상각방법의 종류 및 신고

1. 감가상각방법의 종류

감가상각방법을 신고한 경우에는 자산의 종류별로 다음 중 하나의 방법을 적용할 수 있으며 신고하지 아니한 경우에는 세법에서 정한 방법(무신고시)을 적용한다.

구 분		신고시	무신고시
유형자산	① 건축물	정액법	정액법
	② 일반 유형자산	정률법 또는 정액법	정률법
	③ 광업용 유형자산	생산량비례법, 정률법 또는 정액법	생산량비례법
무형자산	① 일반 무형자산	정액법	정액법
	② 광업권	생산량비례법 또는 정액법	생산량비례법
	③ 개발비	20년의 범위에서 정액법	5년간 정액법

2. 감가상각방법의 신고

(1) 신고단위 및 방법

법인이 상각방법을 신고하고자 하는 때에는 각호의 구분에 의한 자산별로 하나의 방법을 선택하여 신고하여야 한다.

① 건축물(건물과 구축물)과 무형자산(광업권, 개발비, 사용수익기부자산가액, 주파수이용권, 공항시설관리권 제외) : 정액법
② 건축물 외의 유형자산(광업용 유형자산 제외) : 정률법 또는 정액법
③ 광업권(「해저광물자원개발법」에 의한 채취권 포함) : 생산량비례법 또는 정액법
④ 광업용 유형고정자산 : 생산량비례법, 정률법 또는 정액법
⑤ 개발비 : 관련 제품의 판매 또는 사용이 가능한 시점부터 20년의 범위에서 연단위로 신고한 내용연수에 따라 매 사업연도별 경과월수에 비례하여 상각하는 방법
⑥ 사용수익기부자산가액 : 해당 자산의 사용수익기간에 따라 균등하게 안분한 금액
⑦ 주파수이용권, 공항시설관리권 : 주무관청에서 고시하거나 주무관청에 등록한 기간내에서 사용기간에 따라 균등액을 상각하는 방법

(2) 신고기한

감가상각방법신고서는 다음에 규정된 날이 속하는 사업연도의 법인세 과세표준의 신고기한까지 납세지 관할세무서장에게 제출하여야 한다.

① 신설법인과 새로 수익사업을 개시한 비영리법인 : 그 영업을 개시한 날
② ①외의 법인이 위의 구분을 달리하는 감가상각자산을 새로 취득한 경우 : 그 취득한 날

제3절 감가상각 계산요소

1. 취득가액

취득가액은 감가상각비를 계산하기 위한 기본요소로서 법인세법상 자산의 취득가액에 관한 규정을 적용한다. 이 가운데 감가상각자산과 관련된 중요한 항목만을 정리하면 다음과 같다.

(1) 일반적인 기준

감가상각자산의 취득가액은 그 취득형태에 따라 다음과 같이 산정한다.

구 분	취득가액
① 타인으로부터 매입한 자산	매입가액에 부대비용(취득세 등)을 더한 금액
② 자기가 제조·생산 또는 건설하거나 그 밖에 이에 준하는 방법으로 취득한 자산	제작원가에 부대비용을 더한 금액
③ 그 밖의 자산	취득 당시의 시가

(2) 자본적 지출이 있는 경우

"자본적 지출"이란 법인이 소유하는 감가상각자산의 내용연수를 연장시키거나 해당 자산의 가치를 현실적으로 증가시키기 위하여 지출한 수선비를 말한다. 자본적 지출이 발생한 경우에는 그 자본적 지출액을 취득가액에 가산하여 감가상각 과정을 통하여 손금에 산입한다. 회사가 자본적 지출에 해당하는 금액을 수익적 지출로 처리한 경우에는 이를 감가상각한 것으로 보아 상각범위액을 계산한다.

수익적 지출의 사례	자본적 지출의 사례
① 건물 또는 벽의 도장 ② 파손된 유리나 기와의 대체 ③ 기계의 소모된 부속품 또는 벨트의 대체 ④ 자동차의 타이어의 대체 ⑤ 재해를 입은 자산에 대한 외장의 복구·도장 및 유리의 삽입 ⑥ 기타 조업가능한 상태의 유지 등 위와 유사한 것	① 본래의 용도를 변경하기 위한 개조 ② 엘리베이터 또는 냉난방장치의 설치 ③ 빌딩 등에 있어서 피난시설 등의 설치 ④ 재해 등으로 인하여 멸실 또는 훼손되어 본래의 용도에 이용할 가치가 없는 건축물·기계·설비 등의 복구 ⑤ 그 밖에 개량·확장·증설 등 위와 유사한 성질의 것

2. 잔존가액

(1) 기본원칙

"잔존가액"란 자산의 내용연수가 종료되는 시점에서 그 자산의 예상처분대가에서 예상처분비용을 차감한 금액을 말한다. 법인세법은 잔존가액을 "0"으로 규정하고 있다.

(2) 정률법에 따라 상각하는 경우

정률법의 경우 정률을 계산하기 위하여 취득가액의 5%를 잔존가액으로 인정하고 있으며, 동 잔존가액는 해당 감가상각자산에 대한 미상각잔액이 최초로 취득가액의 5% 이하가 되는 사업연도의 상각범위액에 가산하도록 규정하고 있다.

(3) 비망가액

감가상각이 종료되는 자산에 대하여는 위 규정에 불구하고 실물관리를 위한 비망가액으로 취득가액의 5%와 1,000원 중 적은 금액을 해당 감가상각자산의 장부가액으로 두어야 하며, 동 금액에 대하여는 이를 손금에 산입하지 아니한다. 동 금액은 그 자산이 처분될 때 비로소 손금에 산입된다.

  기계장치(취득가액 1,000,000원, 내용연수 5년, 상각률 0.451)의 정률법에 의한 연도별 상각범위액을 계산하시오.

해설 ×5년에는 미상각잔액(49,874원)이 취득가액의 5%(50,000원) 이하가 되므로 취득가액의 5%와 1,000원 중 적은 금액을 해당 감가상각자산의 장부가액으로 하고 나머지 금액(48,874원)은 상각범위액에 가산한다.

연도	상각범위액	미상각잔액
×1년	1,000,000 × 0.451 = 451,000	549,000
×2년	(1,000,000 - 451,000) × 0.451 = 247,599	301,401
×3년	(1,000,000 - 698,599) × 0.451 = 135,931	165,470
×4년	(1,000,000 - 834,530) × 0.451 = 74,626	90,844
×5년	(1,000,000 - 909,156) × 0.451 = 40,970 ⇒ 89,844*	49,874 ⇒ 1,000

* 40,970 + 48,874 = 89,844

3. 내용연수

(1) 개요

"내용연수"란 자산의 예상사용기간 또는 자산으로부터 획득할 수 있는 생산량이나 이와 유사한 단위를 말한다. 법인세법시행령에서는 각 자산별·업종별로 내용연수를 구체적으로 규정하고 있다. 세법상 내용연수는 상각범위액 계산시 상각률을 정하는 기초가 되는 것으로 감가상각 기간을 의미하는 것은 아니다. 법인세법에서는 내용연수를 자산의 구조, 사용업종, 종류별로 내용연수 또는 기준내용연수와 내용연수범위를 규정하고 있다.
① 시험연구용자산 : 법인세법 시행규칙 [별표 2]
② 무형자산　　　 : 법인세법 시행규칙 [별표 3]
③ 건축물 등　　　: 법인세법 시행규칙 [별표 5]
④ 업종별자산　　 : 법인세법 시행규칙 [별표 6]

(2) 기준내용연수와 신고내용연수

법인세법 시행규칙 [별표5]와 [별표6]에서는 구조 또는 자산별로 내용연수를 정하고 있는데 이를 "기준내용연수"라고 한다. 또한 이러한 기준내용연수에 기준내용연수의 25%를 가감한 내용연수(하한 ~ 상한)를 각각 규정하고 그 중 선택하여 적용할 수 있도록 하고 있다. 법인이 내용연수를 [별표5]와 [별표6]에서 정한 범위(내용연수범위) 내에서 선택하여 적용하고자 하는 경우 내용연수를 신고하여야 하며, 이를 "신고내용연수"라 한다.

제4절 감가상각의 의제

1. 개요

법인세법상 감가상각제도는 임의상각제도로 손금계상 시기를 법인의 선택에 맡겨 놓고 있다. 그래서 법인은 이를 이용하여 법인세를 면제 또는 감면받는 기간에는 감가상각비를 계상하지 않거나 미달하게 계상하였다가, 법인세를 면제 또는 감면받는 기간이 종료된 후에 감가상각비를 계상함으로써 조세부담을 회피할 수 있다. 따라서 이러한 조세회피를 방지하기 위하여 "감가상각의 의제"라는 강제상각제도를 두고 있다.

2. 세무처리

감가상각비는 결산조정사항이 원칙임에도 불구하고 내국법인이 법인세를 면제 또는 감면받은 경우에는 해당 사업연도의 소득금액을 계산할 때 감가상각비를 추가로 손금에 산입해야 한다(강제신고조정). 즉, 감가상각의 의제가 적용되는 법인은 결산서에 계상한 감가상각비가 세법상의 상각범위액에 미달하는 경우(시인부족액)에도 그 미달하는 금액을 신고조정에 의하여 손금산입(△유보)으로 소득처분 해야 한다. 이렇게 추가로 손금에 산입한 금액을 "의제상각비"라고 한다. 동 의제상각비는 이미 감가상각 한 것으로 보아 차기에 상각범위액 계산시 기초가액에서 차감하게 되는데, 이로 인하여 차기의 상각범위액은 감소하게 된다(정률법의 경우).

memo

제 2 장 고정자산등록

 KcLep 길라잡이

- [감가상각비조정]>[고정자산등록]을 선택하면 다음과 같은 화면이 나타난다.

▶ **자산계정과목**

등록하고자 하는 감가상각자산의 계정과목 코드번호 3자리를 입력한다. 코드번호를 모르는 경우에는 F2 키(또는 상단 툴바의 [코드])를 이용하여 「계정코드도움」 보조창에서 해당 자산을 선택하고 [확인 [Enter]]을 클릭한다.

▶ **자산코드/명**

해당 자산의 관리에 필요한 코드를 "000001 ~ 999999" 사이의 숫자로 입력하고 해당 자산의 구체적인 품목명을 입력한다.

▶ **취득년월일**

해당 자산의 취득 년, 월, 일을 입력한다.

▶ **상각방법**

회사가 선택한 감가상각방법(1 : 정률법 / 2 : 정액법)을 숫자로 입력한다.

※ **기본등록사항**

```
1. 기초가액
2. 전기말상각누계액(-)
3. 전기말장부가액
4. 당기중 취득 및 당기증가(+)
5. 당기감소(일부양도·매각·폐기)(-)
   전기말상각누계액(당기감소분)(+)
```

1. 기초가액

전기말 현재의 취득가액을 입력한다. 단, 무형자산을 직접법으로 상각한 경우에는 전기말 장부가액을 입력한다.

2. 전기말 상각누계액

전기말 현재의 감가상각누계액을 입력한다. 단, 무형자산을 직접법으로 상각한 경우에는 전기말까지 직접 상각한 금액의 누계액을 입력한다.

3. 전기말 장부가액

[1.기초가액]란에서 [2.전기말상각누계액]란을 차감한 금액이 자동 반영된다.

4. 당기 중 취득 및 당기증가

당기 중 신규 취득한 자산의 취득가액 또는 당기 이전에 취득한 자산에 대하여 당기 중 자본적 지출액이 발생한 경우에 해당 금액을 입력한다.

5. 당기감소 / 전기말 상각누계액

감가상각자산의 일부가 양도·매각·폐기 등의 사유로 감소한 경우 해당 금액을 입력한다. [5.당기감소]란에 입력된 금액이 [1.기초가액]란에서 차지하는 비율만큼 [2.전기말상각누계액]란의 금액이 동일한 비율로 [전기말상각누계액]란에 표시된다.

```
 6. 전기말자본적지출액누계(+)(정액법만)    [      ]
 7. 당기자본적지출액(즉시상각분)(+)        [      ]
 8. 전기말부인누계액(+) (정률만 상각대상에 가산)  [      ]
 9. 전기말의제상각누계액(-)                [      ]
10. 상각대상금액                         [      ]
11. 내용연수/상각률(월수)           [  ]💬[  ] ( [  ] ) [연수별상각율]
12. 상각범위액(한도액)(10X상각율)          [      ]
```

6. 전기말 자본적 지출액누계 (정액법인 경우에만 입력합니다.)

상각방법이 정액법인 경우로서 당기 이전에 법인세법상 자본적 지출액에 해당하는 금액을 회사가 수익적 지출로 잘못 처리한 경우, 동 자본적 지출액의 누계액을 입력한다.

7. 당기 자본적 지출액

당기에 법인세법상 자본적 지출에 해당하는 금액을 회사가 수익적 지출로 잘못 처리한 경우 동 자본적 지출액을 입력한다.

8. 전기말 부인누계액

전기말 감가상각비 부인누계액을 입력한다. 정률법인 경우 상각계산의 기초가액에 가산된다.

9. 전기말 의제상각누계액

전기말 현재의 의제상각비누계액을 입력한다.

10. 상각대상금액

법인세법상 상각계산의 기초가액을 의미한다.

11. 내용연수 / 상각률(월수)

해당 자산의 내용연수를 입력한다. 법인세법시행규칙에서는 각 자산별·업종별로 내용연수를 구체적으로 규정하고 있는데, 📇를 클릭하면 「기준내용년수 도움표」 보조창에서 이를 확인할 수 있다. 내용연수를 입력하면 상각률은 자동 계산되어 표시되며, 월수는 [취득년월일]란에 입력된 내용에 따라 자동 표시된다.

12. 상각범위액(한도액)

입력된 감가상각비 계산요소에 따라 당기상각범위액(세법상 당기 감가상각비)이 자동 계산된다.

```
13.회사계상액(12)-(7)                    [        ] 사용자수정
14.경비구분                              [        ]
15.당기말감가상각누계액                   [        ]
16.당기말장부가액                         [        ]
17.당기의제상각비                         [        ]
18.전체양도일자                           [__-__-__]
19.전체폐기일자                           [__-__-__]
20.업종                                   [  ][...]
```

13. 회사계상액

회사계상액이 [12.상각범위액]란의 금액과 다른 경우에는 사용자수정을 클릭하여 해당 금액으로 수정한다.

14. 경비구분

감가상각자산의 용도에 따른 감가상각비의 구분을 선택한다. 해당 자산의 감가상각비가 판매비와관리비에 속하면 "6. 800번대(판관비)"를 선택하고, 제조경비에 속하면 "1. 500번대(제조)"를 선택한다.

15. 당기말 감가상각누계액

[2.전기말상각누계액]란과 [13.회사계상액]란의 합계액이 자동 표시된다.

16. 당기말 장부가액

[1.기초가액]란에서 [15.당기말감가상각누계액]란을 차감한 금액이 자동 표시된다.

17. 당기 의제상각비

각 사업연도의 소득에 대하여 법인세가 면제되거나 감면되는 사업을 영위하는 법인이, 법인세를 면제받거나 감면받은 경우에는 감가상각자산에 대하여 상각범위액에 해당하는 감가상각비를 손금으로 계상하여야 하는데, 법인이 이를 계상하지 않거나 상각범위액에 미달하게 계상한 경우 해당 금액을 입력한다.

18. 전체 양도일자

감가상각자산을 사업연도 중에 양도한 경우에는 양도일자를 입력한다. 양도일자를 입력하면 양도일까지의 월수로 [12.상각범위액]란이 자동 반영된다.

19. 전체 폐기일자

감가상각자산을 폐기한 경우 폐기일자를 입력한다.

20. 업종

내용연수 선택의 적정성 여부를 판단하기 위한 업종구분으로 🔲를 클릭하여 「업종코드도움」 보조창에서 해당 업종을 선택한다.

한마디...

[21.보조금적용여부]란과 [22.당기말보조금잔액]란은 유(무)형자산의 취득과 관련된 정부보조금이 있는 경우 해당 자산의 정보보조금 상계내역을 별도로 관리하고, 결산시 정부보조금과 감가상각비 상계분개를 [결산자료입력] 메뉴에서 자동분개 처리하도록 추가된 기능입니다. 해당 메뉴는 자격시험에서는 다루지 않을 것으로 예상되므로 상세한 메뉴 설명은 생략합니다.

두마디...

「추가등록사항」 탭 전체의 내용은 자격시험과 무관하므로 설명을 생략한다.

KcLep 따라하기

 예제1 다음 자료를 ㈜최대리(회사코드 : 1001)의 [고정자산등록] 메뉴에 입력하시오.

[자료1]   (단위 : 원)

구분/ 코드 자산명	취득일	취득가액	전기말 상각누계액	상각방법 내용연수	업종 경비구분	회사계상 상각비
기계장치/ 1 (절단기1)	2023.01.10.	10,000,000	2,590,000	정률법 (10년)	13 제조경비	1,919,190
기계장치/ 2 (절단기2)	2023.01.10.	10,000,000	2,590,000	정률법 (10년)	13 제조경비	2,000,000
기계장치/ 3 (절단기3)	2023.01.10.	10,000,000	3,000,000	정률법 (10년)	13 제조경비	2,000,000
기계장치/ 4 (절단기4)	2023.01.10.	10,000,000	2,590,000	정률법 (10년)	13 제조경비	1,000,000
기계장치/ 5 (절단기5)	2023.01.10.	10,000,000	3,000,000	정률법 (10년)	13 제조경비	1,900,000
기계장치/ 6 (절단기6)	2023.01.10.	10,000,000	3,000,000	정률법 (10년)	13 제조경비	1,000,000

[자료2]

(1) 기계장치(절단기3)의 전기말 부인누계액은 410,000원이다.
(2) 기계장치(절단기5)의 전기말 부인누계액은 410,000원이다.
(3) 기계장치(절단기6)의 전기말 부인누계액은 410,000원이다.

한마디...

위 자료에 따라 [고정자산등록] 메뉴에 입력된 내용은 [감가상각비조정]>[미상각자산 감가상각 조정명세서]에 자동으로 반영된다. 따라서 각각의 차이를 잘 살펴보며 하나도 빠짐없이 입력하도록 한다.

고정자산등록 - 기계장치

❶ 자산계정과목(206.기계장치)을 선택하고 자산코드/명, 취득년월일, 상각방법을 입력한다.
❷ [1]란에 취득가액 10,000,000원을 입력하고, [2]란에 전기말상각누계액 2,590,000원을 입력한다.
❸ [11]란 내용연수(10년), [14]란에 경비구분(1.500번대/제조), [20]란에 업종(13.제조업)을 입력한다.

❹ 사용자수정 을 클릭하여 [13]란을 2,000,000원으로 수정한다.

❺ [8]란에 410,000원을 입력하고, 사용자수정 을 클릭하여 [13]란을 2,000,000원으로 수정한다.

❻ 사용자수정 을 클릭하여 [13]란을 1,000,000원으로 수정한다.

❼ [8]란에 410,000원을 입력하고, 사용자수정을 클릭하여 [13]란을 1,900,000원으로 수정한다.

❽ [8]란에 410,000원을 입력하고, 사용자수정을 클릭하여 [13]란을 1,000,000원으로 수정한다.

예제2 다음 자료를 ㈜최대리(회사코드 : 1001)의 [고정자산등록] 메뉴에 입력하시오.

[자료1]   (단위 : 원)

구분/ 코드 자산명	취득일	취득가액	전기말 상각누계액	상각방법 내용연수	업종 경비구분	회사계상 상각비
차량운반구/ 1 (소나타1)	2023.01.20.	20,000,000	9,020,000	정률법 (5년)	01 판매관리비	4,951,980
차량운반구/ 2 (소나타2)	2023.01.20.	20,000,000	9,020,000	정률법 (5년)	01 판매관리비	6,755,980
차량운반구/ 3 (소나타3)	2023.01.20.	20,000,000	9,020,000	정률법 (5년)	01 판매관리비	4,951,980
비 품/ 1 (집기비품1)	2023.01.25.	4,000,000	1,804,000	정률법 (5년)	01 판매관리비	990,396
비 품/ 2 (집기비품2)	2023.01.25.	4,000,000	1,804,000	정률법 (5년)	01 판매관리비	0
비 품/ 3 (집기비품3)	2023.01.25.	4,000,000	0	정률법 (5년)	01 판매관리비	1,804,000
건물/ 1 (세연빌딩)	2023.01.30.	100,000,000	3,700,000	정액법 (40년)	03 판매관리비	2,500,000
건물/ 2 (세희빌딩)	2023.01.30.	100,000,000	2,500,000	정액법 (40년)	03 제조경비	2,500,000

[자료2]
(1) 차량운반구(소나타2)는 당기 자본적 지출액 4,000,000원 발생하여 자산증가로 처리하였다.
(2) 차량운반구(소나타3)는 당기 자본적 지출액 4,000,000원을 비용으로 처리하였다.
(3) 비품(집기비품2)은 당기 상각범위액 990,396원에 해당하는 금액을 감가상각하지 않았다(동 문제에 한하여 의제상각대상 법인이라 가정함).
(4) 비품(집기비품3)은 전기말 의제상각누계액 1,804,000원이 있다.
(5) 직전 사업연도의 「자본금과 적립금 조정명세서(을)」 표상에 건물(세연빌딩) 감가상각비 상각부인액 1,200,000원이 있다.
(6) 건물(세희빌딩)은 당기 자본적 지출액 10,000,000원을 비용으로 처리하였다.

한마디...
차량운반구(소나타1,2,3)은 세법상의 업무용승용차의 범위에 해당하지 않는다고 가정한다.

고정자산등록 - 차량운반구

❶ 자산계정과목(208.차량운반구)을 선택하고 자산코드/명, 취득년월일, 상각방법을 입력한다.
❷ [1]란에 취득가액 20,000,000원을 입력하고, [2]란에 전기말상각누계액 9,020,000원을 입력한다.
❸ [11]란 내용연수(5년), [14]란에 경비구분(6.800번대/판관비), [20]란에 업종(01.차량및운반구)을 입력한다.

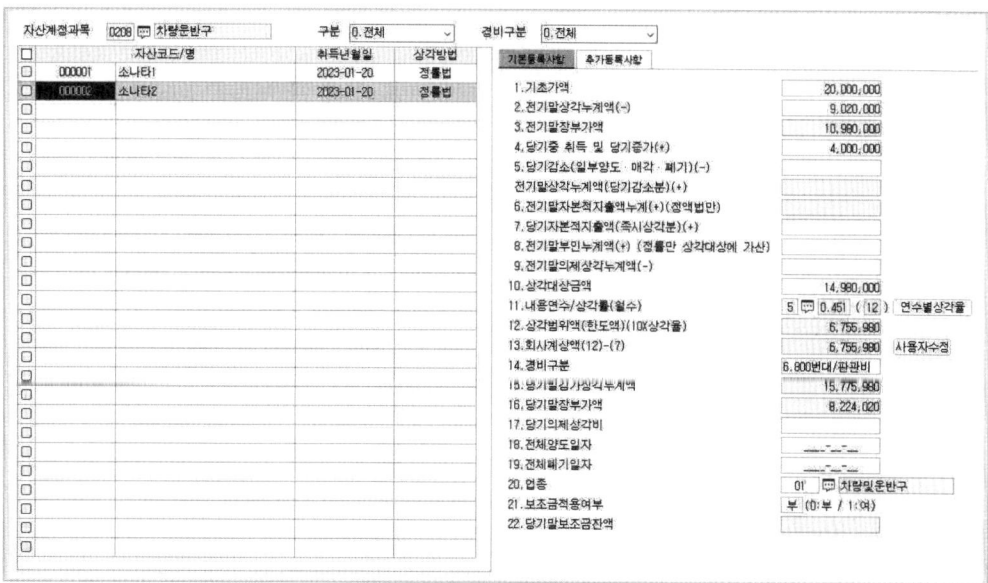

❹ [4]란에 당기 자본적 지출액을 자산증가로 처리한 금액 4,000,000원을 입력한다.

❺ [7]란에 당기 자본적 지출액을 비용으로 처리한 금액 4,000,000원을 입력한다.
❻ 사용자수정을 클릭하여 [13]란을 4,951,980원으로 수정한다.

고정자산등록 - 비품

❶ 자산계정과목(212.비품)을 선택하고 자산코드/명, 취득년월일, 상각방법을 입력한다.
❷ [1]란에 취득가액 4,000,000원을 입력하고, [2]란에 전기말상각누계액 1,804,000원을 입력한다.
❸ [11]란 내용연수(5년), [14]란에 경비구분(6.800번대/판관비), [20]란에 업종(01.차량및운반구)을 입력한다.

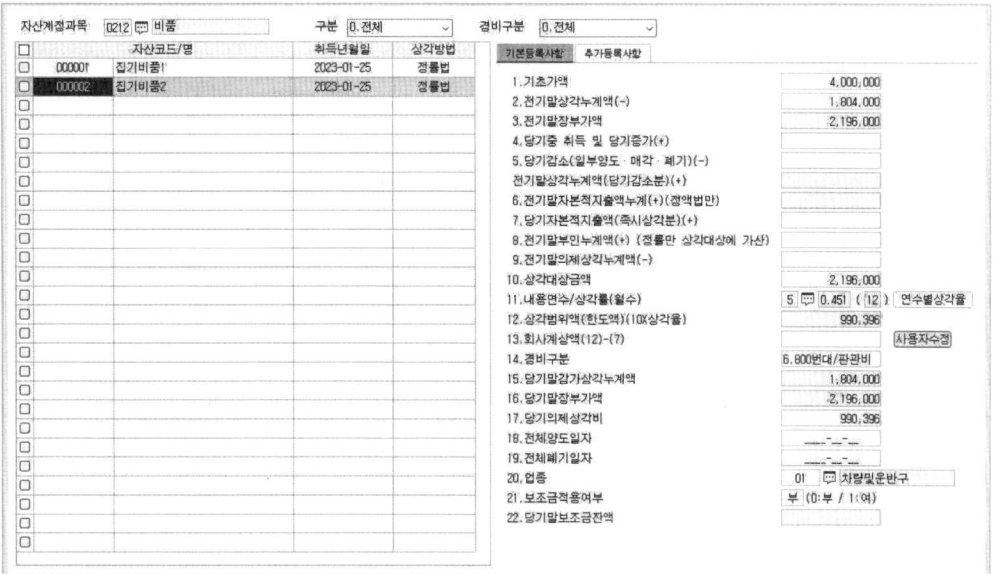

❹ 사용자수정 을 클릭하여 [13]란을 0원으로 수정한다.
❺ [17]란에 당기 상각범위액에 해당하는 금액 990,396원을 입력한다.

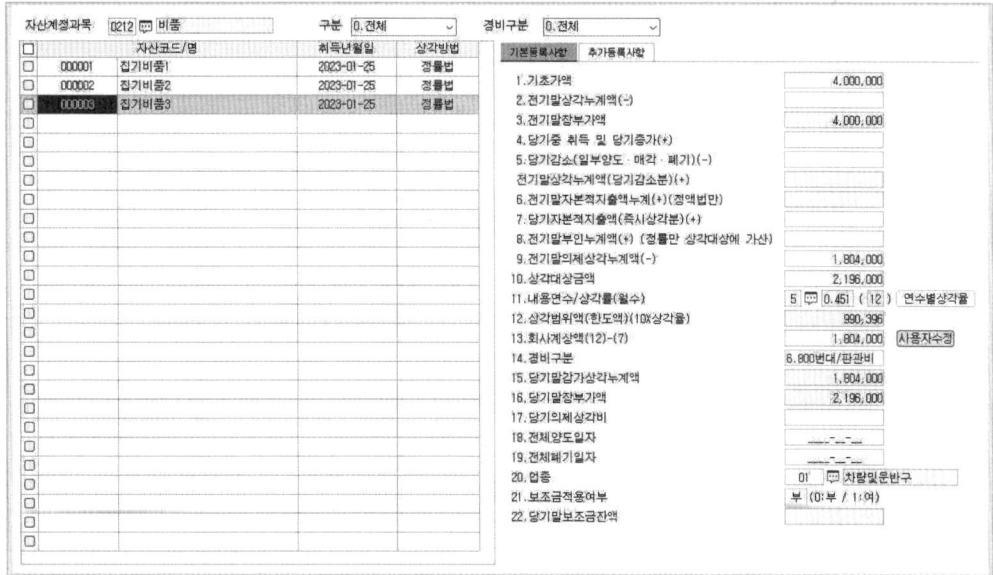

❻ [9]란에 전기말 의제상각누계액 1,804,000원을 입력한다.
❼ 사용자수정 을 클릭하여 [13]란을 1,804,000원으로 수정한다.

고정자산등록 - 건물

❶ 자산계정과목(202.건물)을 선택하고 제시된 자료를 입력한다.

❷ [8]란에 직전 사업연도의「자본금과 적립금 조정명세서(을)표」상에 감가상각비 상각부인액 1,200,000원을 입력한다.

❸ [7]란에 당기 자본적 지출액을 비용으로 처리한 10,000,000원을 입력한다.

❹ 사용자수정을 클릭하여 [13]란을 2,500,000원으로 수정한다.

제3장 상각범위액 및 시부인 계산

제1절 상각범위액의 계산

1. 정률법

정률법은 해당 감가상각자산의 취득가액에서 이미 감가상각비로 손금에 산입한 금액을 공제한 잔액(이하 "미상각잔액"이라 한다)에 해당 자산의 내용연수에 따른 상각률을 곱하여 계산한 각 사업연도의 상각범위액이 매년 체감되는 상각방법이다.

$$\text{상각범위액} = \text{세무상 미상각잔액} \times \text{상각률}$$

미상각자산 감가상각 조정명세서 구조		
상각계산의 기초가액	당기말 재무상태표상 취득가액	
	(−) 당기말 재무상태표상 감가상각누계액	➡ 기말 장부가액
	(+) 당기말 회사계상 감가상각비	➡ 기초 장부가액
	(+) 전기말 부인누계액	
	(−) 전기말 의제상각누계액	➡ 세무상 기초 장부가액
	(+) 비용 계상한 자본적 지출액(당기발생분)	
	(=) 세무상 미상각잔액	

예제! 기계장치(설단기3)의 정률법에 의한 세무상 미상각잔액을 계산하시오.

① 취득가액 : 10,000,000원
② 당기말 감가상각누계액 : 5,000,000원
③ 당기말 회사계상 감가상각비 : 2,000,000원
④ 전기말 부인누계액 : 410,000원

해설 세무상 미상각잔액 : (10,000,000−5,000,000) + 2,000,000 + 410,000 = 7,410,000원

예제2 차량운반구(소나타3)의 정률법에 의한 세무상 미상각잔액을 계산하시오.

① 취득가액 : 20,000,000원
② 당기말 감가상각누계액 : 13,971,980원
③ 당기말 회사계상 감가상각비 : 4,951,980원
④ 당기 자본적 지출액 4,000,000원을 비용으로 처리하였다

해설 세무상 미상각잔액 : (20,000,000-13,971,980) + 4,951,980 + 4,000,000 = 14,980,000원

예제3 비품(집기비품3)의 정률법에 의한 세무상 미상각잔액을 계산하시오.

① 취득가액 : 4,000,000원
② 당기말 감가상각누계액 : 1,804,000원
③ 당기말 회사계상 감가상각비 : 1,804,000원
④ 전기말 의제상각누계액 : 1,804,000원

해설 세무상 미상각잔액 : (4,000,000-1,804,000) + 1,804,000 - 1,804,000 = 2,196,000원

2. 정액법

정액법은 당해 감가상각자산의 취득가액에 당해 자산의 내용연수에 따른 상각률을 곱하여 계산한 각 사업연도의 상각범위액이 매년 균등하게 되는 상각방법이다.

$$상각범위액 = 세무상 취득가액 \times 상각률$$

미상각자산 감가상각 조정명세서 구조		
상각계산의 기초가액	당기말 재무상태표상 취득가액	
	(-) 당기말 재무상태표상 감가상각누계액	➡ 기말 장부가액
	(+) 당기말 회사계상 감가상각비	➡ 기초 장부가액
	(+) 전기말 회사계상 감가상각비누계	➡ 취득가액
	(+) 비용 계상한 자본적 지출액(전기이전분)	
	(+) 비용 계상한 자본적 지출액(당기발생분)	
	(=) 세무상 취득가액	

예제4 건물(세희빌딩)의 정액법에 의한 세무상 취득가액을 계산하시오.

① 취득가액 : 100,000,000원
② 당기말 감가상각누계액 : 5,000,000원
③ 당기말 회사계상 감가상각비 : 2,500,000원
④ 전기말 회사계상 감가상각비누계 : 2,500,000원
⑤ 당기 자본적 지출액 10,000,000원을 비용으로 처리하였다.

[해설] 세무상 취득가액 : (100,000,000−5,000,000) + 2,500,000 + 2,500,000 + 10,000,000
= 110,000,000원

제2절 감가상각 시부인 계산

1. 감가상각 시부인 계산의 원리

법인이 각 사업연도의 결산을 확정할 때 감가상각자산에 대한 감가상각비를 손비로 계상한 경우에는 상각범위액의 범위내에서 그 계상한 감가상각비를 해당 사업연도의 소득금액을 계산할 때 손금에 산입하고, 그 계상한 금액 중 상각범위액을 초과하는 금액은 손금에 산입하지 아니한다. 이를 "감가상각 시부인(是否認) 계산"이라고 하는데 그 구체적인 처리방법은 다음과 같다.

(1) 상각부인액 (회사계상액 > 상각범위액)

"상각부인액"이란 회사가 비용으로 계상한 감가상각비가 세법상 상각범위액을 초과하는 금액을 말한다. 동 초과액은 손금불산입(유보)으로 소득처분하며, 차기 이후에 시인부족액이 발생한 경우에는 그 상각범위액을 한도로 전기 상각부인누계액을 당기에 손금으로 추인한다.

(2) 시인부족액 (회사계상액 < 상각범위액)

"시인부족액"이란 회사가 비용으로 계상한 감가상각비가 세법상 상각범위액에 미달하는 금액을 말한다. 동 미달액에 대한 세무조정은 하지 않으며, 차기로 이월되지 않고 당해 사업연도에 소멸된다.

(3) 시부인 계산의 단위

감가상각비의 시부인 계산은 개별 자산별로 행한다. 따라서 한 자산의 상각부인액과 다른 자산의 시인부족액은 이를 상계할 수 없으며, 각각 별도로 세무조정 하여야 한다.

예제1 다음은 건물 관련 감가상각비 자료이다. 제1기, 제2기, 제3기의 세무조정을 하시오.

구분	제1기	제2기	제3기
회사계상 상각비	1,000	500	600
상각범위액	800	800	800
상각부인액	200	-	-
시인부족액	-	△300	△200

해설 (1) 제1기 상각부인액 200을 손금불산입하고 유보로 처분한다.
☑ 세무조정 : 〈손금불산입〉 건물 상각부인액 200 (유보/발생)

(2) 제2기 시인부족액 300을 전기 상각부인누계액의 범위 내에서 손금으로 추인한다.
☑ 세무조정 : 〈손금산입〉 건물 손금추인액 200 (△유보/감소)

(3) 제3기 시인부족액 200은 소멸한다.
☒ 세무조정 : 없음

예제2 기계장치(절단기3)의 정률법에 의한 시부인 계산을 하고 세무조정 하시오.

① 취득가액 : 10,000,000원
② 내용년수 : 10년 (상각률 25.9%)
③ 당기말 감가상각누계액 : 5,000,000원
④ 당기말 회사계상 감가상각비 : 2,000,000원
⑤ 전기말 부인누계액 : 410,000원

해설 (1) 세무상 미상각잔액 : (10,000,000−5,000,000) + 2,000,000 + 410,000 = 7,410,000원
(2) 상각범위액 : 7,410,000×0.259 = 1,919,190원
(3) 회사계상 감가상각비 : 2,000,000원
☑ 세무조정 : 〈손금불산입〉 절단기3 상각부인액 80,810 (유보/발생)

예제3 기계장치(절단기4)의 정률법에 의한 시부인 계산을 하고 세무조정 하시오.

① 취득가액 : 10,000,000원
② 내용년수 : 10년 (상각률 25.9%)
③ 당기말 감가상각누계액 : 3,590,000원
④ 당기말 회사계상 감가상각비 : 1,000,000원

해설 (1) 세무상 미상각잔액 : (10,000,000−3,590,000) + 1,000,000 = 7,410,000원
(2) 상각범위액 : 7,410,000×0.259 = 1,919,190원
(3) 회사계상 감가상각비 : 1,000,000원
☒ 세무조정 : 없음. 시인부족액 919,190원은 소멸

예제4 기계장치(절단기5)의 정률법에 의한 시부인 계산을 하고 세무조정 하시오.

① 취득가액 : 10,000,000원
② 내용년수 : 10년 (상각률 25.9%)
③ 당기말 감가상각누계액 : 4,900,000원
④ 당기말 회사계상 감가상각비 : 1,900,000원
⑤ 전기말 부인누계액 : 410,000원

해설 (1) 세무상 미상각잔액 : (10,000,000−4,900,000) + 1,900,000 + 410,000 = 7,410,000원
(2) 상각범위액 : 7,410,000×0.259 = 1,919,190원
(3) 회사계상 감가상각비 : 1,900,000원
☒ 세무조정 : 〈손금산입〉 절단기5 손금추인액 19,190 (△유보/감소)

예제5 기계장치(절단기6)의 정률법에 의한 시부인 계산을 하고 세무조정 하시오.

① 취득가액 : 10,000,000원
② 내용년수 : 10년 (상각률 25.9%)
③ 당기말 감가상각누계액 : 4,000,000원
④ 당기말 회사계상 감가상각비 : 1,000,000원
⑤ 전기말 부인누계액 : 410,000원

해설 (1) 세무상 미상각잔액 : (10,000,000−4,000,000) + 1,000,000 + 410,000 = 7,410,000원
(2) 상각범위액 : 7,410,000×0.259 = 1,919,190원
(3) 회사계상 감가상각비 : 1,000,000원
☒ 세무조정 : 〈손금산입〉 절단기6 손금추인액 410,000 (△유보/감소)

예제6 비품(집기비품3)의 정률법에 의한 시부인 계산을 하고 세무조정 하시오.

① 취득가액 : 4,000,000원
② 내용년수 : 5년 (상각률 45.1%)
③ 당기말 감가상각누계액 : 1,804,000원
④ 당기말 회사계상 감가상각비 : 1,804,000원
⑤ 전기말 의제상각누계액 : 1,804,000원

해설 (1) 세무상 미상각잔액 : (4,000,000−1,804,000) + 1,804,000 − 1,804,000 = 2,196,000원
(2) 상각범위액 : 2,196,000×0.451 = 990,396원
(3) 회사계상 감가상각비 : 1,804,000원
☒ 세무조정 : 〈손금불산입〉 집기비품3 상각부인액 813,604 (유보/발생)

2. 즉시상각의 의제

(1) 원칙

법인이 다음 중 어느 하나에 해당하는 금액을 손비로 계상한 경우에는 해당 사업연도의 소득금액을 계산할 때 감가상각비로 계상한 것으로 보아 상각범위액을 계산한다.
 ① 감가상각자산을 취득하기 위하여 지출한 금액
 ② 감가상각자산에 대한 자본적 지출에 해당하는 금액
따라서 위 금액은 법인이 계상한 감가상각비에 합산되어 시부인 계산의 대상이 됨과 동시에 상각범위액 계산에 있어서 상각계산의 기초가액에 합산되어 상각범위액을 증가시키게 된다.

(2) 특례

법인이 감가상각자산의 취득을 위하여 지출한 금액 또는 자본적 지출액에 해당하는 금액을 손비로 계상한 경우에도 위의 규정에 불구하고 감가상각 시부인 계산 없이 손금으로 인정하는 경우가 있는데, 그 구체적인 내용은 다음과 같다.
 ① **소액수선비 등** : 법인이 각 사업연도에 지출한 수선비가 다음 중 어느 하나에 해당하는 경우로서 그 수선비를 해당 사업연도의 손비로 계상한 경우에는 자본적 지출에 포함하지 않는다.
  ㉠ 개별 자산별로 수선비로 지출한 금액이 600만원 미만인 경우
  ㉡ 개별 자산별로 수선비로 지출한 금액이 직전 사업연도종료일 현재 재무상태표상의 자산가액(취득가액 − 감가상각누계액)의 5%에 미달하는 경우
  ㉢ 3년 미만의 기간마다 주기적인 수선을 위하여 지출하는 경우
 ② **소액자산의 취득가액** : 취득가액이 거래단위별로 100만원 이하인 감가상각자산에 대해서는 그 사업에 사용한 날이 속하는 사업연도의 손비로 계상한 것에 한정하여 손금에 산입한다. 다만, 다음의 어느 하나에 해당하는 자산은 제외한다.
  ㉠ 그 고유업무의 성질상 대량으로 보유하는 자산
  ㉡ 그 사업의 개시 또는 확장을 위하여 취득한 자산
 ③ **어구 등의 취득가액** : 다음의 자산에 대해서는 이를 그 사업에 사용한 날이 속하는 사업연도의 손비로 계상한 것에 한정하여 손금에 산입한다.
  ㉠ 어업에 사용되는 어구(어선용구 포함)
  ㉡ 영화필름, 공구, 가구, 전기기구, 가스기기, 가정용 기구·비품, 시계, 시험기기, 측

정기기 및 간판
ⓒ 대여사업용 비디오테이프 및 음악용 콤팩트디스크로서 개별자산의 취득가액이 30만원 미만인 것
ⓔ 전화기(휴대용 전화기 포함) 및 개인용 컴퓨터(그 주변기기 포함)

④ **생산설비의 폐기손실** : 시설의 개체 또는 기술낙후로 인하여 생산설비의 일부를 폐기한 경우에는 당해 자산의 장부가액에서 *1,000원*을 공제한 금액을 폐기일이 속하는 사업연도에 손금산입 할 수 있다.

예제7 차량운반구(소나타3)의 정률법에 의한 시부인 계산을 하고 세무조정 하시오.

① 취득가액 : 20,000,000원
② 내용년수 : 5년 (상각률 45.1%)
③ 당기말 감가상각누계액 : 13,971,980원
④ 당기말 회사계상 감가상각비 : 4,951,980원
⑤ 당기 자본적 지출액 4,000,000원을 비용으로 처리하였다.

해설 (1) 세무상미상각잔액 : (20,000,000−13,971,980) + 4,951,980 + 4,000,000[주] = 14,980,000원
(2) 상각범위액 : 14,980,000 × 0.451 = 6,755,980원
(3) 회사계상 감가상각비 : 4,951,980 + 4,000,000[주] = 8,951,980원

[주] 비용 처리한 자본적 지출액 4,000,000원은 상각계산의 기초가액에 합산되어 상각범위액을 증가시킴과 동시에 회사가 감가상각비로 계상한 것으로 보아 회사계상 감가상각비에 합산되어 시부인 계산을 한다.

☑ 세무조정 : 〈손금불산입〉 소나타3 상각부인액 *2,196,000* (유보/발생)

memo

제4장 미상각자산 감가상각 조정명세서

제1절 유형자산(정률법)

 **KcLep 길라잡이**

- [감가상각비조정]>[미상각자산 감가상각 조정명세서]에서 상단 툴바의 F12 불러오기를 클릭하고, 대화창에서 예(Y)을 클릭하면 다음과 같은 화면이 나타난다.

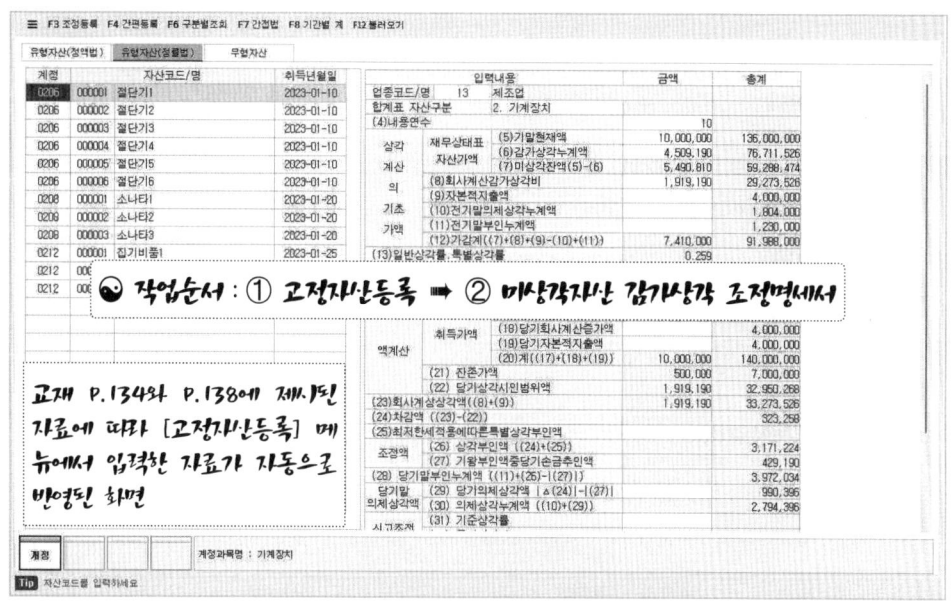

• ㈜최대리 [미상각자산 감가상각 조정명세서(정률법)] •

▶ 계정 / 자산코드/명 / 취득년월일 / 업종코드/명

[감가상각비조정]>[고정자산등록]에 입력된 내용이 자동 반영된다.

▶ 합계표 자산구분

[감가상각비조정]>[감가상각비 조정명세서 합계표]에 집계될 자산의 구분(1.건축물/ 2.기계장치/ 3.기타자산)으로 [고정자산등록] 메뉴에 입력된 내용이 자동 반영된다.

✽ 상각계산의 기초가액

상각계산의 기초가액	재무상태표 자산가액	(5)기말현재액	10,000,000	136,000,000
		(6)감가상각누계액	4,509,190	76,711,526
		(7)미상각잔액(5)-(6)	5,490,810	59,288,474
	(8)회사계산감가상각비		1,919,190	29,273,526
	(9)자본적지출액			4,000,000
	(10)전기말의제상각누계액			1,804,000
	(11)전기말부인누계액			1,230,000
	(12)가감계((7)+(8)+(9)-(10)+(11))		7,410,000	91,988,000
(13)일반상각률.특별상각률			0.259	

⑤ 기말현재액

[고정자산등록] 메뉴의 [1.기초가액]란에 [4.당기중 취득 및 당기증가]란을 가산하고 [5.당기감소]란을 차감한 금액이 자동 반영된다. 동 금액은 기말 재무상태표상의 취득가액을 의미한다.

⑥ 감가상각누계액

[고정자산등록] 메뉴의 [15.당기말감가상각누계액]란의 금액이 자동 반영된다. 동 금액은 기말 재무상태표상의 감가상각누계액을 의미한다.

⑦ 미상각잔액(⑤-⑥)

동 금액은 기말 재무상태표상 장부가액을 의미한다.

⑧ 회사계산 감가상각비

[고정자산등록] 메뉴의 [13.회사계상액]란의 금액이 자동 반영된다. 동 금액은 당기 회사계상 감가상각비를 의미한다.

⑨ 자본적 지출액

[고정자산등록] 메뉴의 [7.당기자본지출액]란에 입력한 금액이 자동 반영된다. 동 금액은 법인세법상 자본적 지출에 해당하는 금액을 회사가 수익적 지출로 잘못 처리한 금액을 의미한다. 동 금액은 본 메뉴 [⑲당기자본적지출액]란의 금액과 동일하다.

⑩ 전기말 의제상각누계액

[고정자산등록] 메뉴의 [9.전기말의제상각누계액]란의 금액이 자동 반영된다. 동 금액은 직전 사업연도 본 명세서상의 [㉚의제상각누계액]란의 금액과 동일하다.

⑪ 전기말 부인누계액

[고정자산등록] 메뉴의 [8.전기말부인누계액]란의 금액이 자동 반영된다. 동 금액은 직전 사업연도 본 명세서상의 [㉘당기말부인액누계]란의 금액과 동일하다.

⑫ 가감계(⑦+⑧+⑨-⑩+⑪)

동 금액은 상각계산의 기초가액으로 세무상 미상각잔액을 의미한다.

※ 상각범위액 계산 (세법규정에 의해 자동 계산되며 수정하지 않음)

상각범위 액계산	당기산출 상각액	(14)일반상각액	1,919,190	32,950,268
		(15)특별상각액		
		(16)계((14)+(15))	1,919,190	32,950,268
	취득가액	(17)전기말현재취득가액	10,000,000	132,000,000
		(18)당기회사계산증가액		4,000,000
		(19)당기자본적지출액		4,000,000
		(20)계((17)+(18)+(19))	10,000,000	140,000,000
(21) 잔존가액			500,000	7,000,000
(22) 당기상각시인범위액			1,919,190	32,950,268

⑭ 일반상각액

법인세법상 상각범위액을 계산하기 위해 산출한 상각계산의 기초가액의 [⑫가감계]란에 법인세법시행규칙에서 규정하는 [⑬일반상각률]을 곱한 금액이 자동 반영된다.

⑮ 특별상각액

법인세법 및 (구)조세감면규제법상 특별상각률(폐지)에 의하여 계산한 특별상각비를 계상한 경우 일반상각액에 특별상각률을 곱한 금액을 입력한다.

⑯ 계(⑭+⑮)

동 금액은 세법상 상각범위액을 의미한다.

⑰ 전기말 현재 취득가액

[고정자산등록] 메뉴의 [1.기초가액]란의 금액이 자동 반영된다. 동 금액은 직전 사업연도 본 명세서상의 취득가액의 [⑳계]란의 금액과 일치한다.

⑱ 당기 회사계산 증가액

[고정자산등록] 메뉴의 [4.당기중 취득 및 당기증가]란에서 [5.당기감소]란을 차감한 금액이 자동 반영된다. 동 금액은 당기에 신규 취득한 자산의 취득가액 또는 당기 이전에 취득한 자

산에 대하여 당기 중 자본적 지출액이 발생한 금액을 의미한다.

⑲ 당기 자본적 지출액

[고정자산등록] 메뉴의 [7.당기자본지출액]란에 입력한 금액이 자동 반영된다.

㉑ 잔존가액

취득가액 [⑳계]란의 5%가 자동 반영된다.

㉒ 당기 상각 시인범위액

당기 산출 상각액 [⑯계]란의 금액이 자동 반영된다. 단, 당기 감가상각비 반영 후 미상각잔액이 취득가액의 5% 이하인 경우에는 미상각잔액에서 1,000원을 제외한 금액이 자동 반영된다.

(23)회사계상상각액((8)+(9))	1,919,190	33,273,526
(24)차감액 ((23)-(22))		323,258
(25)최저한세적용에따른특별상각부인액		

㉓ 회사계상 상각액(⑧+⑨)

[⑧회사계산감가상각비]란과 [⑨자본적지출액]란의 합계액이 자동 반영된다.

㉔ 차감액(㉓-㉒)

[㉓회사계산상각액]란에서 [㉒당기상각시인범위액]란을 차감한 금액이 자동 반영된다. 동 금액이 양수(+)인 경우에는 상각부인액, 음수(-)인 경우에는 시인부족액을 의미한다.

㉕ 최저한세 적용에 따른 특별상각부인액

최저한세 적용에 따른 특별감가상각비 손금부인 할 금액이 있는 경우 해당 금액을 입력한다.

∗ 조정액

조정액			
	(26) 상각부인액 ((24)+(25))		3,171,224
	(27) 기왕부인액중당기손금추인액		429,190
(28) 당기말부인누계액 ((11)+(26)-|(27)|)			3,972,034

㉖ 상각부인액(㉔+㉕)

[㉔]란과 [㉕]란을 합한 금액이 자동 반영된다. 동 금액은 손금불산입 한다.

㉗ 기왕부인액 중 당기 손금추인액

[㉔차감액]란이 음수(-)인 경우(시인부족액)로서 [⑪전기말부인누계액]이 있는 경우에는 [⑪]란의 금액이 자동 반영된다. 단, [⑪]란의 금액이 [㉔]란의 절대값(실수에서 양 또는 음의 부호를 떼어버린 수) 보다 크면 [㉔]란의 금액이 자동 반영된다. 즉, 시인부족액과 전기말 부인누계액 중 적은 금액을 한도로 전기말 부인누계액이 당기에 손금으로 추인되는 것을 의미하며 동 금액은 손금산입 한다.

㉘ 당기말 부인액누계(⑪+㉖-|㉗|)

[⑪전기말부인누계액]란에 [㉖상각부인액]란을 가산한 금액(당기말 부인누계액)에서 [㉗기왕부인액중 당기손금추인액]란을 차감한 금액이 자동 반영된다.

✱ 당기말 의제상각액

당기말 의제상각액	(29) 당기의제상각액 |△(24)|-|(27)|		990,396
	(30) 의제상각누계액 ((10)+(29))		2,794,396

㉙ 당기 의제상각액(|△㉔|-|㉗|)

[고정자산등록] 메뉴의 [17.당기의제상각비]란에 입력한 금액이 자동 반영되지 않으므로 해당 금액을 직접 입력한다.

㉚ 의제상각누계액(⑩+㉙)

[고정자산등록] 메뉴의 [9.전기말의제상각누계액]란에 입력한 금액과 본 메뉴 [㉙당기의제상각액]란에 입력한 금액이 자동 반영된다.

한마디...
　　[㉛]란부터 [㊳]란은 국제회계기준을 도입한 법인만 해당하므로 이에 대한 설명은 생략한다.

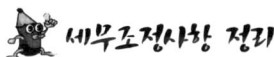 세부조정사항 정리

　　i＞ [㉖상각부인액] : 손금불산입(유보발생)
　　ii＞ [㉗기왕부인액 중 당기 손금추인액] : 손금산입(유보감소)

KcLep 따라하기

예제1 다음 자료는 제2장에서 ㈜최대리(회사코드 : 1001)의 [고정자산등록] 메뉴에 이미 입력하였다. 입력된 자료를 이용하여 [미상각자산 감가상각 조정명세서]를 작성하고 세무조정 하시오. 단, 감가상각에 대한 세무조정은 개별자산별로 각각 소득처분 하시오.

[자료1] (단위 : 원)

구분/ 코드 자산명	취득일	취득가액	전기말 상각누계액	상각방법 내용연수	업종 경비구분	회사계상 상각비
기계장치/ 1 (절단기1)	2023.01.10.	10,000,000	2,590,000	정률법 (10년)	13 제조경비	1,919,190
기계장치/ 2 (절단기2)	2023.01.10.	10,000,000	2,590,000	정률법 (10년)	13 제조경비	2,000,000
기계장치/ 3 (절단기3)	2023.01.10.	10,000,000	3,000,000	정률법 (10년)	13 제조경비	2,000,000
기계장치/ 4 (절단기4)	2023.01.10.	10,000,000	2,590,000	정률법 (10년)	13 제조경비	1,000,000
기계장치/ 5 (절단기5)	2023.01.10.	10,000,000	3,000,000	정률법 (10년)	13 제조경비	1,900,000
기계장치/ 6 (절단기6)	2023.01.10.	10,000,000	3,000,000	정률법 (10년)	13 제조경비	1,000,000

[자료2]
(1) 기계장치(절단기3)의 전기말 부인누계액은 410,000원이다.
(2) 기계장치(절단기5)의 전기말 부인누계액은 410,000원이다.
(3) 기계장치(절단기6)의 전기말 부인누계액은 410,000원이다.

미상각자산 감가상각 조정명세서(정률법)

❶ [감가상각비조정]>[미상각자산 감가상각 조정명세서]에서 상단 툴바의 F12 불러오기 를 클릭하고 대화창에서 예(Y) 을 클릭한다.

❷ [고정자산등록] 메뉴에서 작업한 자료가 모두 자동 반영되므로 동 메뉴에서 추가로 작업할 것은 없다. 자동 반영된 내용을 보고 개별 자산별로 세무조정을 한다.

상각계산의 기초가액	재무상태표 자산가액		절단기1	절단기2	절단기3	절단기4	절단기5	절단기6
		(5)기말현재액	10,000,000	10,000,000	10,000,000	10,000,000	10,000,000	10,000,000
		(6)감가상각누계액	4,509,190	4,590,000	5,000,000	3,590,000	4,900,000	4,000,000
		(7)미상각잔액(5)-(6)	5,490,810	5,410,000	5,000,000	6,410,000	5,100,000	6,000,000
	(8)회사계산감가상각비		1,919,190	2,000,000	2,000,000	1,000,000	1,900,000	1,000,000
	(9)자본적지출액							
	(10)전기말의제상각누계액							
	(11)전기부인누계액					410,000		410,000	410,000
	(12)가감계((7)+(8)+(9)-(10)+(11))		7,410,000	7,410,000	7,410,000	7,410,000	7,410,000	7,410,000
(13)일반상각률 특별상각률			0.259	0.259	0.259	0.259	0.259	0.259
상각범위액계산	당기산출 상각액	(14)일반상각액	1,919,190	1,919,190	1,919,190	1,919,190	1,919,190	1,919,190
		(15)특별상각액						
		(16)계((14)+(15))	1,919,190	1,919,190	1,919,190	1,919,190	1,919,190	1,919,190
	취득가액	(17)전기말현재취득가액	10,000,000	10,000,000	10,000,000	10,000,000	10,000,000	10,000,000
		(18)당기회사계산증가액						
		(19)당기자본적지출액						
		(20)계((17)+(18)+(19))	10,000,000	10,000,000	10,000,000	10,000,000	10,000,000	10,000,000
	(21)잔존가액		500,000	500,000	500,000	500,000	500,000	500,000
	(22)당기상각시인범위액		1,919,190	1,919,190	1,919,190	1,919,190	1,919,190	1,919,190
(23)회사계상상각액((8)+(9))			1,919,190	2,000,000	2,000,000	1,000,000	1,900,000	1,000,000
(24)차감액((23)-(22))				80,810	80,810	-919,190	-19,190	-919,190
(25)최저한세적용에따른특별상각부인액								
조정액	(26)상각부인액((24)+(25))			80,810	80,810			
	(27)기왕부인액중당기손금추인액						19,190	410,000
(28)당기말부인누계액((11)+(26)-|(27)|)				80,810	490,810		390,810	
당기말 의제상각액	(29)당기의제상각액|△(24)|-|(27)|							
	(30)의제상각누계액((10)+(29))							

☒ 절단기1 : 감가상각비 한도초과 없음
☑ 절단기2 : 감가상각비 80,810원 한도초과(상각부인액)
☑ 절단기3 : 감가상각비 80,810원 한도초과(상각부인액). 당기말 상각부인누계액은 490,810원
☒ 절단기4 : 감가상각비 919,190원 한도미달(시인부족액). 시인부족액 919,190원은 소멸
☑ 절단기5 : 감가상각비 19,190원 한도미달(시인부족액). 시인부족액 19,190원과 전기말부인누계액 410,000원 중 적은 금액 19,190원을 당기에 손금으로 추인
☑ 절단기6 : 감가상각비 919,190원 한도미달(시인부족액). 시인부족액 919,190원과 전기말부인누계액 410,000원 중 적은 금액 410,000원을 당기에 손금으로 추인

조정 등록					
익금산입 및 손금불산입			손금산입 및 익금불산입		
과 목	금 액	소득처분	과 목	금 액	소득처분
절단기2 상각부인액	80,810	유보발생	절단기5 손금추인액	19,190	유보감소
절단기3 상각부인액	80,810	유보발생	절단기6 손금추인액	410,000	유보감소

❸ F3 키(또는 상단 툴바의 F3 조정등록)을 이용하여 다음과 같이 세무조정 한다.
   [익금산입 및 손금불산입] 절단기2 상각부인액 80,810원 (유보발생)
                         절단기3 상각부인액 80,810원 (유보발생)
   [손금산입 및 익금불산입] 절단기5 손금추인액 19,190원 (유보감소)
                         절단기6 손금추인액 410,000원 (유보감소)

KcLep 따라하기

 다음 자료는 제2장에서 ㈜최대리(회사코드 : 1001)의 [고정자산등록] 메뉴에 이미 입력하였다. 입력된 자료를 이용하여 [미상각자산 감가상각 조정명세서]를 작성하고 세무조정 하시오. 단, 감가상각에 대한 세무조정은 개별자산별로 각각 소득처분 하시오.

[자료1]
(단위 : 원)

구분/ 코드 자산명	취득일	취득가액	전기말 상각누계액	상각방법 내용연수	업종 경비구분	회사계상 상각비
차량운반구/ 1 (소나타1)	2023.01.20.	20,000,000	9,020,000	정률법 (5년)	01 판매관리비	4,951,980
차량운반구/ 2 (소나타2)	2023.01.20.	20,000,000	9,020,000	정률법 (5년)	01 판매관리비	6,755,980
차량운반구/ 3 (소나타3)	2023.01.20.	20,000,000	9,020,000	정률법 (5년)	01 판매관리비	4,951,980
비 품/ 1 (집기비품1)	2023.01.25.	4,000,000	1,804,000	정률법 (5년)	01 판매관리비	990,396
비 품/ 2 (집기비품2)	2023.01.25.	4,000,000	1,804,000	정률법 (5년)	01 판매관리비	0
비 품/ 3 (집기비품3)	2023.01.25.	4,000,000	0	정률법 (5년)	01 판매관리비	1,804,000

[자료2]
(1) 차량운반구(소나타2)는 당기 자본적 지출액 4,000,000원을 자산증가로 처리하였다.
(2) 차량운반구(소나타3)는 당기 자본적 지출액 4,000,000원을 비용으로 처리하였다.
(3) 비품(집기비품2)은 당기 상각범위액 990,396원에 해당하는 금액을 감가상각하지 않았다(동 문제에 한하여 의제상각대상 법인이라 가정함).
(4) 비품(집기비품3)은 전기말 의제상각누계액 1,804,000원이 있으며, 이는 전기에 손금산입(유보발생)으로 소득처분 되어있다.

미상각자산 감가상각 조정명세서(정률법)

❶ [고정자산등록] 메뉴에서 작업한 자료가 모두 자동 반영되므로 동 메뉴에서 추가로 작업할 것은 없다. 자동 반영된 내용을 보고 개별 자산별로 세무조정을 한다.

			소나타1	소나타2	소나타3	집기비품1	집기비품2	집기비품3
상각계산의 기초가액	재무상태표 자산가액	(5)기말현재액	20,000,000	24,000,000	20,000,000	4,000,000	4,000,000	4,000,000
		(6)감가상각누계액	13,971,980	15,775,980	13,971,980	2,794,396	1,804,000	1,804,000
		(7)미상각잔액(5)-(6)	6,028,020	8,224,020	6,028,020	1,205,604	2,196,000	2,196,000
	(8)회사계산감가상각비		4,951,980	6,755,980	4,951,980	990,396		1,804,000
	(9)자본적지출액				4,000,000			
	(10)전기말의제상각누계액							1,804,000
	(11)전기말부인누계액							
	(12)가감계((7)+(8)+(9)-(10)+(11))		10,980,000	14,980,000	14,980,000	2,196,000	2,196,000	2,196,000
(13)일반상각률.특별상각률			0.451	0.451	0.451	0.451	0.451	0.451
상각범위액계산	당기산출 상각액	(14)일반상각액	4,951,980	6,755,980	6,755,980	990,396	990,396	990,396
		(15)특별상각액						
		(16)계((14)+(15))	4,951,980	6,755,980	6,755,980	990,396	990,396	990,396
	취득가액	(17)전기말현재취득가액	20,000,000	20,000,000	20,000,000	4,000,000	4,000,000	4,000,000
		(18)당기회사계산증가액			4,000,000			
		(19)당기자본적지출액			4,000,000			
		(20)계((17)+(18)+(19))	20,000,000	24,000,000	24,000,000	4,000,000	4,000,000	4,000,000
	(21)잔존가액		1,000,000	1,200,000	1,200,000	200,000	200,000	200,000
	(22)당기상각시인범위액		4,951,980	6,755,980	6,755,980	990,396	990,396	990,396
(23)회사계상상각액((8)+(9))			4,951,980	6,755,980	8,951,980	990,396		1,804,000
(24)차감액((23)-(22))					2,196,000		-990,396	813,604
(25)최저한세적용에따른특별상각부인액								
조정액	(26)상각부인액((24)+(25))				2,196,000			813,604
	(27)기왕부인액중당기손금추인액							
(28)당기말부인누계액((11)+(26)-|(27)|)					2,196,000			813,604
당기말의제상각액	(29)당기의제상각액(|△(24)|-|(27)|)						990,396	
	(30)의제상각누계액((10)+(29))						990,396	1,804,000

☒ 소나타1 : 감가상각비 한도초과 없음

☒ 소나타2 : 감가상각비 한도초과 없음

☑ 소나타3 : 감가상각비 2,196,000원 한도초과(상각부인액)

☒ 집기비품1 : 감가상각비 한도초과 없음

☒ 집기비품2 : 감가상각비 990,396원 한도미달(세법상 한도액까지 강제신고조정)

☑ 집기비품3 : 감가상각비 813,604원 한도초과(상각부인액)

조정등록					
익금산입 및 손금불산입			손금산입 및 익금불산입		
과 목	금 액	소득처분	과 목	금 액	소득처분
소나타3 상각부인액	2,196,000	유보발생	집기비품2 의제상각비	990,396	유보발생
집기비품3 상각부인액	813,604	유보감소			

❷ F3 키(또는 상단 툴바의 F3 조정등록)을 이용하여 다음과 같이 세무조정 한다.

[익금산입 및 손금불산입] 소나타3 상각부인액 2,196,000원 (유보발생)
　　　　　　　　　　　집기비품3 상각부인액 813,604원 (유보감소)

＊집기비품3은 전기에 강제신고조정으로 손금산입(유보발생)으로 소득처분 되었으므로, 당기에 부인액이 발생하면 손금불산입(유보감소)로 처분한다.

[손금산입 및 익금불산입] 집기비품2 의제상각비 990,396원 (유보발생)

제2절 유형자산(정액법)

KcLep 길라잡이

- [감가상각비조정]>[미상각자산 감가상각 조정명세서]에서 상단 툴바의 F12 불러오기 를 클릭하고, 대화창에서  을 클릭하면 다음과 같은 화면이 나타난다.

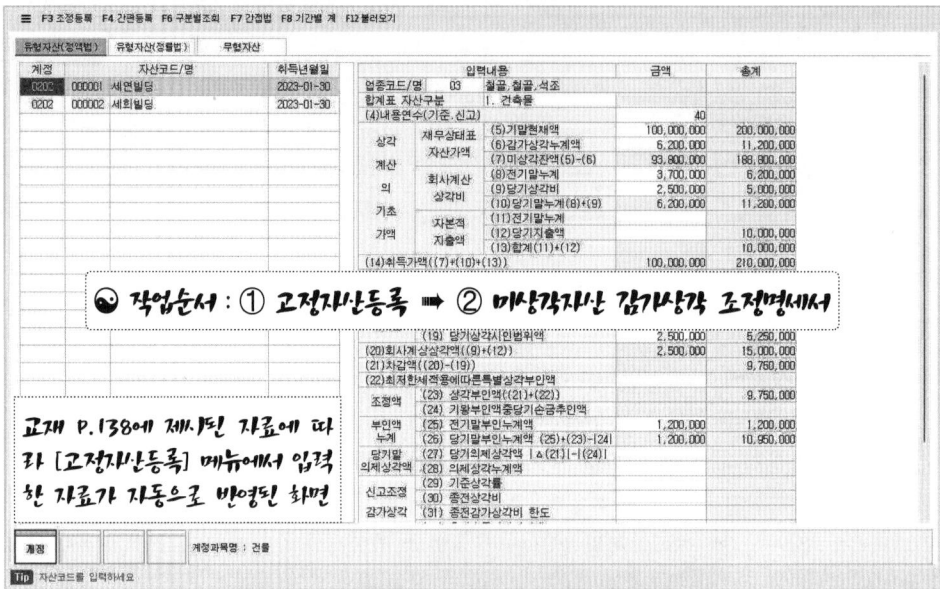

- ㈜최대리 [미상각자산 감가상각 조정명세서(정액법)] -

▶ 계정 / 자산코드(명) / 취득년월일 / 업종코드(명)

[감가상각비조정]>[고정자산등록]에 입력된 내용이 자동 반영된다.

▶ 합계표 자산구분

[감가상각비조정]>[감가상각비 조정명세서 합계표]에 집계될 자산의 구분(1.건축물/ 2.기계장치/ 3.기타자산)으로 [고정자산등록] 메뉴에 입력된 내용이 자동 반영된다.

※ 상각계산의 기초가액

상각계산의 기초가액	재무상태표 자산가액	(5)기말현재액	100,000,000	200,000,000
		(6)감가상각누계액	6,200,000	11,200,000
		(7)미상각잔액(5)-(6)	93,800,000	188,800,000
	회사계산 상각비	(8)전기말누계	3,700,000	6,200,000
		(9)당기상각비	2,500,000	5,000,000
		(10)당기말누계(8)+(9)	6,200,000	11,200,000
	자본적 지출액	(11)전기말누계		
		(12)당기지출액		10,000,000
		(13)합계(11)+(12)		10,000,000
(14)취득가액((7)+(10)+(13))			100,000,000	210,000,000

⑤ 기말현재액

[고정자산등록] 메뉴의 [1.기초가액]란에서 [4.당기중 취득 및 당기증가]란를 가산하고 [5.당기감소]란를 차감한 금액이 자동 반영된다. 동 금액은 기말 재무상태표상의 취득가액을 의미한다.

⑥ 감가상각누계액

[고정자산등록] 메뉴의 [15.당기말감가상각누계액]란의 금액이 자동 반영된다. 동 금액은 기말 재무상태표상의 감가상각누계액을 의미한다.

⑦ 미상각잔액(⑤-⑥)

동 금액은 기말 재무상태표상 장부가액을 의미한다.

⑧ 전기말 누계

[고정자산등록] 메뉴의 [2.전기말상각누계액]란의 금액이 자동 반영된다. 동 금액은 전기말까지 회사가 계상한 감가상각비의 합계액으로 전기말 재무상태표상의 감가상각누계액을 의미한다.

⑨ 당기 상각비

[고정자산등록] 메뉴의 [13.회사계상액]란의 금액이 자동 반영된다. 동 금액은 당기 회사계상 감가상각비를 의미한다.

⑩ 당기말 누계(⑧+⑨)

동 금액은 당기말까지 회사가 계상한 감가상각비의 총 합계액을 의미한다.

⑪ 전기말 누계

[고정자산등록] 메뉴의 [6.전기말자본지출액누계]란의 금액이 자동 반영된다. 동 금액은 당기 이전에 법인세법상 자본적 지출액에 해당하는 금액을 회사가 수익적 지출로 잘못 처리한 경우 동 자본적 지출액의 누계액을 의미한다. 동 금액은 직전 사업연도 본 명세서상의 자본적 지출액 [⑬합계]란의 금액과 동일하다.

⑫ 당기 지출액

[고정자산등록] 메뉴의 [7.당기자본적지출액]란의 금액이 자동 반영된다. 동 금액은 당기에 법인세법상 자본적 지출에 해당하는 금액을 회사가 수익적 지출로 잘못 처리한 경우 동 자본적 지출액을 의미한다.

⑬ 합계(⑪+⑫)

자본적 지출액 [⑪]란에 [⑫]란을 가산한 금액이 자동 반영된다.

⑭ 취득가액(⑦+⑩+⑬)

동 금액은 상각계산의 기초가액으로 세무상 취득가액을 의미한다.

※ 상각범위액 계산 (세법규정에 의해 자동 계산되며 수정하지 않음)

상각범위액계산	당기산출상각액	(16)일반상각액	2,500,000	5,250,000
		(17)특별상각액		
		(18)계((16)+(17))	2,500,000	5,250,000
	(19) 당기상각시인범위액		2,500,000	5,250,000

⑯ 일반상각액

법인세법상 상각범위액을 계산하기 위해 산출한 상각계산의 기초가액의 [⑭취득가액]란에 법인세법시행규칙에서 규정하는 [⑮일반상각률]을 곱한 금액이 자동 반영된다.

⑰ 특별상각액

법인세법 및 (구)조세감면규제법상 특별상각률(폐지)에 의하여 계산한 특별상각비를 계상한 경우 일반상각액에 특별상각률을 곱한 금액을 입력한다.

⑲ 당기 상각 시인범위액

당기 산출 상각액 [⑱계]란의 금액이 자동 반영된다.

(20) 회사계상상각액((9)+(12))	2,500,000	15,000,000
(21) 차감액((20)-(19))		9,750,000
(22) 최저한세적용에따른특별상각부인액		

⑳ 회사계상 상각액(⑨+⑫)

[⑨당기상각비]란과 [⑫당기지출액]란의 합계액이 자동 반영된다.

㉑ 차감액(⑳-⑲)

[⑳회사계상상각액]란에서 [⑲당기상각시인범위액]란을 차감한 금액이 자동 반영된다. 동 금액이 양수(+)인 경우에는 상각부인액, 음수(-)인 경우에는 시인부족액을 의미한다.

㉒ 최저한세 적용에 따른 특별상각부인액

최저한세 적용에 따른 특별감가상각비 손금부인 할 금액이 있는 경우 해당 금액을 입력한다.

✻ 조정액

조정액	(23) 상각부인액((21)+(22))		9,750,000
	(24) 기왕부인액중당기손금추인액		

㉓ 상각부인액(㉑+㉒)

[㉑]란과 [㉒]란을 합한 금액이 자동 반영된다. 동 금액은 손금불산입 한다.

㉔ 기왕부인액 중 당기 손금추인액

[㉑차감액]란이 음수(-)인 경우(시인부족액)로서 [㉕전기말부인누계액]이 있는 경우에는 [㉕]란의 금액이 자동 반영된다. 단, [㉕]란의 금액이 [㉑]란의 절대값(실수에서 양 또는 음의 부호를 떼어 버린 수) 보다 크면 [㉑]란의 금액이 자동 반영된다. 즉, 시인부족액과 전기말 부인누계액 중 적은 금액을 한도로 전기말 부인누계액이 당기에 손금으로 추인되는 것을 의미하며 동 금액은 손금산입 한다.

✻ 부인액 누계

부인액 누계	(25) 전기말부인누계액	1,200,000	1,200,000
	(26) 당기말부인누계액 (25)+(23)-|24|	1,200,000	10,950,000

㉕ 전기말 부인누계액

[고정자산등록] 메뉴의 [8.전기말부인누계액]란의 금액이 자동 반영된다. 동 금액은 직전 사업연도 본 명세서상의 [㉖당기말부인누계액]란의 금액과 동일하다.

㉖ 당기말 부인누계액(㉕+㉓-|㉔|)

[㉕전기말부인누계액]란에 [㉓상각부인액]란을 가산한 금액에서 [㉔기왕부인액중 당기손금추인액]란을 차감한 금액이 자동 반영된다.

✽ 당기말 의제상각액

당기말 의제상각액	(27) 당기의제상각액 |△(21)|-|(24)|		
	(28) 의제상각누계액		

㉗ 당기 의제상각액(|△㉑|-|㉔|)

[고정자산등록] 메뉴의 [17.당기의제상각비]란에 입력한 금액이 자동 반영되지 않으므로 해당 금액을 직접 입력한다.

㉘ 의제상각누계액

[고정자산등록] 메뉴의 [9.전기말의제상각누계액]란에 입력한 금액과 본 메뉴 [㉗당기의제상각액]란에 입력한 금액이 자동 반영된다.

한마디…

[㉙]란부터 [㊱]란은 국제회계기준을 도입한 법인만 해당하므로 이에 대한 설명은 생략한다.

세무조정사항 정리

i > [㉓상각부인액] : 손금불산입(유보발생)

ii > [㉔기왕부인액 중 당기 손금추인액] : 손금산입(유보감소)

 KcLep 따라하기

예제 다음 자료는 제2장에서 ㈜최대리(회사코드 : 1001)의 [고정자산등록] 메뉴에 이미 입력하였다. 입력된 자료를 이용하여 [미상각자산 감가상각 조정명세서]를 작성하고 세무조정 하시오. 단, 감가상각에 대한 세무조정은 개별자산별로 각각 소득처분 하시오.

[자료1]　　　　　　　　　　　　　　　　　　　　　　　　　　　　　　(단위 : 원)

구분/ 코드 자산명	취득일	취득가액	전기말 상각누계액	상각방법 내용연수	업종 경비구분	회사계상 상각비
건물/ 1 (세연빌딩)	2023.01.30.	100,000,000	3,700,000	정액법 (40년)	03 판매관리비	2,500,000
건물/ 2 (세희빌딩)	2023.01.30.	100,000,000	2,500,000	정액법 (40년)	03 제조경비	2,500,000

[자료2]
(1) 직전 사업연도의 「자본금과 적립금 조정명세서(을)」 표상에 건물(세연빌딩) 감가상각비 상각부인액 1,200,000원이 있다.
(2) 건물(세희빌딩)은 당기 자본적 지출액 10,000,000원을 비용으로 처리하였다.

미상각자산 감가상각 조정명세서(정액법)

❶ [감가상각비조정]>[미상각자산 감가상각 조정명세서]에서 상단 툴바의 F12 불러오기 를 클릭하고 대화창에서 예(Y) 을 클릭한다.

❷ [고정자산등록] 메뉴에서 작업한 자료가 모두 자동 반영되므로 동 메뉴에서 추가로 작업할 것은 없다. 자동 반영된 내용을 보고 개별 자산별로 세무조정을 한다.

세연빌딩

상각계산의 기초가액	재무상태표 자산가액	(5)기말현재액	100,000,000
		(6)감가상각누계액	6,200,000
		(7)미상각잔액(5)-(6)	93,800,000
	회사계상 상각비	(8)전기말누계	3,700,000
		(9)당기상각비	2,500,000
		(10)당기말누계(8)+(9)	6,200,000
	자본적 지출액	(11)전기말누계	
		(12)당기지출액	
		(13)합계(11)+(12)	
(14)취득가액((7)+(10)+(13))			100,000,000
(15)일반상각률.특별상각률			0.025
상각범위 액계산	당기산출 상각액	(16)일반상각액	2,500,000
		(17)특별상각액	
		(18)계((16)+(17))	2,500,000
	(19) 당기상각시인범위액		2,500,000
(20)회사계상상각액((9)+(12))			2,500,000
(21)차감액((20)-(19))			
(22)최저한세적용에따른특별상각부인액			
조정액	(23) 상각부인액((21)+(22))		
	(24) 기왕부인액중당기손금추인액		
부인액 누계	(25) 전기말부인누계액		1,200,000
	(26) 당기말부인누계액 (25)+(23)-|24|		1,200,000
당기말 의제상각액	(27) 당기의제상각액 |△(21)|-|(24)|		
	(28) 의제상각누계액		

세희빌딩

상각계산의 기초가액	재무상태표 자산가액	(5)기말현재액	100,000,000
		(6)감가상각누계액	5,000,000
		(7)미상각잔액(5)-(6)	95,000,000
	회사계상 상각비	(8)전기말누계	2,500,000
		(9)당기상각비	2,500,000
		(10)당기말누계(8)+(9)	5,000,000
	자본적 지출액	(11)전기말누계	
		(12)당기지출액	10,000,000
		(13)합계(11)+(12)	10,000,000
(14)취득가액((7)+(10)+(13))			110,000,000
(15)일반상각률.특별상각률			0.025
상각범위 액계산	당기산출 상각액	(16)일반상각액	2,750,000
		(17)특별상각액	
		(18)계((16)+(17))	2,750,000
	(19) 당기상각시인범위액		2,750,000
(20)회사계상상각액((9)+(12))			12,500,000
(21)차감액((20)-(19))			9,750,000
(22)최저한세적용에따른특별상각부인액			
조정액	(23) 상각부인액((21)+(22))		9,750,000
	(24) 기왕부인액중당기손금추인액		
부인액 누계	(25) 전기말부인누계액		
	(26) 당기말부인누계액 (25)+(23)-|24|		9,750,000
당기말 의제상각액	(27) 당기의제상각액 |△(21)|-|(24)|		
	(28) 의제상각누계액		

☒ 세연빌딩 : 감가상각비 한도초과 없음
☑ 세희빌딩 : 감가상각비 9,750,000원 한도초과(상각부인액)

조정 등록					
익금산입 및 손금불산입			손금산입 및 익금불산입		
과 목	금 액	소득처분	과 목	금 액	소득처분
세희빌딩 상각부인액	9,750,000	유보발생			

❸ F3 키(또는 상단 툴바의 F3 조정등록)을 이용하여 다음과 같이 세무조정 한다.

[익금산입 및 손금불산입] 세희빌딩 상각부인액 9,750,000원 (유보발생)

기/출/문/제 (실기)

01 ㈜일공일(회사코드 : 1101)의 고정자산에 대하여 감가상각비조정 메뉴에서 고정자산을 등록하고 [미상각자산 감가상각 조정명세서] 및 [감가상각비 조정명세서 합계표]를 작성하고 필요한 세무조정을 하시오.(6점)

〈자료〉 감가상각대상자산

• 계정과목 : 차량운반구 / 자산코드 : 000001 / 자산명 : 1톤 포터트럭

취득일	취득가액 (부대비용 제외한 금액)	전기말 감가상각누계액	기준 내용연수	경비구분 /업종	상각 방법
2023.08.01.	30,000,000원	7,000,000원	5년	제조/13	정률법

① 취득시 사용 가능할 때까지의 운반비 1,000,000원, 차량취득세 1,000,000원이다. 2023년 12월 16일 자동차세 500,000원을 납부하였다.
② 회사는 1톤 트럭 차량운반구에 대하여 다음과 같이 세무조정을 하였다.
  • [손금불산입] 감가상각비 상각부인액 : 986,667원(유보)
③ 당기 제조원가명세서에 반영된 차량운반구(1톤 포터트럭)의 감가상각비 : 10,000,000원

02 ㈜일공이(회사코드 : 1102)의 고정자산을 감가상각비조정 메뉴에서 고정자산으로 등록하고 [미상각분 감가상각 조정명세서] 및 [감가상각비 조정명세서 합계표]를 작성하고 세무조정을 하시오.(7점)

〈자료〉 감가상각대상자산

• 자산코드 : 000001 / 계정과목 : 건물 / 내용(자산명) : 공장

취득연월일	취득가액	전기말 감가상각누계액	당기 감가상각비 계상액	기준 내용연수	경비	상각 방법
2018.01.15.	10억원	4억원	0	40	제조	정액법

• 자산코드 : 000002 / 계정과목 : 기계장치 / 내용(자산명) : 밀링

취득연월일	취득가액	전기말 감가상각누계액	당기 감가상각비 계상액	기준 내용연수	경비	상각 방법
2021.03.22.	6천만원	2천만원	1천만원	5	제조	정률법

① 건물에 대한 승강기 설치비용(자본적 지출) 36,000,000원을 당기 수선비로 지출했다.
② 밀링(기계장치)에 대한 전기분 시인부족액에 대하여 다음과 같이 수정분개 하였다.
  (차) 전기오류수정손실   15,000,000원 / (대) 감가상각누계액   15,000,000원
     (이익잉여금)
③ 건물 및 기계장치에 대한 감가상각방법을 세무서에 신고한 적이 없다.

03
다음 자료를 ㈜일공삼(회사코드 : 1103)의 [고정자산등록] 메뉴에 등록하고, 감가상각에 대한 세무조정을 하고, 소득금액조정합계표에 반영하시오.(6점)

〈자료〉 감가상각대상자산

- 구분 : 건물 / 자산코드 : 101 / 자산명 : 공장건물

취득일	취득가액	전기말 감가상각누계액	회사계상 상각비	구분	업종
2020.03.20.	200,000,000원	17,500,000원	8,000,000원	제조	02

- 구분 : 기계장치 / 자산코드 : 102 / 자산명 : 절단기

취득일	취득가액	전기말 감가상각누계액	회사계상 상각비	구분	업종
2021.07.01.	50,000,000원	20,000,000원	10,000,000원	제조	13

① 회사는 감가상각 방법을 무신고 하였다.
② 회사가 신고한 내용연수는 건물 20년, 기계장치 5년이며, 이는 세법에서 정하는 범위 내의 기간이다.
③ 수선비 계정에는 건물에 대한 자본적 지출액 20,000,000원이 포함되어 있다.
④ 기계장치(절단기)의 전기말 상각부인액은 5,000,000원이다.

04
㈜일공사(회사코드 : 1104)의 고정자산에 대하여 감가상각비조정 메뉴에서 고정자산을 등록하고 [미상각분 감가상각 조정명세서] 및 [감가상각비 조정명세서 합계표]를 작성하고 세무조정을 하시오.(6점)

〈자료〉 감가상각대상자산

- 계정과목 : 기계장치
- 자산코드 : 000001 / 자산명 : 자동절단기
- 2022년 5월 1일 취득 : 취득가액 60,000,000원 (전기말 상각누계액 : 13,000,000원)
- 기준내용연수 : 5년
- 경비구분 / 업종 : 제조 / 13

① 회사는 자동절단기(기계장치)에 대한 전기분 시인부족액에 대하여 다음과 같이 수정분개 하였다.
　　(차) 전기오류수정손실　　5,000,000원　/　(대) 감가상각누계액　　5,000,000원
　　　　(이익잉여금)
② 제조원가명세서에 반영된 기계장치(자동절단기)의 감가상각비 : 18,000,000원
③ 회사는 당기 자산에 대하여 정률법으로 신고하고 상각하여 왔다.

05 다음 자료를 ㈜일공오(회사코드 : 1105)의 [고정자산등록] 메뉴에 등록하고, 감가상각에 대한 세무조정을 하고, 소득금액조정합계표에 반영하시오.(6점)

〈자료1〉

구 분	자산명	취득일	취득가액	전기말상각누계액	회사계상상각비
건물 (업종코드 : 02)	공장건물	2020.03.25.	150,000,000원	17,500,000원	7,500,000원
기계장치 (업종코드 : 13)	조립기	2021.06.01.	60,000,000원	16,000,000원	6,000,000원

※ 공장건물의 자산코드는 "1"로, 조립기의 자산코드는 "2"로 한다.

〈자료2〉
① 회사는 감가상각 방법을 세법에서 정하는 시기에 정액법으로 신고하였다.
② 회사는 감가상각 대상자산의 내용연수를 세법에서 정한 범위 내에서 최단 기간으로 적법하게 신고하였다.
③ 회사의 감가상각 대상자산의 내용연수와 관련된 자료는 다음과 같다. 상각률은 세법이 정한 기준에 의한다.

구 분	기준내용연수(년)	내용연수범위(년)
건물	40	30 ~ 50
기계장치	8	6 ~ 10

④ 수선비 계정에는 건물에 대한 자본적 지출액 15,000,000원이 포함되어 있다.
⑤ 기계장치(조립기)의 전기말 상각부인액은 5,500,000원이다.

06 다음 자료에 의하여 ㈜일공육(회사코드 : 1106)의 [고정자산등록]을 하고 [미상각자산 감가상각조정명세서]를 작성한 후 필요한 세무조정을 하시오.(5점)

〈자료〉 감가상각자료

구 분	건 물	차량운반구
자 산 명 / 코 드	제조공장 / 코드 1	관리부 승합차 / 코드 2
취 득 연 월 일	2019년 10월 1일	2021년 7월 1일
상 각 방 법	정액법	정률법
내 용 연 수	25년	5년
업 종 코 드	02	01
당기말 B/S 취득가액	250,000,000원	20,000,000원
전기말 B/S 감가상각누계액	32,500,000원	12,495,990원
당기 I/S 감가상각비	12,000,000원	2,000,000원
전기 감가상각부인액	-	1,000,000원

- 수선비로서 세법상 자본적 지출에 해당하는 금액 중 건물수선비(제)로 비용 처리한 금액은 다음과 같다. 동 수선비에 대하여 전기에 28,800,000원(손금불산입, 유보발생)으로 세무조정 하였다.

구 분	건 물
전 기	30,000,000원
당 기	-

07 다음 자료를 ㈜일공칠(회사코드 : 1107)의 [고정자산등록] 메뉴에 등록하고, 감가상각에 대한 세무조정을 하고, 소득금액조정합계표에 반영하시오.(6점)

〈자료〉 감가상각대상자산

- 구분 : 비품 / 자산코드 : 1 / 자산명 : 공장비품

취득일	취득가액	전기말 감가상각누계액	회사계상 상각비	구분	업종
2022.03.01.	18,000,000원	6,765,000원	7,500,000원	제조	01

- 구분 : 기계장치 / 자산코드 : 2 / 자산명 : 조립기

취득일	취득가액	전기말 감가상각누계액	회사계상 상각비	구분	업종
2021.06.01.	50,000,000원	13,000,000원	6,000,000원	제조	13

① 회사는 감가상각 방법 및 내용연수를 무신고 하였다.
② 감가상각 대상자산의 내용연수관련 자료이다. 상각률은 세법이 정한 기준에 의한다.
 - 비품 기준내용연수 : 5년
 - 기계장치 기준내용연수 : 8년
③ 기계장치(조립기)의 전기말 상각부인액은 4,500,000원이다.

08 다음 자료에 의하여 ㈜일공팔(회사코드 : 1108)의 고정자산등록을 하고 [미상각자산감가상각 조정명세서]를 작성한 후 필요한 세무조정을 하시오.(6점)

〈자료〉 감가상각대상자산

구 분	건 물	차량운반구
자산명 / 코드	제조공장 / 코드 1	영업부 승합차 / 코드 2
취 득 연 월 일	2019년 11월 7일	2021년 6월 2일
상 각 방 법	정액법	정률법
내 용 연 수	35년	5년
업 종 코 드	03	01
당기말 B/S 취득가액	350,000,000원	20,000,000원

전기말 B/S 감가상각누계액	94,500,000원	5,400,000원
당기 I/S 감가상각비	20,500,000원	2,000,000원
전기 감가상각부인액	-	1,000,000원

- 수선비로서 세법상 자본적 지출에 해당하는 금액 중 수선비(판)로 비용 처리한 금액은 다음과 같다.

구 분	건 물	차량운반구
전 기	30,000,000원	-
당 기	-	6,500,000원

09 다음 자료에 의하여 ㈜일공구(회사코드 : 1109)의 고정자산등록을 하고 [미상각자산 감가상각 조정명세서]를 작성한 후 필요한 세무조정을 하시오.(8점) (AT)

〈자료〉 감가상각자료

구 분	건 물	기계장치
자 산 명 / 코 드	조립창고 / 코드 1	절단기 / 코드 2
경 비 구 분	제조	제조
취 득 연 월 일	2017년 10월 1일	2019년 7월 7일
상 각 방 법	정액법	정률법
내 용 연 수	20년	5년
업 종 코 드	02	13
취 득 가 액	35,000,000원	50,000,000원
전기말 감가상각누계액	1,500,000원	15,000,000원
당기 회사 감가상각비	1,750,000원	15,000,000원
전기 감가상각부인누계액	300,000원	1,000,000원

세무조정 참고자료	1. 감가상각 관련자료 및 다음 자료를 참고한다.			
	구 분	건 물	기계장치	비 고
	전기	6,000,000원	-	수선비로서 세법상 자본적
	당기	6,500,000원	6,500,000원	지출에 해당하는 비용임.
	2. 제시된 자산 외에는 감가상각을 하지 않는다고 가정한다.			
평가문제	1. 감가상각액을 산출하기 위하여 고정자산을 각각 수정등록 하시오. (고정자산등록에 관련된 자료는 주어진 자료를 최대한 입력하시오.) 2. 미상각분 감가상각조정명세를 작성하시오. 3. 소득금액조정합계표에 개별자산별로 세무조정사항을 반영하시오.			

KcLep 도우미

해설 1 _____1101

❋ 고정자산등록

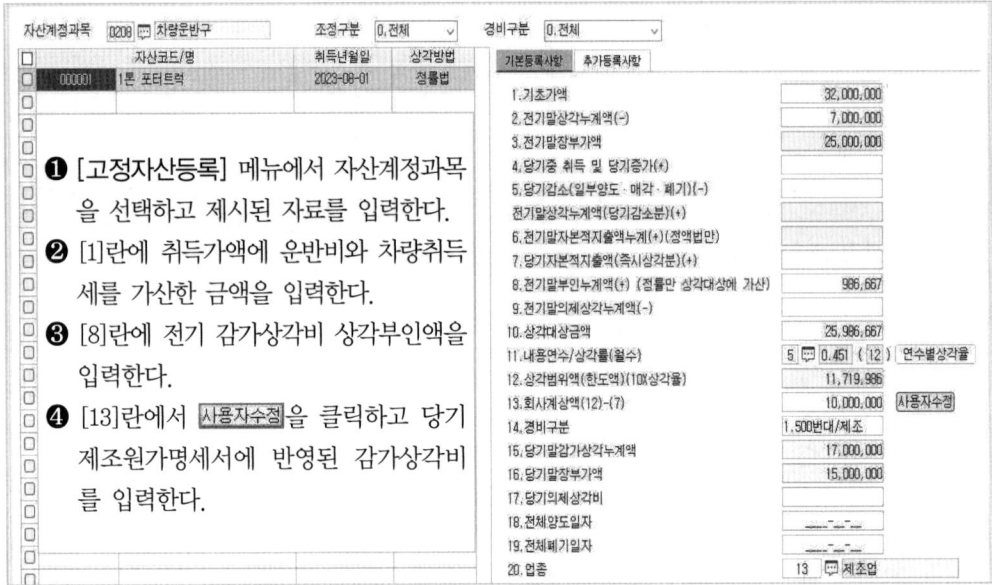

❶ [고정자산등록] 메뉴에서 자산계정과목을 선택하고 제시된 자료를 입력한다.
❷ [1]란에 취득가액에 운반비와 차량취득세를 가산한 금액을 입력한다.
❸ [8]란에 전기 감가상각비 상각부인액을 입력한다.
❹ [13]란에서 사용자수정을 클릭하고 당기 제조원가명세서에 반영된 감가상각비를 입력한다.

❋ 미상각자산 감가상각 조정명세서

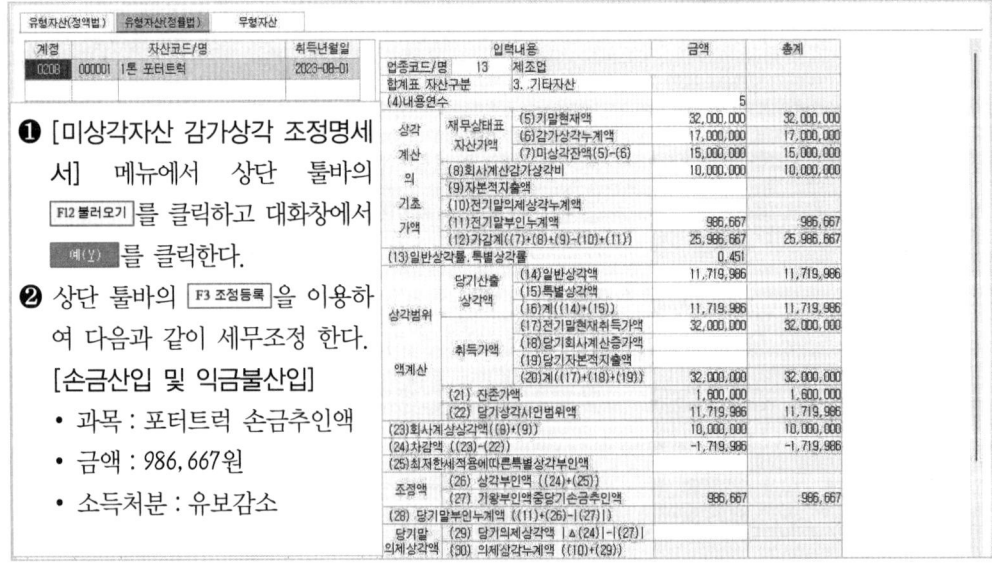

❶ [미상각자산 감가상각 조정명세서] 메뉴에서 상단 툴바의 F12 불러오기를 클릭하고 대화창에서 예(Y)를 클릭한다.
❷ 상단 툴바의 F3 조정등록을 이용하여 다음과 같이 세무조정 한다.
 [손금산입 및 익금불산입]
  • 과목 : 포터트럭 손금추인액
  • 금액 : 986,667원
  • 소득처분 : 유보감소

＊시인부족액 1,719,986원과 전기말 부인누계액 986,667원 중 적은 금액을 당기에 손금으로 추인

감가상각비 조정명세서 합계표

1.자산구분		코드	2.합계액	유형자산			6.무형자산
				3.건축물	4.기계장치	5.기타자산	
재무상태표 상가액	101.기말현재액	01	32,000,000			32,000,000	
	102.감가상각누계액	02	17,000,000			17,000,000	
	103.미상각잔액	03	15,000,000			15,000,000	
104.상각범위액		04	11,719,986			11,719,986	
105.회사손금계상액		05	10,000,000			10,000,000	
조정금액	106.상각부인액 (105-104)	06					
	107.시인부족액 (104-105)	07	1,719,986			1,719,986	
	108.기왕부인액 중 당기손금추인액	08	986,667			986,667	
109.신고조정손금계상액		09					

[감가상각비 조정명세서 합계표] 메뉴에서 상단 툴바의 F12 불러오기 를 클릭하고 대화창에서 예(Y) 를 클릭한다.

해설 2 ────────────1102

고정자산등록

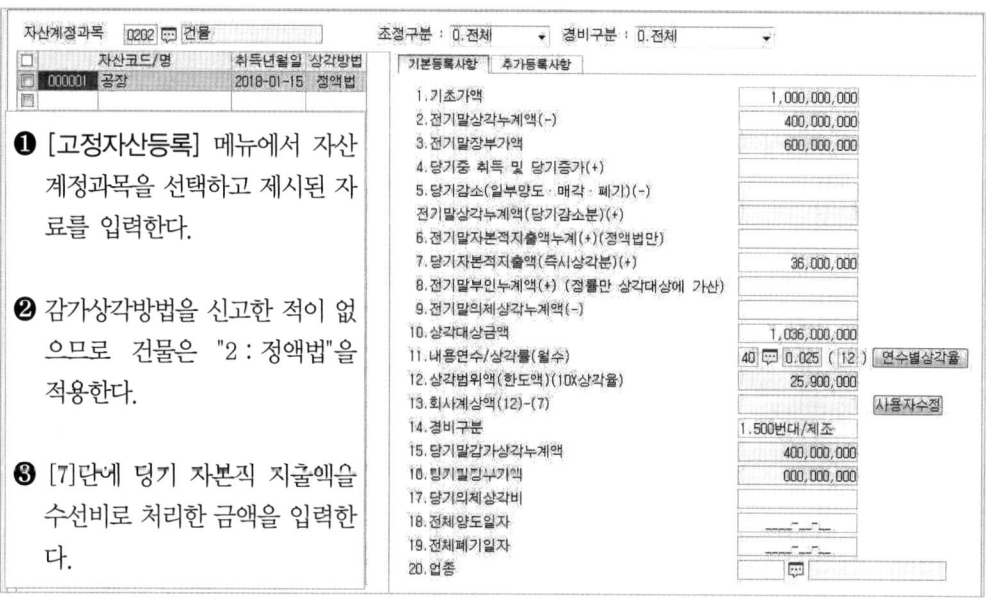

❶ [고정자산등록] 메뉴에서 자산계정과목을 선택하고 제시된 자료를 입력한다.

❷ 감가상각방법을 신고한 적이 없으므로 건물은 "2 : 정액법"을 적용한다.

❸ [7]단에 당기 자본적 지출액을 수선비로 처리한 금액을 입력한다.

| 자산계정과목 | 0206 | 기계장치 | 조정구분 : 0.전체 | 경비구분 : 0.전체 |

	자산코드/명	취득년월일	상각방법
	000002 밀링	2021-03-22	정률법

기본등록사항 / 추가등록사항

	금액
1. 기초가액	60,000,000
2. 전기말상각누계액(-)	20,000,000
3. 전기말장부가액	40,000,000
4. 당기중 취득 및 당기증가(+)	
5. 당기감소(일부양도·매각·폐기)(-)	
전기말상각누계액(당기감소분)(+)	
6. 전기말부인누계액(+)(정액법만)	
7. 당기자본적지출액(즉시상각분)(+)	
8. 전기말부인누계액(+)(정률만 상각대상에 가산)	
9. 전기말의제상각누계액(-)	
10. 상각대상금액	40,000,000
11. 내용연수(상각률)(월수)	5 0.451 (12) 연수별상각율
12. 상각범위액(한도액)(10×상각율)	18,040,000
13. 회사계상액(12)-(7)	25,000,000 사용자수정
14. 경비구분	1.500번대/제조
15. 당기말감가상각누계액	45,000,000
16. 당기말장부가액	15,000,000
17. 당기의제상각비	
18. 전체양도일자	
19. 전체폐기일자	
20. 업종	

❹ 감가상각방법을 신고한 적이 없으므로 기계장치는 "1 : 정률법"을 적용한다.

❺ [13]란에서 사용자수정을 클릭하고 당기 감가상각비계상액과 전기분 시인부족액을 이익잉여금의 감소로 처리한 금액의 합계를 입력한다.

[참고] **감가상각비 손금계상의 의미**

감가상각비를 손금계상한 경우란 감가상각비를 각 사업연도의 결산을 확정함에 있어서 손비로 계상한 경우를 말한다. 따라서 결산시 손비로 계상하지 아니한 금액은 세무조정에 의하여 손금산입 할 수 없다. 한편, 감가상각비를 손비로 계상한 경우에는 손익계산서상 판매비와관리비, 제조경비 항목으로 계상하는 것은 물론, 전기 이전에 과소계상한 감가상각비를 전기오류수정손실(영업외비용)으로 계상한 경우와 중대한 오류에 해당하여 전기이월이익잉여금을 차감하는 전기오류수정손실로 계상한 경우도 포함한다.

미상각자산 감가상각 조정명세서

유형자산(정액법) / 유형자산(정률법) / 무형자산

계정	자산코드/명	취득년월일
0202	000001 공장	2018-01-15

입력내용	금액	총계
업종코드/명		
합계표 자산구분 1. 건축물		
(4)내용연수(기준,신고)	40	
상각계산의 기초가액 재무상태표 자산가액 (5)기말현재액	1,000,000,000	1,000,000,000
(6)감가상각누계액	400,000,000	400,000,000
(7)미상각잔액(5)-(6)	600,000,000	600,000,000
회사계산 상각비 (8)전기말누계	400,000,000	400,000,000
(9)당기상각비		
(10)당기말누계(8)+(9)	400,000,000	400,000,000
자본적 지출액 (11)전기말누계		
(12)당기지출액	36,000,000	36,000,000
(13)합계(11)+(12)	36,000,000	36,000,000
(14)취득가액((7)+(10)+(13))	1,036,000,000	1,036,000,000
(15)일반상각률.특별상각률	0.025	
상각범위 액계산 당기산출 상각액 (16)일반상각액	25,900,000	25,900,000
(17)특별상각액		
(18)계(16)+(17)	25,900,000	25,900,000
(19) 당기상각시인범위액	25,900,000	25,900,000
(20)회사계상상각액((9)+(12))	36,000,000	36,000,000
(21)차감액((20)-(19))	10,100,000	10,100,000
(22)최저한세적용에따른특별상각부인액		
조정액 (23) 상각부인액((21)+(22))	10,100,000	10,100,000
(24) 기왕부인액중당기손금추인액		
부인액누계 (25) 전기말부인누계액		
(26) 당기말부인누계액 (25)+(23)-|24|	10,100,000	10,100,000
당기말 (27) 당기의제상각액 |△(21)|-|(24)|		

❶ [미상각자산 감가상각 조정명세서] 메뉴에서 상단 툴바의 F12 불러오기를 클릭하고 대화창에서 예(Y)를 클릭한다.

❷ 상단 툴바의 F3 조정등록을 이용하여 다음과 같이 세무조정 한다.
[익금산입 및 손금불산입]
• 과목 : 공장 상각부인액
• 금액 : 10,100,000원
• 소득처분 : 유보발생

[손금산입 및 익금불산입]
- 과목 : 이익잉여금(감가상각비)
- 금액 : 15,000,000원
- 소득처분 : 기타

[익금산입 및 손금불산입]
- 과목 : 밀링 상각부인액
- 금액 : 6,960,000원
- 소득처분 : 유보발생

* 각 사업연도 소득금액 계산을 위한 세무조정은 기업이 작성한 손익계산서상의 당기순이익에서부터 출발한다. 따라서 법인이 이익잉여금 계정에 계상한 감가상각비 등은 당기순이익 계산시 비용으로 계상되지 아니 하였으므로, 먼저 손금에 산입하는 세무조정을 한 후, 회사계상 상각비에 가산하여 시부인 계산을 하는 것이다.

감가상각비 조정명세서 합계표

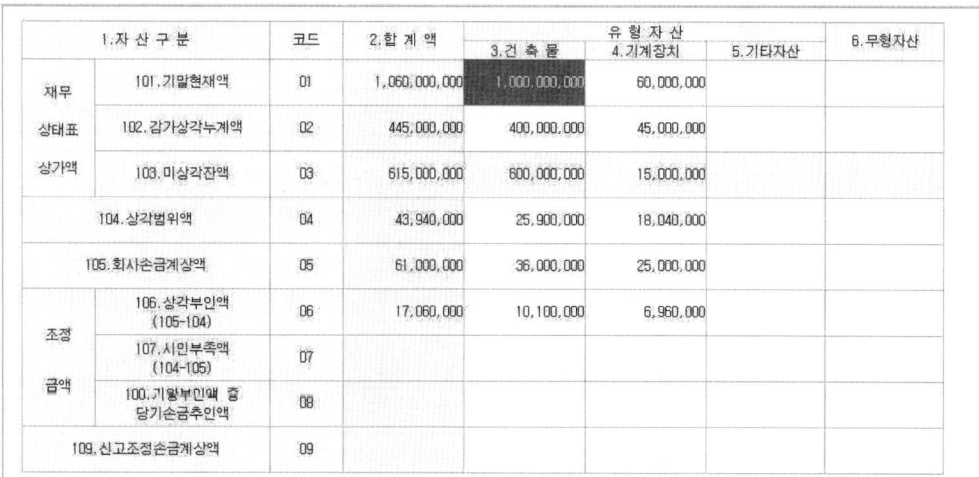

[감가상각비 조정명세서 합계표] 메뉴에서 상단 툴바의 F12 불러오기 를 클릭하고 대화창에서 예(Y) 를 클릭한다.

한마디...

[미상각자산 감가상각조정 명세서] 메뉴에서 작업한 자료가 모두 자동 반영되어 동 메뉴에서 추가로 작업할 것이 없으므로 이하에서는 [감가상각비 조정명세서 합계표] 메뉴의 화면 표시를 생략한다.

해설 3 _____ 1103

고정자산등록

| 자산계정과목 0202 건물 | 조정구분: 0.전체 | 경비구분: 0.전체 |

자산코드/명	취득년월일	상각방법
000101 공장건물	2020-03-20	정액법

기본등록사항 / 추가등록사항

1. 기초가액	200,000,000
2. 전기말상각누계액(-)	17,500,000
3. 전기말장부가액	182,500,000
4. 당기중 취득 및 당기증가(+)	
5. 당기감소(일부양도·매각·폐기)(-)	
전기말상각누계액(당기감소분)	
6. 전기말자본적지출액누계(+)(정액법만)	
7. 당기자본적지출액(즉시상각분)(+)	20,000,000
8. 전기말부인누계액(+)(정률만 상각대상에 가산)	
9. 전기말의제상각누계액(-)	
10. 상각대상금액	220,000,000
11. 내용연수/상각률(월수)	20 / 0.05 (12) 연수별상각율
12. 상각범위액(한도액)(10X상각율)	11,000,000
13. 회사계상액(12)-(7)	8,000,000 사용자수정
14. 경비구분	1.500번대/제조
15. 당기말감가상각누계액	25,500,000
16. 당기말장부가액	174,500,000
17. 당기의제상각비	
18. 전체양도일자	
19. 전체폐기일자	
20. 업종	02 연와조,블럭조

❶ [고정자산등록] 메뉴에서 자산계정과목을 선택하고 제시된 자료를 입력한다.

❷ 감가상각방법을 신고한 적이 없으므로 건물은 "2 : 정액법"을 적용한다.

❸ [7]란에 자본적 지출액을 수선비로 처리한 금액을 입력한다.

❹ [13]란에서 사용자수정 을 클릭하고 회사계상 상각비를 입력한다.

| 자산계정과목 0206 기계장치 | 조정구분: 0.전체 | 경비구분: 0.전체 |

자산코드/명	취득년월일	상각방법
000102 절단기	2021-07-01	정률법

기본등록사항 / 추가등록사항

1. 기초가액	50,000,000
2. 전기말상각누계액(-)	20,000,000
3. 전기말장부가액	30,000,000
4. 당기중 취득 및 당기증가(+)	
5. 당기감소(일부양도·매각·폐기)(-)	
전기말상각누계액(당기감소분)	
6. 전기말자본적지출액누계(+)(정액법만)	
7. 당기자본적지출액(즉시상각분)(+)	
8. 전기말부인누계액(+)(정률만 상각대상에 가산)	5,000,000
9. 전기말의제상각누계액(-)	
10. 상각대상금액	35,000,000
11. 내용연수/상각률(월수)	5 / 0.451 (12) 연수별상각율
12. 상각범위액(한도액)(10X상각율)	15,785,000
13. 회사계상액(12)-(7)	10,000,000 사용자수정
14. 경비구분	1.500번대/제조
15. 당기말감가상각누계액	30,000,000
16. 당기말장부가액	20,000,000
17. 당기의제상각비	
18. 전체양도일자	
19. 전체폐기일자	
20. 업종	13 제조업

❺ 감가상각방법을 신고한 적이 없으므로 기계장치는 "1 : 정률법"을 적용한다.

❻ [8]란에 전기말 상각부인액을 입력한다.

❼ [13]란에서 사용자수정 을 클릭하고 회사계상 상각비를 입력한다.

미상각자산 감가상각 조정명세서

❶ [미상각자산 감가상각 조정명세서] 메뉴에서 상단 툴바의 F12 불러오기 를 클릭하고 대화창에서 예(Y) 를 클릭한다.

– 화면 표시 생략 –

한마디...
　　[고정자산등록] 메뉴에서 작업한 자료가 자동 반영되어 동 메뉴에서 추가로 작업할 것이 없으므로 [미상각자산 감가상각 조정명세서] 메뉴의 화면 표시는 생략하고, 세무조정 사항만을 설명하기로 한다.

❷ 『유형자산(정액법)』 탭
　　☑ 공장건물 : 감가상각비 17,000,000원 한도초과(상각부인액)
❸ 『유형자산(정률법)』 탭
　　☑ 절단기 : 감가상각비 5,785,000원 한도미달(시인부족액). 시인부족액 5,785,000원과 전기말 부인누계액 5,000,000원 중 적은 금액을 당기에 손금으로 추인
❹ F3 키(또는 상단 툴바의 F3 조정등록)을 이용하여 다음과 같이 세무조정 한다.
　　[익금산입 및 손금불산입] 공장건물 상각부인액 17,000,000원 (유보발생)
　　[손금산입 및 익금불산입] 절단기 손금추인액 5,000,000원 (유보감소)

해설 4 　　　　　　　　　1104

◎ 고정자산등록

❶ [고정자산등록] 메뉴에서 자산계정과목을 선택하고 제시된 자료를 입력한다.

❷ [13]란에서 사용자수정을 클릭하고 제조원가명세서에 반영된 감가상각비와 전기분 시인부족액을 이익잉여금의 감소로 처리한 금액의 합계를 입력한다.

◎ 미상각자산 감가상각 조정명세서

❶ [미상각자산 감가상각 조정명세서] 메뉴에서 상단 툴바의 F12 불러오기를 클릭하고 대화창에서 예(Y)를 클릭한다.
❷ 『유형자산(정률법)』 탭
　　☑ 자동절단기 : 감가상각비 1,803,000원 한도초과(상각부인액)
❸ F3 키(또는 상단 툴바의 F3 조정등록)을 이용하여 다음과 같이 세무조정 한다.

[손금산입 및 익금불산입] 이익잉여금(감가상각비) 5,000,000원 (기타)
[익금산입 및 손금불산입] 자동절단기 상각부인액 1,803,000원 (유보발생)

● **감가상각비 조정명세서 합계표**

[감가상각비 조정명세서 합계표] 메뉴에서 상단 툴바의 F12 불러오기 를 클릭하고 대화창에서 예(Y) 를 클릭한다.

해설 5 _____1105

● **고정자산등록**

❶ [고정자산등록] 메뉴에서 자산계정과목을 선택하고 제시된 자료를 입력한다.
❷ [7]란에 자본적 지출액을 수선비로 처리한 금액을 입력한다.
❸ 내용연수는 최단 기간인 30년을 입력한다.
❹ [13]란에서 사용자수정 을 클릭하고 회사계상 상각비를 입력한다.

❺ [8]란에 전기말 상각부인액을 입력한다.

❻ 내용연수는 최단 기간인 6년을 입력한다.

❼ [13]란에서 사용자수정 을 클릭하고 회사계상 상각비를 입력한다.

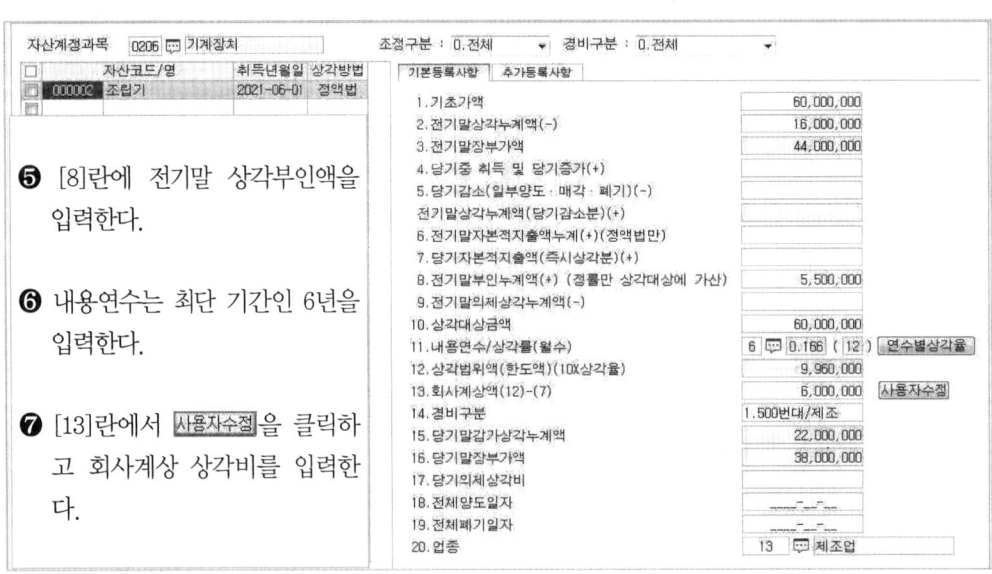

※ 미상각자산 감가상각 조정명세서

❶ [미상각자산 감가상각 조정명세서] 메뉴에서 상단 툴바의 [F12 불러오기]를 클릭하고 대화창에서 [예(Y)]를 클릭한다.

❷ 『유형자산(정액법)』 탭
  ☑ 공장건물 : 감가상각비 16,890,000원 한도초과(상각부인액)
  ☑ 조립기 : 감가상각비 3,960,000원 한도미달(시인부족액). 시인부족액 3,960,000원과 전기말 부인누계액 5,000,000원 중 적은 금액을 당기에 손금으로 추인

❸ F3 키(또는 상단 툴바의 [F3 조정등록])을 이용하여 다음과 같이 세무조정 한다.
  [익금산입 및 손금불산입] 공장건물 상각부인액 16,890,000원 (유보발생)
  [손금산입 및 익금불산입] 조립기 손금추인액 3,960,000원 (유보감소)

해설 6 _____1106

※ 고정자산등록

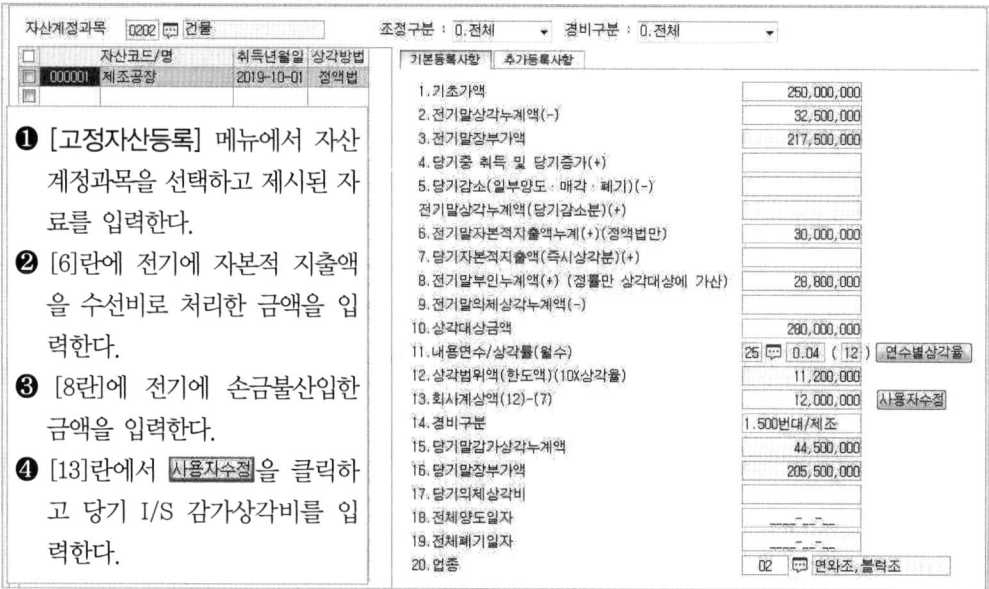

❶ [고정자산등록] 메뉴에서 자산계정과목을 선택하고 제시된 자료를 입력한다.
❷ [6]란에 전기에 자본적 지출액을 수선비로 처리한 금액을 입력한다.
❸ [8]란에 전기에 손금불산입한 금액을 입력한다.
❹ [13]란에서 [사용자수정]을 클릭하고 당기 I/S 감가상각비를 입력한다.

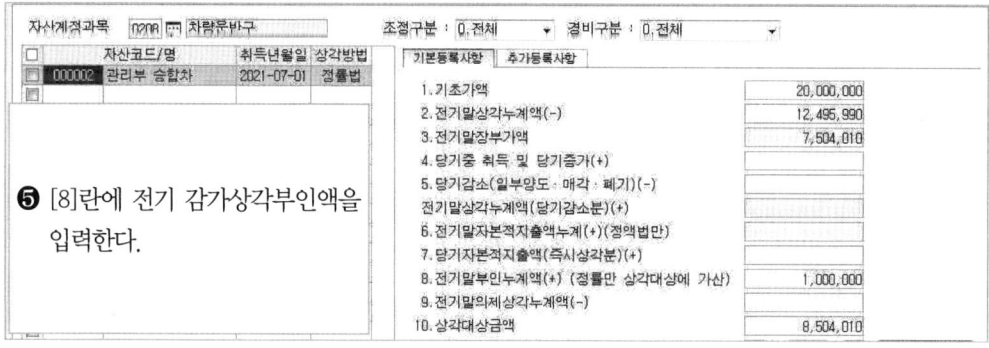

❺ [8]란에 전기 감가상각부인액을 입력한다.

❻ [13]란에서 사용자수정 을 클릭하고 당기 I/S 감가상각비를 입력한다.

11.내용연수/상각률(월수)	5 0.451 (12) 연수별상각율
12.상각범위액(한도액)(10X상각율)	3,835,308
13.회사계상액(12)-(7)	2,000,000 사용자수정
14.경비구분	6.800번대/판관비
15.당기말감가상각누계액	14,495,990
16.당기말장부가액	5,504,010
17.당기의제상각비	
18.전체양도일자	
19.전체폐기일자	
20.업종	01 차량및운반구

미상각자산 감가상각 조정명세서

❶ [미상각자산 감가상각 조정명세서] 메뉴에서 상단 툴바의 F12 불러오기 를 클릭하고 대화창에서 예(Y) 를 클릭한다.

❷ 『유형자산(정액법)』 탭
  ☑ 제조공장 : 감가상각비 800,000원 한도초과(상각부인액)

❸ 『유형자산(정률법)』 탭
  ☑ 관리부승용차 : 감가상각비 1,835,308원 한도미달(시인부족액). 시인부족액 1,835,308원과 전기말 부인누계액 1,000,000원 중 적은 금액을 당기에 손금으로 추인

❹ F3 키(또는 상단 툴바의 F3 조정등록)을 이용하여 다음과 같이 세무조정 한다.
  [익금산입 및 손금불산입] 제조공장 상각부인액 800,000원 (유보발생)
  [손금산입 및 익금불산입] 관리부 승합차 손금추인액 1,000,000원 (유보감소)

해설 7 1107

고정자산등록

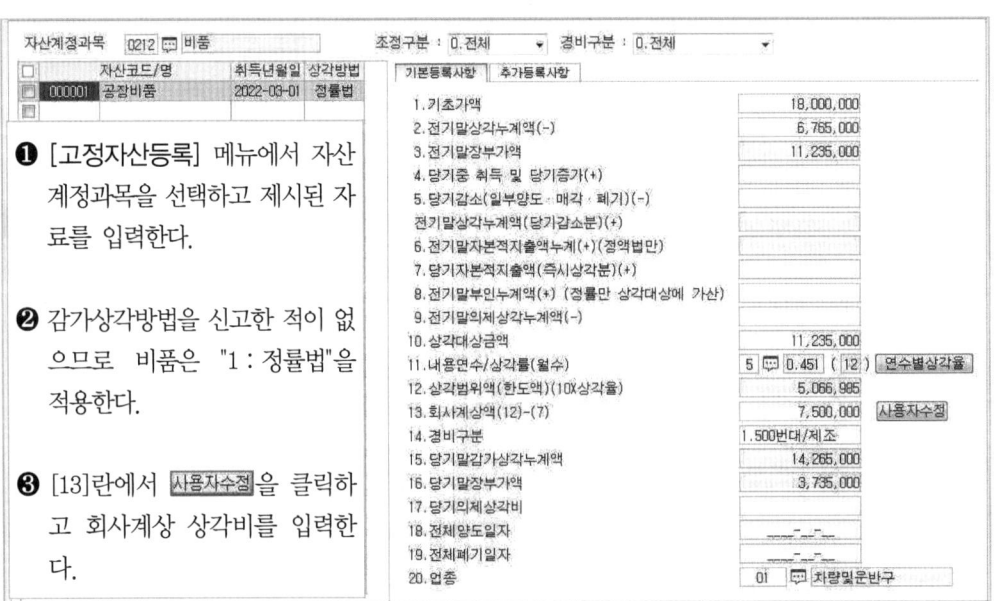

❶ [고정자산등록] 메뉴에서 자산계정과목을 선택하고 제시된 자료를 입력한다.

❷ 감가상각방법을 신고한 적이 없으므로 비품은 "1 : 정률법"을 적용한다.

❸ [13]란에서 사용자수정 을 클릭하고 회사계상 상각비를 입력한다.

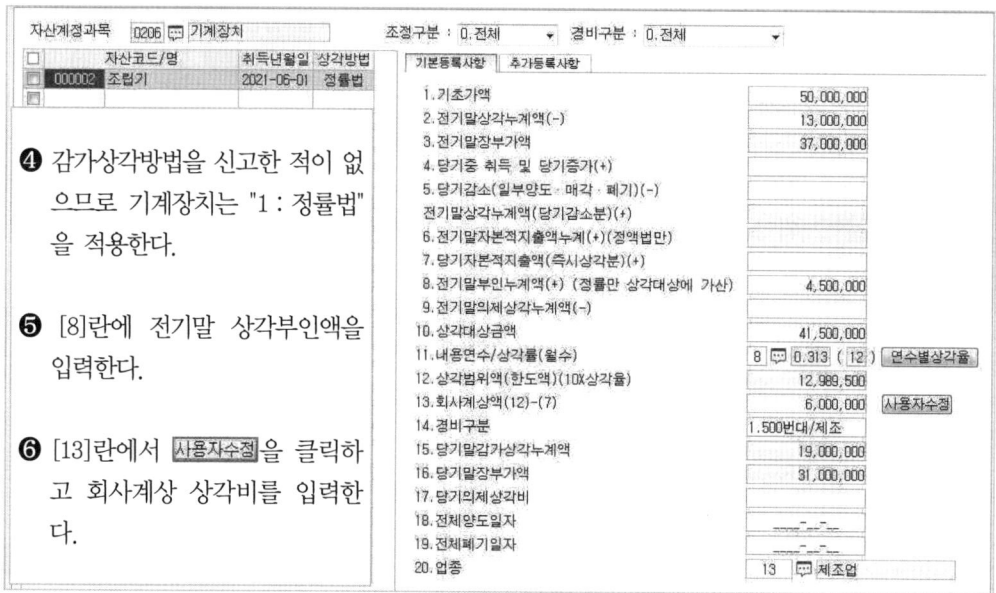

❹ 감가상각방법을 신고한 적이 없으므로 기계장치는 "1 : 정률법"을 적용한다.

❺ [8]란에 전기말 상각부인액을 입력한다.

❻ [13]란에서 사용자수정 을 클릭하고 회사계상 상각비를 입력한다.

미상각자산 감가상각 조정명세서

❶ [미상각자산 감가상각 조정명세서] 메뉴에서 상단 툴바의 F12 불러오기 를 클릭하고 대화창에서 예(Y) 를 클릭한다.

❷ 『유형자산(정률법)』 탭
- ☑ 조립기 : 감가상각비 6,989,500원 한도미달(시인부족액). 시인부족액 6,989,500원과 전기말 부인누계액 4,500,000원 중 적은 금액을 당기에 손금으로 추인
- ☑ 공장비품 : 감가상각비 2,433,015원 한도초과(상각부인액)

❸ F3 키(또는 상단 툴바의 F3 조정등록)을 이용하여 다음과 같이 세무조정 한다.
[익금산입 및 손금불산입] 공장비품 상각부인액 2,433,015원 (유보발생)
[손금산입 및 익금불산입] 조립기 손금추인액 4,500,000원 (유보감소)

해설 8 _____ 1108

고정자산등록

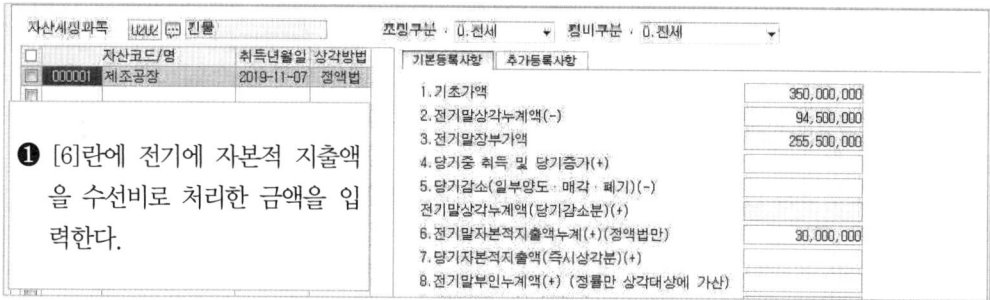

❶ [6]란에 전기에 자본적 지출액을 수선비로 처리한 금액을 입력한다.

❷ [13]란에서 사용자수정을 클릭하고 당기 I/S 감가상각비를 입력한다.

❸ [7]란에 당기에 자본적 지출액을 수선비로 처리한 금액을 입력한다.

❹ [8]란에 전기 감가상각부인액을 입력한다.

❺ [13]란에서 사용자수정을 클릭하고 당기 I/S 감가상각비를 입력한다.

미상각자산 감가상각 조정명세서

❶ [미상각자산 감가상각 조정명세서] 메뉴에서 상단 툴바의 F12 불러오기를 클릭하고 대화창에서 예(Y)를 클릭한다.

❷ 『유형자산(정액법)』 탭
  ☑ 제조공장 : 감가상각비 9,480,000원 한도초과(상각부인액)

❸ 『유형자산(정률법)』 탭
  ☑ 영업부승합차 : 감가상각비 1,467,100원 한도미달(시인부족액). 시인부족액 1,467,100원과 전기말 부인누계액 1,000,000원 중 적은 금액을 당기에 손금으로 추인

❹ F3 키(또는 상단 툴바의 F3 조정등록)을 이용하여 다음과 같이 세무조정 한다.
  [익금산입 및 손금불산입] 제조공장 상각부인액 9,480,000원 (유보발생)
  [손금산입 및 익금불산입] 영업부 승합차 손금추인액 1,000,000원 (유보감소)

해설 9   1109

고정자산등록

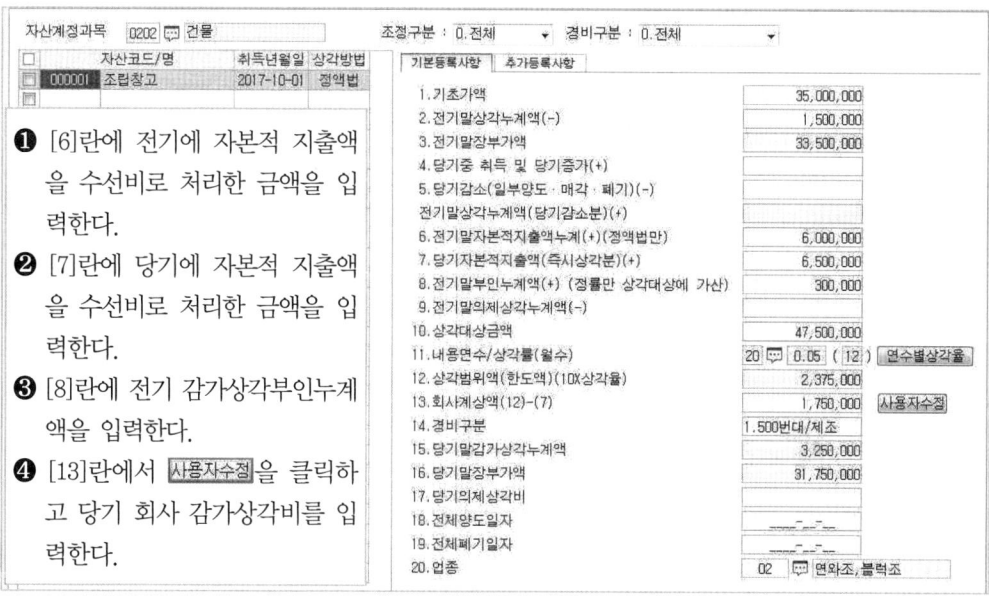

❶ [6]란에 전기에 자본적 지출액을 수선비로 처리한 금액을 입력한다.
❷ [7]란에 당기에 자본적 지출액을 수선비로 처리한 금액을 입력한다.
❸ [8]란에 전기 감가상각부인누계액을 입력한다.
❹ [13]란에서 사용자수정 을 클릭하고 당기 회사 감가상각비를 입력한다.

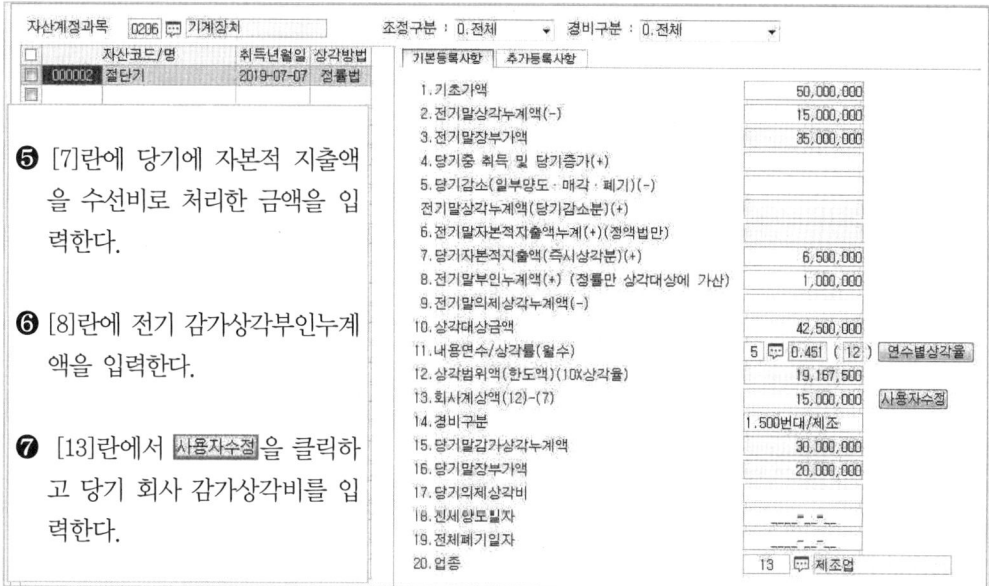

❺ [7]란에 당기에 자본적 지출액을 수선비로 처리한 금액을 입력한다.

❻ [8]란에 전기 감가상각부인누계액을 입력한다.

❼ [13]란에서 사용자수정 을 클릭하고 당기 회사 감가상각비를 입력한다.

미상각자산 감가상각 조정명세서

❶ [미상각자산 감가상각 조정명세서] 메뉴에서 상단 툴바의 F12 불러오기 를 클릭하고 대화창에서 예(Y) 를 클릭한다.

❷ 『유형자산(정액법)』 탭
　　☑ 조립창고 : 감가상각비 5,875,000원 한도초과(상각부인액)
❸ 『유형자산(정률법)』 탭
　　☑ 절단기 : 감가상각비 2,332,500원 한도초과(상각부인액)
❹ F3 키(또는 상단 툴바의 F3 조정등록)을 이용하여 다음과 같이 세무조정 한다.
　[익금산입 및 손금불산입] 조립창고 상각부인액 5,875,000원 (유보발생)
　　　　　　　　　　　　 절단기 상각부인액 2,332,500원 (유보발생)

제4부

과목별 세무조정

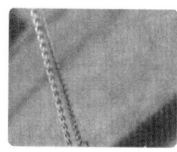
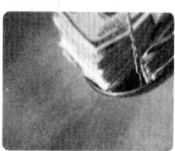

↘ 제1장 세금과공과금 명세서

↘ 제2장 선급비용 명세서

↘ 제3장 기업업무추진비 조정명세서

↘ 제4장 재고자산평가 조정명세서

↘ 제5장 외화자산 등 평가차손익 조정명세서

↘ 제6장 가지급금 등의 인정이자 조정명세서

↘ 제7장 건설자금이자 조정명세서

↘ 제8장 업무무관부동산 등에 관련한 차입금이자 조정명세서

↘ 제9장 대손충당금 및 대손금 조정명세서

↘ 제10장 퇴직급여충당금 조정명세서

↘ 제11장 퇴직연금부담금 등 조정명세서

↘ 제12장 기부금 조정명세서

제1장 세금과공과금 명세서

제1절 조세

1. 개요

"조세"란 국가 또는 지방자치단체가 그 경비에 충당할 재정수입을 조달할 목적으로 법률에 규정된 과세요건을 충족한 모든 자에게 반대급부 없이 강제적으로 부과·징수하는 금전 또는 재물을 말한다. 법인이 납부하였거나 납부할 조세는 법인의 순자산을 감소시키는 거래로 인하여 발생하는 손비의 금액에 해당하므로, 그것이 업무와 관련된 것이면 원칙적으로 손금으로 인정된다. 다만, 법에서 특별히 규정하고 있는 조세는 손금으로 인정되지 않는다.

2. 손금으로 인정되는 조세

(1) 지출하는 사업연도에 손금인정

법인균등분 주민세, 재산분 주민세, 종업원분 주민세, 재산세, 자동차세, 종합부동산세, 인지세 등은 지출하는 사업연도에 손금으로 인정된다.

(2) 자산의 원가에 가산 후 손금인정

취득세, 등록면허세 등은 해당 자산의 원가에 가산한 후 추후에 감가상각 등을 통하여 손금으로 인정된다.

> [참고] 용어정리
> ① 법인균등분 주민세 : 지방자치단체에 사업소를 둔 법인에게 균등액으로 부과
> ② 재산분 주민세 : 지방자치단체에 사업소를 둔 자에게 사업소 연면적을 기준으로 부과
> ③ 종업원분 주민세 : 종업원의 급여총액을 과세표준으로 하여 부과
> ④ 재산세 : 토지, 건축물, 주택, 선박 및 항공기의 보유에 대하여 그 보유자에게 부과
> ⑤ 자동차세 : 자동차의 소유와 주행에 대하여 부과
> ⑥ 종합부동산세 : 부동산에 대하여 1차로 재산세를 부과하고, 고액의 부동산 보유에 대해서는 2차로 전국의 부동산을 납세의무자별로 합산하여 기준금액 초과분에 대해서 부과
> ⑦ 인지세 : 재산상의 권리의 변동·승인을 표시하는 증서를 대상으로 그 작성자에게 부과
> ⑧ 취득세 : 일정한 자산(토지, 건축물, 차량, 광업권 등)의 취득에 대하여 그 취득자에게 과세
> ⑨ 등록면허세 : 각종 등록을 하거나 면허를 받는 자에게 그 등록·면허의 종류에 따라 부과

3. 손금으로 인정되지 않는 조세

(1) 법인세 및 법인지방소득세·농어촌특별세

법인세는 소득에 부과되는 세금이므로 손금으로 인정되지 않는다. 또한 법인세에 부가되는 법인지방소득세와 법인세에 대한 농어촌특별세(법인세 감면세액의 20%)도 같은 이유로 손금으로 인정되지 않는다.

(2) 부가가치세 매입세액

재화 또는 용역을 공급받거나 재화를 수입할 때 부담한 부가가치세 매입세액은 매출세액에서 공제받거나 환급받는다. 따라서 원칙적으로 손금으로 인정되지 않는다. 그러나 법인에게 귀책사유 없이 부가가치세법에 의하여 본래부터 공제받지 못한 매입세액은 손금으로 인정된다. 다만, 매입세액을 공제받지 못한 사유가 납세자에게 있거나 사업과 관련이 없는 경우에는 손금으로 인정되지 않는다.

구 분	내 용
손금산입할 수 있는 매입세액	① 접대비(=업무추진비) 및 유사비용의 지출에 관련된 매입세액 ② 비영업용 소형승용자동차의 구입과 임차 및 유지에 관한 매입세액 ③ 면세사업 관련 매입세액 ④ 토지조성 관련 매입세액 ⑤ 임대보증금의 간주임대료에 대한 부가가치세 ⑥ 영수증을 교부받은 거래분의 매입세액
손금산입할 수 없는 매입세액	① 사업과 관련없는 매입세액 ② 세금계산서 미수취·부실기재분 매입세액 ③ 매입처별세금계산서합계표 미제출·부실기재분 매입세액 ④ 사업자등록 전 매입세액

(3) 세법상 의무불이행으로 인한 세액(가산세 포함)

각 세법에서 규정하는 의무불이행으로 인하여 납부하였거나 납부할 세액은 손금으로 인정하지 않는다. 여기에는 두 가지 종류가 있다.
① 법인이 원천징수세액을 징수하지 않고 대신 납부한 원천징수세액은 본래 법인에게 귀속되는 손비가 아니므로 손금불산입 한다.
② 의무불이행에 대한 제재로서 부과되는 가산세 등은 징벌의 효과를 감소시키지 않기 위해 손금불산입 한다.

제2절 공과금 및 벌금 등

1. 공과금

"공과금"이란 국가·공공단체가 그 국민 또는 구성원에게 강제적으로 부과하는 공적 금전부담을 말한다. 예를 들면, 「개발이익환수에 관한 법률」에 따른 개발부담금, 「재건축초과이익 환수에 관한 법률」에 따른 재건축부담금, 「도시교통정비촉진법」에 따른 교통유발부담금 등이 있다. 이러한 공과금은 원칙적으로 손금으로 인정된다. 다만, 다음 중 어느 하나에 해당하는 공과금은 손금으로 인정되지 않는다.

① 법령에 따라 의무적으로 납부하는 것이 아닌 공과금(예 임의출연금 등)
② 법령에 따른 의무불이행 또는 금지·제한 등의 위반에 대한 제재로서 부과되는 공과금 (예 폐수배출부담금 등)

2. 벌금·과료·과태료

벌금·과료·과태료는 국가 등이 정한 제반 법령이나 행정명령의 위반에 대한 징벌의 효과를 감소시키지 않기 위해서 손금으로 인정하지 않는다.

벌금 등에 해당하는 것	벌금 등에 해당하지 않는 것
① 법인의 임원 또는 직원이 관세법을 위반하고 지급한 벌과금 ② 업무와 관련하여 발생한 교통사고 벌과금 ③ 「산업재해보상법」의 규정에 의하여 징수하는 산업재해보상보험료의 가산금 ④ 금융기관의 최저예금지급준비금 부족에 대하여 「한국은행법」의 규정에 의하여 금융기관이 한국은행에 납부하는 과태금 ⑤ 「국민건강보험법」의 규정에 의하여 징수하는 가산금 ⑥ 외국의 법률에 의하여 국외에서 납부하는 벌금	① 사계약상의 의무불이행으로 인한 지체상금(정부와의 납품계약으로 인한 지체상금을 포함하며, 구상권을 행사하여 회수할 수 있는 지체상금을 제외한다) ② 보세구역에 보관되어 있는 수출용 원자재가 관세법상의 장치기간 경과로 국고귀속이 확정된 자산의 가액 ③ 철도화차 사용료 미납액에 대하여 가산되는 연체이자 ④ 「고용보험 및 산업재해보상보험의 보험료 징수 등에 관한 법률」에 따른 산업재해보상보험료의 연체금 ⑤ 국유지 사용료의 납부지연으로 인한 연체료 ⑥ 전기요금의 납부지연으로 인한 연체가산금

3. 가산금과 체납처분비

"가산금"이란 납세의무자가 납부하여야 할 고지세액을 납부기한까지 납부하지 않을 때 해당 세액에 가산하여 징수하는 금액을 말하며, "체납처분비"란 제세공과금에 대한 체납에 대하여 국세징수법의 규정에 따라 행하는 체납처분(재산의 압류·보관·운반·공매)에 소요된 비용을 말한다. 가산금과 체납처분비는 세금의 체납에 대한 제재성격을 갖는 것이므로 손금으로 인정하지 아니한다.

제3절 세금과공과금 명세서

 **KcLep 길라잡이**

- [과목별 세무조정]>[세금과공과금 명세서]를 선택하면 다음과 같은 화면이 나타난다.

▶ 코드 / 계정과목

F2 키(또는 상단 툴바의 [코드])를 이용하여 세금과공과금 계정코드 세자리를 입력한다. [회계관리] 메뉴에 입력된 Data가 있는 경우에는 상단 툴바의 F12불러오기 를 클릭하고 보조창에서 기간을 입력하고 확인 을 클릭하면 [손금불산입표시]란을 제외한 이하의 모든 내용이 자동 반영된다.

▶ 월일 / 거래내용 / 지급처 / 금액

해당 일자를 입력하고 거래내용을 간단히 입력한다. 지급처 및 금액을 입력한다.

▶ 손금불산입표시

손금으로 인정되는 경우에는 Enter 키를 쳐서 다음 칸으로 진행하고, 손금으로 인정되지 않는 경우에는 숫자 "1"을 입력한다. F12불러오기 를 클릭한 경우에는 상단 툴바의 F6 불산입만표기 를 클릭하면 [손금불산입표시]란에서만 커서가 이동하므로 보다 빠르게 작업할 수 있다.

KcLep 따라하기

예제 ㈜최대리(회사코드 : 1001)의 판매비와관리비 중 세금과공과금의 내용은 다음과 같다. [세금과공과금 명세서]를 작성하고 필요한 세무조정을 하시오. 단, 여기서 발생하는 세무조정사항이 다른 법인조정 메뉴에 미치는 영향은 무시한다.

과 목	일 자	적 요	금 액
세금과공과금(판)	01. 05.	자동차세 납부	250,000원
세금과공과금(판)	01. 12.	산재보험료 연체금	40,000원
세금과공과금(판)	02. 08.	인지구입대금 납부	5,000원
세금과공과금(판)	03. 05.	상공회의소 일반회비	70,000원
세금과공과금(판)	03. 12.	산재보험료 가산금	60,000원
세금과공과금(판)	04. 02.	법인지방소득세	200,000원
세금과공과금(판)	04. 16.	납품기일 지연으로 인한 지체상금	50,000원
세금과공과금(판)	06. 11.	주차위반 과태료	40,000원
세금과공과금(판)	07. 29.	차량구입시 취득세	400,000원
세금과공과금(판)	07. 31.	법인균등분 주민세	1,000,000원
세금과공과금(판)	08. 05.	종업원분 주민세	669,000원
세금과공과금(판)	09. 17.	교통유발부담금	900,000원
세금과공과금(판)	10. 19.	재산세 납부	1,316,000원
합 계			5,000,000원

세금과공과금 명세서

코드	계정과목	월	일	거래내용	코드	지급처	금액	손금불산입표시
0817	세금과공과금	1	5	자동차세 납부			250,000	
0817	세금과공과금	1	12	산재보험료 연체금			40,000	
0817	세금과공과금	2	8	인지구입대금 납부			5,000	
0817	세금과공과금	3	5	상공회의소 일반회비			70,000	
0817	세금과공과금	3	12	산재보험료 가산금			60,000	손금불산입
0817	세금과공과금	4	2	법인지방소득세			200,000	손금불산입
0817	세금과공과금	4	16	납품기일 지연으로 인한 지체상금			50,000	
0817	세금과공과금	6	11	주차위반 과태료			40,000	손금불산입
0817	세금과공과금	7	29	차량구입시 취득세			400,000	
0817	세금과공과금	7	31	법인균등분 주민세			1,000,000	
0817	세금과공과금	8	5	종업원분 주민세			669,000	
0817	세금과공과금	9	17	교통유발부담금			900,000	
0817	세금과공과금	10	19	재산세 납부			1,316,000	
				손 금 불 산 입 계			300,000	
				합 계			5,000,000	

❶ 입력된 데이터가 없으므로 제시된 자료를 직접 입력하고 손금으로 인정되지 않는 세금과공과금은 [손금불산입표시]란에 숫자 "1"을 입력한다.

＊차량구입시 세금과공과금으로 비용처리 한 취득세는 즉시상각의제 규정에 따라 감가상각한 것으로 보아 [감가상각조정]>[미상각자산 감가상각 조정명세서]에서 [자본적 지출액]란에 반영하여 세무상 상각범위액을 증가시킨다. 따라서 손금불산입 세무조정대상이 아니다. 만일 비상각자산인 토지분 취득세라면 자산의 원가에 가산되어야 하므로 손금불산입하고 유보로 처분한다.

조정 등록

익금산입 및 손금불산입			손금산입 및 익금불산입		
과 목	금 액	소득처분	과 목	금 액	소득처분
세금과공과금	300,000	기타사외유출			

❷ F3 키(또는 상단 툴바의 F3 조정등록)을 이용하여 다음과 같이 세무조정 한다.

[익금산입 및 손금불산입] 세금과공과금 300,000원 (기타사외유출)

기/출/문/제 [실기]

01 세금과공과금의 계정별원장을 조회하여 ㈜이공일(회사코드 : 1201)의 [세금과공과금 명세서]를 작성하고 관련된 세무조정을 소득금액조정합계표에 반영하시오. 세무조정은 각 건별로 행하는 것으로 한다. 아래 항목 중 다른 세무조정명세서에 영향을 미치는 것은 관련 조정명세서에서 정상처리 되었다고 가정한다.(6점)

월 일	적 요	금 액
1월 28일	자동차세	840,000원
2월 10일	재산분 주민세	2,500,000원
3월 21일	증권거래세	630,000원
3월 26일	공장용지 취득세	700,000원
4월 30일	법인지방소득세	5,300,000원
6월 25일	국민연금 회사부담분	950,000원
8월 27일	주차위반 과태료	120,000원
9월 30일	산재보험 연체료	300,000원
10월 2일	대한적십자회비	4,000,000원
12월 15일	종합부동산세	880,000원

02 다음은 세금과공과금에 입력된 내용이다. 입력된 자료를 조회하여 ㈜이공이(회사코드 : 1202)의 [세금과공과금 명세서]를 작성하고 필요한 세무조정을 행하시오. 단, 세무조정시 같은 소득처분인 경우에도 건별로 각각 세무조정 한다.(6점)

월 일	적 요	금 액
3월 31일	법인세에 대한 농어촌특별세	730,000원
4월 8일	토지 취득세	8,750,000원
4월 20일	교통위반 과태료	123,000원
6월 16일	공장에 대한 재산세	680,000원
7월 25일	사업과 관련없는 매입세액	350,000원
8월 22일	교통유발부담금	100,000원
8월 30일	법인균등분 주민세	62,500원
10월 20일	동업자 조합에 대한 일반회비(주무관청에 등록됨)	500,000원

03 다음 자료를 조회하여 ㈜이공삼(회사코드 : 1203)의 [세금과공과금 명세서]를 작성하고 필요한 세무조정을 행하시오. 단, 세무조정 유형과 소득처분이 같은 세무조정이라고 하더라도 건별로 각각 세무조정을 하기로 한다.(6점)

월 일	적 요	금 액
3월 28일	법인세에 대한 농어촌특별세	1,320,000원
4월 23일	사업과 관련없는 불공제 매입세액	920,000원
5월 4일	업무상 납부한 주정차위반 과태료	250,000원
7월 26일	공장건축물 재산세	1,720,000원
8월 18일	공장용지 취득시 취득세	7,300,000원
8월 20일	법인균등분 주민세	62,500원
9월 4일	교통유발부담금	630,000원
10월 10일	건강보험료 가산금(회사부담분)	128,000원
10월 17일	폐수배출부담금	2,400,000원

04 ㈜이공사(회사코드 : 1204)의 판매비와관리비 중 세금과공과금의 내용은 다음과 같다. [세금과공과금 명세서]를 작성하고 소득금액조정합계표에 반영하시오(아래 항목별로 각각 세무조정 할 것).(5점)

월 일	적 요	금 액
3월 1일	법인세에 대한 농어촌특별세	1,400,000원
4월 4일	주무관청에 등록된 협회에 납부하는 협회비	750,000원
5월 6일	국민연금 회사부담액	640,000원
6월 7일	업무관련 교통과속 범칙금	150,000원
7월 31일	본사의 주민세(재산분) 납부금액	120,400원
8월 25일	건강보험료 가산금(회사부담분)	240,000원
9월 30일	본사 토지관련 취득세	2,410,000원
11월 15일	폐수배출부담금	575,000원
12월 1일	간주임대료에 대한 부가가치세	950,000원
12월 1일	대표이사 비상장주식매각 증권거래세	3,000,000원
12월 1일	지급조서미제출 가산세	2,000,000원
12월 1일	환경개선부담금	880,000원

05 ㈜이공오(회사코드 : 1205)의 세금과공과금에 입력된 내용이다. 입력된 자료를 조회하여 [세금과공과금 명세서]를 작성하고 필요한 세무조정을 행하시오. 단, 세무조정시 같은 소득처분인 경우에도 건별로 각각 세무조정 하도록 하시오.(6점)

월 일	적 요	금 액
2월 6일	공장용지 취득시 취득세	9,200,000원
7월 28일	공장건축물 재산세	810,000원
8월 6일	세금계산서 미수취로 인한 불공제 매입세액	270,000원
9월 7일	교통유발부담금	480,000원
10월 29일	전기요금 납부지연시 연체가산금	27,000원
11월 7일	폐수배출부담금	1,320,000원
12월 2일	화물차 취득세	1,600,000원
12월 3일	자본금 증자시 발생한 등록면허세	2,730,000원

06 ㈜이공육(회사코드 : 1206)의 세금과공과금(판) 계정별원장의 내용은 다음과 같다. 입력된 자료를 조회하여 [세금과공과금 명세서]를 작성하고 필요한 세무조정을 행하시오. 단, 세무조정 유형과 소득처분이 같은 세무조정이라고 하더라도 건별로 각각 세무조정을 하며, 여기서 발생하는 세무조정사항이 다른 조정메뉴에 미치는 영향은 무시한다.(6점)

월 일	적 요	금 액
1월 4일	토지 취득시 취득세 납부	2,100,000원
1월 20일	업무용승용차 자동차세	870,000원
3월 31일	법인세에 대한 농어촌특별세	360,000원
4월 7일	사업과 관련없는 불공제 매입세액	630,000원
7월 20일	법인균등분 주민세	62,500원
10월 15일	업무용자산에 대한 재산세	920,000원
10월 17일	폐수배출부담금	810,000원
11월 20일	업무상 납부한 주정차위반 과태료	400,000원
12월 4일	납품지연 지체상금	810,000원
12월 4일	대표이사 자택 재산세	210,000원
12월 5일	상공회의소회비	300,000원

KcLep 도우미

해설 1 1201

❶ 상단 툴바의 F12 불러오기 를 클릭하고「전표자료 불러오기」보조창에서 기간(1월 1일 ~ 12월 31일)을 입력하고 확인[Tab] 을 클릭한다.

❷ 상단 툴바의 F6 불산입만표기 를 클릭(생략 가능)하고 입력된 자료 중에서 손금으로 인정되지 않는 항목의 [손금불산입표시]란에 숫자 "1"을 입력한다.

❸ F3 키(또는 상단 툴바의 F3 조정등록)을 이용하여 다음과 같이 세무조정 한다.
[익금산입 및 손금불산입] 공장용지 취득세 700,000원 (유보발생)
　　　　　　　　　　　법인지방소득세 5,300,000원 (기타사외유출)
　　　　　　　　　　　주차위반 과태료 120,000원 (기타사외유출)

해설 2 1202

❶ 상단 툴바의 F12 불러오기 를 클릭하고「전표자료 불러오기」보조창에서 기간(1월 1일 ~ 12월 31일)을 입력하고 확인[Tab] 을 클릭한다.

❷ 상단 툴바의 F6 불산입만표기 를 클릭하고 입력된 자료 중에서 손금으로 인정되지 않는 항목의 [손금불산입표시]란에 숫자 "1"을 입력한다.

❸ F3 키(또는 상단 툴바의 F3조정등록)을 이용하여 다음과 같이 세무조정 한다.
[익금산입 및 손금불산입] 법인세에 대한 농어촌특별세 730,000원 (기타사외유출)
　　　　　　　　　　　토지 취득세 8,750,000원 (유보발생)
　　　　　　　　　　　교통위반 과태료 123,000원 (기타사외유출)
　　　　　　　　　　　사업과 관련없는 매입세액 350,000원 (기타사외유출)

해설 3　　　　　　　　　1203

□	코드	계정과목	월	일	거래내용	코드	지급처	금액	손금불산입표시
□	0817	세금과공과금	3	29	법인세에 대한 농어촌특별세			1,320,000	손금불산입
□	0817	세금과공과금	4	23	사업과 관련없는 불공제 매입세액			920,000	손금불산입
□	0817	세금과공과금	5	4	업무상 납부한 주정차위반 과태료			250,000	손금불산입
□	0517	세금과공과금	7	26	공장건축물 재산세			1,720,000	
□	0517	세금과공과금	8	18	공장용지 취득시 취득세			7,300,000	손금불산입
□	0817	세금과공과금	8	20	법인균등분 주민세			62,500	
□	0817	세금과공과금	9	4	교통유발부담금			630,000	
□	0817	세금과공과금	10	10	건강보험료 가산금(회사부담분)			128,000	손금불산입
□	0817	세금과공과금	10	17	폐수배출부담금			2,400,000	손금불산입
□									
□					손금불산입계			12,318,000	
					합　　계			14,730,500	

❶ 상단 툴바의 F12불러오기를 클릭하고「전표자료 불러오기」보조창에서 기간(1월 1일 ~ 12월 31일)을 입력하고 확인[Tab]을 클릭한다.
❷ 상단 툴바의 F6손금산입만표기를 클릭하고 입력된 자료 중에서 손금으로 인정되지 않는 항목의 [손금불산입표시]란에 숫자 "1"을 입력한다.
❸ F3 키(또는 상단 툴바의 F3조정등록)을 이용하여 다음과 같이 세무조정 한다.
[익금산입 및 손금불산입] 법인세에 대한 농어촌특별세 1,320,000원 (기타사외유출)
　　　　　　　　　　　사업과 관련없는 불공제 매입세액 920,000원 (기타사외유출)
　　　　　　　　　　　주정차위반 과태료 250,000원 (기타사외유출)
　　　　　　　　　　　공장용지 취득세 7,300,000원 (유보발생)
　　　　　　　　　　　건강보험료 가산금 128,000원 (기타사외유출)
　　　　　　　　　　　폐수배출부담금 2,400,000원 (기타사외유출)

해설 4　　　　　　　　　1204

□	코드	계정과목	월	일	거래내용	코드	지급처	금액	손금불산입표시
□	0817	세금과공과금	3	1	법인세에 대한 농어촌특별세			1,400,000	손금불산입
□	0817	세금과공과금	4	4	주무관청에 등록된 협회에 납부하는 협회비			750,000	
□	0817	세금과공과금	5	6	국민연금 회사부담액			540,000	
□	0817	세금과공과금	6	7	업무관련 교통과속 범칙금			150,000	손금불산입
□	0817	세금과공과금	7	31	본사의 주민세(재산분) 납부금액			120,400	
□	0817	세금과공과금	8	25	건강보험료 가산금(회사부담분)			240,000	손금불산입
□	0817	세금과공과금	9	30	본사 토지관련 취득세			2,410,000	손금불산입
□	0817	세금과공과금	11	15	폐수배출부담금			575,000	손금불산입
□	0817	세금과공과금	12	1	간주임대료에 대한 부가가치세			950,000	
□	0817	세금과공과금	12	1	대표이사 비상장주식매각 증권거래세			3,000,000	손금불산입
□	0817	세금과공과금	12	1	지급조서미제출 가산세			2,000,000	손금불산입
□	0817	세금과공과금	12	1	환경개선부담금			880,000	
□									
□					손금불산입계			9,775,000	
					합　　계			13,115,400	

❶ 상단 툴바의 [F12 불러오기]를 클릭하고 「전표자료 불러오기」 보조창에서 기간(1월 1일 ~ 12월 31일)을 입력하고 [확인 [Tab]]을 클릭한다.
❷ 상단 툴바의 [F6 불산입만표기]를 클릭하고 입력된 자료 중에서 손금으로 인정되지 않는 항목의 [손금불산입표시]란에 숫자 "1"을 입력한다.
❸ [F3] 키(또는 상단 툴바의 [F3 조정등록])을 이용하여 다음과 같이 세무조정 한다.
  [익금산입 및 손금불산입] 법인세에 대한 농어촌특별세 1,400,000원 (기타사외유출)
            교통과속 범칙금 150,000원 (기타사외유출)
            건강보험료 가산금 240,000원 (기타사외유출)
            토지관련 취득세 2,410,000원 (유보발생)
            폐수배출부담금 575,000원 (기타사외유출)
            대표이사 증권거래세 3,000,000원 (상여)
            지급조서미제출 가산세 2,000,000원 (기타사외유출)

해설 5   1205

□	코드	계정과목	월	일	거래내용	코드	지급처	금 액	손금불산입표시
□	0517	세금과공과금	2	6	공장용지 취득시 취득세			9,200,000	손금불산입
□	0517	세금과공과금	7	28	공장건축물 재산세			810,000	
□	0817	세금과공과금	8	6	세금계산서 미수취로 인한 불공제 매입세액			270,000	손금불산입
□	0817	세금과공과금	9	7	교통유발부담금			480,000	
□	0817	세금과공과금	10	29	전기요금 납부지연시 연체가산금			27,000	
□	0817	세금과공과금	11	7	폐수배출부담금			1,320,000	손금불산입
□	0517	세금과공과금	12	2	화물차 취득세			1,600,000	
□	0817	세금과공과금	12	3	자본금 증자시 발생한 등록면허세			2,730,000	손금불산입
□									
□					손 금 불 산 입 계			13,520,000	
					합 계			16,437,000	

❶ 상단 툴바의 [F12 불러오기]를 클릭하고 「전표자료 불러오기」 보조창에서 기간(1월 1일 ~ 12월 31일)을 입력하고 [확인 [Tab]]을 클릭한다.
❷ 상단 툴바의 [F6 불산입만표기]를 클릭하고 입력된 자료 중에서 손금으로 인정되지 않는 항목의 [손금불산입표시]란에 숫자 "1"을 입력한다.
❸ [F3] 키(또는 상단 툴바의 [F3 조정등록])을 이용하여 다음과 같이 세무조정 한다.
  [익금산입 및 손금불산입] 공장용지 취득세 9,200,000원 (유보발생)
            세금계산서 미수취 불공제 매입세액 270,000원 (기타사외유출)
            폐수배출부담금 1,320,000원 (기타사외유출)
            자본금 증자시 등록면허세 2,730,000원 (기타)

＊화물차 구입시 세금과공과금으로 비용처리한 취득세는 즉시상각의제 규정에 따라 감가상각한 것으로 보아 [감가상각비조정]>[미상각자산 감가상각 조정명세서]에서 당기 자본적 지출액(정액법 ⑫란, 정률법 ⑨ 및 ⑲)란에 반영하여 세무상 상각범위액을 증가시킨다. 따라서 손금불산입 세무조정 대상이 아니다.

＊자본금 증자시 등록면허세는 신주발행비용으로 액면발행(또는 할인발행)인 경우 주식할인발행차금으로 처리하고, 할증발행인 경우 주식발행초과금에서 감액시키는 것으로 처리하여 자본을 감소시켜야 한다. 그런데, 이를 비용으로 처리하였으므로 손금불산입하고, 기업회계상 자본과 세무상 자본은 일치하므로 기타로 처분한다.

해설 6　　　　　　　　1206

코드	계정과목	월	일	거래내용	코드	지급처	금액	손금불산입표시
0817	세금과공과금	1	4	토지 취득시 취득세 납부			2,100,000	손금불산입
0817	세금과공과금	1	20	업무용승용차 자동차세			870,000	
0817	세금과공과금	3	31	법인세에 대한 농어촌특별세			360,000	손금불산입
0817	세금과공과금	4	7	사업과 관련없는 불공제 매입세액			630,000	손금불산입
0817	세금과공과금	7	20	법인균등분 주민세			62,500	
0817	세금과공과금	10	15	업무용자산에 대한 재산세			920,000	
0817	세금과공과금	10	17	폐수배출부담금			810,000	손금불산입
0817	세금과공과금	11	20	업무상 납부한 주정차위반 과태료			400,000	손금불산입
0817	세금과공과금	12	4	납품지연 지체상금			810,000	
0817	세금과공과금	12	4	대표이사 자택 재산세			210,000	손금불산입
0817	세금과공과금	12	5	상공회의소회비			300,000	
				손금불산입계			4,510,000	
				합계			7,472,500	

❶ 상단 툴바의 F12 불러오기를 클릭하고 「전표자료 불러오기」 보조창에서 기간(1월 1일 ~ 12월 31일)을 입력하고 확인 [Tab]을 클릭한다.

❷ 상단 툴바의 F6 불산입만표기를 클릭하고 입력된 자료 중에서 손금으로 인정되지 않는 항목의 [손금불산입표시]란에 숫자 "1"을 입력한다.

❸ F3 키(또는 상단 툴바의 F3 조정등록)을 이용하여 다음과 같이 세무조정 한다.
　[익금산입 및 손금불산입] 토지 취득세 2,100,000원 (유보발생)
　　　　　　　　　　　　　법인세에 대한 농어촌특별세 360,000원 (기타사외유출)
　　　　　　　　　　　　　사업과 관련없는 불공제 매입세액 630,000원 (기타사외유출)
　　　　　　　　　　　　　폐수배출부담금 810,000원 (기타사외유출)
　　　　　　　　　　　　　주정차위반 과태료 400,000원 (기타사외유출)
　　　　　　　　　　　　　대표이사 자택 재산세 210,000원 (상여)

〈개정내용〉 손금불산입 대상 공과금 추가
◎ 장애인고용부담금 : 의무고용률에 못 미치는 장애인을 고용하는 사업주가 매년 고용노동부장관에게 납부하는 부담금을 말한다.

제2장 선급비용 명세서

제1절 선급비용

"선급비용"이란 미리 지급된 비용 중 1년 내에 비용으로 되는 것을 말한다. 즉, 보험료, 지급이자, 지급임차료 등의 비용 중 결산일 현재 기간 미경과분으로서 1년 내에 비용으로 되는 것을 말한다. 법인이 기간 미경과분에 해당하는 금액을 자산으로 처리하지 않고 손금에 산입한 미경과 지급이자, 선급보험료, 선급임차료 등은 손금불산입하고 유보로 처분한다.

> 손금불산입액 = 선급비용(지급액 × 선급일수/총일수) - 회사계상액

 다음 자료에 의하여 제2기와 제3기의 세무조정을 하시오.

(1) 제2기 10월 1일에 창제상회로부터 1,000,000원을 1년간 차입하고 선이자 120,000원을 제외한 880,000원은 보통예금계좌에 입금되었다(차입기간 : 제2기 10월 1일부터 제3기 9월 30일, 연이자율 : 12%, 초일불산입 말일산입). 10월 1일의 회계처리는 다음과 같으며, 기말 결산시에 기간 미경과분에 대한 회계처리를 하지 않았다.
 (차) 보통예금　　　　　　　880,000　　/　(대) 단기차입금　　　　1,000,000
 　　이자비용　　　　　　　120,000

(2) 제3기 9월 30일에 창제상회의 차입금을 상환하고 다음과 같이 회계처리 하였다.
 (차) 단기차입금　　　　　1,000,000　　/　(대) 현금　　　　　　　1,000,000

[해설] (1) 제2기 기업회계상 이자비용(120,000원)은 세무회계상 이자비용(30,000원) 보다 과대계상 되었으므로 손금불산입 한다. 기업회계상 자산(선급비용)을 과소계상 하여 자본이 과소계상 되었으므로 세무회계상 자본을 증가시키는 유보로 처분한다.
 ☑ 세무조정 : 〈손금불산입〉 선급비용 과소계상액 90,000 (유보/발생)
＊선급비용 : 120,000 × 273일/364일 = 90,000원

(2) 제3기 이자비용 과소계상액은 손금산입하고 △유보로 처분한다.
 ☑ 세무조정 : 〈손금산입〉 전기 선급비용 과소계상액 90,000 (△유보/감소)

제2절 선급비용 명세서

 **KcLep 길라잡이**

- [과목별 세무조정]>[선급비용 명세서]를 선택하면 다음과 같은 화면이 나타난다.

▶ **계정구분**

선급비용의 구분(1.미경과 이자/ 2.선급 보험료/ 3.선급 임차료)을 "도움상자"에서 선택한다. 추가로 등록하고자 하는 경우에는 상단 툴바의 [F4 계정구분등록]을 이용하여 계정과목명과 기간계산원칙(1.한편산입/ 2.양편산입)을 선택한다.

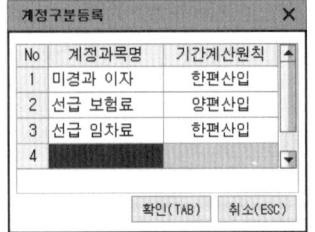

[참고] 기간계산(민법 제156·157조)
　　기간을 일·주·월·년으로 정한 경우에는 기간의 초일은 산입하지 아니한다. 단, 그 기간이 오전 0시로부터 시작하는 경우에는 초일을 산입한다. 기간을 시·분·초로 정한 경우에는 기간의 초일을 산입한다.

▶ **거래내용 / 거래처**

계정구분에 해당하는 거래내용 및 거래처를 입력한다.

▶ **대상기간**

선급비용을 계산하기 위한 기간을 입력한다.

▶ **지급액**

지급이자, 보험료, 임차료 등의 총액을 입력한다.

▶ **선급비용**

해당기간과 지급액을 입력하면 산식(지급액 × 선급일수/총일수)에 따라 자동 반영된다.

▶ **회사계상액**

회사 장부상 선급비용으로 계상한 금액을 입력한다.

▶ **조정대상금액**

[선급비용]란에서 [회사계상액]란을 차감한 금액이 자동 반영된다. 동 금액이 양수(+)이면 선급비용 과소계상으로 인하여 해당 비용이 과대계상 되었으므로 손금불산입 유보로 처분하고, 음수(-)이면 선급비용 과대계상으로 인하여 해당 비용이 과소계상 되었으므로 손금산입 △유보로 처분한다.

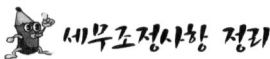
세무조정사항 정리

[조정대상금액]란이 양수(+)인 경우 : 손금불산입(유보발생)
　　　　　　　　음수(-)인 경우 : 손금산입(유보발생)

KcLep 따라하기

 다음 자료에 의하여 ㈜최대리(회사코드 : 1001)의 [선급비용 명세서]를 작성하고 세무조정 하시오.

10월 1일 창제상회로부터 1,000,000원을 1년간 차입하고 선이자 120,000원을 제외한 880,000원은 보통예금계좌에 입금되었다(차입기간 : 2025년 10월 1일부터 2026년 9월 30일, 연이자율 : 12%). 기말 결산시에 기간 미경과분에 대한 회계처리를 하지 않았다. 10월 1일의 회계처리는 다음과 같다.

(차) 보통예금　　　　　　　880,000　　/　(대) 단기차입금　　　　1,000,000
(차) 이자비용　　　　　　　120,000

❀ 선급비용 명세서

	계정구분	거래내용	거래처	대상기간 시작일	대상기간 종료일	지급액	선급비용	회사계상액	조정대상금액
☐	미경과이자	단기차입금	창제상회	2025-10-01	2026-09-30	120,000	90,000		90,000
			합계			120,000	90,000		90,000

❶ [계정구분]란에서 "1.미경과이자"를 선택하고 해당 내용을 입력한다.

조정 등록					
익금산입 및 손금불산입			손금산입 및 익금불산입		
과 목	금 액	소득처분	과 목	금 액	소득처분
선급비용 과소계상액	90,000	유보발생			

❷ F3 키(또는 상단 툴바의 F3 조정등록)을 이용하여 다음과 같이 세무조정 한다.
[익금산입 및 손금불산입] 선급비용 과소계상액 90,000원 (유보발생)

기/출/문/제 (실기)

01 다음은 제조경비 및 판매비와관리비의 보험료 계정 원장의 일부이다. 다음의 자료를 이용하여 ㈜이공칠(회사코드 : 1207)의 [선급비용명세서]를 작성(세무조정 없는 거래도 작성)하고 관련된 세무조정을 [소득금액조정합계표]에 반영하시오. 단, 세무조정은 각 건별로 한다.(6점)

월 일	적 요	금 액	계약기간
1월 31일	공장 화재보험료	1,200,000원	2025.01.31. ~ 2026.06.30.
6월 27일	손해보상보험료	3,000,000원	2025.07.01. ~ 2028.06.30.
8월 8일	이행보증보험	250,000원	2025.08.08. ~ 2025.09.22.
10월 25일	생산부 자동차보험료	1,300,000원	2025.10.25. ~ 2026.10.25.

02 다음의 자료를 이용하여 ㈜이공팔(회사코드 : 1208)의 [선급비용 명세서]를 작성하고 세무조정을 하시오.(6점)

〈자료1〉

구분	상호	납입액	보험기간	비고
공장 화재보험	차이나리 손해보험	2,183,000원	2025년 2월 1일 ~ 2026년 1월 31일	장부에 선급비용 185,405원 계상
공장 자동차보험	근대 해상화재	1,750,000원	2025년 8월 1일 ~ 2026년 7월 31일	-
본사 자동차보험	삼정화재	2,100,000원	2025년 4월 1일 ~ 2026년 3월 31일	-

〈자료2〉 전기 [자본금과 적립금 조정명세서(을)]

과목	기초잔액	감소	증가	기말
선급비용	-	-	671,000원	671,000원

※ 전기분 선급비용 671,000원이 당기에 도래하였다.

03 당기말 현재의 보험료 기간미경과분(선급분)에 관한 자료는 다음과 같다. ㈜이공구(회사코드 : 1209)의 [선급비용 명세서]를 작성하고, 전기분 선급비용을 포함한 관련 세무조정사항을 소득금액조정합계표에 반영하시오.(6점)

구분	지출액	거래처	보험기간	비 고
보험료 (판매관리비)	1,800,000원	경복화재	2025.4.1.~ 2026.3.31.	장부상 선급비용 미계상
보험료 (판매관리비)	2,500,000원	신일화재	2025.7.1.~ 2026.6.30.	장부상 선급비용 400,000원 계상

① 직전 사업연도의 [자본금과 적립금 조정명세서(을)]표에는 선급비용 1,500,000원이 손금불산입 유보발생으로 세무조정 되어 있다(선급기간 : 2025.1.1. ~ 2025.4.14.).
② 위 두 보험료에 대하여 각각 세무조정 한다.

04 다음 자료를 이용하여 ㈜이일공(회사코드 : 1210)의 [선급비용 명세서]를 작성하고, 전기분 선급비용을 포함한 관련 세무조정사항을 소득금액조정합계표에 반영하시오.(5점)

(1) [자본금과 적립금 조정명세서(을)]의 전기분 선급비용

과목 또는 사항	금액	참고사항
선급비용	1,710,000원	선급기간 : 2025.1.1. ~ 2025.5.15.

(2) 당기말 현재의 보험료 기간미경과분(선급분)

구분	지출액	거래처	보험기간	비 고
화재보험료 (제조경비)	1,800,000원	서울화재	2025.4.1.~ 2026.3.31	장부상 선급비용 미계상
자동차보험료 (판관비)	5,500,000원	경기화재	2025.8.1.~ 2026.7.31	장부상 선급비용 3,194,520원 계상

도우미

해설 1 _____1207

계정구분	거래내용	거래처	대상기간 시작일	대상기간 종료일	지급액	선급비용	회사계상액	조정대상금액
선급 보험료	공장 화재보험료		2025-01-31	2026-06-30	1,200,000	420,930		420,930
선급 보험료	손해보상보험료		2025-07-01	2028-06-30	3,000,000	2,496,350		2,496,350
선급 보험료	이행보증보험		2025-09-08	2025-09-22	250,000			
선급 보험료	생산부 자동차보험료		2025-10-25	2026-10-25	1,300,000	1,058,469		1,058,469
			합 계		5,750,000	3,975,749		3,975,749

❶ [계정구분]란에서 "2.선급 보험료"를 선택하고 거래내용을 입력한다.
❷ F3 키(또는 상단 툴바의 F3 조정등록)을 이용하여 다음과 같이 세무조정 한다.
　[익금산입 및 손금불산입] 공장 화재보험료 420,930원 (유보발생)
　　　　　　　　　　　　 손해보상보험금 2,496,350원 (유보발생)
　　　　　　　　　　　　 생산부 자동차보험료 1,058,469원 (유보발생)

해설 2 _____1208

계정구분	거래내용	거래처	대상기간 시작일	대상기간 종료일	지급액	선급비용	회사계상액	조정대상금액
선급 보험료	공장 화재보험	차이나리손해보험	2025-02-01	2026-01-31	2,183,000	185,405	185,405	
선급 보험료	공장 자동차보험	근대해상화재	2025-08-01	2026-07-31	1,750,000	1,016,438		1,016,438
선급 보험료	본사 자동차보험	삼정화재	2025-04-01	2026-03-31	2,100,000	517,808		517,808
			합 계		6,033,000	1,719,651	185,405	1,534,246

❶ [계정구분]란에서 "2.선급 보험료"를 선택하고 공장 화재보험의 내용을 입력한다.
❷ [회사계상액]란에 장부에 선급비용으로 계상한 금액을 입력한다.
❸ F3 키(또는 상단 툴바의 F3 조정등록)을 이용하여 다음과 같이 세무조정 한다.
　[익금산입 및 손금불산입] 선급비용 과소계상액 1,534,246원 (유보발생)
　[손금산입 및 익금불산입] 전기 선급비용 과소계상액 671,000원 (유보감소)
　＊직전 사업연도의 [자본금과 적립금 조정명세서(을)]표에 있는 선급비용은 전기에 선급비용 과소계
　　상액 손금불산입(유보발생)으로 소득처분된 금액을 의미한다. 동 금액은 당기에 반대의 세무조정과
　　소득처분을 통하여 소멸한다.

해설 3 _____ 1209

	계정구분	거래내용	거래처	대상기간 시작일	대상기간 종료일	지급액	선급비용	회사계상액	조정대상금액
☐	선급 보험료	보험료	경복화재	2025-04-01	2026-03-31	1,800,000	443,835		443,835
☐	선급 보험료	보험료	신일화재	2025-07-01	2026-06-30	2,500,000	1,239,726	400,000	839,726
			합 계			4,300,000	1,683,561	400,000	1,283,561

❶ [계정구분]란에서 "2.선급 보험료"를 선택하고 보험료의 내용을 입력한다.
❷ [회사계상액]란에 장부상 선급비용으로 계상한 금액을 입력한다.
❸ F3 키(또는 상단 툴바의 F3 조정등록)을 이용하여 다음과 같이 세무조정 한다.
  [익금산입 및 손금불산입] 경복화재 보험료 443,835원 (유보발생)
                    신일화재 보험료 839,726원 (유보발생)
  [손금산입 및 익금불산입] 전기 선급비용 과소계상액 1,500,000원 (유보감소)

해설 4 _____ 1210

	계정구분	거래내용	거래처	대상기간 시작일	대상기간 종료일	지급액	선급비용	회사계상액	조정대상금액
☐	선급 보험료	화재보험료	서울화재	2025-04-01	2026-03-31	1,800,000	443,835		443,835
☐	선급 보험료	자동차보험료	경기화재	2025-08-01	2026-07-31	5,500,000	3,194,520	3,194,520	
			합 계			7,300,000	3,638,355	3,194,520	443,835

❶ [계정구분]란에서 "2.선급 보험료"를 선택하고 보험료의 내용을 입력한다.
❷ [회사계상액]란에 장부상 선급비용으로 계상한 금액을 입력한다.
❸ F3 키(또는 상단 툴바의 F3 조정등록)을 이용하여 다음과 같이 세무조정 한다.
  [익금산입 및 손금불산입] 선급비용 과소계상액 443,835원 (유보발생)
  [손금산입 및 익금불산입] 전기 선급비용 과소계상액 1,710,000원 (유보감소)

제3장 기업업무추진비 조정명세서

제1절 기업업무추진비

1. 개요

"기업업무추진비(이하 "업무추진비"라 한다)"란 접대, 교제, 사례 또는 그 밖에 어떠한 명목이든 상관없이 이와 유사한 목적으로 지출한 비용으로서 법인이 직접 또는 간접적으로 업무와 관련이 있는 자와 업무를 원활하게 진행하기 위하여 지출한 금액을 말한다. 업무추진비는 해당 법인의 사업과 관련하여 순자산을 감소시키는 것이므로 원칙적으로 손금으로 인정된다. 다만, 과다한 업무추진비의 지출은 기업의 재무구조를 악화시킬 우려가 있으므로 일정한 한도액 범위를 초과하는 금액은 손금으로 인정하지 아니하며, 거래상대방의 과세표준 양성화를 위하여 적격증명서류를 미수취한 업무추진비는 손금으로 인정하지 아니한다.

2. 업무추진비의 범위

업무추진비에 해당하는지 여부는 계정과목의 명칭에 관계없이 그 실질내용에 따라 판단한다.
① 주주 또는 출자자나 임원 또는 직원이 부담하여야 할 성질의 업무추진비를 법인이 지출한 것은 이를 업무추진비로 보지 아니한다.
② 법인이 그 직원이 조직한 조합 또는 단체에 복리시설비를 지출한 경우 당해 조합이나 단체가 법인인 때에는 이를 업무추진비로 보며, 해당 조합이나 단체가 법인이 아닌 때에는 그 법인의 경리의 일부(법인의 회계처리에 따라 그 성격에 의해 자산 또는 비용으로 회계처리하는 것을 말함)로 본다.
③ 거래처에 대한 현물접대가 부가가치세법상 사업상증여에 해당하는 경우에 법인이 부담한 부가가치세 매출세액은 업무추진비로 본다.
④ 업무추진비, 그 밖에 이와 유사한 비용의 지출에 관련된 부가가치세 매입세액은 업무추진비로 본다.
⑤ 약정에 따라 업무와 관련된 채권의 전부 또는 일부를 포기하는 경우에는 이를 대손금으로 보지 않고 업무추진비로 본다. 다만, 채권의 일부를 포기하거나 면제한 행위에 객관적으로 정당한 사유가 있는 때에는 동 채권포기액을 손금에 산입한다.

3. 적격증명서류의 수취

(1) 적격증명서류 미수취 업무추진비의 손금불산입

한 차례의 접대에 지출한 업무추진비 중 3만원(경조금은 20만원)을 초과하는 업무추진비로서 다음 중 어느 하나에 해당하지 아니한 것은 손금에 산입하지 아니한다.

① 신용카드 등을 사용하여 지출한 업무추진비
② 현금영수증을 교부받고 지출한 업무추진비
③ 계산서 또는 세금계산서를 발급받고 지출한 업무추진비
④ 매입자발행세금계산서 또는 원천징수영수증(사업자등록을 하지 않은 개인사업자로부터 용역을 제공받고 발급하는 사업소득·기타소득원천징수영수증을 말한다)을 발행하여 지출한 업무추진비

[참고] 신용카드 등의 범위 및 사용분

신용카드에는 직불카드, 외국에서 발행된 신용카드, 기명식 선불카드를 포함한다. 이때 신용카드 등은 당해 법인의 명의로 발급받은 신용카드 등에 국한된다. 재화 또는 용역을 공급하는 신용카드 등의 가맹점과 다른 가맹점의 명의로 작성된 매출전표 등을 발급받은 경우 그 업무추진비 지출액은 신용카드 등 사용분에 포함하지 않는다.

(2) 적격증명서류 수취대상에서 제외하는 것

다음의 업무추진비는 그 성격상 적격증명서류를 수취할 수 없으므로 적격증명서류가 없더라도 손금불산입하지 아니한다.

① 업무추진비가 지출된 국외지역의 장소에서 현금 외에 다른 지출수단이 없어 적격증명서류를 구비하기 어려운 경우의 해당 국외지역에서의 지출
② 농·어민으로부터 직접 재화를 공급받는 경우의 지출로서 그 대가를 금융회사 등을 통하여 지급한 지출(과세표준신고서에 송금명세서를 첨부하여 제출한 경우에 한정한다)
③ 법인이 직접 생산한 제품 등으로 제공한 업무추진비
④ 약정에 의하여 업무와 관련된 채권의 포기액

제2절 업무추진비의 세무조정

업무추진비의 세무조정 순서는 다음과 같다.

손금불산입 순서		소득처분
제1단계	증빙불비 및 업무무관 업무추진비	손금불산입(상여 등)
제2단계	한 차례에 3만원(경조금은 20만원) 초과 업무추진비로서 적격증명서류 미수취 업무추진비	손금불산입(기타사외유출)
제3단계	업무추진비 한도초과액	손금불산입(기타사외유출)

1. 직접 부인되는 업무추진비

(1) 증빙불비 및 업무무관 업무추진비

법인이 지출한 업무추진비 중 증빙이 불비된 업무추진비와 업무와 무관하게 개인사적으로 지출한 업무추진비는 한도액 계산에 포함하지 않고 즉시 손금불산입하고 이를 지출한 자에게 귀속된 것으로 보아 소득처분하며, 지출한 자가 불분명한 경우에는 대표자에 대한 상여로 처분한다.

(2) 적격증명서류 미수취 업무추진비

한 차례의 접대에 지출한 업무추진비 중 3만원(경조금 20만원)을 초과하는 업무추진비로서 적격증명서류를 수취하지 않은 업무추진비는 한도액 계산에 포함하지 않고 즉시 손금불산입하고 기타사외유출로 처분한다.

2. 업무추진비 한도초과액의 손금불산입

각 사업연도에 지출한 업무추진비(위 직접 부인되는 업무추진비는 제외)로서 다음의 한도액을 초과하는 금액은 손금불산입하고 기타사외유출로 처분한다.

(1) 일반업무추진비 한도액 계산식

일반업무추진비 한도액 = ① + ②

① 1,200만원(중소기업의 경우에는 3,600만원) × $\dfrac{\text{해당 사업연도의 개월 수}^{[주]}}{12}$

② (일반수입금액 × 적용률) + {(특정수입금액 × 적용률) × 10%}

[주] 이 경우 개월 수는 역에 따라 계산하되, 1개월 미만의 일수는 1개월로 한다.

(2) 수입금액의 계산

"수입금액"이란 기업회계기준에 의하여 계산한 매출액(매출환입및에누리와 매출할인을 차감한 금액)을 말한다. 즉, 법인의 주된 영업활동으로부터 발생하는 수익을 말하며, 주된 영업활동 이외에서 발생하는 영업외수익은 수입금액에 포함하지 않는다. 수입금액은 기업회계기준에 의하여 계산한 매출액이므로 기업회계기준과 회사계상액과의 차이로 인한 금액은 고려해야 하지만, 기업회계기준과 법인세법의 차이로 인한 금액은 고려하지 않는다.

수입금액에 포함하는 것	수입금액에 포함하지 않는 것
① 영업수입금액(매출액) ② 영업부수수익(반제품 · 부산물 · 작업폐물 매출액)	① 매출환입및에누리 · 매출할인 ② 영업외수익 ③ 간주임대료

(3) 일반수입금액과 특정수입금액

"특정수입금액"이란 특수관계인과의 거래에서 발생한 수입금액을 말하며, "일반수입금액"이란 특정수입금액을 제외한 나머지 수입금액을 말한다. 업무추진비 한도액 계산식에서 {(특정수입금액×적용률)×10%} 값은 다음과 같이 계산한다.

> { (총수입금액 × 적용률) − (일반수입금액 × 적용률) } × 10%

이는 수입금액이 ①일반수입금액 ➡ ②특정수입금액의 순서로 구성되어 있다고 간주한 것이다. 따라서 먼저 일반수입금액에 대하여 높은 적용률의 수입금액구간을 적용한 다음, 특정수입금액에 대하여는 일반수입금액을 초과하는 수입금액구간의 적용률을 적용하는 것이다.

[참고] **특수관계인의 범위**
특수관계인이란 법인과 경제적 연관관계 또는 경영지배관계 등 법인세법시행령 제2조 5항에서 정하는 관계에 있는 자를 말한다. 그 중 일부를 나열하면 다음과 같다.
① 임원의 임면권의 행사, 사업방침의 결정 등 해당 법인의 경영에 대해 사실상 영향력을 행사하고 있다고 인정되는 자와 그 친족
② 소액주주 등이 아닌 주주 또는 출자자(이하 "비소액주주 등"이라 한다)와 그 친족
③ 법인의 임원·직원 또는 비소액주주 등의 직원 및 이들과 생계를 함께하는 친족
④ 법인 또는 비소액주주 등의 금전이나 그 밖의 자산에 의해 생계를 유지하는 자 및 이들과 생계를 함께하는 친족

(4) 수입금액 적용률

수입금액에 적용할 율은 수입금액 구간별로 다음과 같으며, 일반수입금액과 특정수입금액이 함께 있는 법인의 경우에는 먼저 일반수입금액부터 수입금액 적용률을 적용한다.

수입금액	적용률
100억원 이하	30/10,000
100억원 초과 ~ 500억원 이하	20/10,000
500억원 초과	3/10,000

예제1 다음 자료에 의하여 ㈜최대리의 업무추진비 한도액을 계산하시오.

① ㈜최대리는 중소기업이며 수입금액은 2,113,000,000원이다(특정수입금액은 없음).
② 당해 사업연도의 개월 수는 12개월이다.

[해설] 일반업무추진비 한도액 : (1) + (2) = 42,339,000원
(1) 기본금액 : 36,000,000 × 12/12 = 36,000,000원
(2) 수입금액기준 : (①+②) = 6,339,000원
   ① 일반수입금액기준 : 2,113,000,000 × 30/10,000 = 6,339,000
   ② 특정수입금액기준 : 0

예제2 다음 자료에 의하여 ㈜일공일의 업무추진비 한도액을 계산하시오.

① ㈜일공일은 중소기업이며 총수입금액은 1,062,000,000원이며, 이 중 350,000,000원은 법인세법상 특수관계인과의 매출이다.
② 당해 사업연도의 개월 수는 12개월이다.

해설 일반업무추진비 한도액 계산 : (1) + (2) = 38,241,000원
(1) 기본금액 : 36,000,000 × 12/12 = 36,000,000원
(2) 수입금액기준 : (①+②) : 2,241,000원
  ① 일반수입금액기준 : 712,000,000 × 30/10,000 = 2,136,000
  ② 특정수입금액기준 : {(1,062,000,000×30/10,000) − 2,136,000} × 10% = 105,000

예제3 다음 자료에 의하여 ㈜일공삼의 업무추진비 한도초과액을 계산하고 세무조정하시오.

(1) ㈜일공삼은 중소기업이며 수입금액은 1,934,000,000원이고, 이 중 210,000,000원은 법인세법상 특수관계인과의 매출이다. 당해 사업연도의 개월 수는 12개월이다.
(2) 업무추진비 지출내역
  ① 업무추진비(제조경비) : 6,120,000원
    (전액 3만원 초과금액이고, 이 중 신용카드 미사용액은 3,000,000원)
  ② 업무추진비(판매관리비) : 40,159,000원
    (3만원 초과금액은 40,059,000원이고, 모두 신용카드 사용액이다)
(3) 업무추진비 중에는 대표이사가 부담해야 할 개인적 용도로 지출한 금액 9,000원(1건)이 포함되어 있다. 이는 신용카드 미사용 금액이다.

해설 1. 증빙불비 및 업무무관 업무추진비 : 9,000원
2. 적격증명서류 미수취 업무추진비 : 3,000,000원(3만원 초과금액 중 신용카드 미사용액)
3. 일반업무추진비 한도액 계산 : (1) + (2) = 41,235,000원
(1) 기본금액 : 36,000,000 × 12/12 = 36,000,000원
(2) 수입금액기준 : (①+②) : 5,235,000원
  ① 일반수입금액기준 : 1,724,000,000 × 30/10,000 = 5,172,000
  ② 특정수입금액기준 : {(1,934,000,000×30/10,000) − 5,172,000} × 10% = 63,000
4. 업무추진비 한도초과액 : (①-②) = 2,035,000원
  ① 업무추진비해당금액 : (6,120,000 + 40,159,000) − 9,000 − 3,000,000 = 43,270,000
  ② 업무추진비 한도액 : 41,235,000
☑ 세무조정 : 〈손금불산입〉 업무무관 업무추진비 9,000 (대표자 상여)
  적격증명서류 미수취 업무추진비 3,000,000 (기타사외유출)
  업무추진비 한도초과액 2,035,000 (기타사외유출)

(5) 업무추진비 추가 손금산입특례

1) 문화업무추진비 추가 손금산입 특례

내국법인이 지출한 문화업무추진비가 있는 경우에는 다음의 금액을 업무추진비 한도액으로 한다.

> 업무추진비 한도액 = 일반업무추진비 한도액 + 문화업무추진비 추가 한도액
> ☆ 문화업무추진비 추가 한도액 = Min(① 문화업무추진비, ② 일반업무추진비 한도액 × 20%)

여기서 "문화업무추진비"란 국내 문화 관련 지출로서 다음의 용도로 지출한 비용을 말한다.
① 문화예술의 공연이나 전시회 또는 박물관의 입장권 구입
② 체육활동의 관람을 위한 입장권의 구입
③ 비디오물, 음반 및 음악영상물, 간행물의 구입
④ 문화관광축제의 관람 또는 체험을 위한 입장권·이용권의 구입
⑤ 관광공연장·박람회의 입장권의 구입
⑥ 지정문화재 및 등록문화재의 관람을 위한 입장권 구입
⑦ 문화예술 관련 강연의 입장권 구입 및 초빙강사에 대한 강연료 등
⑧ 자체시설 또는 외부임대시설을 활용하여 해당 내국인이 직접 개최하는 공연 등 문화예술행사비
⑨ 문화체육관광부의 후원을 받아 진행하는 문화예술, 체육행사에 지출하는 경비 등
⑩ 미술품의 구입(취득가액이 거래단위별로 1백만원 이하인 것으로 한정한다)
⑪ 종합유원시설업 또는 일반유원시설업의 입장권·이용권의 구입
⑫ 수목원 및 정원의 입장권 구입
⑬ 궤도운송법에 따른 궤도시설의 이용권 구입

예제4 다음 자료에 의하여 ㈜최대리의 업무추진비 한도초과액을 계산하고 세무조정하시오.

(1) ㈜최대리는 중소기업이며 수입금액은 2,113,000,000원이다(특정수입금액은 없음).
(2) 업무추진비 지출내역
   ① 판매비와관리비 중 업무추진비 : 70,000,000원
      • 전액 3만원 초과금액이고, 이 중 신용카드 미사용액은 10,000,000원이다.
      • 대표이사가 업무와 무관하게 지출한 금액 2,000,000원(신용카드 사용분 1건)이 포함되어 있다.
   ② 광고선전비 중 업무추진비 : 20,000,000원
      (전액 3만원 초과금액이고 신용카드 미사용분은 없음)
   ③ 판매비와관리비 중 업무추진비에는 문화업무추진비 3,000,000원(신용카드 사용분임)이 포함되어 있다.
(3) 당해 사업연도의 개월 수는 12개월이다.

[해설] 1. 증빙불비 및 업무무관 업무추진비 : 2,000,000원
2. 적격증명서류 미수취 업무추진비 : 10,000,000원(3만원 초과금액 중 신용카드 미사용액)
3. 일반업무추진비 한도액 : (1) + (2) = 42,339,000원
   (1) 기본금액 : 36,000,000 × 12/12 = 36,000,000원
   (2) 수입금액기준 : (①+②) = 6,339,000원
      ① 일반수입금액기준 : 2,113,000,000 × 30/10,000 = 6,339,000
      ② 특정수입금액기준 : 0
4. 업무추진비 한도액 계산 : (1) + (2) = 45,339,000원
   (1) 일반업무추진비 한도액 : 42,339,000원
   (2) 문화업무추진비 한도액 : Min(①, ②) = 3,000,000원
      ① 문화업무추진비 지출액 : 3,000,000
      ② 일반업무추진비 한도액×20% : 42,339,000 × 20% = 8,467,800
5. 업무추진비 한도초과액 : (①-②) = 32,661,000원
   ① 업무추진비해당금액 : (70,000,000+20,000,000) - 2,000,000 - 10,000,000 = 78,000,000
   ② 업무추진비 한도액 : 45,339,000
   ☑ 세무조정 : 〈손금불산입〉 업무무관 업무추진비 2,000,000 (대표자 상여)
                            적격증명서류 미수취 업무추진비 10,000,000 (기타사외유출)
                            업무추진비 한도초과액 32,661,000 (기타사외유출)

2) 전통시장업무추진비 추가 손금산입 특례

내국법인이 지출한 전통시장업무추진비가 있는 경우에는 다음의 금액을 업무추진비 한도액으로 한다.

> 업무추진비 한도액 = 일반업무추진비 한도액 + 전통시장업무추진비 추가 한도액
> ☆ 전통시장업무추진비 추가 한도액 = Min(① 전통시장업무추진비, ② 일반업무추진비 한도액 × 10%)

여기서 "전통시장업무추진비"란 다음의 요건을 모두 갖춘 업무추진비를 말한다.
① 전통시장에서 지출한 업무추진비일 것
② 다음 중 어느 하나에 해당하는 신용카드 등 사용금액에 해당할 것
   ㉠ 신용카드를 사용하여 그 대가로 지급하는 금액
   ㉡ 직불카드(기명신선불카드 포함)를 사용하여 그 대가로 지급하는 금액
   ㉢ 현금영수증에 기재된 금액
③ 소비성서비스업(호텔업 및 여관업, 단란주점 등)을 경영하는 법인 또는 사업자에게 지출한 것이 아닐 것

제3절 업무추진비의 평가 및 귀속시기

1. 업무추진비의 평가

법인이 업무추진비를 금전 외의 자산으로 제공한 경우에는 해당 자산의 가액은 접대했을 때의 장부가액과 시가 중 큰 금액으로 산정한다.

예제1 다음 자료에 의하여 업무추진비 해당금액을 계산하시오.

손익계산서상의 판매비와관리비에서 복리후생비 1,500,000원은 당사가 직접 생산한 제품을 매출거래처에 사업상 증여한 것으로 다음과 같이 반영되어 있다. 단 해당 제품의 시가는 2,000,000원이고, 원가는 1,300,000원이다.

(차) 복리후생비　　　　　　　1,500,000 ／ (대) 제품　　　　　　　1,300,000
　　　　　　　　　　　　　　　　　　　　　　　(대) 부가세예수금　　　200,000

해설 업무추진비 해당금액 : 시가(2,000,000) + 부가세예수금(200,000) = 2,200,000원
＊업무추진비를 금전 외의 자산으로 제공한 경우에는 이를 제공한 때의 시가와 장부가액 중 큰 금액으로 평가한다. 거래처에 대한 현물접대가 부가가치세법상 사업상증여에 해당하는 경우에 법인이 부담한 부가가치세 매출세액은 업무추진비로 본다.

2. 업무추진비의 귀속시기

(1) 이연계상한 업무추진비 등의 처리

법인이 업무추진비 또는 이와 유사한 비용을 지출한 사업연도의 손비로 처리하지 아니하고 이연처리한 경우에는, 이를 지출한 사업연도의 업무추진비로서 시부인 계산하고 그 후 사업연도에 있어서는 이를 업무추진비로 보지 아니한다.

(2) 자산으로 계상한 업무추진비의 처리

업무추진비에는 당기에 건설중인 자산 등으로 자산 계상된 업무추진비를 포함하여 시부인 계산하며 업무추진비 한도액 계산은 다음과 같다.

① 업무추진비 한도초과액이 당기에 손비로 계상한 업무추진비 보다 많지 않은 경우, 업무추진비 한도초과액만 손금에 산입하지 아니한다.
② 업무추진비 한도초과액이 당기에 손비로 계상한 업무추진비 보다 많은 경우, 당기에 손비로 계상한 업무추진비는 전액 손금불산입하고 그 차액은 자산에서 감액하여 처리한다. 이처럼 자산으로 계상된 업무추진비를 부인하는 경우에는 그 금액을 손금산입(△유보)하고 자산을 감액함과 동시에, 같은 금액을 손금불산입(기타사외유출)로 처분한다.

따라서 이것만으로는 세부담이 증가하지 않으나 추후에 해당 자산이 상각 또는 처분될 때 감액 처리된 금액이 손금불산입(유보) 되어 결국 세부담이 증가된다.

구분	사례1	사례2	사례3	사례4
회사 비용계상 업무추진비(ⓒ)	7,000	4,000	4,500	0
건설가계정(업무추진비)	3,500	6,500	6,000	10,500
합 계	10,500	10,500	10,500	10,500
업무추진비 한도액	6,000	6,000	6,000	6,000
업무추진비 한도초과액(㉠)	4,500	4,500	4,500	4,500
손금불산입	4,500	4,000	4,500	0
건설가계정 감액분(㉠-ⓒ)	0	500	0	4,500

*[사례1] 〈손금불산입〉 업무추진비한도초과액 4,500 (기타사외유출)
*[사례2] 〈손금불산입〉 업무추진비한도초과액 4,500 (기타사외유출)
       〈손금산입〉 건설중인자산 500 (△유보/발생)
*[사례3] 〈손금불산입〉 업무추진비 한도초과액 4,500 (기타사외유출)
*[사례4] 〈손금불산입〉 업무추진비 한도초과액 4,500 (기타사외유출)
       〈손금산입〉 건설중인자산 4,500 (△유보/발생)

③ 자산계정을 감액처리함에 있어서 수개의 자산계정에 업무추진비가 계상된 경우 그 감액의 순위는 다음에 의한다.
  ㉠ 건설중인 자산
  ⓒ 고정자산(유형자산·무형자산)

예제2 다음 자료에 의하여 ㈜일공구의 업무추진비 한도초과액을 계산하고 세무조정하시오.

(1) ㈜일공구는 중소기업이며 수입금액은 1,710,060,000원이고, 이 중 500,000,000원은 법인세법상 특수관계인과의 매출이다. 당해 사업연도의 개월 수는 12개월이다.

(2) 영업부에서 발생한 업무추진비 총액은 22,054,000원이며, 자세한 내역은 다음과 같다.

날짜	금액	비 고
3월 6일	1,000,000원	거래처 회식대로서 증빙이 없다
7월 4일	2,000,000원	사원 김태종씨 개인의 신용카드로 결제했음.
8월 7일	300,000원	기래치에 대한 경조시 1긴의 금액이며, 현금지급한 후 긴이엉수증을 수취하였다.
위 이외	18,754,000원	이 금액 중 20,000원은 건당 1만원 이하의 금액이다. 18,734,000원은 건당 3만원을 초과하는 업무추진비이며, 이 금액 중 4,500,000원은 신용카드 등을 사용하지 않았다

(3) 제조부에서 발생한 업무추진비 총액은 57,300,000원(50,000,000원은 건설중인자산에 해당한다)이며, 모두 법인신용카드로 결제하였다.

해설 1. 증빙불비 및 업무무관 업무추진비 : *1,000,000원*
2. 적격증명서류 미수취 업무추진비 : *6,800,000원*[3만원(경조금 20만원) 초과금액 중 신용카드 미사용액]
   * 2,000,000 + 300,000 + 4,500,000 = 6,800,000원
3. 일반업무추진비 한도액 계산 : (1) + (2) = *39,780,180원*
(1) 기본금액 : 36,000,000 × 12/12 = *36,000,000원*
(2) 수입금액기준 : (①+②) : *3,780,180원*
   ① 일반수입금액기준 : 1,210,060,000 × 30/10,000 = *3,630,180*
   ② 특정수입금액기준 : {(1,710,060,000×30/10,000) - 3,630,180} × 10% = *150,000*
4. 업무추진비 한도초과액 : (①-②) = *31,773,820원*
   ① 업무추진비해당금액 :
      (22,054,000 + 7,300,000 + 50,000,000) - 1,000,000 - 6,800,000 = *71,554,000*
   ② 업무추진비 한도액 : *39,780,180*
☑ 세무조정 : 〈손금불산입〉 증빙불비 업무추진비 *1,000,000* (대표자 상여)
                    적격증명서류 미수취 업무추진비 *6,800,000* (기타사외유출)
                    업무추진비 한도초과액 *31,773,820* (기타사외유출)
☑ 세무조정 : 〈손금산입〉 건설중인 자산 *10,219,820*[주] (△유보/발생)
[주] 업무추진비 한도초과액 31,773,820원 중 비용 계상한 업무추진비 21,554,000원(업무추진비 해당금액 71,554,000 - 건설중인자산 50,000,000)을 초과하는 금액 10,219,820원은 건설중인자산 계정에 대한 업무추진비 한도초과액으로서 손금산입(△유보)으로 세무조정 해야 한다.

제4절 업무추진비 조정명세서

 **KcLep 길라잡이**

• [과목별 세무조정]>[기업업무추진비 조정명세서]를 선택하면 다음과 같은 화면이 나타난다.

[I] 기업업무추진비 입력(을)

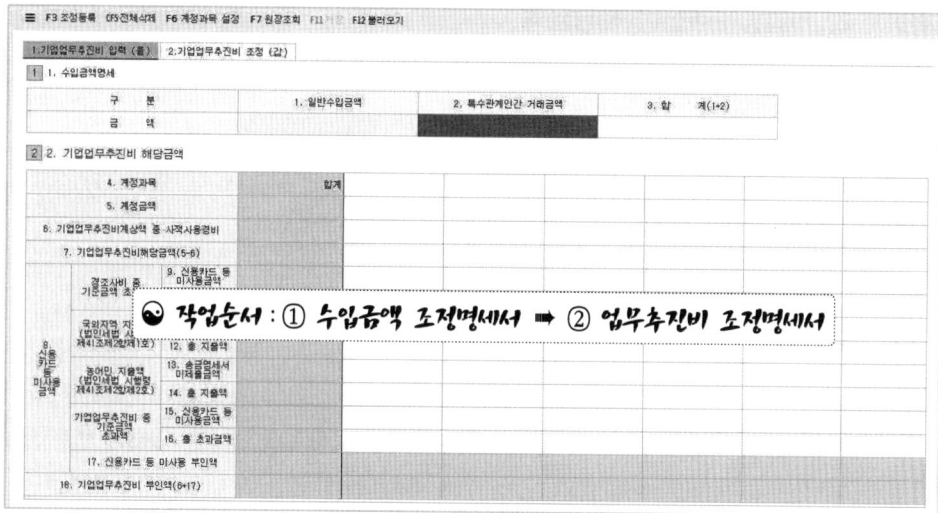

• ㈜최대리 [기업업무추진비 조정명세서] 화면 •

1st 1. 수입금액명세

③ 합계(①+②)

[수입금액조정]>[수입금액 조정명세서]를 작성하고 본 메뉴 상단 툴바의 F12불러오기 를 클릭하고 예(Y) 를 클릭하면 [수입금액 조정명세서] 메뉴 『수입금액 조정계산』 탭의 "③결산서상 수입금액" [계]란의 금액이 자동 반영된다.

② 특수관계인간 거래금액

[③합계]란의 금액 중 특수관계인과의 거래에서 발생한 수입금액을 입력한다.

① 일반수입금액

수입금액 중 일반수입금액을 입력하는 란으로 [③합계]란의 금액에서 [②특수관계인간 거래금액]란의 금액을 차감한 금액이 자동 반영된다.

2nd ○ 2. 기업업무추진비 해당금액

2. 기업업무추진비 해당금액	합계					
4. 계정과목						
5. 계정금액						
6. 기업업무추진비계상액 중 사적사용경비						
7. 기업업무추진비해당액(5-6)						

④ 계정과목

기업업무추진비 계정 및 다른 계정에 업무추진비 해당금액이 있는 경우 F2 키를 이용하여 해당하는 계정과목을 코드번호 3자리로 입력한다. [회계관리] 메뉴에 입력된 Data가 있는 경우에는 기업업무추진비(513, 613, 663, 713, 763, 813, 843)로 입력된 Data가 전표의 특성 및 금액에 따라 해당란으로 자동 반영된다.

⑤ 계정금액

해당 계정과목에 기록된 금액 중 업무추진비에 해당하는 금액을 입력한다.

⑥ 기업업무추진비계상액 중 사적사용 경비

법인이 지출한 업무추진비 중 업무와 무관하게 개인사적으로 지출한 업무추진비와 증빙불비 업무추진비 금액을 입력한다. 동 금액은 [⑱기업업무추진비 부인액]란에 자동 반영된다.

⑦ 기업업무추진비 해당금액(⑤-⑥)

[⑤]란에서 [⑥]란을 차감한 금액이 자동 반영된다.

▶ **경조사비 중 기준금액 초과액**

<분모> [⑦]란의 금액 중 한 차례에 20만원을 초과하는 경조사비 총액을 입력한다.
<분자> 분모의 금액 중 신용카드 등 미사용 금액을 입력한다. 동 금액은 [⑰]란과 [⑱]란에 자동 반영된다.

▶ **국외지역 지출액**

<분모> [⑦]란의 금액 중 국외지역에서 지출한 업무추진비 총액을 입력한다.
<분자> 분모의 금액 중 신용카드 등 미사용 금액을 입력한다(단, 업무추진비가 지출된 국외지역의 장소에서 현금 외에 다른 지출수단이 없어 적격증명서류를 구비하기 어려운 경우의 해당 국외지역에서 지출한 업무추진비는 제외). 동 금액은 [⑰]란과 [⑱]란에 자동 반영된다.

▶ **농어민 지출액**

<분모> [⑦]란의 금액 중 접대 목적으로 사용하기 위해 농어민으로부터 직접 재화를 공급받은 경우의 지출액 총액을 입력한다.
<분자> 분모의 금액 중 금융회사 등을 통하여 그 대가를 지급하지 않거나, 금융회사 등을 통하여 그 대가를 지급하였으나 과세표준신고서에 송금명세서를 첨부하여 제출하지 않은 금액을 입력한다. 동 금액은 [⑰]란과 [⑱]란에 자동 반영된다.

▶ **기업업무추진비 중 기준금액 초과액**

<분모> [⑦]란의 금액 중 한 차례에 3만원을 초과하는 위 이외의 업무추진비 총액을 입력한다.
<분자> 분모의 금액 중 신용카드 등 미사용 금액을 입력한다. 동 금액은 [⑰]란과 [⑱]란에 자동 반영된다.

⑰ **신용카드 등 미사용 부인액(⑨+⑪+⑬+⑮)**

동 금액은 적격증명서류 미수취 금액으로 손금불산입하고 기타사외유출로 소득처분 한다.

⑱ 기업업무추진비 부인액(⑥+⑰)

[⑥]란과 [⑰]란의 금액이 자동 반영된다. 동 금액은 한도액 계산에 포함하지 않고 즉시 손금불산입되는 업무추진비 합계액이다.

한마디...

[일반전표입력] 메뉴에 입력된 자료가 [업무추진비 조정명세서] 메뉴의 『1.업무추진비 입력(을)』탭에 자동 반영되는 방식을 간단히 살펴보기로 한다.

4. 계정과목	❶ 기업업무추진비(제조)	❷ 기업업무추진비(도급)	❸ 기업업무추진비(분양)	❹ 기업업무추진비(판관)	❺ 기업업무추진비(제조)	❻ 기업업무추진비(도급)	❼ 기업업무추진비(분양)	❽ 기업업무추진비(판관)
5. 계정금액	30,000	30,000	40,000	40,000	200,000	200,000	300,000	300,000
6. 기업업무추진비계상액 중 사적사용경비								
7. 기업업무추진비해당금액(5-6)	30,000	30,000	40,000	40,000	200,000	200,000	300,000	300,000
8. 신용카드등미사용금액 / 경조사비 중 기준금액 초과액 / 9. 신용카드 등 미사용금액							300,000	
/ 10. 총 초과금액							300,000	300,000
/ 국외지역 지출액(법인세법 시행령 제41조제2항제1호) / 11. 신용카드 등 미사용금액								
/ 12. 총 지출액								
/ 농어민 지출액(법인세법 시행령 제41조제2항제2호) / 13. 송금명세서 미제출금액								
/ 14. 총 지출액								
/ 기업업무추진비 중 기준금액 초과액 / 15. 신용카드 등 미사용금액			40,000					
/ 16. 총 초과금액			40,000	40,000				
17. 신용카드 등 미사용 부인액			40,000				300,000	
18. 기업업무추진비 부인액(6+17)			40,000				300,000	

[EX.❶] 한 차례에 3만원 이하 업무추진비 - 적격증명서류 미수취(증빙불비가 아님)

일	번호	구분	계정과목	거래처	적요	차변	대변
1	00001	출금	0513 기업업무추진비			30,000	(현금)

[EX.❷] 한 차례에 3만원 이하 업무추진비 - 적격증명서류(신용카드) 수취

일	번호	구분	계정과목	거래처	적요	차변	대변
2	00001	차변	0613 기업업무추진비		1 신용카드등 사용 일반접대비	30,000	
2	00001	대변	0253 미지급금				30,000

[EX.❸] 한 차례에 3만원 초과 업무추진비 - 적격증명서류 미수취(증빙불비가 아님)

일	번호	구분	계정과목	거래처	적요	차변	대변
3	00001	출금	0713 기업업무추진비			40,000	(현금)

[EX.❹] 한 차례에 3만원 초과 업무추진비 - 적격증명서류(신용카드) 수취

일	번호	구분	계정과목	거래처	적요	차변	대변
4	00001	차변	0813 기업업무추진비		1 신용카드등 사용 일반접대비	40,000	
4	00001	대변	0253 미지급금				40,000

[EX.❺] 한 차례에 20만원 이하 경조사비 - 적격증명서류 미수취

일	번호	구분	계정과목	거래처	적요	차변	대변
5	00001	출금	0513 기업업무추진비		6 일반경조사비	200,000	(현금)

[EX.❻] 한 차례에 20만원 이하 경조사비 - 적격증명서류(신용카드) 수취

일	번호	구분	계정과목	거래처	적요	차변	대변
6	00001	차변	0613 기업업무추진비		5 신용카드등 사용 경조사비	200,000	
6	00001	대변	0253 미지급금				200,000

[EX.❼] 한 차례에 20만원 초과 경조사비 - 적격증명서류 미수취(증빙불비가 아님)

일	번호	구분	계정과목	거래처	적요	차변	대변
7	00001	출금	0713 기업업무추진비		6 일반경조사비	300,000	(현금)

[EX.❽] 한 차례에 20만원 초과 경조사비 - 적격증명서류(신용카드) 수취

일	번호	구분	계정과목	거래처	적요	차변	대변
8	00001	차변	0813 기업업무추진비		5 신용카드등 사용 경조사비	300,000	
8	00001	대변	0253 미지급금				300,000

[II] 기업업무추진비 조정(갑)

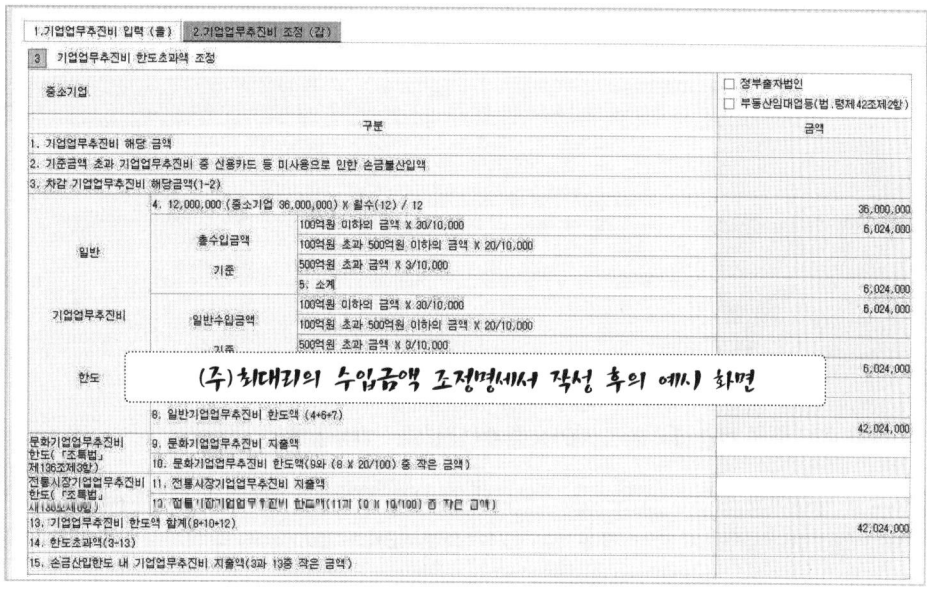

• ㈜최대리 [기업업무추진비 조정명세서] 화면 •

본 메뉴는 『1.기업업무추진비 입력(을)』 탭과 [기초정보관리]>[회사등록]에 입력된 자료에 의하여 자동 작성된다.

3rd. 기업업무추진비 한도초과액 조정

구분	금액
1. 기업업무추진비 해당 금액	
2. 기준금액 초과 기업업무추진비 중 신용카드 등 미사용으로 인한 손금불산입액	
3. 차감 기업업무추진비 해당금액(1-2)	

① 기업업무추진비 해당 금액

『1.기업업무추진비 입력(을)』탭의 [⑦기업업무추진비해당금액]란의 합계금액이 자동 반영된다.

② 기준금액 초과 기업업무추진비 중 신용카드 미사용으로 인한 손금불산입액

『1.기업업무추진비 입력(을)』탭의 [⑰신용카드 등 미사용부인액]란의 합계금액이 자동 반영된다.

③ 차감 기업업무추진비 해당금액(①-②)

동 금액은 업무추진비 한도초과액 계산의 기준이 되는 업무추진비 해당금액이다.

기업업무추진비 한도	일반	4. 12,000,000 (중소기업 36,000,000) × 월수(12) / 12		36,000,000
		총수입금액 기준	100억원 이하의 금액 × 30/10,000	6,024,000
			100억원 초과 500억원 이하의 금액 × 20/10,000	
			500억원 초과 금액 × 3/10,000	
			5. 소계	6,024,000
		일반수입금액 기준	100억원 이하의 금액 × 30/10,000	6,024,000
			100억원 초과 500억원 이하의 금액 × 20/10,000	
			500억원 초과 금액 × 3/10,000	
			6. 소계	6,024,000
		7. 수입금액기준	(5-6) × 10/100	
		8. 일반기업업무추진비 한도액 (4+6+7)		42,024,000

④ 12,000,000(중소기업 36,000,000)×월수(12)/12 : 기본금액

사업연도가 12개월인 법인의 경우에는 기본금액 12,000,000원(중소기업은 36,000,000원)의 업무추진비를 인정한다. 중소기업인 경우에는 [기초정보관리]>[회사등록]의 [15.중소기업여부]란에서 (1.여)를 선택한다. 월수는 [회사등록] 메뉴의 [1.회계연도]란을 자동 인식하여 계산한다.

▶ 총수입금액기준 / 일반수입금액기준 / ⑦ 수입금액기준

『1.기업업무추진비 입력(을)』탭에 입력된 수입금액 구간별로 적용률을 적용하여 계산된 금액이 자동 반영된다.

⑧ 일반기업업무추진비 한도액(④+⑥+⑦)

[④]란에 일반수입금액기준 [⑥소계]란과 [⑦수입금액기준]란의 합계액이 자동 반영된다.

문화기업업무추진비 한도(「조특법」 제136조제3항)	9. 문화기업업무추진비 지출액	
	10. 문화기업업무추진비 한도액(9와 (8 X 20/100) 중 작은 금액)	
전통시장기업업무추진비 한도(「조특법」 제136조제6항)	11. 전통시장기업업무추진비 지출액	
	12. 전통시장기업업무추진비 한도액(11과 (8 X 10/100) 중 작은 금액)	
13. 기업업무추진비 한도액 합계(8+10+12)		42,024,000
14. 한도초과액(3-13)		
15. 손금산입한도 내 기업업무추진비 지출액(3과 13중 작은 금액)		

⑨ 문화기업업무추진비 지출액

문화기업업무추진비 해당 금액을 입력한다. [회계관리] 메뉴에 입력된 Data가 있는 경우에는 기업업무추진비(513, 613, 663, 713, 763, 813, 843)로 입력된 전표 중 한 차례에 3만원 이하인 업무추진비 중 적요(9.일반문화, 예술접대비)로 입력한 금액과, 한 차례에 3만원 초과인 업무추진비 중 적요(7.신용카드등 사용 문화, 예술접대비)로 입력한 금액이 자동 반영된다.

⑩ 문화기업업무추진비 한도액 {⑨와 (⑧×20/100) 중 작은 금액}

[⑨문화기업업무추진비 지출액]란과 [⑧일반기업업무추진비 한도액]의 20% 중 작은 금액이 자동 반영된다.

⑪ 전통시장기업업무추진비 지출액

전통시장기업업무추진비 해당 금액을 입력한다.

⑫ 전통시장기업업무추진비 한도액 {⑪과 (⑧×10/100) 중 작은 금액}

[⑪전통시장기업업무추진비 지출액]란과 [⑧일반기업업무추진비 한도액]의 10% 중 작은 금액이 자동 반영된다.

⑬ 기업업무추진비 한도액 합계(⑧+⑩+⑫)

[⑧일반기업업무추진비 한도액]란, [⑩문화기업업무추진비 한도액]란, [⑫전통시장기업업무추진비 한도액]란을 합한 금액이 자동 반영된다.

⑭ 한도초과액(③-⑬)

[③차감 기업업무추진비 해당금액]란에서 [⑬기업업무추진비 한도액 합계]란을 차감한 금액이 자동 반영된다. 동 금액은 업무추진비 한도초과액으로 손금불산입하고 기타사외유출로 처분한다.

⑮ **손금산입한도 내 기업업무추진비 지출액(③과 ⑬ 중 작은 금액)**

[③]란과 [⑬]란의 금액 중 작은 금액이 자동 반영된다.

세무조정사항 정리

i> (늘) 표 [⑥기업업무추진비계상액 중 사적사용 경비] : 손금불산입(지출한 자에게 귀속된 것으로 보아 소득처분하며, 지출한 자가 불분명한 경우에는 대표자에 대한 상여로 소득처분)

ii> (늘) 표 [⑰신용카드 등 미사용부인액] : 손금불산입(기타사외유출)

iii> (감) 표 [⑭한도초과액] : 손금불산입(기타사외유출)

KcLep 따라하기

 다음 자료에 의하여 ㈜최대리(회사코드 : 1001)의 [기업업무추진비 조정명세서]를 작성하고 세무조정 하시오.

(1) ㈜최대리는 중소기업이며 수입금액은 2,113,000,000원이다(특정수입금액은 없음).

(2) 업무추진비 지출내역

① 판매비와관리비 중 업무추진비 : 70,000,000원
  - 전액 3만원 초과금액이고, 이 중 신용카드 미사용액은 10,000,000원이다.
  - 대표이사가 업무와 무관하게 지출한 금액 2,000,000원(신용카드 사용분 1건)이 포함되어 있다.

② 광고선전비 중 업무추진비 : 20,000,000원
  (전액 3만원 초과금액이고 신용카드 미사용분은 없음)

③ 판매비와관리비 중 업무추진비에는 문화업무추진비 3,000,000원(신용카드 사용분 임)이 포함되어 있다.

(3) 당해 사업연도의 개월 수는 12개월이다.

기업업무추진비 조정명세서

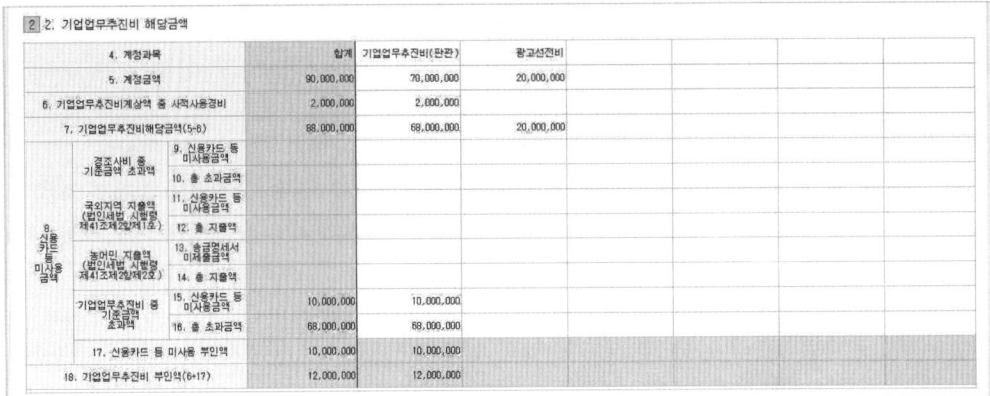

❶ 『1.기업업무추진비 입력 (을)』탭 : 상단 툴바의 [F12 불러오기]를 클릭하고 [예(Y)]를 클릭한다.
❷ [③합계]란을 수입금액 2,113,000,000원으로 수정한다.

❸ [④계정과목]란에 "813.기업업무추진비"를 입력하고 [⑤계정금액]란에 70,000,000원을 입력한다.
❹ 대표이사가 업무와 무관하게 지출한 업무추진비 2,000,000원은 [⑥기업업무추진비계상액 중 사적사용경비]란에 입력한다.
❺ [⑯총 초과금액]란에 한 차례에 3만원 초과 업무추진비 70,000,000원 중 업무와 무관하게 지출한 업무추진비를 차감한 68,000,000원을 입력한다.
❻ [⑮신용카드등 미사용금액]란에 한 차례에 3만원 초과 업무추진비 중 신용카드 미사용분 10,000,000원을 입력한다.
❼ [④계정과목]란에 "833.광고선전비"를 입력하고 [⑤계정금액]란에 20,000,000원을 입력한다.
❽ 광고선전비로 계상한 업무추진비 20,000,000원은 한 차례에 3만원 초과이므로 [⑯총 초과금액]란에 입력하고, 전액 신용카드 사용분이므로 [⑮신용카드등 미사용금액]란은 입력하지 않는다.

한마디...
자격시험에서 "증빙불비 업무추진비"인 경우에는 "증빙불비"라고 표현하고 있으므로 "신용카드 미사용액"이란 표현은 "적격증명서류 미수취 업무추진비"를 의미하는 것이므로 해석할 것.

1:기업업무추진비 입력 (을)	2.기업업무추진비 조정 (갑)		
3 기업업무추진비 한도초과액 조정			
중소기업			☐ 정부출자법인 ☐ 부동산임대업등(법.령제42조제2항)
구분			금액
1. 기업업무추진비 해당 금액			88,000,000
2. 기준금액 초과 기업업무추진비 중 신용카드 등 미사용으로 인한 손금불산입액			10,000,000
3. 차감 기업업무추진비 해당금액(1-2)			78,000,000
일반	4. 12,000,000 (중소기업 36,000,000) × 월수(12) / 12		36,000,000
	총수입금액 기준	100억원 이하의 금액 × 30/10,000	5,339,000
		100억원 초과 500억원 이하의 금액 × 20/10,000	
		500억원 초과 금액 × 3/10,000	
		5. 소계	5,339,000
기업업무추진비 한도	일반수입금액 기준	100억원 이하의 금액 × 30/10,000	5,339,000
		100억원 초과 500억원 이하의 금액 × 20/10,000	
		500억원 초과 금액 × 3/10,000	
		6. 소계	5,339,000
	7. 수입금액기준	(5-6) × 10/100	
	8. 일반기업업무추진비 한도액 (4+6+7)		42,339,000
문화기업업무추진비 한도(「조특법」 제136조제3항)	9. 문화기업업무추진비 지출액		3,000,000
	10. 문화기업업무추진비 한도액(9와 (8 × 20/100) 중 작은 금액)		3,000,000
전통시장기업업무추진비 한도(「조특법」 제136조제6항)	11. 전통시장기업업무추진비 지출액		
	12. 전통시장기업업무추진비 한도액(11과 (8 × 10/100) 중 작은 금액)		
13. 기업업무추진비 한도액 합계(8+10+12)			45,339,000
14. 한도초과액(3-13)			32,661,000
15. 손금산입한도 내 기업업무추진비 지출액(3과 13중 작은 금액)			45,339,000

❾ 『2.기업업무추진비 조정 (갑)』 탭 : [⑨문화기업업무추진비 지출액]란에 3,000,000원을 입력한다.

조정 등록					
익금산입 및 손금불산입			손금산입 및 익금불산입		
과 목	금 액	소득처분	과 목	금 액	소득처분
업무무관 업무추진비	2,000,000	상여			
적격증명서류 미수취 업무추진비	10,000,000	기타사외유출			
업무추진비 한도초과액	32,661,000	기타사외유출			

❿ F3 키(또는 상단 툴바의 F3 조정등록)을 이용하여 다음과 같이 세무조정 한다.

[익금산입 및 손금불산입] 업무무관 업무추진비 2,000,000원 (상여)
적격증명서류 미수취 업무추진비 10,000,000원 (기타사외유출)
업무추진비 한도초과액 32,661,000원 (기타사외유출)

[참고] **정부출자법인 및 부동산임대업 등**
① 정부투자기관과 정부가 20% 이상 출자한 정부출자기관 및 정부투자기관과 정부출자기관이 출자한 법인으로서 그 정부투자기관 등이 최대주주인 법인에 한하여 기업업무추진비 한도액의 70%를 기업업무추진비 한도액란의 괄호안에 기입한다. 이에 해당하는 경우 우측의 정부출자법인을 선택하면 일반기업업무추진비 한도액의 70% 금액이 [⑧]란의 상단에 자동 표시된다.
② 부동산임대업을 주된 사업으로 하는 등의 요건을 갖춘 내국법인의 일반기업업무추진비 한도액은 [⑧ 일반기업업무추진비 한도액]란의 50%로 한다.

기/출/문/제 [실기]

01 다음 자료를 이용하여 ㈜일공일(회사코드 : 1101)의 [기업업무추진비 조정명세서]를 작성하고 관련 세무조정을 하시오.(6점)

(1) 기업회계기준상 매출액은 1,062,000,000원이며 이 중 350,000,000원은 법인세법상 특수관계인과의 매출이다.

(2) 손익계산서에 반영된 업무추진비 계정의 내역은 다음과 같다.
   ① 업무추진비 총액은 45,600,000원이며 이 중 법인신용카드 사용분은 42,100,000원이며 나머지 2,000,000원은 개인신용카드 사용분이다.
   ② 업무추진비 중 건당 20만원 초과 경조사비는 1,500,000원이다.
   ③ 모든 업무추진비의 건당 지출액은 3만원을 초과한다.

(3) 손익계산서에 반영된 대손상각비 중 약정에 따라 거래처의 외상매출금의 회수를 임의적으로 포기한 금액 3,000,000원이 포함되어 있다.

(4) 당사가 생산한 제품을 거래처 업무추진비로 사용한 내용은 다음과 같이 회계처리 하였다.

구 분	원 가		시 가	
K제품	3,000,000원		5,000,000원	
회계처리	(차) 복리후생비(판) 3,500,000		(대) 제품 3,000,000원	
			(대) 부가세예수금 500,000	

02 다음 자료를 이용하여 ㈜일공이(회사코드 : 1102)의 [기업업무추진비 조정명세서]를 작성하고 필요한 세무조정을 하시오.(6점)

(1) 수입금액 조정명세서 내역은 다음과 같다.

업무추진비 계산시 수입금액은 6,018,000,000원이며, 이 중 특수관계인에 대한 매출은 제품매출액 170,000,000원, 상품매출액 130,000,000원이 포함되어 있다.

(2) 장부상 업무추진비 내역은 다음과 같다.

계 정	금 액	법인카드사용액	개인카드사용액	합 계
업무추진비 (판관비)	3만원 초과분	18,000,000원	3,000,000원	21,000,000원
	3만원 이하분	0원	0원	0원
	합 계	18,000,000원	3,000,000원	21,000,000원

계정	금액	법인카드사용액	개인카드사용액	합계
업무추진비 (제조경비)	3만원 초과분	15,000,000원	2,000,000원	17,000,000원
	3만원 이하분	0원	0원	0원
	합계	15,000,000원	2,000,000원	17,000,000원

① 업무추진비(판관비) 중에는 대표이사가 개인적인 용도로 법인카드로 결제한 금액 1,000,000원(1건)이 포함되어 있다.
② 장부상 법인신용카드로 결제한 복리후생비(판관비) 계정 중 2,000,000원(각각의 결제금액이 3만원 초과함)은 거래처 직원과의 회식비이다. 복리후생비 중 업무추진비는 매입세액이 포함되어 있다.

03 다음 자료를 이용하여 ㈜일공삼(회사코드 : 1103)의 [기업업무추진비 조정명세서]를 작성하고 세무조정을 하시오.(6점)

(1) 매출액 내용

기업회계기준상 매출액은 1,934,000,000원이고, 이 중 210,000,000원은 법인세법상 특수관계인과의 매출이다.

(2) 업무추진비가 다음과 같이 계상되었다.

① 업무추진비(제조경비) : 6,120,000원
(전액 3만원 초과금액이고, 이 중 신용카드 사용액은 3,120,000원)
② 업무추진비(판매관리비) : 40,159,000원
(3만원 초과금액은 40,059,000원이고, 모두 신용카드 사용액이다.)

(3) 기타사항

업무추진비(판매관리비) 중에는 대표이사가 부담해야 할 개인적용도로 지출한 금액 9,000원(1건)이 포함되어 있다. 이는 신용카드 미사용 금액이다.

04 다음 자료를 이용하여 ㈜일공사(회사코드 : 1104)의 [기업업무추진비 조정명세서]를 작성하고 세무조정을 하시오.(6점)

(1) 매출액 내역

기업회계기준상 매출액은 4,241,400,000원이고, 이 중 150,000,000원은 법인세법상 특수관계인과의 매출이다.

(2) 업무추진비 계정

① 업무추진비(제조경비) : 13,500,000원
(3만원 초과금액은 13,480,000원이고, 이 중 신용카드 사용액은 13,420,000원)
② 업무추진비(판매관리비) : 32,380,000원
(3만원 초과금액은 32,360,000원이고, 모두 신용카드 사용액이다)

(3) 기타

문화업무추진비로 지출한 금액 21,000,000원이 광고선전비(판관비)에 계상되어 있고, 이는 지출건당 3만원 초과금액에 해당하며, 신용카드를 사용하였다.

05 다음 자료에 의하여 ㈜일공오(회사코드 : 1105)의 [기업업무추진비 조정명세서]를 작성하고 필요한 세무조정을 하시오.(6점)

(1) 손익계산서상 매출액 내용은 다음과 같다.
 ① 제품 국내매출액 : 1,036,630,000원(특수관계인에 대한 매출액 30,000,000원 포함)
 ② 제품 수출액 : 100,000,000원
 ③ 상품 국내매출액 : 724,983,000원

(2) 업무추진비 관련 지출액
 ① 제조원가명세서상 업무추진비 : 12,000,000원(20만원 이하의 경조사비 300,000원 포함)
 ② 손익계산서상 판매비와관리비의 업무추진비 : 28,000,000원
  (건당 3만원 초과분 간이영수증 수취분 650,000원이 포함됨)
 ③ 위의 단서내용 이외의 업무추진비는 건당 3만원 초과하였으며 법정 증빙을 갖추었다.

(3) 손익계산서상의 판매비와관리비에서 복리후생비 1,500,000원은 당사가 직접 생산한 제품을 매출거래처에 사업상 증여한 것으로 다음과 같이 반영되어 있다. 단 해당 제품의 시가는 2,000,000원이고, 원가는 1,300,000원이며 해당 건에 대한 부가가치세 신고는 정상적으로 이루어 졌다.
 (차) 복리후생비   1,500,000 / (대) 제   품   1,300,000
                                 (대) 부가세예수금   200,000

(4) 당사는 세법상 중소기업에 해당된다.

06 다음 자료에 의하여 ㈜일공육(회사코드 : 1106)의 [기업업무추진비 조정명세서]를 작성하고 필요한 세무조정을 하시오.(6점)

(1) 손익계산서상 매출액은 다음과 같다.
 ① 제품매출액 : 1,000,000,000원(특수관계인에 대한 매출액 400,000,000원 포함)
 ② 상품매출액 : 310,000,000원

(2) 장부상 업무추진비는 다음과 같고 모두 건당 3만원을 초과하는 금액이다.
 ① 업무추진비(제조경비) : 8,200,000원
  (법인신용카드 사용액 7,930,000원, 나머지는 전액 임직원신용카드 사용액임)
 ② 업무추진비(판매관리비) : 28,120,000원
  (법인신용카드 사용액 27,810,000원, 나머지는 전액 건당 20만원 초과 신용카드 미사용 경조사비임)

(3) 신용카드 등 미사용액에 대한 세무조정은 합계금액으로 하나의 세무조정으로 행하도록 하시오.

(4) 다음의 사항은 다른 계정에 계상된 것이다. 업무추진비 해당사항을 찾아서 세무조정에 반영하시오.
　① 광고선전비 : 거래처에 대한 경조사비로 200,000원(보통예금 지급분)과 특정 고객에게 사업과 관련한 기증품 1,500,000원(계산서 수취) 구입분
　② 협회비 : 직원이 조직한 법인이 아닌 단체에 시설비 3,000,000원 지급분

07 기장된 자료와 다음 추가자료에 의하여 ㈜일공칠(회사코드 : 1107)의 [기업업무추진비 조정명세서]를 작성하고 필요한 세무조정을 하시오.(6점)

(1) 장부상 업무추진비 내역은 다음과 같다.

계 정	금 액	법인카드사용액	개인카드사용액	합 계
업무추진비 (판관)	3만원 초과분	21,327,000원	293,000원	21,620,000원
	3만원 이하분	8,000원	30,000원	38,000원
	합 계	21,335,000원	323,000원	21,658,000원
업무추진비 (제조)	3만원 초과분	3,912,000원	0원	3,912,000원
	3만원 이하분	18,000원	25,000원	43,000원
	합 계	3,930,000원	25,000원	3,955,000원

(2) 업무추진비(판매비와관리비) 중에는 대표이사가 개인적 용도의 지출을 법인카드로 결제한 금액 630,000원(1건)이 포함되어 있다.

(3) 업무추진비 계산시 수입금액은 1,510,000,000원
　특수관계자에 대한 매출은 제품매출액 370,000,000원, 상품매출액 12,000,000원이다.

(4) 특수관계가 없는 ㈜현대와 약정에 의하여 업무와 관련된 외상매출금 15,000,000원에 대한 권리를 포기하기로 하고 다음과 같이 회계처리 하였다.
　(차) 대손상각비　　　15,000,000원　/　(대) 외상매출금　　　15,000,000원

08 다음 자료에 의하여 ㈜일공팔(회사코드 : 1108)의 [기업업무추진비 조정명세서]를 작성하고 소득금액조정합계표를 작성하시오.(6점)

(1) 손익계산서상 매출액 내용
　① 제품 국내매출액 : 303,000,000원(특수관계인에 대한 매출액 50,000,000원 포함)
　② 제품 수출액 : 100,000,000원
　③ 상품 국내매출액 : 200,000,000원

(2) 업무추진비 관련 지출액

계 정	금 액	비 고
업무추진비(제)	12,713,520원	20만원 이하의 경조사비 1,200,000원 포함
업무추진비(판)	28,346,480원	대표이사 개인 경비 500,000원(간이영수증 수취분) 및 건당 3만원 초과분으로 간이영수증 수취분 700,000원 포함
합 계	41,060,000원	

※ 비고란에 있는 금액 이외의 업무추진비는 건당 3만원 초과하였고 법정 증빙을 갖추었으며, 판매관리비로 분류된 업무추진비 중 문화예술관련 지출비용 8,000,000원 포함되어 있다.

(3) 업무추진비(제) 중 5,600,000원은 당사의 제품(시가 : 6,000,000원)으로 접대한 것으로서 회계처리는 다음과 같이 하였다.

  (차) 업무추진비(제) 5,600,000 / (대) 제 품   5,000,000
                   (대) 부가세예수금 600,000

09 다음 자료를 통하여 ㈜일공구(회사코드 : 1109)의 [기업업무추진비 조정명세서]를 작성하고, 소득금액조정합계표에 세무조정을 반영하시오.(6점)

(1) 수입금액 : 1,710,060,000원(이 중 500,000,000원은 특수관계인에 대한 수입금액이다)

(2) 영업부에서 발생한 업무추진비 총액은 22,054,000원이며, 자세한 내역은 다음과 같다.

날짜	금액	비고
3월 6일	1,000,000원	거래처 회식대로서 증빙이 없다
7월 4일	2,000,000원	사원 김태종씨 개인의 신용카드로 결제했음.
8월 7일	300,000원	거래처에 대한 경조사 1건의 금액이며, 현금 지급한 후 간이영수증을 수취하였다.
위 이외	18,754,000원	이 금액 중 20,000원은 건당 1만원 이하의 금액이다. 18,734,000원은 건당 3만원을 초과하는 업무추진비이며, 이 금액 중 4,500,000원은 신용카드 등을 사용하지 않았다.

(3) 제조부에서 발생한 업무추진비 총액은 57,300,000원(50,000,000원은 건설중인자산에 해당한다)이며, 모두 법인신용카드로 결제하였다.

도우미

해설 1 1101

구 분	1. 일반수입금액	2. 특수관계인간 거래금액	3. 합 계(1+2)
금 액	712,000,000	350,000,000	1,062,000,000

❶ 상단 툴바의 F12불러오기를 클릭하고 대화창에서 예(Y)를 클릭한다.
❷ 『1.기업업무추진비 입력 (을)』 탭 : [②]란에 법인세법상 특수관계인과의 매출을 입력한다.

4. 계정과목	업무추진비(판관)	추가사항 ⇒	대손상각비	복리후생비
5. 계정금액	45,600,000		3,000,000	5,500,000
6. 기업업무추진비계상액 중 사적사용경비				
7. 기업업무추진비해당금액(5-6)	45,600,000		3,000,000	5,500,000
경조사비 중 기준금액 초과액 / 9. 신용카드 등 미사용금액	1,500,000			
10. 총 초과금액	1,500,000			
국외지역 지출액 / 11. 신용카드 등 미사용금액				
12. 총 지출액				
농어민 지출액 / 13. 송금명세서 미제출금액				
14. 총 지출액				
기업업무추진비 중 기준금액 초과액 / 15. 신용카드 등 미사용금액	2,000,000			
16. 총 초과금액	44,100,000			
17. 신용카드 등 미사용 부인액	3,500,000			
18. 기업업무추진비 부인액(6+17)	3,500,000			

❸ [④]란에 "835.대손상각비"를 입력하고 [⑤]란에 외상매출금의 회수를 임의적으로 포기한 금액을 입력한다.
  *약정에 의하여 업무와 관련된 채권을 포기하는 경우에는 이를 업무추진비로 보며, 그 성격상 적격증명서류를 수취할 수 없으므로 [⑮]란과 [⑯]란은 입력하지 않는다.

❹ [④]란에 "811.복리후생비"를 입력하고 [⑤]란에 시가(5,000,000원)에 부가가치세(500,000원)를 포함한 5,500,000원을 입력한다.
  *업무추진비를 금전 외의 자산으로 제공한 경우에는 이를 제공한 때의 시가와 장부가액 중 큰 금액으로 평가한다. 법인이 직접 생산한 제품 등으로 제공한 업무추진비(현물업무추진비)에 대하여는 적격증명서류를 수취할 수 없으므로 [⑮]란과 [⑯]란은 입력하지 않는다.

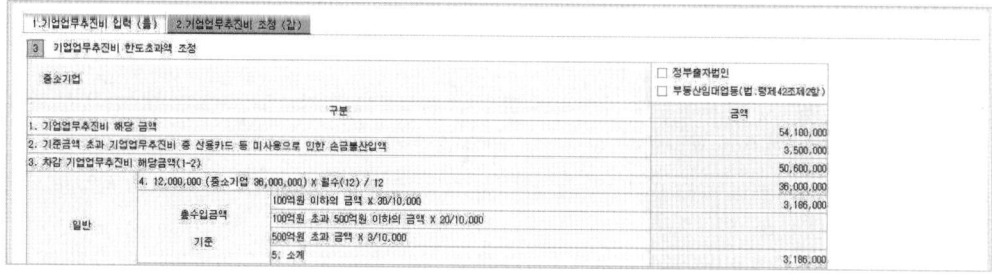

기업업무추진비 한도	일반수입금액 기준	100억원 이하의 금액 × 30/10,000		2,136,000
		100억원 초과 500억원 이하의 금액 × 20/10,000		
		500억원 초과 금액 × 8/10,000		
		6. 소계		2,136,000
	7. 수입금액기준	(5-6) × 10/100		105,000
	8. 일반기업업무추진비 한도액 (4+6+7)			38,241,000
문화기업업무추진비 한도 「조특법」 제136조제3항	9. 문화기업업무추진비 지출액			
	10. 문화기업업무추진비 한도액(9와 (8 × 20/100) 중 작은 금액)			
전통시장기업업무추진비 한도 「조특법」 제136조제6항	11. 전통시장기업업무추진비 지출액			
	12. 전통시장기업업무추진비 한도액(11과 (8 × 10/100) 중 작은 금액)			
13. 기업업무추진비 한도액 합계(8+10+12)				38,241,000
14. 한도초과액(3-13)				12,359,000
15. 손금산입한도 내 기업업무추진비 지출액(3과 13중 작은 금액)				38,241,000

❺ 『2.기업업무추진비 조정 (갑)』 탭 : 『1.업무추진비 입력 (을)』 탭에 입력한 내용이 자동 반영되며 추가로 작업할 내용은 없다. 따라서 이하 해설에서는 문화업무추진비 및 전통시장업무추진비 지출액이 없는 경우 동 메뉴의 표시는 생략한다.

❻ F3 키(또는 상단 툴바의 F3 조정등록)을 이용하여 다음과 같이 세무조정 한다.
[익금산입 및 손금불산입] 적격증명서류 미수취 업무추진비 3,500,000원 (기타사외유출)
업무추진비 한도초과액 12,359,000원 (기타사외유출)

해설 2 _____1102

1.기업업무추진비 입력 (을)	2.기업업무추진비 조정 (갑)		
1 1. 수입금액명세			
구 분	1. 일반수입금액	2. 특수관계인간 거래금액	3. 합 계(1+2)
금 액	5,718,000,000	300,000,000	6,018,000,000

❶ 상단 툴바의 F12 불러오기를 클릭하고 대화창에서 예(Y)를 클릭한다.

❷ 『1.기업업무추진비 입력 (을)』 탭 : [②]란에 특수관계인에 대한 매출을 입력한다.

4. 계정과목			업무추진비(제조)	업무추진비(판관)	수정사항	추가사항 ⇒	복리후생비
5. 계정금액			17,000,000	21,000,000			2,000,000
6. 기업업무추진비계상액 중 사적사용경비					⇐ +1,000,000		
7. 기업업무추진비해당금액(5-6)			17,000,000	21,000,000			2,000,000
8. 신용카드 등 미사용금액	경조사비 중 기준금액 초과액	9. 신용카드 등 미사용금액					
		10. 총 초과금액					
	국외지역 지출액 (법인세법 시행령 제41조제2항제1호)	11. 신용카드 등 미사용금액					
		12. 총 지출액					
	농어민 지출액 (법인세법 시행령 제41조제2항제2호)	13. 송금명세서 미제출금액					
		14. 총 지출액					
	기업업무추진비 중 기준금액 초과액	15. 신용카드 등 미사용금액	2,000,000	3,000,000			
		16. 총 초과금액	17,000,000	21,000,000	⇐ -1,000,000		2,000,000
17. 신용카드 등 미사용 부인액			2,000,000	3,000,000			
18. 기업업무추진비 부인액(6+17)			2,000,000	3,000,000			

❸ 업무추진비(판관) 중 대표이사가 개인적인 용도로 법인카드로 결제한 금액을 [⑥]란에 입력한다. 동 금액은 [⑯]란에 포함되어 있으므로 이를 차감한다.
  * [⑯]란에서 차감하는 이유는 [⑮]란의 금액은 [⑯]란의 금액 중 적격증명서류 미수취 금액을 의미하기 때문이다.

❹ [④]란에 "811.복리후생비"를 입력하고 [⑤]란에 거래처 직원과의 회식비(매입세액 포함)를 입력한다. 동 금액은 한 차례에 3만원을 초과하는 금액이므로 [⑯]란에 입력하고, 법인신용카드

로 결제했으므로 [⑮]란은 입력하지 않는다.
* 업무추진비의 지출에 관련된 부가가치세 매입세액은 업무추진비로 본다.

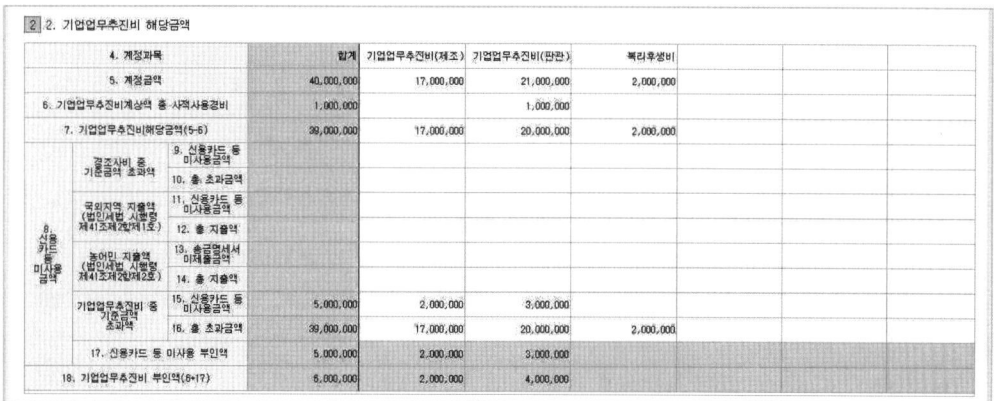

❺ F3 키(또는 상단 툴바의 F3 조정등록)을 이용하여 다음과 같이 세무조정 한다.
[익금산입 및 손금불산입] 업무무관 업무추진비 1,000,000원 (상여)
적격증명서류 미수취 업무추진비 5,000,000원 (기타사외유출)

해설 3   1103

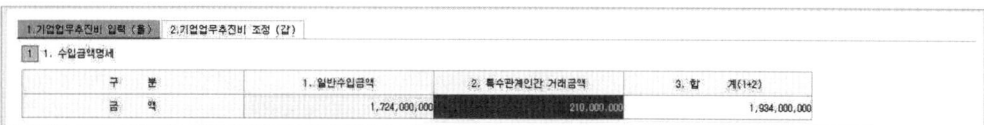

❶ 상단 툴바의 F12 불러오기를 클릭하고 대화창에서 예(Y)를 클릭한다.
❷ 『1.기업업무추진비 입력 (을)』 탭 : [②]란에 특수관계인에 대한 매출을 입력한다.

4. 계정과목			업무추진비(제조)	업무추진비(판관)	수정사항		
5. 계정금액			6,120,000	40,159,000			
6. 기업업무추진비계상액 중 사적사용경비					⇦ +9,000		
7. 기업업무추진비해당금액(5-6)			6,120,000	40,159,000			
8. 신용 카드 등 미사용 금액	결조사비 중 기준금액 초과액	9. 신용카드 등 미사용금액					
		10. 총 초과금액					
	국외지역 지출액 (법인세법 시행령 제41조제2항제1호)	11. 신용카드 등 미사용금액					
		12. 총 지출액					
	농어민 지출액 (법인세법 시행령 제41조제2항제2호)	13. 송금명세서 미제출금액					
		14. 총 지출액					
	기업업무추진비 중 기준금액 초과액	15. 신용카드 등 미사용금액	3,000,000				
		16. 총 초과금액	6,120,000	40,059,000			
17. 신용카드 등 미사용 부인액			3,000,000				
18. 기업업무추진비 부인액(6+17)			3,000,000				

❸ 업무추진비(판관) 중 대표이사가 부담해야 할 개인적인 용도로 지출한 금액(신용카드 미사용)을 [⑥]란에 입력한다. 동 금액은 한 차례에 3만원 이하의 업무추진비이므로 [⑮]란과 [⑯]란은 입력하지 않는다.

2. 기업업무추진비 해당금액

4. 계정과목	합계	기업업무추진비(제조)	기업업무추진비(판관)
5. 계정금액	46,279,000	6,120,000	40,159,000
6. 기업업무추진비계상액 중 사적사용경비	9,000		9,000
7. 기업업무추진비해당금액(5-6)	46,270,000	6,120,000	40,150,000
8. 신용카드등 미사용금액 — 경조사비 중 기준금액 초과액 — 9. 신용카드 등 미사용금액			
10. 총 초과금액			
국외지역 지출액 (법인세법 시행령 제41조제2항제1호) — 11. 신용카드 등 미사용금액			
12. 총 지출액			
농어민 지출액 (법인세법 시행령 제41조제2항제2호) — 13. 송금명세서 미제출금액			
14. 총 지출액			
기업업무추진비 중 기준금액 초과액 — 15. 신용카드 등 미사용금액	3,000,000	3,000,000	
16. 총 초과금액	46,179,000	6,120,000	40,059,000
17. 신용카드 등 미사용 부인액	3,000,000	3,000,000	
18. 기업업무추진비 부인액(6+17)	3,009,000	3,000,000	9,000

❹ F3 키(또는 상단 툴바의 F3 조정등록)을 이용하여 다음과 같이 세무조정 한다.

[익금산입 및 손금불산입] 업무무관 업무추진비 9,000원 (상여)
　　　　　　　　　　　　적격증명서류 미수취 업무추진비 3,000,000원 (기타사외유출)
　　　　　　　　　　　　업무추진비 한도초과액 2,035,000원 (기타사외유출)

해설 4　　　　　　　　　　1104

1.기업업무추진비 입력 (을)　**2.기업업무추진비 조정 (갑)**

1. 수입금액명세

구 분	1. 일반수입금액	2. 특수관계인간 거래금액	3. 합 계(1+2)
금 액	4,091,400,000	150,000,000	4,241,400,000

❶ 상단 툴바의 F12불러오기를 클릭하고 대화창에서 예(Y)를 클릭한다.
❷ 『1.기업업무추진비 입력 (을)』 탭 : [②]란에 특수관계인에 대한 매출을 입력한다.

4. 계정과목	업무추진비(제조)	업무추진비(판관)	추가사항 ⇒	광고선전비
5. 계정금액	13,500,000	32,380,000		21,000,000
6. 기업업무추진비계상액 중 사적사용경비				
7. 기업업무추진비해당금액(5-6)	13,500,000	32,380,000		21,000,000
8. 신용카드등 미사용금액 — 경조사비 중 기준금액 초과액 — 9. 신용카드 등 미사용금액				
10. 총 초과금액				
국외지역 지출액 (법인세법 시행령 제41조제2항제1호) — 11. 신용카드 등 미사용금액				
12. 총 지출액				
농어민 지출액 (법인세법 시행령 제41조제2항제2호) — 13. 송금명세서 미제출금액				
14. 총 지출액				
기업업무추진비 중 기준금액 초과액 — 15. 신용카드 등 미사용금액	60,000			
16. 총 초과금액	13,480,000	32,360,000		21,000,000
17. 신용카드 등 미사용 부인액	60,000			
18. 기업업무추진비 부인액(6+17)	60,000			

❸ [④]란에 "833.광고선전비"를 입력하고 [⑤]란에 문화업무추진비 지출액을 입력한다. 동 금액은 한 차례에 3만원을 초과하는 금액이므로 [⑯]란에 입력하고, 신용카드를 사용하였으므로 [⑮]란은 입력하지 않는다.

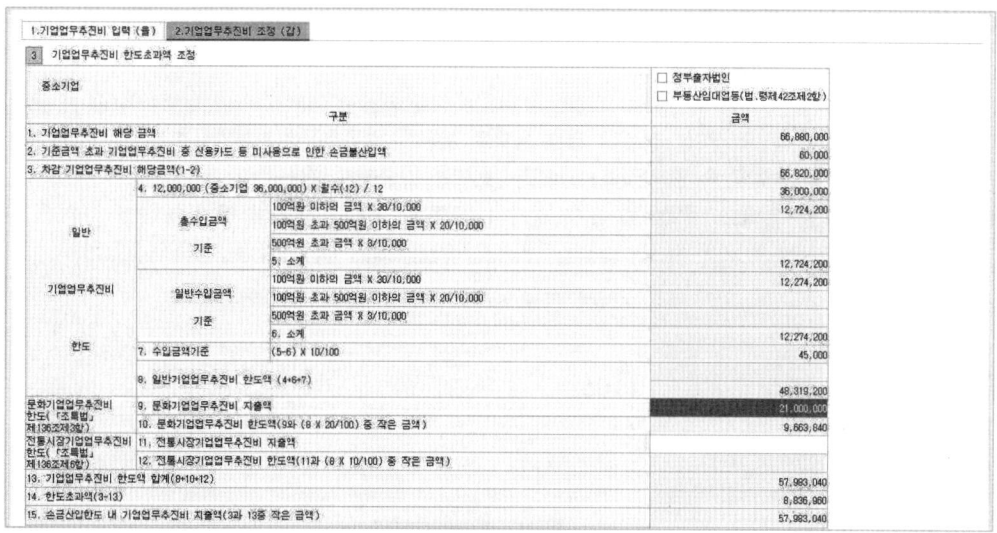

❹ 『1.기업업무추진비 조정 (갑)』 탭 : [⑨]란에 문화업무추진비로 지출한 금액을 입력한다.
❺ F3 키(또는 상단 툴바의 F3 조정등록)을 이용하여 다음과 같이 세무조정 한다.
   [익금산입 및 손금불산입] 적격증명서류 미수취 업무추진비 60,000원 (기타사외유출)
                          업무추진비 한도초과액 8,836,960원 (기타사외유출)

해설 5   1105

❶ 상단 툴바의 F12불러오기를 클릭하고 대화창에서 예(Y)를 클릭한다.
❷ 『1.업무추진비 입력 (을)』 탭 : [②]란에 특수관계인에 대한 매출액을 입력한다.

❸ [④]란에 "811.복리후생비"를 입력하고 [⑤]란에 시가(2,000,000원)에 부가가치세(200,000원)를 포함한 2,200,000원을 입력한다.
   * 업무추진비를 금전 외의 자산으로 제공한 경우에는 이를 제공한 때의 시가와 장부가액 중 큰 금액으로 평가한다. 법인이 직접 생산한 제품 등으로 제공한 업무추진비(현물업무추진비)에 대하여는 적격증명서류를 수취할 수 없으므로 [⑮]란과 [⑯]란은 입력하지 않는다.

❹ F3 키(또는 상단 툴바의 F3 조정등록)을 이용하여 다음과 같이 세무조정 한다.
   [익금산입 및 손금불산입] 적격증명서류 미수취 업무추진비 650,000원 (기타사외유출)
   　　　　　　　　　　　 업무추진비 한도초과액 46,161원 (기타사외유출)

해설 6　　　　　　　　　1106

구분	1. 일반수입금액	2. 특수관계인간 거래금액	3. 합계(1+2)
금액	910,000,000	400,000,000	1,310,000,000

❶ 상단 툴바의 F12 불러오기를 클릭하고 대화창에서 예(Y)를 클릭한다.
❷ 『1.기업업무추진비 입력 (을)』 탭 : [②]란에 특수관계인에 대한 매출액을 입력한다.

4. 계정과목	업무추진비(제조)	업무추진비(판관)	추가사항 ⇒	광고선전비
5. 계정금액	8,200,000	28,120,000		1,700,000
6. 기업업무추진비계상액 중 사적사용경비				
7. 기업업무추진비해당금액(5-6)	8,200,000	28,120,000		1,700,000
경조사비 중 기준금액 초과액 / 9. 신용카드 등 미사용금액		310,000		
10. 총 초과금액		310,000		
국외지역 지출액 / 11. 신용카드 등 미사용금액				
12. 총 지출액				
농어민 지출액 / 13. 송금명세서 미제출금액				
14. 총 지출액				
기업업무추진비 중 기준금액 초과액 / 15. 신용카드 등 미사용금액	270,000			
16. 총 초과금액	8,200,000	27,810,000		1,500,000
17. 신용카드 등 미사용 부인액	270,000	310,000		
18. 기업업무추진비 부인액(6+17)	270,000	310,000		

❸ [④]란에 "833.광고선전비"를 입력하고 [⑤]란에 광고선전비로 계상한 업무추진비 1,700,000원을 입력한다.

❹ 경조사비는 한 차례에 20만원을 초과하지 않았으므로 [⑩]란에 입력하지 않으며, 특정 고객에게 기증한 기증품 1,500,000원은 [⑯]란에 입력하고 계산서 수취분이므로 [⑮]란은 입력하지 않는다.
   * 직원이 조직한 단체에 지출한 복리시설비는 해당 단체가 법인이 아닌 경우에는 업무추진비에 해당하지 않는다(해당 법인의 경리의 일부로 봄).

❺ F3 키(또는 상단 툴바의 F3 조정등록)을 이용하여 다음과 같이 세무조정 한다.
   [익금산입 및 손금불산입] 적격증명서류 미수취 업무추진비 580,000원 (기타사외유출)

해설 7　　　　　　　　　　1107

❶ 상단 툴바의 F12 불러오기 를 클릭하고 대화창에서 예(Y) 를 클릭한다.
❷ 『1.기업업무추진비 입력 (을)』탭 : [②]란에 특수관계인에 대한 매출액을 입력한다.

❸ 업무추진비(판관) 중 대표이사가 개인적 용도의 지출을 법인카드로 결제한 금액을 [⑥]란에 입력한다. 동 금액은 [⑯]란에 포함되어 있으므로 이를 차감한다.
❹ [④]란에 "835.대손상각비"를 입력하고 [⑤]란에 외상매출금에 대한 권리를 포기한 금액을 입력한다.

❺ F3 키(또는 상단 툴바의 F3 조정등록)을 이용하여 다음과 같이 세무조정 한다.
[익금산입 및 손금불산입] 업무무관 업무추진비 630,000원 (상여)
　　　　　　　　　　　　적격증명서류 미수취 업무추진비 293,000원 (기타사외유출)
　　　　　　　　　　　　업무추진비 한도초과액 191,400원 (기타사외유출)

해설 8   1108

구 분	1. 일반수입금액	2. 특수관계인간 거래금액	3. 합 계(1+2)
금 액	553,000,000	50,000,000	803,000,000

❶ 상단 툴바의 F12 불러오기 를 클릭하고 대화창에서 예(Y) 를 클릭한다.

❷ 『1.기업업무추진비 입력 (을)』 탭 : [②]란에 특수관계인에 대한 매출액을 입력한다.

4. 계정과목			업무추진비(제조)	수정사항 2	업무추진비(판관)	수정사항 1
5. 계정금액			12,713,520	⇐ +1,000,000	28,346,480	
6. 기업업무추진비계상액 중 사적사용경비						⇐ +500,000
7. 기업업무추진비해당금액(5-6)			12,713,520		28,346,480	
8. 신용카드 등 미사용금액	경조사비 중 기준금액 초과액	9. 신용카드 등 미사용금액				
		10. 총 초과금액				
	국외지역 지출액 (법인세법 시행령 제41조제2항제1호)	11. 신용카드 등 미사용금액				
		12. 총 지출액				
	농어민 지출액 (법인세법 시행령 제41조제2항제2호)	13. 송금명세서 미제출금액				
		14. 총 지출액				
	기업업무추진비 중 기준금액 초과액	15. 신용카드 등 미사용금액			1,200,000	⇐ −500,000
		16. 총 초과금액	11,513,520		28,346,480	⇐ −500,000
17. 신용카드 등 미사용 부인액					1,200,000	
18. 기업업무추진비 부인액(6+17)					1,200,000	

❸ 업무추진비(판관) 중 대표이사 개인경비(간이영수증 수취분)를 [⑥]란에 입력한다. 동 금액은 [⑮]란과 [⑯]란에 포함되어 있으므로 이를 차감한다.

* [⑮]란에서 차감하지 않으면 업무와 무관한 것으로 손금불산입 당하고 또 다시 적격증명서류 미수취로 인하여 손금불산입 당하기 때문이며, [⑯]란에서 차감하는 이유는 [⑮]란의 금액은 [⑯]란의 금액 중 적격증명서류 미수취 금액을 의미하기 때문이다.

❹ 업무추진비(제조)의 [⑤]란에 현물업무추진비 과소계상액을 가산한다.
* 현물업무추진비(시가 6,000,000 + 부가가치세 600,000) − 장부상(5,600,000) = 1,000,000원 과소계상
* 법인이 직접 생산한 제품 등으로 제공한 업무추진비(현물업무추진비)에 대하여는 적격증명서류를 수취할 수 없으므로 [⑮]란과 [⑯]란은 입력하지 않는다.

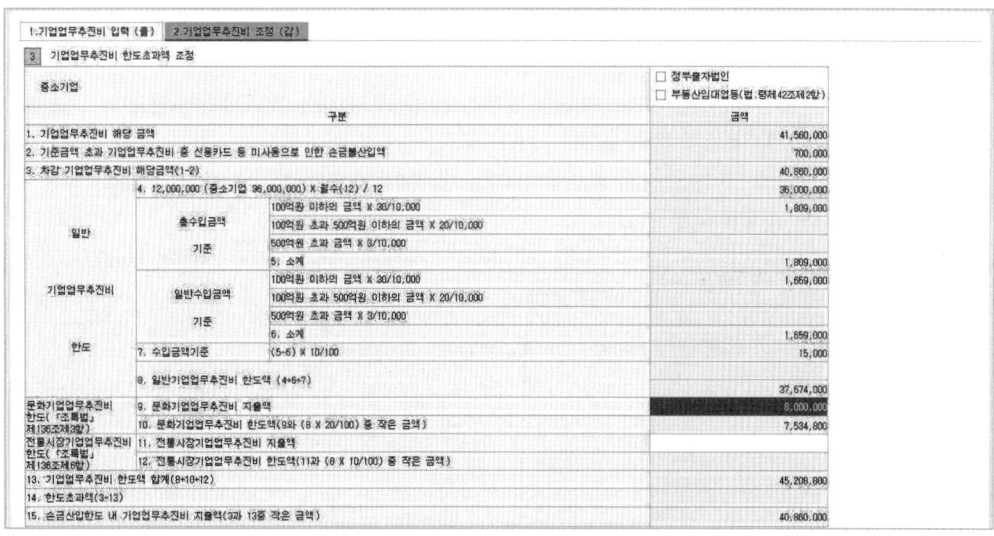

❺ 『1.기업업무추진비 조정 (갑)』 탭 : [⑨]란에 문화예술 관련 지출비용을 입력한다.
❻ F3 키(또는 상단 툴바의 F3 조정등록)을 이용하여 다음과 같이 세무조정 한다.
  [익금산입 및 손금불산입] 업무무관 업무추진비 500,000원 (상여)
                            적격증명서류 미수취 업무추진비 700,000원 (기타사외유출)

해설 9 _____1109

❶ 상단 툴바의 F12 불러오기를 클릭하고 대화창에서 예(Y)를 클릭한다.
❷ 『1.기업업무추진비 입력 (을)』 탭 : [②]란에 특수관계인에 대한 수입금액을 입력한다.

❸ 3월 6일 증빙불비 업무추진비(1,000,000)는 업무추진비(판관)의 [⑥]란에 입력한다. 동 금액은 [⑮]란과 [⑯]란에 포함되어 있으므로 이를 차감한다.

＊7월 4일 사원 개인의 신용카드로 결제한 업무추진비(2,000,000)는 업무추진비(판관)의 [⑮]란과 [⑯]란에 자동 반영되어 있으므로 수정할 내용은 없다.

＊8월 7일의 경조사비 간이영수증 수취분(300,000)은 업무추진비(판관)의 [⑨]란과 [⑩]란에 자동 반영되어 있으므로 수정할 내용은 없다.

❹ [④]란에 "214.건설중인자산"을 입력하고 [⑤]란에 자산으로 계상한 업무추진비(50,000,000)를 입력한다. 동 금액은 한 차례에 3만원 초과 업무추진비이므로 [⑯]란에 입력하고, 법인신용카드로 결제하였으므로 [⑮]란은 입력하지 않는다.

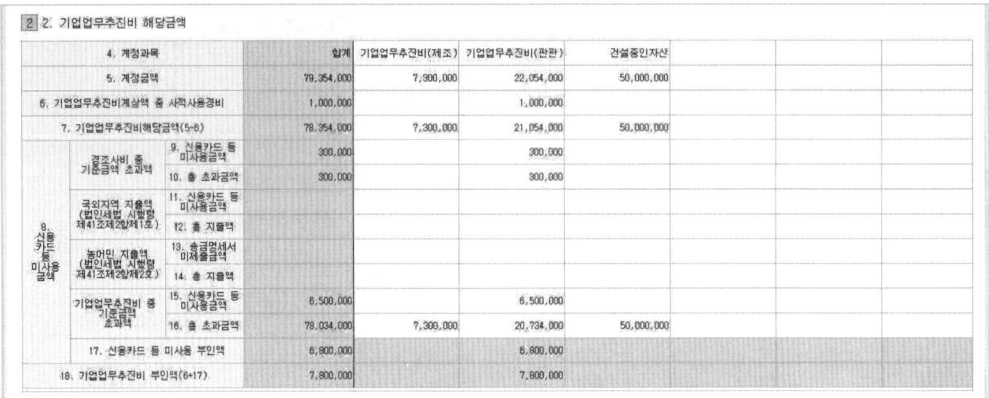

❺ F3 키(또는 상단 툴바의 F3 조정등록)을 이용하여 다음과 같이 세무조정 한다.

[익금산입 및 손금불산입] 증빙불비 업무추진비 1,000,000원 (상여)
　　　　　　　　　　　　 적격증명서류 미수취 업무추진비 6,800,000원 (기타사외유출)
　　　　　　　　　　　　 업무추진비 한도초과액 31,773,820원 (기타사외유출)

[손금산입 및 익금불산 입] 건설중인자산 10,219,820원 (유보발생)

＊업무추진비 한도초과액 31,773,820원 중 비용 계상한 업무추진비 21,554,000원(『2.업무추진비 조정 (갑)』탭의 [③]란 금액 71,554,000 – 건설중인자산 50,000,000)을 초과하는 금액 10,219,820원은 건설중인자산 계정에 대한 업무추진비 한도초과액으로서 손금산입(△유보)으로 세무조정 해야 한다.

＊이처럼 자산으로 계상한 업무추진비를 부인하는 경우에는 그 금액을 손금산입(△유보)하고 자산을 감액함과 동시에 "같은 금액을 손금불산입(기타사외유출)" 처분한다. 여기서 "같은 금액을 손금불산입(기타사외유출)" 처분하는 것은 업무추진비 한도초과액 31,773,820원 손금불산입(기타사외유출)에 이미 포함되어 있으므로 별도로 세무조정 할 필요는 없다.

제4장 재고 자산평가 조정명세서

제1절 재고자산의 평가

1. 개요

재고자산의 평가는 기초재고액과 당기매입액(또는 당기제품제조원가)을 기말재고액과 매출원가로 배분하는 과정으로서 기말재고의 수량과 단가의 결정에 의하여 이루어진다. 기말재고액을 크게하면 매출원가는 작아지고 매출총이익은 과대계상 되고, 반대로 기말재고액을 작게하면 매출원가는 커지고 매출총이익은 과소계상 된다. 이처럼 법인이 당기순이익을 조정할 목적으로 재고자산의 평가방법을 임의로 변경할 경우 과세소득 계산에 중대한 영향을 미치게 된다. 따라서 법인세법에서는 재고자산의 평가방법을 구체적으로 규정하여 기업회계기준이나 관행에 우선하여 적용되도록 함으로써 기업의 자의적인 평가를 방지하고 있다.

2. 평가대상 자산 및 평가방법

(1) 평가방법의 종류

기말재고액은 재고자산의 수량에 단가를 곱하여 계산하게 된다. 법인세법에서는 수량을 결정하는 방법에 관하여는 아무런 규정도 두고 있지 않으며, 단가를 결정하는 방법에는 다음과 같은 방법을 인정하고 있다.

구 분	내 용
① 원가법	개별법·선입선출법·후입선출법·총평균법·이동평균법·매출가격환원법 중 한 가지 방법에 의하여 산출한 취득가액을 그 자산의 평가액으로 하는 방법
② 저가법	원가법과 기업회계기준이 정하는 바에 따라 시가로 평가한 가액 중 낮은 편의 가액을 평가액으로 하는 방법

(2) 평가대상 재고자산의 범위

평가대상이 되는 재고자산의 범위는 다음과 같다. 법인은 재고자산을 자산별로 구분하여 종류별·영업장별로 각각 다른 방법에 의하여 평가할 수 있다. 이 경우 수익과 비용을 영업의 종목별 또는 영업장별로 각각 구분하여 기장하고, 종목별·영업장별로 제조원가보고서와 손익계산서를 작성하여야 한다.
① 제품 및 상품(부동산매매업자가 매매를 목적으로 소유하는 부동산을 포함하며, 유가증권을 제외한다)
② 반제품 및 재공품
③ 원재료
④ 저장품

3. 평가방법의 신고와 변경신고

(1) 평가방법의 신고

법인이 재고자산의 평가방법을 신고하고자 하는 때에는 다음의 기한내에 "재고자산 등 평가방법신고(변경신고)서"를 납세지 관할세무서장에게 제출하여야 한다. 이 경우 저가법을 신고하는 경우에는 시가와 비교되는 원가법을 함께 신고하여야 한다.

구 분	신고기한
① 신설법인	당해 법인의 설립일이 속하는 사업연도의 법인세과세표준 신고기한
② 비영리내국법인	새로 수익사업을 개시한 비영리내국법인은 수익사업 개시일이 속하는 사업연도의 법인세과세표준 신고기한

(2) 평가방법의 변경신고

재고자산의 평가방법을 신고한 법인으로서 그 평가방법을 변경하고자 하는 법인은, 변경할 평가방법을 적용하고자 하는 사업연도의 종료일 이전 3월이 되는 날까지 "재고자산 등 평가방법신고서(변경신고)"를 납세지 관할세무서장에게 제출하여야 한다. 즉, 사업연도가 1월 1일부터 12월 31일인 법인이 ×2년도부터 재고자산 평가방법을 변경하고자 하는 경우 신고기한은 ×2년 9월 30일까지이다.

(3) 무신고·임의변경시의 평가방법

법인이 ①기한내에 재고자산의 평가방법을 신고하지 아니한 경우(무신고) 또는 ②신고한 평가방법 외의 다른 방법으로 평가하거나, 기한내에 재고자산의 평가방법 변경신고를 하지 아니하고 그 방법을 변경한 경우(임의변경)에는 납세지 관할세무서장이 다음의 방법에 의하여 재고자산을 평가한다.

구 분	평 가 방 법	
	무신고시	임의변경시
① 일반적인 재고자산	선입선출법	당초 신고한 평가방법에 의하여 평가한 가액과 선입선출법(매매를 목적으로 소유하는 부동산의 경우에는 개별법으로 한다)에 의하여 평가한 가액 중 큰 금액
② 매매 목적용 부동산	개별법	

4. 세무조정 및 사후관리

법인이 재무상태표에 계상한 기말재고자산의 가액과 세무회계상 평가액이 차이가 있는 경우에는 다음과 같이 세무조정을 하여야 한다.

구 분	매출원가	세무조정
(1) 과소평가 (재고자산평가감) (기업회계 평가액 〈 세무회계 평가액)	과대계상	① 당기 : 손금불산입 (유보/발생) ② 차기 : 손금산입 (△유보/감소)
(2) 과대평가 (재고자산평가증) (기업회계 평가액 〉 세무회계 평가액)	과소계상	① 당기 : 손금산입 (△유보/발생) ② 차기 : 손금불산입 (유보/감소)

"재고자산평가감"이란 기업회계상 평가액이 세무회계상 평가액보다 부당하게 과소평가(평가감) 되었으므로 이를 증액시켜야 한다는 의미이다. 당기에 기말재고자산이 과소평가되면 그만큼 매출원가가 과대계상 되므로 과대계상된 매출원가를 손금불산입 한다. 기업회계상 자산이 과소계상 되어 자본이 과소계상 되었으므로 세무회계상 자본을 증가시키는 유보로 처분한다. 당기 기말재고자산을 과소평가는 차기의 기초재고자산의 과소계상으로 이어져서 차기의 매출원가를 과소계상 하는 결과를 초래한다. 그러므로 차기에는 과소계상된 매출원가를 손금산입하고 △유보로 처분하는 반대의 세무조정이 유발된다.

	〈 당 기 〉		〈 차 기 〉	
	기업회계	세무회계	기업회계	세무회계
매 출 액 :	1,000	1,000	1,000	1,000
매 출 원 가 :	400	300	700	800
기초재고	100	100	◉200	☆300
(+)당기매입	500	500	500	500
(−)기말재고	◉200	☆300	0	0
매 출 총 이 익 :	600	700	300	200
세 무 조 정 :	손금불산입 100 (유보/발생)		손금산입 100 (△유보/감소)	

예제1 다음 자료에 의하여 제2기와 제3기의 세무조정을 하시오.

당사는 재고자산에 대한 평가방법을 신고하지 않고 후입선출법으로 평가하였으며, 각각의 방법에 의한 평가액은 다음과 같다.

구 분	제2기	제3기
후입선출법	1,000,000원	1,100,000원
선입선출법	1,400,000원	1,600,000원
총평균법	1,300,000원	1,400,000원

해설 (1) 제2기 재고자산평가감 : (① - ②) = 400,000원
   ① 세무회계상 평가액(선입선출법) : 1,400,000
   ② 기업회계상 평가액(후입선출법) : 1,000,000
   ☑ 세무조정 : 〈손금불산입〉 재고자산평가감 400,000 (유보/발생)
※ 무신고의 경우에는 선입선출법에 의하여 재고자산을 평가한다.

(2) 제3기 재고자산평가감 : (① - ②) = 500,000원
   ① 세무회계상 평가액(선입선출법) : 1,600,000
   ② 기업회계상 평가액(후입선출법) : 1,100,000
   ☑ 세무조정 : 〈손금불산입〉 재고자산평가감 500,000 (유보/발생)
           〈손금산입〉 전기 재고자산평가감 400,000 (△유보/감소)

예제2 다음 자료에 의하여 제2기와 제3기의 세무조정을 하시오.

당사는 재고자산에 대한 평가방법을 후입선출법으로 신고하여 적용하던 중 제2기 10월 1일 총평균법으로 재고자산 평가방법을 변경신고하고 총평균법으로 평가하였다. 각각의 방법에 의한 평가액은 다음과 같다.

구 분	제2기	제3기
후입선출법	1,000,000원	1,100,000원
선입선출법	1,400,000원	1,600,000원
총평균법	1,300,000원	1,400,000원

해설 (1) 제2기 재고자산평가감 : (① - ②) = 100,000원
   ① 세무상회계상 평가액 : MAX(㉠, ㉡) = 1,400,000
       ㉠ 선입선출법에 의한 평가액 : 1,400,000
       ㉡ 당초 신고방법(후입선출법)에 의한 평가액 : 1,000,000
   ② 기업회계상 평가액(총평균법) : 1,300,000
   ☑ 세무조정 : 〈손금불산입〉 재고자산평가감 100,000 (유보/발생)
※ 신고기한이 경과된 후에 평가방법을 변경신고한 경우에는 그 변경신고일이 속하는 사업연도까지는 임의변경시의 평가방법에 의하고, 그 이후 사업연도에 있어서는 법인이 신고한 평가방법에 의한다. 따라서 제2기는 임의변경의 경우이므로 당초 신고한 평가방법(후입선출법)과 선입선출법에 의하여 평가한 가액 중 큰 금액으로 평가한다.

(2) 제3기
   ① 세무회계상 평가액(총평균법) : 1,400,000
   ② 기업회계상 평가액(총평균법) : 1,400,000
   ☑ 세무조정 : 〈손금산입〉 전기 재고자산평가감 100,000 (△유보/감소)

예제3 다음 자료에 의하여 ㈜최대리 제3기(1.1. ~ 12.31.)의 세무조정 하시오.

(1) 당사는 재고자산의 평가방법을 모두 총평균법으로 제1기 9월 28일 신고한 상태이다. 재고자산의 평가방법별 금액은 다음과 같다.

구 분	평가방법		자산별 평가액		
	신고방법	평가방법	회사계상액	신고방법	선입선출법
제 품	총평균법	총평균법	50,000,000	50,000,000	51,000,000
재공품	총평균법	후입선출법	400,000	450,000	500,000
원재료	총평균법	선입선출법	20,000,000	22,000,000	20,000,000

(2) 제품 중에서 직전 사업연도에 재고자산평가감(제품)으로 3,000,000원 손금불산입(유보)처분된 금액이 있으며, 해당 제품은 당기에 모두 판매되었다.

해설 (1) 제품
　　① 세무회계상 평가액(총평균법) : 50,000,000
　　② 기업회계상 평가액(총평균법) : 50,000,000
☑ 세무조정 : 〈손금산입〉 전기 제품평가감 3,000,000 (△유보/감소)

(2) 재공품 재고자산평가감 : (① - ②) = 100,000원
　　① 세무회계상 평가액 : MAX(㉠, ㉡) = 500,000
　　　　㉠ 당초 신고방법(총평균법)에 의한 평가액 : 450,000
　　　　㉡ 선입선출법에 의한 평가액 : 500,000
　　② 기업회계상 평가액(후입선출법) : 400,000
☑ 세무조정 : 〈손금불산입〉 재공품평가감 100,000 (유보/발생)

＊신고한 평가방법(총평균법) 외의 방법(후입선출법)으로 평가한 경우에는 당초 신고한 평가방법에 의하여 평가한 가액과 선입선출법에 의하여 평가한 가액 중 큰 금액으로 평가한다.

(3) 원재료 재고자산평가감 : (① - ②) = 2,000,000원
　　① 세무상평가액 : MAX(㉠, ㉡) = 22,000,000
　　　　㉠ 당초 신고방법(총평균법)에 의한 평가액 : 22,000,000
　　　　㉡ 선입선출법에 의한 평가액 : 20,000,000
　　② 기업회계상 평가액(선입선출법) : 20,000,000
☑ 세무조정 : 〈손금불산입〉 원재료평가감 2,000,000 (유보/발생)

제2절 재고자산평가 조정명세서

KcLep 길라잡이

- [과목별 세무조정]>[재고자산평가 조정명세서]를 선택하면 다음과 같은 화면이 나타난다.

1st °° 1. 재고자산 평가방법 검토

① 자산별 / ② 신고일

법인세법에서 규정하고 있는 평가대상 재고자산의 범위가 각 호별로 구분되어 있다. 재고자산 평가방법의 신고연월일을 입력하고, 신고하지 않은 경우에는 입력하지 않는다.

③ 신고방법

회사가 납세지 관할세무서장에게 신고한 재고자산 평가방법을 "도움상자"에서 선택하고 신고하지 않은 경우에는 "00 : 무신고"를 선택한다.

④ 평가방법

회사가 장부상 실제로 재고자산을 평가한 방법을 "도움상자"에서 선택한다.

⑤ 적부

신고방법대로 평가하였는지 여부를 "0.부", "1.여"로 선택한다. 무신고의 경우에는 선입선출법으로 평가하였는지 여부를 선택한다.

2nd 2. 평가조정 계산

7.과목		8.품명	9.규격	10.단위	11.수량	회사계산(장부가)		조정계산금액				18.조정액
코드	과목명					12.단가	13.금액	세법상신고방법		FIFO(무신고, 임의변경시)		
								14.단가	15.금액	16.단가	17.금액	
1												
		계										

⑦ 과목 / ⑧ 품명 / ⑨ 규격 / ⑩ 단위 / ⑪ 수량

F2 키를 이용하여 코드번호 3자리로 회사의 재고자산수불부 내용에 의하여 재고자산별로 입력한다.

▶ 회사계산(장부가)

회사의 평가방법에 의한 단가와 금액을 입력한다. [⑪수량]란이 입력된 상황에서 [⑫단가]란을 입력하면 [⑬금액]란은 자동 계산된다. 동 금액은 결산서상 재고자산명세와 일치하여야 하며 해당 금액을 조회하고자 할 경우에는 상단 툴바의 F8 잔액조회 키를 이용한다.

▶ **조정계산금액/ 세법상신고방법**

신고방법에 의한 단가와 금액을 입력한다. 단, 무신고시에는 입력하지 않는다.

▶ **조정계산금액/ FIFO(무신고, 임의변경시)**

신고방법에 의하여 평가하지 아니한 경우에는 선입선출법(매매를 목적으로 소유하는 부동산의 경우에는 개별법)에 의한 단가와 금액을 입력한다. 따라서 신고방법에 의하여 평가한 경우에는 입력하지 않는다.

⑱ **조정액**

자산별로 신고방법에 의한 금액(단, 신고방법 외의 방법으로 평가한 경우에는 신고방법에 의한 금액과 선입선출법에 의한 금액 중 큰 금액)과 회사계산 금액과의 차액이 자동 표시된다. 재고자산평가감(양수로 표시)의 경우에는 손금불산입 유보로 처분하고, 재고자산평가증(음수로 표시)의 경우에는 손금산입 △유보로 처분한다.

세무조정사항 정리

[⑱조정액]란이 양수(+)인 경우 : 익금산입(유보발생)
음수(-)인 경우 : 익금불산입(유보발생)

 KcLep 따라하기

예제 다음 자료에 의하여 ㈜최대리(회사코드 : 1001)의 [재고자산평가 조정명세서]를 작성하고 세무조정 하시오.

(1) 당사는 재고자산의 평가방법을 모두 총평균법으로 2010년 9월 28일 신고한 상태이다. 재고자산의 수량 및 평가방법별 단가는 다음과 같다.

구 분	평 가 방 법		품명	수량	단 가		
	신고방법	평가방법			회사계상액	신고방법	선입선출법
제 품	총평균법	총평균법	가방	1,000	@50,000	@50,000	@51,000
재공품	총평균법	후입선출법	가방	10	@40,000	@45,000	@50,000
원재료	총평균법	선입선출법	가죽	1,000	@20,000	@22,000	@20,000

(2) 제품은 직전 사업연도에 재고자산평가감(제품)으로 3,000,000원 손금불산입(유보)처분된 금액이 있으며, 해당 제품은 당기에 모두 판매되었다.

재고자산평가 조정명세서

1. 재고자산 평가방법 검토

1.자산별	2.신고일	3.신고방법	4.평가방법	5.적부	6.비고
제품및상품	2010-09-28	04:총평균법	04:총평균법	○	
반제품및재공품	2010-09-28	04:총평균법	03:후입선출법	×	
원재료	2010-09-28	04:총평균법	02:선입선출법	×	
저장품					
유가증권(채권)					
유가증권(기타)					

❶ 각 자산별로 재고자산 평가방법의 신고일, 신고방법, 평가방법, 적부를 입력한다.

2. 평가조정 계산

	7.과목		8.품명	11.수량	회사계산(장부가)		조정계산금액				18.조정액
	코드	과목명			12.단가	13.금액	세법상신고방법		FIFO(무신고,임의변경시)		
							14.단가	15.금액	16.단가	17.금액	
1	0150	제품	가방	1,000.0000	50,000.0000	50,000,000	50,000.0000	50,000,000			
2	0169	재공품	가방	10.0000	40,000.0000	400,000	45,000.0000	450,000	50,000.0000	500,000	100,000
3	0153	원재료	가죽	1,000.0000	20,000.0000	20,000,000	22,000.0000	22,000,000	20,000.0000	20,000,000	2,000,000
4											
				계		70,400,000		72,450,000		20,500,000	2,100,000

❷ 각 자산별로 [회사계산(장부가)]란과 [조정계산금액]란을 입력한다.

조정 등록

익금산입 및 손금불산입			손금산입 및 익금불산입		
과목	금액	소득처분	과목	금액	소득처분
재공품 평가감	100,000	유보발생	전기 제품 평가감	3,000,000	유보감소
원재료 평가감	2,000,000	유보발생			

❸ F3 키(또는 상단 툴바의 F3 조정등록)을 이용하여 다음과 같이 세무조정 한다.

[익금산입 및 손금불산입] 재공품 평가감 100,000원 (유보발생)
　　　　　　　　　　　　원재료 평가감 2,000,000원 (유보발생)
[손금산입 및 익금불산입] 전기 제품 평가감 3,000,000원 (유보감소)

기/출/문/제 (실기)

01 다음 자료를 이용하여 ㈜일일공(회사코드 : 1110)의 [재고자산평가 조정명세서]를 작성하고 필요한 세무조정을 하시오.(6점)

① 당사는 원재료에 대하여 총평균법을 세법상 적정하게 신고하였으나, 제품의 평가방법에 대하여 신고한 적이 없다.
② 당사의 재고자산 평가방법은 후입선출법에 의하고 있다.
③ 전기의 재고자산평가감(제품) 1,800,000원이 유보처분 되어 있다.
④ 재고자산 평가액은 다음과 같다. 당기 재고자산 평가에 대한 세무조정은 각 재고자산별로 하시오.

구 분	원재료	제품
평가방법 신고일	2018. 3. 31.	무신고
신고한 평가방법	총평균법	무신고
회사 평가방법	후입선출법	후입선출법
장부금액(후입선출법)	7,000,000원	8,000,000원
선입선출법 평가액	7,500,000원	8,300,000원
총평균법 평가액	7,530,000원	8,800,000원

02 다음 자료를 이용하여 ㈜이공일(회사코드 : 1201)의 [재고자산평가 조정명세서]를 작성하고 필요한 세무조정을 하시오. 주어진 자료 이외에 신고일, 품명, 규격, 단위, 수량, 단가 등은 입력을 생략하도록 하고, 세무조정은 재고자산별로 조정하도록 한다.(6점)

(1) 재고자산평가방법
① 당사는 제품과 원재료에 대하여 저가법(비교원가법은 총평균법)을 세법상 적정하게 신고하였으나, 재공품에 대하여는 평가방법을 신고한 바 없다.
② 당사는 제품과 재공품은 저가법(비교원가법은 총평균법)을 적용하여 평가하고, 원재료는 총평균법에 의하여 평가하였다.

(2) 평가방법별 재고자산평가금액은 다음과 같다.

구 분	장부금액	총평균법	선입선출법	시 가
제 품	30,500,000원	31,000,000원	32,000,000원	30,500,000원
재공품	7,100,000원	7,400,000원	7,600,000원	7,100,000원
원재료	8,100,000원	8,100,000원	8,300,000원	8,000,000원

03 다음 자료를 이용하여 ㈜이공이(회사코드 : 1202)의 [재고자산평가 조정명세서]를 작성하고 필요한 세무조정을 하시오. 당사는 재고자산의 평가방법에 대하여 신고한 적이 없으며, 정관에 관련규정도 없다. 당사의 재고자산 평가방법은 후입선출법에 의하고 있으며, 전기의 재고자산평가감(제품) 3,000,000원이 유보처분 되어 있다. 재고자산 평가액은 다음과 같다. 당기 재고자산 평가에 대한 세무조정은 각 재고자산별로 하시오.(6점)

과 목	수 량	단 가		
		후입선출법	선입선출법	총평균법
원재료	10,000개	1,000원	1,200원	1,000원
제 품	20,000개	1,800원	2,000원	2,400원

04 ㈜이공삼(회사코드 : 1203)는 2020년 3월 31일 재고자산 평가방법을 최초 신고한 이후 당초 신고하지 않은 재고자산을 포함하여 당해연도부터 모든 재고자산(제품, 재공품, 원재료)의 평가방법을 총평균법으로 통일하기 위하여 당해연도 11월 1일 평가방법(변경)신고서를 제출하고, 회사는 총평균법으로 평가하여 회계처리 하였다. [재고자산평가 명세서]를 작성하고 필요한 세무조정을 하시오(재고자산별로 각각 세무조정 할 것).(6점)

구분	제품	재공품	원재료
신고된 평가방법	후입선출법	무신고	총평균법
평가방법 최초 신고일	2020. 3. 31.	−	2020. 3. 31.
선입선출법 평가액	53,500,000원	2,200,000원	5,600,000원
후입선출법 평가액	52,200,000원	2,000,000원	5,850,000원
총평균법 평가액	54,400,000원	2,500,000원	5,250,000원

05 다음 자료에 의하여 ㈜이공사(회사코드 : 1204)의 [재고자산평가 조정명세서]를 작성하시오. 원재료에 대하여 종전의 총평균법에서 후입선출법으로 당기부터 평가방법을 변경하기로 하고 당해연도 12월 15일에 이에 대한 변경신고를 행하였다. 재고자산에 대한 평가증과 평가감을 각각 세무조정 하시오.(6점)

구분	제품	재공품	원재료
평가방법 신고일	무신고	2013. 3. 31.	2013. 3. 31.
신고한 평가방법	무신고	총평균법	총평균법
회사 평가방법	총평균법	총평균법	후입선출법
선입선출법평가액	7,140,000원	17,300,000원	570,000원
후입선출법평가액	7,470,000원	15,720,000원	527,000원
총평균법평가액	7,530,000원	16,800,000원	545,000원

KcLep 도우미

해설 1 1110

1. 재고자산 평가방법 검토

1.자산별	2.신고일	3.신고방법	4.평가방법	5.적부	6.비고
제품 및 상품		00:무신고	03:후입선출법	×	
반제품및재공품					
원재료	2018-03-31	04:총평균법	03:후입선출법	×	
저장품					
유가증권(채권)					
유가증권(기타)					

❶ 각 자산별로 재고자산 평가방법의 신고일, 신고방법, 평가방법, 적부를 입력한다.

	7.과목		11.수량	회사계산(장부가)		조정계산금액				18.조정액
	코드	과목명		12.단가	13.금액	세법상신고방법		FIFO(무신고,임의변경시)		
						14.단가	15.금액	16.단가	17.금액	
1	0153	원재료			7,000,000		7,530,000		7,500,000	530,000
2	0150	제품			8,000,000				8,300,000	300,000
		계			15,000,000		7,530,000		15,800,000	830,000

❷ 각 자산별로 [회사계산(장부가)]란과 [조정계산금액]란을 입력한다.
❸ F3 키(또는 상단 툴바의 [F3 조정등록])을 이용하여 다음과 같이 세무조정 한다.
  [익금산입 및 손금불산입] 원재료 평가감 530,000원 (유보발생)
                       제품 평가감 300,000원 (유보발생)
  [손금산입 및 익금불산입] 전기 제품 평가감 1,800,000원 (유보감소)

해설 2 1201

1. 재고자산 평가방법 검토

1.자산별	2.신고일	3.신고방법	4.평가방법	5.적부	6.비고
제품 및 상품		74:저가법,총평균법	74:저가법,총평균법	○	
반제품및재공품		00:무신고	74:저가법,총평균법	×	
원재료		74:저가법,총평균법	04:총평균법	×	
저장품					
유가증권(채권)					
유가증권(기타)					

❶ 각 자산별로 재고자산의 신고방법, 평가방법, 적부를 입력한다.

	7.과목		11.수량	회사계산(장부가)		조정계산금액				18.조정액
	코드	과목명		12.단가	13.금액	세법상신고방법		FIFO(무신고,임의변경시)		
						14.단가	15.금액	16.단가	17.금액	
1	0150	제품			30,500,000		30,500,000			
2	0169	재공품			7,100,000				7,600,000	500,000
3	0153	원재료			8,100,000		8,000,000		8,300,000	200,000
		계			45,700,000		38,500,000		15,900,000	700,000

❷ 각 자산별로 [회사계산(장부가)]란과 [조정계산금액]란을 입력한다.

❸ F3 키(또는 상단 툴바의 F3 조정등록)을 이용하여 다음과 같이 세무조정 한다.
 [익금산입 및 손금불산입] 재공품 평가감 500,000원 (유보발생)
                          원재료 평가감 200,000원 (유보발생)

해설 3 _____ 1202

1.자산별	2.신고일	3.신고방법	4.평가방법	5.적부	6.비고
제품및상품		00:무신고	03:후입선출법	×	
반제품및재공품					
원재료		00:무신고	03:후입선출법	×	
저장품					
유가증권(채권)					
유가증권(기타)					

❶ 각 자산별로 재고자산의 신고방법, 평가방법, 적부를 입력한다.

	7.과목		11.수량	회사계산(장부가)		조정계산금액				18.조정액
	코드	과목명		12.단가	13.금액	세법상신고방법		FIFO(무신고,임의변경시)		
						14.단가	15.금액	16.단가	17.금액	
1	0153	원재료	10,000	1,000	10,000,000			1,200	12,000,000	2,000,000
2	0150	제품	20,000	1,800	36,000,000			2,000	40,000,000	4,000,000
		계			46,000,000				52,000,000	6,000,000

❷ 각 자산별로 [회사계산(장부가)]란과 [조정계산금액]란을 입력한다.
❸ F3 키(또는 상단 툴바의 F3 조정등록)을 이용하여 다음과 같이 세무조정 한다.
 [익금산입 및 손금불산입] 원재료 평가감 2,000,000원 (유보발생)
                          제품 평가감 4,000,000원 (유보발생)
 [손금산입 및 익금불산입] 전기 제품 평가감 3,000,000원 (유보감소)

해설 4 _____ 1203

1.자산별	2.신고일	3.신고방법	4.평가방법	5.적부	6.비고
제품및상품	2020-03-31	03:후입선출법	04:총평균법	×	
반제품및재공품		00:무신고	04:총평균법	×	
원재료	2020-03-31	04:총평균법	04:총평균법	○	
저장품					
유가증권(채권)					
유가증권(기타)					

❶ 각 자산별로 재고자산 평가방법의 신고일, 신고방법, 평가방법, 적부를 입력한다.
 ＊재고자산의 평가방법을 신고한 법인이 그 평가방법을 변경하고자 하는 경우에는 변경할 평가방법을 적용할 사업연도의 종료일 이전 3개월이 되는 날(9월 30일)까지 평가방법 변경신고를 하여야 한다. 따라서 당해연도에는 변경한 평가방법을 적용할 수 없다.

7.과목		11.수량	회사계산(장부가)		조정계산금액				18.조정액
			12.단가	13.금액	세법상신고방법		FIFO(무신고,임의변경시)		
코드	과목명				14.단가	15.금액	16.단가	17.금액	
1	0150	제품			54,400,000		52,200,000		53,500,000	-900,000
2	0169	재공품			2,500,000				2,200,000	-300,000
3	0153	원재료			5,250,000		5,250,000			
		계		62,150,000		57,450,000		55,700,000	-1,200,000

❷ 각 자산별로 [회사계산(장부가)]란과 [조정계산금액]란을 입력한다.
❸ F3 키(또는 상단 툴바의 F3 조정등록)을 이용하여 다음과 같이 세무조정 한다.
  [손금산입 및 익금불산입] 제품 평가증 900,000원 (유보발생)
                   재공품 평가증 300,000원 (유보발생)

해설 5   1204

1. 재고자산 평가방법 검토

1.자산별	2.신고일	3.신고방법	4.평가방법	5.적부	6.비고
제 품 및 상 품		00:무신고	04:총평균법	×	
반제품및재공품	2013-03-31	04:총평균법	04:총평균법	O	
원 재 료	2013-03-31	04:총평균법	03:후입선출법	×	
저 장 품					
유가증권(채권)					
유가증권(기타)					

❶ 각 자산별로 재고자산 평가방법의 신고일, 신고방법, 평가방법, 적부를 입력한다.

7.과목		11.수량	회사계산(장부가)		조정계산금액				18.조정액
			12.단가	13.금액	세법상신고방법		FIFO(무신고,임의변경시)		
코드	과목명				14.단가	15.금액	16.단가	17.금액	
1	0150	제품			7,530,000				7,140,000	-390,000
2	0169	재공품			16,800,000		16,800,000			
3	0153	원재료			527,000		545,000		570,000	43,000
		계		24,857,000		17,345,000		7,710,000	-347,000

❷ 각 자산별로 [회사계산(장부가)]란과 [조정계산금액]란을 입력한다.
❸ F3 키(또는 상단 툴바의 F3 조정등록)을 이용하여 다음과 같이 세무조정 한다.
  [손금산입 및 익금불산입] 제품 평가증 390,000원 (유보발생)
  [익금산입 및 손금불산입] 원재료 평가감 43,000원 (유보발생)

memo

제5장 외화자산 등 평가차손익 조정명세서

제1절 외화자산·부채의 평가손익

1. 개요

금융회사 외의 법인이 보유하는 화폐성 외화자산·부채와 화폐성 외화자산·부채의 환위험을 회피하기 위하여 보유하는 통화선도 등은 거래일환율 평가방법과 마감환율 평가방법 중 관할 세무서장에게 신고한 방법에 따라 평가해야 한다.

(1) 평가대상

일반 법인(금융회사 외의 법인)의 평가대상인 외화자산·부채는 다음과 같다.
① 기업회계기준에 따른 화폐성 외화자산·부채
② 화폐성 외화자산·부채의 환위험을 회피하기 위하여 보유하는 통화선도, 통화스왑 및 환변동보험

(2) 화폐성 외화자산·부채

"화폐성 외화자산·부채"란 화폐가치의 변동과 상관없이 자산·부채의 금액이 계약 등에 의하여 일정액의 화폐액으로 고정되어 있는 경우 당해 자산 및 부채를 말한다. 화폐성 외화자산·부채는 그 금액이 고정되어 있기 때문에 환율변동에 따라 원화환산액이 달라져 그로 인한 외화환산손익이 발생하게 된다.

평가대상이 되는 화폐성 항목	평가대상이 아닌 비화폐성 항목
① 외화채권·채무, 외화현금·예금, 외화보증금 등 ② 현금으로 상환하는 충당부채, 부채로 인식하는 현금배당 등	① 재화와 용역에 대한 선급금, 선수금 ② 외화표시 주식, 영업권, 무형자산, 재고자산, 유형자산 등

[참고] 용어정리
① 통화선도: 원화와 외국통화 또는 서로 다른 외국통화의 매매계약을 체결함에 있어 장래의 약정기일에 약정환율에 따라 인수(인도)하기로 하는 거래를 말한다.
② 통화스왑: 약정된 시기에 약정된 환율로 서로 다른 표시통화간의 채권채무를 상호 교환하기로 하는 거래를 말한다.
③ 환변동보험: 한국무역보험공사가 운영하는 환변동위험을 회피하기 위한 선물환 방식의 보험계약을 말한다.

2. 평가방법

일반 법인이 보유하는 화폐성 외화자산·부채는 다음 중 어느 하나에 해당하는 방법 중 관할 세무서장에게 신고한 방법에 따라 평가해야 한다.

(1) 거래일환율 평가방법

취득일 또는 발생일(통화선도·통화스왑의 경우에는 계약체결일) 현재의 매매기준율 등으로 평가하는 방법이다. 이 방법은 취득(발생) 시점의 환율을 계속해서 적용하는 것이므로 평가손익이 발생하지 않는다. 따라서 이 방법을 선택하고 기업회계기준에 따라 평가손익을 계상하면 평가손익을 인정하지 않는다.

(2) 마감환율 평가방법

사업연도 종료일 현재의 매매기준율 등으로 평가하는 방법이다. 이 방법은 취득(발생) 시점과 사업연도 종료일의 환율이 다르면 평가손익이 발생한다. 따라서 이 방법을 선택하고 기업회계기준에 따라 평가손익을 계상하면 평가손익을 인정한다. 다만, 최초로 마감환율 평가방법을 신고하여 적용하기 이전 사업연도의 경우에는 거래일환율 평가방법을 적용하여야 한다. 마감환율 평가방법을 적용하려는 법인은 이 평가방법을 적용하려는 사업연도의 과세표준신고와 함께 "화폐성외화자산등 평가방법신고서"를 관할 세무서장에게 제출하여야 한다.

3. 평가손익의 계산

일반 법인이 마감환율 평가방법을 신고한 경우 외화자산·부채의 평가손익은 다음과 같이 계산한다.

> 평가손익 = (외화금액 × 사업연도 종료일 현재의 매매기준율) − 평가 전 원화장부가액[주]

[주] 외화·자산부채가 당해 사업연도에 발생된 것이면 장부상의 원화금액을 말하며, 직전 사업연도 이전에 발생하여 당해 사업연도로 이월된 것이면 직전 사업연도 종료일 현재 세법상의 방법에 의하여 평가한 금액(장부상 원화금액에서 세무상 유보금액을 더하거나 뺀 금액)을 말한다.

예제 다음 자료에 의하여 ㈜이공팔의 제2기와 제3기의 세무조정을 하시오.

최초발생일	계정구분	외화금액	발생시 적용환율	기말 매매기준율
제2기 12월 20일	외상매입금	15,000달러	1,150원/$	제2기 1,180원/$

① 외화자산 및 부채에 대해 마감환율 평가방법을 적용하기 위하여 과세표준신고와 함께 "화폐성외화자산등 평가방법신고서"를 관할 세무서장에게 제출하였다.
② 회사는 매년 외화자산 및 부채에 대해 기말평가에 관한 회계처리를 하지 않았다.
③ 제3기의 기말 매매기준율은 1,020원/$이다.

해설 (1) 제2기 : 세무회계상 평가손실(450,000원)보다 기업회계상 평가손실(0원)이 과소계상 되었으므로 손금산입하고 △유보로 처분한다.

☑ 세무조정 : 〈손금산입〉 외화환산손실 과소계상액 450,000 (△유보/발생)

＊평가손익 : $15,000 × (1,180 - 1,150) = 450,000원(평가손실 과소계상액)

(2) 제3기 : 전기에 평가손실 과소계상으로 손금산입된 금액은 당기에 반대의 세무조정과 소득처분을 통하여 소멸한다. 세무회계상 평가이익(2,400,000원)보다 기업회계상 평가이익(0원)이 과소계상 되었으므로 익금산입하고 유보로 처분한다.

☑ 세무조정 : 〈익금산입〉 전기 외화환산손실 과소계상액 450,000 (유보/감소)
　　　　　　　　　　　　외화환산이익 과소계상액 1,950,000 (유보/발생)

＊평가손익 = ($15,000×1,020) - (17,250,000+450,000)[주] = 2,400,000원(평가이익 과소계상액)

　[주] 직전 사업연도 종료일 현재 세법상의 방법에 의하여 평가한 금액(장부상 원화금액에서 세무상 유보금액을 더한 금액)

제2절 외화자산 등 평가차손익 조정명세서

 KcLep 길라잡이

- [과목별 세무조정]>[외화자산 등 평가차손익 조정명세서]를 선택하면 다음과 같은 화면이 나타난다.

[Ⅰ] 외화자산 등 평가차손익 조정명세서(을)

▶ 구분

외화의 종류(외화자산, 외화부채, 통화선도, 통화스왑, 환변동보험) 중 해당 항목에 맞는 탭을 선택한다. 이하 본서에서는 일반 법인의 외화자산·외화부채에 대해서만 설명하기로 한다.

② **외화종류**

F2 키(또는 상단 툴바의 코드)를 이용하여 국가명을 입력하고 화폐단위를 선택한다.

③ **외화금액**

화폐성 외화자산·부채의 외화금액을 입력한다.

⑤ 장부가액(적용환율)

해당 사업연도에 발생한 경우 발생시에 적용한 환율을 입력하고, 직전 사업연도 이전에 발생하여 해당 사업연도로 이월된 경우에는 직전 사업연도 종료일 현재 평가시에 적용한 환율을 입력한다.

⑥ 장부가액(원화금액)

[③외화금액]란에 [⑤적용환율]란을 곱한 금액이 자동 반영된다.

> 참고) [⑥원화금액]란의 법정서식 작성방법
> [⑥원화금액]란에는 "해당 사업연도에 발생한 경우 장부상의 원화금액을 입력하고, 직전 사업연도 이전에 발생하여 해당 사업연도로 이월된 경우에는 직전 사업연도 종료일 현재 세법상의 방법에 의하여 평가한 금액(장부상 원화금액에서 세무상 유보금액을 더하거나 뺀 금액)을 입력한다."라고 하고 있다. 따라서 동 금액은 당기에 발생한 경우라면 당기말 평가 전의 장부상의 원화금액을 의미하고, 전기에 발생한 경우라면 당기말 평가 전의 세무상 외화자산·부채의 장부가액을 의미한다.

⑧ 평가금액(적용환율)

일반 법인의 화폐성 외화자산·부채는 관할 세무서장에게 신고한 방법에 따른 환율을 입력한다.

⑨ 평가금액(원화금액)

[③외화금액]란에 [⑧적용환율]란을 곱한 금액이 자동 반영된다. 동 금액은 세무상 평가금액을 의미한다.

⑩ 평가손익/ 자산(⑨-⑥)

[⑨평가금액(원화금액)]란에서 [⑥장부가액(원화금액)]란을 차감한 금액이 자동 반영된다. 동 금액은 『환율조정차·대 등(갑지)』 탭의 [②당기 손익금 해당액]란에 자동 반영된다.

⑩ 평가손익/ 부채(⑥-⑨)

[⑥장부가액(원화금액)]란에서 [⑨평가금액(원화금액)]란을 차감한 금액이 자동 반영된다. 동 금액은 『환율조정차·대 등(갑지)』 탭의 [②당기 손익금 해당액]란에 자동 반영된다.

[II] 외화자산 등 평가차손익 조정명세서(갑)

본 명세서의 대부분은 1998.12.31 이전 개시한 사업연도에 장기성 외화자산·부채에 대한 평가차손익을 환율조정계정으로 계상하고 미상각잔액이 남아있는 법인이 작성하므로 테두리 부분외의 설명은 생략한다.

② 당기 손익금 해당액

『외화자산·부채의 평가(을지)』 탭의 [⑩평가손익]란의 합계금액이 자동 반영된다.

③ 회사 손익금 계상액

법인이 해당 사업연도 결산시 장부상 계상한 외화평가손익의 금액을 입력한다. 평가이익은 양수(+)로 입력하고 평가손실은 음수(-)로 입력한다.

⑥ 손익조정금액(②-③)

동 금액이 양수(+)인 경우에는 익금산입·손금불산입(유보발생) 처분하고 음수(-)인 경우에는 손금산입·익금불산입(유보발생) 처분한다.

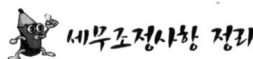 세무조정사항 정리

(갑)표 [⑥손익조정금액]란이 양수(+)인 경우 : 익금산입·손금불산입(유보발생)
　　　　　　　　　　　　음수(-)인 경우 : 손금산입·익금불산입(유보발생)

 다음 자료에 의하여 ㈜최대리(회사코드 : 1001)의 [외화자산 등 평가차손익 조정명세서]를 작성하고 세무조정 하시오.

(1) 당기에 외화 $10,000를 대여하고 대여시의 환율(900/$)을 적용하여 외화단기대여금으로 계상하였다.

(2) 기말 평가시 다음과 같이 회계처리 하였으며, 적용환율은 1,100/$이다
 (차) 외화단기대여금   2,000,000 / (대) 외화환산이익   2,000,000

(3) 사업연도 종료일 현재의 매매기준율은 1,000/$이다.

(4) 당사는 마감환율 평가방법을 신고하였다.

외화자산 등 평가차손익 조정명세서

❶ 『외화자산・부채의 평가(을지)』 탭 : 외화의 종류 및 금액을 입력하고 [⑤적용환율]란은 대여시(발생일)의 환율(900/$)을 입력한다.

❷ [⑧적용환율]란은 사업연도 종료일 현재의 매매기준율(1,000/$)을 입력한다.

❸ 『환율조정 차・대 등(갑지)』 탭 : [③회사 손익금 계상액]란에 장부상 외화환산이익으로 계상한 2,000,000원을 입력한다.

조정 등록					
익금산입 및 손금불산입			손금산입 및 익금불산입		
과 목	금 액	소득처분	과 목	금 액	소득처분
			외화환산이익 과대계상액	1,000,000	유보발생

❹ F3 키(또는 상단 툴바의 F3 조정등록)을 이용하여 다음과 같이 세무조정 한다.
[손금산입 및 익금불산입] 외화환산이익 과대계상액 1,000,000원 (유보발생)

기/출/문/제 [실기]

01 다음은 ㈜이공오(회사코드 : 1205)의 외화자산, 부채에 대한 자료이다. 주어진 자료에 따라 [외화자산 등 평가차손익 조정명세서]를 작성하시오(단, 세무조정은 반드시 자산, 부채별로 각각 작성할 것).(6점)

계정과목	발생일자	발생일 기준환율	직전년도 기준환율	외화 종류	외화금액
장기대여금	전기 3월 1일	1,000원/$	1,200원/$	USD	$20,000
단기차입금	당기 3월 1일	100원/¥		JPY	¥100,000
장기차입금	전기 7월 1일	990원/$	1,200원/$	USD	$10,000

※ 당해연도 결산일 현재 기준환율 : 달러는 1$당 1,000원, 엔화는 1¥당 110원이다.

① 위의 화폐성 외화채권 또는 채무는 위의 거래뿐인 것으로 가정한다.
② 회사는 직전년도부터 외화자산과 외화부채에 대한 평가손익을 인식하기로 하고 "화폐성외화자산등 평가방법신고서"를 제출하였다. 직전년도에는 기준환율로 외화채권·채무를 평가하여 세무조정이 발생하지 아니하였다.
③ 회사는 결산일에 외화채권·채무를 장부상 평가하지 않았다.

02 다음 자료에 의하여 ㈜이공육(회사코드 : 1206)의 [외화자산 등 평가차손익 조정명세서]를 작성하고 세무조정을 하여 소득금액조정합계표에 반영하시오(단, 세무조정은 반드시 자산, 부채별로 각각 작성할 것).(6점)

계정과목	발생일자	외화종류	외화금액	발생시 적용환율	기말 매매기준율
외화예금	당기 4월 5일	USD	$10,000	$1 = 1,300원	$1 = 1,400원
외화차입금	당기 9월 10일	USD	$5,000	$1 = 1,330원	$1 = 1,400원

① 당기 화폐성 외화자산과 외화부채는 위의 자료뿐이다.
② 발생시 적용환율은 일반기업회계기준과 법인세법상 환율이다.
③ 당해연도부터 법인세 신고시 외화자산과 외화부채에 대한 평가손익을 기말환율로 인식하기로 하였으며, 이에 대한 신고를 위해 "화폐성외화자산등 평가방법신고서"를 작성하여 법인세 신고시 제출하였다.
④ 당해연도 결산시 대고객외국환매입율인 $1 = 1,370원을 적용하여 외화채권·채무를 평가하였다.
⑤ 법인세 신고시 적용되는 환율은 기말매매기준율로 신고하기로 한다.

03 다음 자료에 의하여 ㈜이공칠(회사코드 : 1207)의 [외화자산 등 평가차손익 조정명세서]를 작성하시오(단, 세무조정은 자산, 부채별로 각각 작성할 것).(6점)

계정과목	발생일자	발생일 기준환율	직전연도 기준환율	외화 종류	외화 금액
단기대여금	전기 10월 5일	$1 = 1,050원	$1 = 1,030원	USD	$25,000
단기차입금	당기 5월 30일	$1 = 950원		USD	$20,000

① 화폐성 외화채권·채무는 위의 거래 뿐인 것으로 가정하며, 기말 결산시 회사의 회계처리 내용은 다음과 같다.
   ㉠ 12월31일 : (차) 외화환산손실   250,000 / (대) 단기대여금   250,000
   ㉡ 12월31일 : (차) 외화환산손실 1,400,000 / (대) 단기차입금 1,400,000
② 결산일 현재 기준환율은 $1 = 1,000원이며, 회사는 시중은행 환율인 $1,020원을 적용하여 외화채권, 채무를 평가하였다.
③ 회사는 직전년도부터 외화자산과 외화부채에 대한 평가손익을 인식하기로 하고 "화폐성외화자산등 평가방법신고서"를 제출하였다.
④ 직전년도에는 기준환율로 외화채권·채무를 평가하여 세무조정이 발생하지 아니하였다.

04 다음 자료에 의하여 ㈜이공팔(회사코드 : 1208)의 [외화자산 등 평가차손익 조정명세서]를 작성하시오.(6점)

계정구분	외화금액	발생시 환율	최초발생일
외상매출금	45,000달러	1,050원/달러	당기 9월 30일
외상매입금	15,000달러	1,150원/달러	전기 12월 20일

① 회사가 보유하고 있는 외화는 모두 미국달러(USD)이고, 결산일의 매매기준율은 1달러당 1,020원이다.
② 외화 자산 및 부채는 발생 이후 변동이 없었고, 전기 세무조정은 법인세법상 적절하게 실시하였으며, 전기말 매매기준율은 $1 = 1,180원이다.
③ 회사는 외화 자산 및 부채에 대해 기말의 기준환율로 평가하는 방법으로 신고하였고, 세무조정은 자산 및 부채별로 각각 수행하기로 한다.
④ 회사는 매년 외화자산 및 부채에 대해 기말평가에 관한 회계처리를 하지 않고 있다.

05 다음 자료에 의하여 ㈜이공구(회사코드 : 1209)의 [외화자산 등 평가차손익 조정명세서]를 작성하시오(단, 세무조정은 자산, 부채별로 각각 작성할 것).(6점)

계정과목	발생일자	발생일 기준환율	외화종류	외화금액
단기대여금	당기 10월 3일	$1 = 1,050원	달러	$20,000
단기차입금	당기 6월 17일	$1 = 980원	달러	$15,000

① 화폐성 외화채권·채무는 위의 거래 뿐인 것으로 가정하며, 기말 결산시 회사의 회계처리 내용은 다음과 같다.
　㉠ 12월31일 : (차) 외화환산손실　600,000 / (대) 단기대여금　600,000
　㉡ 12월31일 : (차) 외화환산손실　600,000 / (대) 단기차입금　600,000
② 결산일 현재 기준환율은 $1 = 1,040원이며, 회사는 대고객외국환매입율인 $1 = 1,020원을 적용하여 외화채권·채무를 평가하였다.
③ 회사는 당해연도부터 외화자산과 외화부채에 대한 평가손익을 인식하기로 하였으며, 이에 대한 신고를 하기 위하여 "화폐성외화자산등 평가방법신고서"를 제출하였다.

06 다음 자료에 의하여 ㈜이일공(회사코드 : 1210)의 [외화자산 등 평가차손익 조정명세서]를 작성하시오(단, 세무조정은 자산, 부채별로 각각 작성할 것).(6점)

계정과목	발생일자	외화종류	외화금액	발생시 적용환율	기말 매매기준율
단기대여금	당기 4월 5일	USD	$15,000	1$당 1,200원	1$당 1,250원
장기차입금	당기 9월 10일	USD	$7,000	1$당 1,230원	1$당 1,250원

① 화폐성 외화채권·채무는 위의 거래 뿐인 것으로 가정하며, 기말 결산시 회사의 회계처리 내용은 다음과 같다.
　㉠ 12월31일 : (차) 단기대여금　1,500,000 / (대) 외화환산이익　1,500,000
　㉡ 12월31일 : (차) 외화환산손실　490,000 / (대) 장기차입금　490,000
② 당해연도부터 외화자산과 외화부채에 대한 평가손익을 인식하기로 하였으며, 이에 대한 신고를 하기 위하여 "화폐성외화자산등 평가방법신고서"를 제출하였다.
③ 당해연도 결산시 대고객외국환매입율인 $1 = 1,300원을 적용하여 외화채권·채무를 평가하였다.
④ 법인세 신고시 적용되는 환율은 기말매매기준율로 신고하기로 한다.

KcLep 도우미

해설 1 _____1205

	②외화종류(자산)	③외화금액	④장부가액		⑦평가금액		⑩평가손익
			⑤적용환율	⑥원화금액	⑧적용환율	⑨원화금액	자 산(⑨-⑥)
1	USD	20,000.00	1,200.0000	24,000,000	1,000.0000	20,000,000	-4,000,000
2							
	합 계			24,000,000		20,000,000	-4,000,000

탭: 『외화자산·부채의 평가(을지)』 탭: 장기대여금의 외화종류(자산) 및 외화금액을 입력하고 [⑤]란에 직전년도 기준환율(1,200/$)을 입력한다. [⑧]란에 결산일 현재 기준환율(1,000/$)을 입력한다.

	②외화종류(부채)	③외화금액	④장부가액		⑦평가금액		⑩평가손익
			⑤적용환율	⑥원화금액	⑧적용환율	⑨원화금액	부 채(⑥-⑨)
1	JPY	100,000.00	100.0000	10,000,000	110.0000	11,000,000	-1,000,000
2	USD	10,000.00	1,200.0000	12,000,000	1,000.0000	10,000,000	2,000,000
3							
	합 계			22,000,000		21,000,000	1,000,000

❷ 단기차입금의 외화종류(부채) 및 외화금액을 입력하고 [⑤]란에 발생일 기준환율(100/¥)을 입력한다. [⑧]란에 결산일 현재 기준환율(110/¥)을 입력한다.

❸ 장기차입금의 외화종류(부채) 및 외화금액을 입력하고 [⑤]란에 직전년도 기준환율(1,200/$)을 입력한다. [⑧]란에 결산일 현재 기준환율(1,000/$)을 입력한다.

①구분		②당기손익금 해당액	③회사손익금 계상액	조정		⑥손익조정금액 (②-③)
				④차익조정(③-②)	⑤차손조정(②-③)	
가.화폐성 외화자산·부채 평가손익		-3,000,000				-3,000,000
나.통화선도,통화스왑,환변동보험 평가손익						
다.환율조정 계정손익	차익					
	차손					
계		-3,000,000				-3,000,000

❹ 『환율조정 차·대 등(갑지)』 탭: 회사는 결산일에 외화채권·채무를 장부상 평가하지 않았으므로 [③]란에 입력할 금액은 없다.

❺ F3 키(또는 상단 툴바의 F3 조정등록)을 이용하여 다음과 같이 세무조정 한다.
[손금산입 및 익금불산입] 외화환산손실 과소계상액 4,000,000원 (유보발생)
외화환산손실 과소계상액 1,000,000원 (유보발생)
[익금산입 및 손금불산입] 외화환산이익 과소계상액 2,000,000원 (유보발생)

해설 2   1206

	②외화종류(자산)	③외화금액	④장부가액		⑦평가금액		⑩평가손익
			⑤적용환율	⑥원화금액	⑧적용환율	⑨원화금액	자 산(⑨-⑥)
1	USD	10,000.00	1,300.0000	13,000,000	1,400.0000	14,000,000	1,000,000
2							
	합 계			13,000,000		14,000,000	1,000,000

❶ 『외화자산·부채의 평가(을지)』 탭 : 외화예금의 외화종류(자산) 및 외화금액을 입력하고 [⑤]란에 발생시 적용환율(1,300/$)을 입력한다.

❷ [⑧]란에 기말 매매기준율(1,400/$)을 입력한다.

	②외화종류(부채)	③외화금액	④장부가액		⑦평가금액		⑩평가손익
			⑤적용환율	⑥원화금액	⑧적용환율	⑨원화금액	부 채(⑥-⑨)
1	USD	5,000.00	1,330.0000	6,650,000	1,400.0000	7,000,000	-350,000
2							
	합 계			6,650,000		7,000,000	-350,000

❸ 외화차입금의 외화종류(부채) 및 외화금액을 입력하고 [⑤]란에 발생시 적용환율(1,330/$)을 입력한다.

❹ [⑧]란에 기말 매매기준율(1,400/$)을 입력한다.

①구분		②당기손익금 해당액	③회사손익금 계상액	조정		⑥손익조정금액 (②-③)
				④차익조정(③-②)	⑤차손조정(②-③)	
가.화폐성 외화자산·부채 평가손익		650,000	500,000			150,000
나.통화선도,통화스왑,환변동보험 평가손익						
다.환율조정 계정손익	차익					
	차손					
계		650,000	500,000			150,000

❺ 『환율조정 차·대 등(갑지)』 탭 : [③]란에 결산 회계처리시 평가한 금액을 입력한다.
    * 외화예금 : $10,000 × (1,370 - 1,300) = 700,000원(환산이익)
    * 외화차입금 : $5,000 × (1,370 - 1,330) = 200,000원(환산손실)
    * 외화환산이익(700,000) - 외화환산손실(200,000) = 500,000원

❻ F3 키(또는 상단 툴바의 F3 조정등록)을 이용하여 다음과 같이 세무조정 한다.
    [익금산입 및 손금불산입] 외화환산이익 과소계상액 300,000원 (유보발생)
    * 외화예금 : $10,000 × (1,400 - 1,370) = 300,000원(환산이익 과소계상액)
    [손금산입 및 익금불산입] 외화환산손실 과소계상액 150,000원 (유보발생)
    * 외화차입금 : $5,000 × (1,400 - 1,370) = 150,000원(환산손실 과소계상액)

해설 3 1207

	②외화종류(자산)	③외화금액	④장부가액		⑦평가금액		⑩평가손익
			⑤적용환율	⑥원화금액	⑧적용환율	⑨원화금액	자 산(⑨-⑥)
1	USD	25,000.00	1,030.0000	25,750,000	1,000.0000	25,000,000	-750,000
2							
	합 계			25,750,000		25,000,000	-750,000

❶ 『외화자산 · 부채의 평가(을지)』 탭 : 단기대여금의 외화종류(자산) 및 외화금액을 입력하고 [⑤]란에 직전년도 기준환율(1,030/$)을 입력한다.

❷ [⑧]란에 결산일 현재 기준환율(1,000/$)을 입력한다.

	②외화종류(부채)	③외화금액	④장부가액		⑦평가금액		⑩평가손익
			⑤적용환율	⑥원화금액	⑧적용환율	⑨원화금액	부 채(⑥-⑨)
1	USD	20,000.00	950.0000	19,000,000	1,000.0000	20,000,000	-1,000,000
2							
	합 계			19,000,000		20,000,000	-1,000,000

❸ 단기차입금의 외화종류(부채) 및 외화금액을 입력하고 [⑤]란에 발생시 기준환율(950/$)을 입력한다.

❹ [⑧]란에 결산일 현재 기준환율(1,000/$)을 입력한다.

①구분		②당기손익금 해당액	③회사손익금 계상액	조정		⑥손익조정금액 (②-③)
				④차익조정(③-②)	⑤차손조정(②-③)	
가.화폐성 외화자산,부채 평가손익		-1,750,000	-1,650,000			-100,000
나.통화선도,통화스왑,환변동보험 평가손익						
다.환율조정 계정손익	차익					
	차손					
계		-1,750,000	-1,650,000			-100,000

❺ 『환율조정 차 · 대 등(갑지)』 탭 : [③]란에 기말 결산시 회계처리한 외화환산손실 1,650,000원을 음수(-)로 입력한다.

❻ F3 키(또는 상단 툴바의 F3 조정등록)을 이용하여 다음과 같이 세무조정 한다.

[손금산입 및 익금불산입] 외화환산손실 과소계상액 500,000원 (유보발생)
   *단기대여금 : 세무회계(750,000) - 기업회계(250,000) = 500,000원(환산손실 과소계상액)

[익금산입 및 손금불산입] 외화환산손실 과대계상액 400,000원 (유보발생)
   *단기차입금 : 기업회계(1,400,000) - 세무회계(1,000,000) = 400,000원(환산손실 과대계상액)

해설 4   1208

②외화종류(자산)	③외화금액	④장부가액 ⑤적용환율	⑥원화금액	⑦평가금액 ⑧적용환율	⑨원화금액	⑩평가손익 자산(⑨-⑥)
1 USD	45,000.00	1,050.0000	47,250,000	1,020.0000	45,900,000	-1,350,000
합계			47,250,000		45,900,000	-1,350,000

❶ 『외화자산·부채의 평가(을지)』 탭 : 외상매출금의 외화종류(자산) 및 외화금액을 입력하고 [⑤]란에 발생시 환율(1,050/$)을 입력한다. [⑧]란에 결산일의 매매기준율(1,020/$)을 입력한다.

②외화종류(부채)	③외화금액	④장부가액 ⑤적용환율	⑥원화금액	⑦평가금액 ⑧적용환율	⑨원화금액	⑩평가손익 부채(⑥-⑨)
1 USD	15,000.00	1,180.0000	17,700,000	1,020.0000	15,300,000	2,400,000
합계			17,700,000		15,300,000	2,400,000

❷ 외상매입금의 외화종류(부채) 및 외화금액을 입력하고 [⑤]란에 전기말 매매기준율(1,180/$)을 입력한다. [⑧]란에 결산일의 매매기준율(1,020/$)을 입력한다.

①구분		②당기손익금 해당액	③회사손익금 계상액	조정 ④차익조정(③-②)	⑤차손조정(②-③)	⑥손익조정금액 (②-③)
가. 화폐성 외화자산·부채 평가손익		1,050,000				1,050,000
나. 통화선도,통화스왑,환변동보험 평가손익						
다. 환율조정 계정손익	차익					
	차손					
계		1,050,000				1,050,000

❸ 『환율조정차·대 등(갑지)』 탭 : 회사는 기말평가에 관한 회계처리를 하지 않고 있으므로 [③]란에 입력할 금액은 없다.

❹ F3 키(또는 상단 툴바의 F3 조정등록)을 이용하여 다음과 같이 세무조정 한다.

[손금산입 및 익금불산입] 외화환산손실 과소계상액 1,350,000원 (유보발생)
* 외상매출금 : $45,000 × (1,050 - 1,020) = 1,350,000원(환산손실 과소계상액)

[익금산입 및 손금불산입] 전기 외화환산손실 과소계상액 450,000원 (유보감소)
　　　　　　　　　　　외화환산이익 과소계상액 1,950,000원 (유보발생)

* 외상매입금(전기) : $15,000 × (1,180 - 1,150) = 450,000원(환산손실 과소계상액). 전기에 외화환산손실 과소계상으로 손금산입(유보발생)된 금액은 당기에 반대의 세무조정과 소득처분을 통하여 소멸한다.

* 외상매입금(당기) : $15,000 × (1,180 - 1,020) = 2,400,000원
  2,400,000원 - 450,000원(전기 세무상 유보금액) = 1,950,000원(환산이익 과소계상액)

해설 5   1209

	②외화종류(자산)	③외화금액	④장부가액 ⑤적용환율	④장부가액 ⑥원화금액	⑦평가금액 ⑧적용환율	⑦평가금액 ⑨원화금액	⑩평가손익 자 산(⑨-⑥)
1	USD	20,000.00	1,050.0000	21,000,000	1,040.0000	20,800,000	-200,000
2							
	합 계			21,000,000		20,800,000	-200,000

❶ 『외화자산 · 부채의 평가(을지)』 탭 : 단기대여금의 외화종류(자산) 및 외화금액을 입력하고 [⑤]란에 발생일 기준환율(1,050/$)을 입력한다.

❷ [⑧]란에 결산일 현재 기준환율(1,040/$)을 입력한다.

	②외화종류(부채)	③외화금액	④장부가액 ⑤적용환율	④장부가액 ⑥원화금액	⑦평가금액 ⑧적용환율	⑦평가금액 ⑨원화금액	⑩평가손익 부 채(⑥-⑨)
1	USD	15,000.00	980.0000	14,700,000	1,040.0000	15,600,000	-900,000
2							
	합 계			14,700,000		15,600,000	-900,000

❸ 단기차입금의 외화종류(부채) 및 외화금액을 입력하고 [⑤]란에 발생일 기준환율(980/$)을 입력한다.

❹ [⑧]란에 결산일 현재 기준환율(1,040/$)을 입력한다.

①구분		②당기손익금 해당액	③회사손익금 계상액	조정 ④차익조정(③-②)	조정 ⑤차손조정(②-③)	⑥손익조정금액 (②-③)
가. 화폐성 외화자산.부채 평가손익		-1,100,000	-1,200,000			100,000
나. 통화선도,통화스왑,환변동보험 평가손익						
다. 환율조정 계정손익	차익					
다. 환율조정 계정손익	차손					
계		-1,100,000	-1,200,000			100,000

❺ 『환율조정 차 · 대 등(갑지)』 탭 : [③]란에 기말 결산시 회계처리한 외화환산손실 1,200,000원을 음수(-)로 입력한다.

❻ F3 키(또는 상단 툴바의 F3 조정등록)을 이용하여 다음과 같이 세무조정 한다.

[익금산입 및 손금불산입] 외화환산손실 과대계상액 400,000원 (유보발생)

 * 단기대여금 : 기업회계(600,000) - 세무회계(200,000) = 400,000원(환산손실 과대계상액)

[손금산입 및 익금불산입] 외화환산손실 과소계상액 300,000원 (유보발생)

 * 단기차입금 : 세무회계(900,000) - 기업회계(600,000) = 300,000원(환산손실 과소계상액)

해설 6   1210

②외화종류(자산)	③외화금액	④장부가액		⑦평가금액		⑩평가손익
		⑤적용환율	⑥원화금액	⑧적용환율	⑨원화금액	자 산 (⑨-⑥)
1 USD	15,000.00	1,200.0000	18,000,000	1,250.0000	18,750,000	750,000
합 계			18,000,000		18,750,000	750,000

❶ 『외화자산·부채의 평가(을지)』 탭 : 단기대여금의 외화종류(자산) 및 외화금액을 입력하고 [⑤]란에 발생시 적용환율(1,200/$)을 입력한다.

❷ [⑧]란에 기말 매매기준율(1,250/$)을 입력한다.

②외화종류(부채)	③외화금액	④장부가액		⑦평가금액		⑩평가손익
		⑤적용환율	⑥원화금액	⑧적용환율	⑨원화금액	부 채 (⑥-⑨)
1 USD	7,000.00	1,230.0000	8,610,000	1,250.0000	8,750,000	-140,000
합 계			8,610,000		8,750,000	-140,000

❸ 장기차입금의 외화종류(부채) 및 외화금액을 입력하고 [⑤]란에 발생시 적용환율(1,230/$)을 입력한다.

❹ [⑧]란에 기말 매매기준율(1,250/$)을 입력한다.

①구분		②당기손익금 해당액	③회사손익금 계상액	조정		⑥손익조정금액 (②-③)
				④차익조정(③-②)	⑤차손조정(②-③)	
가.화폐성 외화자산·부채 평가손익		610,000	1,010,000			-400,000
나.통화선도,통화스왑,환변동보험 평가손익						
다.환율조정 계정손익	차익					
	차손					
계		610,000	1,010,000			-400,000

❺ 『환율조정 차·대 등(갑지)』 탭 : [③]란에 기말 결산시 회계처리한 외화환산이익에서 외화환산손실을 차감한 1,010,000원을 양수(+)로 입력한다.

＊ 외화환산이익(1,500,000) - 외화환산손실(490,000) = 1,010,000원

❻ F3 키(또는 상단 툴바의 F3 조정등록)을 이용하여 다음과 같이 세무조정 한다.

[손금산입 및 익금불산입] 외화환산이익 과대계상액 750,000원 (유보발생)

＊단기대여금 : 기업회계(1,500,000) - 세무회계(750,000) = 750,000원(환산이익 과대계상액)

[익금산입 및 손금불산입] 외화환산손실 과대계상액 350,000원 (유보발생)

＊장기차입금 : 기업회계(490,000) - 세무회계(140,000) = 350,000원(환산손실 과대계상액)

memo

제 6 장 가지급금 등의 인정이자 조정명세서

제1절 가지급금 인정이자

1. 개요

법인이 특수관계인에게 금전을 무상 또는 시가(세법이 정하는 이자율)보다 낮은 이자율로 대부한 경우에는 시가와 실제로 수령한 이자의 이자율과의 차이에 해당하는 금액을 익금에 산입한다. 이 경우 시가로 계산한 이자를 실무상 "가지급금 인정이자"라고 한다. 이는 법인이 특수관계인에게 금전을 무상 또는 낮은 이자율로 대부하는 부당한 행위를 규제하기 위한 것으로 다음의 금액을 익금에 산입하고 귀속자에 따라 배당·상여 등으로 소득처분 한다.

구 분	익금산입액
① 무상으로 대부한 경우	가지급금 인정이자
② 낮은 이자율로 대부한 경우	가지급금 인정이자 - 받았거나 받을 이자수익

*단, 가지급금 인정이자와 받았거나 받을 이자와의 차액이 가지급금 인정이자의 5% 이상이거나 3억원 이상인 경우에 한함.

2. 가지급금의 개념

회계상 가지급금은 실제로 현금지출은 있었으나 계정과목이나 금액을 확정할 수 없을 때 일시적으로 처리하는 자산 계정이다. 그러나 세법상 가지급금은 계정과목 등 명칭여하에 불구하고 해당 법인의 업무와 관련이 없는 자금의 대여액을 말한다. 이러한 가지급금 중에서 인정이자 계산대상이 되는 가지급금은 특수관계인에 대한 것만 해당되며, 가지급금이라 하더라도 적정한 이자를 수령한 경우에는 인정이자의 계산대상이 되지 않는다.

[참고] 인정이자 계산에서 제외되는 가지급금

법인이 다음의 금액을 지급하고 가지급금으로 처리한 때에는 이에 대한 인정이자를 계산하지 아니한다. 그 중 자격시험과 관련된 일부를 예시하면 다음과 같다.
① 직원에 대한 월정급여액의 범위 안에서의 일시적인 급료의 가불금
② 직원에 대한 경조사비 또는 학자금(자녀의 학자금을 포함)의 대여액
③ 소득의 귀속자가 불분명하여 대표자에 대한 상여로 소득처분한 금액에 대한 소득세를 법인이 대납한 금액
④ 중소기업에 근무하는 직원에 대한 주택구입 또는 전세자금의 대여액

3. 가지급금 인정이자의 계산

가지급금 인정이자는 다음의 산식에 의하여 계산한다.

> 가지급금 인정이자 = 가지급금 적수 × 이자율 × 1/365(윤년의 경우 366)

(1) 가지급금 적수

"가지급금 적수"란 가지급금의 매일 매일의 잔액을 합산한 금액을 말한다. 이 때 일수는 가지급금을 지급한 날은 포함하고 그 회수일은 제외한다. 가지급금 적수를 계산함에 있어서 동일인에게 가지급금과 가수금이 함께 있는 경우에는 가지급금 적수에서 가수금 적수를 차감한 적수에 대하여 인정이자를 계산한다.

(2) 이자율(시가)

가지급금 인정이자를 계산함에 있어서 적용할 이자율은 가중평균차입이자율을 시가로 한다. 다만, 다음의 경우에는 그 구분에 따라 당좌대출이자율(4.6%)을 시가로 한다.
① 가중평균차입이자율의 적용이 불가능한 다음 중 어느 하나에 해당하는 사유가 있는 경우 : 해당 대여금(또는 차입금)에 한정하여 당좌대출이자율을 시가로 한다(제89조3항1호).
  ㉠ 특수관계인이 아닌 자로부터 차입한 금액이 없는 경우
  ㉡ 차입금 전액이 채권자가 불분명한 사채 또는 매입자가 불분명한 채권·증권의 발행으로 조달된 경우
  ㉢ 대여한 법인의 가중평균차입이자율 또는 대여금리가 해당 대여시점 현재 자금을 차입한 법인의 가중평균차입이자율 보다 높아 가중평균차입이자율이 없는 것으로 보는 경우
② 대여한 날(계약을 갱신한 경우에는 그 갱신일)부터 해당 사업연도 종료일까지의 기간이 5년을 초과하는 대여금이 있는 경우 : 해당 대여금(또는 차입금)에 한정하여 당좌대출이자율을 시가로 한다(제89조3항1호의2).
③ 해당 법인이 과세표준신고를 할 때 당좌대출이자율을 시가로 선택하는 경우 : 당좌대출이자율을 시가로 하여 선택한 사업연도와 이후 2개 사업연도는 당좌대출이자율을 시가로 한다.

(3) 가중평균차입이자율

$$\text{가중평균차입이자율} = \frac{\text{자금대여시점의 각각의 차입금잔액} \times \text{차입당시의 각각의 이자율}}{\text{자금대여시점의 당해 차입금잔액의 총액}}$$

자금을 대여한 법인의 대여시점 현재 각각의 차입금 잔액(특수관계인으로 부터의 차입금은 제외)에 차입 당시의 각각의 이자율을 곱한 금액의 합계액을 해당 차입금 잔액의 총액으로 나눈 이자율을 말한다.

예제1 다음 자료에 의하여 ㈜이공육의 가지급금 인정이자를 계산하고 세무조정 하시오.

① 가지급금 및 가수금 변동내역(1년은 365일로 가정)

구분	직책	성명	일자	금액	약정이율
가지급금	대표이사	정유섭	당기 2월 1일 대여	35,000,000원	없음
가수금	대표이사	정유섭	당기 9월 10일 가수	15,000,000원	없음

② 이자율은 기획재정부령으로 정하는 당좌대출이자율(4.6%)을 적용한다.

해설 1. 가지급금 및 가수금의 적수계산
  (1) 가지급금적수 : 35,000,000 × 334일 = 11,690,000,000
   *일수 : 2월(28)+3월(31)+4월(30)+5월(31)+6월(30)+7월(31)+8월(31)+9월(30)+10월(31)+11월(30)+12월(31) = 334일(가지급금을 지급한 날을 포함하고 그 회수일은 제외)
  (2) 가수금적수 : 15,000,000 × 113일 = 1,695,000,000
   *일수 : 9월(21)+10월(31)+11월(30)+12월(31) = 113일
2. 인정이자의 계산
  (11,690,000,000 - 1,695,000,000) × 4.6% × 1/365 = 1,259,643원
  *동일인에게 가지급금과 가수금이 함께 있는 경우에는 이를 상계한다.
3. 인정이자의 5% 이상(또는 3억원 이상) 차이 검토
  인정이자(1,259,643) - 수령한 이자(0) ÷ 인정이자(1,259,643) = 100%
4. 익금산입액 : 인정이자(1,259,643) - 회사계상액(0) = 1,259,643원
  ☑ 세무조정 : 〈익금산입〉 가지급금 인정이자 1,259,643 (상여)

예제2 다음 자료에 의하여 ㈜최대리의 가지급금 인정이자를 계산하고 세무조정 하시오.

(1) 대표이사 가지급금 및 가수금의 변동내역(1년은 365일로 가정)
  • 가지급금 : 대여(1월 2일) : 60,000,000원
            회수(5월 30일) : 10,000,000원
  • 가 수 금 : 가수(2월 1일) : 10,000,000원

(2) 대표이사의 업무무관 가지급금에 대하여 이자계산에 대한 별도의 약정은 없으며, 동 업무무관 가지급금에 대하여 이자수익으로 계상한 금액은 없다.

(3) 차입금 내역(이자율은 가중평균차입이자율 선택)

거래처	차입일자	차입금액	이자비용	이자율
A	전기 3월 1일	100,000,000원	20,000,000원	연 20%
B	전기 2월 1일	40,000,000원	8,000,000원	연 20%
C	당기 1월 1일	100,000,000원	14,000,000원	연 14%
D	당기 7월 1일	100,000,000원	5,000,000원	연 10%

※ 거래처 A는 당사와 특수관계에 있는 회사에 해당한다.

[해설] 1. 가지급금 및 가수금의 적수계산
   (1) 가지급금적수 : $(60,000,000 \times 148일) + (50,000,000 \times 216일) = 19,680,000,000$
       * 일수 : 148일(30+28+31+30+29) & 216일(2+30+31+31+30+31+30+31)
   (2) 가수금적수 : $(10,000,000 \times 334일) = 3,340,000,000$
       * 일수 : 334일(28+31+30+31+30+31+31+30+31+30+31)
2. 가중평균차입이자율 계산
(1) 차입금잔액 및 이자율
   ① 차입금A : 특수관계인으로 부터의 차입금은 계산대상에서 제외
   ② 차입금B : 차입금잔액(40,000,000)×이자율(20%) = 8,000,000
   ③ 차입금C : 차입금잔액(100,000,000)×이자율(14%) = 14,000,000
   ④ 차입금D : 자금대여시점(1월2일) 현재의 차입금잔액이 아니므로 계산대상에서 제외
(2) 가중평균차입이자율 = $(8,000,000+14,000,000) \div (40,000,000+100,000,000) = 15.71428\%$
3. 인정이자의 계산
   $(19,680,000,000 - 3,340,000,000) \times 15.71428\% \times 1/365 = 7,034,830$원
4. 인정이자의 5% 이상(또는 3억원 이상) 차이 검토
   인정이자(7,034,830) - 수령한 이자(0) ÷ 인정이자(7,034,830) = 100%
5. 익금산입액 : 인정이자(7,034,830) - 회사계상액(0) = 7,034,830원
   ☑ 세무조정 : 〈익금산입〉 가지급금 인정이자 7,034,830 (상여)

[참고] 가지급금 등에 대한 미수이자
법인이 특수관계인 간의 금전거래에 있어서 상환기간 및 이자율 등에 대한 약정이 없는 대여금 및 가지급금 등에 대하여 결산시 미수이자를 계상한 경우, 동 미수이자는 소득처분을 회피할 목적으로 계상한 것으로 판단하여 익금불산입(△유보)하고, 인정이자상당액은 익금에 산입하고 귀속자에 따라 소득처분 한다.

제2절 가지급금 등의 인정이자 조정명세서

 KcLep 길라잡이

- [과목별 세무조정]>[가지급금 등의 인정이자 조정명세서]를 선택하면 다음과 같은 화면이 나타난다.

1st · · 1. 가지급금 · 가수금 입력

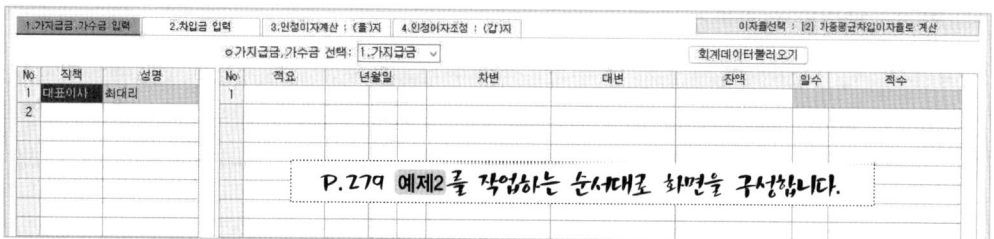

P.279 예제2를 작업하는 순서대로 화면을 구성합니다.

▶ 직책 / 성명

직책과 성명을 입력한다.

○ 가지급금·가수금 선택 : [1.가지급금]

No	직책	성명	No	적요	년월일	차변	대변	잔액	일수	적수
1	대표이사	최대리	1	2.대여	2025 1 2	60,000,000		60,000,000	148	8,880,000,000
2			2	3.회수	2025 5 30		10,000,000	50,000,000	216	10,800,000,000
			3							

▶ **적요 / 년월일 / 차변 / 대변 / 잔액**

[적요]란에는 (1.전기이월, 2.대여, 3.회수) 중 해당 내용을 선택하고, [년월일]란에는 가지급금 잔액이 변동되는 월과 일을 입력한다(1.전기이월인 경우에는 당기의 초일로 자동 입력됨). [차변]란은 적요 (1.전기이월, 2.대여)를 선택한 경우에 입력하는 란이며, [대변]란은 적요 (3.회수)를 선택한 경우에 입력하는 란이다. [잔액]란은 차변 합계에서 대변 합계를 차감한 잔액이 누적적으로 표시된다.

▶ **일수 / 적수**

월일에 입력된 내용에 따라 일수는 자동 계산된다. 가지급금 [잔액]란에 [일수]란을 곱하여 계산한 금액이 [적수]란에 자동 반영된다.

○ 가지급금·가수금 선택 : [2.가수금]

No	직책	성명	No	적요	년월일	차변	대변	잔액	일수	적수
1	대표이사	최대리	1	2.가수	2025 2 1		10,000,000	10,000,000	334	3,340,000,000
2			2							

▶ **적요 / 년월일 / 차변 / 대변 / 잔액**

[적요]란에는 (1.전기이월, 2.가수, 3.반제) 중 해당 내용을 선택하고, [년월일]란에는 가수금 잔액이 변동되는 월과 일을 입력한다. [차변]란은 적요 (3.반제)를 선택한 경우에 입력하는 란이며, [대변]란은 적요 (1.전기이월, 2.가수)를 선택한 경우에 입력하는 란이다. [잔액]란은 대변 합계에서 차변 합계를 차감한 잔액이 누적적으로 표시된다.

▶ **일수 / 적수**

월일에 입력된 내용에 따라 일수는 자동 계산된다. 가수금 [잔액]란에 [일수]란을 곱하여 계산한 금액이 [적수]란에 자동 반영된다.

2nd 2. 차입금 입력

동 메뉴는 『3.인정이자계산 : (을)지』 탭에서 [이자율선택 : [2] 가중평균차입이자율로 계산]을 적용할 경우 가중평균차입이자율을 자동으로 계산해 주기 위해서 차입처별로 차입(상환)일자, 차입금(상환액), 이자율(%)을 입력하도록 구성되어 있다. 따라서 『3.인정이자계산 : (을)지』 탭에서 [이자율선택 : [1] 당좌대출이자율로 계산]을 적용할 경우 이 메뉴의 작업은 불필요하다.

▶ 거래처명

차입금의 거래처명을 입력한다.

▶ 적요 / 연월일

[적요]란에는 (1.전기이월, 2.차입, 3.상환) 중 해당 내용을 선택하고, [연월일]란에는 차입금의 차입일자 또는 상환일자를 입력한다(1.전기이월인 경우에는 당기의 초일로 자동 입력됨). [차변]란은 적요 (3.상환)을 선택한 경우에 입력하는 란이며, [대변]란은 적요 (1.전기이월, 2.차입)을 선택한 경우에 입력하는 란이다.

▶ 이자율 %

차입금의 이자율을 입력한다.

▶ 이자

[이자대상금액]란에 [이자율]란을 곱한 금액이 자동 반영된다.

3rd 3. 인정이자계산 : (을)지

동 메뉴는 『1.가지급금 · 가수금 입력』 탭에 입력된 자료가 자동 반영된다.

이자율선택 : [2] 가중평균차입이자율로 계산

가중평균차입이자율을 적용할 경우에 선택하며, 가중평균차입이자율은 『2.차입금 입력』 탭에 입력한 자료에 따라 자동 계산된다.

이자율선택 : [1] 당좌대출이자율로 계산

당좌대출이자율을 적용할 경우에 선택한다.

4. 인정이자조정 : (갑)지

2. 가중평균차입이자율에 따른 가지급금 등의 인정이자 조정

『3.인정이자계산 : (을)지』 탭에서 이자율선택 : [2] 가중평균차입이자율로 계산 을 선택한 자료가 자동 반영된다.

⑥ 회사계상액

법인이 장부에 계상한 인정이자를 입력한다.

⑦ 차액(⑤-⑥)

[⑤인정이자]란에서 [⑥회사계상액]란을 차감한 금액이 자동 반영된다.

⑧ 비율(%)

[⑦차액]란의 금액을 [⑤인정이자]란의 금액으로 나눈 비율이 자동 표시된다. 즉, 인정이자와 수령한 이자와의 차액이 인정이자에서 차지하는 비율을 나타낸다.

⑨ 조정액(=⑦)

[⑦차액]란의 금액이 자동 반영된다. 인정이자와 수령한 이자와의 차액이 3억원 이상이거나 5% 이상인 경우에 한하여 인정이자를 계산하므로 [⑦차액]란의 금액이 3억원 이상이거나 [비율(%)]란이 5% 이상인 경우에만 표시된다.

3. 당좌대출이자율에 따른 가지급금 등의 인정이자 조정

『3.인정이자계산 : (을)지』 탭에서 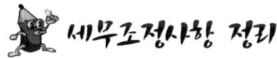 을 선택한 자료가 자동 반영된다.

세부 항목의 내용은 「2.가중평균차입이자율에 따른 가지급금 등의 인정이자 조정」과 동일하므로 설명을 생략한다.

세무조정사항 정리

[⑲조정액] : 익금산입(상여 등)

KcLep 따라하기

 다음 자료에 의하여 ㈜최대리(회사코드 : 1001)의 [가지급금 등의 인정이자 조정명세서]를 작성하고 세무조정을 하시오.

(1) 가지급금 및 가수금의 변동내역(대표이사 : 최대리)
- 가지급금 : 대여(1월 2일) : 60,000,000원
  회수(5월 30일) : 10,000,000원
- 가수금 : 가수(2월 1일) : 10,000,000원

(2) 대표이사의 업무무관 가지급금에 대하여 이자계산에 대한 별도의 약정은 없으며, 동 업무무관 가지급금에 대하여 이자수익으로 계상한 금액은 없다.

(3) 차입금 내역

거래처	차입일자	차입금액	이자비용	이자율
A	전기 3월 1일	100,000,000원	20,000,000원	20%
B	전기 2월 1일	40,000,000원	8,000,000원	20%
C	당기 1월 1일	100,000,000원	14,000,000원	14%
D	당기 7월 1일	100,000,000원	5,000,000원	10%

※ 거래처 A는 당사와 특수관계에 있는 회사에 해당한다.

(4) 인정이자율은 당좌대출이자율과 가중평균차입이자율 중에서 세부담 최소화를 위하여 낮은 이자율을 선택하여 신고하였다(선택사업연도 : 2025.1.1. ~ 12.31.).

❊ 가지급금 등의 인정이자 조정명세서(을)

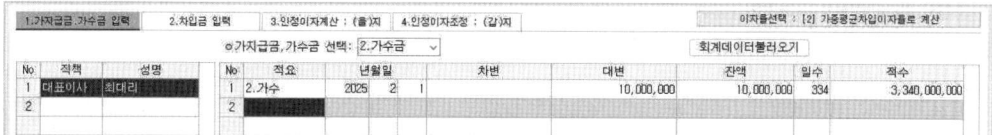

❶ 『1.가지급금 · 가수금 입력』 탭 : 직책과 성명을 입력한다. 「가지급금 · 가수금 선택 : [1.가지급금]」을 선택하고 가지급금의 내역을 입력한다.

❷ 「가지급금 · 가수금 선택 : [2.가수금]」을 선택하고 가수금의 내역을 입력한다.

❸ 『2.차입금 입력』 탭 : 가중평균차입이자율을 자동으로 계산하기 위해 필요한 차입금의 내역을 입력한다. 단, 특수관계인으로부터의 차입금은 입력하지 않는다.

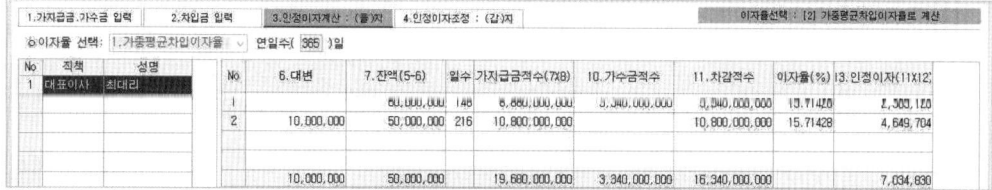

❹ 『3.인정이자계산 : (을)지』 탭 : 이자율선택 : [2] 가중평균차입이자율로 계산 에서 [이자율(%)]란과 [⑬]란의 금액을 확인한다.

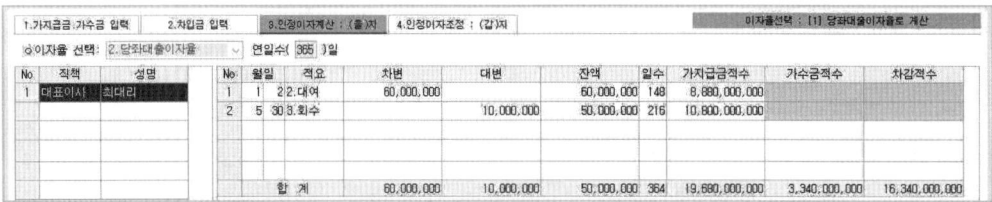

❺ 세부담 최소화를 위해서는 인정이자가 가중평균차입이자율 보다 낮은 당좌대출이자율을 적용하기 위해 [이자율선택 : [1] 당좌대출이자율로 계산]을 클릭한다.

가지급금 등의 인정이자 조정명세서(갑)

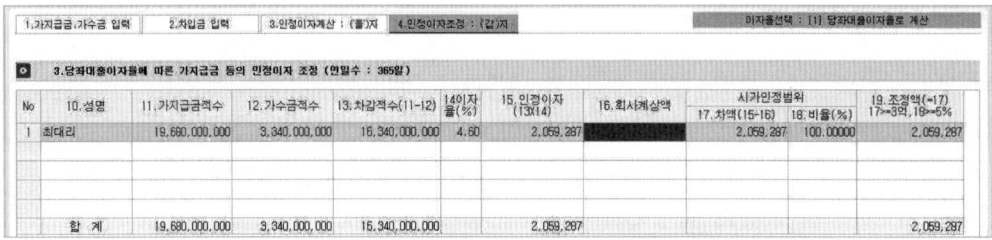

❻ 『4.인정이자조정 : (갑)지』 탭 : [⑯]란에 입력할 금액은 없다.

조정 등록

익금산입 및 손금불산입			손금산입 및 익금불산입		
과 목	금 액	소득처분	과 목	금 액	소득처분
가지급금 인정이자	2,059,287	상여			

❼ F3 키(또는 상단 툴바의 [F3 조정등록])을 이용하여 다음과 같이 세무조정 한다.
  [익금산입 및 손금불산입] 가지급금 인정이자 2,059,287원 (상여)

한마디...

당좌대출이자율을 선택한 경우 메뉴 종료시「선택사업연도」
보조창에 선택사업연도를 입력한다.

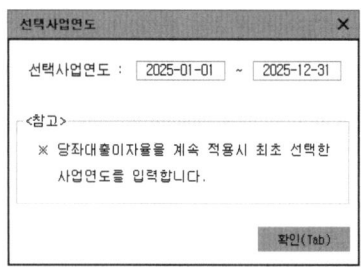

기/출/문/제 (실기)

01 다음 자료를 이용하여 ㈜이공일(회사코드 : 1201)의 [가지급금 등의 인정이자 조정명세서]를 작성하고 필요한 세무조정을 하시오.(6점)

(1) 차입금의 내용(장기차입금으로서 전년도에서 이월된 자료)

이자율	차입금	연간 지급이자	비 고
연 10%	50,000,000원	5,000,000원	연 10% 차입금은 전액 특수관계인, 나머지는 한결은행으로 부터의 차입금이다.
연 8%	30,000,000원	2,400,000원	
연 7%	40,000,000원	2,800,000원	
계	120,000,000원	10,200,000원	

(2) 업무무관 가지급금 및 관련 이자수령내역은 다음과 같다.

직책	성명	금전대여일	가지급금	약정이자	이자수령액
대표이사	김한결	전기 8월 23일	30,000,000원	무상	0원

(3) 국세청장이 정한 당좌대출이자율은 연 4.6%이며 회사는 법인세 최소화와 관계없이 가중평균차입이자율을 선택하는 것으로 가정한다.

02 다음 자료를 이용하여 ㈜이공이(회사코드 : 1202)의 [가지급금 등의 인정이자 조정명세서]를 작성하고 필요한 세무조정을 하시오.(6점)

(1) 차입금과 지급이자 내역

이자율	지급이자	차입금	비 고
20%	5,000,000원	25,000,000원	농협은행 차입금
16%	6,000,000원	37,500,000원	신한은행 차입금
10%	10,000,000원	100,000,000원	자회사인 ㈜파닉스로부터의 차입금
계	21,000,000원	162,500,000원	

※ 전년도에 모두 차입한 것이며 원천징수세액은 없는 것으로 가정한다.

(2) 가지급금 내역

직책	일 자	가지급금	약정이자
대표이사 : 김회장	5월 27일	97,500,000원	5,850,000원
등기이사 : 김이사	6월 27일	16,250,000원	1,750,000원

(3) 기획재정부령으로 정하는 당좌대출이자율은 연 4.6%이며, 당 회사는 금전 대차 거래에 대해 시가 적용방법을 신고한 바 없다고 가정한다.

03 다음의 자료를 이용하여 ㈜이공삼(회사코드 : 1203)의 [가지급금 등의 인정이자 조정명세서]를 작성하고 필요한 세무조정을 하시오.(6점)

(1) 가지급금 및 가수금의 변동내역(대표자 : 전순수)
- 가지급금 : 전기이월 : 47,000,000원(약정없음)
    대여(2월 11일) : 18,000,000원(약정없음)
    회수(11월 9일) : 22,000,000원
- 가 수 금 : 가수(7월 6일) : 13,000,000원

(2) 차입금 내역

거래처	차입기간	차입금액	이자비용	이자율
좋은은행	2024.6.1. ~ 2029.8.31.	155,500,000원	12,440,000원	연 8%
최고은행	2024.10.1. ~ 2029.9.30.	15,875,000원	635,000원	연 4%

(3) 이자율은 국세청장이 정하는 당좌대출이자율(4.6%)을 적용하며, 회사는 결산서상 인정이자에 대한 회계처리를 하지 않았다(선택사업연도 : 2025.1.1. ~ 12.31.).

04 다음 자료를 이용하여 ㈜이공사(회사코드 : 1204)의 [가지급금 등의 인정이자 조정명세서]를 작성하고 필요한 세무조정을 하시오. 단, 이자율은 가중평균차입이자율을 적용하기로 한다.(6점)

(1) 차입금 내역은 다음과 같다.

거래처	차입기간	차입금액	이자비용	이자율
대한저축은행	2024.9.1. ~ 2029.8.31.	50,000,000원	2,500,000원	연 5%
행복은행	2024.10.1. ~ 2029.9.30.	100,000,000원	3,000,000원	연 3%

(2) 당기 가지급금은 대표이사(한다훈)에게 4월 1일 대여한 40,000,000원뿐이고, 당기 가수금은 대표이사(한다훈)로부터 5월 4일 차입한 10,000,000원뿐이다.

05 다음 자료를 이용하여 ㈜이공오(회사코드 : 1205)의 [가지급금 등의 인정이자 조정명세서]를 작성하고 필요한 세무조정을 하시오.(6점)

(1) 가지급금 현황(거래처원장 : 대표자 강일수)

일 자	적 요	차 변	대 변	잔 액
1/1	전기이월	15,700,000원		15,700,000원
4/15	대표자 가지급	5,000,000원		20,700,000원
7/25	대표자 가지급금 회수		6,500,000원	14,200,000원
9/30	대표자 가지급	2,300,000원		16,500,000원

(2) 차입금 현황

차입일자	차입금	이자비용	이자율	차입은행
전기 9월 1일	20,000,000원	1,200,000원	6%	구원은행
당기 3월 1일	12,000,000원	500,000원	5%	구원은행
당기 7월 1일	26,000,000원	650,000원	5%	행복캐피탈
당기 9월 1일	30,000,000원	750,000원	10%	㈜일수산업

※ ㈜일수산업은 당사와 특수관계에 있는 회사에 해당한다.

(3) 대표자로부터 회수하여 장부에 계상한 이자수익은 350,000원이고, 가중평균차입이자율을 적용하여 인정이자를 계산한다.

06 다음의 자료를 이용하여 ㈜이공육(회사코드 : 1206)의 [가지급금 등의 인정이자 조정명세서]를 작성하고 필요한 세무조정을 행하시오.(6점)

(1) 차입금 내역

이자율	거래은행	차입기간	차입금액	이자비용
연 6.5%	국민은행	2024.5.8. ~ 2029.5.7.	30,000,000원	1,950,000원
연 5.8%	신한은행	2024.3.1. ~ 2029.2.1.	20,000,000원	1,160,000원

(2) 가지급금 및 가수금 변동내역

구분	직책	성명	일자	금액	약정이율
가지급금	대표이사	정유섭	2월 1일 대여	35,000,000원	없음
가수금	대표이사	정유섭	9월 10일 가수	15,000,000원	없음

(3) 이자율은 당좌대출이자율(4.6%)을 적용한다(선택사업연도 : 2025.1.1. ~ 12.31.).

07 기 입력된 자료와 다음의 추가자료를 이용하여 ㈜이공칠(회사코드 : 1207)의 [가지급금 등의 인정이자 조정명세서]를 작성하고 필요한 세무조정을 하시오.(6점)

(1) 당사는 인정이자 계산시에 가중평균차입이자율을 적용하여 왔다.

(2) 당사의 가지급금과 가수금은 모두 대표이사인 김건삼씨에 대한 것으로서 이에 대한 이자를 수령하거나 지급하지 아니하였다.

(3) 당기 차입금 내역은 다음과 같으며 모두 만기상환 조건의 고정금리로 차입하였다.

계정과목	거래처	차입기간	차입금액	이자율	이자비용
장기차입금	국민은행	2024.9.1. ~ 2029.8.31.	30,000,000원	연 4.8%	1,440,000원
장기차입금	신한은행	2024.2.1. ~ 2029.1.31.	50,000,000원	연 4%	2,000,000원

KcLep 도우미

해설 1 — 1201

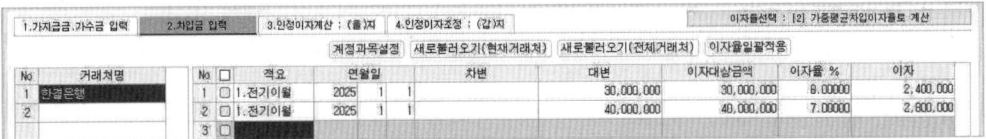

❶ 『1.가지급금·가수금 입력』 탭 : 직책과 성명을 입력한다. 「가지급금·가수금 선택 : [1.가지급금]」을 선택하고 가지급금의 내역을 입력한다.

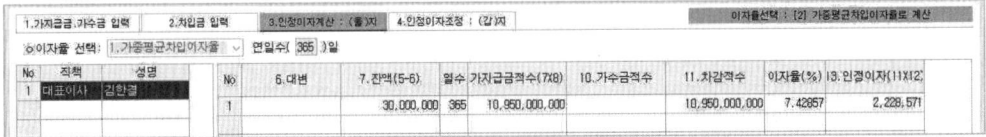

❷ 『2.차입금 입력』 탭 : 가중평균차입이자율을 자동으로 계산하기 위해 필요한 차입금의 내역을 입력한다. 단, 특수관계인으로 부터의 차입금은 입력하지 않는다.

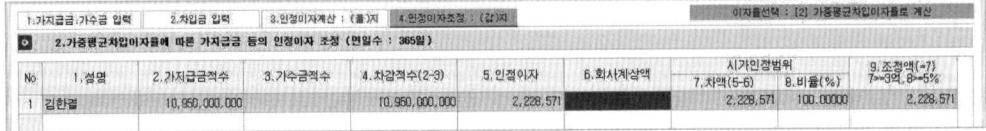

❸ 『3.인정이자계산 : (을)지』 탭 : 이자율선택 : [2] 가중평균차입이자율로 계산 에서 [이자율(%)]란과 [⑬]란의 금액을 확인한다.

❹ 『4.인정이자조정 : (갑)지』 탭 : 업무무관 가지급금에 대하여 이자수익을 계상한 금액이 없으므로 [⑥]란은 입력하지 않는다.

❺ F3 키(또는 상단 툴바의 F3 조정등록)을 이용하여 다음과 같이 세무조정 한다.
[익금산입 및 손금불산입] 가지급금 인정이자 2,228,571원 (상여)

해설 2 — 1202

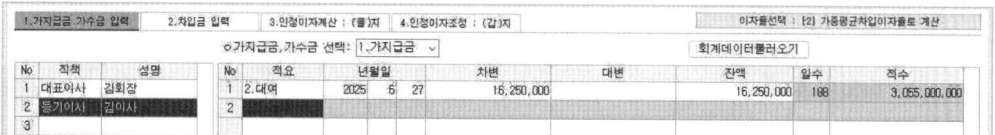

❶ 『1.가지급금·가수금 입력』 탭 : 직책과 성명을 입력한다. 「가지급금·가수금 선택 : [1.가지급금]」을 선택하고 가지급금의 내역을 입력한다.

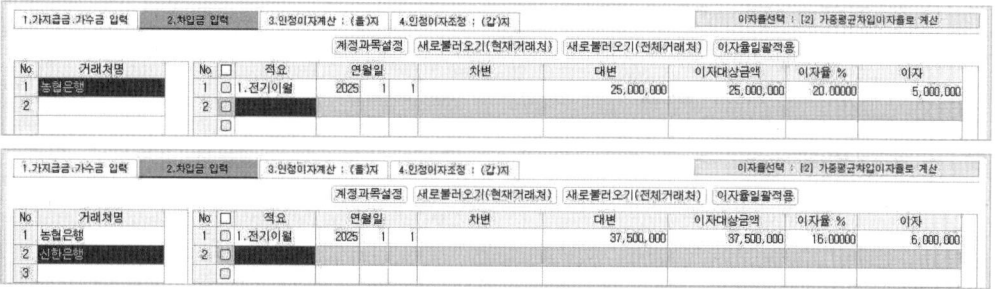

❷ 『2.차입금 입력』 탭 : 가중평균차입이자율을 자동으로 계산하기 위해 필요한 차입금의 내역을 입력한다. 단, 특수관계인(자회사)으로 부터의 차입금은 입력하지 않는다.

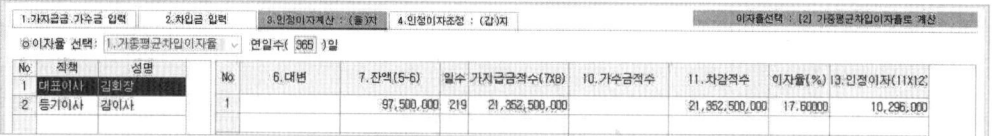

❸ 『3.인정이자계산 : (을)지』 탭 : 이자율선택 : [2] 가중평균차입이자율로 계산 에서 [이자율(%)]란과 [⑬]란의 금액을 확인한다.

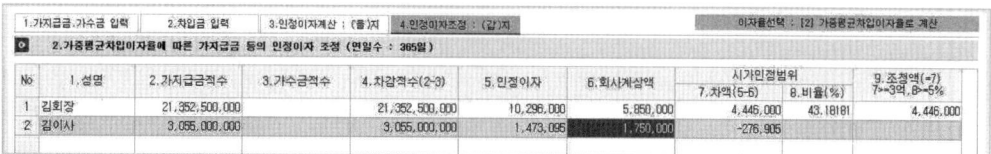

❹ 『4.인정이자조정 : (갑)지』 탭 : [⑥]란에 약정이자를 입력한다.
❺ F3 키(또는 상단 툴바의 F3 조정등록)을 이용하여 다음과 같이 세무조정 한다.
[익금산입 및 손금불산입] 가지급금 인정이자 4,446,000원 (상여)

해설 3   1203

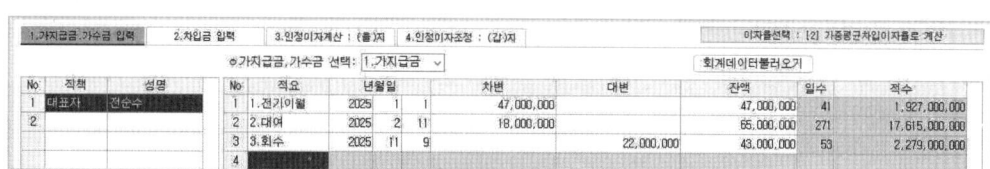

❶ 『1.가지급금·가수금 입력』 탭 : 직책과 성명을 입력한다. 「가지급금·가수금 선택 : [1.가지급금]」을 선택하고 가지급금의 내역을 입력한다.

❷ 「가지급금 · 가수금 선택 : [2.가수금]」을 선택하고 가수금의 내역을 입력한다.

❸ 『3.인정이자계산 : (을)지』 탭 : 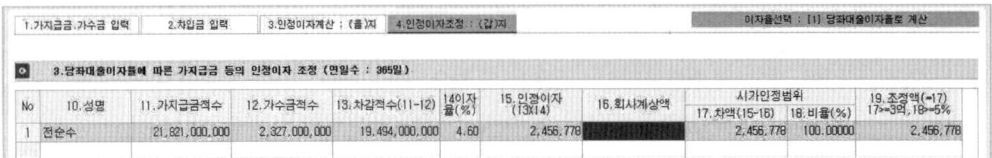 을 클릭하고 대화창에서 예(Y) 를 클릭한다.

❹ 『4.인정이자조정 : (갑)지』 탭 : 결산서상 인정이자에 대한 회계처리를 하지 않았으므로 [⑯]란은 입력하지 않는다.

❺ F3 키(또는 상단 툴바의 F3 조정등록)을 이용하여 다음과 같이 세무조정 한다.
[익금산입 및 손금불산입] 가지급금 인정이자 2,456,778원 (상여)

해설 4   1204

❶ 『1.가지급금 · 가수금 입력』 탭 : 직책과 성명을 입력한다. 「가지급금 · 가수금 선택 : [1.가지급금]」을 선택하고 가지급금의 내역을 입력한다.

❷ 「가지급금 · 가수금 선택 : [2.가수금]」을 선택하고 가수금의 내역을 입력한다.

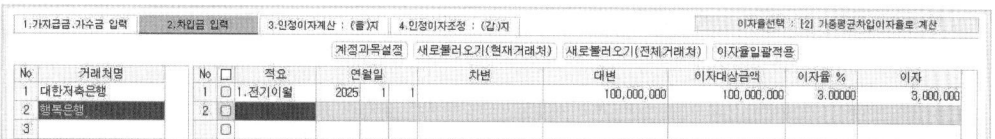

❸ 『2.차입금 입력』 탭 : 가중평균차입이자율을 자동으로 계산하기 위해 필요한 차입금의 내역을 입력한다.

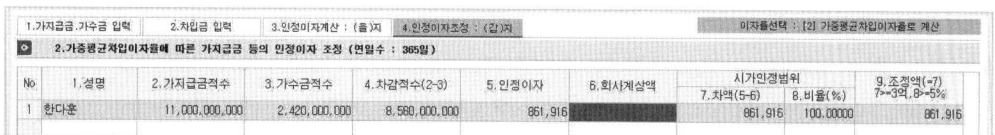

❹ 『3.인정이자계산 : (을)지』 탭 : 이자율선택 : [2] 가중평균차입이자율로 계산 에서 [이자율(%)]란과 [⑬]란의 금액을 확인한다.

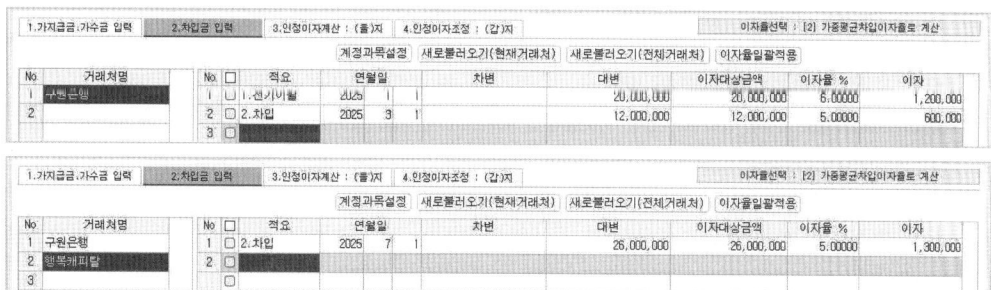

❺ 『4.인정이자조정 : (갑)지』 탭 : [⑥]란에 입력할 금액은 없다.
❻ F3 키(또는 상단 툴바의 F3 조정등록)을 이용하여 다음과 같이 세무조정 한다.
  [익금산입 및 손금불산입] 가지급금 인정이자 861,916원 (상여)

해설 5 ────── 1205

❶ 『1.가지급금·가수금 입력』 탭 : 직책과 성명을 입력한다. 「가지급금·가수금 선택 : [1.가지급금]」을 선택하고 가지급금의 내역을 입력한다.

❷ 『2.차입금 입력』 탭 : 가중평균차입이자율을 자동으로 계산하기 위해 필요한 차입금의 내역을 입력한다. 단, 특수관계인으로 부터의 차입금은 입력하지 않는다.

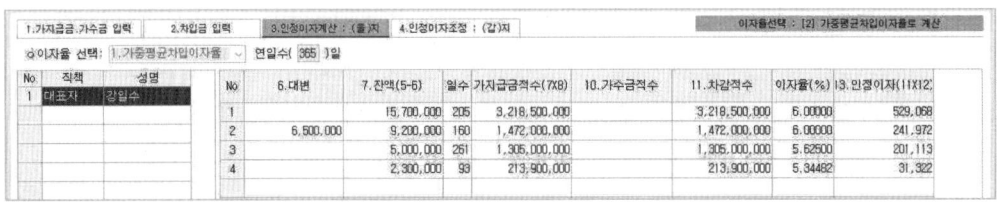

❸ 『3.인정이자계산 : (을)지』 탭 : 이자율선택 : [2] 가중평균차입이자율로 계산 에서 [이자율(%)]란과 [⑬]란의 금액을 확인한다.

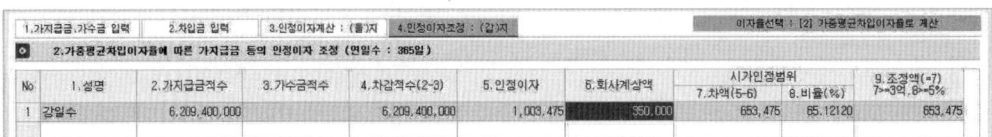

❹ 『4.인정이자조정 : (갑)지』 탭 : [⑥]란에 대표자로부터 회수하여 장부에 계상한 이자수익을 입력한다.

❺ F3 키(또는 상단 툴바의 F3 조정등록)을 이용하여 다음과 같이 세무조정 한다.
[익금산입 및 손금불산입] 가지급금 인정이자 653,475원 (상여)

해설 6   1206

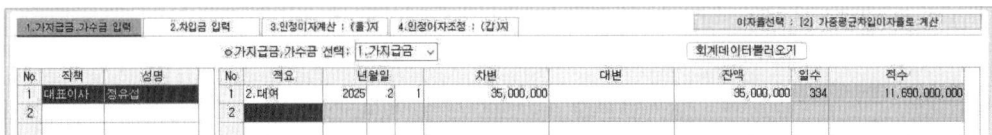

❶ 『1.가지급금 · 가수금 입력』 탭 : 직책과 성명을 입력한다. 「가지급금 · 가수금 선택 : [1.가지급금]」을 선택하고 가지급금의 내역을 입력한다.

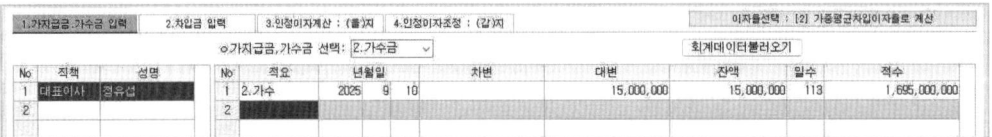

❷ 「가지급금 · 가수금 선택 : [2.가수금]」을 선택하고 가수금의 내역을 입력한다.

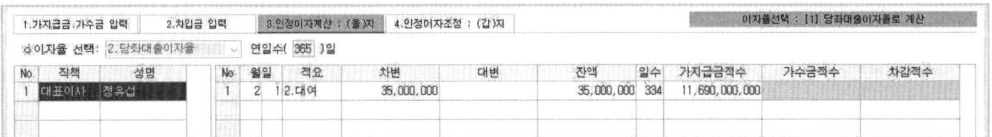

❸ 『3.인정이자계산 : (을)지』 탭 : 이자율선택 : [1] 당좌대출이자율로 계산 을 클릭하고 대화창에서 예(Y) 를 클릭한다.

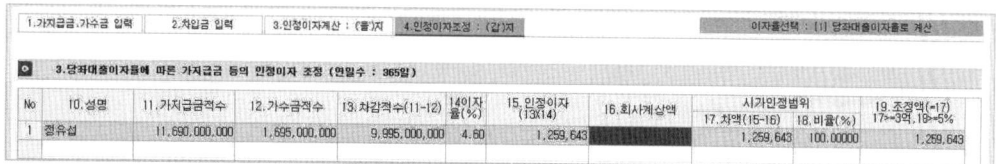

❹ 『4.인정이자조정 : (갑)지』 탭 : [⑯]란에 입력할 금액은 없다.
❺ F3 키(또는 상단 툴바의 F3 조정등록)을 이용하여 다음과 같이 세무조정 한다.
  [익금산입 및 손금불산입] 가지급금 인정이자 1,259,643원 (상여)

해설 7   1207

❶ 『1.가지급금·가수금 입력』 탭 : 「가지급금·가수금 선택 : [1.가지급금]」을 선택하고 회계데이타불러오기 를 클릭한다.

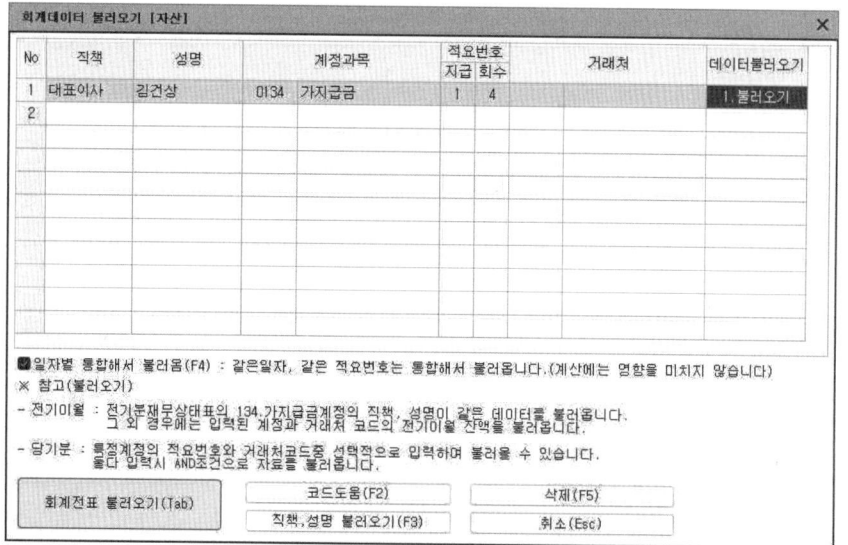

❷ 「회계데이타 불러오기」 보조창에 직책, 성명, 계정과목, 적요번호(지급/회수)를 입력하고 회계전표 불러오기(Tab) 를 클릭 한다.

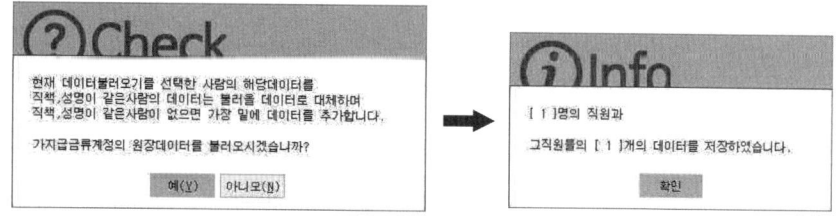

❸ 대화창에서 예(Y) 를 클릭하고, 확인 을 클릭한다.

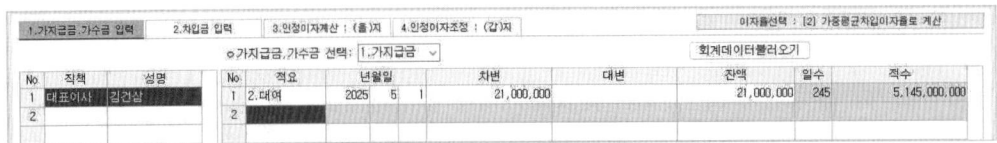

❹ [회계관리]>[재무회계]>[전표입력]>[일반전표입력]에서 "134.가지급금"으로 회계처리한 데이터 중 적요번호(①,④)에 의해 자동 반영된다.

❺ 『1.가지급금·가수금 입력』 탭 : 「가지급금·가수금 선택 : [2.가수금]」을 선택하고 회계데이타불러오기 를 클릭한다.

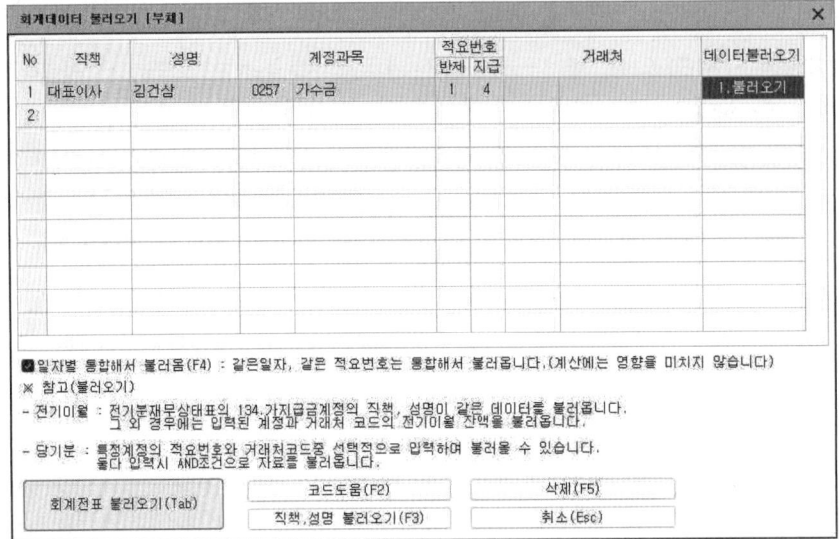

❻ 「회계데이타 불러오기」 보조창에 직책, 성명, 계정과목, 적요번호(반제/지급)를 입력하고 회계전표 불러오기(Tab) 를 클릭 한다.

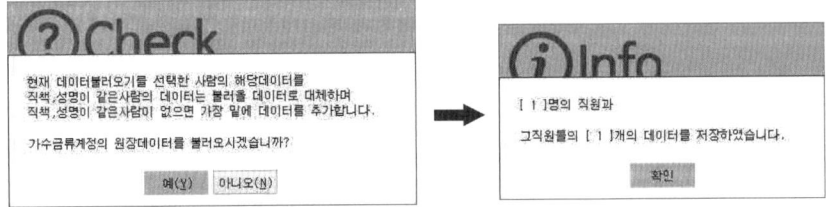

❼ 대화창에서 예(Y) 를 클릭하고, 확인 을 클릭한다.

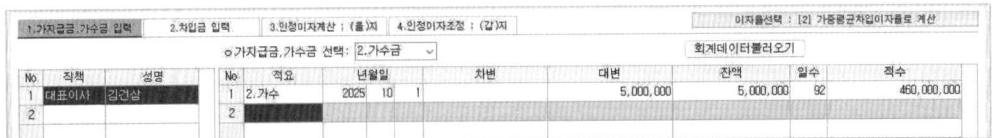

❽ [회계관리]>[재무회계]>[전표입력]>[일반전표입력]에서 "257.가수금"으로 회계처리한 데이터 중 적요번호(①,④)에 의해 자동 반영된다.

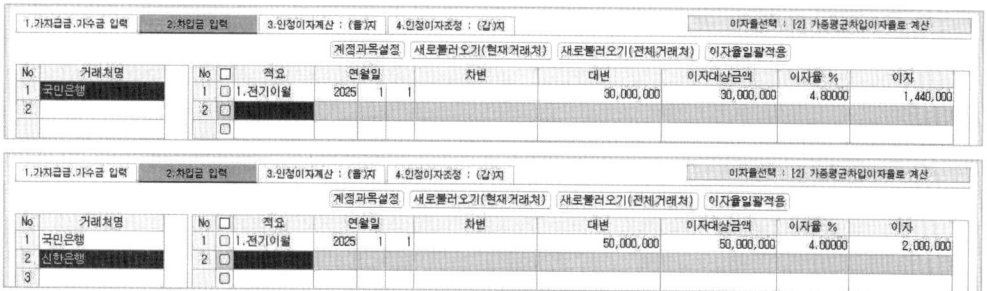

❾ 『2.차입금 입력』 탭 : 가중평균차입이자율을 자동으로 계산하기 위해 필요한 차입금의 내역을 입력한다.

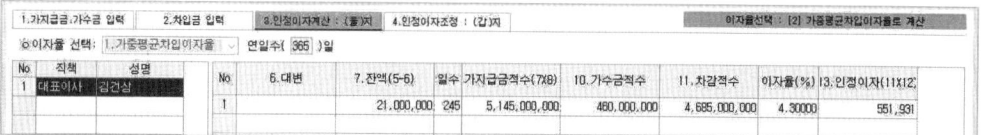

❿ 『3.인정이자계산 : (을)지』 탭 : 이자율선택 : [2] 가중평균차입이자율로 계산 에서 [이자율(%)]란과 [⑬]란의 금액을 확인한다.

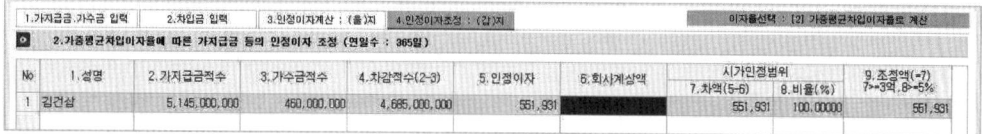

⓫ 『4.인정이자조정 : (갑)지』 탭 : 이자를 수령하지 않았으므로 [⑥]란에 입력할 금액은 없다.
⓬ F3 키(또는 상단 툴바의 F3 조정등록)을 이용하여 다음과 같이 세무조정 한다.
  [익금산입 및 손금불산입] 가지급금 인정이자 551,931원 (상여)

memo

제 7 장 건설자금이자 조정명세서

제1절 건설자금이자

1. 개요

"건설자금이자"란 자산의 매입·제작 또는 건설(이하 "건설 등"이라 한다)에 사용된 차입금에 대하여 그 자산의 건설 등의 과정에서 발생한 이자를 말한다. 건설자금이자에 대한 회계처리는 자산의 취득원가에 산입하는 방법과 기간비용으로 처리하는 방법이 있다. 법인세법은 건설자금이자를 특정차입금이자와 일반차입금이자로 구분하고, 특정차입금이자는 취득원가에 산입하고, 일반차입금이자는 취득원가에 산입하거나 당기 손금산입 중 하나를 선택할 수 있다.

2. 대상자산 및 계산기간

(1) 대상자산

건설자금이자의 대상자산은 사업용 유형자산 및 무형자산이다. 따라서 사업용이 아닌 투자부동산과 재고자산은 건설자금이자의 대상자산이 아니다.

(2) 계산기간

건설자금이자의 계산기간은 건설 등의 개시일(개시일 이후 차입한 경우에는 차입일)부터 준공일까지의 기간으로 한다. 여기서 "준공일"이란 다음에 해당하는 날로 한다.

구 분	준공일
① 토지를 매입하는 경우	그 대금을 청산한 날, 다만, 그 대금을 청산하기 전에 당해 토지를 사업에 사용하는 경우에는 그 사업에 사용되기 시작한 날
② 건축물의 경우	취득일(소법령 162조)과 사용개시일 중 빠른날
③ 그 밖의 사업용 유형자산 및 무형자산	사용개시일

3. 특정차입금이자

(1) 개념

"특정차입금이자"란 그 명목여하에 불구하고 사업용 유형자산 및 무형자산의 건설 등에 소요된 차입금(자산의 건설 등에 소요된지의 여부가 분명하지 않은 차입금은 제외)에 대한 지급이자 또는 이와 유사한 지출금(금융기관으로부터 차입할 때 발생하는 지급보증료·신용보증료 등)을 말한다.

(2) 처리방법

특정차입금에 대한 지급이자 등은 건설 등이 준공된 날까지 이를 자본적 지출로 하여 그 원본(취득원가를 말한다)에 가산한다. 다만, 특정차입금의 일시예금에서 생기는 수입이자는 원본에 가산하는 자본적 지출금액에서 차감한다.

① 특정차입금의 일부를 운영자금으로 전용한 경우에는 그 부분에 상당하는 지급이자는 이를 손금으로 한다.
② 특정차입금 중 해당 건설 등이 준공된 후에 남은 차입금에 대한 이자는 각 사업연도의 손금으로 한다.

(3) 세무조정

특정차입금이자를 자산의 취득원가로 계상하지 않고 이자비용으로 회계처리한 경우에는 그만큼 자산을 과소계상한 것이 된다. 따라서 이에 대한 세무조정은 해당 자산이 감가상각대상 자산인지 여부에 따라 다음과 같이 세무조정 한다.

구 분		세무조정	
		당 기	차기 이후
① 비상각자산		손금불산입(유보)	처분시에 손금산입(△유보)
② 상각자산	㉠ 건설중인 자산	손금불산입(유보)	건설완료시 과소계상액을 상각부인액으로 보아 시인부족액 발생 또는 처분시 손금산입(△유보)
	㉡ 건설완료 자산	감가상각비로 보아 시부인계산 (즉시상각의제)	-

 다음 자료에 의하여 제1기부터 제3기까지 건설자금이자 관련 세무조정을 하시오.

(1) 제1기 공장부지를 구입하고 공장건물 건설공사를 착공하였다. 회사는 차입금에 대한 이자를 전액 이자비용으로 처리하고 있으며, 이 중에 세무회계상 특정차입금이자 25,000,000원(토지분 20,000,000원 건물분 5,000,000원)이 포함되어 있다.

(2) 제2기 공장건물 건설공사는 계속 진행 중이며 당기에 이자비용으로 처리한 금액 중 세무회계상 특정차입금이자(건물분)는 15,000,000원이다.

(3) 제3기 7월 1일 공장건물이 준공되어 정상적으로 영업을 개시하였다. 당기에 이자비용으로 처리한 금액 중 세무회계상 특정차입금이자(건물분)는 12,000,000원이다. 결산시

동 공장건물에 대한 감가상각비를 7,500,000원 계상하였다.
- 취득가액 : 600,000,000원(특정차입금이자 미포함)
- 상각방법 : 정액법
- 내용연수 : 40년

[해설] (1) 제1기 특정차입금이자는 세무회계상 자산의 취득원가에 가산해야 한다. 그러나 회사가 이를 비용으로 처리하였으므로 손금불산입 한다. 기업회계상 자산을 과소계상 하여 자본을 과소계상 하였으므로 세무회계상 자본을 증가시키는 유보로 처분한다.
- ☑ 세무조정 : 〈손금불산입〉 건설자금이자(토지분) 20,000,000 (유보/발생)
  건설자금이자(건물분) 5,000,000 (유보/발생)

(2) 제2기 비용 처리한 특정차입금이자는 손금불산입하고 세무회계상 자본을 증가시키는 유보로 처분한다.
- ☑ 세무조정 : 〈손금불산입〉 건설자금이자(건물분) 15,000,000 (유보/발생)

(3) 제3기 건설이 완료된 상각자산의 특정차입금이자를 비용으로 처리한 경우에는 당기의 감가상각비(즉시상각의제)로 보아 감가상각비 시부인계산을 한다.
- ☑ 세무조정 : 〈손금불산입〉 감가상각비 한도초과액 11,600,000 (유보/발생)

※ 감가상각비 한도초과액 : ① - ② = 11,600,000원
① 회사계상 감가상각비 : 7,500,000 + 12,000,000[주1] = 19,500,000
② 상각범위액 : (600,000,000+20,000,000[주2]+12,000,000)×1/40×6/12 = 7,900,000

[주1] 제3기(건설완료)에 비용으로 계상한 특정차입금이자는 감가상각비로 보아 시부인 계산한다.
[주2] 제1와 제2기에 부인된 건물분 건설자금이자(5,000,000+15,000,000)는 세무상 취득가액에 가산하여 상각범위액을 계산한다.

[참고] 일반차입금이자

"일반차입금이자"란 특정차입금 외의 차입금에 대한 이자를 말한다. 일반차입금이자는 취득원가에 산입하거나 당기 손금산입 중 선택할 수 있는데, 해당 사업연도에 사업용 유형자산 및 무형자산의 취득원가에 산입할 수 있는 일반차입금이자는 다음과 같이 계산한다.

> 일반차입금이자 = MIN(①, ②)
> ① 건설기간 중에 발생한 일반차입금의 지급이자
> ② (연평균 건설비[주1] - 연평균 특정차입금[주2]) × 자본화이자율[주3]

[주1] 연평균 건설비 = 해당 사업연도에 건설 등에 지출한 금액의 적수 ÷ 사업연도일수
[주2] 연평균 특정차입금 = 해당 사업연도의 특정차입금의 적수 ÷ 사업연도일수
[주3] 자본화이자율 = 일반차입금의 지급이자 ÷ (일반차입금의 적수/사업연도일수)

한마디...
일반차입금이자에 대한 내용을 언급은 하고 있지만 이런 내용이 있다는 정도만 살펴보고 자세한 학습은 불필요합니다.

제2절 건설자금이자 조정명세서

KcLep 길라잡이

- [과목별 세무조정]>[건설자금이자 조정명세서]를 선택하면 다음과 같은 화면이 나타난다.

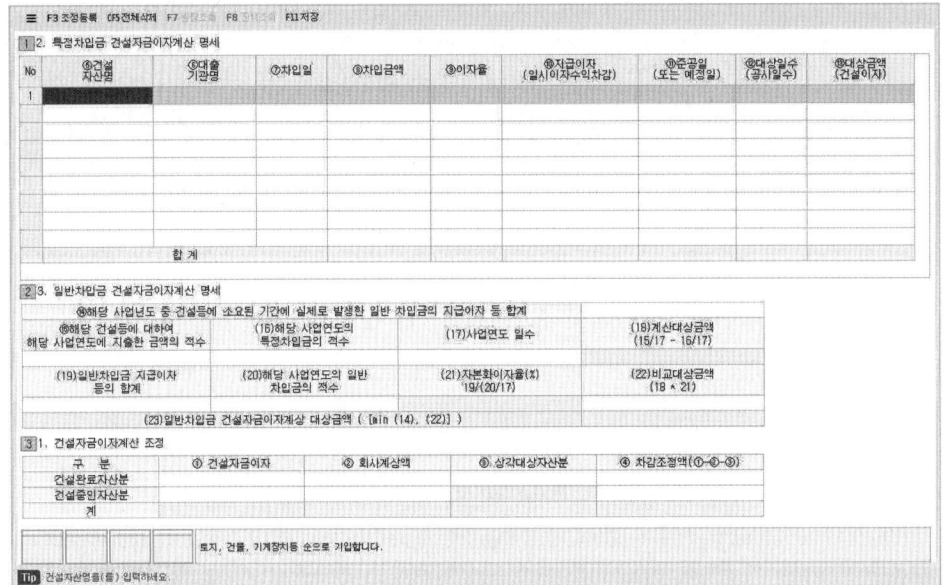

1st ° ° 2. 특정차입금 건설자금이자계산 명세

⑤ 건설자산명

사업용 유형자산 및 무형자산의 명칭을 토지, 건물, 기계장치 등 순으로 입력한다.

⑥ 대출기관명 / ⑦ 차입일

건설자금에 충당하기 위하여 차입한 자금의 대출기관명과 차입일을 입력한다.

⑧ 차입금액

건설자금에 충당하기 위하여 차입한 자금의 총액을 입력하되, 그 차입금의 일부를 운영자금에 사용한 경우에는 동 금액을 차감한 금액을 입력한다.

⑨ 이자율

차입금의 이자율을 입력한다.

⑩ 지급이자(일시 이자수익 차감)

당해 차입금에 대한 당기 지급이자 또는 이와 유사한 성질의 지출금(지급보증료·신용보증료 등)의 합계액을 입력하되, 동 차입금의 일시예금에서 생기는 수입이자를 차감하여 입력한다.

⑪ 준공일(또는 준공예정일)

준공일(또는 준공예정일)을 입력한다.

⑫ 대상일수(공사일수)

건설 등의 개시일(개시일 이후 차입한 경우에는 차입일)부터 준공일까지의 일수 중 당해 사업연도의 건설자금이자 계산 대상일수를 입력한다.

⑬ 대상금액(건설이자)

당기 중에 건설이 완료된 자산은 준공일까지 발생한 지급이자를 입력하고, 건설이 진행중인 자산은 당해 사업연도 종료일까지 발생한 지급이자를 입력한다.

2nd ∙ ∙ 1. 건설자금이자계산 조정

구 분	① 건설자금이자	② 회사계상액	③ 상각대상자산분	④ 차감조정액(①-②-③)
건설완료자산분				
건설중인자산분				
계				

① 건설자금이자

[⑬대상금액]란의 합계를 "건설완료 자산분"과 "건설중인 자산분"으로 구분하여 입력한다.

② 회사계상액

회사가 장부상 건설가계정(건설중인자산) 등으로 계상한 지급이자를 입력한다.

③ 상각대상자산분

[①]란에서 [②]란을 차감한 금액 중 감가상각대상 자산분을 입력한다. 나머지는 [④]란에 자동 반영된다. 동 금액은 건설완료 자산의 취득원가에 산입해야 할 금액을 회사가 비용으로 처리한 것으로 세무상 감가상각한 것으로 본다(즉시상각의제). 따라서 회사의 상각방법에 따라 [감가상각조정]>[미상각자산 감가상각 조정명세서]에서 『유형자산(정률법)』 탭의 [⑨자본적지출액]란 또는 『유형자산(정액법)』 탭의 [⑫당기지출액]란에 입력한다.

④ 차감조정액(①-②-③)

{①건설자금이자 - ②회사계상액 - (③상각대상자산분)}의 금액이 자동 반영된다. 동란의 금액이 양수(+)이면 건설자금이자 과소계상분으로 손금불산입 유보로 처분하고, 음수(-)이면 건설자금이자 과대계상분으로 손금산입 △유보로 처분한다.

한마디...

『3. 일반차입금 건설자금이자계산 명세』는 일반차입금이자를 취득원가에 산입할 금액을 계산하는 란으로 실무상 사용할 일이 거의 없을 것 같고, 자격시험에서도 출제된 적이 없으므로 이에 대한 메뉴의 설명은 생략한다.

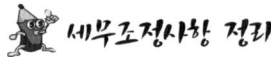

i> [④차감조정액]란이 양수(+)인 경우 : 손금불산입(유보발생)
　　　　　　　　　음수(-)인 경우 : 손금산입(유보발생)
ii> [③상각대상자산분] : 감가상각비로 보아 시부인계산(즉시상각의제)

KcLep 따라하기

예제 다음 자료에 의하여 ㈜최대리(회사코드 : 1001)의 [건설자금이자 조정명세서]를 작성하고 세무조정 하시오.

(1) 본사 사옥신축 공사 관련 자료
   ① 공사기간 : 2025.02.01. ~ 2027.01.31.
   ② 건설자금이자 계산 대상일수 : 184일

(2) 사옥신축과 관련한 차입금 자료
   ① 대출기관 : 우리은행
   ② 특정차입금 : 100,000,000원
   ③ 차입기간 : 2025.07.01. ~ 2028.06.30.(당해 연도 이자계산 대상일수 : 184일)
   ④ 이자율 : 연 10%

(3) 기타자료
   ① 특정차입금에 대한 당해 연도 지급이자 총액은 5,041,095원이다. 회사 장부상 건설중인자산으로 계상한 금액은 3,041,095원이며 나머지는 이자비용으로 처리하였다.
   ② 특정차입금 중 운영자금으로 사용한 금액과 특정차입금의 일시예금으로 인하여 발생한 수입이자는 없다.

건설자금이자 조정명세서

2. 특정차입금 건설자금이자계산 명세

No	⑥건설 자산명	⑦대출 기관명	⑧차입일	⑧차입금액	⑨이자율	⑩지급이자 (일시이자수익차감)	⑪준공일 (또는 예정일)	⑫대상일수 (공사일수)	⑬대상금액 (건설이자)
1	본사 사옥신축	우리은행	2025-07-01	100,000,000	10.000	5,041,095	2027-01-31	184	5,041,095
2									
		합계		100,000,000		5,041,095			5,041,095

❶ 제시된 자료에 따라 건설자산명과 차입금에 관련된 자료를 입력한다.
❷ [⑧차입금액]란에 특정차입금 100,000,000원을 입력한다.
❸ [⑩지급이자]란에 특정차입금에 대한 당해 연도 지급이자 총액 5,041,095원을 입력한다.
❹ [⑫대상일수]란에 건설자금이자 계산 대상일수를 입력한다.
❺ [⑬대상금액]란에 특정차입금에 대한 당해 연도 지급이자 총액 5,041,095원을 입력한다.

1. 건설자금이자계산 조정

구 분	① 건설자금이자	② 회사계상액	③ 상각대상자산분	④ 차감조정액(①-②-③)
건설완료자산분				
건설중인자산분	5,041,095	3,041,095		2,000,000
계	5,041,095	3,041,095		2,000,000

❻ [①건설자금이자]란에 [⑬대상금액]란의 금액 5,041,095원을 입력하고, [②회사계상액]란에는 회사가 건설중인자산 계정으로 계상한 3,041,095원을 입력한다.

조정 등록

익금산입 및 손금불산입			손금산입 및 익금불산입		
과 목	금 액	소득처분	과 목	금 액	소득처분
건설자금이자 과소계상액	2,000,000	유보발생			

❼ F3 키(또는 상단 툴바의 F3 조정등록)을 이용하여 다음과 같이 세무조정 한다.
[익금산입 및 손금불산입] 건설자금이자 과소계상액 2,000,000원 (유보발생)

한마디...
이하의 모든 문제에서 1년은 365일이라고 가정한다.

기/출/문/제 (실기)

01 다음 자료를 이용하여 ㈜이공팔(회사코드 : 1208)의 [건설자금이자조정명세서]를 작성하고 관련 세무조정을 하시오(원단위 미만은 절사함).(6점)

(1) 도원2공장 신축공사 관련 차입내역

차입기관	차입기간	연이자율	차입금액	비 고
교동은행	2025.7.1. ~ 2026.10.31.	3.5%	1,000,000,000원	공장신축을 위한 특정차입금임

① 당해 공사일수는 153일이며, 차입일수는 184일에 해당함(1년은 365일로 계산할 것)
② 차입금액 중 100,000,000원을 차입일부터 일시투자하여 연 5%의 투자수익이 발생함

(2) 공사 관련 내용

① 도원2공장 신축 관련공사로 공사기간은 2025.8.1. ~ 2026.9.30.이며, 준공예정일은 2026.9.30.이다.
② 신축공사 관련 차입금에 대한 이자비용으로 17,643,835원, 일시이자수익은 2,520,547원을 손익계산서에 계상함.

02 다음 자료를 이용하여 ㈜이공구(회사코드 : 1209)의 [건설자금이자 조정명세서]를 작성하시오. (AT)

세무조정 참고자료	1. 특정차입금(대한은행) 내역 • 기숙사신축 사용 : 730,000,000원 • 이자율 : 연 5% • 차입기간 : 2025.11.11. ~ 2028.11.30.(당해 연도 이자계산 대상일수 : 51일) 2. 공사기간: 2025.11.11. ~ 2027.12.31.(당해 연도 공사일수 : 51일) 3. 회사는 동 차입금에 대한 이자 5,100,000원을 전액 이자비용으로 회계처리 하였다. • 730,000,000×5%×51일/365일 = 5,100,000원
평가문제	1. [2.특정차입금 건설자금이자 계산명세]를 작성하시오. 2. [1.건설자금이자 조정]을 작성하시오. 3. 소득금액조정합계표에 세무조정사항을 반영하시오.

03 다음 자료를 이용하여 ㈜이일공(회사코드 : 1210)의 [건설자금이자 조정명세서]를 작성하시오.

(AT)

세무조정 참고자료	1. 특정차입금(농협은행) 500,000,000원 내역 　• 공장신축 사용 : 300,000,000원 　• 운용자금 사용 : 200,000,000원 　• 이자율 : 연 8% 　• 차입기간 : 2025.7.2. ~ 2028.6.30.(당해 연도 이자계산 대상일수 : 183일) 2. 공사기간 : 2025.7.2. ~ 2027.12.31.(당해 연도 공사일수 : 183일) 3. 회사는 동 차입금에 대한 이자 20,054,793원을 전액 이자비용으로 회계처리 하였다. 　• 공장신축사용 : 300,000,000×8%×183일/365일 = 12,032,876원 　• 운용자금사용 : 200,000,000×8%×183일/365일 = 8,021,917원
평가문제	1. [2.특정차입금 건설자금이자 계산명세]를 작성하시오. 2. [1.건설자금이자 조정]을 작성하시오. 3. 소득금액조정합계표에 세무조정사항을 반영하시오.

 도우미

해설 1 _____ 1208

No	⑤건설 자산명	⑥대출 기관명	⑦차입일	⑧차입금액	⑨이자율	⑩지급이자 (일시이자수익차감)	⑪준공일 (또는 예정일)	⑫대상일수 (공사일수)	⑬대상금액 (건설이자)
1	도원2공장 신축공사	교통은행	2025-07-01	1,000,000,000	3.500	15,123,288	2026-09-30	153	12,575,342
	합계			1,000,000,000		15,123,288			12,575,342

❶ 제시된 자료에 따라 건설자산명과 차입금에 관련된 자료를 입력한다.
❷ [⑧]란에 특정차입금을 입력한다.
❸ [⑩]란에 [⑧]란의 차입금에 대한 당해 연도 지급이자 총액(17,643,835원)을 입력하되, 동 차입금의 일시예금에서 생기는 수입이자(2,520,547원)를 차감하여 입력한다.
 * 1,000,000,000 × 3.5% × 184/365 = 17,643,835원
 *   100,000,000 × 5% × 184/365 = 2,520,547원
 * 17,643,835 − 2,520,547 = 15,123,288원
❹ [⑬]란에 {[⑩지급이자] × [⑫대상일수]/차입일수}의 금액을 입력한다.
 * 15,123,288 × 153/184 = 12,575,342원

구 분	① 건설자금이자	② 회사계상액	③ 상각대상자산분	④ 차감조정액(①-②-③)
건설완료자산분				
건설중인자산분	12,575,342			12,575,342
계	12,575,342			12,575,342

❺ [①]란에 [⑬]란의 금액을 입력하고 차입금에 대한 이자를 전액 비용처리 하였으므로 [②]란에 입력할 금액은 없다.
❻ F3 키(또는 상단 툴바의 F3 조정등록)을 이용하여 다음과 같이 세무조정 한다.
 [익금산입 및 손금불산입] 건설자금이자 과소계상액 12,575,342원 (유보발생)

해설 2 _____ 1209

No	⑤건설 자산명	⑥대출 기관명	⑦차입일	⑧차입금액	⑨이자율	⑩지급이자 (일시이자수익차감)	⑪준공일 (또는 예정일)	⑫대상일수 (공사일수)	⑬대상금액 (건설이자)
1	기숙사신축	대한은행	2025-11-11	730,000,000	5.000	5,100,000	2027-12-31	51	5,100,000
	합계			730,000,000		5,100,000			5,100,000

❶ 제시된 자료에 따라 건설자산명과 차입금에 관련된 자료를 입력한다.
❷ [⑧]란에 특정차입금을 입력한다.
❸ [⑩]란에 [⑧]란의 차입금에 대한 당해 연도 지급이자 총액을 입력한다.
  * 730,000,000 × 5% × 51/365 = 5,100,000원
❹ [⑬]란에 {[⑩지급이자] × [⑫대상일수]/차입일수}의 금액을 입력한다.
  * 5,100,000 × 51/51 = 5,100,000원

1. 건설자금이자계산 조정				
구 분	① 건설자금이자	② 회사계상액	③ 상각대상자산분	④ 차감조정액(①-②-③)
건설완료자산분				
건설중인자산분	5,100,000			5,100,000
계	5,100,000			5,100,000

❺ [①]란에 [⑬]란의 금액을 입력하고 차입금에 대한 이자를 전액 비용처리 하였으므로 [②]란에 입력할 금액은 없다.
❻ F3 키(또는 상단 툴바의 F3 조정등록)을 이용하여 다음과 같이 세무조정 한다.
  [익금산입 및 손금불산입] 건설자금이자 과소계상액 5,100,000원 (유보발생)

해설 3 _____ 1210

2. 특정차입금 건설자금이자계산 명세								
No	⑤건설자산명	⑥대출기관명	⑦차입일	⑧차입금액	⑨이자율	⑩지급이자(일시이자수익차감)	⑪준공일(또는 예정일)	⑫대상일수(공사일수)	⑬대상금액(건설이자)
1	공장신축	농협은행	2025-07-02	300,000,000	8.000	12,032,876	2027-12-31	183	12,032,876
2									
합계			300,000,000		12,032,876			12,032,876

❶ 제시된 자료에 따라 건설자산명과 차입금에 관련된 자료를 입력한다.
❷ [⑧]란에 특정차입금 중 일부를 운영자금으로 사용한 금액을 차감한 금액을 입력한다.
❸ [⑩]란에 [⑧]란의 차입금에 대한 당해 연도 지급이자 총액을 입력한다.
  * 300,000,000 × 8% × 183/365 = 12,032,876원
❹ [⑬]란에 {[⑩지급이자] × [⑫대상일수]/차입일수}의 금액을 입력한다.
  * 12,032,876 × 183/183 = 12,032,876원

1. 건설자금이자계산 조정				
구 분	① 건설자금이자	② 회사계상액	③ 상각대상자산분	④ 차감조정액(①-②-③)
건설완료자산분				
건설중인자산분	12,032,876			12,032,876
계	12,032,876			12,032,876

❺ [①]란에 [⑬]란의 금액을 입력하고 차입금에 대한 이자를 전액 비용처리 하였으므로 [②]란에 입력할 금액은 없다.
❻ F3 키(또는 상단 툴바의 F3 조정등록)을 이용하여 다음과 같이 세무조정 한다.
  [익금산입 및 손금불산입] 건설자금이자 과소계상액 12,032,876원 (유보발생)

제8장 업무무관 부동산 등에 관련한 차입금 이자 조정명세서

제1절 지급이자 손금불산입

1. 개요

차입금에 대한 지급이자는 순자산을 감소시키는 원인이 되는 손비이므로 손금에 산입한다. 다만, 법인세법에서는 법인이 차입금 등으로 조달한 자금을 부동산 투기 등 비생산적인 용도로 사용하는 것을 방지하고, 기업의 재무구조를 건실하게 유지하도록 유도하기 위하여 특정한 용도에 사용되는 지급이자에 대해서는 손금불산입 하도록 규정하고 있다. 현행 세법상 지급이자 손금불산입의 내용과 부인순서는 다음과 같다.

순서	종 류	손금불산입액	소득처분
①	채권자 불분명 사채이자	해당 이자	대표자 상여[주]
②	비실명 채권·증권의 이자	해당 이자	
③	건설자금이자 중 특정차입금이자	해당 이자	유보
④	업무무관자산 등에 대한 지급이자	업무무관 자산가액 및 가지급금에 대한 지급이자 상당액	기타사외유출

[주] 원천징수세액 상당액은 기타사외유출로 소득처분 한다.

2. 채권자 불분명 사채이자

(1) 개요

채권자가 불분명한 사채의 이자는 손금에 산입하지 아니한다. 법인이 사채이자를 지급하는 경우에는 그 이자소득의 귀속자·지급일 등을 기록한 지급조서를 제출하여야 하며, 과세관청은 이를 토대로 사채업자 대한 종합소득세를 과세하게 된다. 채권자 불분명 사채이자에 대한 손금불산입 규정은 이러한 지급조서 제출을 유도하여 이자소득에 대한 종합소득세 과세를 현실화 하고자 하는데 그 취지가 있다.

(2) 채권자 불분명한 사채이자의 범위

"채권자가 불분명 사채의 이자"란 다음 중 어느 하나에 해당하는 차입금의 이자(알선수수료·사례금 등 명목여하에 불구하고 사채를 차입하고 지급하는 금품을 포함한다)를 말한다.
① 채권자의 주소 및 성명을 확인할 수 없는 차입금
② 채권자의 능력 및 자산상태로 보아 금전을 대여한 것으로 인정할 수 없는 차입금
③ 채권자와의 금전거래사실 및 거래내용이 불분명한 차입금

(3) 세무조정

채권자가 불분명한 사채이자는 손금불산입하고 대표자 상여로 처분한다. 단, 사채이자에 대한 원천징수세액 상당액은 손금불산입하고 기타사외유출로 처분한다.

3. 비실명 채권·증권의 이자

(1) 개요

이자소득에 해당하는 채권·증권의 이자·할인액 또는 차익을 그 채권 등의 발행법인이 직접 지급하는 경우 그 지급사실이 객관적으로 인정되지 않는 것은 손금으로 인정하지 아니한다. 이는 채권 등의 발행법인이 채권 등의 소지자에게 직접 이자 등을 지급하는 경우에도 실명확인을 하도록 강제함으로써 금융소득 종합과세의 토대를 확충하기 위한 것이다.

(2) 세무조정

비실명 채권·증권의 이자는 손금불산입하고 대표자 상여로 처분한다. 단, 이자에 대한 원천징수세액 상당액은 손금불산입하고 기타사외유출로 처분한다.

4. 건설자금이자 중 특정차입금이자 (제7장에서 설명)

사업용 유형자산 및 무형자산의 건설 등에 소요된 것이 분명한 차입금에 대한 지급이자 또는 이와 유사한 지출금을 자산의 취득원가로 계상하지 않고 이자비용으로 회계처리한 경우에는 손금불산입하고 유보(건설이 완료된 경우에는 감가상각비로 보아 시부인계산)로 처분한다.

제2절 업무무관자산 등에 대한 지급이자

1. 개요

해당 법인의 ① 업무와 직접 관련이 없다고 인정되는 자산을 취득·보유하고 있거나, ② 특수관계인에게 해당 법인의 업무와 관련 없이 가지급금을 지급하고 있는 경우, 그에 상당하는 지급이자는 이를 손금에 산입하지 않는다. 이는 법인의 자금을 부동산 투기 및 비생산적인 활동으로 사용하는 것을 규제함으로써 재무구조를 개선하기 위한 것이다.

2. 손금불산입액의 계산

다음과 같이 계산한 금액은 손금불산입하고 기타사외유출로 처분한다.

$$\text{손금불산입액} = \text{지급이자} \times \frac{\text{업무무관자산가액적수} + \text{가지급금적수}^{[주]}}{\text{차입금적수}}$$

[주] 분자의 적수는 분모의 적수를 한도로 한다.

(1) 업무무관자산의 범위

"업무무관자산"이란 해당 법인의 업무와 직접 관련이 없다고 인정되는 부동산과 동산으로서 다음의 자산을 말한다.

① 법인의 업무에 직접 사용하지 아니하는 부동산
② 유예기간[주2] 중에 해당 법인의 업무에 직접 사용하지 아니하고 양도하는 부동산(부동산매매업을 주업으로 영위하는 법인의 경우는 제외)
③ 서화 및 골동품(장식·환경미화 등의 목적으로 사무실·복도 등 여러 사람이 볼 수 있는 공간에 상시 비치하는 것은 제외)
④ 업무에 직접 사용하지 아니하는 자동차·선박 및 항공기
⑤ 기타 위 ③·④와 유사한 자산으로서 해당 법인의 업무에 직접 사용하지 않는 자산

[주2] 유예기간이란 ㉠건축물 또는 시설물 신축용 토지는 취득일로부터 5년, ㉡부동산매매업을 주업으로 하는 법인이 취득한 매매용 부동산은 취득일로부터 5년 ㉢기타의 부동산은 취득일로부터 2년을 말한다.

(2) 가지급금의 범위

"가지급금"이란 그 명칭여하에 불구하고 특수관계인에게 해당 법인의 업무와 관련없이 지급한 자금의 대여액을 말하는데, 이는 제6장 가지급금 등의 인정이자 조정명세서의 가지급금과 동일한 개념이다.

(3) 지급이자와 차입금적수

지급이자와 차입금적수는 선순위에서 손금불산입된 이자 및 적수를 제외하고 계산한다.

지급이자 = 총지급이자 − 채권자불분명 사채이자
　　　　　　　　　　　　− 비실명채권·증권이자
　　　　　　　　　　　　− 건설자금이자

차입금적수 = 총차입금적수 − 채권자불분명 사채적수
　　　　　　　　　　　　　− 비실명채권·증권적수
　　　　　　　　　　　　　− 건설소요차입금적수

다음 자료에 의하여 ㈜최대리의 업무무관 자산 등에 대한 지급이자 손금불산입액을 계산하고 세무조정 하시오.

(1) 대표이사에게 지급된 가지급금은 모두 업무무관 가지급금이며 적수는 다음과 같다.
- 가지급금 적수 : 19,680,000,000
- 가 수 금 적수 : 3,340,000,000

(2) 차입금에 대한 이자지급 내역은 다음과 같다.

이자율	이자비용	차입금적수	비 고
연 20%	28,000,000원	51,100,000,000	
연 14%	14,000,000원	36,500,000,000	
연 10%	2,000,000원	7,300,000,000	미완공 건물신축에 사용
합 계	44,000,000원	94,900,000,000	

해설 지급이자 손금불산입액 : ① × (② ÷ ③) = 7,834,246원

① 지급이자 : (44,000,000 − 2,000,000[주1]) = 42,000,000원
  [주1] 선순위에서 손금불산입되는 건설자금이자는 차감한다.

② 가지급금적수 : (19,680,000,000 − 3,340,000,000) = 16,340,000,000

③ 차입금적수 : (94,900,000,000 − 7,300,000,000[주2]) = 87,600,000,000
  [주2] 선순위에서 손금불산입되는 건설소요차입금적수를 차감한다.

☑ 세무조정 : 〈손금불산입〉 건설자금이자 과소계상액 2,000,000 (유보/발생)
                   업무무관 지급이자 7,834,246 (기타사외유출)

제3절 업무무관 부동산 등에 관련한 차입금이자 조정명세서

 **KcLep 길라잡이**

- [과목별 세무조정]>[업무무관 부동산 등에 관련한 차입금이자 조정명세서]를 선택하면 다음과 같은 화면이 나타난다.

[Ⅰ] 업무무관 부동산 등에 관련한 차입금이자 조정명세서(을)

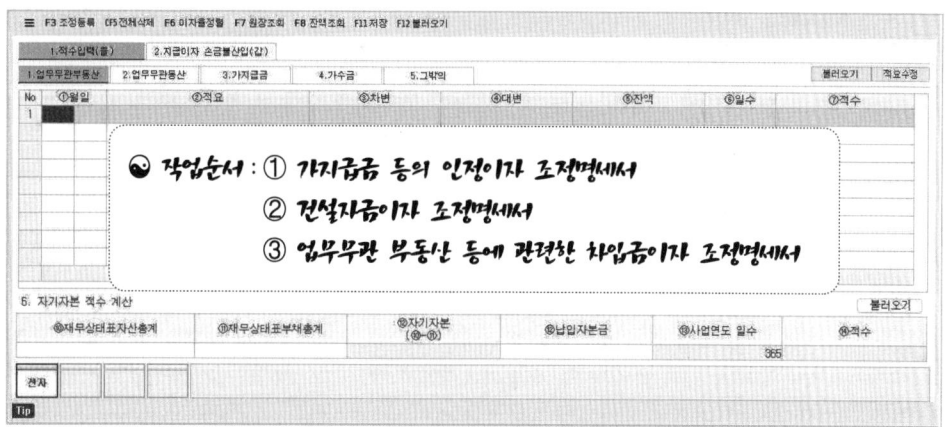

- ㈜최대리 [업무무관 부동산 등에 관련한 차입금이자 조정명세서] •

1st 。。 1. 업무무관 부동산

① 월일

업무무관 부동산의 취득일자 또는 매각일자를 입력한다. 다만, 전기 이전에 취득한 자산의 경우에는 사업연도 초일을 입력한다.

② 적요 / ③ 차변 / ④ 대변 / ⑤ 잔액

[②적요]란은 (1.전기이월 / 2.취득 / 3.매각) 중에서 해당 내역을 선택한다. 적요가 (1.전기이월 또는 2.취득)인 경우에는 자산의 증가이므로 [③차변]란에 입력하고, (3.매각)인 경우에

는 자산의 감소이므로 [④대변]란에 입력을 한다. 차변 누계에서 대변 누계를 차감한 금액이 [⑤잔액]란에 자동 반영된다.

⑥ 일수 / ⑦ 적수

일수는 [①월일]란에 입력된 자료에 따라 자동 반영된다. 일수는 초일은 산입하고 회수일은 산입하지 않는 것으로 계산된다. 적수는 (잔액×일수)의 산식에 의해 자동 계산된다.

2. 업무무관 동산

~『1.업무무관 부동산』탭의 입력방법과 동일하므로 설명 생략~

3. 가지급금

상단 툴바의 F12 불러오기 를 클릭하고 대화창에서 예(Y) 를 클릭하면 [과목별 세무조정]>[가지급금 등의 인정이자 조정명세서]의 『1.가지급금·가수금 입력』 탭의 「가지급금·가수금 선택 : [1.가지급금]」에 입력된 자료에 의하여 자동 반영된다.

4. 가수금

상단 툴바의 F12 불러오기 를 클릭하고 대화창에서 예(Y) 를 클릭하면 [과목별 세무조정]>[가지급금 등의 인정이자 조정명세서]의 『1.가지급금·가수금 입력』 탭의 「가지급금·가수금 선택 : [2.가수금]」에 입력된 자료에 의하여 자동 반영된다.

5th ∘ ∘ 6. 자기자본 적수계산

6. 자기자본 적수 계산					불러오기
⑩재무상태표자산총계	⑪재무상태표부채총계	⑫자기자본(⑩-⑪)	⑬납입자본금	⑭사업연도 일수	⑮적수
881,200,000	124,500,000	756,700,000	600,000,000	365	276,195,500,000

⑩ 대차대조표 자산총계

사업연도 종료일 현재 재무상태표상 자산 총계를 입력한다. [표준재무제표]>[표준대차대조표]가 작성된 경우 상단 툴바의 F12불러오기를 클릭하고 대화창에서 예(Y)를 클릭하면 동 메뉴의 [자산총계]란의 금액이 자동 반영된다.

⑪ 대차대조표 부채총계

사업연도 종료일 현재 재무상태표상 부채총계(충당금은 포함하고 미지급법인세는 제외)를 입력한다. [표준재무제표]>[표준대차대조표]가 작성된 경우 상단 툴바의 F12불러오기를 클릭하고 대화창에서 예(Y)를 클릭하면 동 메뉴의 [부채총계]란에서 미지급법인세를 차감한 금액이 자동 반영된다.

⑫ 자기자본(⑩-⑪)

[⑩대차대조표 자산총계]란에서 [⑪대차대조표 부채총계]란을 차감한 금액이 자동 반영된다.

⑫ 납입자본금

당해 사업연도 종료일 현재의 납입자본금(자본금에 주식발행액면초과액과 감자차익을 가산하고, 주식할인발행차금과 감자차손을 차감한 금액)을 입력한다. [표준재무제표]>[[표준대차대조표]가 작성된 경우 상단 툴바의 F12불러오기를 클릭하고 대화창에서 예(Y)를 클릭하면 자동 반영된다.

⑬ 사업연도 일수

[기초정보관리]>[회사등록]의 [1.회계연도]란에 입력된 자료에 따라 자동 반영된다.

⑭ 적수

[⑫자기자본]란과 [⑫납입자본금]란 중 큰 금액에 [⑬사업연도 일수]란을 곱한 금액이 자동 반영된다.

[II] 업무무관 부동산 등에 관련한 차입금이자 조정명세서(갑)

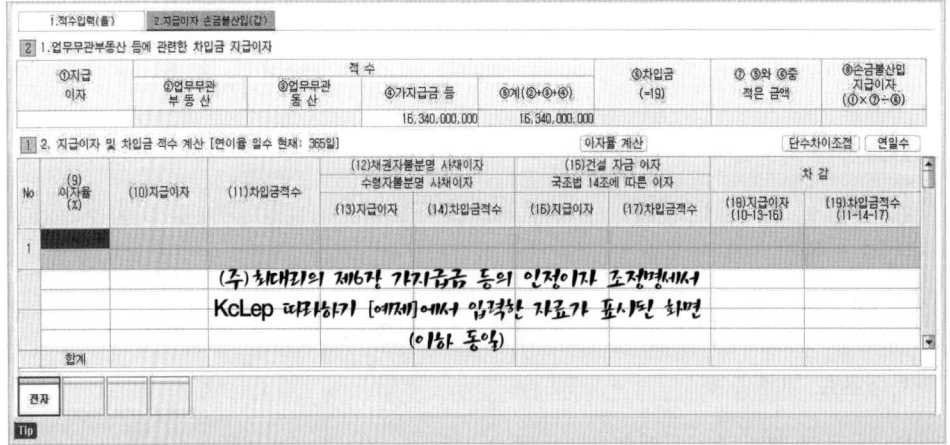

1st ∘∘ 2. 지급이자 및 차입금 적수 계산

⑨ **이자율(%) / ⑩ 지급이자**

당해 사업연도에 발생된 지급이자를 이자율별로 입력한다.

⑪ **차입금적수**

{차입금(지급이자÷이자율) × 365(윤년 366)}의 산식에 의한 금액이 자동 반영된다.

⑫ **채권자 불분명 사채이자 / 수령자 불분명 사채이자**

〈상단〉 채권자 불분명 사채의 이자로서 손금불산입한 지급이자를 입력한다.
〈하단〉 비실명 채권·증권의 이자로서 손금불산입한 지급이자를 입력한다.

⑮ 건설자금이자 / 국조법 14조에 따른 이자

〈상단〉 건설자금이자로서 손금불산입한 지급이자를 입력한다.
〈하단〉 국제조세조정에관한법률 제14조에 따라 손금불산입한 지급이자를 입력한다.

⑱ 지급이자(⑩-⑬-⑮)

총지급이자에서 선순위에서 손금불산입되는 이자를 제외한 금액을 의미한다.

⑲ 차입금적수(⑪-⑭-⑰)

총차입금적수에서 선순위에서 손금불산입되는 적수를 제외한 금액을 의미한다.

2nd · · 1. 업무무관 부동산 등에 관련한 차입금 지급이자

①지급이자	적 수				⑥차입금(=⑲)	⑦와 ⑥중 적은 금액	⑧손금불산입 지급이자 (①×⑦÷⑥)
	②업무무관 부동산	③업무무관 동산	④가지급금 등	⑤계(②+③+④)			
			16,340,000,000	16,340,000,000			

① 지급이자

『2.지급이자 및 차입금 적수계산』의 [⑱지급이자]란의 합계금액이 자동 반영된다. 동 금액은 총지급이자([⑩란의 합계)에서 선순위에서 손금불산입되는 이자를 제외한 금액이다.

② 업무무관 부동산

[1.적수입력(을)]의 『1.업무무관 부동산』 탭 [⑦적수]란의 합계가 자동 반영된다.

③ 업무무관 동산

[1.적수입력(을)]이 『2.업무무관 동산』 탭 [⑦적수]란의 합계가 자동 반영된다.

④ 가지급금 등

[1.적수입력(을)]의 『3.가지급금』 탭 [⑦적수]란의 합계가 자동 반영된다. 이 경우 동일인에 대한 가지급금과 가수금이 있는 경우에는 이를 상계한 금액이 표시된다.

⑤ 계(②+③+④)

업무무관자산 등의 적수를 의미한다. 동 금액은 손금불산입액 계산식의 "분자"에 해당하는 금액이다.

⑥ 차입금(=⑲)

『2.지급이자 및 차입금 적수계산』의 [⑲차입금적수]란의 합계금액이 자동 반영된다. 동 금액은 총차입금적수([⑪]란의 합계)에서 선순위에서 손금불산입 되는 적수를 제외한 금액으로 손금불산입액 계산식의 "분모"에 해당하는 금액이다.

⑦ ⑤와 ⑥중 적은 금액

동 금액은 손금불산입액 계산식의 "분자"를 의미하며, 분자의 적수는 분모의 적수를 한도로 하므로 [⑤계]란의 금액(분자)과 [⑥차입금]란의 금액(분모) 중 적은 금액이 자동 반영된다.

⑧ 손금불산입 지급이자(①×⑦÷⑥)

동 금액은 업무무관자산 등에 대한 지급이자로 손금불산입하고 기타사외유출로 처분한다.

세무조정사항 정리

i〉 [⑬지급이자] 분자란 : 채권자 불분명 사채이자 손금불산입 (대표자상여)
　　　　　　　분모란 : 비실명 채권·증권이자 손금불산입 (대표자상여)
　　　　　　　　　　※ 원천징수세액 상당액은 손금불산입 (기타사외유출)
ii〉 [⑯지급이자] 분자란 : 건설자금이자 손금불산입 (유보발생)
iii〉 [⑧손금불산입 지급이자] : 업무무관 지급이자 손금불산입 (기타사외유출)

KcLep 따라하기

 다음 자료에 의하여 ㈜최대리(회사코드 : 1001)의 [업무무관 부동산 등에 관련한 차입금이자 조정명세서]를 작성하고 세무조정 하시오.

(1) 가지급금 및 가수금의 변동내역(대표이사 : 최대리)
- 가지급금 : 대여(1월 2일) : 60,000,000원
  회수(5월 30일) : 10,000,000원
- 가 수 금 : 가수(2월 1일) : 10,000,000원

(2) 차입금 및 이자지급 내역

이자율	이자비용	차입금	비 고
연 20%	28,000,000원	140,000,000원	
연 14%	14,000,000원	100,000,000원	
연 10%	2,000,000원	100,000,000원	미완공 건물신축에 사용

한마디...

건설자금이자 과소계상액에 대한 세무조정은 제7장 건설자금이자 조정명세서 학습시에 이미 입력하였으므로 중복해서 세무조정하지 않기로 한다.

업무무관 부동산 등에 관련한 차입금이자 조정명세서(을)

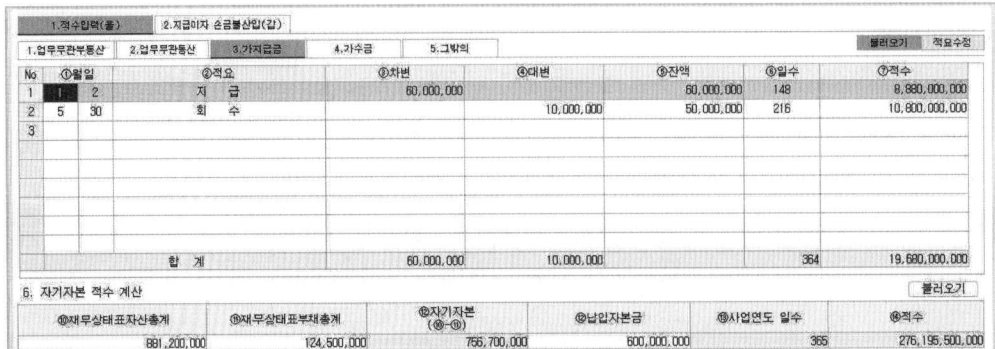

❶ 『1.적수입력(을)』 탭 : 『3.가지급금』 탭에서 상단 툴바의 F12 불러오기 를 클릭하고 대화창에서 예(Y) 를 클릭하면 [과목별 세무조정]>[가지급금 등의 인정이자 조정명세서]의 『1.가지급금·가수금 입력』 탭의 「가지급금·가수금 선택 : [1.가지급금]」에 입력된 자료에 의하여 자동 반영된다.

❷ 『6.자기자본 적수 계산』은 [표준재무제표]>[표준대차대조표]에 입력된 자료에 의하여 자동 반영된다.

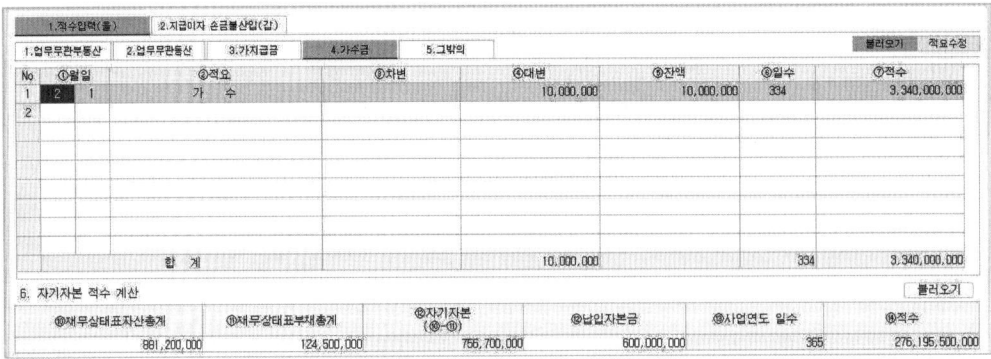

❸ 『4.가수금』 탭에서 상단 툴바의 F12 불러오기 를 클릭하고 대화창에서 예(Y) 를 클릭하면 [과목별 세무조정]>[가지급금 등의 인정이자 조정명세서]의 『1.가지급금·가수금 입력』 탭의 「가지급금·가수금 선택 : [2.가수금]」에 입력된 자료에 의하여 자동 반영된다.

업무무관 부동산 등에 관련한 차입금이자 조정명세서(갑)

❹ 『2.지급이자 손금불산입(갑)』 탭 : 차입금에 대한 이자율과 지급이자를 입력한다.
❺ 이자율 10%의 [⑯지급이자]란 상단에 미완공 건물신축에 사용한 차입금의 이자를 입력한다.

조정 등록					
익금산입 및 손금불산입			손금산입 및 익금불산입		
과 목	금 액	소득처분	과 목	금 액	소득처분
업무무관 지급이자	7,834,246	기타사외유출			

❻ F3 키(또는 상단 툴바의 F3 조정등록)을 이용하여 다음과 같이 세무조정 한다.
　[익금산입 및 손금불산입] 업무무관 지급이자 7,834,246원 (기타사외유출)

기/출/문/제 [실기]

01 다음 자료에 의하여 ㈜일공일(회사코드 : 1101)의 [업무무관 부동산 등에 관련한 차입금이자 조정명세서]를 작성하고, 이와 관련한 세무조정을 하시오.(6점)

(1) 당기말 현재 대여금 잔액 및 내역

구 분	내 용	잔 액	대여일
김대표	소득의 귀속이 불분명하여 대표자에게 소득처분한 금액에 대한 소득세를 법인이 납부하고 이를 가지급금으로 계상한 금액	5,000,000원	2월 15일
이상무	상무이사에게 주택 구입자금 대여	40,000,000원	10월 15일

(2) 차입금 및 이자지급 내역

이자율	지급이자	차입금	비 고
연 15%	1,500,000원	10,000,000원	채권자 불분명의 사채이자 (원천징수세액 : 231,000원)
연 5%	1,000,000원	20,000,000원	미완공 건물신축에 사용
연 6%	1,800,000원	30,000,000원	일반 차입금

※ 회사는 발생한 이자를 전액 손익계산서상에 이자비용으로 계상하였다.

02 다음 자료에 의하여 ㈜일공이(회사코드 : 1102)의 [업무무관 부동산 등에 관련한 차입금이자 조정명세서]를 작성하고, 이와 관련한 세무조정을 하시오.(6점)

(1) 업무무관 가지급금 증감 내역

일 자	차 변	대 변	잔 액
전기이월	15,000,000원		15,000,000원
10월 1일		15,000,000원	0원

(2) 차입에 대한 이자지급 내역(손익계산서에 모두 반영되어 있음)

이자율	지급이자	비 고
연 15%	1,500,000원	채권자 불분명의 사채이자 (원천징수된 세액 없음)
연 10%	1,000,000원	미완공 건물신축에 사용
연 6%	600,000원	

03 다음의 자료에 의하여 ㈜일공삼(회사코드 : 1103)의 [업무무관 부동산 등에 관련한 차입금이자 조정명세서]를 작성하고, 이와 관련한 세무조정을 하시오.(6점)

(1) 업무무관 가지급금 원장 내역

일 자	차 변	대 변	잔 액
전기이월	15,000,000원		15,000,000원
6월 23일	20,000,000원		35,000,000원
9월 3일		5,000,000원	30,000,000원
11월 22일		10,000,000원	20,000,000원

(2) 차입금 및 이자지급 내역

내 역	이자율	지급이자
아파트형 공장 관련 대출이자	5%	11,522,460원
채권자가 불분명한 이자 (원천징수된 세액 없음)	18%	7,800,000원
기업 운영자금 대출이자	3%	9,065,800원

04 다음 자료에 의하여 ㈜일공사(회사코드 : 1104)의 [업무무관 부동산 등에 관련한 차입금이자 조정명세서]를 작성하고, 이와 관련한 세무조정을 하시오.(6점)

(1) 자산 취득 및 보유 현황

자산 구분	금 액	취득일
건물	400,000,000원	전기 4월 10일
토지	320,000,000원	당기 7월 1일

※ 토지 및 건물은 회사 여유자금으로 취득한 투자목적용 자산이라고 가정한다.

(2) 가지급금 등 대여금 현황
- 6월 20일 : 전무이사 김한에게 사업자금 30,000,000원을 연 3% 이율로 대여하였다.

(3) 차입금 현황 및 이자지급 내역

차입금 구분	차입금액	이자율	이자비용
장기차입금	150,000,000원	연 7%	10,500,000원
단기차입금	170,000,000원	연 5%	8,500,000원

※ 장기차입금에 대한 이자비용에는 채권자 불분명 사채이자가 1,700,000원 포함되어 있다(원천징수는 고려하지 않기로 한다).

05 다음 자료에 의하여 ㈜일공오(회사코드 : 1105)의 [가지급금 등의 인정이자 조정명세서]와 [업무무관 부동산 등에 관련한 차입금이자 조정명세서]를 작성하고, 이와 관련한 세무조정을 하시오.(6점)

(1) 대표이사 김광철에 대한 업무무관 가지급금 및 가수금 내역

일 자	가지급금	가수금
전기이월	35,000,000원	10,000,000원
6월 30일	10,000,000원 대여	-

※ 가지급금 관련 이자수령 내역은 없으며, 인정이자는 법정 당좌대출이자율(4.6%)로 계산한다고 가정한다(선택사업연도 : 2025.1.1. ~ 12.31.).

(2) 당기에 회사가 지급한 이자비용

이자율	지급이자	차입금적수
연 14%	840,000원	2,190,000,000원
연 6%	1,200,000원	7,300,000,000원

※ 연 14%의 이자 중 채권자 불분명 사채이자가 350,000원이 포함되어 있으나, 원천징수세액은 없는 것으로 가정한다.

06 다음 자료에 의하여 ㈜일공육(회사코드 : 1106)의 [업무무관 부동산 등에 관련한 차입금이자 조정명세서]를 작성하고, 이와 관련한 세무조정을 하시오.(6점)

(1) 자산 취득 및 보유 현황

자산 구분	금 액	취득일	비 고
선박	38,000,000원	전기 3월 3일	
토지	320,000,000원	당기 2월 4일	
건물	400,000,000원	당기 6월 9일	당기 11월 3일(매각)

① 회사는 해운업이나 선박업과 무관하며, 업무상 선박을 이용하는 일은 없다.
② 토지 및 건물은 투자목적으로 취득한 자산이다.

(2) 가지급금 등 대여금 현황

① 7월 14일 : 상무이사 한상만에게 사업자금 40,000,000원을 연 9% 이율로 대여하였다.
② 10월 2일 : 총무과 사원 윤경민에게 월정급여액 이내의 380,000원을 가불하였다.

(3) 차입금 현황 및 이자지급 내역

차입금 구분	차입금액	이자율	이자비용
장기차입금	100,000,000원	연 13%	13,000,000원
단기차입금	180,000,000원	연 10%	18,000,000원

※ 장기차입금에 대한 이자비용에는 채권자 불분명 사채이자가 2,500,000원 포함되어 있으나, 원천징수세액은 없는 것으로 가정한다.

07 다음 자료에 의하여 ㈜일공칠(회사코드 : 1107)의 [업무무관 부동산 등에 관련한 차입금이자 조정명세서]를 작성하고, 이와 관련한 세무조정을 하시오.(6점)

(1) 회사는 7월 1일에 업무와 관련 없는 토지를 50,000,000원에 취득하고, 취득세 2,000,000원을 납부하면서 취득세를 세금과공과(판)로 회계처리 하였다. 취득세와 관련된 세무조정을 추가로 하시오.

(2) 가지급금 10,000,000원은 모두 대표이사에 대한 것으로 전기에서 이월된 것이다 (가지급금 인정이자에 관한 세무조정은 하지 말 것).

(3) 손익계산서상 이자비용과 차입금적수

이자율	이자비용	비 고
10%	2,500,000원	모두 채권자 불분명 사채이자
8%	4,000,000원	은행차입금이자
5%	3,200,000원	금융어음의 할인료

※ 원천징수에 관한 사항은 고려하지 않는 것으로 한다.

08 다음 자료에 의하여 ㈜일공팔(회사코드 : 1108)의 [업무무관 부동산 등에 관련한 차입금이자 조정명세서]를 작성하고, 이와 관련한 세무조정을 하시오.(6점)

(1) 당기 7월 1일에 취득하여 비품으로 처리한 200,000,000원은 서화로서 이는 세법상 업무무관동산에 해당한다.

(2) 당기 차입금 및 이자비용 현황

계정과목	금 액	이자율	이자비용
장기차입금	500,000,000원	연 12%	60,000,000원
단기차입금	100,000,000원	연 24%	4,000,000원

※ 단기차입금은 채권자 불분명 사채로서 이자비용 4,000,000원 중 원천징수세액 1,672,000원을 제외한 금액을 지급하였다.

09 다음 자료에 의하여 ㈜일공구(회사코드 : 1109)의 [업무무관 부동산 등에 관련한 차입금이자 조정명세서]를 작성하고, 이와 관련한 세무조정을 하시오.(7점)

(1) 대표이사에 대한 업무무관 가지급금 명세

일 자	적 요	차 변	대 변	잔 액
1월 1일	전기이월	2,000,000원	-	2,000,000원
5월 3일	대여	15,000,000원	-	17,000,000원
8월 15일	회수	-	7,000,000원	10,000,000원

(2) 대표이사에 대한 가수금 명세

일자	적요	차변	대변	잔액
1월 1일	전기이월	–	5,000,000원	5,000,000원
6월 30일	가수반제	5,000,000원	–	–

(3) 손익계산서상 이자비용 명세

구분	이자율	이자비용
금융어음의 할인료	연 15%	5,000,000원
차입금 이자	연 13%	12,000,000원
연지급수입 이자	연 10%	3,000,000원
상업어음의 할인료	연 9%	1,800,000원

※ 차입금이자 13%인 것 중에서 2,000,000원은 채권자가 불분명한 사채이자이고, 동 이자에 대한 원천징수세액 550,000원이 포함되어 있다.

10 다음 자료에 의하여 ㈜일일공(회사코드 : 1110)의 [업무무관 부동산 등에 관련한 차입금이자 조정명세서]를 작성하고, 이와 관련한 세무조정을 하시오.(6점)

(1) 당기말 재무상태표에 반영되어 있는 자산 중 업무와 관련 없는 자산은 다음과 같다.

자산명	금액	비고
토지	100,000,000원	현재 나대지이며 투기목적으로 당기 4월 1일 취득한 것이다.

(2) 위 자산과 관련하여 발생한 비용이 손익계산서에 다음과 같이 반영되어 있다.

구분	금액	비고
세금과공과금	10,000,000원	토지 취득 당시 납부한 취득세이다.
	1,000,000원	토지의 재산세 납부액이다.
관리비	15,000,000원	토지 관리인의 인건비이다.

(3) 손익계산서에 반영된 이자비용에 대한 자료는 다음과 같다.

이자율	이자비용	비고
10%	5,000,000원	채권자를 알 수 없는 이자비용이다(원천징수대상 아님).
8%	8,000,000원	은행차입금에 대한 이자비용으로서 7% 차입금 이자비용
7%	35,000,000원	에는 미지급이자 10,000,000원이 포함되어 있다.

KcLep 도우미

해설 1   1101

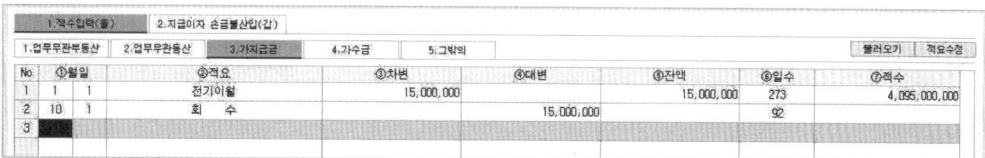

❶ 『1.적수입력(을)』 탭 : 『3.가지급금』 탭에서 주택 구입자금 대여금의 내역을 입력한다.
  * 소득의 귀속자가 불분명하여 대표자에 대한 상여로 소득처분한 금액에 대한 소득세를 법인이 대납한 금액은 업무무관 가지급금으로 보지 않는다.

❷ 『2.지급이자 손금불산입(갑)』 탭 : 차입금에 대한 이자율과 지급이자를 입력한다.
❸ 이자율 15% 라인의 [⑬]란 상단에 채권자 불분명의 사채이자를 입력한다.
❹ 이자율 5% 라인의 [⑯]란 상단에 미완공 건물신축에 사용한 차입금의 이자를 입력한다.
❺ F3 키(또는 상단 툴바의 F3 조정등록)을 이용하여 다음과 같이 세무조정 한다.
  [익금산입 및 손금불산입] 채권자 불분명 사채이자 1,269,000원 (상여)
                  사채이자 원천징수상당액 231,000원 (기타사외유출)
                  건설자금이자 과소계상액 1,000,000원 (유보발생)
                  업무무관 지급이자 512,876원 (기타사외유출)

해설 2   1102

❶ 『1.적수입력(을)』 탭 : 『3.가지급금』 탭에서 가지급금의 내역을 입력한다.

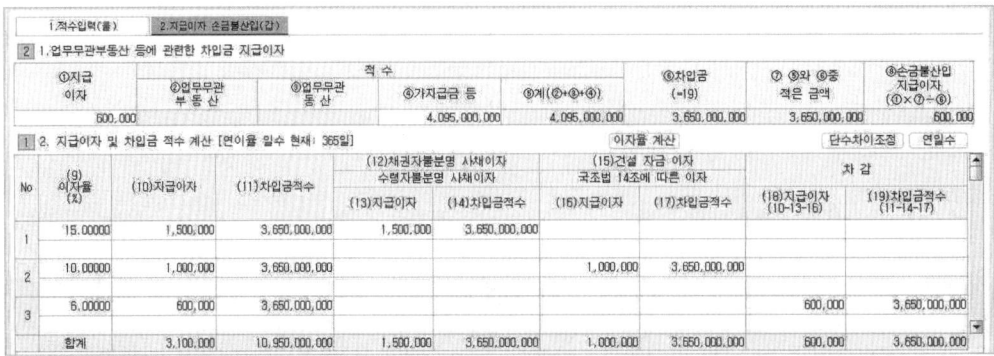

❷ 『2.지급이자 손금불산입(갑)』 탭 : 차입금에 대한 이자율과 지급이자를 입력한다.
❸ 이자율 15% 라인의 [⑬]란 상단에 채권자 불분명의 사채이자를 입력한다.
❹ 이자율 10% 라인의 [⑯]란 상단에 미완공 건물신축에 사용한 차입금의 이자를 입력한다.
❺ F3 키(또는 상단 툴바의 F3 조정등록)을 이용하여 다음과 같이 세무조정 한다.
  [익금산입 및 손금불산입] 채권자 불분명 사채이자 1,500,000원 (상여)
                       건설자금이자 과소계상액 1,000,000원 (유보발생)
                       업무무관 지급이자 600,000원 (기타사외유출)

해설 3   1103

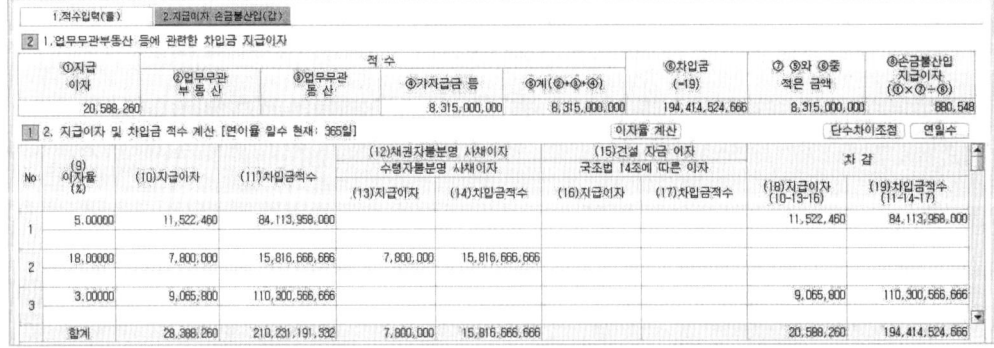

❶ 『1.적수입력(을)』 탭 : 『3.가지급금』 탭에서 가지급금의 내역을 입력한다.

❷ 『2.지급이자 손금불산입(갑)』 탭 : 차입금에 대한 이자율과 지급이자를 입력한다.
❸ 이자율 18% 라인의 [⑬]란 상단에 채권자가 불분명한 이자를 입력한다.

❹ F3 키(또는 상단 툴바의 F3 조정등록)을 이용하여 다음과 같이 세무조정 한다.
[익금산입 및 손금불산입] 채권자 불분명 사채이자 7,800,000원 (상여)
　　　　　　　　　　　　 업무무관 지급이자 880,548원 (기타사외유출)

해설 4 　　　　　　　　　1104

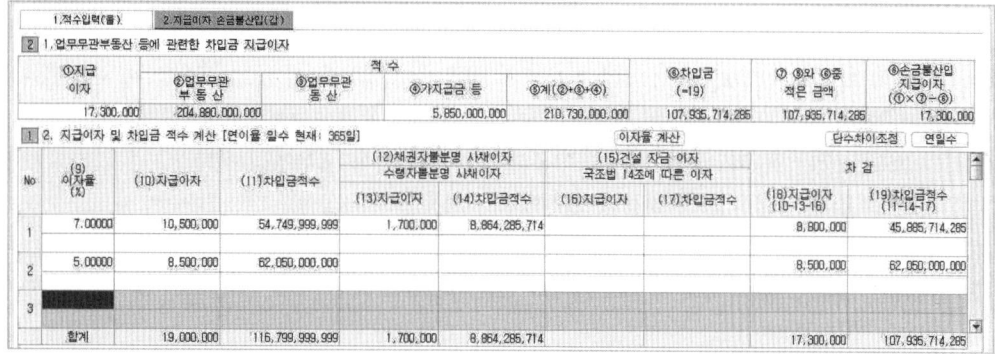

❶ 『1.적수입력(을)』 탭 : 『1.업무무관부동산』 탭에서 투자목적용 자산의 내역을 입력한다.

❷ 『3.가지급금』 탭에서 가지급금의 내역을 입력한다.

❸ 『2.지급이자 손금불산입(갑)』 탭 : 차입금에 대한 이자율과 지급이자를 입력한다.
❹ 이자율 7% 라인의 [⑬]란 상단에 채권자 불분명 사채이자를 입력한다.
❺ F3 키(또는 상단 툴바의 F3 조정등록)을 이용하여 다음과 같이 세무조정 한다.
[익금산입 및 손금불산입] 채권자 불분명 사채이자 1,700,000원 (상여)
　　　　　　　　　　　　 업무무관 지급이자 17,300,000원 (기타사외유출)

해설 5 　　　　　　　　　1105

※ 가지급금 등의 인정이자 조정명세서

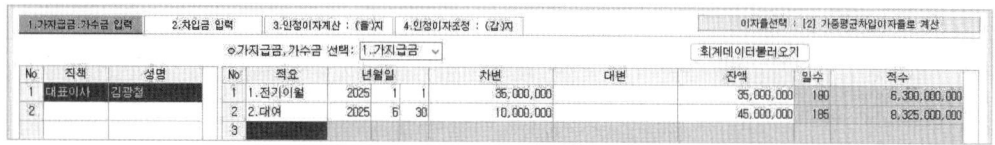

❶ 『1.가지급금·가수금 입력』 탭 : 직책과 성명을 입력한다. 「가지급금·가수금 선택 : [1.가지급금]」을 선택하고 가지급금의 내역을 입력한다.

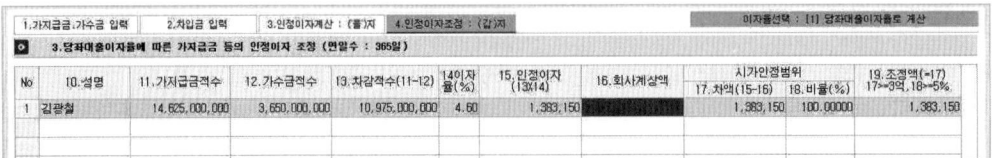

❷ 「가지급금·가수금 선택 : [2.가수금]」을 선택하고 가수금의 내역을 입력한다.

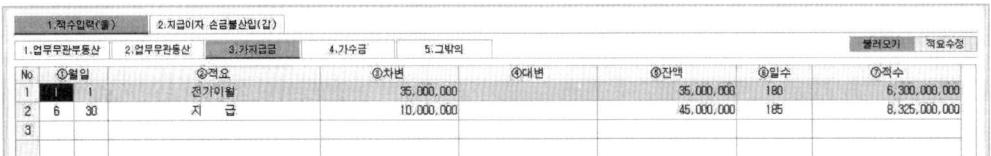

❸ 『3.인정이자계산 : (을)지』 탭 : 이자율선택 : [1] 당좌대출이자율로 계산 을 클릭하고 대화창에서 예(Y)를 클릭한다.

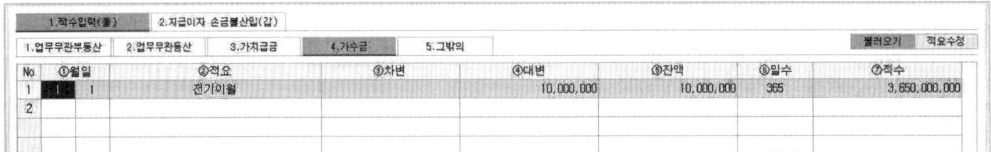

❹ 『4.인정이자조정 : (갑)지』 탭 : 가지급금 관련 이자 수령내역은 없으므로 [⑯]란에 입력할 금액은 없다.

❺ F3 키(또는 상단 툴바의 F3 조정등록)을 이용하여 다음과 같이 세무조정 한다.
[익금산입 및 손금불산입] 가지급금 인정이자 1,383,150원 (상여)

업무무관 부동산 등에 관련한 차입금이자 조정명세서

❶ 『1.적수입력(을)』 탭 : 『3.가지급금』 탭에서 상단 툴바의 F12 불러오기를 클릭하고 대화창에서 예(Y)를 클릭한다.

❷ 『4.가수금』 탭에서 상단 툴바의 F12 불러오기를 클릭하고 대화창에서 예(Y)를 클릭한다.

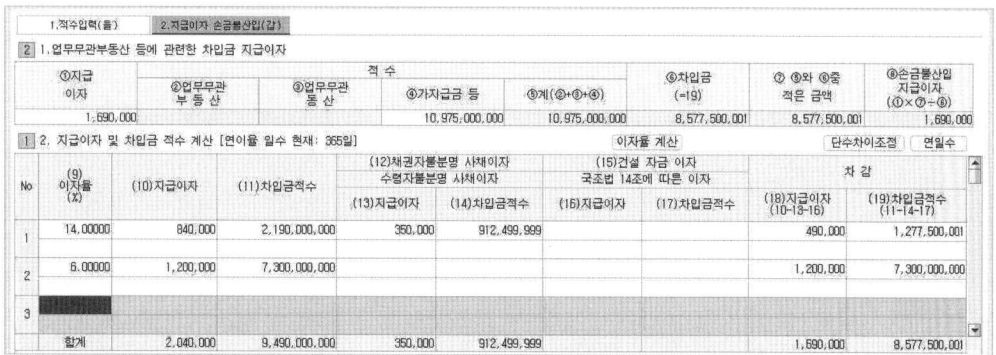

❸ 『2.지급이자 손금불산입(갑)』 탭 : 차입금에 대한 이자율과 지급이자를 입력한다.
❹ 이자율 14% 라인의 [⑬]란 상단에 채권자 불분명 사채이자를 입력한다.
❺ F3 키(또는 상단 툴바의 F3 조정등록)을 이용하여 다음과 같이 세무조정 한다.
  [익금산입 및 손금불산입] 채권자 불분명 사채이자 350,000원 (상여)
                        업무무관 지급이자 1,690,000원 (기타사외유출)

해설 6 _____1106

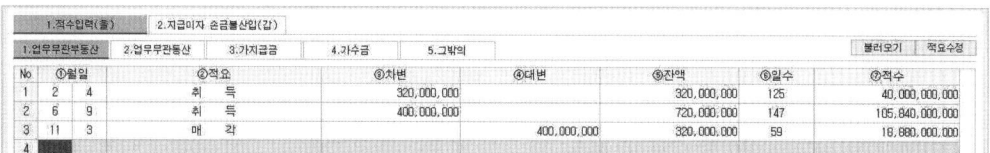

❶ 『1.적수입력(을)』 탭 : 『1.업무무관부동산』 탭에서 투자목적으로 취득한 자산의 내역을 입력한다.

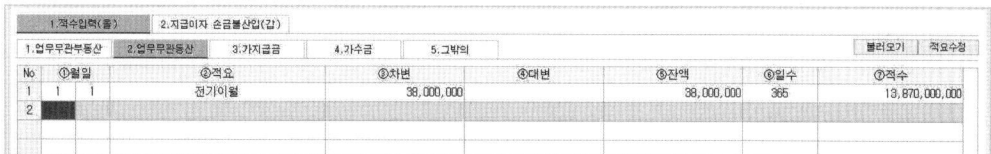

❷ 『2.업무무관동산』 탭에서 업무에 직접 사용하지 않는 선박의 내역을 입력한다.

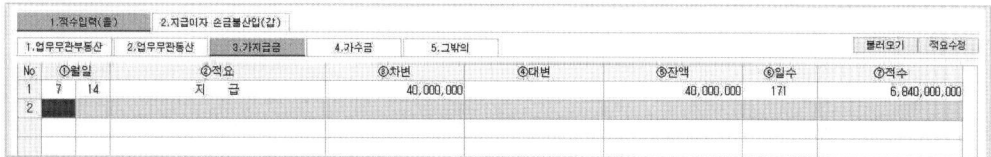

❸ 『3.가지급금』 탭에서 가지급금의 내역을 입력한다.
  * 직원에 대한 월정급여액의 범위 안에서의 일시적인 급료의 가불금은 업무무관 가지급금으로 보지 않는다.

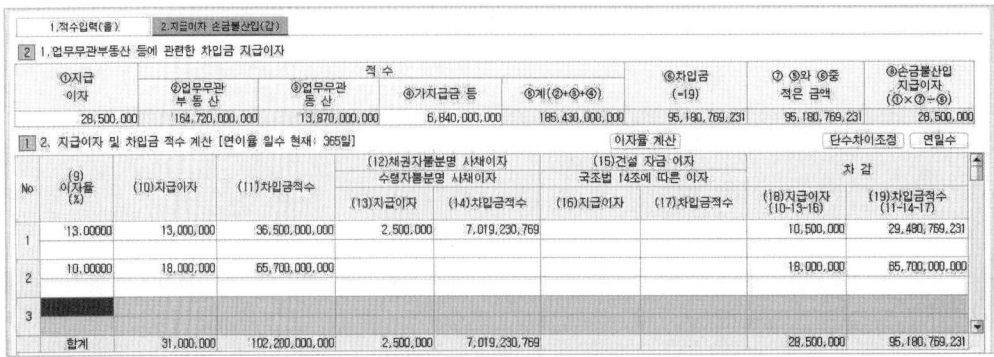

❹ 『2.지급이자 손금불산입(갑)』 탭 : 차입금에 대한 이자율과 지급이자를 입력한다.
❺ 이자율 13% 라인의 [⑬]란 상단에 채권자 불분명 사채이자를 입력한다.
❻ F3 키(또는 상단 툴바의 F3 조정등록)을 이용하여 다음과 같이 세무조정 한다.
  [익금산입 및 손금불산입] 채권자 불분명 사채이자 2,500,000원 (상여)
              업무무관 지급이자 28,500,000원 (기타사외유출)

해설 7   1107

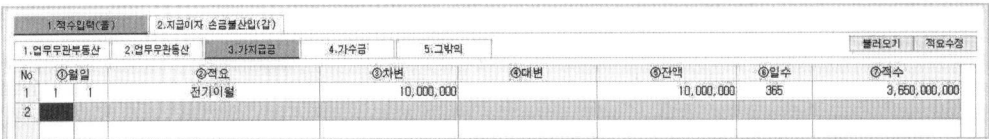

❶ 『1.적수입력(을)』 탭 : 『1.업무무관부동산』 탭에서 업무와 관련 없는 토지의 내역을 입력한다.
  *토지의 취득세는 자산의 원가에 가산하고 손금불산입(유보발생)으로 소득처분 한다.

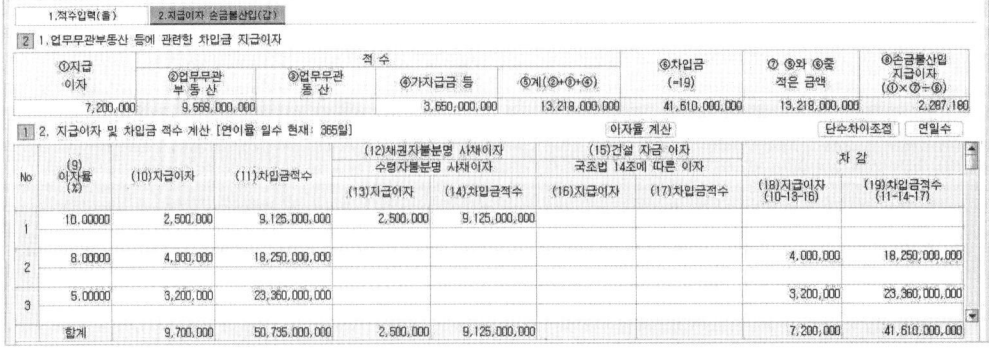

❷ 『3.가지급금』 탭에서 가지급금의 내역을 입력한다.

❸ 『2.지급이자 손금불산입(갑)』 탭 : 차입금에 대한 이자율과 지급이자를 입력한다.
❹ 이자율 10% 라인의 [⑬]란 상단에 채권자 불분명 사채이자를 입력한다.
❺ F3 키(또는 상단 툴바의 F3 조정등록)을 이용하여 다음과 같이 세무조정 한다.
 [익금산입 및 손금불산입] 토지 취득세 2,000,000원 (유보발생)
                  채권자 불분명 사채이자 2,500,000원 (상여)
                  업무무관 지급이자 2,287,180원 (기타사외유출)

해설 8   1108

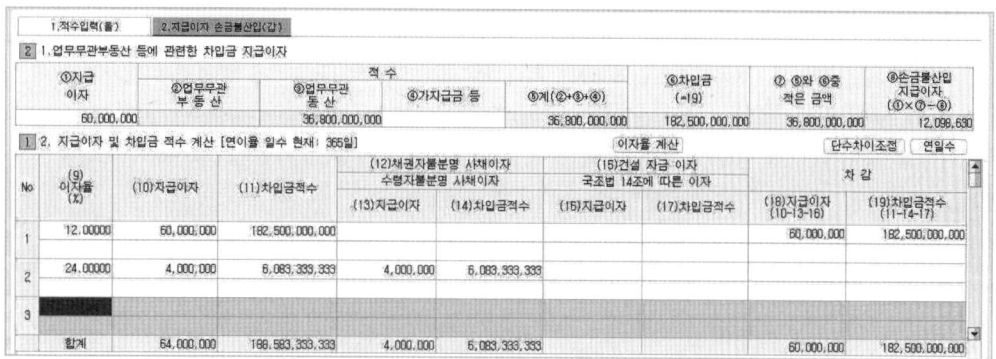

❶ 『1.적수입력(을)』 탭 : 『1.업무무관동산』 탭에서 비품으로 처리한 서화의 내역을 입력한다.

❷ 『2.지급이자 손금불산입(갑)』 탭 : 차입금에 대한 이자율과 지급이자를 입력한다.
❸ 이자율 24% 라인의 [⑬]란 상단에 채권자 불분명 사채이자를 입력한다.
❹ F3 키(또는 상단 툴바의 F3 조정등록)을 이용하여 다음과 같이 세무조정 한다.
 [익금산입 및 손금불산입] 채권자 불분명 사채이자 2,328,000원 (상여)
                  사채이자 원천징수상당액 1,672,000원 (기타사외유출)
                  업무무관 지급이자 12,098,630원 (기타사외유출)

해설 9   1109

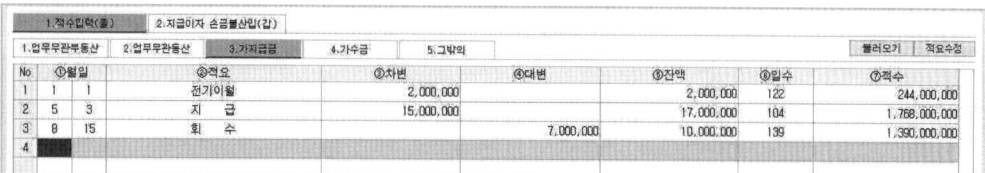

❶ 『1.적수입력(을)』 탭 : 『3.가지급금』 탭에서 가지급금의 내역을 입력한다.

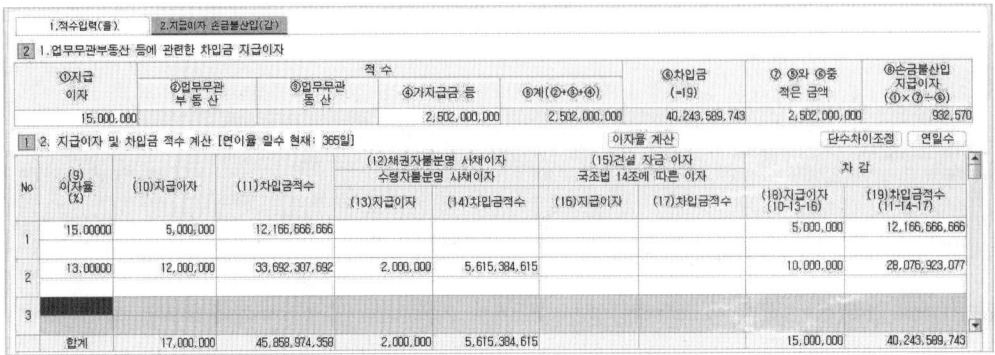

❷ 『4.가수금』 탭에서 가수금의 내역을 입력한다.

❸ 『2.지급이자 손금불산입(갑)』 탭 : 이자율과 지급이자를 입력한다.
  * 상업어음의 할인료, 운용리스조건에 의해 지급하는 리스료, 연지급수입에 있어서 취득가액과 구분하여 지급이자로 계상한 금액은 지급이자 손금불산입 규정의 지급이자에 포함되지 않는다.
❹ 이자율 13% 라인의 [⑬]란 상단에 채권자 불분명 사채이자를 입력한다.
❺ F3 키(또는 상단 툴바의 F3 조정등록)을 이용하여 다음과 같이 세무조정 한다.
  [익금산입 및 손금불산입] 채권자 불분명 사채이자 1,450,000원 (상여)
                              사채이자 원천징수상당액 550,000원 (기타사외유출)
                              업무무관 지급이자 932,570원 (기타사외유출)

해설10   1110

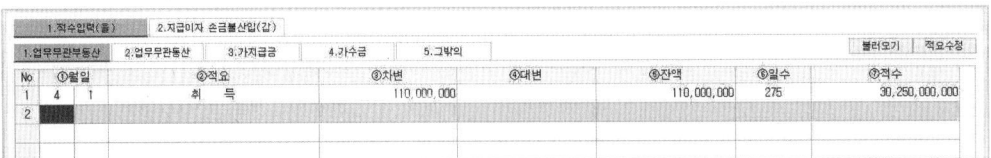

❶ 『1.적수입력(을)』 탭 : 『1.업무무관부동산』 탭에서 토지의 내역을 입력한다.
  * 토지의 취득세는 자산의 원가에 가산하고 손금불산입(유보발생)으로 소득처분 한다.

❷ 『2.지급이자 손금불산입(갑)』 탭 : 이자율과 지급이자를 입력한다.
❸ 이자율 10% 라인의 [⑬]란 상단에 채권자 불분명 사채이자를 입력한다.
   *법인이 결산을 확정함에 있어서 이미 경과한 기간에 대응하는 이자 등을 당해 연도의 손금으로 계상한 경우에는 그 계상한 사업연도의 손금으로 한다(발생주의 수용). 따라서 미지급이자는 차감하지 않는다.
❹ F3 키(또는 상단 툴바의 F3 조정등록)을 이용하여 다음과 같이 세무조정 한다.
   [익금산입 및 손금불산입] 채권자 불분명 사채이자 5,000,000원 (상여)
                          업무무관 지급이자 5,939,497원 (기타사외유출)
                          토지 취득세 10,000,000원 (유보발생)
                          토지 재산세 1,000,000원 (기타사외유출)
                          토지 관리비 15,000,000원 (상여)
   *법인의 업무와 직접 관련이 없다고 인정되는 자산을 취득·관리함으로써 생기는 비용, 유지비, 수선비 및 이와 관련되는 비용은 손금에 산입하지 아니한다.

No	⑨이자율(%)	⑩지급이자	⑪차입금적수	(12)채권자불분명 사채이자 수령자불분명 사채이자		(15)건설 자금 이자 국조법 14조에 따른 이자		차 감	
				(13)지급이자	(14)차입금적수	(16)지급이자	(17)차입금적수	(18)지급이자 (10-13-15)	(19)차입금적수 (11-14-17)
1	10.00000	5,000,000	18,250,000,000	5,000,000	18,250,000,000				
2	8.00000	8,000,000	36,500,000,000					8,000,000	36,500,000,000
3	7.00000	35,000,000	182,499,999,999					35,000,000	182,499,999,999
합계		48,000,000	237,249,999,999	5,000,000	18,250,000,000			43,000,000	218,999,999,999

memo

제 9 장 대손충당금 및 대손금 조정명세서

제1절 대손금

1. 개요

"대손금"이란 회수할 수 없는 채권금액을 말하며, 이는 순자산 감소의 원인이 되므로 원칙적으로 손금으로 인정된다. 기업회계기준에서는 회수불가능한 채권이면 모두 대손처리할 수 있지만, 회수불가능이란 기준이 모호하여 과세소득을 조작할 목적으로 이용될 가능성이 높아 법인세법은 이를 방지하기 위하여 대손금으로 손금산입할 수 있는 채권의 범위를 엄격하게 제한하고 있다.

2. 대손금의 범위

(1) 신고조정사항에 해당하는 대손금

다음 중 어느 하나에 해당하는 채권금액은 해당 사유가 발생한 날이 속하는 사업연도의 손금으로 한다. 이는 채무자에 대한 청구권이 법적으로 소멸되어 회수할 수 없게 된 것이므로, 법인이 이를 결산서상 대손금으로 회계처리를 하였는지 여부와 관계없이 그 법적 청구권이 소멸된 날이 속하는 사업연도의 손금에 산입해야 하는 것이다. 따라서 당해 대손사유가 발생한 사업연도에 회사가 이를 결산서에 비용으로 계상한 경우에는 세무조정이 발생하지 않지만, 이를 비용으로 계상하지 않으면 반드시 세무조정으로 손금에 산입하여야 한다.

① 상법에 따른 소멸시효가 완성된 외상매출금 및 미수금
② 어음법에 따른 소멸시효가 완성된 어음
③ 수표법에 따른 소멸시효가 완성된 수표
④ 민법에 따른 소멸시효가 완성된 대여금 및 선급금
⑤ 「채무자 회생 및 파산에 관한 법률」에 따른 회생계획인가의 결정 또는 법원의 면책결정에 따라 회수불능으로 확정된 채권
⑥ 민사집행법 제102조에 따라 채무자의 재산에 대한 경매가 취소된 압류채권

(2) 결산조정사항에 해당하는 대손금

다음 중 어느 하나에 해당하는 채권금액은 해당 사유가 발생하여 손비로 계상한 날이 속하는

사업연도의 손금으로 한다. 이는 채무자에 대한 법적 청구권은 소멸되지 않았으나 채무자의 자산상황·지급능력 등에 비추어 회수불능이라고 판단하는 경우로서, 채권 자체는 그대로 존재하고 있으므로 법인이 결산서상에 비용으로 계상한 경우에만 당해 사업연도에 손금산입할 수 있는 것이다. 따라서 회사가 이를 결산서상에 비용으로 계상하지 않은 경우에는 세무조정으로 손금산입할 수 없다.

① 채무자의 파산, 강제집행, 형의 집행, 사업의 폐지, 사망, 실종 또는 행방불명으로 회수할 수 없는 채권
② 부도발생일부터 6개월 이상 지난 수표 또는 어음상의 채권 및 외상매출금(중소기업의 외상매출금으로서 부도발생일 이전의 것에 한정한다)[주]. 다만, 해당 법인이 채무자의 재산에 대하여 저당권을 설정하고 있는 경우는 제외한다.

> [주] 이 경우 대손금으로 손비 계상할 수 있는 금액은 사업연도 종료일 현재 회수되지 않은 해당 채권의 금액에서 1,000원(비망가액)을 뺀 금액으로 한다.

③ 재판상 화해 등 확정판결과 같은 효력을 가지는 것에 따라 회수불능으로 확정된 채권
④ 회수기일이 6개월 이상 지난 채권 중 채권가액이 30만원 이하(채무자별 채권가액의 합계액을 기준으로 한다)인 채권
⑤ 중소기업의 외상매출금 및 미수금(이하 "외상매출금 등"이라 한다)으로서 회수기일이 2년 이상 지난 외상매출금 등. 다만, 특수관계인과의 거래로 인하여 발생한 외상매출금 등은 제외한다.

3. 손금산입할 수 있는 채권의 종류

(1) 원칙

법인세법에서는 위와 같이 대손금으로 손금산입할 수 있는 채권의 범위를 엄격하게 제한하고 있으나, 그 채권의 종류에 대하여는 별다른 제한을 두고 있지 않다. 따라서 일반적인 상거래에서 발생하는 매출채권은 물론이고, 일반적인 상거래 이외의 거래에서 발생한 기타채권도 위의 대손사유에 해당하는 경우에는 대손처리를 할 수 있거나 하여야 한다. 이러한 대손금에는 회수할 수 없는 부가가치세 매출세액 미수금(부가가치세법상 대손세액공제를 받은 것은 제외)도 포함된다.

(2) 예외

다음의 채권은 위의 대손사유가 충족되었다 할지라도 손금산입할 수 없으며, 후술하는 대손충당금 설정대상 채권에서도 제외된다.
① 채무보증으로 인하여 발생한 구상채권
② 특수관계인에게 해당 법인의 업무와 관련없이 지급한 가지급금 등

4. 대손금의 세무조정

(1) 대손금 발생시

대손사유를 충족한 채권을 대손처리하는 경우에는 대손충당금과 상계하여야 한다. 만일, 대손충당금과 상계하고도 남은 대손금이 있는 경우에는 이를 당해 사업연도의 소득금액 계산상 손금으로 처리한다.

(2) 대손금 회수시

대손금으로 손금산입한 채권이 회수되는 경우에는 그 회수일이 속하는 사업연도의 소득금액 계산상 익금에 산입한다.

(3) 대손금부인액의 처리

대손사유를 충족하지 못한 채권을 대손처리한 경우에는 이를 손금불산입하고 유보로 처분하고, 동 대손금부인액은 대손충당금 설정대상 채권에 포함시킨다. 이러한 대손금부인액은 추후에 대손사유를 충족하거나 대손금이 회수된 때 손금산입(익금불산입)하고 △유보로 처분한다.

> **[사례연구]**
>
> ### 대손금의 세무조정
>
> 〈ⅰ〉 대손사유를 충족한 채권의 경우
>
> **(1) 대손 발생시**
>
> [①회사] (차) 대손상각비(대손충당금)   100 / (대) 매출채권   100
> [③조정]   −
> [②세법] (차) 손 금   100 / (대) 매출채권   100
> ＊대손충당금의 감소는 결국 기말 결산시에 대손상각비의 증가이므로 비용으로 계상한 것과 동일한 결과가 된다.
>
> **(2) 대손금 회수시**
>
> [①회사] (차) 자산   100 / (대) 대손상각비(대손충당금)   100
> [③조정]   −
> [②세법] (차) 자산   100 / (대) 익 금   100
> ＊대손충당금의 증가는 결국 기말 결산시에 대손상각비의 감소이므로 수익으로 계상한 것과 동일한 결과가 된다(비용이 감소는 수익이 증가와 동일한 논리).
>
> 〈ⅱ〉 대손사유를 충족하지 못한 채권의 경우
>
> **(1) 대손발생시**
>
> [①회사] (차) 대손상각비(대손충당금)   100 / (대) 매출채권   100
> [③조정] (차) 매출채권   100 / (대) 대손상각비(대손충당금)   100
> [②세법]   −
> ＊기업회계상 자산과소 ⇨ 자본과소 ⇨ 세무회계상 자본을 증가 : 손금불산입(유보/발생)

(2-1) 대손사유가 충족된 경우

[①회사]　　　　　　　　　　　　　　　－
[③조정] (차) 손 금　　　　　　　100 / (대) 매출채권　　　　　　100
[②세법] (차) 손 금　　　　　　　100 / (대) 매출채권　　　　　　100
＊전기의 세무조정으로 인하여 기업회계상 자산과대 ⇨ 자본과대 ⇨ 세무회계상 자본을 감소 : 손금산입(△유보/감소)

(2-2) 대손금이 회수된 경우

[①회사] (차) 자 산　　　　　　　100 / (대) 대손상각비(대손충당금)　100
[③조정] (차) 대손상각비(대손충당금)　100 / (대) 자 산　　　　　　　100
[②세법]　　　　　　　　　　　　　　　－
＊전기의 세무조정으로 인하여 기업회계상 자산과대 ⇨ 자본과대 ⇨ 세무회계상 자본을 감소 : 익금불산입(△유보/감소)

제2절 대손충당금

1. 개요

법인이 각 사업연도의 결산을 확정할 때 외상매출금, 대여금 및 그 밖에 이에 준하는 채권의 대손에 충당하기 위하여 대손충당금을 손비로 계상한 경우에는 일정한 금액의 범위에서 그 계상한 대손충당금을 해당 사업연도의 소득금액을 계산할 때 손금에 산입한다. 이러한 대손충당금의 손금산입은 결산조정사항으로 회사가 비용으로 계상하지 않거나 미달하게 계상한 경우에는 세무조정으로 손금에 산입할 수 없다.

2. 설정대상 채권의 범위

대손충당금 설정대상 채권은 법인세법에서 대손충당금을 설정할 수 없다고 규정하고 있는 것을 제외하고는 원칙적으로 제한이 없다.

(1) 설정대상 채권

① 외상매출금 : 상품·제품의 판매가액의 미수액과 가공료·용역 등의 제공에 의한 사업수입금액의 미수액
② 대여금 : 금전소비대차계약 등에 의하여 타인에게 대여한 금액
③ 그 밖에 이에 준하는 채권 : 어음상의 채권·미수금, 그 밖에 기업회계기준에 따라 대손충당금 설정 대상이 되는 채권(유형자산 매각대금 미수금 등)

(2) 설정대상에서 제외되는 것

① 채무보증으로 인하여 발생한 구상채권
② 특수관계인에게 해당 법인의 업무와 관련없이 지급한 가지급금 등
③ 할인어음 및 배서양도한 어음
④ 특수관계인에게 자산을 고가양도하는 경우에 그 시가초과액에 상당하는 채권

[참고] 동일인에 대한 채권·채무의 상계 여부
법인이 동일인에 대한 매출채권과 매입채무를 가지고 있는 경우에는 해당 매입채무를 상계하지 않고 대손충당금을 설정할 수 있다. 다만, 당사자간 약정에 따라 상계하기로 한 경우에는 그렇지 않다.

3. 손금산입 한도액

대손충당금의 손금산입 한도액은 다음과 같다.

$$\text{대손충당금 손금산입 한도액} = \text{해당 사업연도 종료일 현재 설정대상 채권의 장부가액 합계액} \times \text{설정률}$$

(1) 설정대상 채권의 장부가액

대손충당금 설정대상 채권의 장부가액은 세무상 채권의 장부가액을 말하며, 다음과 같이 계산한다.

설정대상 채권의 장부가액 합계액 = ① + ② - ③
① 기말 재무상태표상 채권의 금액
② 세무상 채권에 해당하는 것으로 장부상 누락된 금액(대손사유를 충족하지 못한 채권을 대손처리한 금액, 매출누락으로 세무조정에 의해 익금산입한 금액 등)
③ 장부상 채권 중 설정제외 채권의 금액(할인어음 및 배서양도한 어음 등)

(2) 설정률

대손충당금 설정률은 1%와 당해 사업연도의 대손실적율(대손발생비율) 중 큰 것으로 한다. 이 경우 대손실적율은 다음과 같이 계산한다.

$$\text{대손실적율} = \frac{\text{해당 사업연도의 대손금(대손사유 충족분에 한함)}}{\text{직전 사업연도 종료일 현재의 (세무상)채권잔액}}$$

예제1 다음 자료에 의하여 ㈜이일공의 대손충당금 손금산입 한도액을 계산하시오.

(1) 당기 대손금으로 대손사유 발생 즉시 대손충당금과 상계된 채권 7,200,000원에 대한 내역은 다음과 같다.

- 6월 30일 : 외상매출금 중 소멸시효 완성분 3,000,000원
- 9월 30일 : 받을어음의 부도발생(6개월 미경과분) 4,200,000원

(2) 장부상 대손충당금 설정대상 채권잔액
- 당해 사업연도말 채권잔액 : 520,000,000원
- 직전 사업연도말 채권잔액 : 200,000,000원

해설 손금산입 한도액 : (①×②) = 7,863,000원
① 설정대상 채권 : (520,000,000 + 4,200,000[주]) = 524,200,000
  [주] 대손사유를 충족하지 못한 받을어음 4,200,000원은 설정대상 채권에 가산한다.
② 설정률 : MAX(㉠ 1%, ㉡ 1.5%) = 1.5%
＊대손실적율 : 3,000,000 ÷ 200,000,000 = 1.5%

예제2 다음 자료에 의하여 ㈜이공삼의 대손충당금 손금산입 한도액을 계산하시오.

(1) 외상매출금 198,000,000원 중 48,000,000원은 외상매입금과 상계하기로 약정되어 있고, 18,000,000원은 부가가치세 매출세액이다.

(2) 대손발생 및 변제내역
- 7/1 : 소멸시효 완성분 외상매출금 1,500,000원
- 10/1 : 회수기일이 6개월 이상 지난 ㈜성창의 외상매출금 500,000원
- 11/1 : 부도발생일로부터 7개월 경과한 중소기업의 외상매출금 7,000,000원

(3) 대손실적율은 0.5%라고 가정한다.

해설 손금산입 한도액 : (①×②) = 1,505,010원
① 설정대상 채권 : (198,000,000 - 48,000,000[주1] + 500,000[주2] + 1,000[주3]) = 150,501,000
  [주1] 외상매입금과 상계하기로 약정된 금액은 설정대상 채권에서 차감하고, 부가가치세 매출세액 미수금은 설정대상 채권에 포함된다.
  [주2] 회수기일이 6개월 이상 경과했지만 30만원 이하의 소액채권이 아니므로 ㈜성창의 외상매출금은 설정대상 채권에 가산한다.
  [주3] 부도발생일로부터 6개월 이상 경과한 중소기업의 외상매출금은 비망가액 1,000원을 공제한 금액을 대손금으로 손금산입할 수 있으므로 비망가액 1,000원은 설정대상 채권에 가산한다.
② 설정률 : MAX(㉠ 1%, ㉡ 대손실적율 0.5%) = 1%

4. 대손충당금의 세무조정

(1) 대손충당금 설정

대손충당금은 반드시 결산조정에 의하여 설정하여야 한다. 대손충당금을 설정하는 방법에는 총액법과 보충법이 있으며, 법인세법에서는 총액법에 의한 설정을 원칙으로 하고 있다. 다

만, 기업회계기준에 따라 당해 사업연도 대손충당금 설정범위액 내에서 익금에 산입하여야 할 대손충당금을 차감한 잔액만을 설정한 경우(보충법)에도 이를 단순한 기표상의 생략으로 보아 각각 익금 또는 손금에 산입한 것으로 본다. 즉, 총액법으로 회계처리한 것으로 보고 세무조정을 하게 된다.

(2) 상계와 환입

대손충당금을 설정한 법인에 대손이 발생한 경우에는 대손충당금과 먼저 상계하여야 하고, 대손충당금이 부족한 경우에는 당해 사업연도의 손금으로 처리한다. 상계하고 남은 대손충당금 잔액은 그 다음 사업연도의 소득금액 계산상 이를 익금에 산입하여야 한다(총액법).

(3) 대손충당금 한도초과액

해당 사업연도에 손금으로 계상한 대손충당금 중 손금산입 한도액을 초과하는 금액은 손금불산입하고 유보로 처분하며, 동 금액은 다음 사업연도에 대손충당금 잔액을 익금에 산입할 때 익금불산입 △유보로 처분한다.

사례연구

대손충당금의 세무조정

〈ⅰ〉 1년 기말

매출채권 잔액 100,000,000원에 대하여 1%의 대손충당금을 설정하고 다음과 같이 회계처리 하였다(세법상 한도액은 1,000,000원).

(차) 대손상각비   1,000,000 / (대) 대손충당금   1,000,000

대손충당금(1년 중)			
당기감소	0	전기이월	0
차기이월	1,000,000	당기설정	1,000,000

☑ 세무조정 : 없음

[①회사] (차) 대손상각비   1,000,000 / (대) 대손충당금   1,000,000
[③조정]   —
[②세법] (차) 대손상각비   1,000,000 / (대) 대손충당금   1,000,000

*대손충당금 한도초과액이 없으므로 세무조정은 없다.

〈ⅱ〉 2년 기중

대손사유를 충족한 대손금 400,000원 발생하여 다음과 같이 회계처리 하였다.

(차) 대손충당금   400,000 / (대) 매출채권   400,000

대손충당금(2년 중)			
당기감소	400,000	전기이월	1,000,000

〈ⅲ〉 2년 기말

매출채권 잔액 150,000,000원에 대하여 1%의 대손충당금을 설정하고 다음과 같이 회계처리 하였다(세법상 한도액은 1,500,000원).
(차) 대손상각비　　　　　900,000　/　(대) 대손충당금　　　　　900,000
＊(150,000,000 × 1%) − 600,000 = 900,000원

	대손충당금(2년 말)		
당기감소	400,000	전기이월	1,000,000
차기이월	1,500,000	당기설정	900,000

☒ 세무조정 : 없음
[①회사] (차) 대손충당금　　　　600,000　/　(대) 대손충당금환입　　　600,000
　　　　 (차) 대손상각비　　　1,500,000　/　(대) 대손충당금　　　 1,500,000
＊기업회계기준에 따라 보충법으로 회계처리한 경우 단순한 기표상의 생략으로 보아 각각 익금 또는 손금에 산입한다. 따라서 회사의 회계처리를 총액법으로 바꾸어 놓고 세무조정을 해야 하는 것이다.
[③조정]　　　　　　　　　　　　　−
[②세법] (차) 대손충당금　　　　600,000　/　(대) 대손충당금환입　　　600,000
　　　　(차) 대손상각비　　　1,500,000　/　(대) 대손충당금　　　 1,500,000
＊대손충당금 한도초과액이 없으므로 세무조정은 없다.

〈ⅳ〉 3년 기중

대손사유를 충족한 대손금 500,000원 발생하여 다음과 같이 회계처리 하였다.
(차) 대손충당금　　　　　500,000　/　(대) 매출채권　　　　　500,000

	대손충당금(3년 중)		
당기감소	500,000	전기이월	1,500,000

〈ⅴ〉 3년 기말

매출채권 잔액 200,000,000원에 대하여 2%의 대손충당금을 설정하고 다음과 같이 회계처리 하였다(세법상 한도액은 2,000,000원).
(차) 대손상각비　　　　3,000,000　/　(대) 대손충당금　　　 3,000,000
＊(200,000,000 × 2%) − 1,000,000 = 3,000,000원

	대손충당금(3년 말)		
당기감소	500,000	전기이월	1,500,000
차기이월	4,000,000	당기설정	3,000,000

☑ 세무조정 : 〈손금불산입〉 대손충당금 한도초과액 2,000,000 (유보/발생)
[①회사] (차) 대손충당금　　　1,000,000　/　(대) 대손충당금환입　 1,000,000
　　　　 (차) 대손상각비　　　4,000,000　/　(대) 대손충당금　　　 4,000,000

[③조정] (차) 대손충당금　　　　　　2,000,000 / (대) 대손상각비　　　　　2,000,000
[②세법] (차) 대손충당금　　　　　　1,000,000 / (대) 대손충당금환입　　　1,000,000
　　　　(차) 대손상각비　　　　　　2,000,000 / (대) 대손충당금　　　　　2,000,000

＊대손충당금 한도초과액이 2,000,000원은 손금불산입 유보 처분한다. 이는 총액법의 논리에 따라 그 다음연도에 대손충당금 잔액을 익금에 산입할 때 과다환입하게 되어 자동으로 익금불산입 △유보 처분하게 된다.

〈vi〉 4년 기중

대손사유를 충족한 대손금 1,000,000원 발생하여 다음과 같이 회계처리 하였다.
(차) 대손충당금　　　　　　1,000,000 / (대) 매출채권　　　　　1,000,000

대손충당금(4년 중)

당기감소	1,000,000	전기이월	4,000,000	(부인액 2,000,000) 세무상 2,000,000

〈vii〉 4년 기말

매출채권 잔액 500,000,000원에 대하여 1%의 대손충당금을 설정하고 다음과 같이 회계처리 하였다(세법상 한도액은 5,000,000원).
(차) 대손상각비　　　　　　2,000,000 / (대) 대손충당금　　　　　2,000,000
＊(500,000,000 × 1%) − 3,000,000 = 2,000,000원

대손충당금(4년 말)

당기감소	1,000,000	전기이월	4,000,000	(부인액 2,000,000) 세무상 2,000,000
차기이월	5,000,000	당기설정	2,000,000	

☑ 세무조정 : 〈익금불산입〉 대손충당금 과다환입액 2,000,000 (△유보/감소)

[①회사] (차) 대손충당금　　　　　　3,000,000 / (대) 대손충당금환입　　　3,000,000
　　　　(차) 대손상각비　　　　　　5,000,000 / (대) 대손충당금　　　　　5,000,000
[③조정] (차) 대손충당금환입　　　　2,000,000 / (대) 대손충당금　　　　　2,000,000
[②세법] (차) 대손충당금　　　　　　1,000,000 / (대) 대손충당금환입　　　1,000,000
　　　　(차) 대손상각비　　　　　　5,000,000 / (대) 대손충당금　　　　　5,000,000

＊세법상 환입해야할 금액은 전기이월 4,000,000원 중 부인액 2,000,000원을 차감한 2,000,000원에서 당기감소 1,000,000원을 차감한 금액이다. 따라서 대손충당금 과다환입액 2,000,000원을 익금불산입하고 △유보 처분한다. 즉, 전기에 부인된 유보는 당기에 항상 과다환입하게 되어 익금불산입 △유보로 추인된다.
＊대손충당금 당기설정 한도초과액은 없으므로 이에 관한 세무조정 없다.

예제3 다음 자료에 의하여 ㈜최대리의 대손금 및 대손충당금 손금산입 한도액에 관한 세무조정을 하시오.

(1) 대손충당금은 외상매출금과 받을어음에 대하여 설정되어 있으며, 매출채권의 기말잔

액은 다음과 같다.
- 외상매출금 : 200,000,000원
- 받을어음   : 300,000,000원

(2) 10월 1일 거래처의 부도로 받을어음 1,200,000원이 회수불가능하게 되어 동일자에 다음과 같이 회계처리 하였다(부도발생일 : 당기 10월 1일).
 (차) 대손충당금   1,200,000 / (대) 받을어음   1,200,000

(3) 대손충당금 계정의 내역

차 변		대 변	
10/ 1 받을어음	1,200,000	1/ 1 전기이월	2,000,000
12/31 차기이월	10,000,000	12/31 대손상각비	9,200,000

(4) 기타 자료
 ① 전기의 대손충당금 설정 한도초과액 500,000원이 유보로 처분되어 있다.
 ② 대손충당금 환입은 기업회계기준에 따라 보충법을 사용하고 있다.
 ③ 당사의 대손실적율은 1/100 이하이다.

[해설] (1) 대손금조정
대손사유를 충족하지 못한 받을어음 1,200,000원은 손금불산입(유보) 처분한다.

(2) 대손충당금 과다환입
전기에 대손충당금 한도초과액으로 부인된 500,000원은 총액법의 논리에 따라 당기에 대손충당금 잔액을 익금에 산입할 때 항상 과다환입하게 되어 익금불산입(△유보)로 추인된다.

(3) 손금산입 한도액 : (①×②) = 5,012,000원
 ① 설정대상 채권 : (200,000,000 + 300,000,000 + 1,200,000[주]) = 501,200,000
  [주] 대손사유를 충족하지 못한 받을어음 1,200,000원은 설정대상 채권에 가산한다.
 ② 설정률(1/100)

(4) 한도초과액 : (①-②) = 4,988,000원
 ① 회사계상액 : 10,000,000
 *총액법으로 보고 세무조정 하므로 회사계상액은 대손충당금 당기증가액 9,200,000원이 아닌 기말잔액 10,000,000원과 비교해야 한다.
 ② 손금산입 한도액 : 5,012,000
 ☑ 세무조정 : 〈손금불산입〉 대손금 부인액 1,200,000 (유보/발생)
        〈익금불산입〉 대손금충당금 과다환입액 500,000 (△유보/감소)
        〈손금불산입〉 대손충당금 한도초과액 4,988,000 (유보/발생)

제3절 대손충당금 및 대손금 조정명세서

KcLep 길라잡이

- [과목별 세무조정]>[대손충당금 및 대손금 조정명세서]를 선택하면 다음과 같은 화면이 나타난다.

1st 2. 대손금 조정

㉒ 일자

회수불능 채권을 대손처리한 일자를 입력한다.

㉓ 계정과목

F2 키를 이용하여 대손처리한 채권의 계정과목을 코드번호 3자리로 입력한다.

㉔ 채권내역

회수불능채권의 내역을 (1.매출채권 / 2.미수금 / 3.기타채권) 중에서 선택한다.

㉕ 대손사유

대손사유를 (1.파산 / 2.강제집행 / 3.사망·실종 / 4.정리계획 / 5.부도(6개월경과) / 6.소멸시효완성) 중에서 선택한다.

㉖ 금액

대손사유가 발생한 채권금액을 입력한다.

▶ 대손충당금상계액

[㉖금액]란의 금액 중 회사가 대손충당금과 상계한 금액을 입력한다. 이 경우 법인세법상 대손사유에 해당하는 금액은 [㉘시인액]란에 입력하고, 대손사유에 해당하지 아니하는 금액은 [㉙부인액]란에 입력한다. [㉙부인액]란은 세무상 채권으로서 존속하는 것으로 간주하여 대손충당금 설정대상에 포함되므로 『채권잔액』의 [⑱기말 현재 대손금부인누계(당기)]란에 입력하여 설정대상 채권의 장부가액을 증가시킨다.

▶ 당기 손비계상액

[㉖금액]란의 금액 중 회사가 대손상각비로 계상한 금액을 입력한다. 이 경우 법인세법상 대손사유에 해당하는 금액은 [㉛시인액]란에 입력하고, 대손사유에 해당하지 아니하는 금액은 [㉜부인액]란에 입력한다. [㉜부인액]란은 세무상 채권으로서 존속하는 것으로 간주하여 대손충당금 설정대상에 포함되므로 『채권잔액』의 [⑱기말 현재 대손금부인누계(당기)]란에 입력하여 설정대상 채권의 장부가액을 증가시킨다.

2nd ·· 1. 대손충당금 조정

✳ 채권잔액

	No	16.계정과목	17.채권잔액의 장부가액	18.기말현재대손금부인누계		19.합계 (17+18)	20.충당금설정제외채권 (할인,배서,특수채권)	21.채 권 잔 액 (19-20)
				전기	당기			
채권	1							
잔액								
	계							

⑯ 계정과목

F2 키를 이용하여 재무상태표상 기말 채권을 계정과목별로 구분하여 코드번호 3자리로 입력한다.

⑰ 채권잔액의 장부가액

재무상태표상 기말 채권의 금액을 입력한다. [회계관리] 메뉴에 입력된 Data가 있는 경우에는 상단 툴바의 F8 잔액조회 키를 이용하여 「잔액조회」 보조창에서 채권의 계정코드범위를 입력하고 [잔액]란의 금액을 확인하여 입력한다.

⑱ 기말 현재 대손금부인누계

전기말 현재 대손금부인누계액에서 당기 중 손금으로 추인된 금액을 차감한 금액을 [전기]란에 입력한다. 당기 중 회사가 대손사유를 충족하지 못한 채권을 대손처리한 금액(㉙란 및 ㉜란의 금액)은 [당기]란에 입력한다(자동반영).

⑳ 충당금 설정제외 채권(할인, 배서, 특수채권)

[⑰채권잔액의 장부가액]란의 금액 중 대손충당금 설정제외 채권이 포함된 경우 해당 금액을 입력한다.

㉑ 채권잔액(⑲-⑳)

동 금액은 당해 사업연도 종료일 현재 설정대상 채권의 장부가액을 의미한다.

※ 익금산입액 조정

익금산입액 조정	8.장부상 충당금기초잔액	9.기중 충당금환입액	10.충당금부인 누계액	11.당기대손금 상계액(27의금액)	12.충당금보충액 (충당금장부잔액)	13.환입할금액 (8-9-10-11-12)	14.회사환입액 (회사기말환입)	15.과소환입·과다 환입(△)(13-14)

⑧ 장부상 충당금 기초잔액

회사 장부상 대손충당금 기초잔액(전기이월액)을 입력한다. [회계관리] 메뉴에 입력된 Data가 있는 경우에는 상단 툴바의 F8 잔액조회 키를 이용하여 「잔액조회」 보조창에서 대손충당금의 계정코드범위를 입력하고 [기초잔액]란의 금액을 확인하여 입력한다.

⑨ 기중 충당금 환입액

전기 본 명세서상 [⑩충당금 부인누계액]란 중 회사가 당기 중에 환입한 금액을 입력한다. 동 금액은 이월익금(각 사업연도의 소득으로 이미 과세된 소득)에 해당하므로 익금불산입 유보감소로 처분한다.

⑩ 충당금 부인누계액

전기 본 명세서상 [⑩충당금 부인누계액]란에서 당기 [⑨기중 충당금 환입액]란을 차감한 금액을 입력한다.

⑪ 당기 대손금 상계액(㉗의 금액)

『2.대손금 조정』의 대손충당금 상계액 [㉗계]란의 금액이 자동 반영된다. 동 금액은 당기에 대손금이 발생하여 대손충당금과 상계한 금액을 의미한다.

⑫ 충당금보충액(충당금장부잔액)

[⑤보충액]란에 입력한 금액이 자동 반영된다.

> **한마디...**
> 당기 설정 충당금보충액의 이해를 돕기 위해서 사례를 들어본다.
> [예1] 기말 대손추산액이 1,000이고 대손충당금 잔액이 800인 경우를 보자. 총액법에 따르면 800을 모두 환입하고 1,000을 다시 설정해야 하지만, 보충법에 의하면 대손추산액 중 충당금 잔액 800을 차감한 200만 추가로 설정하게 된다. 이때 당기 환입할 금액과 상계한 800이 당기 설정 충당금보충액이다.
> [예2] 기말 대손추산액이 4,000이고 대손충당금 잔액이 7,000인 경우를 보자. 총액법에 따르면 7,000을 모두 환입하고 4,000을 다시 설정해야 하지만, 보충법에 의하면 3,000만 환입하고 추가로 설정하지 않는다. 이때 당기 환입할 금액과 상계한 4,000이 당기 설정 충당금보충액이다.

⑬ 환입할 금액(⑧-⑨-⑩-⑪-⑫)

전기에 설정한 대손충당금 중 세무상 당기 미사용 잔액을 의미한다.

⑭ 회사 환입액(회사 기말환입)

회사가 기말 결산시에 대손충당금을 환입한 금액을 입력한다. 기말에 대손충당금을 환입하는 경우와 설정하는 경우는 동시에 생길 수 없는 상황이므로 [⑭회사 환입액]란과 [④당기 계상액]란은 둘 중 하나만 입력하게 된다.

⑮ 과소환입·(△)과다환입(⑬-⑭)

[⑬환입할 금액]란에서 [⑭회사 환입액]란을 차감한 금액이 자동 반영된다. 동 금액이 양수(+)인 경우에는 과소환입으로 익금산입 유보발생으로 처분하고, 음수(-)인 경우에는 과다환입으로 [⑩충당금 부인누계액]란의 범위 안에서 익금불산입 유보감소로 처분한다.

✳ 손금산입액 조정

손금산입액 조정	1.채권잔액 (21의금액)	2.설정률(%)			3.한도액 (1×2)	회사계상액			7.한도초과액 (6-3)
		○기본율	○실적율	○적립기준		4.당기계상액	5.보충액	6.계	

① 채권잔액(㉑의 금액)

『채권잔액』의 [㉑채권잔액]란의 금액이 자동 반영된다. 동 금액은 당해 사업연도 종료일 현재 설정대상 채권의 장부가액을 의미한다.

② 설정률(%)

기본율(1%)과 실적율 중 큰 비율을 선택한다.

[참고] 실적율

실적율은 다음의 산식에 의하여 계산한 금액을 입력한다.

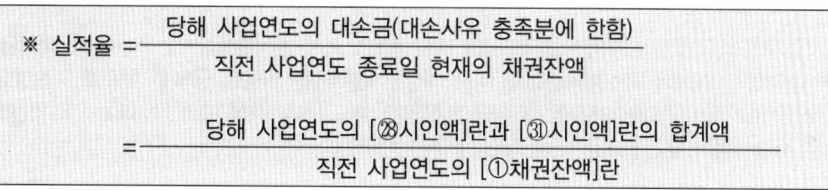

③ 한도액(①×②)

[①채권잔액]란에 [②설정률]란을 곱한 금액이 자동 반영된다.

④ 당기 계상액

회사가 기말에 비용으로 계상한 대손충당금을 입력한다. 즉, 기말 결산시 대손충당금 추가설정액을 입력한다. [회계관리] 메뉴에 입력된 Data가 있는 경우에는 상단 툴바의 F8 잔액조회 키를 이용하여 「잔액조회」 보조창에서 대손충당금의 계정코드범위를 입력하고 [당기증가]란의 금액을 확인하여 입력한다.

⑤ 보충액

대손충당금 잔액을 총액법에 따라 환입하지 않고 기업회계기준(보충법)에 따라 당기에 환입할 금액과 상계한 금액(당기 설정액에 보충한 금액)을 입력한다. 즉, [⑧]란에서 [⑪]란과 [⑭]란을 차감한 잔액을 입력한다. 동 금액은 [⑫충당금보충액]란에 자동 반영된다.

⑥ 계

[④당기 계상액]란에 [⑤보충액]란을 가산한 금액이 자동 반영된다.

⑦ 한도초과액(⑥-③)

동 금액이 양수(+)이면 한도초과액이 발생한 것이므로 손금불산입 유보발생으로 처분하고, 동 금액이 음수(-)이면 한도미달이며 "0"으로 표시된다. 한도미달의 경우 세무조정은 발생하지 않는다.

한마디...

『3.한국채택국제회계기준 등 적용 내국법인에 대한 대손충당금 환입액의 익금불산입액의 조정』은 법인이 2014.12.31.이 속하는 사업연도 이전에 국제회계기준을 최초로 적용하는 경우에 작성하는 내용으로 자격시험과 무관하므로 이에 대한 설명은 생략한다.

두마디...

해외건설사업자인 내국법인이 해외건설자회사에 대한 채권으로서 일정한 요건을 모두 갖춘 대여금 등의 대손에 충당하기 위하여 대손충당금을 손비로 계상한 경우에는 일정한 금액을 한도로 대손충당금을 해당 사업연도의 소득금액을 계산할 때 손금에 산입할 수 있는데, 이에 따라 작성되는 『해외건설자회사』 탭은 자격시험과 무관하므로 이에 대한 설명은 생략한다.

세무조정사항 정리

i> [㉙부인액] : 손금불산입(유보발생)

ii> [㉜부인액] : 손금불산입(유보발생)

iii> [⑮]란이 양수(+)인 경우 : 익금산입(유보발생)

        음수(-)인 경우 : [⑩충당금부인누계액]의 범위 안에서 익금불산입(유보감소)

iv> [⑦한도초과액] : 손금불산입(유보발생)

v> [⑨기중 충당금환입액] : 익금불산입(유보감소)

KcLep 따라하기

예제 다음 자료에 의하여 ㈜최대리(회사코드 : 1001)의 [대손충당금 및 대손금 조정명세서]를 작성하고 세무조정 하시오.

(1) 대손충당금은 외상매출금과 받을어음에 대하여 설정되어 있으며, 매출채권의 기말잔액은 다음과 같다.
  - 외상매출금 : 200,000,000원
  - 받을어음 : 300,000,000원

(2) 10월 1일 거래처의 부도로 받을어음 1,200,000원이 회수불가능하게 되어 동일자에 다음과 같이 회계처리 하였다(부도발생일 : 당기 10월 1일).
  (차) 대손충당금   1,200,000   /   (대) 받을어음   1,200,000

(3) 대손충당금 계정의 내역

차 변		대 변	
10/ 1 받을어음	1,200,000	1/ 1 전기이월	2,000,000
12/31 차기이월	10,000,000	12/31 대손상각비	9,200,000

(4) 기타 자료
  ① 전기의 대손충당금 설정 한도초과액 500,000원이 유보로 처분되어 있다.
  ② 대손충당금 환입은 기업회계기준에 따라 보충법을 사용하고 있다.
  ③ 당사의 대손실적율은 1/100 이하이다.

대손충당금 및 대손금 조정명세서

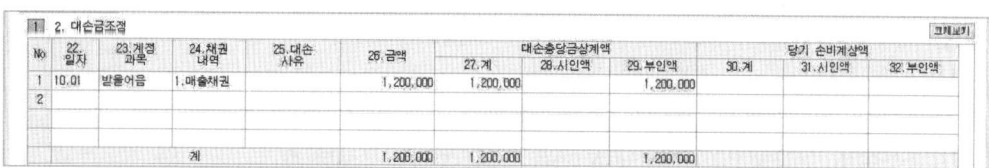

❶ [㉒일자]란에 회수불능 채권을 대손처리한 일자(10.01)를 입력하고, [㉓계정과목]란에 F2 키를 이용하여 계정과목(110.받을어음)을 입력한다.

❷ [㉔채권내역]란에 "1.매출채권"을 입력하고 [㉕대손사유]란은 입력할 필요 없다.

❸ [㉖금액]란에 대손처리한 채권금액 1,200,000원을 입력하고, 대손사유를 충족하지 못한 채권이므로 동 금액을 [㉙부인액]란에 입력한다.

	No	16.계정과목	17.채권잔액의 장부가액	18.기말현재대손금부인누계		19.합계 (17+18)	20.충당금설정제외채권 (할인,배서,특수채권)	21.채 권 잔 액 (19-20)
				전기	당기			
채권잔액	1	외상매출금	200,000,000			200,000,000		200,000,000
	2	받을어음	300,000,000		1,200,000	301,200,000		301,200,000
	3							
		계	500,000,000		1,200,000	501,200,000		501,200,000

❹ [⑯계정과목]란에 F2 키를 이용하여 채권의 계정과목 코드번호를 입력하고, [⑰채권잔액의장부가액]란에 계정과목별로 채권의 기말잔액을 입력한다.

❺ 대손사유를 충족하지 못한 대손금부인액 1,200,000원은 [⑱기말현재대손금부인누계(당기)]란에 입력하여 대손충당금 설정대상 채권의 장부가액을 증가시킨다(자동반영).

손금산입액조정	1.채권잔액 (21의금액)	2.설정률(%)			3.한도액 (1×2)	회사계상액			7.한도초과액 (6-3)
		●기본율	○실적률	○적립기준		4.당기계상액	5.보충액	6.계	
	501,200,000	1			5,012,000	9,200,000	800,000	10,000,000	4,988,000
익금산입액조정	8.장부상충당금기초잔액	9.기중충당금환입액	10.충당금부인누계액	11.당기대손상계액(27의금액)	12.충당금보충액(충당금장부잔액)	13.환입할금액 (8-9-10-11-12)	14.회사환입액 (회사기말환입)	15.과소환입·과다환입(△)(13-14)	
	2,000,000		500,000	1,200,000	800,000	-500,000		-500,000	

❻ [⑧장부상충당금기초잔액]란에 대손충당금 계정의 전기이월 2,000,000원을 입력한다.

❼ [⑨기중충당금환입액]란은 해당 금액이 없으므로 입력하지 않으며, [⑩충당금부인누계액]란에 전기의 대손충당금 설정 한도초과액으로 500,000원을 입력한다.

❽ [⑫충당금보충액]란은 [⑤보충액]란을 입력하면 자동 반영되므로 입력하지 않으며, [⑭회사환입액]란은 해당 금액이 없으므로 입력하지 않는다.

❾ 대손실적율(0%)이 기본율(1%)보다 작으므로 [②설정률]란은 수정하지 않는다.

❿ [④당기계상액]란에 대손충당금 계정의 대변(대손상각비) 9,200,000원을 입력한다.

⓫ [⑤보충액]란에 ([⑧]란 − [⑪]란 − [⑭]란)의 금액 800,000원을 입력한다. 동 금액은 [⑫충당금보충액]란에 자동 반영된다.

TIP [⑤보충액]란을 쉽게 입력하는 방법
[⑧]란를 입력하고 [⑩]란은 입력하지 않는다. 그리고 [④]란을 입력하고 [⑬]란에 있는 금액을 [⑤]란에 입력한다. 그리고 맨 마지막에 [⑩]란을 입력하면 동일한 금액이 [⑬]란과 [⑮]란에 음수로 입력된다. 이 방법은 [⑭]란에 금액이 없는 경우에 사용할 수 있는 편리한 방법이다.

조정 등록					
익금산입 및 손금불산입			손금산입 및 익금불산입		
과 목	금 액	소득처분	과 목	금 액	소득처분
대손금 부인액	1,200,000	유보발생	대손충당금 과다환입액	500,000	유보감소
대손충당금 한도초과액	4,988,000	유보발생			

⓬ F3 키(또는 상단 툴바의 F3 조정등록)을 이용하여 다음과 같이 세무조정 한다.
[익금산입 및 손금불산입] 대손금 부인액 1,200,000원 (유보발생)
　　　　　　　　　　　대손충당금 한도초과액 4,988,000원 (유보발생)
[손금산입 및 익금불산입] 대손충당금 과다환입액 500,000원 (유보감소)

기/출/문/제 [실기]

01 다음 자료에 의하여 ㈜이공일(회사코드 : 1201)의 [대손충당금 및 대손금 조정명세서]를 작성하고 세무조정을 하시오. 단, 대손설정율은 1%로 한다.(6점)

(1) 당기 대손충당금과 상계된 금액의 내용
  - 4월 1일 : 법원의 면책결정에 따라 회수불능으로 확정된 ㈜만세에 대한 미수금 20,000,000원
  - 5월 1일 : ㈜민국이 발행한 약속어음으로 부도발생일로부터 6개월이 경과한 부도어음 13,000,000원(비망가액 1,000원을 공제한 후의 금액이라고 가정함)

(2) 대손충당금 내역

대손충당금

미 수 금	20,000,000원	전기이월	40,000,000원
받을어음	13,000,000원	대손상각비	1,000,000원
차기이월	8,000,000원		
	41,000,000원		41,000,000원

(3) 기말 대손충당금 설정 대상 채권잔액
  - 외상매출금 : 600,000,000원(당기 7월 2일 소멸시효 완성분 2,500,000원 포함)
  - 받을어음 : 200,000,000원(특수관계인에 대한 업무무관가지급금 4,000,000원 포함)

(4) 전기 [자본금과 적립금 조정명세서(을)] 기말잔액 내역은 다음과 같다.
  - 대손충당금 한도초과 : 2,000,000원 (유보)

02 다음 자료에 의하여 ㈜이공이(회사코드 : 1202)의 [대손충당금 및 대손금 조정명세서]를 작성하고 세무조정을 하시오. 단, 대손설정율은 1%로 한다.(6점)

(1) 당해 연도 대손충당금 변동내역
  ① 전기이월 대손충당금은 10,000,000원이다(전기 부인액 4,000,000원).
  ② 회사는 4월 10일 대손충당금 1,500,000원을 회수가 불가능한 외상매출금과 상계했으며, 이는 상법상에 따른 소멸시효가 완성된 채권이다.
  ③ 당기에 회사는 대손충당금 3,500,000원을 설정하였다.
  ④ 기말 대손충당금잔액은 12,000,000원이다.

(2) 당기말 외상매출금 잔액은 210,000,000원, 미수금 잔액은 15,000,000원이다.

(3) 전기 이전에 대손처리한 외상매출금에 대한 대손요건 불충족으로 인한 유보금액 잔액이 전기 [자본금과 적립금 조정명세서(을)]에 5,400,000원이 있으며 아직 대손요건은 충족되지 아니하였다.

03 다음 자료에 의하여 ㈜이공삼(회사코드 : 1203)의 [대손충당금 및 대손금 조정명세서]를 작성하고 세무조정을 하시오. 단, 대손실적률은 0.5%로 가정한다.(6점)

(1) 매출채권 내역

외상매출금 198,000,000원 중 48,000,000원은 외상매입금과 상계하기로 약정되어 있고, 18,000,000원은 부가가치세 매출세액이다.

(2) 대손발생 및 변제내역(입력된 데이터를 이용할 것)
- 7/1 : 소멸시효 완성분 외상매출금 1,500,000원
- 10/1 : 회수기일이 6개월 이상 지난 ㈜성창의 외상매출금 500,000원
- 11/1 : 부도발생일로부터 7개월 경과한 중소기업의 외상매출금 7,000,000원

(3) 외상매출금의 대손충당금 계정(입력된 데이터를 이용할 것)
- 장부상 기초충당금 : 2,800,000원(전기 부인액 800,000원 포함)
- 장부상 기말충당금 : 3,000,000원

04 다음 자료에 의하여 ㈜이공사(회사코드 : 1204)의 [대손충당금 및 대손금 조정명세서]를 작성하고 세무조정을 하시오. 단, 대손실적률은 0.8%이다.(6점)

(1) 대손충당금 관련 전기말 [자본금과 적립금 조정명세서(을)]

과 목	기초잔액	당기 중 증감		기말잔액 (익기초현재)
		감소	증가	
대손충당금	5,000,000원	5,000,000원	6,500,000원	6,500,000원
외상매출금	100,000,000원	33,000,000원		67,000,000원

(2) 당기 대손충당금 계정

대손충당금

7/ 6 외상매출금	15,000,000원	1/ 1 기초잔액	19,300,000원
12/31 기말잔액	28,700,000원	12/31 대손상각비	24,400,000원
	43,700,000원		43,700,000원

※ 당기에 대손충당금과 상계한 외상매출금은 소멸시효 완성분이며, 이 중 9,000,000원은 대손요건을 충족하지 못하였다.

(3) 당기 외상매출금 계정

외상매출금

1/1 기초잔액	1,950,000,000원	7/6 대손충당금	15,000,000원
7/1 당기발생	3,459,000,000원	7/31 당기회수	3,814,000,000원
		12/31 기말잔액	1,580,000,000원
	5,409,000,000원		5,409,000,000원

05
다음 자료에 의하여 ㈜이공오(회사코드 : 1205)의 [대손충당금 및 대손금 조정명세서]를 작성하고 세무조정을 하시오. 단, 대손설정율은 1%로 한다.(6점)

(1) 당기 대손처리 내역은 다음과 같고, 모두 대손충당금과 상계하여 처리하였다.

계정과목	대손처리일	금 액	비 고
외상매출금	7월 15일	4,000,000원	채무자의 6개월 이상 연락두절로 인한 대손처리액
받을어음	10월 6일	1,999,000원	부도일부터 6개월이 지난 부도어음 2,000,000원

(2) 기말 대손충당금 설정대상 채권잔액은 다음과 같다.
- 외상매출금 : 476,000,000원
- 받을어음 : 150,000,000원(할인어음 10,000,000원 포함)

(3) 당기 대손충당금 변동내역은 다음과 같다. 전기이월 금액에는 전기 대손충당금 한도초과액 600,000원이 포함되어 있다.

대손충당금

외상매출금	4,000,000원	전기이월	9,820,000원
받을어음	1,999,000원	대손상각비	2,439,000원
차기이월	6,260,000원		
	12,259,000원		12,259,000원

06
다음 자료에 의하여 ㈜이공육(회사코드 : 1206)의 [대손충당금 및 대손금 조정명세서]를 작성하고 세무조정 하시오. 단, 대손설정율은 1%로 한다.(5점)

(1) 당해 연도 대손충당금 변동내역
① 전기이월 대손충당금은 12,000,000원이다(전기 부인액 3,000,000원 포함).
② 회사는 5월 2일 대손충당금 3,800,000원을 회수가 불가능한 외상매출금과 상계했으며, 이는 채무자의 사망으로 더 이상 채무자의 소유 재산이 없음이 확인된 채권이다.
③ 당기에 회사는 5,000,000원을 설정하였다.
④ 차기이월액은 13,200,000원이나.

(2) 채권잔액으로 당기말 외상매출금 잔액은 320,000,000원, 미수금 잔액은 34,000,000원이며 미수금에는 유형자산 매각대금 미수금 4,000,000원이 포함되어 있다.

(3) 전기 이전에 대손처리한 외상매출금에 대한 대손요건 불충족으로 인한 유보금액 잔액이 전기 [자본금과 적립금 조정명세서(을)]에 7,500,000원이 있으며 아직 대손요건은 충족되지 아니하였다.

07 다음 자료에 의하여 ㈜이공칠(회사코드 : 1207)의 [대손충당금 및 대손금 조정명세서]를 작성하고 계정과목별로 각각 세무조정을 하시오. 단, 대손실적률은 0.8%라고 가정한다.(6점)

(1) 당해 연도 중 대손충당금 변동내역은 다음과 같다.
- 전기이월액 : 15,000,000원(전기 부인액 2,000,000원 포함)
- 3월 9일 외상매출금 상계액 2,500,000원은 회수불능채권으로서 소멸시효 미완성분이며, 이는 대손요건을 불충족 한다.
- 6월 10일 받을어음 상계액 3,500,000원은 부도어음으로서 부도발생일로 부터 6개월이 경과되었다.
- 당기말 환입액 : 3,800,000원
- 차기이월액 : 5,200,000원

(2) 세무상 대손충당금 설정대상 채권은 다음과 같다.
- 전기말 매출채권 잔액 : 1,100,000,000원
- 당기말 매출채권 잔액 : 외상매출금 360,000,000원, 받을어음 90,000,000원

08 다음 자료에 의하여 ㈜이공팔(회사코드 : 1208)의 [대손충당금 및 대손금 조정명세서]를 작성하고 세무조정을 하시오. 단, 전기 이전의 세무조정은 모두 적정하게 이루어졌다고 가정한다.(6점)

(1) 당기에 대손충당금과 상계처리한 대손금 내역은 다음과 같다.

날 짜	계정과목	금 액	비 고
5월 16일	받을어음	1,199,000원	부도발생일로부터 6개월 경과된 어음 1,200,000원
8월 20일	외상매출금	2,500,000원	전기에 소멸시효가 완성된 외상매출금

※ 8월 20일에 대손처리한 전기에 소멸시효가 완성된 외상매출금은 전기에 다음과 같이 세무조정되어 대손금부인액 -2,500,000원이 이월되었다.
[손금산입] 소멸시효완성채권 2,500,000원 (△유보)

(2) 대손충당금 계정의 내역은 다음과 같다. 단, 전기이월액 중에는 손금부인액 50,000원이 포함되어 있다.

대손충당금

당 기 대 손 처 리 액	3,699,000원	전 기 이 월	7,550,000원
차 기 이 월	6,560,000원	당 기 계 상 액	2,709,000원

(3) 장부상 대손충당금 설정대상 매출채권액은 다음과 같다. 당기말 받을어음에는 할인어음 3,000,000원이 포함되어 있으며 제시된 채권 이외의 채권은 무시한다.
- 당기말 채권잔액 656,000,000원(외상매출금 626,000,000원, 받을어음 30,000,000원)
- 전기말 채권잔액 755,000,000원(외상매출금 713,000,000원, 받을어음 42,000,000원)

09 다음 자료에 의하여 ㈜이공구(회사코드 : 1209)의 [대손충당금 및 대손금 조정명세서]를 작성하고 세무조정을 하시오. 단, 대손설정률 1%이다.(6점)

(1) 전기 [자본금과 적립금 조정명세서(을)] 상의 기말잔액은 다음과 같다.
- 대손충당금 한도초과 : 12,000,000원
- 외상매출금 대손금부인액 : 5,000,000원(당기 6월 2일 소멸시효가 완성되었다)

(2) 당기 중 대손충당금과 상계처리한 금액은 다음과 같다.
① 11월 5일 부도발생일 이전에 발생한 채권으로써 부도발생일로부터 10개월이 경과되어 회수가능성이 낮은 중소기업인 ㈜평화에 대한 외상매출금은 3,000,000원이다.
② 11월 26일 회수기일이 6개월 이상 경과한 외상매출금은 150,000원이다.

(3) 기말 현재 외상매출금 채권잔액의 장부가액은 260,000,000원이다.

(3) 대손충당금 계정
- 장부상 대손충당금 기초잔액 : 27,000,000원(기중 충당금환입액 없음)
- 장부상 대손충당금 기말잔액 : 36,000,000원

10 다음 자료에 의하여 ㈜이일공(회사코드 : 1210)의 [대손충당금 및 대손금 조정명세서]를 작성하고 세무조정을 하시오. 단, 설정률은 대손실적률에 의한다.(6점)

(1) 당기 대손금으로 대손사유 발생 즉시 대손충당금과 상계된 채권 7,200,000원에 대한 내역은 다음과 같다.
- 6월 30일 : 외상매출금 중 소멸시효 완성분 3,000,000원
- 9월 30일 : 받을어음의 부도발생(6개월 미경과분) 4,200,000원

(2) 대손충당금 계정의 내역

대손충당금

상계액	7,200,000원	전기이월	12,000,000원
차기이월	9,320,000원	대손상각비	4,520,000원
	16,520,000원		16,520,000원

(3) 전기이월액 중에는 손금부인된 대손충당금 5,000,000원이 포함되어 있다.

(4) 장부상 대손충당금 설정대상 채권액(매출채권액)
- 당해 사업연도말 채권잔액 : 520,000,000원(이 중 외상매출금은 320,000,000원)
- 직전 사업연도말 채권잔액 : 200,000,000원(이 중 외상매출금은 150,000,000원)

(5) 직전연도 대손충당금 설정대상 채권잔액은 장부상 대손충당금 설정대상 채권액과 동일하다.

(6) 대손실적율 = 당해 연도 대손금 ÷ 직전 연도 대손충당금 설정대상 채권잔액

KcLep 도우미

해설 1   1201

대손금/대손충당금	해외건설자회사										
1	2. 대손금조정										크게보기
No	22.일자	23.계정과목	24.채권내역	25.대손사유	26.금액	대손충당금상계액			당기 손비계상액		
						27.계	28.시인액	29.부인액	30.계	31.시인액	32.부인액
1	04.01	미수금	2.미수금	법원의 면책결정	20,000,000	20,000,000	20,000,000				
2	05.01	받을어음	1.매출채권	5.부도(6개월경과)	13,000,000	13,000,000	13,000,000				
3											
				계	33,000,000	33,000,000	33,000,000				

❶ [㉒]란에 대손처리 일자를 입력하고 [㉓]란에서 F2 키(또는 상단 툴바의 코드)를 이용하여 계정과목을 입력한다.

❷ [㉔]란에서 "2.미수금"을 입력하고, [㉕]란에 대손사유를 직접 입력한다.

❸ [㉖]란에 대손처리한 채권금액을 입력하고, 대손충당금과 상계한 미수금은 대손사유를 충족한 채권이므로 [㉘]란에 입력한다.

❹ 동일한 방식으로 부도 발생일로부터 6개월이 경과한 부도어음을 입력한다.

 *비망가액으로 1,000원을 공제한 후의 금액을 제시하였으므로 [㉙]란에 입력할 금액은 없다.

2	1.대손충당금조정						크게보기
채권잔액	No	16.계정과목	17.채권잔액의 장부가액	18.기말현재대손금부인누계		19.합계(17+18)	20.충당금설정제외채권(할인,배서,특수채권)	21.채권잔액(19-20)
				전기	당기			
	1	외상매출금	600,000,000		-2,500,000	597,500,000		597,500,000
	2	받을어음	200,000,000			200,000,000	4,000,000	196,000,000
	3							
		계	800,000,000		-2,500,000	797,500,000	4,000,000	793,500,000

❺ [⑯]란에서 F2 키(또는 상단 툴바의 코드)를 이용하여 각 채권의 계정과목을 입력하고, 채권의 기말잔액을 입력한다.

❻ 소멸시효가 완성된 외상매출금은 [⑱(당기)]란에 음수(-)로 입력하여 채권잔액의 장부가액을 감소시키고, 동 금액은 세무조정으로 손금에 산입한다.

 *법인세법상 대손사유 중 소멸시효가 완성된 경우에는 당해 사유가 발생한 날이 속하는 사업연도에 반드시 손금에 산입하여야 한다. 따라서 결산서에 반영하지 않았기 때문에 신고조정으로 손금에 산입한다. 이처럼 손금에 산입된 외상매출금은 대손충당금 손금산입 한도액 계산시 설정대상 채권의 장부가액에서 차감해야 한다.

❼ 특수관계인에게 업무와 관련없이 지급한 가지급금은 [⑳]란에 입력하여 채권잔액의 장부가액을 감소시킨다.

손금산입액조정	1.채권잔액(㉑의금액)	2.설정률(%)			3.한도액(1×2)	회사계상액			7.한도초과액(6-3)
		●기본율	○실적율	○적립기준		4.당기계상액	5.보충액	6.계	
	793,500,000	1			7,935,000	1,000,000	7,000,000	8,000,000	65,000
익금산입액조정	8.장부상충당금기초잔액	9.기중충당금환입액	10.충당금부인누계액	11.당기대손금상계액(27의금액)	12.충당금보충액(충당금장부잔액)	13.환입할금액(8-9-10-11-12)	14.회사환입액(회사기말환입)	15.과소환입·과다환입(△)(13-14)	
	40,000,000		2,000,000	33,000,000	7,000,000	-2,000,000		-2,000,000	

❽ [⑧]란에 대손충당금 계정의 "전기이월" 금액을 입력하고, [⑩]란에 전기에 대손충당금 한도초과로 유보 처분된 금액을 입력한다.

❾ [④]란에 대손충당금 계정의 "대손상각비" 금액을 입력하고, [⑤]란에 ([⑧]란 − [⑪]란 − [⑭]

란)의 금액을 입력한다. 동 금액은 [⑫]란에 자동 반영된다.
*[⑭]란에 금액이 없는 경우에는 [⑧]란를 입력하고 [④]란을 입력한다. [⑬]란에 있는 금액을 [⑤]란에 입력하고 맨 마지막에 [⑩]란을 입력하면 동일한 금액이 [⑬]란과 [⑤]란에 음수로 입력된다.

❿ F3 키(또는 상단 툴바의 F3 조정등록)을 이용하여 다음과 같이 세무조정 한다.
   [익금산입 및 손금불산입] 대손충당금 한도초과액 65,000원 (유보발생)
   [손금산입 및 익금불산입] 대손충당금 과다환입액 2,000,000원 (유보감소)
                    소멸시효 완성분 외상매출금 2,500,000원 (유보발생)

해설 2   1202

❶ 대손처리 일자를 입력하고 소멸시효가 완성된 채권의 내역을 입력한다.

❷ 각 채권의 계정과목을 입력하고, 채권의 기말잔액을 입력한다.
❸ 전기 이전에 대손요건 불충족으로 인하여 유보 처분된 금액은 [⑱(전기)]란에 입력하여 채권잔액의 장부가액을 증가시킨다.

❹ [⑧]란에 전기이월 대손충당금을 입력하고, [⑩]란에 전기 부인액을 입력한다.
❺ [④]란에 당기에 회사가 설정한 대손충당금을 입력하고, [⑤]란에 ([⑧]란 − [⑪]란 − [⑭]란)의 금액을 입력한다. 동 금액은 [⑫]란에 자동 반영된다.
❻ F3 키(또는 상단 툴바의 F3 조정등록)을 이용하여 다음과 같이 세무조정 한다.
   [익금산입 및 손금불산입] 대손충당금 한도초과액 9,696,000원 (유보발생)
   [손금산입 및 익금불산입] 대손충당금 과다환입액 4,000,000원 (유보감소)

해설 3   1203

❶ 대손처리 일자를 입력하고 대손발생 내역을 입력한다.
   * 회수기일이 6개월 이상 경과했지만 30만원 이하의 소액채권이 아니므로 ㈜성창의 외상매출금은 대손사유를 충족하지 못한 경우에 해당한다.
   * 부도발생일로부터 6개월 이상 경과한 중소기업의 외상매출금으로서 부도발생일 이전의 채권금액에서 비망가액 1,000원을 공제한 금액을 대손금으로 손금산입 할 수 있다.

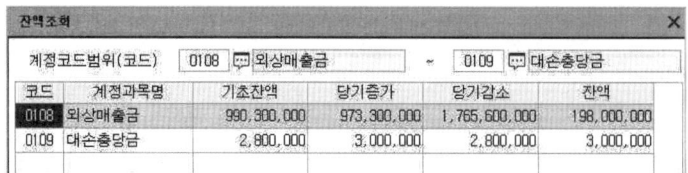

❷ 상단 툴바의 [F7 원장조회]를 이용하여 대손충당금의 변동내역을 확인한다.

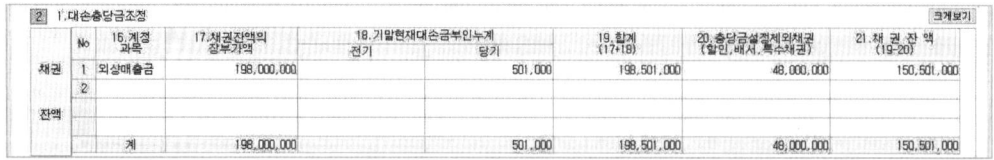

❸ 상단 툴바의 [F8 잔액조회]를 이용하여 외상매출금과 대손충당금 계정의 변동내역을 확인한다.

❹ 채권의 계정과목을 입력하고 기말잔액을 입력한다. 외상매입금과 상계하기로 약정된 금액은 [⑳]란에 입력하여 채권잔액의 장부가액을 감소시킨다.
   * 부가가치세 매출세액 미수금도 대손충당금 설정대상 채권잔액에 포함된다.

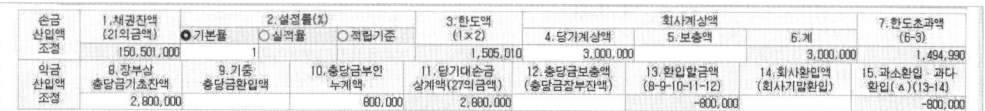

❺ [⑧]란에 장부상 기초충당금을 입력하고, [⑩]란에 전기 부인액을 입력한다.
❻ ⑤란에 ([⑧]란 - [⑪]란 - [⑭]란)의 금액을 입력한다. 동 금액은 [⑫]란에 자동 반영된다.
❼ F3 키(또는 상단 툴바의 F3조정등록)을 이용하여 다음과 같이 세무조정 한다.
  [익금산입 및 손금불산입] 대손금 부인액 501,000원 (유보발생)
                    대손충당금 한도초과액 1,494,990원 (유보발생)
  [손금산입 및 익금불산입] 대손충당금 과다환입액 800,000원 (유보감소)

해설 4   1204

❶ 대손처리 일자를 입력하고 대손발생 내역을 입력한다.

❷ 채권의 계정과목을 입력하고 기말잔액을 입력한다.
❸ 전기말 [자본금과 적립금 조정명세서(을)] 표의 외상매출금 기말잔액을 [⑱(전기)]란에 입력하여 채권잔액의 장부가액을 증가시킨다.

❹ [⑧]란에 대손충당금 계정의 "기초잔액" 금액을 입력하고, [⑩]란에 [전기말 자본금과 적립금 조정명세서(을)] 표의 기말잔액을 입력한다.
❺ [④]란에 대손충당금 계정의 "대손상각비" 금액을 입력하고, [⑤]란에 ([⑧]란 - [⑪]란 - [⑭]란)의 금액을 입력한다. 동 금액은 [⑫]란에 자동 반영된다.
❻ F3 키(또는 상단 툴바의 F3조정등록)을 이용하여 다음과 같이 세무조정 한다.
  [익금산입 및 손금불산입] 대손금 부인액 9,000,000원 (유보발생)
                    대손충당금 한도초과액 12,140,000원 (유보발생)
  [손금산입 및 익금불산입] 대손충당금 과다환입액 6,500,000원 (유보감소)

해설 5　1205

No	22.일자	23.계정과목	24.채권내역	25.대손사유	26.금액	대손충당금상계액 27.계	28.시인액	29.부인액	당기 손비계상액 30.계	31.시인액	32.부인액
1	07.15	외상매출금	1.매출채권		4,000,000	4,000,000		4,000,000			
2	10.06	받을어음	1.매출채권	5.부도(6개월경과)	1,999,000	1,999,000	1,999,000				
			계		5,999,000	5,999,000	1,999,000	4,000,000			

❶ 대손처리 일자를 입력하고 대손발생 내역을 입력한다.
  * 연락두절로 대손처리한 외상매출금은 대손사유를 충족하지 못한 경우에 해당한다.
  * 부도발생일로부터 6개월 이상 경과한 어음상의 채권금액에서 비망가액 1,000원을 공제한 금액을 대손금으로 손금산입 할 수 있다.

채권잔액	No	16.계정과목	17.채권잔액의 장부가액	18.기말현재대손금부인누계 전기	당기	19.합계 (17+18)	20.충당금설정제외채권 (할인,배서,특수채권)	21.채권잔액 (19-20)
채권	1	외상매출금	476,000,000		4,000,000	480,000,000		480,000,000
잔액	2	받을어음	150,000,000			150,000,000	10,000,000	140,000,000
	3							
		계	526,000,000		4,000,000	630,000,000	10,000,000	620,000,000

❷ 각 채권의 계정과목을 입력하고 기말 대손충당금 설정대상 채권잔액을 입력한다.
❸ 할인어음은 [⑳]란에 입력하여 채권잔액의 장부가액을 감소시킨다.

손금산입액 조정	1.채권잔액 (21의금액)	2.설정률(%) ●기본율 ○실적률 ○적립기준	3.한도액 (1×2)	회사계상액 4.당기계상액	5.보충액	6.계	7.한도초과액 (6-3)
	620,000,000	1	6,200,000	2,439,000	3,821,000	6,260,000	60,000
익금산입액 조정	8.장부상충당금기초잔액	9.기중충당금환입액	10.충당금부인누계액	11.당기대손금상계액(27의금액)	12.충당금보충액(충당금장부잔액)	13.환입할금액 (8-9-10-11-12)	14.회사환입액 (회사기말환입)	15.과소환입·과다환입(△)(13-14)
	9,820,000		600,000	5,999,000	3,821,000	-600,000		-600,000

❹ [⑧]란에 대손충당금 계정의 "전기이월" 금액을 입력하고, [⑩]란에 전기 대손충당금 한도초과액을 입력한다.
❺ [④]란에 대손충당금 계정의 "대손상각비" 금액을 입력하고, [⑤]란에 ([⑧]란 - [⑪]란 - [⑭]란)의 금액을 입력한다. 동 금액은 [⑫]란에 자동 반영된다.
❻ F3 키(또는 상단 툴바의 F3 조정등록)을 이용하여 다음과 같이 세무조정 한다.
  [익금산입 및 손금불산입] 대손금 부인액 4,000,000원 (유보발생)
  　　　　　　　　　　　　 대손충당금 한도초과액 60,000원 (유보발생)
  [손금산입 및 익금불산입] 대손충당금 과다환입액 600,000원 (유보감소)

해설 6　1206

No	22.일자	23.계정과목	24.채권내역	25.대손사유	26.금액	대손충당금상계액 27.계	28.시인액	29.부인액	당기 손비계상액 30.계	31.시인액	32.부인액
1	05.02	외상매출금	1.매출채권	3.사망,실종	3,800,000	3,800,000	3,800,000				
2											
			계		3,800,000	3,800,000	3,800,000				

❶ 대손처리 일자를 입력하고 대손발생 내역을 입력한다.

2	1'.대손충당금조정							
채권 잔액	No	16.계정 과목	17.채권잔액의 장부가액	18.기말현재대손금부인누계		19.합계 (17+18)	20.충당금설정제외채권 (할인,배서,특수채권)	21.채 권 잔 액 (19-20)
				전기	당기			
	1	외상매출금	320,000,000	7,500,000		327,500,000		327,500,000
	2	미수금	34,000,000			34,000,000		34,000,000
	3							
		계	354,000,000	7,500,000		361,500,000		361,500,000

❷ 각 채권의 계정과목을 입력하고 당기말 잔액을 입력한다.
  *유형자산 매각대금 미수금도 대손충당금 설정대상 채권에 해당한다.
❸ 전기 이전에 대손요건 불충족으로 인하여 유보 처분된 금액은 [⑱(전기)]란에 입력하여 채권잔액의 장부가액을 증가시킨다.

손금 산입액 조정	1.채권잔액 (21의금액)	2.설정률(%)			3.한도액 (1×2)	4.당기계상액	회사계상액		7.한도초과액 (6-3)
		●기본률	○실적률	○적립기준			5.보충액	6.계	
	361,500,000	1			3,615,000	5,000,000	8,200,000	13,200,000	9,585,000
익금 산입액 조정	8.장부상 충당금기초잔액	9.기중 충당금환입액	10.충당금부인 누계액	11.당기대손 상계액(27의금액)	12.충당금보충액 (충당금장부잔액)	13.환입할금액 (8-9-10-11-12)	14.회사환입액 (회사기말환입)	15.과소환입·과다 환입(△)(13-14)	
	12,000,000		3,000,000	3,800,000	8,200,000	-3,000,000		-3,000,000	

❹ [⑧]란에 전기이월 대손충당금을 입력하고, [⑩]란에 전기 부인액을 입력한다.
❺ [④]란에 당기 대손충당금 설정액을 입력하고, [⑤]란에 ([⑧]란 - [⑪]란 - [⑭]란)의 금액을 입력한다. 동 금액은 [⑫]란에 자동 반영된다.
❻ F3 키(또는 상단 툴바의 F3 조정등록)을 이용하여 다음과 같이 세무조정 한다.
  [익금산입 및 손금불산입] 대손충당금 한도초과액 9,585,000원 (유보발생)
  [손금산입 및 익금불산입] 대손충당금 과다환입액 3,000,000원 (유보감소)

해설 7 _____1207

대손금/대손충당금	해외건설자회사										
1	2. 대손금조정										
No	22. 일자	23.계정 과목	24.채권 내역	25.대손 사유	26.금액	대손충당금상계액			당기 손비계상액		
						27.계	28.시인액	29.부인액	30.계	31.시인액	32.부인액
1	03.03	외상매출금	1.매출채권		2,500,000	2,500,000		2,500,000			
2	06.10	받을어음	1.매출채권	5.부도(6개월경과)	3,500,000	3,500,000	3,499,000	1,000			
3											
				계	6,000,000	6,000,000	3,499,000	2,501,000			

❶ 대손처리 일자를 입력하고 대손발생 내역을 입력한다.
  *부도발생일로부터 6개월 이상 경과한 어음상의 채권금액에서 비망가액 1,000원을 공제한 금액을 대손금으로 손금산입 할 수 있다.

2	1'.대손충당금조정							
채권 잔액	No	16.계정 과목	17.채권잔액의 장부가액	18.기말현재대손금부인누계		19.합계 (17+18)	20.충당금설정제외채권 (할인,배서,특수채권)	21.채 권 잔 액 (19-20)
				전기	당기			
	1	외상매출금	360,000,000		2,500,000	362,500,000		362,500,000
	2	받을어음	90,000,000		1,000	90,001,000		90,001,000
	3							
		계	450,000,000		2,501,000	452,501,000		452,501,000

❷ 각 채권의 계정과목을 입력하고 당기말 매출채권 잔액을 입력한다.

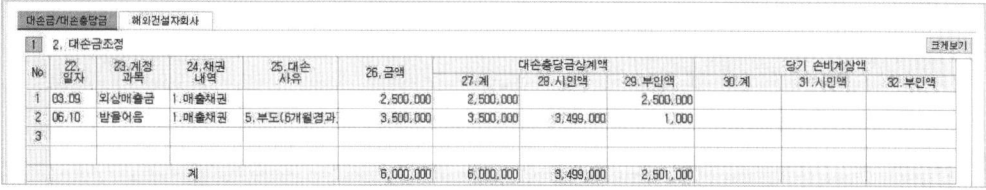

❸ [⑧]란에 대손충당금 전기이월액을 입력하고, [⑩]란에 전기 부인액을 입력한다.
❹ [⑭]란에 당기말 환입액을 입력하고, [⑤]란에 ([⑧]란 - [⑪]란 - [⑭]란)의 금액을 입력한다. 동 금액은 [⑫]란에 자동 반영된다.
❺ F3 키(또는 상단 툴바의 F3 조정등록)을 이용하여 다음과 같이 세무조정 한다.
  [익금산입 및 손금불산입] 외상매출금 부인액 2,500,000원 (유보발생)
                          받을어음 부인액 1,000원 (유보발생)
                          대손충당금 한도초과액 674,990원 (유보발생)
  [손금산입 및 익금불산입] 대손충당금 과다환입액 2,000,000원 (유보감소)

해설 8 _____ 1208

No	22.일자	23.계정과목	24.채권내역	25.대손사유	26.금액	대손충당금상계액			당기 손비계상액		
						27.계	28.시인액	29.부인액	30.계	31.시인액	32.부인액
1	05.16	받을어음	1.매출채권	5.부도(6개월경과)	1,199,000	1,199,000	1,199,000				
2	08.20	외상매출금	1.매출채권		2,500,000	2,500,000		2,500,000			
3											
			계		3,699,000	3,699,000	1,199,000	2,500,000			

❶ 대손처리 일자를 입력하고 대손발생 내역을 입력한다.
  * 전기에 소멸시효가 완성된 외상매출금은 강제신고조정 사항으로 전기에 이미 손금산입(유보발생)으로 세무조정이 이루어진 상태이다. 따라서 당기에는 이를 부인하고 손금불산입(유보감소)로 반대의 세무조정을 하여야 한다.

	No	16.계정과목	17.채권잔액의 장부가액	18.기말현재대손금부인누계		19.합계 (17+18)	20.충당금설정제외채권 (할인,배서,특수채권)	21.채 권 잔 액 (19-20)
				전기	당기			
채권	1	외상매출금	626,000,000	-2,500,000	2,500,000	626,000,000		626,000,000
잔액	2	받을어음	30,000,000			30,000,000	3,000,000	27,000,000
	3							
		계	656,000,000	-2,500,000	2,500,000	656,000,000	3,000,000	653,000,000

❷ 각 채권의 계정과목을 입력하고 당기말 채권잔액을 입력한다.
❸ 전전기에 신고조정으로 손금산입한 외상매출금은 [⑱(전기)]란에 음수(-)로 입력하여 대손충당금 설정대상 채권잔액의 장부가액을 감소시킨다.
❹ 할인어음은 [⑳]란에 입력하여 채권잔액의 장부가액을 감소시킨다.

손금산입액 조정	1.채권잔액 (21의금액)	2.설정률(%)			3.한도액 (1×2)	회사계상액			7.한도초과액 (6-3)
		●기본율	○실적율	○적립기준		4.당기계상액	5.보충액	6.계	
	653,000,000	1			6,530,000	2,709,000	3,851,000	6,560,000	30,000
익금산입액 조정	8.장부상 충당금기초잔액	9.기중 충당금환입액	10.충당금부인 누계액	11.당기대손금 상계액(27의금액)	12.충당금보충액 (충당금장부잔액)	13.환입할금액 (8-9-10-11-12)	14.회사환입액 (회사기말환입)	15.과소환입·과다환입(△)(13-14)	
	7,550,000			50,000	3,699,000	3,851,000	-50,000	-50,000	

❺ [⑧]란에 대손충당금 계정의 "전기이월" 금액을 입력하고, [⑩]란에 전기이월액 중 손금부인액을 입력한다.
❻ 대손실적율이 기본율보다 작으므로 설정률은 수정하지 않는다.
  * 대손실적율 : 1,199,000 ÷ (755,000,000 - 2,500,000) = 0.1593%
❼ [④]란에 대손충당금 계정의 "당기계상액" 금액을 입력하고, [⑤]란에 ([⑧]란 - [⑪]란 - [⑭]란)의 금액을 입력한다. 동 금액은 [⑫]란에 자동 반영된다.

❽ F3 키(또는 상단 툴바의 [F3 조정등록])을 이용하여 다음과 같이 세무조정 한다.
[익금산입 및 손금불산입] 대손금 부인액 2,500,000원 (유보감소)
　　　　　　　　　　　　　대손충당금 한도초과액 30,000원 (유보발생)
[손금산입 및 익금불산입] 대손충당금 과다환입액 50,000원 (유보감소)

해설 9　　　　　　　　1209

❶ 대손처리 일자를 입력하고 대손발생 내역을 입력한다.
　＊부도발생일로부터 6개월 이상 경과한 중소기업의 외상매출금은 채권금액에서 비망가액 1,000원을 공제한 금액을 대손금으로 손금산입 할 수 있다.
　＊회수기일이 6개월 이상 경과한 30만원 이하의 소액채권은 대손금으로 손금산입 할 수 있다.

❷ 채권의 계정과목을 입력하고 기말 현재 외상매출금 채권잔액의 장부가액을 입력한다.

❸ [⑧]란에 장부상 대손충당금 기초잔액을 입력하고, [⑩]란에 전기 [자본금과 적립금 조정명세서(을)] 표상의 대손충당금 한도초과액을 입력한다.

❹ [④]란에 대손충당금 당기계상액 12,150,000원을 입력하고, [⑤]란에 ([⑧]란 - [⑪]란 - [⑭]란)의 금액을 입력한다. 동 금액은 [⑫]란에 자동 반영된다.
　＊기초(27,000,000) - 당기감소(3,150,000) + 당기계상액 = 기말(36,000,000)
　∴ 당기계상액은 12,150,000원

❺ F3 키(또는 상단 툴바의 [F3 조정등록])을 이용하여 다음과 같이 세무조정 한다.
[익금산입 및 손금불산입] 대손금 부인액 1,000원 (유보발생)
　　　　　　　　　　　　　대손충당금 한도초과액 33,399,990원 (유보발생)
[손금산입 및 익금불산입] 대손충당금 과다환입액 12,000,000원 (유보감소)
　　　　　　　　　　　　　전기 대손금 부인액 5,000,000원 (유보감소)
　＊전기 [자본금과 적립금 조정명세서(을)] 표상에 외상매출금 대손금부인액은 전기에 손금불산입(유보발생)으로 세무조정이 이루어진 상태이다. 따라서 당기에 소멸시효가 완성되었으므로 손금산입

(유보감소)로 반대의 세무조정을 하여야 한다. 만일, 당기에 소멸시효가 완성되지 않아 대손요건을 충족하지 못하고 있는 경우라면 세무조정 없이 [⑱(전기)]란에 입력하여 채권잔액의 장부가액을 증가시킨다.

해설10   1210

❶ 대손처리 일자를 입력하고 대손발생 내역을 입력한다.

❷ 각 채권의 계정과목을 입력하고 당해 사업연도말 채권잔액을 입력한다.

❸ [⑧]란에 대손충당금 계정의 "전기이월" 금액을 입력하고, [⑩]란에 전기이월액 중 손금부인된 금액을 입력한다.

❹ 대손실적율이 기본율보다 크므로 [실적율]란에 1.5를 입력한다.
＊대손실적율 : 3,000,000 ÷ 200,000,000 = 1.5%

❺ [④]란에 대손충당금 계정의 "대손상각비" 금액을 입력하고, [⑤]란에 ([⑧]란 - [⑪]란 - [⑭]란)의 금액을 입력한다. 동 금액은 [⑫]란에 자동 반영된다.

❻ F3 키(또는 상단 툴바의 F3 조정등록)을 이용하여 다음과 같이 세무조정 한다.
[익금산입 및 손금불산입] 대손금 부인액 4,200,000원 (유보발생)
                      대손충당금 한도초과액 1,457,000원 (유보발생)
[손금산입 및 익금불산입] 대손충당금 과다환입액 5,000,000원 (유보감소)

제10장 퇴직급여충당금 조정명세서

제1절 퇴직급여충당금

1. 개요

"퇴직급여충당금"이란 장래에 임원 또는 직원이 퇴직할 때 지급하게 될 퇴직급여에 대비하여 설정한 준비액으로서, 임원 또는 직원이 노동력을 제공한 기간에 발생된 퇴직급여라는 비용을 인식함에 따라 발생한 부채이다(법인세법은 충당부채 대신에 충당금이란 용어를 여전히 사용하고 있으므로 이하 본서에서는 충당금이란 용어를 사용하기로 한다). 법인이 각 사업연도에 결산을 확정할 때 임원이나 직원의 퇴직급여에 충당하기 위하여 퇴직급여충당금을 손비로 계상한 경우에는 일정한 금액의 범위에서 그 계상한 퇴직급여충당금을 해당 사업연도의 소득금액을 계산할 때 손금에 산입한다.

2. 손금산입 한도액

퇴직급여충당금은 "총급여액 기준"과 "퇴직급여추계액 기준"에 의하여 계산한 금액 중 적은 금액의 범위 안에서 손금에 산입한다.

> 퇴직급여충당금 손금산입 한도액 = MIN(①, ②)
>
> ① 총급여액 기준 : 퇴직급여 지급대상이 되는 임원 또는 직원에게 지급한 총급여액 × 5%
>
> ② 퇴직급여추계액 기준 : 퇴직급여추계액×0%[주1] − 당기말 세무상 퇴직급여충당금잔액 + 퇴직금전환금잔액 + 설정률 감소에 따른 환입을 제외하는 금액[주2]

[주1] 매년 5%씩 인하하여 2016년 이후 개시하는 사업연도는 0%를 적용한다. 이로 인해 한도가 감소하더라도 기존에 손금산입한 퇴직급여충당금을 익금으로 환입하지 않는다.

[주2] 설정률 감소에 따른 환입을 제외하는 금액 : MAX[(당기말 세무상 퇴직급여충당금 잔액 − 퇴직급여추계액×0% − 퇴직금전환금잔액), 0]

(1) 총급여액의 범위

"총급여액"이란 퇴직급여의 지급대상이 되는 임원 또는 직원(확정기여형 퇴직연금 등이 설정된 자는 퇴직시 회사가 퇴직급여를 지급하지 않으므로 제외)에게 해당 사업연도에 근로의 제공으로 인하여 지급한 봉급·급료·보수·임금·상여·수당 기타 이와 유사한 급여와 이익처분에 따라 지급한 상여금에 해당하는 금액(비과세 근로소득 제외)으로 하되, 손금에 산입되지 않는 금액은 제외한다.

(2) 퇴직급여추계액

퇴직급여추계액은 "일시퇴직기준"과 "보험수리적기준" 중 큰 금액을 말한다.

① **일시퇴직기준** : 해당 사업연도 종료일 현재 재직하고 있는 임원 또는 직원(확정기여형 퇴직연금 등이 설정된 자는 제외)이 모두 퇴직할 경우에 퇴직급여로 지급하여야 할 금액의 추계액(손금불산입되는 임원퇴직급여 한도초과액은 제외).

② **보험수리적기준** : (㉠+㉡)의 금액(손금불산입되는 임원퇴직급여 한도초과액은 제외)
  ㉠ 퇴직연금가입자의 보험수리적기준 추계액
  ㉡ 퇴직연금미가입자의 일시퇴직기준 추계액 + 퇴직연금가입자의 미가입기간 추계액

(3) 당기말 세무상 퇴직급여충당금 잔액

"당기말 세무상 퇴직급여충당금 잔액"이란 당기 퇴직급여충당금 설정 전의 세무상 퇴직급여충당금 잔액을 말한다.

> 당기말 세무상 퇴직급여충당금 잔액 = 재무상태표상 충당금 기초잔액 - 충당금 부인누계액
> — 기중 충당금감소액(기중 충당금환입액 + 기중 퇴직금지급액)

① **충당금 부인누계액** : 재무상태표상 충당금의 기초잔액에 세무상 충당금 부인금액이 포함된 경우 그 누계액을 말한다.

② **기중 충당금환입액** : 당해 사업연도 중에 퇴직급여충당금을 임의로 환입한 경우 그 환입금액을 말한다.

③ **기중 퇴직금지급액** : 당해 사업연도 중에 현실적인 퇴직으로 인하여 퇴직급여충당금에서 지급한 금액을 말한다.

(4) 퇴직금전환금

퇴직금전환금이란 국민연금법에 의하여 국민연금관리공단에 납부(1999.3.31 이전)하고 당해 사업연도 종료일 현재 재무상태표에 국민연금전환금으로 계상한 금액의 잔액을 말한다.

3. 퇴직급여충당금의 사용 및 상계

(1) 현실적인 퇴직의 경우

현실적인 퇴직으로 인하여 퇴직금을 지급하는 경우에는 다음과 같이 처리한다.

① 퇴직급여충당금 설정대상인 임원·직원의 경우 : 퇴직급여충당금과 우선 상계하고 부족한 금액은 퇴직급여로 처리한다.

② 퇴직급여충당금 설정대상이 아닌 임원·직원의 경우 : 퇴직급여충당금과 상계하지 아니하고 당해 사업연도의 손금으로 처리할 수 있다. 즉, 퇴직급여충당금과 상계하는 방법과 퇴직급여로 손비 계상하는 방법 중 회사가 임의로 선택할 수 있다.

(2) 비현실적 퇴직의 경우

현실적으로 퇴직하지 아니한 임원·직원에게 지급한 퇴직급여는 현실적으로 퇴직할 때까지 업무와 관련 없는 가지급금(대여금)으로 본다.

예제1 다음 자료에 의하여 ㈜최대리의 퇴직급여충당금 손금산입 한도액을 계산하고 세무조정 하시오.

(1) 당기 중 급여지급에 대한 내용

구 분	연간 총 급여액		1년 미만 근로한 임원·직원 급여		1년 이상 근로한 임원·직원 급여	
	인원	금 액	인원	금 액	인원	금 액
801.급여	7	700,000,000	2	20,000,000	5	680,000,000
803.상여	7	100,000,000	2	40,000,000	5	60,000,000
계		800,000,000		60,000,000		740,000,000

(2) 퇴직급여충당금 계정에 대한 내용
   ① 퇴직급여충당금 기초잔액 : 70,000,000원(세무상 부인금액 10,000,000원 포함)
   ② 당기 중 퇴직급여충당금과 상계하여 지급한 금액 : 40,000,000원
      (※ 퇴직자는 모두 현실적인 퇴직에 해당한다.)
   ③ 당기 퇴직급여충당금 설정액은 100,000,000원이다.

(3) 기타 자료
   ① 당기말 현재 임직원(1년 이상 근속자 5명 기준)의 퇴직급여추계액 일시퇴직기준은 300,000,000원이며, 보험수리적기준은 250,000,000원이다.
   ② 당기말 현재 퇴직금전환금 잔액은 1,000,000원이다.
   ③ 당사는 1년 이상 근로한 임직원에게만 퇴직급여를 지급하는 퇴직급여 지급규정을 두고 있다.

해설 1. 손금산입 한도액 ; Min((1), (2)) = 0원
   (1) 총급여액 기준 : (800,000,000 - 60,000,000) × 5% = 37,000,000원
   (2) 퇴직급여추계액 기준 : (① - ② + ③) = 0원
      ① 추계액 대비 설정액 : (300,000,000 × 0%) + 1,000,000 = 1,000,000
      ② 당기말 세무상충당금 잔액 : 70,000,000 - 10,000,000 - 40,000,000 = 20,000,000
      ③ 환입을 제외하는 금액[Max (②-①),0] : 20,000,000 - 1,000,000 = 19,000,000

2. 퇴직급여충당금 한도초과액 : (① - ②) = 100,000,000원

① 회사계상액 : 100,000,000
② 손금산입 한도액 : 0
☑ 세무조정 : 〈손금불산입〉 퇴직급여충당금 한도초과액 100,000,000 (유보/발생)
＊퇴직급여충당금 당기설정 한도초과액 100,000,000원은 손금불산입하고 유보 처분한다. 이는 추후에 회사가 세무상 퇴직급여충당금 잔액을 초과하여 상계하는 경우에 손금에 산입하고 △유보로 처분하게 된다.

(3) 세무상 충당금 잔액을 초과하여 지급하는 경우

현실적인 퇴직으로 인하여 실제 지급하는 퇴직급여가 세무상 충당금을 초과하는 경우에는 그 초과액에 상당하는 금액은 지급이 확정된 날이 속하는 사업연도에 손금에 산입한다. 이 경우 퇴직급여충당금 한도액을 계산함에 있어서 세무상 충당금 잔액은 "0"으로 본다.

예제2 다음 자료를 이용하여 ㈜일공사의 퇴직급여충당금 손금산입 한도액을 계산하고 세무조정 하시오.

(1) 급여 자료

계정과목	인 원	금 액
급여(판)	7명	38,900,000원
급여(제)	15명	89,500,000원
합계	22명	128,400,000원

① 인건비 중 세법상 한도를 초과하여 지급한 금액은 없다.
② 당기 중 신입 직원은 없으나, 제조부 과장 1명이 8월 25일 퇴직하여 당기에 퇴직금을 지급하였고 퇴직시까지 지급한 급여는 16,000,000원이었다.

(2) 퇴직급여충당부채 내역

퇴직급여충당부채

당기지급액	28,000,000	기초잔액	47,000,000
기말잔액	39,000,000	당기설정액	20,000,000
합계	67,000,000	합계	67,000,000

① 기초잔액에는 전기 이전에 손금불산입된 금액 21,000,000원이 포함되어 있다.
② 당기설정액은 판매비와관리비로 6,000,000원, 제조원가로 14,000,000원을 설정한 것이다.

(3) 기타 자료
① 퇴직전환금 계정의 기말잔액은 8,000,000원이다.
② 당기말 현재 재직 중인 모든 임직원이 일시에 퇴직할 경우 지급해야 할 퇴직급여추계액은 110,000,000원이고, 보험수리적기준에 의한 퇴직급여추계액은 90,000,000원이다.

③ 회사는 현재 퇴직연금에 가입하지 않고 있다고 가정한다.

해설 1. 손금산입 한도액 : Min((1), (2)) = 5,620,000원
 (1) 총급여액 기준 : (128,400,000 − 16,000,000) × 5% = 5,620,000원
 (2) 퇴직급여추계액 기준 : (① − ② + ③) = 8,000,000원
  ① 추계액 대비 설정액 : (110,000,000 × 0%) + 8,000,000 = 8,000,000
  ② 당기말 세무상충당금 잔액 : 47,000,000 − 21,000,000 − 28,000,000 = −2,000,000[주]
   [주] 세무상 퇴직급여충당금 잔액 26,000,000원을 초과하여 충당금과 상계한 2,000,000원은 지급이 확정된 날이 속하는 사업연도에 손금산입 △유보로 처분한다. 이 경우 당기 퇴직급여충당금 한도액을 계산함에 있어서 당기말 세무상 퇴직급여충당금 잔액은 "0"으로 본다.
  ③ 환입을 제외하는 금액[Max (②−①),0] : 0
2. 퇴직급여충당금 한도초과액 : (① − ②) = 14,380,000원
  ① 회사계상액 : 20,000,000
  ② 손금산입 한도액 : 5,620,000
 ☑ 세무조정 : 〈손금불산입〉 퇴직급여충당금 한도초과액 14,380,000 (유보/발생)
 ☑ 세무조정 : 〈익금불산입〉 퇴직급여충당금 손금추인액 2,000,000 (△유보/감소)

제2절 퇴직급여충당금 조정명세서

KcLep 길라잡이

- [과목별 세무조정]>[퇴직급여충당금 조정명세서]를 선택하면 다음과 같은 화면이 나타난다.

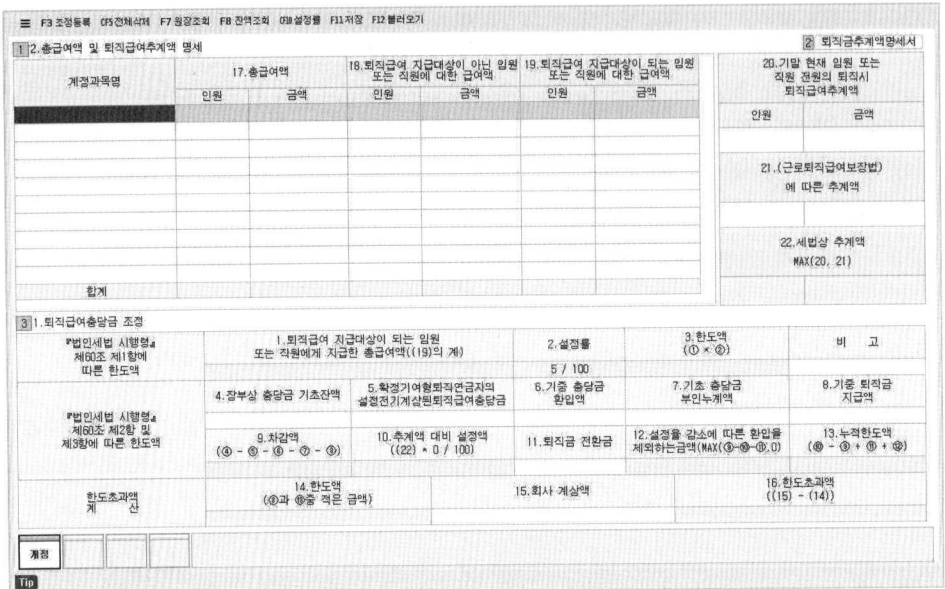

1st ∘∘ 2. 총급여액 및 퇴직급여추계액 명세

▶ 계정과목명

F2 키를 이용하여 급여·임금·상여금의 계정과목을 코드번호 3자리로 입력한다.

⑰ **총급여액**

총급여액을 계정과목별로 구분하여 인원 및 금액을 입력한다. 다만, 손금불산입되는 급여 등은 제외한다.

⑱ **퇴직급여 지급대상이 아닌 임원 또는 직원에 대한 급여액**

퇴직급여 지급대상이 아닌 임원 또는 직원의 인원수와 총급여액을 입력한다.

⑲ **퇴직급여 지급대상이 되는 임원 또는 직원에 대한 급여액**

[⑰]란의 인원 및 금액에서 [⑱]란의 인원 및 금액을 차감한 인원수 및 금액이 자동 반영된다. 동 금액은 손금산입 한도액 계산의 "총급여액 기준"을 계산하는 기준이 된다.

2nd 퇴직금추계액 명세서

본 프로그램의 [원천징수]>[근로소득관리]>[급여자료입력]을 이용하여 급여자료를 입력한 경우에는 퇴직금추계액명세서 를 클릭하고 보조창에서 계산유형 선택 후 불러오기 를 클릭하면 [⑳기말 현재 임원 또는 직원 전원의 퇴직시 퇴직급여추계액]란에 자동 반영된다. 또는 계산 유형 선택 후 수동으로 해당 내용을 직접 입력하면 [⑳]란에 자동 반영된다. 단, 자격시험에서는 이를 이용하지 않고 [⑳]란에 직접 입력하는 방식으로 진행한다.

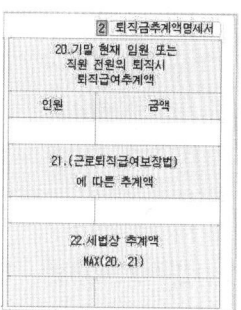

⑳ **기말 현재 임원 또는 직원 전원의 퇴직시 퇴직급여추계액** (일시퇴직기준)

당해 사업연도말 현재 전 임원·직원 퇴직시 개인별 급여명세에 의하여 계산한 임원·직원의 퇴직급여추계액 합계금액을 입력한다.

㉑ **근로퇴직급여보장법에 따른 추계액** (보험수리기준)

보험수리기준에 따른 추계액을 입력한다.

㉒ **세법상 추계액 MAX(⑳, ㉑)**

일시퇴직기준에 따른 금액과 보험수리기준에 따른 금액 중 큰 금액이 자동 반영된다. 동 금액은 손금산입 한도액 계산의 "퇴직급여추계액 기준"을 계산하는 기준이 된다.

3rd. 1. 퇴직급여충당금 조정

※ 『법인세법 시행령』 제60조 제1항에 따른 한도액 (총급여액 기준)

『법인세법 시행령』 제60조 제1항에 따른 한도액	1.퇴직급여 지급대상이 되는 임원 또는 직원에게 지급한 총급여액((19)의 계)	2.설정률	3.한도액 (①×②)	비 고
		5 / 100		

① 퇴직급여 지급대상이 되는 임원 또는 직원에게 지급한 총급여액(⑲의 계)

[⑲]란의 합계금액이 자동 반영된다.

③ 한도액(①×②)

총급여액 기준에 의한 한도액으로서 [①]란에 [②설정률]란을 곱한 금액이 자동 반영된다. 동 금액은 손금산입 한도액 계산의 "총급여액 기준"에 의하여 계산한 한도액이다.

※ 『법인세법 시행령』 제60조 제2항 및 제3항에 따른 한도액 (퇴직급여추계액 기준)

『법인세법 시행령』 제60조 제2항 및 제3항에 따른 한도액	4.장부상 충당금 기초잔액	5.확정기여형퇴직연금자의 설정전기계상된퇴직급여충당금	6.기중 충당금 환입액	7.기초 충당금 부인누계액	8.기중 퇴직금 지급액
	9.차감액 (④-⑤-⑥-⑦-⑧)	10.추계액 대비 설정액 ((22) * 0 / 100)	11.퇴직금 전환금	12.설정률 감소에 따른 환입을 제외하는금액(MAX⑨-⑥-⑦,0)	13.누적한도액 (⑩-⑨+⑪*⑫)

④ 장부상 충당금 기초잔액

재무상태표상 퇴직급여충당금의 기초잔액을 입력한다. [회계관리] 메뉴에 입력된 Data가 있는 경우에는 F8 잔액조회를 이용하여 "295.퇴직급여충당부채" 계정의 [기초잔액]란의 금액을 입력한다.

⑤ 확정기여형퇴직연금자의 설정전 기 계상된 퇴직급여충당금

확정기여형퇴직연금 등 설정자의 설정전 기 계상된 퇴직급여충당금을 입력한다. 동 금액은 다음과 같이 계산한다.

직전사업연도 종료일 현재 퇴직급여충당금 누적액	×	확정기여형퇴직연금 설정자의 전기말 현재 퇴직급여추계액 전기말 현재 퇴직급여추계액

⑥ 기중 충당금환입액

법인이 당해 사업연도 중에 퇴직급여충당금을 임의로 환입한 금액을 입력한다. 전기 사업연도로부터 이월된 퇴직급여충당금 부인액이 있는 경우에는 그 부인액에 상당하는 퇴직급여충당금을 먼저 환입한 것으로 본다.

⑦ 기초 충당금부인누계액

[④장부상 충당금 기초잔액]란의 금액 중 세무상 부인액이 포함되어 있는 경우에 동 부인액을 입력한다. 다만, 당해 사업연도 중에 퇴직급여충당금을 임의로 환입한 금액이 있는 경우에는 동 부인액에서 [⑥기중 충당금환입액]란을 차감한 금액을 입력한다.

⑧ 기중 퇴직금지급액

당기 중에 임원 또는 직원의 현실적인 퇴직으로 인하여 퇴직급여충당금에서 지급한 금액을 입력한다. [회계관리] 메뉴에 입력된 Data가 있는 경우에는 F8 잔액조회 를 이용하여 "295.퇴직급여충당부채" 계정의 [당기감소]란의 금액을 입력한다.

⑨ 차감액(④-⑤-⑥-⑦-⑧)

동 금액은 당기말 세무상 퇴직급여충당금 잔액을 의미한다. 동 금액이 음수인 경우는 실제 지급한 퇴직급여가 세무상 퇴직급여충당금 잔액을 초과한 경우로서, 그 초과액에 상당하는 금액은 지급이 확정되는 날이 속하는 사업연도에 손금산입에 산입한다.

⑩ 추계액 대비 설정액(㉒×0/100)

[㉒세법상 추계액]란의 0%가 자동 반영된다.

⑪ 퇴직금전환금

재무상태표에 국민연금전환금으로 계상한 잔액이 있는 경우 해당 금액을 입력한다. [회계관리] 메뉴에 입력된 Data가 있는 경우에는 F7 원장조회 를 이용하여 "188.국민연금전환금" 계정금액을 확인하여 입력한다.

⑫ 설정율 감소에 따라 한입을 제외하는 금액[Max(⑨ ⑩ ⑪, 0)]

추계액 기준 설정율이 매년 5%씩 감소하여 0%가 됨에 따라 퇴직급여충당금 한도가 감소하더라도 기존에 손금산입한 퇴직급여충당금은 익금으로 환입하지 않는다. 따라서 추계액 기준 설정액(⑩+⑪란)이 당기말 세무상 퇴직급여충당금잔액(⑨란)에 미달하는 경우 동 미달액(⑨-⑩-⑪)이 자동 반영된다.

⑬ 누적한도액(⑩-⑨+⑪+⑫)

동 금액은 손금산입 한도액 계산의 "퇴직급여추계액 기준"에 의하여 계산한 한도액이다.

✱ 한도초과액 계산

한도초과액 계산	14.한도액 (③과 ⑬중 적은 금액)	15.회사 계상액	16.한도초과액 ((15) - (14))

⑭ 한도액(③과 ⑬중 적은금액)

총급여액 기준에 의하여 계산한 [③한도액]란과 퇴직급여추계액 기준에 의하여 계산한 [⑬누적한도액]란의 금액 중 적은 금액이 자동 반영된다. 동 금액은 퇴직급여충당금 손금산입 한도액이다.

⑮ 회사계상액

당기에 회사가 결산서상에 계상한 퇴직급여충당금을 입력한다. **[회계관리] 메뉴에 입력된 Data가 있는 경우에는** F8 잔액조회 를 이용하여 "295.퇴직급여충당부채" 계정의 [당기증가]란의 금액을 입력한다.

⑯ 한도초과액(⑮-⑭)

동 금액이 양수(+)인 경우에는 퇴직급여충당금 손금산입 한도초과이므로 손금불산입하고 유보로 처분하고, 동 금액이 음수(-)인 경우에는 한도미달로 세무조정사항이 발생하지 않으므로 금액이 표시되지 않는다.

🔖 세무조정사항 정리

i> [⑯한도초과액] : 손금불산입(유보발생)
ii> [⑨차감액]란이 음수(-)인 경우 : 손금산입(유보감소)
iii> [⑥기중 충당금환입액] : 전기 사업연도로부터 이월된 퇴직급여충당금 부인액이 있는 법인이 퇴직급여충당금을 환입한 경우에는 그 부인액에 상당하는 퇴직급여충당금을 먼저 환입한 것으로 보아 동 환입금액은 익금불산입(유보감소)
iv> 추가 조정사항 : 총 급여액에 포함되지 않는 손금불산입 되는 급여 등이 있는 경우에는 귀속자에 대한 세무조정을 추가로 하여야 한다.

KcLep 따라하기

 다음 자료에 의하여 ㈜최대리(회사코드 : 1001)의 [퇴직급여충당금 조정명세서]를 작성하고 세무조정 하시오.

(1) 당기 중 급여지급에 대한 내용

회사가 당기 중에 지급한 급여를 구분하면 다음과 같다.

구 분	연간 총 급여액		1년 미만 근로한 임원·직원 급여		1년 이상 근로한 임원·직원 급여	
	인원	금 액	인원	금 액	인원	금 액
801.급여	7	700,000,000	2	20,000,000	5	680,000,000
803.상여	7	100,000,000	2	40,000,000	5	60,000,000
계		800,000,000		60,000,000		740,000,000

(2) 퇴직급여충당금 계정에 대한 내용

① 퇴직급여충당금 기초잔액 : 70,000,000원(세무상 부인금액 10,000,000원 포함)
② 당기 중 퇴직급여충당금과 상계하여 지급한 금액 : 40,000,000원
　(※ 퇴직자는 모두 현실적인 퇴직에 해당한다.)
③ 당기 퇴직급여충당금 설정액은 100,000,000원이다.

(3) 기타 자료

① 당기말 현재 임직원(1년 이상 근속자 5명 기준)의 퇴직급여추계액 일시퇴직기준은 300,000,000원이며, 보험수리기준은 250,000,000원이다.
② 당기말 현재 퇴직금전환금 잔액은 1,000,000원이다.
③ 당사는 1년 이상 근로한 임직원에게만 퇴직급여를 지급하는 퇴직급여 지급규정을 두고 있다.

퇴직급여충당금 조정명세서

2.총급여액 및 퇴직급여추계액 명세

계정과목명	17.총급여액 인원	17.총급여액 금액	18.퇴직급여 지급대상이 아닌 임원 또는 직원에 대한 급여액 인원	18.퇴직급여 지급대상이 아닌 임원 또는 직원에 대한 급여액 금액	19.퇴직급여 지급대상이 되는 임원 또는 직원에 대한 급여액 인원	19.퇴직급여 지급대상이 되는 임원 또는 직원에 대한 급여액 금액
0801.급여(판)	7	700,000,000	2	20,000,000	5	680,000,000
0803.상여금(판)	7	100,000,000	2	40,000,000	5	60,000,000
합계	14	800,000,000	4	60,000,000	10	740,000,000

2 퇴직금추계액명세서

	20.기말 현재 임원 또는 직원 전원의 퇴직시 퇴직급여추계액	
	인원	금액
	5	300,000,000
21.(근로퇴직급여보장법) 에 따른 추계액	5	250,000,000
22.세법상 추계액 MAX(20, 21)		300,000,000

❶ 제시된 자료에 따라 [⑰]·[⑱]란 및 [⑳]·[㉑]란을 입력한다.

3 1.퇴직급여충당금 조정

『법인세법 시행령』 제60조 제1항에 따른 한도액	1.퇴직급여 지급대상이 되는 임원 또는 직원에게 지급한 총급여액((19)의 계)	2.설정률	3.한도액 (①·②)	비 고
	740,000,000	5 / 100	37,000,000	

『법인세법 시행령』 제60조 제2항 및 제3항에 따른 한도액	4.장부상 충당금 기초잔액	5.확정기여형퇴직연금자의 설정전기계상된퇴직급여충당금	6.기중 충당금 환입액	7.기초 충당금 부인누계액	8.기중 퇴직금 지급액
	70,000,000			10,000,000	40,000,000
	9.차감액 (④-⑤-⑥-⑦-⑧)	10.추계액 대비 설정액 ((22)*0/100)	11.퇴직금 전환금	12.설정율 감소에 따른 환입을 제외하는금액(MAX(⑨-⑩-⑪,0)	13.누적한도액 (⑩-⑨+⑪+⑫)
	20,000,000		1,000,000		19,000,000

한도초과액 계산	14.한도액 (③과 ⑬중 적은 금액)	15.회사 계상액	16.한도초과액 ((15)-(14))
		100,000,000	100,000,000

❷ [④장부상 충당금 기초잔액]란에 퇴직급여충당금 기초잔액 70,000,000원을 입력한다.
❸ [⑦기초 충당금 부인누계액]란에 세무상 부인금액 10,000,000원을 입력한다.
❹ [⑧기중 퇴직금지급액]란에 당기 중 퇴직급여충당금과 상계하여 지급한 금액 40,000,000원을 입력한다.
❺ [⑪퇴직금전환금]란에 퇴직금전환금 잔액 1,000,000원을 입력한다.
❻ [⑮회사계상액]란에 당기 퇴직급여충당금 설정액 100,000,000원을 입력한다.

조정 등록

익금산입 및 손금불산입			손금산입 및 익금불산입		
과 목	금 액	소득처분	과 목	금 액	소득처분
퇴직급여충당금 한도초과액	100,000,000	유보발생			

❼ F3 키(또는 상단 툴바의 F3 조정등록)을 이용하여 다음과 같이 세무조정 한다.
[익금산입 및 손금불산입] 퇴직급여충당금 한도초과액 100,000,000원 (유보발생)

기/출/문/제 (실기)

01 다음의 자료를 이용하여 ㈜일공일(회사코드 : 1101)의 [퇴직급여충당금 조정명세서]를 작성하고 관련된 세무조정을 하시오.(6점)

(1) 퇴직급여충당부채 내역

전기이월	기말잔액	당기 지급액	당기 설정액
48,000,000원	51,000,000원	35,000,000원	38,000,000원

① 전기이월 중에는 세무상 한도초과액 3,000,000원이 포함되어 있다.
② 당기 지급액은 모두 현실적 퇴직으로 발생한 것이다.

(2) 급여 내역

구 분	총 급여액	
	인원	금 액
급여(판)	21	500,000,000원
상여(판)	21	250,000,000원
임금(제)	42	1,020,000,000원
상여(제)	42	330,000,000원
계		2,100,000,000원

① 급여(판)에는 영업부 소속 근속기간이 1년 미만인 3명의 급여 30,000,000원이 포함되어 있다.
② 상여(판)에는 영업부 소속 근속기간이 1년 미만인 3명의 급여 20,000,000원이 포함되어 있다.

(3) 기타 사항

① 사업연도 종료일 현재 퇴직급여 지급대상 임원 및 직원에 대한 퇴직금추계액은 400,000,000원이고, 보험수리적 퇴직급여추계액은 350,000,000원이다.
② 영업이사에게 지급한 상여금 중 10,000,000원은 정관상 급여지급기준을 초과한 것이다.
③ 당사의 퇴직금지급규정상 1년 미만 근속자에게는 퇴직금을 지급하지 않는다.
④ 당사는 퇴직연금에 가입한 적이 없다.

02 다음의 자료를 이용하여 ㈜일공이(회사코드 : 1102)의 [퇴직급여충당금 조정명세서]를 작성하고 관련된 세무조정을 하시오.(6점)

(1) 퇴직급여충당부채의 변동 내역은 다음과 같다.

퇴직급여충당부채

미지급금	40,000,000원	전기이월	100,000,000원
차기이월	90,000,000원	퇴직급여	30,000,000원
	130,000,000원		130,000,000원

(2) 퇴직금 지급으로 퇴직급여충당부채 감소액 40,000,000원에는 다음의 내역이 포함되어 있다.
- 김부장이 임원으로 승진하면서 퇴직금으로 지급한 금액 : 20,000,000원
- 직원 2명의 퇴직으로 인하여 지급한 금액 : 20,000,000원

(3) 당기 급여지급에 대한 내용은 다음과 같다.

구분		총급여		신규입사자 급여		중도퇴사자 급여
급여(판)	7명	100,000,000원	1명	5,000,000원	1명	10,000,000원
상여(판)	7명	30,000,000원				
임금(제)	15명	200,000,000원	2명	15,000,000원	1명	25,000,000원

※ 총급여에는 신규입사자 급여 및 중도퇴사자 급여가 포함되어 있다.

(4) 기타 사항
① 당해 사업연도 종료일 현재 임원 또는 사용인은 20명, 퇴직급여추계액 및 보험수리적 퇴직급여추계액은 90,000,000원이다.
② 당사는 퇴직연금에 가입되어 있지 아니하며 1년 미만 근속자는 퇴직금지급대상에 제외하는 것이 당사의 퇴직금지급규정이다.
③ 전기 [자본금과 적립금 조정명세서(을)]에 퇴직급여충당금 한도초과액 25,000,000원이 있다.

03 다음의 자료를 이용하여 ㈜일공삼(회사코드 : 1103)의 [퇴직급여충당금 조정명세서]를 작성하고 관련된 세무조정을 하시오.(6점)

(1) 퇴직급여충당부채 변동 내역

전기이월	당기 지급액	당기 설정액	기말잔액
15,000,000원	5,000,000원	3,000,000원	13,000,000원

※ 한편, 전기이월액 중에는 세무상 한도초과액 2,000,000원이 포함되어 있고, 당기 지급액은 전부 현실적 퇴직으로 인하여 지급한 것이다.

(2) 총급여액 및 퇴직금추계액
① 당기 중 급여지급에 대한 내용은 다음과 같다.

구분	총급여액		1년 미만자		1년 이상자	
	인원	금 액	인원	금 액	인원	금 액
급여(판)	21	330,000,000원	6	30,000,000원	15	300,000,000원
상여(판)		200,000,000원		20,000,000원		180,000,000원
임금(제)	42	850,000,000원	12	70,000,000원	30	780,000,000원
상여(제)		230,000,000원		40,000,000원		190,000,000원
계	63	1,610,000,000원	18	160,000,000원	45	1,450,000,000원

② 당해 사업연도 종료일 현재 퇴직급여 지급대상이 되는 임원 및 사용인에 대한 퇴직급여 추계액은 200,000,000원, 보험수리적 퇴직급여추계액은 150,000,000원이다.

③ 인건비 중 생산직 임원(1년 이상)에게 지급한 상여금 중 5,000,000원은 급여지급기준을 초과하여 지급한 것이다.

(3) 기타 사항

① 당사의 퇴직금지급규정에 의하면 1년 미만 근속자는 지급대상에서 제외되어 있다.
② 당사는 퇴직연금에 가입한 적이 없다.

04 다음의 자료를 이용하여 ㈜일공사(회사코드 : 1104)의 [퇴직급여충당금 조정명세서]를 작성하고 관련된 세무조정을 하시오.(6점)

(1) 급여 자료

계정과목	인원	금액
급여(판)	7명	38,900,000원
급여(제)	15명	89,500,000원
합 계	22명	128,400,000원

① 인건비 중 세법상 한도를 초과하여 지급한 금액은 없다.
② 당기 중 신입 직원은 없으나, 제조부 과장 1명이 8월 25일 퇴직하여 당기에 퇴직금을 지급하였고 퇴직시까지 지급한 급여는 16,000,000원이었다.

(2) 퇴직급여충당부채 계정 내역

퇴직급여충당부채

당기 지급액	28,000,000원	기초잔액	47,000,000원
기말잔액	39,000,000원	당기 설정액	20,000,000원
	67,000,000원		67,000,000원

① 기초잔액에는 전기 이전에 손금불산입된 금액 21,000,000원이 포함되어 있다.
② 당기 설정액은 판매비와관리비로 6,000,000원, 제조원가로 14,000,000원을 설정한 것이다.

(3) 기타 사항

① 퇴직전환금 계정의 기말잔액은 8,000,000원이다.
② 당기말 현재 재직 중인 모든 임직원이 일시에 퇴직할 경우 지급해야 할 퇴직급여추계액은 110,000,000원이고, 보험수리적기준에 의한 퇴직급여추계액은 90,000,000원이다.
③ 회사는 현재 퇴직연금에 가입하지 않고 있다고 가정한다.

05 다음의 자료를 이용하여 ㈜일공오(회사코드 : 1105)의 [퇴직급여충당금 조정명세서]를 작성하고 관련된 세무조정을 하시오.(6점)

(1) 급여 내역

구 분	총 급여내역		퇴직급여 지급대상이 아닌 급여	
	인원	금액	인원	금액
임금(제)	10명	120,000,000원	2명	14,200,000원
급여(판)	7명	102,000,000원	1명	20,500,000원

(2) 퇴직급여충당부채 계정 내용
- 기초금액 : 20,000,000원(전기 퇴직급여충당금 부인액 2,000,000원 포함)
- 기말금액 : 28,000,000원
- 기중 퇴직금 지급에 대한 회계처리
  (차) 퇴직급여충당부채   4,200,000 / (대) 보통예금   3,980,000
                                    (대) 예수금   220,000

(3) 추가 내용
- 확정기여형 퇴직연금자의 퇴직급여충당금 기 설정액 : 10,000,000원
- 일시퇴직기준 퇴직급여추계액 : 60,000,000원(확정기여형 퇴직연금 가입자 관련 추계액은 제외)
- 퇴직금전환금 : 1,000,000원

06 다음의 자료를 이용하여 ㈜일공육(회사코드 : 1106)의 [퇴직급여충당금 조정명세서]를 작성하고 관련된 세무조정을 하시오.(6점)

(1) 재무상태표상 퇴직급여충당부채 내용은 다음과 같다.
① 전기이월액 : 100,000,000원, 기말잔액 : 70,000,000원, 당기 지급액 : 60,000,000원
② 전기이월액 중에는 세무상 한도초과액 20,000,000원이 포함되어있다.
③ 당기 지급액은 현실적인 퇴직으로 지급한 것이다.
④ 확정기여형 퇴직연금 가입자에 대한 퇴직급여충당금은 없는 것으로 가정한다.
(2) 당기말 현재 근속중인 임직원 인건비의 내용은 다음과 같다고 가정한다.

구 분	인원	급 여	인원	상여금
임원(관리직)	2명	80,000,000원	2명	20,000,000원
사무직	3명	100,000,000원	3명	50,000,000원
공장근무자	15명	250,000,000원	11명	80,000,000원

① 임원상여금 중에는 급여지급규정 초과액 5,000,000원이 있다.
② 공장근무자 중 1명은 1년 미만 근속자로서 급여총액 20,000,000원 포함되어 있다.
③ 공장근무자 급여 중에는 확정기여형 퇴직연금가입자(3인)분 40,000,000원이 포함되어 있다.

(3) 기타 사항
① 당해사업년도 종료일 현재 퇴직금지급대상이 되는 임원 및 사용인의 급여기준에 의한 추계액은 300,000,000원이고, 보험수리적 가정에 의한 금액은 350,000,000원이다(16명 기준).
② 당사의 퇴직금지급규정상 1년 미만 근속자는 퇴직금 지급대상에서 제외되어있다.

07 다음의 자료를 이용하여 ㈜일공칠(회사코드 : 1107)의 [퇴직급여충당금 조정명세서]를 작성하고 관련된 세무조정을 하시오.(6점)

(1) 재무상태표상 퇴직급여충당부채 계정의 내용은 다음과 같다.

전기이월	당기 지급액	당기 설정액	기말잔액
60,000,000원	40,000,000원	10,000,000원	30,000,000원

※ 한편, 전기이월액 중에는 세무상 한도초과액 20,000,000원이 포함되어 있고 당기 지급액은 전부 현실적 퇴직으로 인하여 지급한 것이다.

(2) 총급여액의 내용은 다음과 같다.

계정과목	총급여액		1년 미만 근속	
	인원	금 액	인원	금 액
급여(판관비)	10명	38,400,000원		
임금(제조)	20명	201,600,000원	5명	40,000,000원
개발비(무형자산)	10명	200,000,000원		
합 계		440,000,000원		40,000,000원

(3) 기타 사항
① 당사의 퇴직금지급규정에 의하면 1년 미만 근속자는 지급대상에서 제외되어 있다.
② 당해 사업연도 종료일 현재 퇴직급여 지급대상이 되는 임원 및 사용인에 대한 퇴직급여추계액은 300,000,000원이다(35명 기준).
③ 당사는 퇴직연금에 가입한 적이 없다.

KcLep 도우미

해설 1 _____ 1101

[표: 총급여액 및 퇴직급여추계액 명세]

❶ 제시된 자료에 따라 [⑰]·[⑱]란 및 [⑳]·[㉑]란을 입력한다. 급여지급기준을 초과한 임원 상여금은 [⑰]란에서 제외하고 손금불산입 상여로 처분한다.
  * 퇴직급여 지급대상이 아닌 1년 미만인 3명의 급여와 상여는 [⑱]란에 입력한다.

[표: 퇴직급여충당금 조정]

❷ [④]란에 퇴직급여충당금부채 계정의 "전기이월" 금액을 입력하고, [⑦]란에 전기이월 중 세무상 한도초과액을 입력한다.
❸ [⑧]란에 퇴직급여충당금부채 계정의 "당기 지급액"을 입력하고, [⑮]란에 "당기 설정액"을 입력한다.
❹ F3 키(또는 상단 툴바의 F3 조정등록)을 이용하여 다음과 같이 세무조정 한다.
  [익금산입 및 손금불산입] 지급기준초과 임원상여금 10,000,000원 (상여)
  　　　　　　　　　　　　퇴직급여충당금 한도초과액 38,000,000원 (유보발생)

해설 2 _____ 1102

[표: 총급여액 및 퇴직급여추계액 명세]

❶ 제시된 자료에 따라 [⑰]·[⑱]란 및 [⑳]·[㉑]란을 입력한다.
　＊퇴직급여 지급대상이 아닌 신규입사자와 중도퇴사자의 급여(판)와 임금(제)을 [⑱]란에 입력한다.

『법인세법 시행령』 제60조 제1항에 따른 한도액	1.퇴직급여 지급대상이 되는 임원 또는 직원에게 지급한 총급여액((19)의 계)		2.설정률	3.한도액 (①×②)		비　고
	275,000,000		5 / 100	13,750,000		
『법인세법 시행령』 제60조 제2항 및 제3항에 따른 한도액	4.장부상 충당금 기초잔액	5.확정기여형퇴직연금자의 설정전기계상된퇴직급여충당금	6.기중 충당금 환입액	7.기초 충당금 부인누계액		8.기중 퇴직금 지급액
	100,000,000			25,000,000		40,000,000
	9.차감액 (④－⑤－⑥－⑦－⑧)	10.추계액 대비 설정액 ((22)＊0 / 100)	11.퇴직금 전환금	12.설정률 감소에 따른 환입을 제외하는금액(MAX(⑨－⑩－⑪,0)		13.누적한도액 (⑩－⑨＋⑪＋⑫)
	35,000,000			35,000,000		
한도초과액 계　산	14.한도액 (③과 ⑬중 적은 금액)		15.회사 계상액			16.한도초과액 ((15)－(14))
			30,000,000			30,000,000

❷ [④]란에 퇴직급여충당금부채 계정의 "전기이월" 금액을 입력하고, [⑦]란에 전기 [자본금과 적립금 조정명세서(을)] 서식의 퇴직급여충당금 한도초과액을 입력한다.

❸ [⑧]란에 퇴직금 지급으로 퇴직급여충당금부채 감소액을 입력하고, [⑮]란에 퇴직급여충당금 부채 계정의 "퇴직급여" 금액을 입력한다.
　＊직원(김부장)이 임원으로 취임하는 경우는 현실적인 퇴직에 포함된다.

❹ F3 키(또는 상단 툴바의 F3 조정등록)을 이용하여 다음과 같이 세무조정 한다.
　[익금산입 및 손금불산입] 퇴직급여충당금 한도초과액 30,000,000원 (유보발생)

해설 3　　　　　　　　　　　1103

계정과목명	17.총급여액		18.퇴직급여 지급대상이 아닌 임원 또는 직원에 대한 급여액		19.퇴직급여 지급대상이 되는 임원 또는 직원에 대한 급여액		20.기말 현재 임원 또는 직원 전원의 퇴직시 퇴직급여추계액	
	인원	금액	인원	금액	인원	금액	인원	금액
0801.급여(판)	21	330,000,000	6	30,000,000	15	300,000,000		200,000,000
0803.상여금(판)		200,000,000		20,000,000		180,000,000		
0504.임금(제)	42	850,000,000	12	70,000,000	30	780,000,000	21.(근로퇴직급여보장법) 에 따른 추계액	150,000,000
0505.상여금(제)		225,000,000		40,000,000		185,000,000	22.세법상 추계액 MAX(20, 21)	200,000,000
합계	63	1,605,000,000	18	160,000,000	45	1,445,000,000		

❶ 제시된 자료에 따라 [⑰]·[⑱]란 및 [⑳]·[㉑]란을 입력한다. 급여지급기준을 초과한 임원 상여금은 [⑰]란에서 제외하고 손금불산입 상여로 처분한다.
　＊퇴직급여 지급대상이 아닌 1년 미만자 6명의 급여(판)와 상여(판)를 [⑱]란에 입력하고, 12명의 임금(제)와 상여(제)를 [⑱]란에 입력한다.

『법인세법 시행령』 제60조 제1항에 따른 한도액	1.퇴직급여 지급대상이 되는 임원 또는 직원에게 지급한 총급여액((19)의 계)		2.설정률	3.한도액 (①×②)		비　고
	1,445,000,000		5 / 100	72,250,000		
『법인세법 시행령』 제60조 제2항 및 제3항에 따른 한도액	4.장부상 충당금 기초잔액	5.확정기여형퇴직연금자의 설정전기계상된퇴직급여충당금	6.기중 충당금 환입액	7.기초 충당금 부인누계액		8.기중 퇴직금 지급액
	15,000,000			2,000,000		5,000,000
	9.차감액 (④－⑤－⑥－⑦－⑧)	10.추계액 대비 설정액 ((22)＊0 / 100)	11.퇴직금 전환금	12.설정률 감소에 따른 환입을 제외하는금액(MAX(⑨－⑩－⑪,0)		13.누적한도액 (⑩－⑨＋⑪＋⑫)
	8,000,000			8,000,000		
한도초과액 계　산	14.한도액 (③과 ⑬중 적은 금액)		15.회사 계상액			16.한도초과액 ((15)－(14))
			3,000,000			3,000,000

❷ [④]란에 퇴직급여충당금부채 계정의 "전기이월" 금액을 입력하고, [⑦]란에 전기이월액 중 세무상 한도초과액을 입력한다.
❸ [⑧]란에 퇴직급여충당금부채 계정의 "당기 지급액"을 입력하고, [⑮]란에 "당기 설정액"을 입력한다.
❹ F3 키(또는 상단 툴바의 F3 조정등록)을 이용하여 다음과 같이 세무조정 한다.
　[익금산입 및 손금불산입] 지급기준초과 임원상여금 5,000,000원 (상여)
　　　　　　　　　　　　　퇴직급여충당금 한도초과액 3,000,000원 (유보발생)

해설 4　　　　　　　　　　1104

1. 2.총급여액 및 퇴직급여추계액 명세							2. 퇴직급여추계액명세서	
계정과목명	17.총급여액		18.퇴직급여 지급대상이 아닌 임원 또는 직원에 대한 급여액		19.퇴직급여 지급대상이 되는 임원 또는 직원에 대한 급여액		20.기말 현재 임원 또는 직원 전원의 퇴직시 퇴직급여추계액	
	인원	금액	인원	금액	인원	금액	인원	금액
0801.급여(판)	7	38,900,000			7	38,900,000		110,000,000
0503.급여(제)	15	89,500,000	1	16,000,000	14	73,500,000		
							21.(근로퇴직급여보장법)에 따른 추계액	
								90,000,000
							22.세법상 추계액 MAX(20, 21)	
합계	22	128,400,000	1	16,000,000	21	112,400,000		110,000,000

❶ 제시된 자료에 따라 [⑰]·[⑱]란 및 [⑳]·[㉑]란을 입력한다.
　＊퇴직급여 지급대상이 아닌 중도퇴사자 1명의 급여(제)를 [⑱]란에 입력한다.

3. 1.퇴직급여충당금 조정						
『법인세법 시행령』 제60조 제1항에 따른 한도액	1.퇴직급여 지급대상이 되는 임원 또는 직원에게 지급한 총급여액((19)의 계)		2.설정률	3.한도액 (①×②)		비 고
	112,400,000		5 / 100	5,620,000		
『법인세법 시행령』 제60조 제2항 및 제3항에 따른 한도액	4.장부상 충당금 기초잔액	5.확정기여형퇴직연금자의 설정전기계상된퇴직급여충당금	6.기중 충당금 환입액	7.기초 충당금 부인누계액	8.기중 퇴직금 지급액	
	47,000,000			21,000,000	28,000,000	
	9.차감액 (④-⑤-⑥-⑦)	10.추계액 대비 설정액 ((22)×0/100)	11.퇴직금 전환금	12.설정률 감소에 따른 환입을 제외하는금액(MAX(⑨-⑩-⑪,0)	13.누적한도액 (⑩-⑨+⑪+⑫)	
	-2,000,000		8,000,000		8,000,000	
한도초과액 계 산	14.한도액 (③과 ⑬중 적은 금액)		15.회사 계상액		16.한도초과액 ((15)-(14))	
	5,620,000		20,000,000		14,380,000	

❷ [④]란에 퇴직급여충당금부채 계정의 "기초잔액"을 입력하고, [⑦]란에 전기 이전에 손금불산입된 금액을 입력한다.
❸ [⑧]란에 퇴직급여충당금부채 계정의 "당기 지급액"을 입력하고, [⑪]란에 퇴직전환금 계정의 기말잔액을 입력한다.
❹ [⑮]란에 퇴직급여충당금부채 계정의 "당기 설정액"을 입력한다.
❺ F3 키(또는 상단 툴바의 F3 조정등록)을 이용하여 다음과 같이 세무조정 한다.
　[익금산입 및 손금불산입] 퇴직급여충당금 한도초과액 14,380,000원 (유보발생)
　[손금산입 및 익금불산입] 퇴직급여충당금 손금추인액 2,000,000원 (유보감소)
　　＊실제 지급하는 퇴직급여가 세무상 충당금을 초과하는 경우에는 그 초과액에 상당하는 금액은 지급이 확정된 날이 속하는 사업연도에 손금에 산입한다.

해설 5 _____ 1105

계정과목명	17.총급여액		18.퇴직급여 지급대상이 아닌 임원 또는 직원에 대한 급여액		19.퇴직급여 지급대상이 되는 임원 또는 직원에 대한 급여액		20.기말 현재 임원 또는 직원 전원의 퇴직시 퇴직급여추계액	
	인원	금액	인원	금액	인원	금액	인원	금액
0504.임금(제)	10	120,000,000	2	14,200,000	8	105,800,000		60,000,000
0801.급여(판)	7	102,000,000	1	20,500,000	6	81,500,000		
							21.(근로퇴직급여보장법)에 따른 추계액	
							22.세법상 추계액 MAX(20, 21)	
합계	17	222,000,000	3	34,700,000	14	187,300,000		60,000,000

❶ 제시된 자료에 따라 [⑰]·[⑱]란 및 [⑳]란을 입력한다.
  * 퇴직급여 지급대상이 아닌 임금(제)과 급여(판)를 [⑱]란에 입력한다.

『법인세법 시행령』제60조 제1항에 따른 한도액	1.퇴직급여 지급대상이 되는 임원 또는 직원에게 지급한 총급여액((19)의 계)	2.설정률	3.한도액 (①×②)	비 고
	187,300,000	5/100	9,365,000	
『법인세법 시행령』제60조 제2항 및 제3항에 따른 한도액	4.장부상 충당금 기초잔액	5.확정기여형퇴직연금자의 설정전기계상된퇴직급여충당금	6.기중 충당금 환입액	7.기초 충당금 부인누계액	8.기중 퇴직금 지급액
	20,000,000	10,000,000		2,000,000	4,200,000
	9.차감액 (④-⑤-⑥-⑦-⑧)	10.추계액 대비 설정액 ((22)*0/100)	11.퇴직금 전환금	12.설정율 감소에 따른 환입을 제외하는 금액(MAX(⑨-⑩-⑪,0)	13.누적한도액 (⑩-⑨+⑪+⑫)
	3,800,000		1,000,000		2,800,000
한도초과액 계 산	14.한도액 (③과 ⑬중 적은 금액)	15.회사 계상액		16.한도초과액 ((15)-(14))	
		12,200,000		12,200,000	

❷ [④]란에 퇴직급여충당금부채 계정의 "기초금액"을 입력하고, [⑤]란에 확정기여형 퇴직연금자의 퇴직급여충당금 기 설정액을 입력한다.
❸ [⑦]란에 전기 퇴직급여충당금 부인액을 입력하고, [⑧]란에 기중 퇴직금지급액을 입력한다.
❹ [⑪]란에 퇴직전환금을 입력하고, [⑮]란에 퇴직급여충당금부채 회사계상액 12,200,000원을 입력한다.
  * 기초금액(20,000,000) - 당기 지급액(4,200,000) + 회사계상액 = 기말금액(28,000,000)
  ∴ 회사계상액은 12,200,000원
❺ F3 키(또는 상단 툴바의 F3 조정등록)을 이용하여 다음과 같이 세무조정 한다.
  [익금산입 및 손금불산입] 퇴직급여충당금 한도초과액 12,200,000원 (유보발생)

해설 6 _____ 1106

계정과목명	17.총급여액		18.퇴직급여 지급대상이 아닌 임원 또는 직원에 대한 급여액		19.퇴직급여 지급대상이 되는 임원 또는 직원에 대한 급여액		20.기말 현재 임원 또는 직원 전원의 퇴직시 퇴직급여추계액	
	인원	금액	인원	금액	인원	금액	인원	금액
0801.급여(판)	5	180,000,000			5	180,000,000	16	300,000,000
0803.상여금(판)	5	65,000,000			5	65,000,000		
0503.급여(제)	15	250,000,000	4	60,000,000	11	190,000,000	21.(근로퇴직급여보장법)에 따른 추계액	
0505.상여금(제)	11	80,000,000			11	80,000,000	16	350,000,000
							22.세법상 추계액 MAX(20, 21)	
합계	36	575,000,000	4	60,000,000	32	515,000,000		350,000,000

❶ 제시된 자료에 따라 [⑰]·[⑱]란 및 [⑳]·[㉑]란을 입력한다. 급여지급규정을 초과한 임원상여금은 [⑰]란에서 제외하고 손금불산입 상여로 처분한다.

＊퇴직급여 지급대상이 아닌 1년 미만 근속자 1명과 확정기여형 퇴직연금가입자 3인의 급여(제)를 [⑱]란에 입력한다.

3 1.퇴직급여충당금 조정					
『법인세법 시행령』 제60조 제1항에 따른 한도액	1.퇴직급여 지급대상이 되는 임원 또는 직원에게 지급한 총급여액((19)의 계)		2.설정률	3.한도액 (①×②)	비 고
	515,000,000		5 / 100	25,750,000	
『법인세법 시행령』 제60조 제2항 및 제3항에 따른 한도액	4.장부상 충당금 기초잔액	5.확정기여형퇴직연금자의 설정전기계상된퇴직급여충당금	6.기중 충당금 환입액	7.기초 충당금 부인누계액	8.기중 퇴직금 지급액
	100,000,000			20,000,000	60,000,000
	9.차감액 (④-⑤-⑥-⑦-⑧)	10.추계액 대비 설정액 ((22) × 0 / 100)	11.퇴직금 전환금	12.설정율 감소에 따른 환입을 제외하는금액(MAX(⑨-⑩-⑪,0)	13.누적한도액 (⑩-⑨+⑪+⑫)
	20,000,000			20,000,000	
한도초과액 계 산	14.한도액 (③과 ⑬중 적은 금액)		15.회사 계상액		16.한도초과액 ((15)-(14))
			30,000,000		30,000,000

❷ [④]란에 퇴직급여충당금부채 계정의 "전기이월액"을 입력하고, [⑦]란에 전기이월액 중 세무상 한도초과액을 입력한다.

❸ [⑧]란에 퇴직급여충당금부채 계정의 "당기 지급액"을 입력하고, [⑮]란에 퇴직급여충당금부채 회사계상액 30,000,000원을 입력한다.

＊전기이월액(100,000,000) − 당기 지급액(60,000,000) + 회사계상액 = 기말잔액(70,000,000)

∴ 회사계상액은 30,000,000원

잔액조회					
계정코드범위(코드)	0295	퇴직급여충당부채	~	0295	퇴직급여충당부채
코드	계정과목명	기초잔액	당기증가	당기감소	잔액
0295	퇴직급여충당부채	100,000,000	30,000,000	60,000,000	70,000,000

＊[회계관리] 메뉴에 입력된 데이터가 있는 경우에는 상단 툴바의 F8 잔액조회 를 이용하여 퇴직급여충당부채의 변동내역을 확인할 수 도 있다.

❹ F3 키(또는 상단 툴바의 F3 조정등록)을 이용하여 다음과 같이 세무조정 한다.

[익금산입 및 손금불산입] 지급규정초과 임원상여금 5,000,000원 (상여)
　　　　　　　　　　　퇴직급여충당금 한도초과액 30,000,000원 (유보발생)

해설 7   1107

1 2.총급여액 및 퇴직급여추계액 명세								2 퇴직금추계액명세서		
계정과목명	17.총급여액		18.퇴직급여 지급대상이 아닌 임원 또는 직원에 대한 급여액		19.퇴직급여 지급대상이 되는 임원 또는 직원에 대한 급여액		20.기말 현재 임원 또는 직원 전원의 퇴직시 퇴직급여추계액			
	인원	금액	인원	금액	인원	금액	인원		금액	
0801.급여(판)	10	38,400,000			10	38,400,000	35		300,000,000	
0504.임금(제)	20	201,600,000	5	40,000,000	15	161,600,000	21.(근로퇴직급여보장법) 에 따른 추계액			
0226.개발비	10	200,000,000			10	200,000,000				
							22.세법상 추계액 MAX(20, 21)			
합계	40	440,000,000	5	40,000,000	35	400,000,000			300,000,000	

❶ 제시된 자료에 따라 [⑰]·[⑱]란 및 [⑳]란을 입력한다.
   *퇴직급여 지급대상이 아닌 1년 미만 근속자 5명의 임금(제)을 [⑱]란에 입력한다.

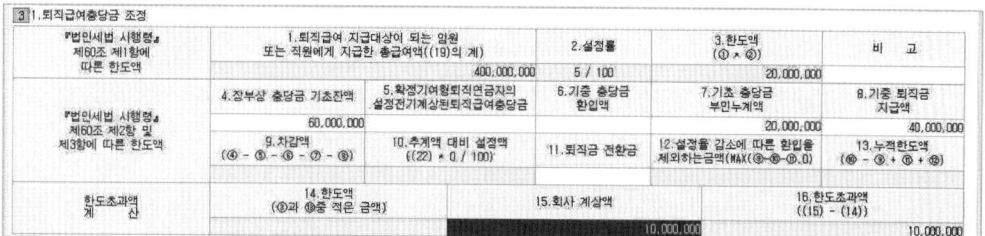

❷ [④]란에 퇴직급여충당금부채 계정의 "전기이월" 금액을 입력하고, [⑦]란에 전기이월액 중 세무상 한도초과액을 입력한다.

❸ [⑧]란에 퇴직급여충당금부채 계정의 "당기 지급액"을 입력하고, [⑮]란에 "당기 설정액"을 입력한다.

❹ F3 키(또는 상단 툴바의 F3 조정등록)을 이용하여 다음과 같이 세무조정 한다.
   [익금산입 및 손금불산입] 퇴직급여충당금 한도초과액 10,000,000원 (유보발생)

memo

제11장 퇴직연금부담금 등 조정명세서

제1절 퇴직연금부담금의 손금산입

1. 퇴직연금제도

"퇴직연금제도"란 기업이 근로자의 노후소득보장과 생활안정을 위해 근로자 재직기간 중 퇴직금 지급재원을 외부의 금융기관에 적립하고, 기업 또는 근로자의 지시에 따라 운용하여 근로자 퇴직시 연금 또는 일시금으로 지급하도록 하는 기업복지제도이다. 법인이 임원이나 직원의 퇴직급여를 지급하기 위하여 납부하는 퇴직연금의 부담금은 각 사업연도 소득금액을 계산할 때 손금에 산입한다.

구분	확정급여형(Defined Benefit)	확정기여형(Defined Contribution)
개요	• 근로자가 받을 퇴직급여가 노사합의에 의하여 사전에 정해지고, 회사는 연금수리에 의해 산출된 부담금을 매년 정기적으로 납입, 운용하는 제도이다. • 기업의 운용성과에 따라 기업이 부담하는 퇴직금비용 부담액이 변동하게 된다. • 근로자는 퇴직시 확정된 퇴직급여를 일시금 또는 연금의 형태로 받을 수 있다.	• 회사는 사전에 정해져 있는 부담금을 근로자의 개인별 계좌에 매년 정기적으로 적립하고 근로자가 직접 적립금을 운용, 그 결과에 따라 장래의 퇴직급여가 달라지는 제도이다. • 근로자의 운용성과에 따라 확정급여형에서 정한 퇴직급여 수준 이상의 퇴직금을 받을 수도 있다. • 근로자는 퇴직시 일시금 또는 연금의 형태로 퇴직급여를 받을 수 있다.
기업회계기준	• 회사의 연금부담금을 퇴직연금운용자산으로 계상한다. 동 금액만큼 퇴직금 지급의무가 감소하므로 퇴직급여충당부채에서 차감하는 형식으로 표시한다.	• 회사의 연금부담금을 퇴직급여로 처리한다. 따라서 퇴직시에는 회계처리 없음.
세무회계	일정한 한도내에서 손금인정	전액 손금인정

2. 기업회계기준의 회계처리 (확정급여형)

(1) 퇴직연금부담금 납부시

확정급여형 퇴직연금부담금 납부시 납입한 금액 중 일부는 보험회사의 사업비로 충당되므로 이를 비용으로 처리하고, 나머지는 퇴직연금운용자산으로 회계처리 한다.

　　(차) 퇴직연금운용자산　　　×××　/ (대) 현　금　　　　×××
　　(차) 수수료비용　　　　　　×××

(2) 퇴직금 지급시

기중에 실제로 퇴직금을 지급할 경우에는 퇴직급여충당부채에서 지급하는 것으로 처리하고, 퇴직금 지급액 중 일부는 퇴직연금운용자산으로 충당하게 된다.

　　(차) 퇴직급여충당부채　　　×××　/ (대) 퇴직연금운용자산　×××
　　　(또는 퇴직급여)　　　　　　　　　 (대) 현　금　　　　×××

3. 세무회계상 손금산입 방법

확정급여형 퇴직연금부담금을 납입한 경우 손금산입하는 방법은 《방법1》 기업회계기준에 따라 회계처리하고 당해 사업연도 소득금액 계산시에 세무조정계산서에 손금산입하는 방법(강제신고조정)과 《방법2》 기업회계기준에서는 인정하지 않지만 장부상 비용으로 계상하는 방법(결산조정) 중 당해 법인이 임의로 선택할 수 있다. 이하에서는 연속된 거래를 통하여 기업회계기준과 세무회계상의 회계처리를 비교해 보자.

(1) ×1년 중 퇴직연금부담금 750,000원을 현금으로 납부하였다(사업비는 고려하지 않기로 함).
　　(차) 퇴직연금운용자산　　　750,000　/ (대) 현　금　　　　750,000

(2) ×1년 말 퇴직급여추계액은 1,000,000원이다. 기말 결산시 퇴직급여충당금을 설정하였으며, 당기 세무상 퇴직급여충당금 손금산입 한도액은 250,000원이고, 퇴직연금부담금 손금산입 한도액은 750,000원이라고 가정한다.

결산조정(세무회계)	신고조정(기업회계기준)
(차) 퇴직급여　250,000 　　(대) 퇴직급여충당금　250,000	(차) 퇴직급여　1,000,000 　　(대) 퇴직급여충당금　1,000,000
세무조정 없음	☑ 세무조정 퇴직급여충당금　750,000 손금불산입(유보)
(차) 퇴직연금급여　750,000 　　(대) 퇴직연금충당금　750,000	회계처리 없음
세무조정 없음	☑ 세무조정 퇴직연금부담금　750,000 손금산입(△유보)[주1]

[주1] 신고조정시 퇴직연금부담금 손금산입 범위내의 금액은 반드시 손금산입 하여야 하며, 동 세무조정 금액은 추후에 근로자의 퇴직으로 보험금을 수령하는 때 익금산입(유보)으로 소멸하게 된다.

(3) ×2년 중 직원이 퇴사하여 퇴직금(직원이 퇴직일시금을 선택)을 지급하였다. 보험회사로부터 지급된 금액과 회사에서 지급된 금액의 내역은 다음과 같다.
 • 회사지급액 : 250,000원
 • 보험회사 지급액 : 750,000원

결산조정(세무회계)	신고조정(기업회계기준)
(차) 퇴직연금충당금 750,000 　　　　(대) 퇴직연금운용자산 750,000 (차) 퇴직급여충당금 250,000 　　　　(대) 현　　　금 250,000	(차) 퇴직급여충당금 1,000,000 　　　　(대) 퇴직연금운용자산 750,000 　　　　(대) 현　　　금 250,000
세무조정 없음	☑ 세무조정 퇴직급여충당금 750,000 손금산입(△유보)[주2] 퇴직연금수령액 750,000 익금산입(유보)

[주2] 보험금을 수령하여 퇴직금을 지급하는 경우 신고조정에 의하여 손금산입한 법인은 퇴직연금충당금 설정액이 없어 퇴직급여충당금과 상계하게 된다. 이 경우 과다 상계된 퇴직급여충당금을 원상회복 시키는 세무조정이 필요하므로 과다 상계된 퇴직급여충당금에 상당하는 금액을 손금산입(△유보) 처분하여 세무상 퇴직급여충당금을 증가시킨다.

4. 손금산입 한도액

퇴직연금부담금은 "퇴직급여추계액 기준"과 "퇴직연금예치금 기준"에 의하여 계산한 금액 중 적은 금액의 범위 안에서 손금에 산입한다.

```
퇴직연금부담금 손금산입 한도액 = MIN(①, ②)
 ① 퇴직급여추계액 기준 :
     = 세무상 충당금 미설정액 - 이미 손금산입한 부담금
     = (퇴직급여추계액 - 당기말 세무상 퇴직급여충당금 잔액) - 이미 손금산입한 부담금
 ② 퇴직연금예치금 기준 :
     = 당기말 퇴직연금예치금 - 이미 손금산입한 부담금
     = {기초퇴직연금예치금 - 기중감소액 + 기중납입액} - 이미 손금산입한 부담금
```

(1) 퇴직급여추계액

퇴직급여추계액은 "일시퇴직기준"과 "보험수리적기준" 중 큰 금액을 말하는데, 이는 퇴직급여충당금 손금산입 한도액 계산시의 퇴직급여추계액과 같다.

(2) 당기말 세무상 퇴직급여충당금 잔액

"당기말 세무상 퇴직급여충당금 잔액"이란 당기 퇴직급여충당금 설정 후의 세무상 퇴직급여충당금 잔액을 말한다. 즉, 당기말까지 손금산입한 퇴직급여충당금을 포함한 금액에서 당기말 현재 부인누계액(당기부인액 포함)을 차감한 후 금액을 말한다.

> 당기말 세무상 퇴직급여충당금 잔액 = 재무상태표상 충당금 기말잔액 - 당기말 충당금 부인누계액

(3) 이미 손금산입한 부담금

전기 이전에 손금에 산입한 부담금 합계액 중 당기말까지 퇴직금 지급에 충당하고 남은 퇴직연금예치금 잔액을 말한다.

> 이미 손금산입한 부담금(당기말 세무상 퇴직연금예치금 잔액)
> = 전기말까지 신고조정에 의해 손금산입한 퇴직연금예치금 누계액
> - 퇴직연금예치금 손금불산입 누계액
> - 기중 퇴직연금예치금 수령 및 해약액

한마디...
법정서식에서 퇴직연금운용자산 대신에 퇴직연금예치금이라는 표현을 사용하므로 본서에서도 이에 따르기로 한다. 또한 법정서식에는 결산조정하는 경우와 신고조정하는 경우의 표현이 혼합되어 있으므로 본서에서는 자격시험 출제유형에 맞게 신고조정하는 경우의 표현만을 사용하기로 한다.

5. 퇴직연금부담금의 세무조정

(1) 결산조정으로 손금산입시

퇴직연금부담금을 결산조정에 의하여 손금산입하는 경우에는 손금산입 한도액 범위내에서 손금으로 산입한다. 손금산입 한도액을 초과하는 금액은 손금불산입 유보로 처분하고, 그 후의 사업연도의 손금산입 한도액 범위내에서 손금으로 추인한다.

(2) 신고조정으로 손금산입시

퇴직연금부담금을 신고조정에 의하여 손금산입하는 경우에는 세무조정계산서상에 퇴직연금부담금 손금산입 한도액을 손금산입 △유보로 처분한다. 그 후 퇴직으로 인하여 보험금을 수령하는 때에는 동 금액을 익금산입 유보로 처분한다. 한편, 퇴직금 지급시 퇴직급여충당금의 감소로 처리한 경우에는 과다 상계된 퇴직급여충당금에 상당하는 금액은 손금산입(△유보) 처분하여 세무회계상 퇴직급여충당금을 증가시킨 후 당해 사업연도 퇴직급여충당금 손금산입 한도액을 계산하여야 한다.

예제1 다음 자료에 의하여 ㈜이공오의 퇴직연금부담금에 대한 세무조정을 하시오. 당사는 확정급여형 퇴직연금에 가입하고 있으며, 퇴직연금부담금을 신고조정에 의하여 손금산입하고 있다.

(1) 다음의 퇴직연금운용자산 계정의 기초잔액은 전액 전기에 신고조정에 의하여 손금산입된 금액이다.

퇴직연금운용자산

기초잔액	10,000,000원	당기감소액	6,000,000원
당기납부액	8,000,000원	기말잔액	12,000,000원
	18,000,000원		18,000,000원

※ 당기 감소액 6,000,000원에 대한 회계처리는 다음과 같다.
 (차) 퇴직급여　　　　　6,000,000 / (대) 퇴직연금운용자산　　6,000,000

(2) 당기말 현재 퇴직급여추계액은 95,000,000원이다.

(3) 당기말 현재 재무상태표상 퇴직급여충당부채 잔액은 30,000,000원이고, 당기 [자본금과 적립금 조정명세서(을)]에 기재되는 퇴직급여충당부채 한도초과액은 11,000,000원이다.

해설 손금산입 한도액 : MIN(①, ②) = 8,000,000원
 ① 추계액기준 : 95,000,000 − (30,000,000 − 11,000,000) − 4,000,000[주] = 72,000,000원
 ② 예치금기준 : (10,000,000 − 6,000,000 + 8,000,000) − 4,000,000[주] = 8,000,000원
  [주] 이미 손금산입한 부담금 : (10,000,000 − 0 − 6,000,000) = 4,000,000원
 ☑ 세무조정 : 〈손금산입〉 퇴직연금부담금 8,000,000 (△유보/발생)
 ☑ 세무조정 : 〈익금산입〉 퇴직연금수령액 6,000,000 (유보/감소)

예제2 다음 자료에 의하여 ㈜최대리 퇴직연금부담금에 대한 세무조정을 하시오. 당사는 확정급여형 퇴직연금에 가입하고 있으며, 퇴직연금부담금을 신고조정에 의하여 손금산입하고 있다.

(1) 퇴직연금운용자산 계정의 내역은 다음과 같다.

퇴직연금운용자산

기초잔액	100,000,000원	당기감소액	6,000,000원
당기납부액	30,000,000원	기말잔액	124,000,000원
	130,000,000원		130,000,000원

퇴직연금운용자산 당기감소액은 퇴직요건을 충족한 근로자가 퇴직(일시금 선택)시 발생된 것으로 이와 관련된 회사의 회계처리는 다음과 같다.
 (차) 퇴직급여충당부채　　40,000,000 / (대) 퇴직연금운용자산　　6,000,000
 　　　　　　　　　　　　　　　　　　　 (대) 보통예금　　　　　34,000,000

(2) 퇴직연금운용자산의 기초잔액은 전액 전기에 신고조정에 의하여 손금산입된 금액으로 전기 [자본금과 적립금 조정명세서(을)]에 100,000,000원(△유보)으로 기입되어 있다.

(3) 퇴직급여충당부채 계정내역

퇴직급여충당부채			
당기지급	40,000,000원	기초잔액	70,000,000원
기말잔액	130,000,000원	당기설정	100,000,000원
	170,000,000원		170,000,000원

① 당기말 현재 전 임직원이 퇴직하는 경우에 지급해야 할 세법상 퇴직급여추계액은 300,000,000원이다.

② 당기말 현재 재무상태표상 퇴직급여충당부채 잔액은 130,000,000원(퇴직시 과다상계된 6,000,000원에 대한 내용을 반영한 퇴직급여충당금 한도초과로 인한 부인누계액 104,000,000원 포함)이다.

해설 손금산입 한도액 : MIN(①, ②) = 30,000,000원

① 추계액기준 : 300,000,000 − (130,000,000 − 104,000,000) − 94,000,000[주] = 180,000,000원

② 예치금기준 : (100,000,000 − 6,000,000 + 30,000,000) − 94,000,000[주] = 30,000,000원

[주] 이미 손금산입한 부담금 : (100,000,000 − 0 − 6,000,000) = 94,000,000원

☑ 세무조정 : 〈손금산입〉 퇴직급여충당금 6,000,000 (△유보/감소)

＊퇴직연금충당금 설정액이 없어 과다 상계된 퇴직급여충당금을 원상회복 시키는 세무조정이 필요하므로 과다 상계된 퇴직급여충당금에 상당하는 금액 6,000,000원을 손금산입(△유보) 처분하여 세무상 퇴직급여충당금을 증가시킨다.

☑ 세무조정 : 〈손금산입〉 퇴직연금부담금 30,000,000 (△유보/발생)

☑ 세무조정 : 〈익금산입〉 퇴직연금수령액 6,000,000 (유보/감소)

제2절 퇴직연금부담금 등 조정명세서

 KcLep 길라잡이

- [과목별 세무조정]>[퇴직연금부담금 등 조정명세서]를 선택하면 다음과 같은 화면이 나타난다.

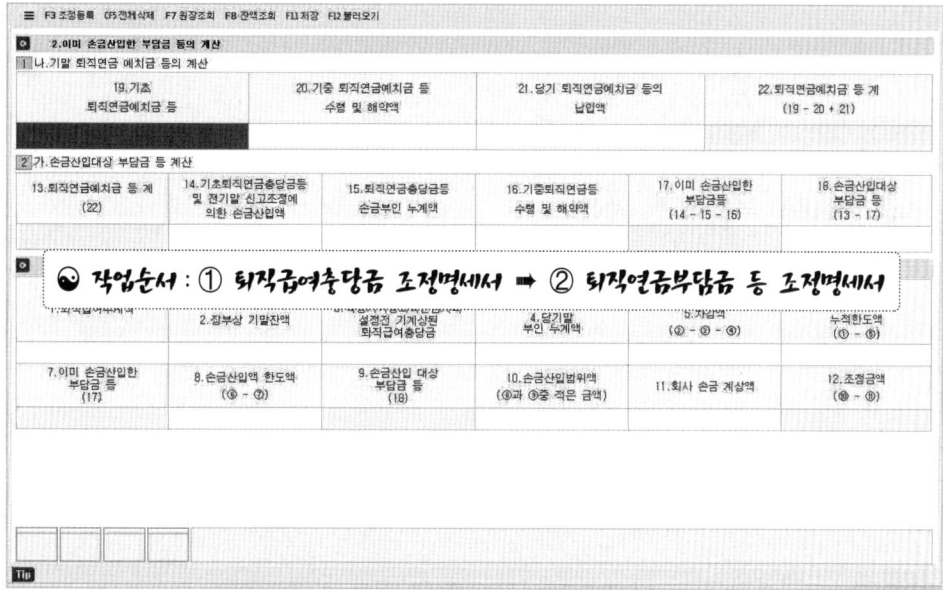

1st ° ° **2. 이미 손금산입한 부담금 등의 계산** (퇴직연금예치금 기준)

나. 기말 퇴직연금 예치금 등의 계산

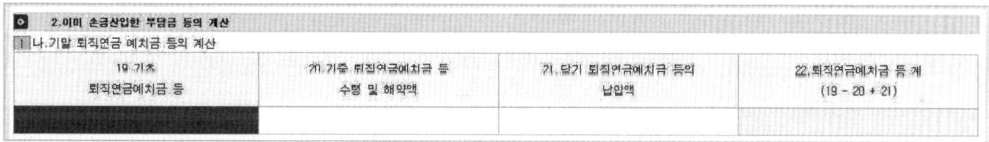

⑲ 기초 퇴직연금예치금 등

퇴직연금충당금 또는 퇴직연금예치금(=퇴직연금운용자산) 계정의 기초잔액(전기이월)을 입력한다.

⑳ 기중 퇴직연금예치금 등 수령 및 해약액

당기 중에 임원 또는 사용인의 퇴직으로 퇴직금을 지급하기 위하여 보험회사로부터 수령한 금액(또는 보험회사에서 지급된 금액)과 퇴직연금을 해약하고 수령한 금액을 입력한다. 즉, 당기 중 퇴직연금충당금 또는 퇴직연금예치금(=퇴직연금운용자산) 계정의 감소액을 입력한다.

㉑ 당기 퇴직연금예치금 등의 납입액

당기 중에 납입한 퇴직연금부담금 또는 퇴직연금충당금 설정액을 입력한다.

㉒ 퇴직연금예치금 등 계(⑲-⑳+㉑)

동 금액은 기말 퇴직연금충당금 또는 기말 퇴직연금예치금(=퇴직연금운용자산)을 의미한다.

가. 손금산입대상 부담금 등 계산

②가. 손금산입대상 부담금 등 계산					
13.퇴직연금예치금 등 계 (㉒)	14.기초퇴직연금충당금등 및 전기말 신고조정에 의한 손금산입액	15.퇴직연금충당금등 손금부인 누계액	16.기중퇴직연금등 수령 및 해약액	17.이미 손금산입한 부담금등 (14 - 15 - 16)	18.손금산입대상 부담금 등 (13 - 17)

⑬ 퇴직연금예치금 등 계(㉒)

[㉒퇴직연금예치금 등 계]란의 금액이 자동 반영된다.

⑭ 기초 퇴직연금충당금 등 및 전기말 신고조정에 의한 손금산입액

재무상태표상 퇴직연금충당금 기초잔액(결산조정으로 손금산입한 경우) 및 전기말까지 신고조정에 의해 손금산입한 퇴직연금예치금의 누계액(신고조정으로 손금산입한 경우)을 입력한다. [⑲기초 퇴직연금예치금 등]란의 금액을 입력한다.

⑮ 퇴직연금충당금 등 손금부인 누계액

결산조정으로 손금산입한 경우에는 퇴직연금충당금 부인누계액을 입력하고, 신고조정으로 손금산입한 경우에는 퇴직연금예치금 손금불산입 누계액을 입력한다.

⑯ 기중 퇴직연금 등 수령 및 해약액

[⑳기중 퇴직연금예치금 등 수령 및 해약액]란의 금액을 입력한다.

⑰ 이미 손금산입한 부담금 등(⑭-⑮-⑯)

동 금액은 전기 이전에 손금에 산입한 부담금 합계액(결산조정 및 신고조정 금액) 중 당기말까지 퇴직금 지급에 충당하고 남은 잔액을 말한다. 즉, 당기말 세무상 퇴직연금충당금 및 퇴직연금예치금의 잔액을 의미한다.

⑱ 손금산입대상 부담금 등(⑬-⑰)

동 금액은 "퇴직연금예치금 기준"의 손금산입 한도액을 의미한다.

2nd 1. 퇴직연금 등의 부담금 조정 (퇴직급여추계액 기준)

1.퇴직연금 등의 부담금 조정					
1.퇴직급여추계액	2.장부상 기말잔액	당기말 현재 퇴직급여충당금			6.퇴직부담금 등 손금산입 누적한도액 (①-⑤)
		3.확정기여형확정연금자의 설정전 기계상된 퇴직급여충당금	4.당기말 부인 누계액	5.차감액 (②-③-④)	
7.이미 손금산입한 부담금 등 (17)	8.손금산입액 한도액 (⑥-⑦)	9.손금산입 대상 부담금 등 (18)	10.손금산입범위액 (⑧과 ⑨중 적은 금액)	11.회사 손금 계상액	12.조정금액 (⑩-⑪)

① 퇴직급여추계액

당해 사업연도 종료일 현재 재직하고 있는 임원 또는 사용인이 모두 퇴직할 경우에 지급해야 할 금액을 입력한다. 동 금액은 [과목별 세무조정]>[퇴직급여충당금 조정명세서]의 [㉒세법상 추계액]란의 금액과 동일하다. 상단 툴바의 F12불러오기를 클릭하면 [퇴직급여충당금 조정명세서] 메뉴의 [㉒세법상 추계액]란의 금액이 자동 반영된다.

② 장부상 기말잔액

당기말 현재 재무상태표상 퇴직급여충당금 잔액(당기 설정액 포함)을 입력한다.

③ 확정기여형 퇴직연금자의 설정전 기 계상된 퇴직급여충당금

확정기여형 퇴직연금 등 설정자의 설정전 기 계상된 퇴직급여충당금을 입력한다. 상단 툴바의 F12불러오기를 클릭하면 [과목별 세무조정]>[퇴직급여충당금 조정명세서]의 [⑤확정기여형 퇴직연금자의 설정전 기 계상된 퇴직급여충당금]란의 금액이 자동 반영된다.

④ 당기말 부인누계액

당기말 현재 퇴직급여충당금 부인누계액(당기 부인액 포함)을 입력한다.

⑤ **차감액**(②-③-④)

동 금액은 당기말 세무상 퇴직급여충당금 잔액을 의미한다.

⑥ **퇴직부담금 등 손금산입 누적한도액**(①-⑤)

동 금액은 추계액 대비 세무상 퇴직급여충당금 미설정액을 의미한다.

⑦ **이미 손금산입한 부담금 등**(⑰)

[⑰이미 손금산입한 부담금 등]란의 금액이 자동 반영된다.

⑧ **손금산입 한도액**(⑥-⑦)

동 금액은 "퇴직급여추계액 기준"의 손금산입 한도액을 의미한다.

⑨ **손금산입대상 부담금 등**(⑱)

동 금액은 "퇴직연금예치금 기준"의 손금산입 한도액을 의미한다.

⑩ **손금산입범위액**(⑧과 ⑨중 적은 금액)

퇴직급여추계액 기준의 손금산입 한도액([⑧]란)과 퇴직연금예치금 기준의 손금산입 한도액([⑨]란) 중 적은 금액이 자동 반영된다. 이는 퇴직연금부담금 손금산입 한도액을 의미한다.

⑪ **회사 손금계상액**

회사가 결산시 장부상에 계상한 당기의 퇴직연금급여(또는 퇴직연금충당금 전입액)을 입력한다. 기업회계기준에 따라 회계처리한 경우라면 회사 손금계상액은 없다.

⑫ **조정금액**(⑩-⑪)

조정금액란이 양수(+)인 경우에는 손금산입하고, 음수(-)인 경우에는 손금불산입 한다.

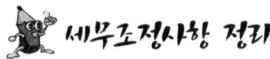
세무조정사항 정리

[⑫조정금액]란이 양수(+) : 손금산입(유보발생 또는 유보감소(결산조정의 경우))
         음수(-) : 손금불산입(유보발생)

KcLep 따라하기

 다음 자료에 의하여 ㈜최대리(회사코드 : 1001)의 [퇴직연금부담금 등 조정명세서]를 작성하고 세무조정 하시오. 당사는 확정급여형 퇴직연금에 가입하였으며, 퇴직연금에 대하여 전액 퇴직연금운용자산으로 처리하고 있고, 전액 신고조정에 의하여 손금에 산입하고 있다

(1) 퇴직연금운용자산 계정의 내역은 다음과 같다.

퇴직연금운용자산

기초잔액	100,000,000원	당기감소액	6,000,000원
당기납부액	30,000,000원	기말잔액	124,000,000원
	130,000,000원		130,000,000원

퇴직연금운용자산 당기감소액은 퇴직요건을 충족한 근로자가 퇴직(일시금 선택)시 발생된 것으로 이와 관련된 회사의 회계처리는 다음과 같다.
(차) 퇴직급여충당부채　　40,000,000　／　(대) 퇴직연금운용자산　　6,000,000
　　　　　　　　　　　　　　　　　　　　　(대) 보통예금　　　　　34,000,000

(2) 퇴직연금운용자산의 기초잔액은 전액 전기에 신고조정에 의하여 손금산입된 금액으로 전기 [자본금과 적립금 조정명세서(을)]에 100,000,000원(△유보)으로 기입되어 있다.

(3) 퇴직급여충당부채 계정내역

퇴직급여충당부채

당기지급	40,000,000원	기초잔액	70,000,000원
기말잔액	130,000,000원	당기설정	100,000,000원
	170,000,000원		170,000,000원

① 당기말 현재 전 임직원이 퇴직하는 경우에 지급해야 할 세법상 퇴직급여추계액은 300,000,000원이다.
② 당기말 현재 재무상태표상 퇴직급여충당부채 잔액은 130,000,000원(퇴직시 과다상계된 6,000,000원에 대한 내용을 반영한 퇴직급여충당금 한도초과로 인한 부인누계액 104,000,000원 포함)이다.

퇴직연금부담금 등 조정명세서

2.이미 손금산입한 부담금 등의 계산
나.기말 퇴직연금 예치금 등의 계산

19.기초 퇴직연금예치금 등	20.기중 퇴직연금예치금 등 수령 및 해약액	21.당기 퇴직연금예치금 등의 납입액	22.퇴직연금예치금 등 계 (19 - 20 + 21)
100,000,000	6,000,000	30,000,000	124,000,000

가.손금산입대상 부담금 등 계산

13.퇴직연금예치금 등 계 (22)	14.기초퇴직연금충당금등 및 전기말 신고조정에 의한 손금산입액	15.퇴직연금충당금등 손금부인 누계액	16.기중퇴직연금등 수령 및 해약액	17.이미 손금산입한 부담금등 (14 - 15 - 16)	18.손금산입대상 부담금 등 (13 - 17)
124,000,000	100,000,000		6,000,000	94,000,000	30,000,000

❶ [⑲]란에 퇴직연금운용자산 계정의 "기초잔액"을 입력하고, [⑳]란에 "당기감소액"을 입력하면 동일한 금액이 [⑯]란에 자동 반영된다.

❷ [㉑]란에 퇴직연금운용자산 계정의 "당기납부액"을 입력하고, [⑭]란에 [⑲]란의 금액을 입력한다.

1.퇴직연금 등의 부담금 조정

1.퇴직급여추계액	당기말 현재 퇴직급여충당금				6.퇴직부담금 등 손금산입 누적한도액 (① - ⑤)
	2.장부상 기말잔액	3.확정기여형퇴직연금자의 설정전 기계상된 퇴직급여충당금	4.당기말 부인 누계액	5.차감액 (② - ③ - ④)	
300,000,000	130,000,000		104,000,000	26,000,000	274,000,000

7.이미 손금산입한 부담금 등 (17)	8.손금산입액 한도액 (⑥ - ⑦)	9.손금산입 대상 부담금 등 (18)	10.손금산입범위액 (⑧과 ⑨중 적은 금액)	11.회사 손금 계상액	12.조정금액 (⑩ - ⑪)
94,000,000	180,000,000	30,000,000	30,000,000		30,000,000

❸ [①]란에 당기말 현재 퇴직급여추계액을 입력한다.

❹ [②]란에 퇴직급여충당부채 계정의 "기말잔액"을 입력하고, [④]란에 퇴직급여충당금 한도초과로 인한 부인누계액을 입력한다.

❺ 퇴직연금부담금을 납부하고 이에 상당하는 퇴직연금충당금을 설정하지 않았으므로 [⑪]란에 입력할 금액은 없다.

조정 등록

익금산입 및 손금불산입			손금산입 및 익금불산입		
과 목	금 액	소득처분	과 목	금 액	소득처분
퇴직연금수령액	6,000,000	유보감소	퇴직급여충당금	6,000,000	유보감소
			퇴직연금부담금	30,000,000	유보발생

❻ F3 키(또는 상단 툴바의 F3 조정등록)을 이용하여 다음과 같이 세무조정 한다.

[손금산입 및 익금불산입] 퇴직급여충당금 6,000,000원 (유보감소)
　　　　　　　　　　　　 퇴직연금부담금 30,000,000원 (유보발생)
[익금산입 및 손금불산입] 퇴직연금수령액 6,000,000원 (유보감소)

기/출/문/제 (실기)

01 다음 자료를 보고 ㈜이공일(회사코드 : 1201)의 [퇴직연금부담금 등 조정명세서]를 작성하고 필요한 세무조정을 하시오. 당사는 확정급여형(DB) 퇴직연금에 가입하였으며 장부상 퇴직연금충당부채를 설정하지 아니하고 전액 신고조정에 의하여 손금에 산입하고 있다.(6점)

(1) 퇴직급여충당금 변동 내역
 • 전기이월 : 15,000,000원(전기말 한도초과 부인액 없음)
 • 당기설정 : 0원
 • 결산일 현재 정관 및 사규에 의한 임직원 퇴직급여추계액 : 1억원
 • 결산일 현재 근로자퇴직급여보장법에 의한 임직원 퇴직급여추계액 : 5천만원

(2) 퇴직연금운용자산 변동 내역

퇴직연금운용자산

기초잔액	60,000,000원	당기감소액	15,000,000원
당기납부액	25,000,000원	기말잔액	70,000,000원
	85,000,000원		85,000,000원

(3) 퇴직연금부담금 내역
 ① 직전 사업연도말 현재 세무조정으로 손금산입한 퇴직연금부담금 : 60,000,000원
 ② 이중 당해 사업연도에 퇴직자에게 지급한 퇴직연금은 15,000,000원이며, 퇴직급여(비용)로 회계처리 하였다.

02 다음 자료를 보고 ㈜이공이(회사코드 : 1202)의 [퇴직연금부담금 등 조정명세서]를 작성하고 필요한 세무조정을 하시오. 당사는 확정급여형 퇴직연금에 가입하였으며, 장부상 퇴직급여충당부채 및 퇴직연금충당부채를 설정하지 않고 있다.(6점)

(1) 퇴직연금관련 내역
 • 퇴직연금운용자산 기초잔액 : 100,000,000원
 • 당기 퇴직연금불입액 : 30,000,000원
 • 당기 퇴직금 지급액 : 20,000,000원(퇴직연금에서 지급 15,000,000원, 당사 현금지급 5,000,000원)
 • 퇴직연금운용자산 기말잔액 : 115,000,000원

(2) 전기 [자본금과 적립금 조정명세서(을)] 기말잔액에는 퇴직연금운용자산 100,000,000원(△유보)이 있다.

(3) 당기말 현재 퇴직급여추계액은 140,000,000원이다.

03 다음 자료에 의하여 ㈜이공삼(회사코드 : 1203)의 [퇴직연금부담금 등 조정명세서]를 작성하고 필요한 세무조정을 하시오. 당사는 확정급여형 퇴직연금에 가입하였으며 장부상 퇴직급여충당부채 및 퇴직연금충당부채를 설정하지 아니하고 전액 신고조정에 의하여 손금에 산입하고 있다.(6점)

(1) 전기 [자본금과 적립금 조정명세서(을)]에는 퇴직연금운용자산 140,000,000원(△유보)이 있다.

(2) 당기 퇴직자는 김준수 과장 1명이며, 퇴직금은 30,000,000원이다. 이는 퇴직연금에서 25,000,000원, 당사에서 5,000,000원이 지급되어 다음과 같이 회계처리 하였다.
   (차) 퇴직급여   30,000,000 / (대) 퇴직연금운용자산   25,000,000
                                  (대) 보통예금   5,000,000

(3) 퇴직연금운용자산 계정의 내역은 다음과 같다.

퇴직연금운용자산			
기초잔액	140,000,000원	당기감소액	25,000,000원
당기납부액	32,000,000원	기말잔액	147,000,000원
	172,000,000원		172,000,000원

(4) 당기말 현재 퇴직급여추계액은 150,000,000원이다.

04 다음 자료에 의하여 ㈜이공사(회사코드 : 1204)의 [퇴직연금부담금 등 조정명세서]를 작성하고 필요한 세무조정을 행하시오. 당사는 확정급여형 퇴직연금에 가입하였으며 장부상 퇴직급여충당부채 및 퇴직연금충당부채를 설정하지 아니하고 전액 신고조정에 의하여 손금에 산입하고 있다.(6점)

(1) 퇴직연금운용자산 계정 내역

퇴직연금운용자산			
기초잔액	147,000,000원	당기감소액	12,000,000원
당기납부액	49,000,000원	기말잔액	184,000,000원
	196,000,000원		196,000,000원

(2) 퇴직연금운용자산 기초잔액은 전기 [자본금과 적립금 조정명세서(을)]에 퇴직연금충당부채와 관련된 금액 147,000,000원(△유보)이 있다.

(3) 퇴직연금운용자산 당기감소액에 대한 회계처리는 다음과 같다.
   (차) 퇴직급여   12,000,000 / (대) 퇴직연금운용자산   12,000,000

(4) 당기말 현재 퇴직급여추계액은 248,000,000원이다.

05. 다음 자료에 의하여 ㈜이공오(회사코드 : 1205)의 [퇴직연금부담금 등 조정명세서]를 작성하고 필요한 세무조정을 하시오.(6점)

(1) 기말 현재 임직원 전원 퇴직시 퇴직금추계액 : 280,000,000원

(2) 퇴직급여충당금 내역
   - 기초 퇴직급여충당금 : 25,000,000원
   - 전기말 현재 퇴직급여충당금부인액 : 4,000,000원

(3) 당기 퇴직 현황
   ① 퇴직금지급액은 총 16,000,000원이며, 전액 퇴직급여충당금과 상계하였다.
   ② 퇴직연금수령액은 3,000,000원이다.

(4) 퇴직연금 현황
   ① 기초 퇴직연금운용자산 금액은 200,000,000원이다.
   ② 확정급여형퇴직연금과 관련하여 신고조정으로 손금산입하고 있으며, 전기분까지 신고조정으로 손금산입된 금액은 200,000,000원이다.
   ③ 당기 회사의 퇴직연금불입액은 40,000,000원이다.

06 다음 자료를 이용하여 ㈜이공육(회사코드 : 1206)의 [퇴직연금부담금 등 조정명세서]를 작성하고, 관련된 세무조정을 [소득금액조정합계표]에 반영하시오.(6점)

(1) 퇴직금추계액
   - 기말 현재 직원, 임원 전원 퇴직시 퇴직금추계액 : 320,000,000원

(2) 퇴직급여충당금 내역
   - 기초 퇴직급여충당금 : 30,000,000원
   - 전기말 현재 퇴직급여충당금부인액 : 6,000,000원

(3) 당기 퇴직현황
   ① 퇴직금지급액은 총 20,000,000원이며 전액 퇴직급여충당금과 상계하였다.
   ② 퇴직연금수령액은 4,000,000원이다.

(4) 퇴직연금현황
   ① 기초 퇴직연금운용자산 금액은 230,000,000원이다.
   ② 확정급여형 퇴직연금과 관련하여 신고조정으로 손금산입하고 있으며, 전기분까지 신고조정으로 손금산입된 금액은 230,000,000원이다.
   ③ 당기 회사의 퇴직연금불입액은 50,000,000원이다.

KcLep 도우미

해설 1   1201

2. 이미 손금산입한 부담금 등의 계산

1 나. 기말 퇴직연금 예치금 등의 계산

19. 기초 퇴직연금예치금 등	20. 기중 퇴직연금예치금 등 수령 및 해약액	21. 당기 퇴직연금예치금 등의 납입액	22. 퇴직연금예치금 등 계 (19 - 20 + 21)
60,000,000	15,000,000	25,000,000	70,000,000

2 가. 손금산입대상 부담금 등 계산

13. 퇴직연금예치금 등 계 (22)	14. 기초퇴직연금충당금등 및 전기말 신고조정에 의한 손금산입액	15. 퇴직연금충당금등 손금부인 누계액	16. 기중퇴직연금등 수령 및 해약액	17. 이미 손금산입한 부담금등 (14 - 15 - 16)	18. 손금산입대상 부담금 등 (13 - 17)
70,000,000	60,000,000		15,000,000	45,000,000	25,000,000

❶ [⑲]란에 퇴직연금운용자산 계정의 "기초잔액"을 입력하고, [⑳]란에 "당기감소액"을 입력하면 동일한 금액이 [⑯]란에 자동 반영된다.

❷ [㉑]란에 퇴직연금운용자산 계정의 "당기납부액"을 입력하고, [⑭]란에 [⑲]란의 금액을 입력한다.

1. 퇴직연금 등의 부담금 조정

1. 퇴직급여추계액	당기말 현재 퇴직급여충당금				6. 퇴직부담금 등 손금산입 누적한도액 (① - ⑤)
	2. 장부상 기말잔액	3. 확정기여형퇴직연금자의 설정전 기계상된 퇴직급여충당금	4. 당기말 부인 누계액	5. 차감액 (② - ③ - ④)	
100,000,000	15,000,000			15,000,000	85,000,000
7. 이미 손금산입한 부담금 등 (17)	8. 손금산입액 한도액 (⑥ - ⑦)	9. 손금산입 대상 부담금 등 (18)	10. 손금산입범위액 (⑧과 ⑨중 적은 금액)	11. 회사 손금 계상액	12. 조정금액 (⑩ - ⑪)
45,000,000	40,000,000	25,000,000	25,000,000		25,000,000

❸ [①]란에 결산일 현재 정관 및 사규에 의한 임직원 퇴직급여추계액과 근로자퇴직급여보장법에 의한 임직원 퇴직급여추계액 중 큰 금액을 입력한다.

❹ [②]란에 퇴직급여충당금의 기말잔액 15,000,000원을 입력한다.

   ＊전기이월(15,000,000) + 당기설정(0) = 기말잔액 15,000,000원

❺ 퇴직연금부담금을 납부하고 이에 상당하는 퇴직연금충당금을 설정하지 않았으므로 [⑪]란에 입력할 금액은 없다.

❻ F3 키(또는 상단 툴바의 F3 조정등록)을 이용하여 다음과 같이 세무조정 한다.

[손금산입 및 익금불산입] 퇴직연금부담금 25,000,000원 (유보발생)

[익금산입 및 손금불산입] 퇴직연금수령액 15,000,000원 (유보감소)

   ＊신고조정시 퇴직연금부담금 손금산입 범위내의 금액은 반드시 손금산입 하여야 하며, 동 세무조정 금액은 추후에 근로자의 퇴직으로 보험금을 수령하는 경우에 반대의 세무조정으로 소멸하게 된다.

해설 2   1202

2. 이미 손금산입한 부담금 등의 계산			
나. 기말 퇴직연금 예치금 등의 계산			
19. 기초 퇴직연금예치금 등	20. 기중 퇴직연금예치금 등 수령 및 해약액	21. 당기 퇴직연금예치금 등의 납입액	22. 퇴직연금예치금 등 계 (19 - 20 + 21)
100,000,000	15,000,000	30,000,000	115,000,000
가. 손금산입대상 부담금 등 계산					
13. 퇴직연금예치금 등 계 (22)	14. 기초퇴직연금충당금등 및 전기말 신고조정에 의한 손금산입액	15. 퇴직연금충당금등 손금부인 누계액	16. 기중퇴직연금등 수령 및 해약액	17. 이미 손금산입한 부담금등 (14 - 15 - 16)	18. 손금산입대상 부담금 등 (13 - 17)
115,000,000	100,000,000		15,000,000	85,000,000	30,000,000

❶ [⑲]란에 퇴직연금운용자산 기초잔액을 입력하고, [⑳]란에 당기 퇴직금 지급액 중 퇴직연금에서 지급한 금액을 입력한다.

❷ [㉑]란에 당기 퇴직연금불입액을 입력하고, [⑭]란에 [⑲]란의 금액을 입력한다.

1. 퇴직연금 등의 부담금 조정					
	당기말 현재 퇴직급여충당금				6. 퇴직부담금 등 손금산입 누적한도액 (① - ⑤)
1. 퇴직급여추계액	2. 장부상 기말잔액	3. 확정기여형퇴직연금자의 설정전 기계상된 퇴직급여충당금	4. 당기말 부인 누계액	5. 차감액 (② - ③ - ④)	
140,000,000					140,000,000
7. 이미 손금산입한 부담금 등 (17)	8. 손금산입액 한도액 (⑥ - ⑦)	9. 손금산입 대상 부담금 등 (18)	10. 손금산입범위액 (⑧과 ⑨중 적은 금액)	11. 회사 손금 계상액	12. 조정금액 (⑩ - ⑪)
85,000,000	55,000,000	30,000,000	30,000,000		30,000,000

❸ [①]란에 당기말 현재 퇴직급여추계액을 입력한다.

❹ F3 키(또는 상단 툴바의 F3 조정등록)을 이용하여 다음과 같이 세무조정 한다.
 [손금산입 및 익금불산입] 퇴직연금부담금 30,000,000원 (유보발생)
 [익금산입 및 손금불산입] 퇴직연금수령액 15,000,000원 (유보감소)

해설 3   1203

2. 이미 손금산입한 부담금 등의 계산			
나. 기말 퇴직연금 예치금 등의 계산			
19. 기초 퇴직연금예치금 등	20. 기중 퇴직연금예치금 등 수령 및 해약액	21. 당기 퇴직연금예치금 등의 납입액	22. 퇴직연금예치금 등 계 (19 - 20 + 21)
140,000,000	25,000,000	32,000,000	147,000,000
가. 손금산입대상 부담금 등 계산					
13. 퇴직연금예치금 등 계 (22)	14. 기초퇴직연금충당금등 및 전기말 신고조정에 의한 손금산입액	15. 퇴직연금충당금등 손금부인 누계액	16. 기중퇴직연금등 수령 및 해약액	17. 이미 손금산입한 부담금등 (14 - 15 - 16)	18. 손금산입대상 부담금 등 (13 - 17)
147,000,000	140,000,000		25,000,000	115,000,000	32,000,000

❶ [⑲]란에 퇴직연금운용자산 계정의 "기초잔액"을 입력하고, [⑳]란에 "당기감소액"을 입력한다.

❷ [㉑]란에 퇴직연금운용자산 계정의 "당기납부액"을 입력하고, [⑭]란에 [⑲]란의 금액을 입력한다.

1. 퇴직연금 등의 부담금 조정

1.퇴직급여추계액	당기말 현재 퇴직급여충당금				6.퇴직부담금 등 손금산입 누적한도액 (① - ②)
	2.장부상 기말잔액	3.확정기여형퇴직연금자의 설정전 기계상된 퇴직급여충당금	4.당기말 부인 누계액	5.차감액 (② - ③ - ④)	
150,000,000					150,000,000
7.이미 손금산입한 부담금 등 (17)	8.손금산입액 한도액 (⑥ - ⑦)	9.손금산입 대상 부담금 등 (18)	10.손금산입범위액 (⑧과 ⑨중 적은 금액)	11.회사 손금 계상액	12.조정금액 (⑩ - ⑪)
115,000,000	35,000,000	32,000,000	32,000,000		32,000,000

❸ [①]란에 당기말 현재 퇴직급여추계액을 입력한다.
❹ F3 키(또는 상단 툴바의 F3 조정등록)을 이용하여 다음과 같이 세무조정 한다.
  [손금산입 및 익금불산입] 퇴직연금부담금 32,000,000원 (유보발생)
  [익금산입 및 손금불산입] 퇴직연금수령액 25,000,000원 (유보감소)

해설 4 1204

2. 이미 손금산입한 부담금 등의 계산

① 나. 기말 퇴직연금 예치금 등의 계산

19.기초 퇴직연금예치금 등	20.기중 퇴직연금예치금 등 수령 및 해약액	21.당기 퇴직연금예치금 등의 납입액	22.퇴직연금예치금 등 계 (19 - 20 + 21)
147,000,000	12,000,000	49,000,000	184,000,000

② 가. 손금산입대상 부담금 등 계산

13.퇴직연금예치금 등 계 (22)	14.기초퇴직연금충당금등 및 전기말 신고조정에 의한 손금산입액	15.퇴직연금충당금등 손금부인 누계액	16.기중퇴직연금등 수령 및 해약액	17.이미 손금산입한 부담금 등 (14 - 15 - 16)	18.손금산입대상 부담금 등 (13 - 17)
184,000,000	147,000,000		12,000,000	135,000,000	49,000,000

❶ [⑲]란에 퇴직연금운용자산 계정의 "기초잔액"을 입력하고, [⑳]란에 "당기감소액"을 입력한다.
❷ [㉑]란에 퇴직연금운용자산 계정의 "당기납부액"을 입력하고, [⑭]란에 [⑲]란의 금액을 입력한다.

1. 퇴직연금 등의 부담금 조정

1.퇴직급여추계액	당기말 현재 퇴직급여충당금				6.퇴직부담금 등 손금산입 누적한도액 (① - ②)
	2.장부상 기말잔액	3.확정기여형퇴직연금자의 설정전 기계상된 퇴직급여충당금	4.당기말 부인 누계액	5.차감액 (② - ③ - ④)	
248,000,000					248,000,000
7.이미 손금산입한 부담금 등 (17)	8.손금산입액 한도액 (⑥ - ⑦)	9.손금산입 대상 부담금 등 (18)	10.손금산입범위액 (⑧과 ⑨중 적은 금액)	11.회사 손금 계상액	12.조정금액 (⑩ - ⑪)
135,000,000	113,000,000	49,000,000	49,000,000		49,000,000

❸ [①]란에 당기말 현재 퇴직급여추계액을 입력한다.
❹ F3 키(또는 상단 툴바의 F3 조정등록)을 이용하여 다음과 같이 세무조정 한다.
  [손금산입 및 익금불산입] 퇴직연금부담금 49,000,000원 (유보발생)
  [익금산입 및 손금불산입] 퇴직연금수령액 12,000,000원 (유보감소)

해설 5 _____1205

2. 이미 손금산입한 부담금 등의 계산
1 나. 기말 퇴직연금 예치금 등의 계산

19. 기초 퇴직연금예치금 등	20. 기중 퇴직연금예치금 등 수령 및 해약액	21. 당기 퇴직연금예치금 등의 납입액	22. 퇴직연금예치금 등 계 (19 - 20 + 21)
200,000,000	3,000,000	40,000,000	237,000,000

2 가. 손금산입대상 부담금 등 계산

13. 퇴직연금예치금 등 계 (22)	14. 기초퇴직연금충당금등 및 전기말 신고조정에 의한 손금산입액	15. 퇴직연금충당금등 손금부인 누계액	16. 기중퇴직연금 수령 및 해약액	17. 이미 손금산입한 부담금등 (14 - 15 - 16)	18. 손금산입대상 부담금 등 (13 - 17)
237,000,000	200,000,000		3,000,000	197,000,000	40,000,000

❶ [⑲]란에 기초 퇴직연금운용자산 금액을 입력하고, [⑳]란에 퇴직연금수령액을 입력한다.

❷ [㉑]란에 당기 회사의 퇴직연금불입액을 입력하고, [⑭]란에 [⑲]란의 금액을 입력한다.

1. 퇴직연금 등의 부담금 조정

1. 퇴직급여추계액	당기말 현재 퇴직급여충당금				6. 퇴직부담금 등 손금산입 누적한도액 (① - ⑤)
	2. 장부상 기말잔액	3. 확정기여형퇴직연금자의 설정전 기계상된 퇴직급여충당금	4. 당기말 부인 누계액	5. 차감액 (② - ③ - ④)	
280,000,000	9,000,000		1,000,000	8,000,000	272,000,000
7. 이미 손금산입한 부담금 등 (17)	8. 손금산입액 한도액 (⑥ - ⑦)	9. 손금산입 대상 부담금 등 (18)	10. 손금산입범위액 (⑧과 ⑨중 적은 금액)	11. 회사 손금 계상액	12. 조정금액 (⑩ - ⑪)
197,000,000	75,000,000	40,000,000	40,000,000		40,000,000

❸ [①]란에 기말 현재 임직원 전원 퇴직시 퇴직금추계액을 입력하고, [②]란에 퇴직급여충당금의 기말잔액 9,000,000원을 입력한다.
  * 기초 퇴직급여충당금(25,000,000) - 당기감소(16,000,000) = 기말잔액 9,000,000원

❹ [④]란에 전기말 현재 퇴직급여충당금부인액 4,000,000원에서 당기 퇴직시 퇴직연금충당금 설정액이 없어 과다 상계된 퇴직급여충당금 3,000,000원을 차감한 금액을 입력한다. 이는 퇴직급여충당금부인액을 감소시켜 세무상 퇴직급여충당금을 증가시키는 것이다.
  * (차) 퇴직급여충당부채   16,000,000 / (대) 퇴직연금운용자산   3,000,000
                                              (대) 현금 등   13,000,000

❺ F3 키(또는 상단 툴바의 F3 조정등록)을 이용하여 다음과 같이 세무조정 한다.
  [손금산입 및 익금불산입] 퇴직급여충당금 3,000,000원 (유보감소)
                          퇴직연금부담금 40,000,000원 (유보발생)
  [익금산입 및 손금불산입] 퇴직연금수령액 3,000,000원 (유보감소)

해설 6 _____1206

2. 이미 손금산입한 부담금 등의 계산
1 나. 기말 퇴직연금 예치금 등의 계산

19. 기초 퇴직연금예치금 등	20. 기중 퇴직연금예치금 등 수령 및 해약액	21. 당기 퇴직연금예치금 등의 납입액	22. 퇴직연금예치금 등 계 (19 - 20 + 21)
230,000,000	4,000,000	50,000,000	276,000,000

2 가. 손금산입대상 부담금 등 계산

13. 퇴직연금예치금 등 계 (22)	14. 기초퇴직연금충당금등 및 전기말 신고조정에 의한 손금산입액	15. 퇴직연금충당금등 손금부인 누계액	16. 기중퇴직연금 수령 및 해약액	17. 이미 손금산입한 부담금등 (14 - 15 - 16)	18. 손금산입대상 부담금 등 (13 - 17)
276,000,000	230,000,000		4,000,000	226,000,000	50,000,000

❶ [⑲]란에 기초 퇴직연금운용자산 금액을 입력하고, [⑳]란에 퇴직연금수령액을 입력한다.
❷ [㉑]란에 당기 회사의 퇴직연금불입액을 입력하고, [⑭]란에 [⑲]란의 금액을 입력한다.

1.퇴직연금 등의 부담금 조정					
1.퇴직급여추계액	당기말 현재 퇴직급여충당금				6.퇴직부담금 등 손금산입 누적한도액 (① - ⑤)
	2.장부상 기말잔액	3.확정기여형퇴직연금자의 설정전 기계상된 퇴직급여충당금	4.당기말 부인 누계액	5.차감액 (② - ③ - ④)	
320,000,000	10,000,000		2,000,000	8,000,000	312,000,000
7.이미 손금산입한 부담금 등 (17)	8.손금산입액 한도액 (⑥ - ⑦)	9.손금산입 대상 부담금 등 (18)	10.손금산입범위액 (⑧과 ⑨중 적은 금액)	11.회사 손금 계상액	12.조정금액 (⑩ - ⑪)
226,000,000	86,000,000	50,000,000	50,000,000		50,000,000

❸ [①]란에 기말 현재 임원, 임원 전원 퇴직시 퇴직금추계액을 입력하고, [②]란에 퇴직급여충당금의 기말잔액 10,000,000원을 입력한다.
　＊기초 퇴직급여충당금(30,000,000) - 당기감소(20,000,000) = 기말잔액 10,000,000원

❹ [④]란에 전기말 현재 퇴직급여충당금부인액 6,000,000원에서 당기 퇴직시 퇴직연금충당금 설정액이 없어 과다 상계된 퇴직급여충당금 4,000,000원을 차감한 금액을 입력한다. 이는 퇴직급여충당금부인액을 감소시켜 세무상 퇴직급여충당금을 증가시키는 것이다.
　＊(차) 퇴직급여충당부채　　20,000,000　/　(대) 퇴직연금운용자산　　4,000,000
　　　　　　　　　　　　　　　　　　　　　　 (대) 현금 등　　　　　　16,000,000

❺ F3 키(또는 상단 툴바의 F3 조정등록)을 이용하여 다음과 같이 세무조정 한다.
　[손금산입 및 익금불산입] 퇴직급여충당금 4,000,000원 (유보감소)
　　　　　　　　　　　　　 퇴직연금부담금 50,000,000원 (유보발생)
　[익금산입 및 손금불산입] 퇴직연금수령액 4,000,000원 (유보감소)

제12장 기부금 조정명세서

제1절 기부금

1. 개요

(1) 일반적인 기부금

"기부금"이란 법인이 사업과 직접적인 관계없이 무상으로 지출하는 금액을 말한다. 기부금은 순자산을 감소시키는 거래로 인하여 발생하는 손비이기는 하나, 사업과 직접적인 관계없이 지출된다는 점에서 원칙적으로 손금으로 인정할 수 없다. 그러나 법인세법에서는 기업활동의 원활한 수행과 기업의 사회적 책임을 위해서 공익성이 있는 기부금에 대해서는 일정한 한도액 범위안에서 손금으로 인정하고 있다.

(2) 간주기부금

법인이 특수관계인 외의 자에게 정당한 사유 없이 자산을 정상가액보다 낮은 가액으로 양도하거나 특수관계인 외의 자로부터 정상가액보다 높은 가액으로 매입함으로써 그 차액 중 실질적으로 증여한 것으로 인정되는 금액은 기부금으로 본다. 이 경우 "정상가액"은 시가에 시가의 30%를 더하거나 뺀 범위의 가액으로 한다.

2. 기부금의 분류

(1) 특례기부금(법인세법 제24조제2항제1호) = (구)법정기부금

① 국가나 지방자치단체에 무상으로 기증하는 금품의 가액
② 국방헌금과 국군장병 위문금품의 가액(향토예비군에 직접 지출하거나 국방부장관의 승인을 받은 기관 또는 단체를 통하여 지출하는 기부금을 포함한다)
③ 천재지변으로 생긴 이재민을 위한 구호금품의 가액
④ 다음의 기관(병원은 제외한다)에 시설비·교육비·장학금 또는 연구비로 지출하는 기부금

> 사립학교, 비영리교육재단, 기능대학, 전공대학의 명칭을 사용할 수 있는 평생교육시설 및 원격대학 형태의 평생교육시설, 산학협력단, 한국과학기술원, 광주과학기술원, 대구경북과학기술원, 울산과학기술대학교, 국립대학법인 서울대학교 등 (전체의 내용 중 일부만 예시함)

⑤ 다음의 병원에 시설비·교육비 또는 연구비로 지출하는 기부금

> 국립대학병원, 국립대학치과병원, 서울대학교병원, 사립학교가 운영하는 병원, 국립암센터, 지방의료원, 국립중앙의료원, 대한적십자사가 운영하는 병원, 한국보훈복지의료공단이 운영하는 병원, 국민건강보험공단이 운영하는 병원 (전체의 내용 중 일부만 예시함)

⑥ 사회복지사업, 그 밖의 사회복지활동의 지원에 필요한 재원을 모집·배분하는 것을 주된 목적으로 하는 비영리법인(전문모금기관의 지정요건을 갖춘 법인만 해당한다)으로서 기획재정부장관이 지정·고시하는 법인(예 사회복지공동모금회, 바보의 나눔)에 지출하는 기부금

⑦ 「공공기관의 운영에 관한 법률」에 따른 공공기관 등(예 대한적십자사, 독립기념관, 대한장애인체육회)에 지출하는 기부금

(2) 일반기부금(법인세법 제24조제3항제1호) = (구)지정기부금

일반기부금은 사회복지·문화·예술·교육·종교·자선·학술 등 공익성을 고려하여 정한 다음의 기부금으로 한다.

① 다음의 공익법인 등에 대하여 해당 공익법인등 등의 고유목적사업비[주]로 지출하는 기부금

> 사회복지법인, 어린이집, 유치원, 「초·중등교육법」 및 「고등교육법」에 따른 학교, 「근로자직업능력개발법」에 따른 기능대학, 전공대학 형태의 평생교육시설 및 원격대학 형태의 평생교육시설, 의료법인, 종교의 보급 그 밖에 교화를 목적으로 문화체육관광부장관 또는 지방자치단체의 장의 허가를 받아 설립한 비영리법인, 정부로부터 허가 또는 인가를 받은 학술연구단체·장학단체·문화예술단체·환경보호운동단체 (전체의 내용 중 일부만 예시함)

[주] "고유목적사업비"란 해당 비영리법인 또는 단체에 관한 법령 또는 정관에 규정된 설립목적을 수행하는 사업으로서 수익사업 외의 사업에 사용하기 위한 금액을 말한다.

② 특정용도로 지출하는 기부금

> ㉠ 「유아교육법」에 따른 유치원의 장, 「초·중등교육법」 및 「고등교육법」에 의한 학교의 장, 「근로자직업능력개발법」에 의한 기능대학의 장이 추천하는 개인에게 교육비·연구비 또는 장학금으로 지출하는 기부금 (전체의 내용 중 일부만 예시함)
> ㉡ 사회복지·문화·예술·교육·종교·자선·학술 등 공익목적으로 지출하는 기부금으로서 기획재정부령이 지정하여 고시하는 기부금

③ 무료 또는 실비로 이용할 수 있는 사회복지시설 또는 기관(예 아동복지시설, 노인복지시설, 장애인복지시설 등)에 기부하는 금품의 가액

(3) 비지정기부금

특례기부금과 일반기부금 외의 기부금은 모두 비지정기부금에 해당한다. 예를 들면, 동창회·향우회·종친회 기부금, 정당에 지출하는 기부금 등이 그것이다.

3. 기부금의 평가 및 귀속시기

(1) 기부금의 평가

법인이 기부금을 금전 외의 자산으로 제공한 경우 해당 자산의 가액은 다음의 구분에 따라 산정한다.

구 분		평가액
① 특례기부금		기부했을 때의 장부가액
② 일반기부금	특수관계인이 아닌 자에게 기부한 경우	
	특수관계인에게 기부한 경우	기부했을 때의 장부가액과 시가 중 큰 금액
③ 비지정기부금		

(2) 기부금의 귀속시기

기부금은 이를 지출한 사업연도의 기부금으로 한다(현금주의). 따라서 법인이 기부금을 지출하고 가지급금 등으로 이연계상한 경우에는 이를 그 지출한 사업연도의 기부금으로 하고, 그 후의 사업연도에 있어서는 이를 기부금으로 보지 아니한다. 또한, 기부금을 지출하지 않고 미지급금으로 계상한 경우에는 실제로 이를 지출할 때까지는 당해 사업연도의 소득금액계산에 있어서 이를 기부금으로 보지 아니한다. 한편, 기부금의 지출을 위하여 어음을 발행하여 지급한 경우에는 그 어음이 실제로 결제된 날(수표를 발행한 경우에는 해당 수표를 교부한 날)에 지출한 것으로 본다.

구 분	회계처리	당 기	차 기
① 가지급금으로 계상한 기부금	(차) 가지급금 ××× 　　(대) 현　　금 ×××	손금산입(△유보) 기부금에 가산	손금불산입(유보)
② 미지급금으로 계상 (어음으로 지급) 한 기부금	(차) 기부금 ××× 　　(대) 미지급금 ×××	손금불산입(유보)	손금산입(△유보) 기부금에 가산

4. 기부금의 손금산입 한도액

특례기부금과 일반기부금은 다음 표의 구분에 따라 산출한 손금산입 한도액 내에서 해당 사업연도의 소득금액을 계산할 때 순차적으로 손금에 산입하고, 손금산입 한도액을 초과하는 금액과 그 외의 기부금은 손금에 산입하지 아니한다.

구 분	손금산입 한도액
① 특례기부금	(소득금액계 - 이월결손금[주]) × 50%
② 일반기부금	(소득금액계 - 이월결손금[주] - 특례기부금 손금산입액) × 10%

　[주] 일반기업은 기준소득금액의 80%(중소기업 등은 100%)를 한도로 한다.

(1) 소득금액계(=기준소득금액)

"소득금액 계"이란 법정서식(기부금조정명세서)의 표현으로 특례기부금과 일반기부금을 손금에 산입하기 전의 소득금액을 말한다. 즉, 결산서상 당기순이익에서 기부금한도초과로 인한 손금불산입과 기부금한도초과이월액의 손금산입을 제외한 모든 세무조정이 완료된 후의 차가감소득금액에 기부금한도액 계산대상이 되는 특례기부금과 일반기부금을 가산한 금액이다.

(2) 이월결손금

"이월결손금"이란 각 사업연도 개시일 전 10년(2020.1.1. 이후 개시하는 사업연도에 발생한 결손금은 15년) 이내에 개시한 사업연도에서 발생한 세무상 결손금으로서 그 후의 각 사업연도의 과세표준을 계산할 때 공제되지 않은 금액을 말한다.

(3) 특례기부금 손금산입액

"특례기부금 손금산입액"은 전기이전 특례기부금한도초과이월액 중 손금산입액과 당기 특례기부금 지출액 중 손금산입액을 가산한 금액이다.

각 사업연도 소득 계산	결산서상 당기순이익	
	(+) 익금산입 및 손금불산입	기부금한도초과액의 손금불산입과 기부금한도초과이월액 손금산입을 제외한 모든 세무조정이 완료된 금액 (비지정기부금의 손금불산입 조정은 포함됨)
	(-) 손금산입 및 익금불산입	
	= 차가감 소득금액	+ 특례기부금·일반기부금 = 소득금액계
	(+) 기부금한도초과액	
	(-) 기부금한도초과이월액 손금산입	
	각 사업연도 소득금액	

예제1 다음 자료에 의하여 기부금 한도초과액을 계산하고 세무조정을 하시오.

(1) 결산서상 당기순이익은 95,000,000원이다.

(2) 기부금을 제외한 세무조정사항은 다음과 같다.
- 익금산입 및 손금불산입 : 2,000,000원
- 손금산입 및 익금불산입 : 1,000,000원

(3) 기부금의 지출내역은 다음과 같다.
① 2월 5일 : 동창회 기부금(비지정기부금)   1,000,000원
② 3월 2일 : 국방헌금(특례기부금)   8,000,000원
③ 10월 30일 : 수재민을 위한 구호금품(특례기부금) 2,000,000원
④ 12월 5일 : 불우이웃돕기 성금(일반기부금)   13,000,000원

[해설] (1) 비지정기부금은 손금불산입하고 기타사외유출로 처분한다.
　　　☑ 세무조정 : 〈손금불산입〉 비지정 기부금 1,000,000 (기타사외유출)
　　(2) 소득금액계 : 95,000,000 + (3,000,000[주]−1,000,000) + 23,000,000 = 120,000,000원
　　　　[주] 익금산입 및 손금불산입 금액에 비지정기부금 손금불산입액 1,000,000원을 가산한다.
　　(3) 특례기부금 손금산입액 : MIN(①, ②) = 10,000,000원
　　　　① 손금산입 한도액 : (120,000,000 − 이월결손금) × 50% = 60,000,000
　　　　② 회사계상 특례기부금 : 10,000,000
　　(4) 일반기부금 손금산입액 : MIN(①, ②) = 11,000,000원
　　　　① 손금산입 한도액 : (120,000,000 − 10,000,000) × 10% = 11,000,000
　　　　② 회사계상 일반기부금 : 13,000,000
　＊일반기부금 한도초과액 2,000,000원은 [소득금액조정합계표] 메뉴에서 손금불산입으로 세무조정 하는 것이 아니라 [세액계산 및 신고서]>[법인세 과세표준 및 세액조정계산서]의 "105.기부금 한도초과액"란에 입력하는 것이다.

5. 기부금 한도초과 이월액 손금산입

특례기부금 및 일반기부금의 손금산입 한도액을 초과하여 손금에 산입하지 아니한 금액은 해당 사업연도의 다음 사업연도 개시일부터 10년 이내에 끝나는 각 사업연도로 이월하여, 그 이월된 사업연도의 소득금액을 계산할 때 특례기부금 및 일반기부금 각각의 손금산입한도액의 범위에서 손금에 산입한다. 이처럼 한도초과로 이월된 금액은 해당 사업연도에 지출한 기부금보다 먼저 손금에 산입한다. 이 경우 이월된 금액은 먼저 발생한 이월금액부터 손금에 산입한다.

[예제2] 당기의 일반기부금 한도액은 12,000,000원이고 일반기부금 지출액은 10,000,000원이다. 전기의 일반기부금 한도초과액은 8,000,000원 있다. 당기의 일반기부금에 관한 세무조정을 하시오.

[해설] 당기의 일반기부금 한도액(12,000,000원)의 범위에서 전기의 일반기부금 한도초과로 이월된 금액 8,000,000원을 먼저 손금에 산입한다. 그 다음 당기의 일반기부금 지출액 중 당기 일반기부금 한도액에 미달하는 4,000,000원을 손금에 산입하고 나머지 6,000,000원은 차기로 이월한다.
　＊기부금 한도초과 이월액의 손금산입은 [소득금액조정합계표]에서 손금산입으로 세무조정하는 것이 아니라 [세액계산 및 신고서]>[법인세 과세표준 및 세액조정계산서]의 "106.기부금 한도초과 이월액 손금산입"란에 입력하는 것이다.

제2절 기부금 명세서 및 기부금 조정명세서

KcLep 길라잡이

• [과목별 세무조정]>[기부금 조정명세서]를 선택하면 다음과 같은 화면이 나타난다.

[Ⅰ] 기부금 명세서

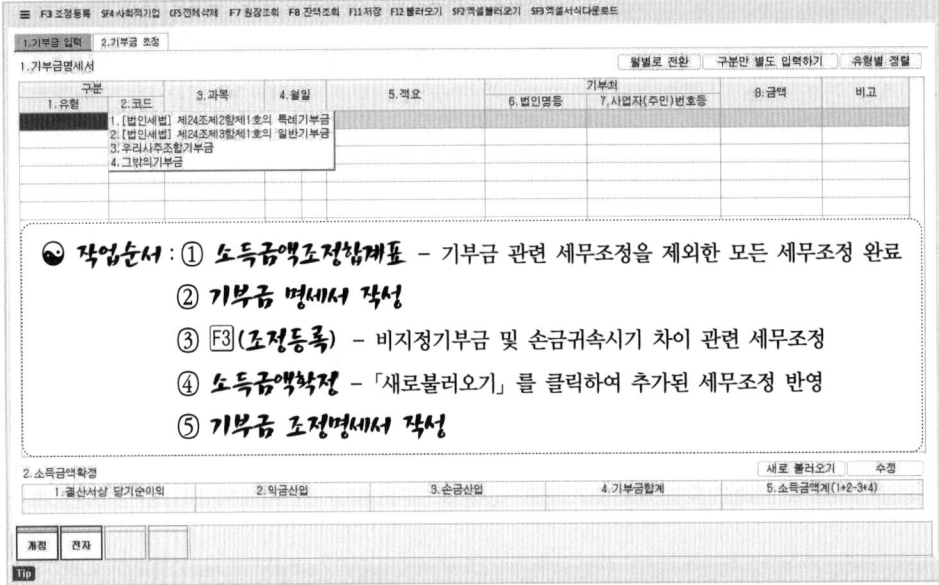

1. 기부금 명세서

① 유형

기부금의 종류에 따라 "도움상자"에 나타난 유형을 선택한다.

1. [법인세법] 제24조제2항제1호의 특례기부금
2. [법인세법] 제24조제3항제1호의 일반기부금
3. 우리사주조합기부금 : 조세특례제한법 제88조의4 제13항에 따른 우리사주조합기부금(우리사주조합제도를 실시하는 회사의 법인 주주 등이 우리사주 취득을 휘한 재원 마련을 위해서 우리사주조합에 지출하는 기부금으로 자격시험과 무관하므로 본서에서는 그 내용을 모두 생략함)
4. 그 밖의 기부금 : 비지정기부금

② 코드

유형을 선택하면 자동 표시된다.

③ 과목 / ④ 일자 / ⑤ 적요

회사 장부상 계정과목을 입력하고 일자 및 적요를 입력한다.

⑥ 법인명 등

기부처의 법인명, 단체명, 상호 또는 성명을 입력한다.

⑦ 사업자(주민)번호 등

기부처의 사업자등록번호, 고유번호 또는 주민등록번호를 입력한다.

⑧ 금액

가지급금으로 처리한 기부금 등을 포함하고 미지급분은 그 밖의 기부금에 포함시키며, 기부금을 금전 외의 자산으로 제공한 경우 해당 자산의 가액은 기부했을 때의 장부가액과 시가 중 큰 금액을 입력한다. 다만, 특례기부금과 특수관계인이 아닌 자에게 기부한 일반기부금의 경우에는 기부했을 때의 장부가액을 입력한다.

한마디...
위 내용처럼 법정서식 작성요령에는 미지급분을 그 밖의 기부금에 포함시키도록 하고 있으나, 전산세무회계 자격시험 답안에서는 미지급분의 경우 동 서식에 입력하지 않는 것을 답안으로 하고 있다. 따라서 자격시험에서는 미지급분(어음기부금 등)은 입력하지 않도록 한다.

▶ 비고

금전 외의 현물기부의 경우에는 자산내역을 간략히 입력한다(자격시험에서는 입력생략).

9.소계	가. 「법인세법」 제24조제2항제1호에 따른 특례기부금	코드 10	
	나. 「법인세법」 제24조제3항제1호에 따른 일반기부금	코드 40	
	다. (조세특례제한법) 제88조의4제13항의 우리사주조합 기부금	코드 42	
	라. 그 밖의 기부금	코드 50	
	계		

⑨ 소계

상단에 입력된 내용이 유형에 따라 자동 집계되며, 『2.기부금 조정』 탭의 각 해당란에 자동 반영된다. 「라. 그 밖의 기부금 / 코드 50」 소계는 손금불산입하고 그 기부받은 자에 따라 배당, 상여, 기타사외유출로 소득처분 한다.

한마디…

가지급기부금, 어음기부금, 미지급기부금, 유형(4.그밖의기부금)으로 입력된 비지정기부금이 있는 경우에는 상단 툴바의 F3 조정등록 키를 이용하여 세무조정을 먼저하고 다음 과정으로 진행하여야 한다.

2nd 2. 소득금액 확정

2.소득금액확정				새로 불러오기	수정
1.결산서상 당기순이익	2.익금산입	3.손금산입	4.기부금합계	5.소득금액계(1+2-3+4)	

① 결산서상 당기순이익

[표준재무제표]>[표준손익계산서]의 [X.당기순손익]란의 금액이 자동 반영된다.

② 익금산입 / ③ 손금산입

[소득 및 과표계산]>[소득금액조정합계표 및 명세서]의 "익금산입 및 손금불산입"과 "손금산입 및 익금불산입"의 [합계]란의 금액이 자동 반영된다. 『1.기부금명세서』 작성시에 비지정기부금에 대하여 세무조정한 내용이 있다면 동 내용이 반영되도록 새로 불러오기 를 클릭하고 대화창에서 예(Y) 를 클릭한다.

④ 기부금 합계

상단에 입력한 특례기부금과 일반기부금의 합계가 자동 반영된다.

⑤ 소득금액 계(①+②-③+④) = 기준소득금액

결산서상 당기순이익에 익금산입을 가산하고 손금산입을 차감하고 기부금 합계를 가산한 금액이 표시된다.

[II] 기부금 조정명세서

1st° ° 1. 특례기부금 손금산입 한도액 계산

① 소득금액 계

상단 툴바의 F12불러오기를 클릭하면 『1.기부금 입력』 탭의 하단 [5.소득금액 계(①+②-③+④)]란의 금액이 반영된다.

② 법인세법 제13조제1항제1호에 따른 이월결손금 합계액

각 사업연도 개시일 전 10년(2020.1.1. 이후 개시하는 사업연도에 발생한 결손금은 15년) 이내에 개시한 사업연도에서 발생한 세무상 결손금으로서 그 후의 각 사업연도의 과세표준을 계산할 때 공제되지 않은 금액을 입력한다[일반법인의 경우 기준소득금액(=소득금액 계)의 80% 한도].

③ 법인세법 제24조제2항제1호에 따른 특례기부금 해당 금액

『1.기부금 입력』 탭에서 유형(1.[법인세법] 제24조제2항제1호의 특례기부금)으로 입력된 금액이 자동 반영된다.

④ **한도액** {[(①-②)>0]×50%} (특례기부금 손금산입 한도액)

[①]란에서 [②]란을 차감한 금액의 50%가 자동 반영된다.

⑤ **이월잔액 중 손금산입액** MIN[④, ㉓]

『5.기부금 이월액 명세』의 기부금 종류에 "법인세법 제24조제2항제1호에 따른 특례기부금"으로 입력된 라인의 [㉓공제가능잔액]란에 입력된 금액과 특례기부금 손금산입 한도액 중 적은 금액이 자동 반영된다. 동 금액은 특례기부금 이월잔액 중 손금산입액을 의미하며, 동 금액은 『5.기부금 이월액 명세』의 [㉔해당 연도 손금추인액]란에 입력한다.

⑥ **해당연도 지출액 손금산입액** MIN[(④-⑤)>0, ③]

[④]란에서 [⑤]란을 차감한 금액과 [③]란의 금액 중 적은 금액이 자동 반영된다. 동 금액은 특례기부금 해당연도 지출액 중 손금산입액을 의미한다.

⑦ **한도초과액** [(③-⑥)>0] (특례기부금 한도초과액)

특례기부금 해당금액에서 특례기부금 해당연도 지출액 손금산입액을 차감한 금액이 자동 반영된다. 동 금액이 음수(-)인 경우에는 "0"으로 표시된다.

⑧ **소득금액 차감잔액** [(①-②-⑤-⑥)>0]

동 금액은 일반기부금 손금산입 한도액 계산식의 앞부분에 해당한다. 동 금액이 음수(-)인 경우에는 "0"으로 표시된다.

2nd 2. 우리사주조합에 지출하는 기부금 손금산입액 한도액 계산

2	2. 「조세특례제한법」 제88조의4에 따라 우리사주조합에 지출하는 기부금 손금산입액 한도액 계산		
9. 「조세특례제한법」 제88조의4제13항에 따른 우리사주조합 기부금 해당 금액		11. 손금산입액 MIN(9, 10)	
10. 한도액 (8×30%)		12. 한도초과액 [(9-10)>0]	

⑨ **우리사주조합 기부금 해당 금액**

『1.기부금 입력』 탭에서 유형(3.우리사주조합기부금)으로 입력된 금액이 자동 반영된다.

⑩ **한도액** (⑧)×30% (우리사주조합기부금 손금산입 한도액)

[⑧]란 금액의 30%가 자동 반영된다.

⑪ 손금산입액 MIN(⑨, ⑩)

[⑨]란의 금액과 [⑩]란의 금액 중 적은 금액이 자동 반영된다. 동 금액은 우리사주조합기부금 손금산입액을 의미한다.

⑫ 한도초과액 [(⑨-⑩)>0] (우리사주조합기부금 한도초과액)

[⑨]란에서 [⑩]란을 차감한 금액이 자동 반영된다. 동 금액이 음수(-)인 경우에는 "0"으로 표시된다.

3rd. 3. 일반기부금 손금산입 한도액 계산

3	3. 「법인세법」 제24조제3항제1호에 따른 기부금 손금산입 한도액 계산		
13. 「법인세법」 제24조제3항제1호에 따른 일반기부금 해당금액		16. 해당연도지출액 손금산입액 MIN(14-15)>0, 13]	
14. 한도액 ((8-11)×10%, 20%)		17. 한도초과액 [(13-16)>0]	
15. 이월잔액 중 손금산입액 MIN(14, ㉓)			

⑬ 법인세법 제24조제3항제1호에 따른 일반기부금 해당 금액

『1.기부금 입력』 탭에서 유형(2.[법인세법] 제24조제3항제1호의 일반기부금)으로 입력된 금액이 자동 반영된다.

⑭ 한도액 [(⑧-⑪)×10%, 20%] (일반기부금 손금산입 한도액)

[⑧]란에서 [⑪]란을 차감한 금액의 10%가 자동 반영된다. 사회적기업[주]인 경우에는 상단 툴바의 SF4 사회적기업 를 이용하여 사회적기업 여부를 선택하면 20%가 적용된다.

> [주] "사회적기업"이란 취약계층에게 사회서비스 또는 일자리를 제공하거나 지역사회에 공헌함으로써 지역주민의 삶의 질을 높이는 등의 사회적 목적을 추구하면서 재화 및 서비스의 생산·판매 등 영업활동을 하는 기업으로서 고용노동부장관의 인증을 받은 자를 말한다.

⑮ 이월잔액 중 손금산입액 MIN(⑭, ㉓)

『5.기부금 이월액 명세』의 기부금 종류에 "법인세법 제24조3항제1호에 따른 일반기부금"으로 입력된 라인의 [㉓공제가능잔액]란에 입력된 금액과 일반기부금 손금산입 한도액 중 작은 금액이 자동 반영된다. 동 금액은 일반기부금 이월잔액 중 손금산입액을 의미하며, 동 금액은 『5.기부금 이월액 명세』의 [㉔해당 연도 손금추인액]란에 입력한다.

⑯ 해당연도 지출액 손금산입액 MIN[(⑭-⑮)>0, ⑬]

[⑭]란에서 [⑮]란을 차감한 금액과 [⑬]란의 금액 중 적은 금액이 자동 반영된다. 동 금액은 일반기부금 해당연도 지출액 중 손금산입액을 의미한다.

⑰ **한도초과액 [(⑬-⑯)>0]** (일반기부금 한도초과액)

일반기부금 해당금액에서 일반기부금 해당연도 지출액 손금산입액을 차감한 금액이 자동 반영된다. 동 금액이 음수(-)인 경우에는 "0"으로 표시된다.

4. 기부금 한도초과액 총액

4	4.기부금 한도초과액 총액		
18. 기부금 합계액 (③+⑨+⑬)	19. 손금산입 합계 (⑥+⑪+⑯)	20. 한도초과액 합계 (18-19)=(⑦+⑫+⑰)	

⑱ **기부금 합계액(③+⑨+⑬)**

각각의 기부금 해당금액이 자동 반영된다.

⑲ **손금산입 합계(⑥+⑪+⑯)**

각각의 기부금 해당연도 지출액 손금산입액이 자동 반영된다.

⑳ **한도초과액 합계(⑱-⑲) = (⑦+⑫+⑰)**

[⑱]란에서 [⑲]란을 차감한 금액이 자동 반영된다. 동 금액은 [법인조정Ⅱ]>[세액계산 및 신고서]>[법인세 과세표준 및 세액조정계산서]의 [(105)기부금 한도초과액]란에 자동 반영된다.

5. 기부금 이월액 명세서

5	5.기부금 이월액 명세					
사업연도	기부금 종류	21.한도초과 손금불산입액	22.기공제액	23.공제가능 잔액(21-22)	24.해당연도 손금추인액	25.차기이월액 (23-24)
합계	「법인세법」 제24조제2항제1호에 따른 특례기부금					
	「법인세법」 제24조제3항제1호에 따른 일반기부금					

▶ **사업연도 / 기부금 종류**

기부금 한도초과액이 발생한 사업연도를 입력하고 기부금의 종류를 선택한다.

㉑ **한도초과 손금불산입액**

전기 이전에 기부금 한도초과로 손금불산입된 금액을 입력한다.

㉒ 기공제액

전기 이전에 손금으로 산입한 금액의 누계액을 입력한다.

㉓ 공제가능잔액(㉑-㉒)

[㉑한도초과 손금불산입액]란에서 [㉒기공제액]란을 차감한 금액이 자동 반영된다. 동 금액은 당기에 기부금 한도액의 범위내에서 손금으로 추인할 수 있는 금액을 의미한다.

㉔ 해당 연도 손금추인액

- 법인세법 제24조제2항제1호에 따른 특례기부금 : [⑤]란의 금액을 입력한다.
- 법인세법 제24조제3항제1호에 따른 일반기부금 : [⑮]란의 금액을 입력한다.

동 금액은 [법인조정Ⅱ]>[세액계산 및 신고서]>[법인세 과세표준 및 세액조정계산서]의 [(106)기부금 한도초과 이월액 손금산입]란에 자동 반영된다.

㉕ 차기이월액(㉓-㉔)

[㉓공제가능잔액]란에서 [㉔해당 연도 손금추인액]란을 차감한 금액이 자동 반영된다.

6th ∘∘ 6. 해당 사업연도 기부금 지출액 명세

사업연도	기부금 종류	26. 지출액 합계금액	27. 해당 사업연도 손금산입액	28. 차기 이월액(26-27)
합계	「법인세법」 제24조제2항제1호에 따른 특례기부금			
	「법인세법」 제24조제3항제1호에 따른 일반기부금			

㉖ 지출액 합계금액

특례기부금 해당금액과 일반기부금 해당금액이 자동 반영된다.

㉗ 해당 사업연도 손금산입액

특례기부금 해당연도 지출액 손금산입액과 일반기부금 해당연도 손금산입액이 자동 반영된다.

㉘ 차기 이월액(㉖-㉗)

[㉖]란에서 [㉗]란을 차감한 금액이 자동 반영된다.

KcLep 따라하기

 다음 자료에 의하여 ㈜최대리(회사코드 : 1001)의 [기부금 명세서]와 [기부금 조정명세서]를 작성하고 세무조정 하시오.

(1) 기부금의 지출내역(기부처의 입력은 생략)

일 자	금 액	내 용
1월 1일	10,000,000원	국방헌금 – 특례기부금
2월 1일	기부물품	이재민 구호금품(현물기부금) – 특례기부금
3월 1일	20,000,000원	사립학교 시설비(미지급금으로 계상) – 특례기부금
4월 1일	5,000,000원	국립대학병원 연구비(약속어음 발행) – 특례기부금
5월 1일	3,000,000원	사회복지법인에 기부 – 일반기부금
6월 1일	기부물품	불우이웃돕기(현물기부금) – 일반기부금
7월 1일	15,000,000원	종교단체 기부 – 일반기부금
8월 1일	150,000원	대표이사 동창회 기부금 – 비지정기부금
9월 1일	1,000,000원	정치자금 기부금 – 비지정기부금

① 2월 1일에 지급한 기부물품의 시가는 700,000원이며 장부가액은 800,000원이다.
② 4월 1일 발행한 약속어음의 만기일은 다음연도 5월 1일이다.
③ 6월 1일에 특수관계인이 아닌 자에게 지급한 기부물품의 시가는 700,000원이며 장부가액은 800,000원이다.

(2) 10월 1일 국군장병 위문금 4,000,000원을 지급하고 다음과 같이 회계처리 하였다.
   (차) 가지급금   4,000,000 / (대) 현금   4,000,000

(3) 기부금 한도초과 이월액의 내역은 다음과 같으며 전기 이전에 손금으로 추인된 금액은 없다.
  • 일반기부금 30,000,000원 (직전연도 발생분)

(4) 결산서상 당기순이익은 62,800,000원이며, 기부금 관련 세무조정 전의 익금산입 및 손금불산입액은 300,000,000원, 손금산입 및 익금불산입액은 45,000,000원이라고 가정한다.

기부금 명세서

구분			월일	적요	기부처		금액	비고
유형	코드	과목			법인명등	사업자(주민)번호등		
특례	10	기부금	1 1	국방헌금			10,000,000	
특례	10	기부금	2 1	이재민 구호금품			800,000	
일반	40	기부금	5 1	사회복지법인에 기부			3,000,000	
일반	40	기부금	6 1	불우이웃돕기			800,000	
일반	40	기부금	7 1	종교단체 기부			15,000,000	
기타	50	기부금	8 1	대표이사 동창회 기부금			150,000	
기타	50	기부금	9 1	정치자금 기부금			1,000,000	
특례	10	기부금	10 1	국군장병 위문금			4,000,000	
9.소계		가. 「법인세법」 제24조제2항제1호에 특례기부금				코드 10	14,800,000	
		나. 「법인세법」 제24조제3항제1호에 일반기부금				코드 40	18,800,000	
		다. [조세특례제한법] 제88조의4제13항의 우리사주조합 기부금				코드 42		
		라. 그 밖의 기부금				코드 50	1,150,000	
		계					34,750,000	

❶ 2월 1일 특례기부금을 현물로 지급하는 경우에는 기부했을 때의 장부가액으로 한다.

❷ 3월 1일 기부금을 미지급금으로 계상하거나, 4월 1일 어음을 발행하여 지급한 경우에는 실제로 이를 지출할 때(그 어음이 실제로 결제된 날)까지는 기부금으로 보지 않는다(자격시험에서는 입력하지 않는 것을 답으로 하고 있음).

❸ 6월 1일 특수관계인이 아닌 자에게 일반기부금을 현물로 지급하는 경우에는 기부했을 때의 장부가액으로 한다.

❹ 10월 1일 기부금을 지출하고 가지급금으로 계상한 경우에는 이를 그 지출한 사업연도의 기부금으로 한다.

조정 등록					
익금산입 및 손금불산입			손금산입 및 익금불산입		
과 목	금 액	소득처분	과 목	금 액	소득처분
미지급금 기부금	20,000,000	유보발생	가지급금 기부금	4,000,000	유보발생
어음 기부금	5,000,000	유보발생			
비지정 기부금	1,150,000	기타사외유출			

❺ F3 키(또는 상단 툴바의 F3 조정등록)을 이용하여 다음과 같이 세무조정 한다.

[익금산입 및 손금불산입] 미지급금 기부금 20,000,000원 (유보발생)
　　　　　　　　　　　어음 기부금 5,000,000원 (유보발생)
　　　　　　　　　　　비지정 기부금 1,150,000원 (기타사외유출)

[손금산입 및 익금불산입] 가지급금 기부금 4,000,000원 (유보발생)

2.소득금액확정					새로 불러오기 수정
1.결산서상 당기순이익	2.익금산입	3.손금산입	4.기부금합계	5.소득금액계(1+2-3+4)	
62,800,000	326,150,000	49,000,000	33,600,000	373,550,000	

❻ 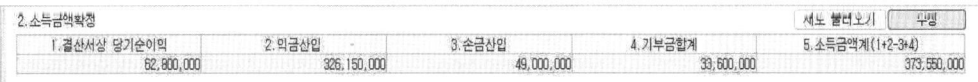 을 클릭하여 지문에 제시된 결산서상 당기순이익을 입력하고, [2.익금산입]란에 지문에 제시된 300,000,000원에 손금불산입된 기부금 26,150,000원을 가산한 326,150,000원을 입력하고, [3.손금산입]란에 지문에 제시된 45,000,000원에 손금산입된 기부금 4,000,000원을 가산한 49,000,000원을 입력한다.

기부금 조정명세서

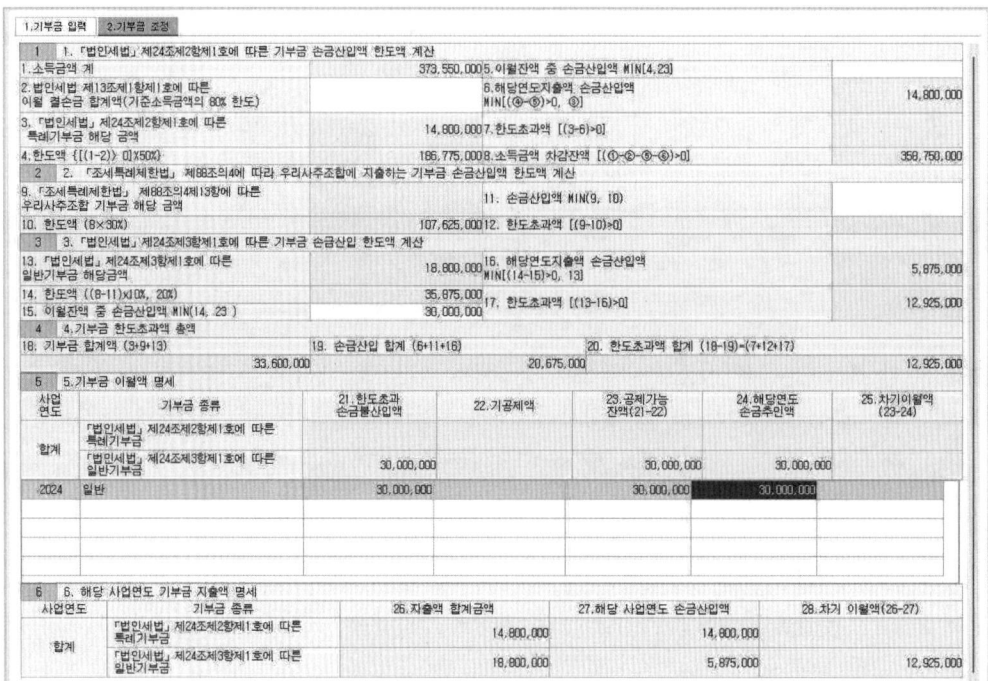

❼ 『5.기부금 이월액 명세』에 직전연도에 발생한 일반기부금 한도초과 이월액을 [㉑]란에 입력한다.

❽ 『3.일반기부금 손금산입 한도액 계산』에서 [⑮이월잔액 중 손금산입액]란의 금액을 확인하고, 동 금액을 『5.기부금 이월액 명세』의 [㉔해당 연도 손금추인액]란에 입력한다.

기/출/문/제 [실기]

01 다음의 자료를 이용하여 ㈜일공일(회사코드 : 1101)의 [기부금 명세서]와 [기부금 조정명세서]를 작성하고 세무조정을 하시오. 단, 다른 문제 및 기존 입력된 자료는 무시하고 다음 자료만을 이용하도록 한다.(6점)

(1) 기부금 지출내역(기부처는 기재하지 말 것)

지출일	금 액	내 용
3월 2일	13,000,000원	국방헌금
8월 3일	20,000,000원	불우이웃돕기 성금(사회복지법인)
9월 11일	15,000,000원	이재민 구호금품 (어음기부 1,000,000원 포함. 만기 : 다음연도 1월 1일)
11월 30일	1,000,000원	대표자 종친회 기부

(2) 기부금에 대한 세무조정 전 차가감 소득금액은 다음과 같다.

결산서상 당기순이익		165,000,000원
소득금액조정	익금산입	9,000,000원
	손금산입	2,000,000원

02 다음 자료에 의하여 ㈜일공이(회사코드 : 1102)의 [기부금 명세서]와 [기부금 조정명세서]를 작성하고 세무조정을 하시오. 단, 다른 문제 및 기존 입력된 자료는 무시하고 다음 자료만을 이용하도록 한다.(6점)

(1) 장부상 기부금 내역은 다음과 같다. 주어진 자료만 입력하고 당기분이 아닌 경우 기부금명세서에 입력하지 않도록 한다.

일 자	금 액	비 고
4월 10일	5,000,000원	국군장병 위문금품
5월 8일	1,000,000원	인근 경로당후원 기부금(일반기부금 단체)
8월 4일	10,000,000원	법정 사회복지법인에 대한 고유목적사업비 기부금
12월 25일	3,000,000원	종교단체에 대한 어음기부금(만기일 : 다음연도 1월 10일)

(2) 기부금에 대한 세무조정 전 차가감 소득금액은 다음과 같다.

결산서상 당기순이익		180,000,000원
소득금액조정	익금산입	64,000,000원
	손금산입	8,000,000원

(3) 세무상 이월결손금 중 미공제된 이월결손금은 2024년에 발생한 5,000,000원이고, 이월기부금은 전년도에 지출한 일반기부금 한도초과액 8,000,000원이 있다.

03 다른 문제 및 기존자료 등의 내용은 무시하고 다음 자료만을 이용하여 ㈜일공삼(회사코드 : 1103)의 [기부금 명세서]와 [기부금 조정명세서]를 작성하고 세무조정을 하시오. 단, 당사는 세법상 중소기업에 해당한다.(6점)

(1) 당기 기부금 내용은 다음과 같다. 적요 및 기부처 입력은 생략하고 당기 기부금이 아닌 경우 기부금명세서에 입력하지 않도록 한다.

일 자	금 액	비 고
7월 16일	5,000,000원	태풍으로 인한 이재민 구호금품
9월 7일	10,000,000원	불우이웃돕기 기부금
11월 3일	1,000,000원	인근 아파트 부녀회 후원금
12월 15일	3,000,000원	종교단체 어음기부금(만기일 : 다음연도 1월 15일)

(2) 기부금계산과 관련된 기타자료는 다음과 같다.
① 이월기부금은 전년도에 지출한 일반기부금 한도초과액 5,000,000원이 있다.
② 결산서상 당기순이익은 150,000,000원이고, 기부금에 대한 세무조정 전 익금산입 및 손금불산입 금액은 30,000,000원이며, 손금산입 및 익금불산입 금액은 7,000,000원이다.
③ 당기로 이월된 이월결손금은 2024년 발생분 20,000,000원이다.

04 다음 자료를 이용하여 ㈜일공사(회사코드 : 1104)의 [기부금 명세서]와 [기부금 조정명세서]를 작성하고 세무조정을 하시오(불러오는 자료는 무시할 것).(6점)

(1) 기부금 계정의 지출내역은 다음과 같다.

지출일	금 액	내 용
2월 14일	2,000,000원	동창회 기부금
4월 6일	9,000,000원	국방헌금
9월 1일	13,500,000원	불우이웃돕기 성금
12월 26일	10,000,000원	수재민 구호금품

※ 수재민 구호금품액에는 어음지출액 1,000,000원이 포함되어 있고 결제일은 다음연도 1월 29일이다.

(3) 기부금 조정 전 결산서상 당기순이익은 104,000,000원이고, 상기 기부금조정을 제외한 세무조정사항은 익금산입 15,000,000원 손금산입 8,000,000원이라고 가정한다.

05
다음 자료에 의하여 ㈜일공오(회사코드 : 1105)의 [기부금 명세서]와 [기부금 조정명세서]를 작성하고 세무조정을 하시오(불러오는 자료는 무시할 것).(5점)

(1) 장부상 기부금 내역

일 자	금 액	기부처	비 고
4월 7일	7,200,000원	향토예비군	국군장병 위문금품
6월 12일	1,000,000원	재경제주향우회	향우회비
10월 7일	3,200,000원	신섬유개발연구원	정부허가 학술연구단체
12월 31일	3,000,000원	광명사	종교단체기부금

① 광명사에 대한 기부금은 전액 만기일이 다음연도 1월 7일인 어음으로 지급되었다.
② 기부처의 입력은 생략하며, 손익귀속시기에 따라 당기 기부금이 아닌 경우 기부금 명세서에 입력하지 않는 것으로 한다.

(2) 기부금에 대한 세무조정 전 차가감 소득금액은 다음과 같으며, 세무상 이월결손금 중 미공제된 이월결손금은 2024년에 발생한 9,000,000원이고, 이월기부금은 전년도에 지출한 일반기부금 한도초과액 5,000,000원이 있다.

결산서상 당기순이익		230,000,000원
소득금액조정	익금산입	72,000,000원
	손금산입	36,000,000원

06
다음 자료를 보고 ㈜일공육(회사코드 : 1106)의 [기부금 명세서]와 [기부금 조정명세서]를 작성하고 세무조정을 하시오(불러오는 자료는 무시할 것).(6점)

(1) 기부금 계정의 내용(기부처 및 적요의 입력은 생략)

일 자	금 액	적 요
3월 9일	900,000원	대표이사 고등학교 동창회 기부
4월 2일	6,000,000원	국방헌금
8월 14일	3,200,000원	태풍 다크리 수재민 구호금품
11월 20일	18,000,000원	불우이웃돕기 성금

※ 11월 20일 지출액에는 다음연도 1월 3일 결제되는 약속어음 1,000,000원이 포함되어 있다.

(2) 결산서상 당기순이익 280,000,000원, 익금산입 78,000,000원, 손금산입 40,000,000원, 세무상 이월결손금액은 72,000,000원이 있으며, 여기에는 기부금관련 세무조정 사항도 포함되어 있는 것으로 가정한다.

(3) 전년도 특례기부금 한도초과 이월액 10,000,000원이 있다.

07

다음 자료를 이용하여 ㈜일공칠(회사코드 : 1107)의 [기부금 명세서]와 [기부금 조정 명세서]를 작성하고 세무조정을 하시오(불러오는 자료는 무시할 것).(6점)

(1) 기부금 계정의 내용(기부처 및 적요의 입력은 생략)

일자	금액	적요
8월 20일	10,000,000원	필리핀 태풍으로 인한 이재민구호금품
10월 30일	8,000,000원	불우이웃돕기 성금
11월 27일	5,000,000원	국방헌금으로 향토예비군에 수표를 발행해준 금액
12월 16일	1,000,000원	정당에 기부한 정치자금

(2) 기부금계산 관련자료
① 결산서상 당기순이익은 120,000,000원, 소득금액조정합계표상 익금산입 및 손금불산입 금액은 15,000,000원, 손금산입 및 익금불산입 금액은 21,000,000원이다(기부금과 관련한 세무조정은 반영되어 있지 않음).
② 당기로 이월된 결손금은 2024년 발생분이 10,000,000원, 2023년 발생분이 6,000,000원이다.

08

다음 자료를 이용하여 ㈜일공팔(회사코드 : 1108)의 [기부금 명세서]와 [기부금 조정 명세서]를 작성하고 세무조정을 하시오(불러오는 자료는 무시할 것).(6점)

(1) 손익계산서의 기부금 계정 내역(기부처 및 적요의 입력은 생략)

일자	금액	기부처	적요
3월 10일	3,000,000원	재단법인 좋은사회	사회복지법인 기부금
7월 1일	8,500,000원	국립암센터	연구비
12월 24일	6,000,000원	조계사	종교단체 기부금
12월 31일	1,000,000원	성동 노인정(일반기부금 단체)	노인정 지원금

① 12월 24일에 지급된 기부금은 어음으로 지급되었으며 만기일은 다음연도 3월 24일이다.
② 어음기부금의 기부금 귀속시기가 당해 연도에 귀속되는 기부금 지출금액이 아닐 경우에 프로그램의 기부금명세서의 기부금 입력은 하지 않는 것으로 한다.

(2) 기부금 세무조정 반영 전 차가감 소득금액 내역은 다음과 같으며 세무상 이월결손금 10,000,000원(2024년도 발생분)이 있다.
① 결산서상 당기순이익은 250,000,000원이다.
② 소득조정금액은 [익금산입] 30,000,000원, [손금산입] 10,000,000원이 있다.

(3) 이월기부금은 전년도에 지출한 일반기부금 한도초과액 35,000,000원이 있다.

09 다음 자료에 의해 ㈜일공구(회사코드 : 1109)의 [기부금 명세서]와 [기부금 조정명세서]를 작성하고 세무조정을 하시오(불러오는 자료는 무시할 것).(6점)

(1) 기부금 계정의 내용(기부처 및 적요의 입력은 생략)

일 자	금 액	적 요
5월 4일	2,120,000원	국군장병 위문금품 지급
6월 2일	5,420,000원	지역새마을 사업을 위해 지출한 금액
7월 17일	400,000원	향우회비 지급
8월 22일	3,000,000원	정부로부터 허가를 받은 예술단체에 지급한 금액
9월 16일	1,300,000원	사립대학 장학금으로 지출한 기부금

(2) 결산서상 당기순이익은 120,000,000원, 소득금액조정합계표상 익금산입 및 손금불산입 금액은 69,000,000원, 손금산입 및 익금불산입 금액은 63,000,000원이다(기부금과 관련한 세무조정은 반영되어 있지 않음).

10 다음 자료를 이용하여 ㈜일일공(회사코드 : 1110)의 [기부금 명세서]와 [기부금 조정명세서]를 작성하고 세무조정을 하시오(불러오는 자료는 무시할 것).(6점)

(1) 결산서상 기부금 내역(기부처 및 적요의 입력은 생략)

일 자	거래처	금 액	내 용
6월 3일	국방부	8,200,000원	국방헌금
12월 10일	한국복지회	3,000,000원	결연기관을 통한 불우이웃돕기 성금

○ 12월 10일 기부금 3,000,000원 중 1,000,000원은 만기일이 다음연도 1월 10일인 약속어음을 발행하여 지급하였고, 나머지는 전액 현금으로 지급하였다.

(2) 결산서상 당기순이익은 69,700,000원, 익금산입 금액은 9,000,000원, 손금산입 금액은 3,000,000원이다(기부금과 관련한 세무조정은 반영되어 있지 않음).

KcLep 도우미

해설 1 _____1101

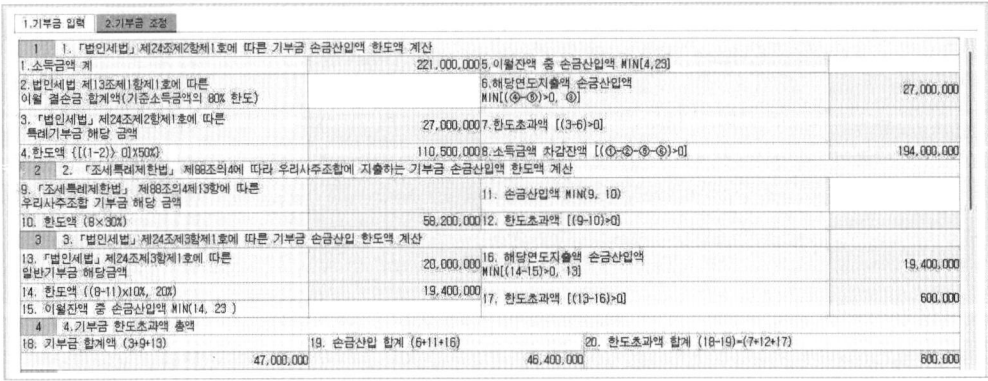

❶ 『1.기부금 입력』 탭 : 기부금 지출내역을 입력하고 F3 키(또는 상단 툴바의 F3 조정등록)을 이용하여 다음과 같이 세무조정 한다.

[익금산입 및 손금불산입] 어음 기부금 1,000,000원 (유보발생)
                         비지정 기부금 1,000,000원 (기타사외유출)

＊어음으로 지급한 경우에는 실제로 이를 지출할 때(어음이 실제로 결제된 날)까지는 기부금으로 보지 않는다(자격시험에서는 입력하지 않음).

❷ ____수정____을 클릭하여 지문에 제시된 결산서상 당기순이익을 입력하고, [2.익금산입]란에 지문에 제시된 9,000,000원에 손금불산입된 기부금 2,000,000원을 가산한 금액을 입력한다.

❸ 『2.기부금 조정』 탭 : 추가로 작업할 내용은 없다.

한마디...

이월결손금이나 기부금 이월액이 없는 경우 『2.기부금 조정』 탭에서는 추가로 작업할 내용이 없으므로, 이월결손금 등이 없는 경우 이하에서는 화면 표시를 생략한다.

해설 2 _____ 1102

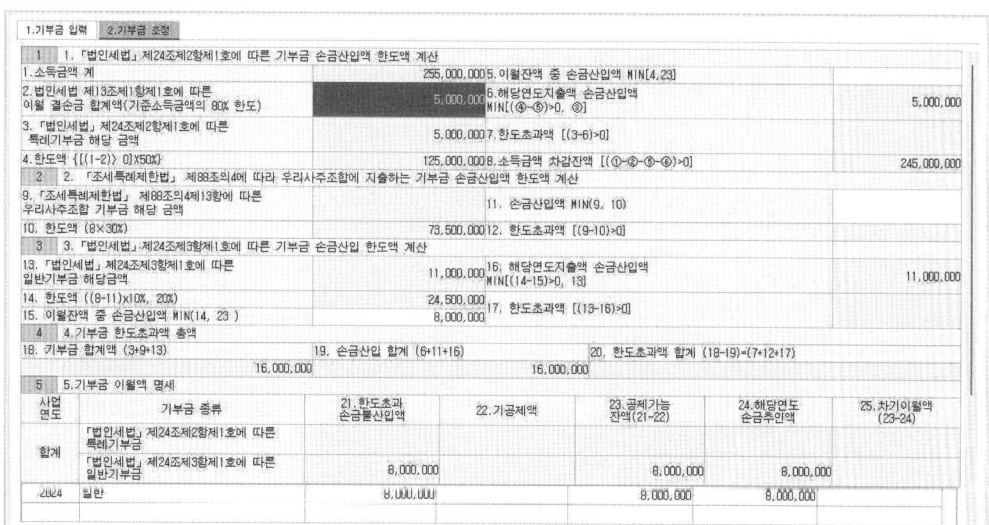

❶ 『1.기부금 입력』 탭 : 기부금 지출내역을 입력하고 F3 키(또는 상단 툴바의 [F3 조정등록])을 이용하여 다음과 같이 세무조정 한다.
   [익금산입 및 손금불산입] 어음 기부금 3,000,000원 (유보발생)
   ※ 어음으로 지급한 경우에는 실제로 이를 지출할 때(어음이 실제로 결제된 날)까지는 기부금으로 보지 않는다(자격시험에서는 입력하지 않음).

❷ [수정]을 클릭하여 지문에 제시된 결산서상 당기순이익을 입력하고, [2.익금산입]란에 지문에 제시된 64,000,000원에 손금불산입된 기부금 3,000,000원을 가산한 금액을 입력한다.

❸ 『2.기부금 조정』 탭 : [②]란에 세무상 이월결손금 중 미공제된 이월결손금을 입력한다.

❹ 「5.기부금 이월액 명세」에서 이월기부금의 사업연도와 기부금의 종류를 선택하고, 한도초과액을 [㉑한도초과 손금불산입액]란에 입력한다. [⑮]란의 금액을 [㉔해당연도 손금추인액]란에 입력한다.

해설 3   1103

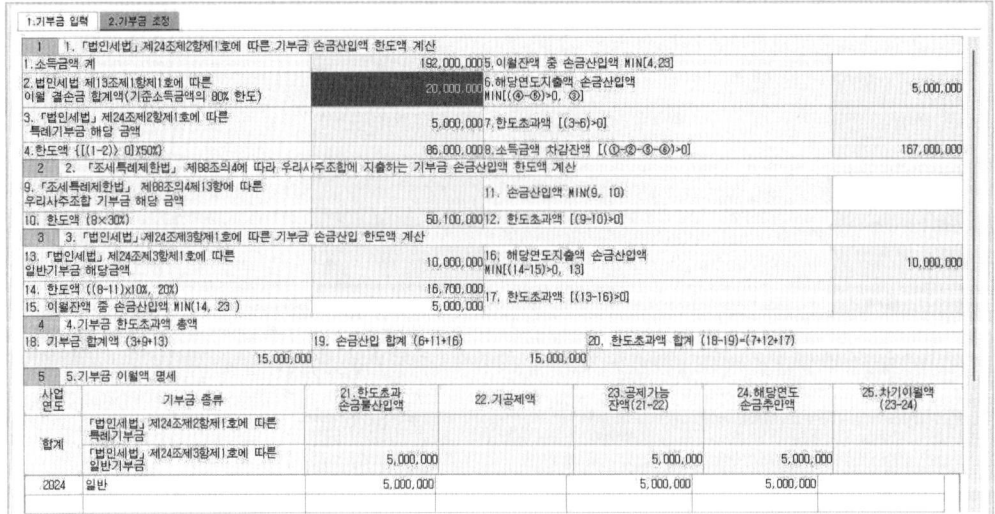

❶ 『1.기부금 입력』 탭 : 기부금 지출내역을 입력하고 F3 키(또는 상단 툴바의 F3 조정등록)을 이용하여 다음과 같이 세무조정 한다.
   [익금산입 및 손금불산입] 비지정 기부금 1,000,000원 (기타사외유출)
                        어음 기부금 3,000,000원 (유보발생)

❷ 수정 을 클릭하여 지문에 제시된 결산서상 당기순이익을 입력하고, [2.익금산입]란에 지문에 제시된 30,000,000원에 손금불산입된 기부금 4,000,000원을 가산한 금액을 입력한다.

❸ 『2.기부금 조정』 탭 : [②]란에 당기로 이월된 이월결손금을 입력한다.

❹ 「5.기부금 이월액 명세」에서 이월기부금의 사업연도와 기부금의 종류를 선택하고, 한도초과액을 [㉑한도초과 손금불산입]란에 입력한다. [⑮]란의 금액을 [㉔해당연도 손금추인액]란에 입력한다.

해설 4 1104

구분		3.과목	4.월일	5.적요	기부처		8.금액	비고
1.유형	2.코드				6.법인명등	7.사업자(주민)번호등		
기타	50	기부금	2 14	동창회 기부금			2,000,000	
24조제2항제1호에	10	기부금	4 6	국방헌금			9,000,000	
24조제3항제1호에	40	기부금	9 1	불우이웃돕기 성금			13,500,000	
24조제2항제1호에	10	기부금	12 26	수재민 구호금품			9,000,000	

9.소계
- 가. 「법인세법」제24조제2항제1호에 따른 특례기부금 — 코드 10 — 18,000,000
- 나. 「법인세법」제24조제3항제1호에 따른 일반기부금 — 코드 40 — 13,500,000
- 다. 「조세특례제한법」제88조의4제13항의 우리사주조합 기부금 — 코드 42
- 라. 그 밖의 기부금 — 코드 50 — 2,000,000
- 계 — 33,500,000

2.소득금액확정

1.결산서상 당기순이익	2.익금산입	3.손금산입	4.기부금합계	5.소득금액계(1+2-3+4)
104,000,000	18,000,000	8,000,000	31,500,000	145,500,000

❶ 『1.기부금 입력』 탭 : 기부금 지출내역을 입력하고 F3 키(또는 상단 툴바의 F3 조정등록)을 이용하여 다음과 같이 세무조정 한다.

 [익금산입 및 손금불산입] 비지정 기부금 2,000,000원 (기타사외유출)
   어음 기부금 1,000,000원 (유보발생)

❷ 수정 을 클릭하여 지문에 제시된 결산서상 당기순이익을 입력하고, [2.익금산입]란에 지문에 제시된 15,000,000원에 손금불산입된 기부금 3,000,000원을 가산한 금액을 입력한다.

해설 5 1105

구분		3.과목	4.월일	5.적요	기부처		8.금액	비고
1.유형	2.코드				6.법인명등	7.사업자(주민)번호등		
24조제2항제1호에	10	기부금	4 7	국군장병 위문금품			7,200,000	
기타	50	기부금	6 12	향우회비			1,000,000	
24조제3항제1호에	40	기부금	10 7	정부허가 학술연구단체			3,200,000	

9.소계
- 가. 「법인세법」제24조제2항제1호에 따른 특례기부금 — 코드 10 — 7,200,000
- 나. 「법인세법」제24조제3항제1호에 따른 일반기부금 — 코드 40 — 3,200,000
- 다. 「조세특례제한법」제88조의4제13항의 우리사주조합 기부금 — 코드 42
- 라. 그 밖의 기부금 — 코드 50 — 1,000,000
- 계 — 11,400,000

2.소득금액확정

1.결산서상 당기순이익	2.익금산입	3.손금산입	4.기부금합계	5.소득금액계(1+2-3+4)
230,000,000	76,000,000	36,000,000	10,400,000	280,400,000

❶ 『1.기부금 입력』 탭 : 기부금 지출내역을 입력하고 F3 키(또는 상단 툴바의 F3 조정등록)을 이용하여 다음과 같이 세무조정 한다.

 [익금산입 및 손금불산입] 비지정 기부금 1,000,000원 (기타사외유출)
   어음 기부금 3,000,000원 (유보발생)

❷ 수정 을 클릭하여 지문에 제시된 결산서상 당기순이익을 입력하고, [2.익금산입]란에 지문에 제시된 72,000,000원에 손금불산입된 기부금 4,000,000원을 가산한 금액을 입력한다.

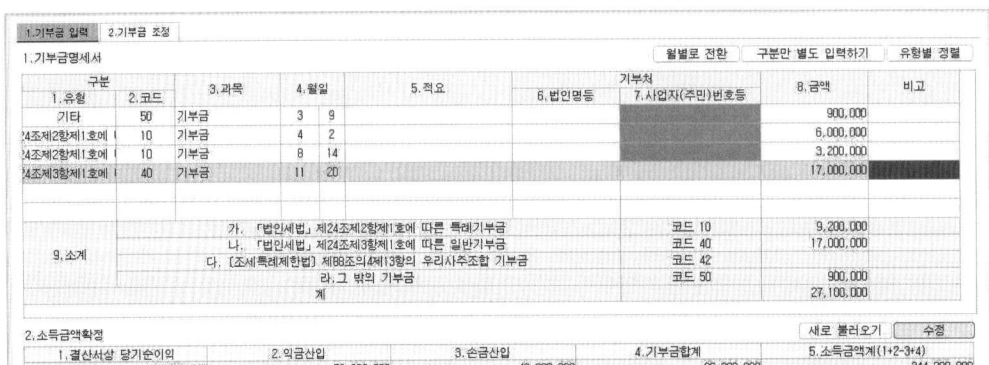

❸ 『2.기부금 조정』 탭 : [②]란에 세무상 이월결손금 중 미공제된 이월결손금을 입력한다.
❹ 「5.기부금 이월액 명세」에서 이월기부금의 사업연도와 기부금의 종류를 선택하고, 한도초과액을 [㉑한도초과 손금불산입액]란에 입력한다. [⑮]란의 금액을 [㉔해당연도 손금추인액]란에 입력한다.

해설 6 _____1106

❶ 『1.기부금 입력』 탭 : 기부금 지출내역을 입력하고 F3 키(또는 상단 툴바의 F3 조정등록)을 이용하여 다음과 같이 세무조정 한다.

[익금산입 및 손금불산입] 비지정 기부금 900,000원 (기타사외유출)
어음 기부금 1,000,000원 (유보발생)

❷ 수정 을 클릭하여 지문에 제시된 금액을 입력한다.

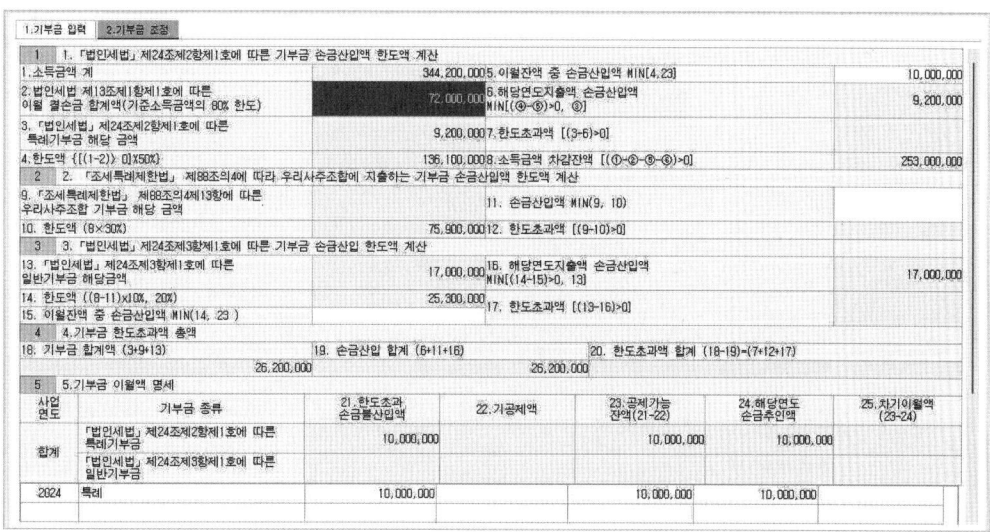

❸ 「2.기부금 조정」 탭 : [②]란에 세무상 이월결손금을 입력한다.
❹ 「5.기부금 이월액 명세」에서 이월기부금의 사업연도와 기부금의 종류를 선택하고, 한도초과액을 [㉑한도초과 손금불산입액]란에 입력한다.
❺ [⑤]란의 금액을 [㉔해당연도 손금추인액]란에 입력한다.

해설 7   1107

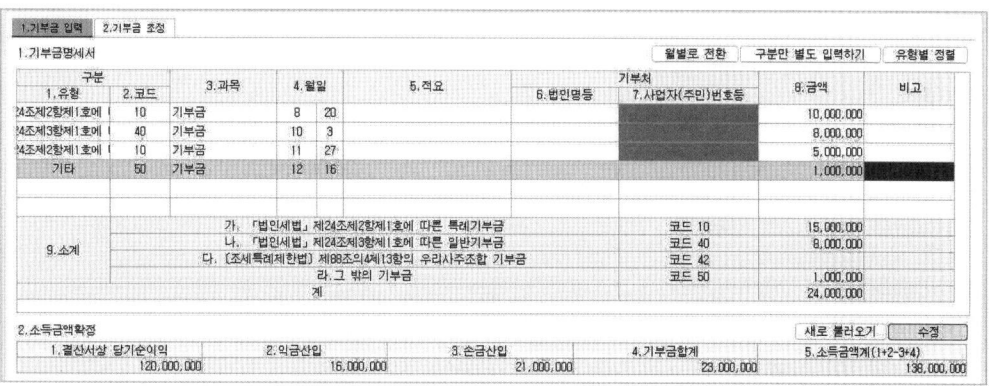

❶ 「1.기부금 입력」 탭 : 기부금 지출내역을 입력하고 F3 키(또는 상단 툴바의 F3 조정등록)을 이용하여 다음과 같이 세무조정 한다.
[익금산입 및 손금불산입] 비지정 기부금 1,000,000원 (기타사외유출)
＊자격시험 답안은 정치자금 기부금을 「1.기부금명세서」에 입력하지 않고 세무조정만 하는 것으로 하고 있으며, 입력한 경우도 정답으로 인정하고 있다.

❷ 수정 을 클릭하여 지문에 제시된 결산서상 당기순이익을 입력하고, [2.익금산입]란에 지문에 제시된 15,000,000원에 손금불산입된 기부금 1,000,000원을 가산한 금액을 입력한다.

❸ 『2.기부금 조정』 탭 : [②]란에 세무상 이월결손금을 입력한다.

해설 8 ＿＿＿＿＿＿＿＿＿＿1108

❶ 『1.기부금 입력』 탭 : 기부금 지출내역을 입력하고 F3 키(또는 상단 툴바의 F3 조정등록)을 이용하여 다음과 같이 세무조정 한다.

[익금산입 및 손금불산입] 어음 기부금 6,000,000원 (유보발생)

❷ [수정]을 클릭하여 지문에 제시된 결산서상 당기순이익을 입력하고, [2.익금산입]란에 지문에 제시된 30,000,000원에 손금불산입된 기부금 6,000,000원을 가산한 금액을 입력한다.

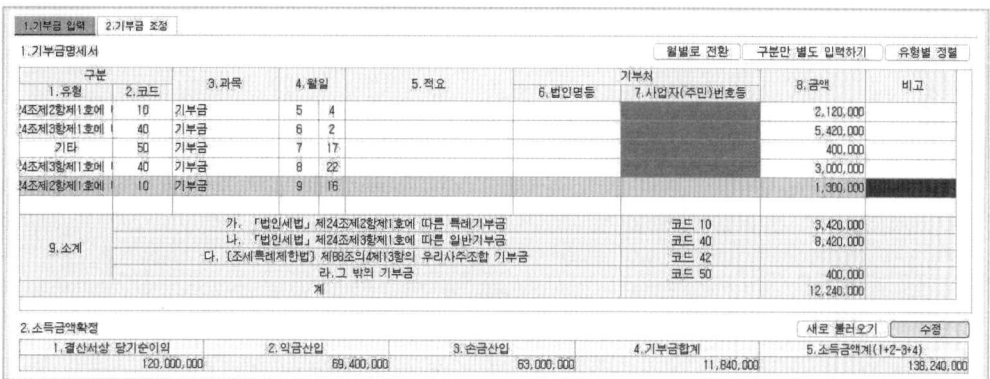

❸ 『2.기부금 조정』탭 : [②]란에 세무상 이월결손금을 입력한다.
❹ 「5.기부금 이월액 명세」에서 이월기부금의 사업연도와 기부금의 종류를 선택하고, 한도초과액을 [㉑한도초과 손금불산입액]란에 입력한다. [⑮]란의 금액을 [㉔해당연도 손금추인액]란에 입력한다.

해설 9 _____1109

❶ 『1.기부금 입력』탭 : 기부금 지출내역을 입력하고 F3 키(또는 상단 툴바의 F3 조정등록)을 이용하여 다음과 같이 세무조정 한다.
 [익금산입 및 손금불산입] 비지정 기부금 400,000원 (기타사외유출)
❷ 수정 을 클릭하여 지문에 제시된 결산서상 당기순이익을 입력하고, [2.익금산입]란에 지문에 제시된 69,000,000원에 손금불산입된 기부금 400,000원을 가산한 금액을 입력한다.

해설 10 1110

1.기부금 입력	2.기부금 조정

1.기부금명세서

구분		3.과목	4.월일	5.적요	기부처		8.금액	비고
1.유형	2.코드				6.법인명등	7.사업자(주민)번호등		
24조제2항제1호에	10	기부금	6 3				8,200,000	
24조제3항제1호에	40	기부금	12 10				2,000,000	

9.소계	가. 「법인세법」 제24조제2항제1호에 따른 특례기부금	코드 10	8,200,000
	나. 「법인세법」 제24조제3항제1호에 따른 일반기부금	코드 40	2,000,000
	다. [조세특례제한법] 제88조의4제13항의 우리사주조합 기부금	코드 42	
	라. 그 밖의 기부금	코드 50	
	계		10,200,000

2.소득금액확정

1.결산서상 당기순이익	2.익금산입	3.손금산입	4.기부금합계	5.소득금액계(1+2-3+4)
69,700,000	10,000,000	3,000,000	10,200,000	86,900,000

❶ 『1.기부금 입력』 탭 : 기부금 지출내역을 입력하고 F3 키(또는 상단 툴바의 F3 조정등록)을 이용하여 다음과 같이 세무조정 한다.
  [익금산입 및 손금불산입] 어음 기부금 1,000,000원 (유보발생)

❷ 수정 을 클릭하여 지문에 제시된 결산서상 당기순이익을 입력하고, [2.익금산입]란에 지문에 제시된 9,000,000원에 손금불산입된 기부금 1,000,000원을 가산한 금액을 입력한다.

제5부

세액계산 및 신고서

↘ 제1장 과세표준 및 세액계산

↘ 제2장 공제감면세액

↘ 제3장 자본금과 적립금 조정명세서

제 1 장 과세표준 및 세액계산

제1절 각 사업연도 소득의 계산

1. 각 사업연도 소득 계산구조

각 사업연도 소득계산	결산서상 당기순이익	… P/L상의 법인세비용 차감 후의 당기순이익
	(+) 익금산입 및 손금불산입	… [소득금액조정합계표 및 명세서]의 합계
	(−) 손금산입 및 익금불산입	… [소득금액조정합계표 및 명세서]의 합계
	(=) 차가감 소득금액	
	(+) 기부금 한도초과액	… 당기 기부금 한도초과액
	(−) 기부금 한도초과이월액 손금산입	… 기부금 한도초과 이월액 중 당기손금 추인액
	(=) 각 사업연도 소득금액	

2. 익금산입 및 손금불산입 (제1부 2장 및 3장에서 설명)

"익금"이란 해당 법인의 순자산을 증가시키는 거래로 인하여 발생하는 수익의 금액을 말한다. 다만, 자본 또는 출자의 납입 및 법인세법에서 규정하는 익금불산입 항목은 제외한다. "손금불산입"이란 해당 법인의 순자산을 감소시키는 손비라 하더라도 그 손비의 성질 또는 조세정책적인 목적에서 이를 손금으로 인정하지 않는 경우를 말한다. 익금산입 및 손금불산입 해당 금액은 결산서상 당기순이익에 가산되어 각 사업연도 소득금액을 증가시킨다.

3. 손금산입 및 익금불산입 (제1부 2장 및 3장에서 설명)

"손금"이란 해당 법인의 순자산을 감소시키는 거래로 인하여 발생하는 손비의 금액을 말한다. 다만 자본 또는 출자의 환급, 잉여금의 처분 및 법인세법에서 규정하는 손금불산입 항목은 제외한다. "익금불산입"이란 해당 법인의 순자산을 증가시키는 거래로 인하여 발생하는 수익의 금액이라 하더라도 조세정책적인 목적 또는 자본의 충실화 등의 이유로 이를 익금에 산입하지 않는 것을 말한다. 손금산입 및 익금불산입 해당 금액은 결산서상 당기순이익에서 차감되어 각 사업연도 소득금액을 감소시킨다.

4. 기부금 한도초과액 (제4부 12장에서 설명)

특례기부금과 일반기부금은 일정한 한도액 범위내에서 손금에 산입하고 손금산입 한도액을 초과하는 금액은 차가감 소득금액에 가산하여 각 사업연도 소득금액을 증가시킨다.

5. 기부금 한도초과이월액 손금산입 (제4부 12장에서 설명)

전기 이전에 기부금 한도초과로 손금 부인되어 이월된 금액은 당기 사업연도의 기부금 한도 미달액의 범위안에서 이를 손금에 산입하므로, 차가감 소득금액에서 차감하여 각 사업연도 소득금액을 감소시킨다.

제2절 과세표준 및 산출세액의 계산

1. 과세표준 계산구조

과세표준계산	각 사업연도 소득금액	
	(−) 이월결손금	⋯ 10년(15년) 이내 발생한 세무상 결손금 중 미공제액
	(−) 비과세소득	⋯ 법인세법 및 조세특례제한법상 비과세소득
	(−) 소득공제	⋯ 법인세법 및 조세특례제한법상 소득공제
	(=) 과세표준	

2. 이월결손금

법인의 그 사업연도에 속하는 손금의 총액이 익금총액을 초과하는 경우에 그 초과하는 금액을 "각 사업연도의 결손금"이라 한다. 각 사업연도의 개시일 전 발생한 각 사업연도의 결손금으로서 그 후의 각 사업연도의 과세표준을 계산할 때 공제되지 아니한 금액을 "이월결손금"이라 한다. 이러한 세무상 결손금은 그 전 사업연도의 소득에서 공제(소급공제)하거나 그 후 사업연도의 소득에서 공제(이월공제)한다.

(1) 이월공제

① 공제대상 : 각 사업연도의 과세표준 계산시 공제하는 이월결손금은 해당 사업연도의 개시일 전 10년(2020.1.1. 이후 개시하는 사업연도에 발생하는 결손금은 15년) 이내에 개시한 사업연도에서 발생한 이월결손금으로서, 그 후 각 사업연도의 과세표준을 계산할 때 공제되지 아니한 금액이 공제대상이 된다.

② **공제순서** : 결손금을 공제할 때는 먼저 발생한 사업연도의 결손금부터 차례대로 공제한다.
③ **공제한도** : 공제대상 이월결손금은 각 사업연도 소득금액의 80%(중소기업과 회생계획을 이행 중인 기업 등은 100%) 범위에서 공제한다.

(2) 소급공제

중소기업에 해당하는 내국법인은 각 사업연도에 결손금이 발생한 경우 직전 사업연도의 법인세액을 한도로 다음의 금액을 환급 신청할 수 있다.

```
환급세액 = MIN(①, ②)
  ① 환급대상액 : 직전 사업연도 법인세 산출세액
              - (직전 사업연도 과세표준 - 소득공제 결손금액) × 직전 사업연도 법인세율
  ② 한도액 : 직전 사업연도 법인세 산출세액 - 직전 사업연도 공제·감면세액
```

3. 비과세소득

"비과세소득"이란 순자산을 증가시키는 익금이지만 조세정책적인 목적 등에 의하여 국가가 과세권을 포기한 소득을 말한다. 비과세소득은 각 사업연도 소득금액에 포함시킨 후 공제형식(이월결손금·비과세소득·소득공제액을 순차적으로 공제)을 통하여 과세표준에서 제외하며, 각 사업연도 소득금액에서 이월결손금을 차감한 금액을 초과하는 비과세소득은 이월공제하지 않고 소멸한다.

> [참고] 비과세소득의 종류
> 법인세법 51조와 조세특례제한법 13조1항·4항 참조.

4. 소득공제

"소득공제"란 과세표준 계산상 과세소득의 일부를 공제해 줌으로써 세부담을 경감시켜주는 제도를 말한다. 소득공제는 비과세소득과는 달리 일정한 요건을 충족한 경우에 한하여 적용되며, 각 사업연도 소득금액에서 이월결손금과 비과세소득을 차감한 금액을 초과하는 소득공제액은 이월공제하지 않고 소멸한다.

> [참고] 소득공제의 종류
> 법인세법 51의2와 조세특례제한법 55조의2

5. 산출세액의 계산

(1) 법인세의 세율

내국법인의 각 사업연도 소득에 대한 법인세 산출세액은 과세표준에 다음의 세율을 적용하여 계산한 금액으로 한다.

과세표준	세율
2억원 이하	과세표준 × 9%
2억원 초과 200억원 이하	1,800만원 + (2억원 초과금액 × 19%)
200억원 초과 3천억원 이하	37억 8천만원 + (200억원 초과금액 × 21%)
3천억원 초과	625억 8천만원 + (3천억원 초과금액 × 24%)

(2) 사업연도가 1년 미만인 경우

사업연도가 1년 미만인 경우에는 다음과 같이 산출세액을 계산한다.

> 산출세액 = (과세표준 × 12/사업연도의 월수) × 세율 × 사업연도의 월수/12

*월수는 태양력에 따라 계산하되, 1개월 미만의 일수는 1개월로 한다.

제3절 납부할 세액의 계산

1. 납부할 세액 계산구조

```
          산출세액
납   (−) 최저한세적용대상 공제감면세액   … 최저한세 적용에 따른 조세감면 배제
부   (=) 차감세액
할   (−) 최저한세적용제외 공제감면세액
세   (+) 가산세액
액   (−) 기납부세액                    … 중간예납세액, 수시부과세액, 원천징수세액
계   (+) 감면분 추가납부세액             … 조특법상 사후관리 의무위반에 따른 추가납부세액
산   (=) 차가감 납부할세액
```

2. 세액감면 *(제5부 2장에서 설명)*

"세액감면"이란 특정한 사업에서 발생하는 소득에 대한 산출세액의 전액을 면제하거나 또는 산출세액의 일정률에 상당하는 금액을 경감하여 주는 것을 말한다.

3. 세액공제 *(제5부 2장에서 설명)*

"세액공제"란 이중과세 방지 또는 조세정책적인 목적을 위하여 산출세액에서 일정금액을 공제하는 것을 말한다.

4. 최저한세 적용대상(제외) 공제감면세액 (제5부 2장에서 설명)

"최저한세"란 기업이 조세감면을 적용받는 경우 모든 감면을 그대로 다 적용하게 되면 감면을 적용받지 못하는 법인과 조세부담의 불공평을 초래할 우려가 있어, 조세감면이 적용된다 하더라도 조세감면을 받은 후의 세액이 최저한세액에 미달하는 경우 그 미달액에 상당하는 부분에 대하여는 조세감면을 배제하는 제도를 말한다.

5. 가산세액

"가산세"란 세법에 규정하는 의무의 성실한 이행을 확보하기 위하여 세법에 규정하는 의무를 위반한 자로부터 산출세액에 가산하여 징수하는 금액을 말한다. 이하에서는 가산세 전체 내용 중 자격시험에 출제된 내용만을 간략히 설명하기로 한다.

(1) 일반 무신고 가산세

법인이 법정신고기한까지 법인세 과세표준 신고를 하지 않은 경우에는 다음의 금액을 납부할 세액에 가산하거나 환급할 세액에서 공제한다. 무신고 납부세액은 법정신고기한까지 신고하지 아니한 경우 그 신고로 납부하여야 할 세액을 말하며, 수입금액은 법인세 과세표준 및 세액신고서에 적어야 할 해당 법인의 수입금액(조정 후 수입금액명세서상 조정 후 수입금액)을 말한다.

> 일반 무신고 가산세 = MAX(①무신고 납부세액 × 20%, ②수입금액 × 7/10,000)

* 법정신고기한이 지난 후 1개월 이내 기한 후 신고를 한 경우 50% 감면

(2) 납부지연 가산세

법인이 법정납부기한까지 법인세의 납부를 하지 않거나 납부하여야 할 세액보다 적게 납부한 경우에는 다음의 금액을 납부할 세액에 가산하거나 환급할 세액에서 공제한다.

> 납부지연 가산세 = 미납세액 또는 과소납부세액 × 기간 × 2.2/10,000

* 기간은 납부기한의 다음 날부터 자진납부일 또는 납세고지일까지의 기간

(3) 적격증명서류 수취 불성실 가산세

법인이 사업과 관련하여 일정한 사업자로부터 재화 또는 용역을 공급받고 적격증명서류(세금계산서·계산서·신용카드매출전표·현금영수증)를 받지 아니하거나 사실과 다른 증명서류를 받은 경우에는 그 받지 아니한 금액 또는 사실과 다르게 받은 금액의 2%를 가산세로 해당 사업연도의 법인세액에 더하여 납부하여야 한다. 다만, 다음 중 어느 하나에 해당하는 경우는 이를 적용하지 아니한다.

① 건당 3만원(경조사비는 건당 20만원) 초과 업무추진비로서 적격증명서류 미수취로 인하여 손금불산입된 경우
② 적격증명서류 수취를 면제하는 다음의 거래(출제 가능한 일부분만 예시함)

> ㉮ 공급받은 재화 또는 용역의 거래 건당 금액이 3만원 이하인 경우
> ㉯ 거래상대방이 읍·면지역에 소재하는 사업자로서 「여신전문금융업법」에 의한 신용카드가맹점이 아닌 경우
> ㉰ 금융·보험용역을 제공받은 경우
> ㉱ 농어민으로부터 재화 또는 용역을 직접 공급받은 경우
> ㉲ 방송용역·전기통신역무·택시운송용역·항공기의 항행용역을 공급받은 경우
> ㉳ 간주임대료에 대한 부가가치세액을 임차인이 부담하는 경우
> ㉴ 다음 중 어느 하나에 해당하는 경우로서 공급받은 재화 또는 용역의 거래금액을 금융회사 등을 통하여 지급하고 과세표준확정신고서에 송금사실을 기재한 "경비 등의 송금명세서"를 제출한 경우
> • 간이과세자로부터 부동산임대용역을 제공받은 경우
> • 임가공용역을 공급받은 경우(법인과의 거래를 제외한다)
> • 운수업을 영위하는 자가 제공하는 운송용역을 공급받은 경우
> • 영세율이 적용되는 항공법에 의한 상업서류송달용역을 제공받은 경우
> • 공인중개사에게 수수료를 지급하는 경우

(4) 지급명세서 제출불성실 가산세

지급명세서 또는 간이지급명세서(이하 "명세서"라 한다)를 제출하여야 할 법인이 다음 중 어느 하나에 해당하는 경우에는 다음의 구분에 따른 금액을 가산세로 해당 사업연도의 법인세액에 더하여 납부해야 한다.

구 분		가산세
㉮ 명세서를 기한까지 제출하지 않은 경우	지급명세서의 경우	미제출분 지급금액 × 1%(제출기한이 지난 후 3개월 이내에 제출하는 경우에는 0.5%)[주1]
	간이지급명세서의 경우	미제출분 지급금액 × 0.25%(제출기한이 지난 후 3개월 이내에 제출하는 경우에는 0.125%)
㉯ 제출된 명세서가 불분명하거나 사실과 다른 경우	지급명세서의 경우	불명분·사실과 다른 분 지급금액 × 1%
	간이지급명세서의 경우	불명분·사실과 다른 분 지급금액 × 0.125%

[주] 다만, 일용근로자의 근로소득에 대한 지급명세서의 경우에는 0.25%(제출기한이 지난 후 1개월 이내에 제출 시 0.125%)로 한다.

참고 지급명세서의 제출기한

구 분	제출기한
(1) 이자소득, 배당소득, 연금소득, 기타소득 등의 지급명세서	그 지급일이 속하는 과세기간의 다음연도 2월 말일까지
(2) 원천징수대상 사업소득, 근로소득, 퇴직소득, 봉사료 지급명세서	그 지급일이 속하는 과세기간의 다음연도 3월 10일까지
(3) 일용근로자의 근로소득 지급명세서	그 지급일이 속하는 달의 다음 달 말일까지

(5) 주식 등 변동상황명세서 제출불성실 가산세

사업연도 중에 주식 등의 실제소유자가 변동되는 경우, 해당 법인은 과세표준신고 기한까지 그 변동사항을 반영한 주식 등 변동상황명세서(이하 "명세서"라 한다)를 관할세무서장에게 제출해야 한다. ① 명세서를 제출하지 아니한 경우, ② 명세서에 주식 등의 변동사항을 누락하여 제출한 경우, ③ 제출한 명세서가 불분명한 경우에 해당하는 경우에는 그 주식 등의 액면금액(또는 출자가액)의 1%(제출기한 경과 후 1개월 이내에 제출시 50% 감면)를 가산세로 해당 사업연도의 법인세액에 더하여 납부하여야 한다.

(6) 계산서 미발급 가산세

재화·용역을 공급한 자가 계산서를 발급시기에 발급하지 않는 경우에는 공급가액의 2%를 가산세로 해서 해당 사업연도의 법인세액에 더하여 납부하여야 한다.

6. 기납부세액

각 사업연도 소득에 대한 법인세는 각 사업연도 종료일이 속하는 달의 말일부터 3월 이내에 신고·납부하는 것이 원칙이다. 다만, 세수의 조기확보 및 세원관리의 목적으로 사업연도 중에도 법인세를 미리 징수 또는 납부하는 중간예납·원천징수·수시부과와 같은 특별한 절차를 두고 있다.

(1) 중간예납세액

사업연도의 기간이 6개월을 초과하는 법인은 해당 사업연도의 개시일부터 6개월이 되는 날까지를 중간예납기간으로 하여, 그 기간에 대한 법인세(중간예납세액)를 중간예납기간이 지난 날로부터 2개월 이내에 관할세무서 등에 납부하여야 한다..

(2) 수시부과세액

"수시부과"란 납세지 관할세무서장(또는 관할지방국세청장)은 법인이 그 사업연도 중에 다음 중 어느 하나에 해당하는 사유로 인하여 법인세를 포탈할 우려가 있다고 인정되는 경우에는 수시로 그 법인에 대한 법인세를 부과(이하 "수시부과"라 한다)할 수 있다.
① 신고를 하지 아니하고 본점 등을 이전한 경우
② 사업부진 기타의 사유로 인하여 휴업 또는 폐업상태에 있는 경우
③ 기타 조세를 포탈할 우려가 있다고 인정되는 상당한 이유가 있는 경우

(3) 원천납부세액

내국법인에게 ① 이자소득의 금액, ② 투자신탁의 이익을 지급하는 자는 그 지급하는 금액에 원천징수세율(14% 또는 25%)을 적용하여 계산한 금액에 상당하는 법인세를 원천징수하여 그 징수일이 속하는 달의 다음달 10일까지 납세지 관할 세무서등에 납부하여야 한다.

7. 감면분 추가납부세액

내국법인이 기업소득에서 자산에 대한 투자 합계액으로 공제받은 자산을 처분한 경우 등의 일정한 사유가 발생한 경우에는, 투자금액의 공제로 인하여 납부하지 않은 세액에 다음의 금액을 이자상당액으로 하여 해당 사유가 발생한 날이 속하는 사업연도의 과세표준신고를 할 때 납부해야 한다.

$$\text{이자상당액} = \text{투자금액의 공제로 납부하지 않은 세액} \times \text{기간} \times 2.2/10,000$$

*기간은 투자금액을 공제받은 사업연도의 법인세 과세표준 신고일의 다음 날부터 이자상당액 납부일까지의 기간을 말한다.

제4절 과세표준의 신고와 자진납부

1. 과세표준의 신고

(1) 신고기한

납세의무가 있는 법인은 각 사업연도 종료일이 속하는 달의 말일부터 3개월 이내에 해당 사업연도의 소득에 대한 법인세의 과세표준과 세액을 납세지 관할세무서장에게 신고하여야 한다. 각 사업연도 소득금액이 없거나 결손금이 있는 법인의 경우에도 마찬가지이다.

(2) 제출서류

과세표준 신고는 법인세 과세표준 및 세액신고서에 의하되, 다음의 서류를 첨부하여야 한다.

구 분	내 용	비 고
필수첨부 서 류	① 재무상태표 ② (포괄)손익계산서 ③ 이익잉여금처분계산서(또는 결손금처리계산서) ④ 세무조정계산서(법인세 과세표준 및 세액조정계산서)	미제출시 무신고로 보아 신고불성실가산세를 적용
기타서류	① 세무조정계산서 부속서류 ② 현금흐름표(외부감사대상 법인에 한함)	

2. 법인세의 납부

(1) 개요

법인은 각 사업연도의 소득에 대한 법인세 산출세액에서 다음의 법인세액(가산세액은 제외)을 공제한 금액을 각 사업연도의 소득에 대한 법인세로서 과세표준 신고기한까지 납세지 관할 세무서 등에 납부하여야 한다.

① 해당 사업연도의 감면세액·세액공제액
② 해당 사업연도의 중간예납세액
③ 해당 사업연도의 수시부과세액
④ 해당 사업연도에 원천징수된 세액

(2) 분납

납부할 세액이 1천만원을 초과하는 경우에는 다음의 금액을 납부기한이 지난 날부터 1개월(중소기업의 경우 2개월) 이내에 분납할 수 있다.

구 분	분납할 수 있는 금액
① 납부할 세액이 1천만원 초과 2천만원 이하인 경우	1천만원을 초과하는 금액
② 납부할 세액이 2천만원을 초과하는 경우	해당 세액의 50% 이하의 금액

＊가산세와 법인세에 가산하여 납부하여야 할 감면분 추가납부세액 등은 분납대상세액에 포함하지 않는다.

제5절 법인세 과세표준 및 세액조정계산서

KcLep 길라잡이

- [법인조정Ⅱ]>[세액계산 및 신고서]>[법인세 과세표준 및 세액조정계산서]를 선택하고 상단 툴바의 F12불러오기를 클릭하고 대화창에서 예(Y)를 클릭하면 다음과 같은 화면이 나타난다.

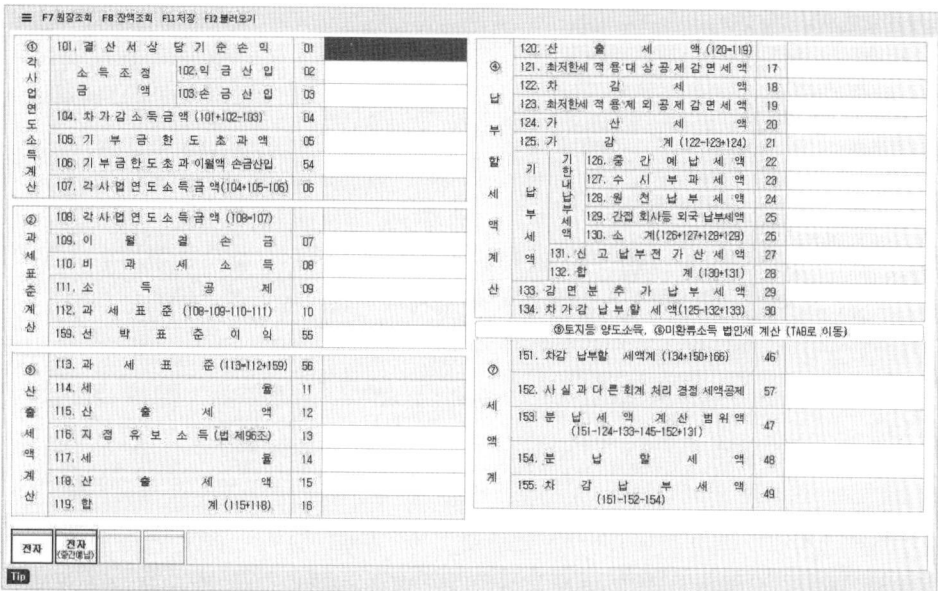

① 각 사업연도 소득 계산

(101) 결산서상 당기순손익

결산서상 당기순손익을 입력한다. [법인조정Ⅰ]>[표준재무제표]>[표준손익계산서]의 [X. 당기순손익]란의 금액이 자동 반영된다.

(102) 익금산입 / (103) 손금산입

익금산입 및 손금불산입 총액과 손금산입 및 익금불산입 총액을 각각 입력한다. [법인조정Ⅰ]> [소득 및 과표계산]>[소득금액조정합계표 및 명세서]의 [합계]란의 금액이 자동 반영된다.

(105) 기부금 한도초과액

기부금 한도초과액을 입력한다. [법인조정Ⅰ]>[과목별 세무조정]>[기부금 조정명세서]의 『2.기부금 조정』 탭의 [⑳한도초과액 합계]란의 금액이 자동 반영된다.

(106) 기부금 한도초과 이월액 손금산입

기부금 한도초과로 이월된 금액 중 당기에 손금으로 추인된 금액을 입력한다. [법인조정Ⅰ]>[과목별 세무조정]>[기부금 조정명세서]의 『2.기부금 조정』 탭의 [㉔해당 연도 손금추인액]란의 합계금액이 자동 반영된다.

② 과세표준 계산

(109) 이월결손금

당해 사업연도의 개시일 전 10년(15년) 이내에 개시한 사업연도에서 발생한 세무상 결손금으로서 그 후 각 사업연도의 과세표준을 계산할 때 공제되지 않은 금액을 입력한다.

(110) 비과세소득

비과세소득을 입력한다.

(111) 소득공제

소득공제 금액을 입력한다. [법인조정Ⅰ]>[공제감면세액조정Ⅰ]>[소득공제 조정명세서]의 [⑧소득공제액]란의 합계금액이 자동 반영된다.

(159) 선박표준이익

조세특례제한법 제104조의 10에 따른 해운기업의 법인세 과세표준 계산 특례를 적용받는 법인의 경우에 작성한다(자격시험과 무관하므로 자세한 설명은 생략함).

③ 산출세액 계산

(114) 세율 / (115) 산출세액

과세표준에 따라 최고 세율만 자동 표시되며, 과세표준에 세율을 적용한 산출세액이 자동 표시된다.

(116) 지점유보소득(법 제96조) / (117) 세율 / (118) 산출세액

법인세법 제96조를 적용받는 외국법인의 국내지점은 "지점유보소득금액계산서(별지 제49호 서식)"의 [⑮]란의 금액을 입력한다(자격시험과 무관하므로 자세한 설명은 생략함).

④ 납부할 세액 계산

(121) 최저한세 적용대상 공제감면세액

최저한세 적용대상 공제감면세액을 입력한다. [법인조정Ⅰ]>[공제감면세액조정Ⅱ]>[공제감면세액 및 추가납부세액합계표]의 『최저한세 적용 세액감면』 탭과 『최저한세 적용 세액공제·면제』 탭에 입력된 금액이 자동 반영된다.

(123) 최저한세 적용제외 공제감면세액

최저한세 적용제외 공제감면세액을 입력한다. [법인조정Ⅰ]>[공제감면세액조정Ⅱ]>[공제감면세액 및 추가납부세액합계표]의 『최저한세 배제 세액감면』 탭과 『최저한세 배제 세액공제』 탭에 입력된 금액이 자동 반영된다.

(124) 가산세액

가산세(중간예납세액의 미납부로 인한 가산세 등 신고납부 전 가산세 포함)를 입력한다. [법인조정Ⅱ]>[세액계산 및 신고서]>[가산세액 계산서]에 입력된 금액이 자동 반영된다.

(126) 중간예납세액

중간예납세액(가산세를 제외)을 입력한다.

(127) 수시부과세액

수시부과세액(가산세를 제외)을 입력한다.

(128) 원천납부세액

원천납부세액(가산세를 제외)을 입력한다. [법인조정Ⅱ]>[세액계산 및 신고서]>[원천납부세액명세서]에 입력된 금액이 자동 반영된다.

(129) 간접회사 등 외국납부세액

"간접투자회사 등의 외국납부세액 계산서(별지 제11호 서식)"의 공제(환급)신청금액을 입력한다(자격시험과 무관하므로 자세한 설명은 생략함).

(131) 신고납부 전 가산세액

[(124)가산세액]란의 금액 중 법인세 정기 신고기한 이전에 부과된 가산세(중간예납 미납부가산세 등)를 입력한다.

(133) 감면분 추가납부세액

감면분 추가납부세액을 입력한다.

⑤ 토지 등 양도소득, ⑥ 미환류소득 법인세 계산 (설명 생략)

⑦ 세액 계

(152) 사실과 다른 회계처리 경정세액공제

사실과 다른 회계처리로 인하여 과다납부한 금액의 "세액공제명세서(별지 제52호의4 서식)"의 연도별 공제금액을 입력한다(자격시험과 무관하므로 자세한 설명은 생략함).

(153) 분납세액 계산 범위액

[(154)현금납부]란에 분납할 세액을 입력한다(법인세법 제65조 물납 폐지).

연/습/문/제 [실기]

01 다음의 자료를 참조하여 ㈜일공일(회사코드 : 1101)의 법인세 수정신고서 작성시 [가산세액 계산서]를 작성하시오.(3점)

① 당사 1인 주주인 나주주씨는 당해연도 12월 30일 주식 전부를 액면가액인 50,000,000원으로 박상우씨에게 양도하였다. 하지만 법인세 신고시 주식변동이 없는 것으로 착각하여 주식등변동상황명세서를 제출하지 않았다.
② 법인세법상 정규증빙을 수취하지 못한 내역이 다음과 같이 존재하는데 법인세 신고시 가산세를 반영하지 못하였다.
  • 여비교통비 : 총 3건 2,000,000원(이 중 1건은 20,000원으로 간이영수증을 수취하였음)
  • 소모품비 : 총 4건 3,200,000원(4건 모두 3만원 초과분)
③ 당사는 법인세 수정신고서를 법정신고기한 10일 후 제출하였다.

02 다음 자료를 이용하여 ㈜일공이(회사코드 : 1102)의 [가산세액 계산서]를 작성하시오.(6점)

○ 당사가 지출한 금액 중 10,000,000원을 제외한 모든 금액은 법인세법에서 요구하는 세금계산서 등의 적격증명서류를 갖추고 있다. 지출한 금액 10,000,000원에 대한 구체적인 내용은 다음과 같다.

구 분	금 액	비 고
임차료	2,400,000원	일반과세자인 임대인에게 임차료를 금융기관을 통해 지급하고 법인세 신고시 송금사실을 기재한 경비 등의 송금명세서를 첨부하였다.
차량운반구	5,000,000원	종업원(개인) 소유차량을 취득하고 거래명세서를 받았다.
세금과공과금	1,200,000원	회사부담분 국민연금을 지급한 지로 용지가 있다.
복리후생비	1,400,000원	전부 거래 건당 3만원초과 금액으로 간이영수증을 수취하였다.

03 다음 자료를 이용하여 ㈜일공삼(회사코드 : 1103)의 [가산세액 계산서]를 작성하시오. 단, 당해연도 법인세 과세표준 신고를 다음연도 4월 3일에 기한 후 신고로 이행한다고 가정한다.(6점)

(1) 신고납부가산세 관련
① 무기장가산세는 대상이 아니며 일반 무신고가산세를 적용하고, 미납일수는 3일로 한다.

② 산출세액 및 미납세액은 17,300,000원이고, 수입금액은 6,100,000,000원이다.

(2) **미제출가산세 관련**
① 지출증명서류를 제대로 수취하지 아니한 금액은 32,400,000원이다.
② 당해연도 중 주주가 변동된 액면금액 45,000,000원에 대한 주식 등 변동상황명세서 및 부속서류를 기한 후 신고시 제출하기로 한다.

04 아래의 자료만을 이용하여 세무조정사항을 [소득금액조정합계표]에 반영하고, ㈜일공사(회사코드 : 1104)의 [법인세 과세표준 및 세액조정계산서]를 작성하시오. 당사는 중소기업에 해당한다.(8점)

(1) 손익계산서의 일부분이다.

손 익 계 산 서
당해연도 1월 1일부터 12월 31일까지

과 목	금 액
중간생략	
Ⅷ 법인세차감전순이익	550,000,000원
Ⅸ 법인세등	50,000,000원
Ⅹ 당기순이익	500,000,000원

(2) 위의 자료를 제외한 세무조정 자료는 다음과 같다.

당기 말에 전무이사의 퇴직으로 인하여 지급한 퇴직금 100,000,000원이 판매비와관리비에 퇴직급여로 반영되어 있다. 회사는 임원에 대한 퇴직금 지급규정이 없다. 전무이사의 퇴직 전 1년간 받은 총급여액은 100,000,000원이며 근속기간은 8년 6개월이다.

(3) 이월결손금의 내역은 다음과 같으며 당기이전에 공제된 내역은 없다.

발생연도	2010년	2019년	2021년
금 액	100,000,000원	30,000,000원	5,000,000원

(4) 세액공제 및 감면세액은 다음과 같다.
• 중소기업에 대한 특별세액감면 : 1,000,000원(최저한세 적용대상)
• 중소기업의 연구 및 인력개발비에 대한 세액공제 : 5,000,000원(최저한세 적용제외)
• 외국납부세액공제 : 3,000,000원(최저한세 적용제외)

(5) 법인세 중간예납세액 15,000,000원과 원천징수세액 500,000원이 있다.

(6) 매출액 중 계산서를 미 발급한 매출액 5,000,000원이 있음을 발견하였다(결산시 매출액은 장부에 이미 반영함).

(7) 납부세액은 분납이 가능한 경우 분납신청 하고자 한다.

05
기존에 입력된 자료는 무시하고 다음 자료만을 이용하여 ㈜일공오(회사코드 : 1105)의 [법인세 과세표준 및 세액조정계산서]를 작성하시오. 당사는 중소기업에 해당한다.(6점)

(1) 손익계산서상 당기순이익은 90,000,000원이다.

(2) 소득금액조정합계표에 세무조정된 자료는 다음과 같다고 가정한다.
   - 업무추진비한도초과액 : 18,000,000원
   - 퇴직급여충당금한도초과액 : 1,500,000원
   - 재고자산평가증 : 2,700,000원
   - 향우회 회비 : 5,000,000원

(3) 기부금 관련 내역은 다음과 같다.
   - 기부금한도초과 이월액 손금산입액 : 800,000원

(4) 이월결손금의 내역은 다음과 같다.

발생연도	2020년	2021년	2022년
금액	10,000,000원	5,000,000원	3,000,000원

(5) 중소기업에 대한 특별세액감면(최저한세 적용대상)은 1,000,000원이고, 중소기업의 연구 및 인력개발비에 대한 세액공제(최저한세 적용제외)는 5,000,000원이다.

(6) 법인세 중간예납세액 1,500,000원과 원천징수세액 500,000원이 있다.

(7) 적격증빙을 수취하지 않고 간이영수증을 수취한 1건(1,000,000원)이 있다.

06
기존에 입력된 자료는 무시하고 다음 자료만을 이용하여 ㈜일공육(회사코드 : 1106)의 [법인세 과세표준 및 세액조정계산서]를 작성하시오. 당사는 중소기업에 해당한다.(6점)

(1) 손익계산서상 당기순이익은 100,000,000원이다.

(2) 소득금액조정합계표상 익금산입(손금불산입)은 56,000,000원, 손금산입(익금불산입)은 20,000,000원이라고 가정한다.

(3) 세무상 미소멸 이월결손금은 2019년 2,000,000원, 2020년 3,000,000원, 2021년 10,000,000원이다.

(4) 중소기업에 대한 특별세액감면은 2,500,000원이고, 연구 및 인력개발비에 대한 세액공제는 3,200,000원이다.

(5) 3월분 일용직 지급명세서(12,000,000원)를 8월 30일에 제출했다.

(6) 법인세 중간예납세액 1,500,000원과 이자소득원천징수세액 550,000원이 있다.

07 기존에 입력된 자료는 무시하고 다음 자료만을 이용하여 ㈜일공칠(회사코드 : 1107)의 [법인세 과세표준 및 세액조정계산서]를 작성하시오. 당사는 중소기업에 해당한다.(6점)

- 결산서상 당기순이익 : 240,120,000원
- 익금산입액 : 26,400,000원
- 손금산입액 : 9,000,000원
- 기부금한도초과 이월액 손금산입액 : 650,000원
- 중소기업에 대한 특별세액감면 : 1,320,000원
- 연구 및 인력개발비에 대한 세액공제 : 3,000,000원

① 결산시 법인세 등 계정으로 대체한 선납세금 계정은 중간예납세액(6,400,000원)과 원천납부세액(870,000원) 뿐이다.
② 2020년 귀속분에서 발생한 세무상 미공제 이월결손금 15,000,000원이 있다.
③ 적격증빙을 수취하지 않고 간이영수증을 수취한 1건(1,000,000원)이 있다.
④ 위 이외의 세무조정 자료는 없으며, 분납 가능한 최대의 금액을 현금으로 분납하도록 처리한다.

08 기존에 입력된 자료는 무시하고 다음 자료만을 이용하여 ㈜일공팔(회사코드 : 1108)의 [법인세 과세표준 및 세액조정계산서]를 작성하시오. 당사는 중소기업에 해당한다.(6점)

(1) 손익계산서상 당기순이익은 313,550,000원이고 소득금액조정합계표상 익금산입 금액은 15,000,000원, 손금산입 금액은 4,500,000원이라고 가정한다.

(2) 기부금한도초과 이월액 손금산입 금액이 5,000,000원이 있다.

(3) 중소기업에 대한 특별세액감면은 3,220,000원이고, 연구 및 인력개발비에 대한 세액공제는 2,550,000원이다.

(4) 법인세 중간예납세액 4,500,000원과 이자소득 원천징수세액 700,000원이 있다.

(5) 지출한 경비 중 아래의 자료를 제외하고 모두 법정증빙을 수취하였다.

구 분	금 액	비 고
지급수수료	1,000,000원	간이과세자인 공인중개사 수수료임, 대금은 계좌로 송금하였고 이에 대한 경비 등 송금명세서 제출함
사무용품비	500,000원	• 영수증 수취분임 • 건당 5만원(부가가치세 포함), 수량 10개에 대한 금액임

(6) 2020년 귀속분에서 발생된 이월결손금 20,000,000원이 있다.

(7) 분납 가능한 최대한의 금액을 현금으로 분납하도록 처리한다.

09 기존에 입력된 자료는 무시하고 다음 자료만을 이용하여 ㈜일공구(회사코드 : 1109)의 [법인세 과세표준 및 세액조정계산서]를 작성하시오. 당사는 중소기업에 해당한다.(6점)

(1) 손익계산서상 당기순이익은 200,000,000원이다.

(2) 소득금액조정합계표에 세무조정된 자료는 다음과 같다고 가정한다.

구 분	금 액	비 고
법인세비용	32,000,000원	손익계산서상 법인세비용 계상액
업무추진비한도초과액	2,000,000원	
감가상각부인액	2,500,000원	
단기매매증권평가이익	12,500,000원	

(3) 중소기업에 대한 특별세액감면은 1,150,000원이고, 연구 및 인력개발비에 대한 세액공제는 2,200,000원이다.

(4) 기말 결산시 법인세비용 계정으로 대체한 선납세금 계정(4,500,000원)은 중간예납세액(3,500,000원)과 이자소득 원천납부세액(1,000,000원)이다.

(5) 지출한 경비 중 1,200,000원을 제외한 모든 경비는 법인세법에서 요구하는 법정증빙을 갖추고 있다.

구 분	금 액	비 고
운반비	200,000원	영세율이 적용되는 상업서류 송달용역을 제공받고 지급한 금액이다.
지급수수료	300,000원	부동산중개 수수료로 지급한 금액이다.
복리후생비	700,000원	전부 거래 건당 3만원 초과 금액이다.

※ 운반비와 지급수수료 지출은 금융계좌를 이용하였고 경비등 송금명세서를 작성하여 관할 세무서장에게 제출하였다.

(6) 이월결손금은 2007년 발생분으로 10,000,000원이 있다.

(7) 이월세액공제는 없으며, 최저한세는 고려하지 않는다.

(8) 분납은 분납 가능한 최대금액으로 하고 현금으로 납부할 예정이다.

10 기존에 입력된 자료는 무시하고 다음 자료만을 이용하여 ㈜일일공(회사코드 : 1110)의 [법인세 과세표준 및 세액조정계산서]를 작성하시오. 당사는 중소기업에 해당한다.(7점)

(1) 손익계산서의 일부분이다.

손 익 계 산 서
당해연도 1월 1일부터 12월 31일까지

과 목	금 액
- 중간생략 -	
Ⅷ 법인세차감전순이익	550,000,000원
Ⅸ 법인세등	50,000,000원
Ⅹ 당기순이익	500,000,000원

(2) 소득금액조정합계표에 세무조정된 자료는 위의 자료를 제외하고 다음과 같다고 가정한다.
- 업무추진비 한도초과액 : 3,000,000원(기타사외유출)
- 국세환급가산금 : 500,000원(기타)
- 감가상각부인액 : 1,000,000원
- 임원상여금 한도초과액 : 500,000원
- 단기매매증권평가이익 : 3,000,000원
- 일반기부금 한도초과액 : 5,000,000원
- 재고자산평가증 : 1,500,000원

(3) 이월결손금의 내역은 다음과 같다.

발생연도	2010년	2021년	2022년
금 액	100,000,000원	30,000,000원	5,000,000원

(4) 세액공제 및 감면세액은 다음과 같다.
- 중소기업에 대한 특별세액감면 : 1,000,000원
- 연구 및 인력개발비에 대한 세액공제 : 5,000,000원
- 외국납부세액공제 : 3,000,000원

(5) 기납부세액 내역은 다음과 같다.
- 중간예납세액 : 15,000,000원
- 이자수익에 대한 원천징수세액 : 500,000원

(6) 법인세 신고시점에 계산서를 미 발급한 매출액 5,000,000원이 있음을 발견하였다(결산시 매출액은 장부에 이미 반영함).

(7) 납부세액은 분납이 가능한 경우 세법에서 인정하는 범위내에서 최대한 분납을 하고자 한다.

KcLep 도우미

해설 1 _____ 1101

가산세액 계산서

구분		계산기준	기준금액	가산세율	코드	가산세액
지출증명서류		미(허위)수취금액	5,180,000	2/100	8	103,600
지급명세서	미(누락)제출	미(누락)제출금액		10/1,000	9	
	불분명	불분명금액		1/100	10	
	상증법 82조 1 6	미(누락)제출금액		2/1,000	61	
		불분명금액		2/1,000	62	
	상증법 82조 3 4	미(누락)제출금액		2/10,000	67	
		불분명금액		2/10,000	68	
	법인세법 제75의7①(일용근로)	미제출금액		25/10,000	96	
		불분명등		25/10,000	97	
	법인세법 제75의7①(간이지급명세서)	미제출금액		25/10,000	102	
		불분명등		25/10,000	103	
	소 계				1. 10/1,000	
주식등변동 상황명세서	미제출	액면(출자)금액	50,000,000	2. 5/1,000		250,000
	누락제출	액면(출자)금액		10/1,000	13	
	불분명	액면(출자)금액		1/100	14	
	계				15	250,000

❶ [주주등변동상황명세서/ 미제출]의 [기준금액]란에 주주가 변동된 주식의 액면금액을 입력하고, [가산세율]란에서 "2. 5/1,000"를 선택한다.
  ＊과세표준 신고기한까지 제출하지 못하고 제출기한 경과후 1개월 이내에 제출시 50% 감면
❷ [지출증명서류]의 [기준금액]란에 거래 건당 3만원 초과금액으로 적격증명서류를 수취하지 못한 금액을 입력한다.

해설 2 _____ 1102

가산세액 계산서

구분		계산기준	기준금액	가산세율	코드	가산세액
지출증명서류		미(허위)수취금액	3,800,000	2/100	8	76,000
지급명세서	미(누락)제출	미(누락)제출금액		10/1,000	9	
	불분명	불분명금액		1/100	10	
	상증법 82조 1 6	미(누락)제출금액		2/1,000	61	
		불분명금액		2/1,000	62	
	상증법 82조 3 4	미(누락)제출금액		2/10,000	67	
		불분명금액		2/10,000	68	
	법인세법 제75의7①(일용근로)	미제출금액		25/10,000	96	
		불분명등		25/10,000	97	
	법인세법 제75의7①(간이지급명세서)	미제출금액		25/10,000	102	
		불분명등		25/10,000	103	
	소 계				11	
주식등변동 상황명세서	미제출	액면(출자)금액		10/1,000	12	
	누락제출	액면(출자)금액		10/1,000	13	
	불분명	액면(출자)금액		1/100	14	
	계				15	

❶ 『미제출가산세』 탭 : [지출증명서류]의 [기준금액]란에 거래 건당 3만원 초과금액으로 적격증명서류를 수취하지 못한 금액을 입력한다.
  ＊간이과세자가 아닌 일반과세자로부터 부동산임대용역을 제공받은 경에는 적격증명서류 수취를 면제하지 않는다.
  ＊종업원과의 거래는 사업자와의 거래가 아니므로 가산세를 적용하지 않는다.
  ＊임차료(2,400,000) + 복리후생비(1,400,000) = 3,800,000원

해설 3　　　　　　　　　　　1103
◈ 가산세액계산서

①구분		②계산기준	③기준금액	④가산세율	⑤코드	⑥가산세액
무기장		산출세액		20/100	27	
		수입금액		7/10,000	28	
무신고	일반	무신고납부세액	17,300,000	10/100	29	1,730,000
		수입금액	6,100,000,000	3.5/10,000	30	2,135,000
	부정	무신고납부세액		40/100	31	
		무신고납부세액		60/100	80	
		수입금액		14/10,000	32	
과소신고	일반	과소신고납부세액		10/100	3	
		과소신고납부세액		40/100	22	
	부정	과소신고납부세액		60/100	81	
		과소신고수입금액		14/10,000	23	
납부지연		(일수)	3	2.2/10,000	4	11,418
		미납세액	17,300,000			
합계					21	2,146,418

미납일수
- 자진납부기한　2026 년　3 월　31 일
- 납부일자　　　2026 년　4 월　3 일
- 미납일수　　　3
- 확인(TAB)　취소(ESC)

❶ 『신고납부가산세』탭 : [무신고/ 일반/ 무신고납부세액]의 [③]란에 미납세액을 입력하고, [④]란에서 "2. 10/100"을 선택한다.
 ＊법정신고기한이 지난 후 1개월 이내 기한 후 신고를 한 경우 50% 감면
❷ [무신고/ 일반/ 수입금액]의 [③]란에 수입금액을 입력하고, [④]란에서 "2. 3.5/10,000"를 선택한다.
❸ [납부지연/ (일수)]의 [③]란의 「미납일수」보조창에서 자진납부기한(2025년 3월 31일)과 납부일자(2025년 4월 3일)를 입력하고 확인 [Tab] 을 클릭한다.

구분		계산기준	기준금액	가산세율	코드	가산세액
지출증명서류		미(허위)수취금액	32,400,000	2/100	8	648,000
지급명세서	미(누락)제출	미(누락)제출금액		10/1,000	9	
	불분명	불분명금액		1/100	10	
	상증법 82조 1 6	미(누락)제출금액		2/1,000	61	
		불분명금액		2/1,000	62	
	상증법 82조 3 4	미(누락)제출금액		2/10,000	67	
		불분명금액		2/10,000	68	
	법인세법 제75의7①(일용근로)	미제출금액		25/10,000	96	
		불분명등		25/10,000	97	
	법인세법 제75의7①(간이지급명세서)	미제출금액		25/10,000	102	
		불분명등		25/10,000	103	
소계				1. 10/1,000		
주식등변동 상황명세서	미제출	액면(출자)금액	45,000,000	5/1,000　2. 5/1,000		225,000
	누락제출	액면(출자)금액		10/1,000	13	
	불분명	액면(출자)금액		1/100	14	
소계					15	225,000

❹ 『미제출가산세』탭 : [지출증명서류]의 [기준금액]란에 지출증명서류를 제대로 수취하지 아니한 금액을 입력한다.
❺ [주주등변동상황명세서/ 미제출]의 [기준금액]란에 주주가 변동된 주식의 액면금액을 입력하고, [가산세율]란에서 "2. 5/1,000"를 선택한다.
 ＊과세표준 신고기한까지 제출하지 못하고 제출기한 경과후 1개월 이내에 제출시 50% 감면

해설 4　　　　　　　　　　　1104

◈ 소득금액조정합계표 및 명세서

소득금액조정합계표 및 명세서					
익금산입 및 손금불산입			손금산입 및 익금불산입		
과 목	금 액	소득처분	과 목	금 액	소득처분
법인세비용	50,000,000	기타사외유출			
임원퇴직금 한도초과액	15,000,000	상여			

＊임원 퇴직급여 한도액 = 100,000,000 × 10% × 8.5년 = 85,000,000원

◈ 법인세 과세표준 및 세액조정계산서

① 각사업연도소득계산	101. 결산서상 당기순손익	01	500,000,000
	소득조정금액 102. 익금산입	02	65,000,000
	103. 손금산입	03	
	104. 차가감소득금액 (101+102-103)	04	565,000,000
	105. 기부금 한도 초과액	05	
	106. 기부금한도초과 이월액 손금산입	54	
	107. 각사업연도소득금액 (104+105-106)	06	565,000,000
② 과세표준계산	108. 각사업연도소득금액 (108=107)		565,000,000
	109. 이 월 결 손 금	07	35,000,000
	110. 비 과 세 소 득	08	
	111. 소 득 공 제	09	
	112. 과세표준 (108-109-110-111)	10	530,000,000
	159. 선 박 표 준 이 익	55	
③ 산출세액계산	113. 과 세 표 준 (113=112+159)	56	530,000,000
	114. 세　　　　　 율	11	19%
	115. 산 출 세 액	12	80,700,000
	116. 지 점 유 보 소 득 (법 제96조)	13	
	117. 세　　　　　 율	14	
	118. 산 출 세 액	15	
	119. 합 계 (115+118)	16	80,700,000

④ 납부할세액계산	120. 산 출 세 액 (120=119)		80,700,000
	121. 최저한세 적용대상 공제감면세액	17	1,000,000
	122. 차 감 세 액	18	79,700,000
	123. 최저한세 적용제외 공제감면세액	19	8,000,000
	124. 가 산 세 액	20	100,000
	125. 가 감 계 (122-123+124)	21	71,800,000
	기한내납부세액 126. 중 간 예 납 세 액	22	15,000,000
	127. 수 시 부 과 세 액	23	
	128. 원 천 납 부 세 액	24	500,000
	129. 간접 회사등 외국 납부세액	25	
	130. 소 계 (126+127+128+129)	26	15,500,000
	131. 신 고 납부전 가 산 세 액	27	
	132. 합 계 (130+131)	28	15,500,000
	133. 감 면 분 추 가 납 부 세 액	29	
	134. 차가감 납부할 세액 (125-132+133)	30	56,300,000
	⑤토지등 양도소득, ⑥미환류소득 법인세 계산 (TAB로 이동)		
⑦ 세액계	151. 차감 납부할 세액계 (134+150+166)	46	56,300,000
	152. 사실과 다른 회계처리 경정 세액공제	57	
	153. 분납세액 계산 범위액 (151-124-133-145-152+131)	47	56,200,000
	154. 분 납 할 세 액	48	28,100,000
	155. 차 감 납 부 세 액 (151-152-154)	49	28,200,000

전자 / 전자(중간예납) / 분납할 세액 : 28,100,000

❶ [(101)]란에 손익계산서상의 당기순이익을 입력한다.
❷ [(102)]란에 소득금액조정합계표 및 명세서의 [익금산입 및 손금불산입]란의 합계를 입력한다.
❸ [(109)]란에 10년(2020.1.1. 이후 개시하는 사업연도에 발생하는 결손금은 15년) 이내에 발생한 이월결손금을 입력한다.
❹ [(121)]란에 중소기업 특별세액감면 금액을 입력한다.
❺ [(123)]란에 연구 및 인력개발비에 대한 세액공제와 외국납부세액공제 금액을 입력한다.
❻ [(124)]란에 계산서 미발급 가산세를 입력한다.
　＊계산서 미발급 가산세 : 공급가액(5,000,000) × 2% = 100,000원
❼ [(126)]란에 중간예납세액을 입력한다.
❽ [(128)]란에 원천징수세액을 입력한다.
❾ [(154)]란에 메뉴 하단에 보이는 분납할 세액을 입력한다.

해설 5　　　　　　　　　　　　　1105

※ 법인세 과세표준 및 세액조정계산서

① 각사업연도소득계산	101. 결산서상 당기순손익	01	90,000,000
	소득조정금액 102. 익금산입	02	24,500,000
	103. 손금산입	03	2,700,000
	104. 차가감소득금액 (101+102-103)	04	111,800,000
	105. 기부금한도초과액	05	
	106. 기부금한도초과이월액 손금산입	54	800,000
	107. 각사업연도소득금액(104+105-106)	06	111,000,000
② 과세표준계산	108. 각사업연도소득금액(109=107)		111,000,000
	109. 이　월　결　손　금	07	18,000,000
	110. 비　과　세　소　득	08	
	111. 소　　득　　공　　제	09	
	112. 과세표준 (108-109-110-111)	10	93,000,000
	159. 선　박　표　준　이　익	55	
③ 산출세액계산	113. 과　세　표　준(113=112+159)	56	93,000,000
	114. 세　　　　　　　율	11	9%
	115. 산　　출　　세　　액	12	8,370,000
	116. 지점유보소득(법제96조)	13	
	117. 세　　　　　　　율	14	
	118. 산　　출　　세　　액	15	
	119. 합　　　　　계(115+118)	16	8,370,000

④ 납부할세액계산	120. 산　　출　　세　　액(120=119)		8,370,000
	121. 최저한세 적용대상 공제감면세액	17	1,000,000
	122. 차　　감　　세　　액	18	7,370,000
	123. 최저한세 적용제외 공제감면세액	19	5,000,000
	124. 가　　산　　세　　액	20	20,000
	125. 가　　감　　계(122-123+124)	21	2,390,000
	기한내납부세액 126. 중간예납세액	22	1,500,000
	127. 수시부과세액	23	
	128. 원천납부세액	24	500,000
	129. 간접회사등외국납부세액	25	
	130. 소　계(126+127+128+129)	26	2,000,000
	131. 신고납부전가산세액	27	
	132. 합　　　　　계(130+131)	28	2,000,000
	133. 감면분추가납부세액	29	
	134. 차가감납부할세액계	30	390,000
⑥토지등 양도소득, ⑥미환류소득 법인세 계산 (TAB로 이동)			
⑤ 세액계	151. 차감납부할세액계(134+150+166)	46	390,000
	152. 사실과 다른 회계처리 경정세액공제	57	
	153. 분납세액계산범위액 (151-124-133-145-152+131)	47	370,000
	154. 분　　납　　할　　세　　액	48	
	155. 차　감　납　부　세　액 (151-152-154)	49	390,000

❶ [(101)]란에 손익계산서상의 당기순이익을 입력한다.

❷ [(102)]란에 익금산입 및 손금불산입액을 입력하고, [(103)]란에 손금산입 및 익금불산입액을 입력한다.

　＊익금산입 및 손금불산입액 : 업무추진비한도초과액(18,000,000) + 퇴직급여충당금한도초과액(1,500,000) + 비지정기부금(5,000,000) = 24,500,000원

　＊손금산입 및 익금불산입액 : 재고자산평가증(2,700,000) = 2,700,000원

❸ [(106)]란에 기부금한도초과 이월액 손금산입액을 입력한다.

❹ [(109)]란에 10년(또는 15년) 이내에 발생한 이월결손금을 입력한다.

❺ [(121)]란에 중소기업에 대한 특별세액감면 금액을 입력하고, [(123)]란에 연구 및 인력개발비에 대한 세액공제 금액을 입력한다.

❻ [(124)]란에 적격증명서류 수취 불성실 가산세를 입력한다.

　＊적격증명서류 수취 불성실 가산세 : 1,000,000 × 2% = 20,000원

❼ [(126)]란에 중간예납세액을 입력하고, [(128)]란에 원천징수세액을 입력한다.

해설 6　　　　　　　　　　　　　1106

※ 법인세 과세표준 및 세액조정계산서

① 각사업연도소득계산	101. 결산서상 당기순손익	01	100,000,000
	소득조정금액 102. 익금산입	02	56,000,000
	103. 손금산입	03	20,000,000
	104. 차가감소득금액 (101+102-103)	04	136,000,000
	105. 기부금한도초과액	05	
	106. 기부금한도초과이월액 손금산입	54	
	107. 각사업연도소득금액(104+105-106)	06	136,000,000

	120. 산　　출　　세　　액(120=119)		10,890,000
	121. 최저한세 적용대상 공제감면세액	17	2,500,000
	122. 차　　감　　세　　액	18	8,390,000
	123. 최저한세 적용제외 공제감면세액	19	3,200,000
	124. 가　　산　　세　　액	20	30,000
	125. 가　　감　　계(122-123+124)	21	5,220,000
	기한내납부세액 126. 중간예납세액	22	1,500,000
	127. 수시부과세액	23	
	128. 원천납부세액	24	550,000

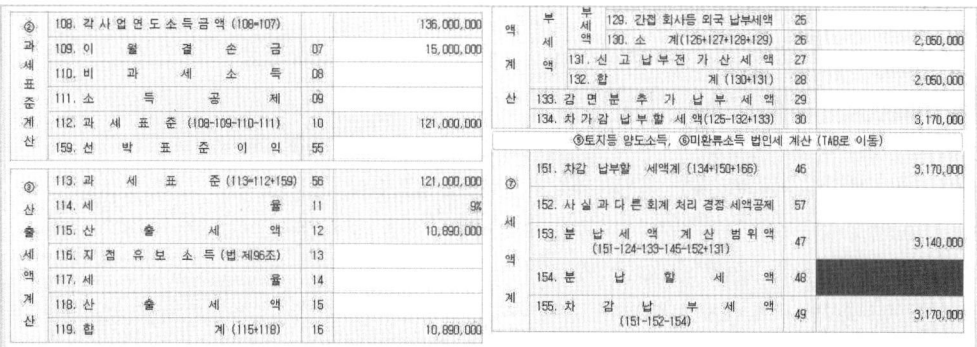

❶ [(101)]란에 손익계산서상의 당기순이익을 입력한다.
❷ [(102)]란에 소득금액조정합계표상 익금산입(손금불산입액)을 입력하고, [(103)]란에 손금산입(익금불산입액)을 입력한다.
❸ [(109)]란에 10년(또는 15년) 이내에 발생한 이월결손금을 입력한다.
❹ [(121)]란에 중소기업에 대한 특별세액감면 금액을 입력하고, [(123)]란에 연구 및 인력개발비에 대한 세액공제 금액을 입력한다.
❺ [(124)]란에 지급명세서 제출불성실 가산세를 입력한다.
  * 지급명세서 제출불성실 가산세 : 12,000,000 × 0.25% = 30,000원
  * 일용근로자의 근로소득에 대한 지급명세서의 경우에는 0.25%(제출기한이 지난 후 1개월 이내에 제출시 0.125%)
❻ [(126)]란에 중간예납세액을 입력하고, [(128)]란에 이자소득 원천징수세액을 입력한다.

해설 7 ──────────── 1107

법인세 과세표준 및 세액조정계산서

❶ [(101)]란에 결산서상 당기순이익을 입력한다.
❷ [(102)]란에 익금산입액을 입력하고, [(103)]란에 손금산입액을 입력한다.
❸ [(106)]란에 기부금한도초과 이월액 손금산입액을 입력한다.
❹ [(109)]란에 10년(또는 15년) 이내에 발생한 이월결손금을 입력한다.
❺ [(121)]란에 중소기업에 대한 특별세액감면 금액을 입력한다.
❻ [(123)]란에 연구 및 인력개발비에 대한 세액공제 금액을 입력한다.
❼ [(124)]란에 적격증명서류 수취 불성실 가산세를 입력한다.
   * 적격증명서류 수취 불성실 가산세 : *1,000,000 × 2% = 20,000원*
❽ [(126)]란에 중간예납세액을 입력하고, [(128)]란에 원천납부세액을 입력한다.
❾ [(154)]란에 메뉴 하단에 보이는 분납할 세액을 입력한다.

해설 8 _____ 1108

법인세 과세표준 및 세액조정계산서

구분	항목	금액		구분	항목	금액
①각사업연도소득계산	101.결산서상 당기순손익 01	313,550,000		④납부할세액계산	120.산 출 세 액 (120=119)	36,819,500
	소득조정금액 102.익금산입 02	15,000,000			121.최저한세 적용대상 공제감면세액 17	3,220,000
	103.손금산입 03	4,500,000			122.차 감 계 18	33,599,500
	104.차가감소득금액 (101+102-103) 04	324,050,000			123.최저한세 적용제외 공제감면세액 19	2,550,000
	105.기 부 금 한 도 초 과 액 05				124.가 산 세 액 20	10,000
	106.기부금한도초과이월액손금산입 54	5,000,000			125.가 감 계 (122-123+124) 21	31,059,500
	107.각사업연도소득금액 (104+105-106) 06	319,050,000		기한내납부세액	126.중 간 예 납 세 액 22	4,500,000
②과세표준계산	108.각사업연도소득금액 (108=107)	319,050,000			127.수 시 부 과 세 액 23	
	109.이 월 결 손 금 07	20,000,000			128.원 천 납 부 세 액 24	700,000
	110.비 과 세 소 득 08				129.간접회사등 외국납부세액 25	
	111.소 득 공 제 09				130.소 계 (126+127+128+129) 26	5,200,000
	112.과 세 표 준 (108-109-110-111) 10	299,050,000			131.신 고 납 부 전 가 산 세 액 27	
	159.선 박 표 준 이 익 55				132.합 계 (130+131) 28	5,200,000
③산출세액계산	113.과 세 표 준 (113=112+159) 56	299,050,000			133.감면분추가납부세액 29	
	114.세 율 11	19%			134.차가감납부할세액 (125-132+133) 30	25,859,500
	115.산 출 세 액 12	36,819,500		⑤토지등 양도소득, ⑥미환류소득 법인세 계산 (TAB로 이동)		
	116.지 점 유 보 소 득 (법 제96조) 13			⑦세액계	151.차감 납부할 세액계 (134+150+166) 46	25,859,500
	117.세 율 14				152.사실과 다른 회계 처리 경정 세액공제 57	
	118.산 출 세 액 15				153.분 납 세 액 계 산 범 위 액 (151-124-133-145-152+131) 47	25,849,500
	119.합 계 (115+118) 16	36,819,500			154.분 납 할 세 액 48	12,924,750
					155.차 감 납 부 세 액 (151-152-154) 49	12,934,750

전자	전자(중간예납)		분납할 세액 : 12,924,750

❶ [(101)]란에 손익계산서상의 당기순이익을 입력한다.
❷ [(102)]란에 소득금액조정합계표상 익금산입 금액을 입력하고, [(103)]란에 손금산입 금액을 입력한다.
❸ [(106)]란에 기부금한도초과 이월액 손금산입액을 입력한다.
❹ [(109)]란에 10년(또는 15년) 이내에 발생한 이월결손금을 입력한다.
❺ [(121)]란에 중소기업에 대한 특별세액감면 금액을 입력하고, [(123)]란에 연구 및 인력개발비에 대한 세액공제 금액을 입력한다.
❻ [(124)]란에 적격증명서류 수취 불성실 가산세를 입력한다.
   * 적격증명서류 수취 불성실 가산세 : *500,000 × 2% = 10,000원*

❼ [(126)]란에 중간예납세액을 입력하고, [(128)]란에 이자소득 원천징수세액을 입력한다.
❽ [(154)]란에 메뉴 하단에 보이는 분납할 세액을 입력한다.

해설 9 _____1109
❀ 법인세 과세표준 및 세액조정계산서

① 각사업연도소득계산	101. 결산서상 당기순이익	01	260,000,000		④ 납부할세액계산	120. 산출세액 (120=119)		22,560,000
	소득조정금액 102. 익금산입	02	36,500,000			121. 최저한세 적용대상 공제감면세액	17	1,150,000
	103. 손금산입	03	12,500,000			122. 차감세액	18	21,410,000
	104. 차가감소득금액 (101+102-103)	04	224,000,000			123. 최저한세 적용제외 공제감면세액	19	2,200,000
	105. 기부금 한도 초과액	05				124. 가산세액	20	14,000
	106. 기부금한도초과 이월액 손금산입	54				125. 가감계 (122-123+124)	21	19,224,000
	107. 각 사업연도소득금액 (104+105-106)	06	224,000,000		기한내납부세액	126. 중간예납세액	22	3,500,000
② 과세표준계산	108. 각 사업연도소득금액 (108=107)		224,000,000			127. 수시부과세액	23	
	109. 이월결손금	07				128. 원천납부세액	24	1,000,000
	110. 비과세소득	08				129. 간접 회사등 외국 납부세액	25	
	111. 소득공제	09				130. 소계 (126+127+128+129)	26	4,500,000
	112. 과세표준 (108-109-110-111)	10	224,000,000			131. 신고납부전 가산세액	27	
	159. 선박표준이익	55				132. 합계 (130+131)	28	4,500,000
③ 산출세액계산	113. 과세표준 (113=112+159)	56	224,000,000			133. 감면분 추가납부세액	29	
	114. 세율	11	19%			134. 차가감 납부할 세액 (125-132+133)	30	14,724,000
	115. 산출세액	12	22,560,000		⑤토지등양도소득, ⑥미환류소득 법인세 계산 (TAB로 이동)			
	116. 지점유보소득 (법제96조)	13			⑦세액계	151. 차감 납부할 세액계 (134+150+166)	46	14,724,000
	117. 세율	14				152. 사실과 다른 회계 처리 경정 세액공제	57	
	118. 산출세액	15				153. 분납세액 계산 범위액 (151-124-133-145-152+131)	47	14,710,000
	119. 합계 (115+118)	16	22,560,000			154. 분납할 세액	48	4,710,000
전자	전자(중간예납)		분납할 세액: 4,710,000			155. 차감 납부세액 (151-152-154)	49	10,014,000

❶ [(101)]란에 손익계산서상의 당기순이익을 입력한다.
❷ [(102)]란에 익금산입 및 손금불산입액을 입력하고, [(103)]란에 손금산입 및 익금불산입액을 입력한다.
   * 익금산입 및 손금불산입액 : 법인세비용(32,000,000) + 업무추진비한도초과액(2,000,000) + 감가상각부인액(2,500,000) = 36,500,000원
   * 손금산입 및 익금불산입액 : 단기매매증권평가이익(12,500,000) = 12,500,000원
❸ [(121)]란에 중소기업에 대한 특별세액감면 금액을 입력하고, [(123)]란에 연구 및 인력개발비에 대한 세액공제 금액을 입력한다.
❹ [(124)]란에 적격증명서류 수취 불성실 가산세를 입력한다.
   * 적격증명서류 수취 불성실 가산세 : 700,000 × 2% = 14,000원
❺ [(126)]란에 중간예납세액을 입력하고, [(128)]란에 이자소득 원천납부세액을 입력한다.
❻ [(154)]란에 메뉴 하단에 보이는 분납할 세액을 입력한다.

해설10 1110

법인세 과세표준 및 세액조정계산서

① 각 사 업 연 도 소 득 계 산	101. 결산서상 당기순손익	01	500,000,000
	소득조정 102. 익금산입	02	54,500,000
	금 액 103. 손금산입	03	5,000,000
	104. 차가감소득금액 (101+102-103)	04	549,500,000
	105. 기 부 금 한 도 초 과 액	05	5,000,000
	106. 기부금 한도초과 이월액 손금산입	54	
	107. 각사업연도소득금액 (104+105-106)	06	554,500,000
② 과 세 표 준 계 산	108. 각사업연도소득금액 (109=107)		554,500,000
	109. 이 월 결 손 금	07	35,000,000
	110. 비 과 세 소 득	08	
	111. 소 득 공 제	09	
	112. 과 세 표 준 (108-109-110-111)	10	519,500,000
	159. 선 박 표 준 이 익	55	
③ 산 출 세 액 계 산	113. 과 세 표 준 (113=112+159)	56	519,500,000
	114. 세 율	11	19%
	115. 산 출 세 액	12	78,705,000
	116. 지 점 유 보 소 득 (법 제96조)	13	
	117. 세 율	14	
	118. 산 출 세 액	15	
	119. 합 계 (115+118)	16	78,705,000

	120. 산 출 세 액 (120=119)		78,705,000
④ 납 부 할 세 액 계 산	121. 최저한세 적용대상 공제감면세액	17	1,000,000
	122. 차 감 세 액	18	77,705,000
	123. 최저한세 적용제외 공제감면세액	19	8,000,000
	124. 가 산 세 액	20	100,000
	125. 가 감 계 (122-123+124)	21	69,805,000
	기한내납부세액 126. 중 간 예 납 세 액	22	15,000,000
	127. 수 시 부 과 세 액	23	
	128. 원 천 납 부 세 액	24	500,000
	129. 간접 회사등 외국 납부세액	25	
	130. 소 계 (126+127+128+129)	26	15,500,000
	131. 신 고 납 부 전 가 산 세 액	27	
	132. 합 계 (130+131)	28	15,500,000
	133. 감 면 분 추 가 납 부 세 액	29	
	134. 차가감 납부할 세액 (125-132+133)	30	54,305,000
⑤토지등 양도소득, ⑥미환류소득 법인세 계산 (TAB로 이동)			
⑦ 세 액 계	151. 차감 납부할 세액계 (134+150+166)	46	54,305,000
	152. 사실과 다른 회계 처리 경정 세액공제	57	
	153. 분납세액 계산 범위액 (151-124-133-145-152+131)	47	54,205,000
	154. 분 납 할 세 액	48	27,102,500
	155. 차 감 납 부 세 액 (151-152-154)	49	27,202,500

전자 / 전자(중간예납) / 분납할 세액 : 27,102,500

❶ [(101)]란에 손익계산서상의 당기순이익을 입력한다.
❷ [(102)]란에 익금산입 및 손금불산입액을 입력하고, [(103)]란에 손금산입 및 익금불산입액을 입력한다.
  * 익금산입 및 손금불산입액 : 법인세비용(50,000,000) + 업무추진비 한도초과액(3,000,000) + 감가상각부인액(1,000,000) + 임원상여금 한도초과액(500,000) = 54,500,000원
  * 손금산입 및 익금불산입액 : 국세환급가산금(500,000) + 단기매매증권평가이익(3,000,000) + 재고자산평가증(1,500,000) = 5,000,000원
❸ [(105)]란에 일반기부금 한도초과액을 입력한다.
❹ [(109)]란에 10년(또는 15년) 이내에 발생한 이월결손금을 입력한다.
❺ [(121)]란에 중소기업 특별세액감면 금액을 입력한다.
❻ [(123)]란에 연구 및 인력개발비에 대한 세액공제와 외국납부세액공제 금액을 입력한다.
❼ [(124)]란에 계산서 미발급 가산세를 입력한다.
  * 계산서 미발급 가산세 : 공급가액(5,000,000) × 2% = 100,000원
❽ [(126)]란에 중간예납세액을 입력하고, [(128)]란에 이자수익에 대한 원천징수세액을 입력한다.
❾ [(154)]란에 메뉴 하단에 보이는 분납할 세액을 입력한다.

제 2 장 공제감면세액

제1절 세액감면

"세액감면"이란 조세정책적인 목적으로 특정한 소득에 대한 산출세액의 전액을 면제하거나 또는 세액의 일정률에 상당하는 금액을 경감하여 주는 것을 말한다. 당기에 감면받지 못한 금액은 차기로 이월하여 감면받을 수 없다.

1. 감면세액의 계산

감면세액은 다른 법률에 특별한 규정이 있는 경우를 제외하고는 다음과 같이 계산한다.

$$감면세액 = 법인세\ 산출세액 \times \frac{감면소득}{과세표준} \times 감면비율$$

* 법인세 산출세액이란 토지 등 양도소득에 대한 법인세를 제외한 금액을 말한다.
* "감면소득"이란 감면사업에서 발생한 과세표준 상당액을 말한다. 즉, 감면사업의 각 사업연도 소득금액에서 감면사업에서 발생한 것이 분명한 이월결손금·비과세소득·소득공제액을 차감한 금액이다. 이 경우 이월결손금 등이 어떤 사업에서 발생하였는지 여부가 불분명한 경우에는 다음과 같이 소득금액에 비례하여 안분 계산한 금액을 차감한다.

$$불분명한\ 이월결손금 \cdot 비과세소득 \cdot 소득공제액 \times \frac{감면사업\ 소득금액}{각\ 사업연도\ 소득금액}$$

다음 자료에 의하여 감면세액을 계산하시오.

(1) 각 사업연도 소득금액 : 16,000,000원
 • 감면사업 소득금액 : 12,000,000원
 • 기타사업 소득금액 : 4,000,000원

(2) 이월결손금 : 6,000,000원 (2022년 발생분이며 발생장소는 불분명)

(3) 과세표준 : 10,000,000원 (감면비율 : 50%)

[해설] ① 법인세 산출세액 : 10,000,000 × 9% = 900,000원
② 감면소득 : (12,000,000 - 4,500,000[주]) = 7,500,000원
　　[주] 감면분 이월결손금 = 6,000,000 × (12,000,000/16,000,000) = 4,500,000원
③ 감면세액 = 900,000 × (7,500,000/10,000,000) × 50% = 337,500원

2. 세액감면의 종류

현행 법인세법에서는 세액감면 규정이 없으나 조세특례제한법에서는 조세정책적인 목적에 따라 여러 가지의 세액감면을 규정하고 있다.

(1) 창업중소기업 등에 대한 세액감면(조특법 6조)

감면대상자	감면대상소득	감면비율
① 수도권과밀억제권역 외의 지역에서 창업한 청년창업중소기업	해당 사업에서 발생한 소득	5년간 100% 감면 (최저한세 배제)
② 수도권과밀억제권역에서 창업한 청년창업중소기업		5년간 50% 감면
③ 수도권과밀억제권역 외의 지역에서 창업한 창업중소기업과 창업보육센터 사업자	해당 사업에서 발생한 소득	5년간 50% 감면
④ 창업벤처중소기업		
⑤ 에너지신기술중소기업		
⑥ 수도권과밀억제권역 외의 지역에서 창업한 생계형창업중소기업	해당 사업에서 발생한 소득	5년간 100% 감면 (최저한세 배제)

- 이하 생략 -

(2) 중소기업에 대한 특별세액감면(조특법 7조)

감면대상	감면비율
① 제조업 등을 경영하는 중소기업의 해당 사업장에서 발생하는 소득에 대한 법인세	5% ~ 30%
② 기술이전(대여)소득에 대한 세액감면	50%(25%)

- 이하 생략 -

※ 중소기업에 대한 특별세액감면은 다음과 같이 계산한 금액을 한도로 감면한다.
　① 해당 과세연도의 상시근로자 수가 직전 과세연도의 상시근로자 수보다 감소한 경우 : 1억원 – (감소한 상시근로자 수 × 1명당 500만원)[주]
　② 그 밖의 경우 1억원
　　[주] 해당 금액이 음수인 경우에는 영으로 한다.

한마디...

　　조세특례제한법상의 세액감면을 모두 학습하고 암기하는 것은 불필요하며, 실무상 필요한 경우 해당 조문을 찾아 적용하면 될 것이다. 따라서 본서에서는 자격시험에서 출제된 내용만 살펴보고 나머지 내용의 설명은 생략한다.

제2절 세액공제

"세액공제"란 이중과세 방지 또는 조세정책적인 목적을 위하여 산출세액에서 일정금액을 공제하는 것을 말한다.

1. 법인세법상 세액공제

(1) 외국납부세액공제(법인세법 57조 ①)

우리나라에서 외국법인에 대하여 국내원천소득에 대하여 법인세를 과세하듯이 내국법인의 해외사업장에서 생긴 소득은 그 나라에서 세금을 과세하게 된다. 그런데 내국법인은 국내외 모든 소득에 대하여 법인세 납세의무를 진다. 따라서 내국법인의 해외사업장에서 발생한 소득에 대하여는 동일한 소득에 대하여 이중으로 과세하는 문제가 발생하게 된다. 이를 조정하기 위하여 세법에서는 외국납부세액공제제도를 두고 있다. 즉, 내국법인의 각 사업연도의 소득에 대한 과세표준에 국외원천소득이 포함되어 있는 경우로서 그 국외원천소득에 대하여 외국법인세액을 납부하였거나 납부할 것이 있는 경우에는 외국납부세액을 해당 사업연도의 산출세액에서 공제할 수 있다. 외국납부세액으로 공제하는 방법을 적용받고자 하는 경우에는 [공제감면세액조정Ⅱ]>[공제감면 세액계산서(5)]를 작성하게 된다.

(2) 재해손실세액공제(법인세법 58조 ①)

법인이 각 사업연도 중 천재지변이나 그 밖의 재해로 인하여 자산총액의 20% 이상을 상실하여 납세가 곤란하다고 인정되는 경우에는 법인의 세부담을 경감하기 위하여 법인세액에 재해상실비율을 곱한 금액을 산출세액에서 공제한다. 재해손실세액공제를 받고자 하는 경우에는 [공제감면세액조정Ⅱ]>[공제감면 세액계산서(1)]을 작성하게 된다.

(3) 사실과 다른 회계처리로 인한 경정에 따른 세액공제(법인세법 58조의3)

법인이 사실과 다른 회계처리(분식회계)로 인하여 주식회사의 외부감사에 관한 법률의 규정에 의하여 시정조치를 받은 법인이, 국세기본법에 규정된 절차에 따라 경정청구를 하여 감액경정을 받은 때에는 그 경정일이 속하는 사업연도부터 각 사업연도의 법인세액에서 과다납부한 세액을 공제한다.

2. 조세특례제한법상 세액공제

(1) 통합투자세액공제(조특법 24조①)

내국인이 통합투자세액공제 대상자산에 투자(중고품 및 내국인에게 자산을 대여하는 것으로서 금융리스 외의 리스에 의한 투자는 제외)하는 경우에는 기본공제 금액과 추가공제 금액을 합한 금액을 해당 투자가 이루어지는 과세연도의 법인세에서 공제한다.

(2) 연구·인력개발비에 대한 세액공제(조특법 10조 ①)

적용대상	내국인이 각 과세연도에 연구·인력개발비가 있는 경우
세액공제액	일반연구·인력개발비 세액공제액 = MAX(①, ②) ① (해당 과세연도에 발생한 일반연구·인력개발비 - 직전 과세연도에 발생한 일반연구·인력개발비) × 50% ② 해당 과세연도에 발생한 일반연구·인력개발비 × 25% 다만, 해당 과세연도의 개시일부터 소급하여 4년간 일반연구·인력개발비가 발생하지 아니하거나, 직전 과세연도에 발생한 일반연구·인력개발비가 해당 과세연도의 개시일부터 "소급 4년간 발생한 일반연구·인력개발비의 연평균 발생액" 보다 적은 경우에는 ②에 해당하는 금액으로 한다.

*위 내용은 자격시험에 맞게 신성장동력·원천기술연구개발비를 선택하지 않은 중소기업인 경우로 단순화하여 표시한 것이다.

한마디...
조세특례제한법상의 세액공제를 모두 학습하고 암기하는 것은 불필요하며, 실무상 필요한 경우 해당 조문을 찾아 적용하면 될 것이다. 따라서 본서에서는 자격시험에서 출제된 내용만 간단히 살펴보고 나머지 내용의 설명은 생략한다.

3. 세액공제액의 이월공제

조세특례제한법에 따른 세액공제액 중 해당 과세연도에 납부할 세액이 없거나 최저한세액에 미달하여 공제받지 못한 부분에 상당하는 금액은 해당 과세연도의 다음 과세연도 개시일부터 10년 이내에 끝나는 각 과세연도에 이월하여 그 이월된 각 과세연도의 법인세에서 공제한다. 이 경우 각 과세연도에 공제할 금액과 이월된 미공제금액이 중복되는 경우에는 이월된 미공제 금액을 먼저 공제하고 그 이월된 미공제금액 간에 중복되는 경우에는 먼저 발생한 것부터 차례대로 공제한다.

4. 최저한세액에 미달하는 세액에 대한 감면 등의 배제

법인의 각 사업연도의 소득에 대한 법인세를 계산할 때에 최저한세 적용대상 조세감면 등을 적용받은 후의 세액이 다음 산식에 따라 계산한 최저한세액에 미달하는 경우 그 미달하는 세액에 상당하는 부분에 대해서는 감면 등을 하지 아니한다.

> **최저한세액 = 최저한세 적용대상인 조세감면을 차감하기 전의 과세표준 × 최저한세율[주]**

[주] ① 중소기업 7% (중소기업이 최초로 중소기업에 해당하지 않게 된 경우에는 그 최초로 중소기업에 해당하지 않게 된 과세연도의 개시일부터 3년 이내에 끝나는 과세연도에는 8%, 그 다음 2년 이내에 끝나는 과세연도에는 9%로 한다.)

② 일반기업 10% (단, 조세감면 전 과세표준 100억원 초과분 12%, 1,000억원 초과부분은 17%)

 다음 자료에 의하여 차감 납부할 세액을 계산하시오.

(1) 당사는 중소기업이며, 당기의 과세표준은 100,000,000원이다.

(2) 최저한세 적용대상 세액공제 8,000,000원 있다.

해설 ① 감면 후 세액 : (100,000,000 × 9%) − 8,000,000 = 1,000,000원
② 최저한세 : 100,000,000 × 7% = 7,000,000원
③ 조정감 : (7,000,000 − 1,000,000) = 6,000,000원(최저한세로 인하여 배제될 금액)
④ 조정 후 세액 : (100,000,000×9%) − 2,000,000 = 7,000,000원(차감 납부할 세액)

제3절 공제감면세액 계산서(2)

 **KcLep 길라잡이**

- [법인조정Ⅰ]>[공제감면세액조정Ⅱ]>[공제감면세액 계산서(2)]를 선택하면 다음과 같은 화면이 나타난다.

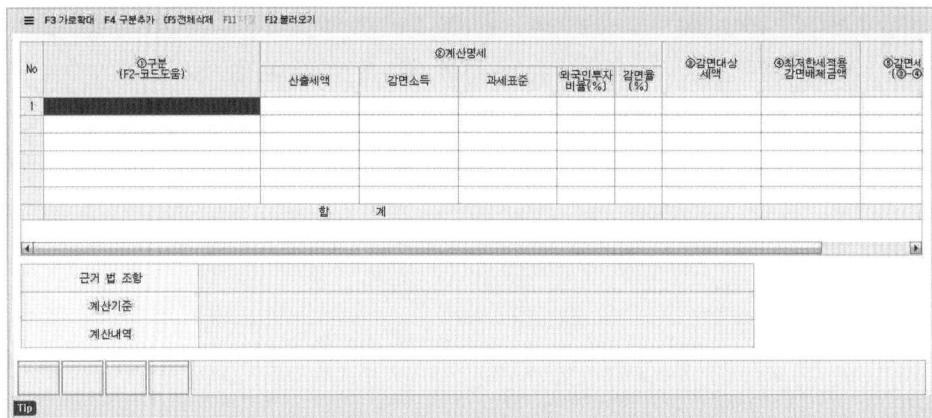

> 🌀 **작업순서**
> ① 법인세 과세표준 및 세액조정계산서 - ㉠[최저한세 조정계산서] 메뉴를 작성하기 위하여, ㉡[공제감면세액계산서(2)] 메뉴에 산출세액 및 과세표준을 불러오기 위하여
> ② 소득구분계산서 - 감면사업과 기타사업이 함께 있는 경우 감면소득을 계산하기 위하여(해당 메뉴는 교육용 프로그램에는 없음)
> ③ 공제감면세액 계산서(2)
> ④ 최저한세 조정계산서 - 최저한세 적용에 따른 감면배제금액을 계산하기 위하여
> ⑤ 공제감면세액 계산서(2) - 최저한세 적용 감면배제금액 입력
> ⑥ 공제감면세액 및 추가납부세액 합계표 - [법인세 과세표준 및 세액조정계산서] 메뉴에 공제감면세액을 반영하기 위하여(자격시험에서는 동 메뉴의 작업을 생략하고 공제감면세액을 직접 입력 가능)
> ⑦ 법인세 과세표준 및 세액조정계산서
>   ※ 각 메뉴별 작업이 완료되면 반드시 "저장"을 해야 다음 메뉴에 자동 반영된다.

No	①구분 (F2-코드도움)	②계산명세					③감면대상 세액	④최저한세적용 감면배제금액	⑤감면세액 (③-④)	⑥적용사유 발생일
		산출세액	감면소득	과세표준	외국인투자 비율(%)	감면율 (%)				
1										
		합 계								

① 구분

F2 키를 이용하여 「공제구분」 보조창에서 조세특례제한법상 세액감면을 선택한다.

② 계산명세 / ③ 감면대상세액

- ▶ 산출세액 : 법인세 산출세액을 입력한다. [법인조정Ⅱ]>[세액계산 및 신고서]>[법인세 과세표준 및 세액조정계산서]의 [(120)산출세액]란의 금액을 입력한다. [법인세 과세표준 및 세액조정계산서] 메뉴가 작성된 경우 F12 불러오기 를 클릭하면 자동 반영된다.
- ▶ 감면소득 : 감면사업에서 발생한 과세표준 상당액을 입력한다. 감면사업만 있는 경우에는 [법인조정Ⅱ]>[세액계산 및 신고서]>[법인세 과세표준 및 세액조정계산서]의 [(113)과세표준]란의 금액을 입력한다.
- ▶ 과세표준 : 과세표준을 입력한다. [법인조정Ⅱ]>[세액계산 및 신고서]>[법인세 과세표준 및 세액조정계산서]의 [(113)과세표준]란의 금액을 입력한다. [법인세 과세표준 및 세액조정계산서] 메뉴가 작성된 경우 F12 불러오기 를 클릭하면 자동 반영된다.
- ▶ 감면율(%) : "도움상자"에서 감면율을 선택한다.

④ 최저한세 적용 감면배제금액

최저한세의 적용으로 세액감면이 배제되는 금액을 입력한다. [법인조정Ⅱ]>[세액계산 및 신고서]>[최저한세 조정계산서]의 "④조정감"의 [(123)감면세액]란의 금액을 입력한다.

⑤ 감면세액(③-④)

[③감면대상세액]란에서 [④최저한세 적용 감면배제금액]란을 차감한 금액이 자동 반영된다.

⑥ 적용사유 발생일

세액감면 사유 발생일(창업일·전환일 또는 이전일 등)이 있는 경우 해당 일을 입력한다.

제4절 세액공제 조정명세서(3)

KcLep 길라잡이

- [법인조정Ⅰ]>[공제감면세액조정Ⅱ]>[세액공제 조정명세서(3)]를 선택하면 다음과 같은 화면이 나타난다.

> 🌀 작업순서
> ① 법인세 과세표준 및 세액조정계산서 - [최저한세 조정계산서] 메뉴를 자동 작성하기 위하여
> ② 일반연구 및 인력개발비 명세서 - 연구 및 인력개발비 세액공제가 적용되는 경우
> ③ 세액공제 조정명세서(3)
> ④ 최저한세 조정계산서 - 최저한세 적용에 따른 미공제세액을 계산하기 위하여
> ⑤ 세액공제 조정명세서(3) - 최저한세 적용에 따른 미공제세액 입력
> ⑥ 공제감면세액 및 추가납부세액 합계표 - [법인세 과세표준 및 세액조정계산서] 메뉴에 공제감면세액을 반영하기 위하여(자격시험에서는 동 메뉴의 작업을 생략하고 공제감면세액을 직접 입력 가능)
> ⑦ 법인세 과세표준 및 세액조정계산서
> ※ 각 메뉴별 작업이 완료되면 반드시 "저장"을 해야 다음 메뉴에 자동 반영된다.

1st ° ° 1. 세액공제

구분	계산기준	계산명세		공제대상세액
		투자액	공제율	
중소기업 등 투자세액공제	투자금액 × 1(2,3,5,10)/100			
상생결제 지급금액에 대한 세액공제	지급기한 15일 이내 : 지급 금액의 0.5% 지급기한 15일 ~ 30일 : 지급 금액의 0.3% 지급기한 30일 ~ 60일 : 지급 금액의 0.015%	F4-계산내역		
대·중소기업 상생협력을 위한 기금출연 세액공제	출연금 × 10/100			
협력중소기업에 대한 유형고정자산 무상임대 세액공제	장부가액 × (3/100)			

▶ **구분 / 계산기준**

조세특례제한법상 세액공제의 종류와 계산기준이 이미 등록되어 있다.

▶ **계산명세**

투자금액, 취득금액 등을 입력하고 "도움상자"에 공제율을 선택한다. "F4-계산내역"이 존재하는 경우에는 F4 키를 이용하여 보조창에 해당 내용을 입력한다.

▶ **공제대상세액**

[투자액]란에 [공제율]란을 곱한 금액이 자동 반영된다. F4 키를 이용하여 보조창에 계산내역을 입력한 경우에는 보조창에 입력한 내용이 자동 반영된다.

2nd ° ° 3. 당기공제 및 이월액계산

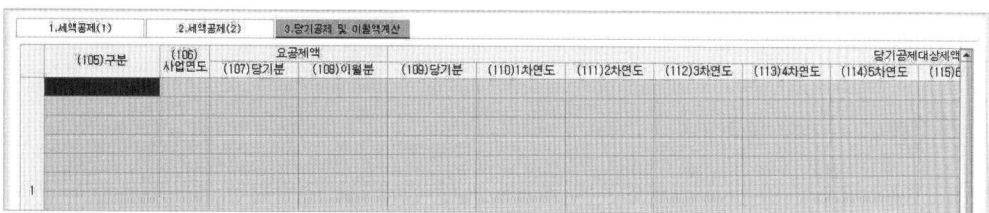

(105) 구분

F2 키를 이용하여 「공제구분」 보조창에서 당기에 적용할 세액공제의 종류를 선택한다. 즉, 당기에 발생된 세액공제라면 『1.세액공제』 탭의 [구분]란에서 선택한 세액공제의 종류를 선택하고, 전기 이전에 발생된 세액공제로서 최저한세 적용에 따라 미공제된 세액공제가 있다면 해당 세액공제의 종류를 선택한다.

(106) 사업연도

세액공제가 발생한 사업연도와 종료월을 입력한다. 이월된 공제대상세액이 발생한 사업연도와 종료월을 입력한다.

✱ 요(要) 공제액

(107) 당기분

당기에 발생한 공제대상세액을 입력한다. 즉, 『1.세액공제』 탭의 [공제대상세액]란의 금액을 입력한다.

(108) 이월분

전기 이전에 발생한 공제대상세액 중에서 이월공제가 가능한 금액을 입력한다. 즉, 전기 동명세서상의 [(125)이월액]란의 금액을 입력한다.

✱ 당기 공제대상세액

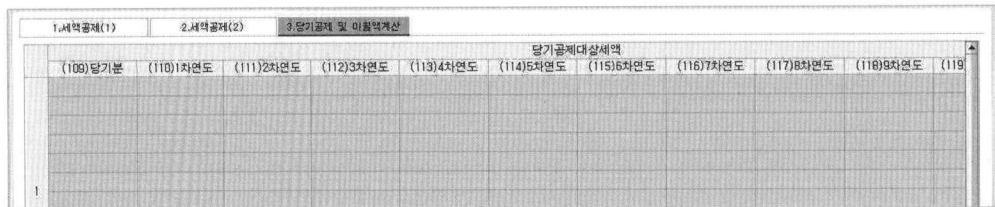

(109) 당기분

[(107)당기분]란의 금액이 자동 반영된다.

(110) 1차연도 ~ (119) 10차연도

[(108)이월분] 중 당기에 공제할 금액을 이월공제 해당 연도별로 입력한다. 즉, 이월분이 2024년에 발생한 경우라면 당기(2025년)에는 [(110)1차연도]란에 입력하고, 이월분이 2023년에 발생한 경우라면 당기(2025년)에는 [(111)2차연도]란에 입력한다.

(120) 계

[(109)당기분]란과 [1차연도]란 ~ [10차연도]란의 합계가 자동 반영된다.

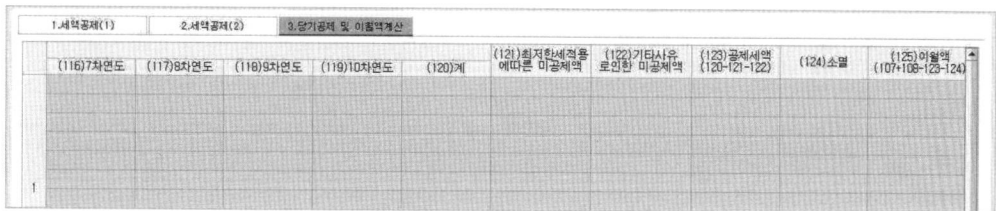

(121) 최저한세 적용에 따른 미공제액

최저한세의 적용으로 미공제되는 세액을 입력한다. [법인조정II]>[세액계산 및 신고서]>[최저한세 조정계산서]의 "④조정감"의 [(124)세액공제]란의 금액을 입력한다.

(122) 기타 사유로 인한 미공제액

기타 사유로 미공제되는 세액을 입력한다.

(123) 공제세액(120-121-122)

당기 공제대상세액 [(120)계]란에서 미공제액을 차감한 금액으로, 당기 공제세액을 의미한다.

(124) 소멸

[(108)이월분]란 중 이월공제 가능기간 경과로 차기에 공제할 수 없는 금액을 입력한다.

(125) 이월액(107+108-123-124)

[(107)당기분]란에 [(108)이월분]란을 더하고, [(123)공제세액]란과 [(124)소멸]란을 차감한 금액으로, 차기로 이월되어 공제될 금액을 의미한다.

제5절 최저한세 조정계산서

 **KcLep 길라잡이**

- [법인조정Ⅱ]>[세액계산 및 신고서]>[최저한세 조정계산서]를 선택하면 다음과 같은 화면이 나타난다.

② 감면 후 세액

(101) 결산서상 당기순이익 ~ (115) 차가감 소득금액

본 메뉴를 작성하기 위해서는 먼저 [법인조정Ⅱ]>[세액계산 및 신고서]>[법인세 과세표준 및 세액조정계산서]에서 F11저장을 클릭해야 한다. 그 다음 본 메뉴 상단 툴바의 F12불러오기를 클릭하면 [법인세 과세표준 및 세액조정계산서] 메뉴에 입력된 자료가 자동 반영된다.

(116) 소득공제

[법인조정Ⅰ]>[공제감면세액조정Ⅰ]>[소득공제 조정명세서]에 입력된 자료가 자동 반영된다.

(123) 감면세액

[법인조정Ⅰ]>[공제감면세액조정Ⅱ]>[공제감면 세액계산서(2)]에 입력된 자료가 자동 반영된다.

(124) 세액공제

[공제감면세액조정Ⅱ]>[세액공제 조정명세서(3)]에 입력된 자료가 자동 반영된다.

③ 최저한세

▶ **최저한세 적용대상 특별비용**

[법인조정Ⅰ]>[공제감면세액조정Ⅰ]>[특별비용 조정명세서]에 입력된 자료가 자동 반영된다.

(113) **최저한세 적용대상 비과세소득**

비과세소득 중 최저한세 적용대상 비과세소득의 금액을 입력한다.

(114) **최저한세 적용대상 익금불산입**

조특법상 익금불산입 중 최저한세 적용대상 익금불산입 금액을 입력한다.

(117) **최저한세 적용대상 소득공제**

소득공제 중 최저한세 적용대상 소득공제 금액을 입력한다.

④ 조정감

(123) 감면세액

최저한세 적용으로 인한 세액감면 배제금액이 자동 반영된다. 동 금액은 [법인조정Ⅰ]>[공제감면세액조정Ⅱ]>[공제감면 세액계산서(2)]의 [④최저한세 적용 감면배제금액]란에 입력한다.

(124) 세액공제

최저한세 적용으로 인한 세액공제 미공제액이 자동 반영된다. 동 금액은 [법인조정Ⅰ]>[공제감면세액조정Ⅱ]>[세액공제 조정명세서(3)]의 『3.당기공제 및 이월액계산』 탭의 [(116)최저한세 적용에 따른 미공제액]란에 입력한다.

제6절 일반연구 및 인력개발비 명세서

 KcLep 길라잡이

- [법인조정Ⅰ]>[공제감면세액조정Ⅰ]>[일반연구 및 인력개발비 명세서]를 선택하면 다음과 같은 화면이 나타난다.

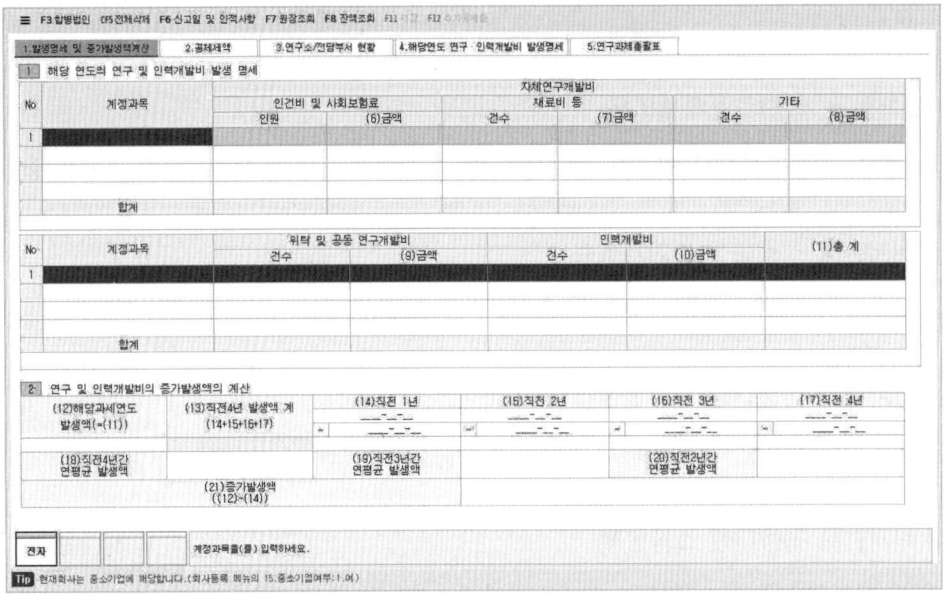

1st 해당 연도의 연구 및 인력개발비 발생 명세

▶ 계정과목

F2 키를 이용하여 장부상 연구 및 인력개발비가 계상된 계정과목을 코드번호 3자리로 입력하고 인건비, 재료비 등 각 구분에 맞게 해당 금액을 입력한다.

▶ 인건비

자체 연구개발의 경우 연구소 또는 전담부서 등에서 연구업무에 종사하는 연구요원 및 이들의 연구업무를 직접적으로 지원하는 자와 연구개발서비스업에 종사하는 전담요원의 인건비를 입력한다. 다만, 주주인 임원으로서 다음 중 어느 하나에 해당하는 자의 인건비는 제외한다.
① 부여받은 주식매수선택권을 모두 행사하는 경우 당해 법인의 총발행주식의 10%를 초과하여 소유하게 되는 자
② 당해 법인의 주주로서 지배주주 등 및 당해 법인의 총발행주식수의 10%를 초과하여 소유하는 주주

▶ 재료비 등

「조세특례제한법 시행령」 별표 6에 따른 자체연구개발비용 중 견본품ㆍ부품ㆍ원재료와 시약류 구입비를 입력한다.

▶ 기타

「조세특례제한법 시행령」 별표 6에 따른 자체연구개발비용 중 연구ㆍ시험용 시설 임차(이용)비용을 입력한다.

한마디...
위탁 및 공동 연구개발비, 인력개발비는 자격시험과 무관하므로 설명을 생략한다.

2nd ∘∘ 연구 및 인력개발비의 증가발생액의 계산

⑬ 직전 4년 발생액 계(⑭+⑮+⑯+⑰)

[⑭직전 1년]란부터 [⑰직전 4년]란에 입력한 금액의 합계가 자동 반영된다.

⑭ 직전 1년 / ⑮ 직전 2년 / ⑯ 직전 3년 / ⑰ 직전 4년

직전 4년에 해당하는 각 사업연도의 기간을 입력하고 해당 기간별로 일반연구 및 인력개발비 발생금액을 입력한다.

⑱ **직전 4년간 연평균 발생액** / ⑲ **직전 3년간 연평균 발생액** / ⑳ **직전 2년간 연평균 발생액**

직전 4년·3년·2년간 발생금액의 연평균 발생액이 자동 반영된다.

㉑ **증가발생액**

당기 발생한 일반연구 및 인력개발비([⑫]란)에서 [⑭]란을 차감한 금액이 자동 반영된다.

3rd ·· 공제세액

해당 연도 총발생금액 공제		(22)대상금액(=⑪)		(23)공제율			(24)공제세액	
	중소기업			25%				
	중소기업 유예기간 종료이후 5년내기업	(25)대상금액(=⑪)	(26)유예기간 종료연도	(27)유예기간 종료이후년차		(28)공제율	(29)공제세액	
	중견기업	(30)대상금액(=⑪)		(31)공제율			(32)공제세액	
				8%				
	일반기업	(33)대상금액(=⑪)		공제율			(37)공제세액	
			(34)기본율	(35)추가	(36)계			

✽ 해당 연도 총발생금액 공제

㉒ **대상금액(=⑪)**

『1.발생명세 및 증가발생액 계산』탭의 [⑪총계]란의 금액을 입력한다.

㉓ **공제율**

[기초정보관리]>[회사등록]의 [15.중소기업여부]란에 입력된 내용에 따라 자동 반영된다.

㉔ **공제세액**

[㉒대상금액]란에 [㉓공제율]란을 곱한 금액이 자동 반영된다.

한마디...
중소기업 유예기간 종료이후 5년내 기업과 중견기업 및 일반기업의 공제율은 자격시험과 무관하다고 판단하여 그 설명을 생략한다.

증가발생금액 공제	(38)대상금액(=21)	(39)공제율	(40)공제세액	※공제율 중소기업 : 50% 중견기업 : 40% 대 기업 : 25%
(41)해당연도에 공제받을 세액	중소기업(24과 40 중 선택) 중소기업 유예기간 종료이후 5년내 기업(29과 40 중 선택) 중견기업(32와 40 중 선택) 일반기업(37와 40 중 선택)			※ 최저한세 설정 ◉ 제외 ○ 대상

✽ 증가발생금액 공제

㊳ 대상금액(=㉑)

『1.발생명세 및 증가발생액 계산』 탭의 [㉑증가발생액]란의 금액이 자동 반영된다.

㊴ 공제율

공제율을 선택한다.

㊵ 공제세액

[㊳대상금액]란에 [㊴공제율]란을 곱한 금액이 자동 반영된다.

㊶ 해당 연도에 공제받을 세액

중소기업인 경우에는 [㉔공제세액]란과 [㊵공제세액]란의 금액 중 큰 금액이 자동 반영된다. 동 금액은 [공제감면세액조정Ⅱ]>[세액공제 조정명세서(3)]에서 상단 툴바의 F12 불러오기 를 클릭하면 구분(연구·인력개발비 세액공제)의 [공제대상세액]란에 자동 반영된다.

한마디...

『3.연구소/전담부서 현황』 탭과 『4.해당 연도 연구·인력개발비 발생명세』 탭 등은 자격시험과 무관하므로 설명을 생략한다.

KcLep 따라하기

 다음 자료에 의하여 ㈜최대리(회사코드 : 1001)의 [법인세 과세표준 및 세액조정계산서], [세액공제 조정명세서(3)], [최저한세 조정계산서]를 작성하시오.

- 손익계산서상 당기순이익 : 62,800,000원
- 익금산입 : 326,150,000원
- 손금산입 : 49,000,000원
- 기부금한도초액 : 12,925,000원
- 기부금한도초과 이월액 손금산입 : 30,000,000원

① 당해 법인은 중소기업 등 투자세액공제를 받을 수 있는 중소기업으로 법인세 과세 표준 신고와 함께 투자세액공제신청서를 제출한다고 가정한다.
② 사업용 자산취득에 신규로 투자한 금액은 1,400,000,000원이며 전액 당해 사업연도 중에 투자가 완료되었다(공제율 3% 적용).
③ 결산시 법인세비용 계정으로 대체한 선납세금 계정에는 중간예납세액(1,500,000원) 과 원천납부세액(500,000원)이 포함되어 있다고 가정한다.
④ 분납 가능한 최대한의 금액을 분납하도록 처리한다.
⑤ 최저한세 조정계산서를 통하여 최저한세 적용여부를 검토하시오.

한마디...
중소기업 등 투자세액공제는 통합투자세액공제로 통합됨에 따라 2022년 부터는 적용될 여지가 없지만 [세액공제 조정명세서(3)] 메뉴의 간단한 작성을 통하여 다른 메뉴와의 상호관계를 이해하기 위해서 학습한다고 생각하시기 바랍니다. 그래야 추후에 단순 생략형으로 출제되는 기출문제를 이해하는데 도움이 되기 때문입니다.

법인세 과세표준 및 세액조정계산서

❶ [법인조정Ⅱ]>[법인세 과세표준 및 세액조정계산서]에서 상단 툴바의 F12불러오기 를 클릭하고 대화창에서 예(Y) 를 클릭한다. 불러오는 자료와 금액이 다른 부분은 지문에 제시된 금액으로 수정한다.

❷ [(102)]란에 익금산입 총액을 입력하고, [(103)]란에 손금산입 총액을 입력한다.

❸ [(105)]란에 기부금한도초과액을 입력하고, [(106)]란에 기부금한도초과이월액 손금산입액을 입력한다.

❹ 해당 메뉴를 종료하고 작업한 내용을 저장한다.

세액공제 조정명세서(3)

❺ 『1.세액공제(1)』 탭 : [투자액]란에 신규로 투자한 금액을 입력하고, [공제율]란에서 "3: 3%"를 선택한다.

❻ 『3.당기공제 및 이월액계산』탭 : [(105)]란에서 F2 키를 이용하여 해당 세액공제를 선택하고 확인 [Enter]을 클릭한다.

❼ [(106)]란에 세액공제가 발생한 사업연도와 종료월을 입력하고 [(107)]란에 공제대상세액을 입력한다.

❽ 해당 메뉴를 종료하고 작업한 내용을 저장한다.

최저한세 조정계산서

①구분	코드	②감면후세액	③최저한세	④조정감	⑤조정후세액
(101) 결 산 서 상 당 기 순 이 익	01	62,800,000			
소득조정금액 (102) 익 금 산 입	02	326,150,000			
(103) 손 금 산 입	03	49,000,000			
(104) 조 정 후 소 득 금 액 (101+102-103)	04	339,950,000	339,950,000		339,950,000
최저한세적용대상 (105) 준 비 금	05				
특 별 비 용 (106) 특별상각, 특례상각	06				
(107) 특별비용손금산입전소득금액(104+105+106)	07	339,950,000	339,950,000		339,950,000
(108) 기 부 금 한 도 초 과 액	08	12,925,000	12,925,000		12,925,000
(109) 기부금 한도초과 이월액 손 금 산 입	09	30,000,000	30,000,000		30,000,000
(110) 각 사업 년 도 소 득 금 액 (107+108-109)	10	322,875,000	322,875,000		322,875,000
(111) 이 월 결 손 금	11				
(112) 비 과 세 소 득	12				
(113) 최저한세적용대상 비 과 세 소 득	13				
(114) 최저한세적용대상 익금불산입·손금산입	14				
(115) 차 가 감 소 득 금 액 (110-111-112+113+114)	15	322,875,000	322,875,000		322,875,000
(116) 소 득 공 제	16				
(117) 최저한세적용대상 소 득 공 제	17				
(118) 과 세 표 준 금 액 (115-116+117)	18	322,875,000	322,875,000		322,875,000
(119) 선 박 표 준 이 익	24				
(120) 과 세 표 준 금 액 (118+119)	25	322,875,000	322,875,000		322,875,000
(121) 세 율	19	19 %	7 %		19 %
(122) 산 출 세 액	20	41,346,250	22,601,250		41,346,250
(123) 감 면 세 액	21				
(124) 세 액 공 제	22	42,000,000		23,255,000	18,745,000
(125) 차 감 세 액 (122-123-124)	23				22,601,250

❾ [법인조정Ⅱ]>[세액계산 및 신고서]>[최저한세조정계산서]에서 상단 툴바의 F12불러오기 를 클릭하고 대화창에서 예(Y) 를 클릭한다.

❿ "④조정감"의 [(124)세액공제]란의 금액 23,255,000원을 확인하고 저장한다.

※ 세액공제 조정명세서(3)

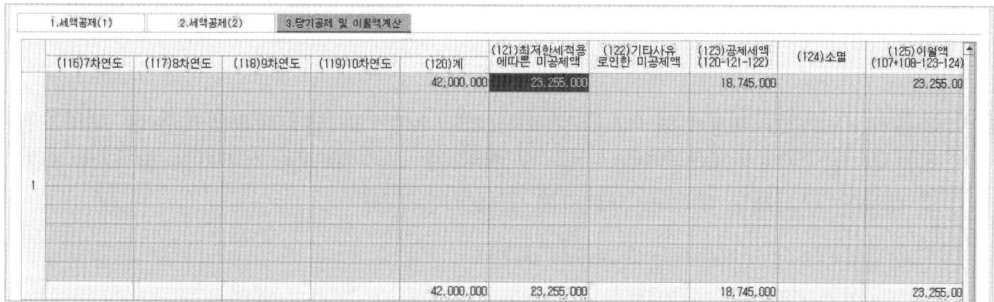

❶ 『3.당기공제 및 이월액계산』 탭 : [최저한세 조정계산서] 메뉴의 "④조정감"의 [(124)]란의 금액을 [(121)]란에 입력하고, [(123)]란의 금액 18,745,000원을 확인한다.

※ 법인세 과세표준 및 세액조정계산서

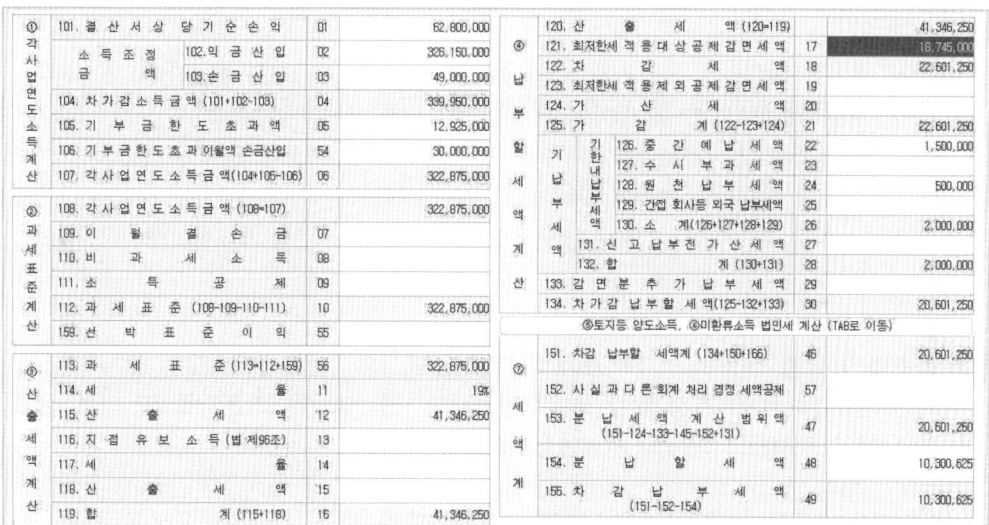

❷ [법인조정Ⅱ]>[세액계산 및 신고서]>[법인세 과세표준 및 세액조정계산서]에서 [(121)최저한세 적용대상 공제감면세액]란에 18,745,000원을 입력한다.

❸ [(126)]란에 중간예납세액을 입력하고, [(128)]란에 원천납부세액을 입력한다.

❹ [(154)]란에 분납할 세액을 입력한다.

기/출/문/제 (실기)

01 다음의 자료만을 이용하여 ㈜이공일(회사코드 : 1201)의 [법인세과세표준 및 세액조정계산서] 및 [최저한세조정명세서]를 작성하시오. 단, 불러온 기존자료 및 다른 문제의 내용은 무시하고 아래의 자료만을 활용한다.(7점)

① 손익계산서상 당기순이익 : 324,785,000원
② 익금산입 총액 : 20,000,000원
③ 손금산입 총액 : 2,500,000원
④ 기부금한도초과액 : 1,300,000원
⑤ 기부금한도초과이월액 손금산입액 : 500,000원
⑥ 공제 가능한 이월결손금 : 11,000,000원
⑦ 세액공제 및 세액감면(다음의 순서로 감면 및 공제하고 농어촌특별세는 고려하지 않는다)
　㉠ 중소기업에 대한 특별세액감면 : 8,700,000원(최저한세 대상 세액감면)
　㉡ 고용증대세액공제 : 22,000,000원(최저한세 대상 세액공제)
⑧ 지급명세서불성실가산세 : 270,000원
⑨ 법인세중간예납세액은 2,000,000원이며 원천납부세액은 1,120,000원이다.
⑩ 당사는 중소기업이며 현재 운영자금이 넉넉하지 않아 분납(최대한도)을 신청하고자 한다.

02 아래의 자료를 이용하여 ㈜이공이(회사코드 : 1202)의 [법인세과세표준 및 세액조정계산서]와 [최저한세조정계산서]를 작성하시오. 단, 불러온 기존자료 및 다른 문제의 내용은 무시하고 아래의 자료만을 활용한다.(6점)

- 결산서상 당기순이익 : 162,000,000원
- 세무조정사항 － 익금산입액(가산조정) : 130,000,000원
　　　　　　　－ 손금산입액(차감조정) : 100,000,000원
- 기부금 관련 사항은 아래와 같다.

지출연도	일반기부금지출액	일반기부금 한도액
전년도	10,000,000원	7,000,000원
당해연도	18,000,000원	20,000,000원

- 이월결손금 : 10,000,000원(전액 2023년도 귀속분이다.)
- 수도권 내 청년창업중소기업에 대한 세액감면(최저한세 적용대상) : 9,000,000원
- 중간예납세액 : 3,000,000원
- 원천납부세액 : 1,200,000원

03 아래의 자료만을 이용하여 ㈜이공삼(회사코드 : 1203)의 [법인세과세표준 및 세액조정계산서]와 [최저한세조정계산서]를 작성하시오.(6점)

- 결산서상 당기순이익 : 231,570,000원
- 익금산입액 : 51,220,000원
- 손금산입액 : 79,570,000원
- 기부금한도초과 이월분 손금산입액 : 6,270,000원
- 이월결손금 : 21,000,000원(전액 2022년도 귀속분이다.)
- 중소기업에 대한 특별세액감면 : 6,240,000원
- 중간예납세액 : 5,100,000원
- 원천납부세액 : 920,000원

04 다음 자료에 의하여 ㈜이공사(회사코드 : 1204)의 [법인세 과세표준 및 세액조정계산서]와 [최저한세 조정계산서]를 작성하시오.(6점)

- 손익계산서상 당기순이익 : 131,450,000원
- 익금산입 : 47,910,000원
- 손금산입 : 35,170,000원
- 기부금한도초과 이월액 손금산입 : 3,250,000원
- 이월결손금 : 5,000,000원 (2021년 귀속분으로 과세표준에서 공제되지 않은 금액임)
- 중소기업에 대한 특별세액감면 : 4,500,000원
- 외국납부세액공제 : 1,500,000원
- 중간예납세액 : 1,270,000원

① 당해연도 6월분에 해당하는 일용근로자 급여 60,000,000원에 대한 지급명세서 제출을 누락하였다.
② 당사는 중소기업으로 위 이외의 세무조정은 없으며, 장부상 금액은 무시하고 제시된 자료로 계산하기로 한다.

05 다음 자료에 의하여 ㈜이공오(회사코드 : 1205)의 [법인세 과세표준 및 세액조정계산서], [공제감면세액 계산서(2)], [최저한세 조정계산서]를 작성하시오.(10점)

[법인세 과세표준 및 세액조정계산서] 메뉴의 내용은 다음과 같다고 가정한다.
- 손익계산서상 당기순이익 : 50,000,000원
- 익금산입 : 33,000,000원
- 손금산입 : 500,000원
- 과세표준 : 82,500,000원
- 산출세액 : 7,425,000원

① 당사는 수도권 외 지역의 중소기업이며 중소기업에 대한 특별세액감면으로서 100분의 30을 감면 받고자 세액감면신청서를 제출하기로 한다.

② 감면대상소득은 과세소득과 동일하다고 가정하며, 해당 사업연도의 상시근로자 수가 직전 과세연도의 상시근로자 수보다 10명 감소하였다.
③ 최저한세 조정계산서를 통하여 최저한세 적용여부를 검토하시오.
④ [공제감면세액계산서(2)] 작성시 적용사유 발생일은 당해연도 12월31일로 한다.

06 다음 자료에 의하여 ㈜이공육(회사코드 : 1206)의 [법인세 과세표준 및 세액조정계산서], [공제감면세액 계산서(2)], [최저한세 조정계산서]를 작성하시오.(7점) (AT)

[법인세 과세표준 및 세액조정계산서] 메뉴의 내용은 다음과 같다고 가정한다.
- 손익계산서상 당기순이익 : 172,000,000원
- 익금산입 : 29,000,000원
- 손금산입 : 4,000,000원
- 과세표준 : 197,000,000원
- 산출세액 : 17,730,000원

세무조정 참고자료	1. 당사는 창업중소기업 등 세액감면(최저한세 적용대상)을 받고자 세액감면 신청서를 제출하기로 한다. 2. 감면대상소득: 170,000,000원 (감면율 50%) 3. 사유발생일: 당해연도 12월 31일
평가문제	1. 법인세 과세표준 및 세액조정계산서에서 과세표준 및 산출세액을 계산하시오. 2. 감면대상소득을 구분하여 감면세액을 산출하시오. 3. 최저한세 조정계산서를 통하여 최저한세 적용여부를 검토하시오. 4. 공제감면세액 계산서(2)에 최저한세 적용에 따른 미공제세액을 반영하시오.

07 다음 자료에 의하여 ㈜이공칠(회사코드 : 1207)의 [세액공제 조정명세서(3)] 중 『3.당기공제 및 이월액계산』 탭, [최저한세 조정계산서], [법인세 과세표준 및 세액조정계산서]를 완성하시오. 당사는 중소기업이며, 불러온 자료는 무시하고 아래의 자료만을 참조한다.(6점)

- 결산서상 당기순이익 : 312,500,000원
- 익금산입액 : 27,850,000원
- 손금산입액 : 110,415,000원
- 창업중소기업 등에 대한 세액감면 : 5,000,000원
- 당기 발생 연구 및 인력개발비 세액공제(최저한세 적용제외) : 4,000,000원
- 고용증대세액공제액 : 3,500,000원(전기 이월액은 1,500,000원, 당기분은 2,000,000원)
- 원천납부세액 : 880,000원

① 최저한세에 따른 공제감면 배제는 납세자에게 유리한 방법으로 한다.
② 위 이외의 세무조정 자료는 없다.

③ 당사는 분납을 하고자 한다.
④ 고용인원은 전년도와 동일한 것으로 가정한다.

08 ㈜이공팔(회사코드 : 1208)는 기업부설연구소(2021년 2월 1일 설립)에 여러 연구원을 두고 기술개발을 위한 연구활동을 하고 있다. 이에 따라 관련 연구원 인건비에 대해 세액공제를 받고자 한다. 다음 자료를 참조하여 [일반연구 및 인력개발비명세서] 중 「1.발생명세 및 증가발생액계산」 탭, 「2.공제세액」 탭을 작성한 후, [세액공제조정명세서(3)] 중 「3.당기공제 및 이월계산」 탭을 작성하시오.(6점)

(1) 기업부설연구소 연구개발인력 현황 신고서 중 일부

연구원 현황										
⑤ 구분	⑥ 일련번호	⑦ 직위	⑧ 성명	⑨ 생년월일	⑩ 소속부서	⑪ 최종학교	⑫ 최종학위	⑬ 병적사항	⑭ 발령일	⑮ 신규편입여부
연구소장	1	소장	나소장	19731103	연구소	서운대	박사	병역필	20210201	전입
전담요원	2	선임연구원	이대단	19830301	연구소	연센대	석사	병역필	20210201	전입
전담요원	3	연구원	박최고	19871202	연구소	고령대	학사	병역필	20220102	전입

(2) 기업부설연구소 급여지급 내역(이익처분에 따른 성과급 미포함)

직위	성명	급여액	비고
연구소장	나소장	105,000,000원	당사 주식 15% 소유한 등기상 이사 겸 지배주주
전담요원	이대단	85,000,000원	주주임원 아님
전담요원	박최고	36,000,000원	주주임원 아님

(3) 기타

- 당사는 중소기업에 해당함
- 기업부설연구소 인건비만 경상연구개발비(제조)로 처리함
- 기업부설연구소 연구는 연구·인력개발비에 대한 세액공제(최저한세 적용 제외) 대상이며, 일반연구개발비에 해당함(신성장·원천기술 연구개발비는 아님)
- 당기발생액 기준으로만 세액공제액을 계산함
- 당기 법인세 산출세액은 20,250,000원이며, 공제받지 못한 세액공제는 이월공제함
- 연구인력개발비 세액공제 외 다른 공제와 감면은 없다고 가정함

KcLep 도우미

해설 1 _____ 1201

법인세 과세표준 및 세액조정계산서

①각사업연도소득계산	101. 결산서상 당기순손익	01	324,785,000
	소득조정금액 102. 익금산입	02	20,000,000
	103. 손금산입	03	2,500,000
	104. 차가감소득금액 (101+102-103)	04	342,285,000
	105. 기부금 한도 초과액	05	1,300,000
	106. 기부금한도초과이월액 손금산입	54	500,000
	107. 각사업연도소득금액 (104+105-106)	06	343,085,000
②과세표준계산	108. 각사업연도소득금액 (108=107)		343,085,000
	109. 이 월 결 손 금	07	11,000,000
	110. 비 과 세 소 득	08	
	111. 소 득 공 제	09	
	112. 과 세 표 준 (108-109-110-111)	10	332,085,000
	159. 선 박 표 준 이 익	55	

	120. 산 출 세 액 (120=119)		43,096,150
④납부할세액계산	121. 최저한세 적용 대상 공제 감면세액	17	
	122. 차 감 세 액	18	43,096,150
	123. 최저한세 적용제외 공제 감면세액	19	
	124. 가 산 세 액	20	
	125. 가 감 계 (122-123+124)	21	43,096,150
	기한내납부세액 126. 중 간 예 납 세 액	22	
	127. 수 시 부 과 세 액	23	
	128. 원 천 납 부 세 액	24	
	129. 간접 회사등 외국 납부세액	25	
	130. 소 계 (126+127+128+129)	26	
	131. 신 고 납 부 전 가 산 세 액	27	
	132. 합 계 (130+131)	28	
	133. 감 면 분 추 가 납 부 세 액	29	
	134. 차 가 감 납 부 할 세 액 (125-132+133)	30	43,096,150

❶ [(101)]란에 손익계산서상 당기순이익을 입력한다.
❷ [(102)]란에 익금산입 총액을 입력하고, [(103)]란에 손금산입 총액을 입력한다.
❸ [(105)]란에 기부금한도초과액을 입력하고, [(106)]란에 기부금한도초과이월액 손금산입액을 입력한다.
❹ [(109)]란에 공제 가능한 이월결손금을 입력한다.
❺ 해당 메뉴를 종료하고 작업한 내용을 저장한다.

최저한세 조정계산서

①구분	코드	②감면후세액	③최저한세	④조정감	⑤조정후세액
(101) 결 산 서 상 당 기 순 이 익	01	324,785,000			
소득조정금액 (102) 익 금 산 입	02	20,000,000			
(103) 손 금 산 입	03	2,500,000			
(104) 조 정 후 소 득 금 액 (101+102-103)	04	342,285,000	342,285,000		342,285,000
최저한세적용대상 특별비용 (105)준 비 금	05				
(106)특별상각, 특례상각	06				
(107) 특별비용손금산입전소득금액(104+105+106)	07	342,285,000	342,285,000		342,285,000
(108) 기 부 금 한 도 초 과 액	08	1,300,000	1,300,000		1,300,000
(109) 기부금 한도초과 이월액 손 금 산 입	09	500,000	500,000		500,000
(110) 각 사업 년 도 소 득 금 액 (107+108-109)	10	343,085,000	343,085,000		343,085,000
(111) 이 월 결 손 금	11	11,000,000	11,000,000		11,000,000
(112) 비 과 세 소 득	12				
(113) 최저한세적용대상 비 과 세 소 득	13				
(114) 최저한세적용대상 익금불산입·손금산입	14				
(115) 차가감 소 득 금 액 (110-111-112+113+114)	15	332,085,000	332,085,000		332,085,000
(116) 소 득 공 제	16				
(117) 최저한세적용대상 소 득 공 제	17				
(118) 과 세 표 준 금 액 (115-116+117)	18	332,085,000	332,085,000		332,085,000
(119) 선 박 표 준 이 익	24				
(120) 과 세 표 준 금 액 (118+119)	25	332,085,000	332,085,000		332,085,000
(121) 세 율	19	19 %	7 %		19 %
(122) 산 출 세 액	20	43,096,150	23,245,950		43,096,150
(123) 감 면 세 액	21	8,700,000			8,700,000
(124) 세 액 공 제	22	22,000,000		10,849,800	11,150,200
(125) 차 감 세 액 (122-123-124)	23	12,396,150			23,245,950

❻ [법인조정II]>[세액계산 및 신고서]>[최저한세 조정계산서]에서 상단 툴바의 F12 불러오기를 클릭하고 대화창에서 예(Y) 를 클릭한다.

❼ "②감면후세액"의 [(123)]란에 중소기업에 대한 특별세액감면 8,700,000원을 입력하고, [(124)]란에 고용증대세액공제 22,000,000원을 입력한다.
❽ "⑤조정후세액"의 [(123)]란의 8,700,000원과 [(124)]란의 11,150,200원을 확인한다.
❾ 해당 메뉴를 종료하고 작업한 내용을 저장한다.

법인세 과세표준 및 세액조정계산서

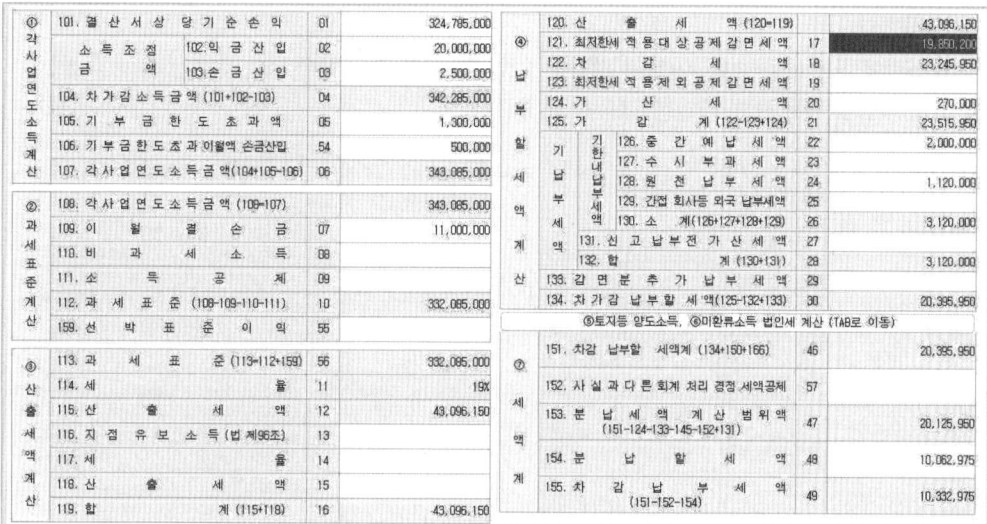

❿ [(121)]란에 [최저한세 조정계산서] 메뉴의 "⑤조정후세액"의 [(123)]란의 8,700,000원과 [(124)]란의 11,150,200원의 합계금액 19,850,200원을 입력한다.
⓫ [(124)]란에 지급명세서불성실가산세를 입력한다.
⓬ [(126)]란에 법인세중간예납세액을 입력하고, [(128)]란에 원천납부세액을 입력한다.
⓭ [(154)]란에 메뉴 하단에 보이는 분납할 세액을 입력한다.

해설 2 _____ 1202

법인세 과세표준 및 세액조정계산서

❶ [(101)]란에 결산서상 당기순이익을 입력한다.
❷ [(102)]란에 익금산입액을 입력하고, [(103)]란에 손금산입액을 입력한다.
❸ [(105)]란에 기부금한도초과액을 입력하고, [(106)]란에 기부금한도초과이월액 손금산입액을 입력한다.
  * 당기 기부금 한도 적용시 이월기부금을 당기 지출 기부금보다 우선 공제한다. 따라서 당기 기부금 한도액 20,000,000원의 범위내에서 이월기부금 3,000,000원을 우선공제하고, 당기 일반기부금지출액 18,000,000원에서 잔여 한도액 17,000,000원을 초과하는 1,000,000원은 기부금한도초과액으로 이월한다.
❹ [(109)]란에 10년(또는 15년) 이내에 발생한 이월결손금을 입력한다.
❺ 해당 메뉴를 종료하고 작업한 내용을 저장한다.

최저한세 조정계산서

①구분	코드	②감면후세액	③최저한세	④조정감	⑤조정후세액
(101) 결산서상 당기순이익	01	162,000,000			
소득조정금액 (102)익금산입	02	130,000,000			
(103)손금산입	03	100,000,000			
(104) 조정후 소득금액 (101+102-103)	04	192,000,000	192,000,000		192,000,000
최저한세적용대상 (105)준비금	05				
특별비용 (106)특별상각,특례상각	06				
(107) 특별비용손금산입전소득금액(104+105+106)	07	192,000,000	192,000,000		192,000,000
(108) 기부금 한도 초과액	08	1,000,000	1,000,000		1,000,000
(109) 기부금 한도초과 이월액 손금산입	09	3,000,000	3,000,000		3,000,000
(110) 각사업년도 소득금액 (107+108-109)	10	190,000,000	190,000,000		190,000,000
(111) 이월결손금	11	10,000,000	10,000,000		10,000,000
(112) 비과세소득	12				
(113) 최저한세적용대상 비과세소득	13				
(114) 최저한세적용대상 익금불산입·손금산입	14				
(115) 차가감 소득금액 (110-111-112+113+114)	15	180,000,000	180,000,000		180,000,000
(116) 소득공제	16				
(117) 최저한세적용대상 소득공제	17				
(118) 과세표준금액 (115-116+117)	18	180,000,000	180,000,000		180,000,000
(119) 선박표준이익	24				
(120) 과세표준금액 (118+119)	25	180,000,000	180,000,000		180,000,000
(121) 세율	19	9 %	7 %		9 %
(122) 산출세액	20	16,200,000	12,600,000		16,200,000
(123) 감면세액	21	9,000,000		5,400,000	3,600,000
(124) 세액공제	22				
(125) 차감세액 (122-123-124)	23	7,200,000			12,600,000

❻ [법인조정Ⅱ]>[세액계산 및 신고서]>[최저한세 조정계산서]에서 상단 툴바의 F12 불러오기 를 클릭하고 대화창에서 예(Y) 를 클릭한다.
❼ "②감면후세액"의 [(123)]란에 수도권 내 청년창업중소기업에 대한 세액감면 9,000,000원을 입력하고, "⑤조정후세액"의 [(123)]란의 3,600,000원을 확인한다.
❽ 해당 메뉴를 종료하고 작업한 내용을 저장한다.

법인세 과세표준 및 세액조정계산서

① 각사업연도소득계산					④ 납부할세액계산			
	101. 결산서상 당기순손익	01	162,000,000		120. 산출세액 (120=119)			16,200,000
소득조정금액	102.익금산입	02	130,000,000		121. 최저한세 적용대상 공제감면세액	17		3,600,000
	103.손금산입	03	100,000,000		122. 차감세액	18		12,600,000
	104. 차가감소득금액 (101+102-103)	04	192,000,000		123. 최저한세 적용제외 공제감면세액	19		
	105. 기부금 한도 초과액	05	1,000,000		124. 가산세액	20		
	106. 기부금 한도초과 이월액 손금산입	54	3,000,000		125. 가감계 (122-123+124)	21		12,600,000
	107. 각사업연도 소득금액(104+105-106)	06	190,000,000	기한내납부세액	126. 중간예납세액	22		3,000,000
					127. 수시부과세액	23		
					128. 원천납부세액	24		1,200,000

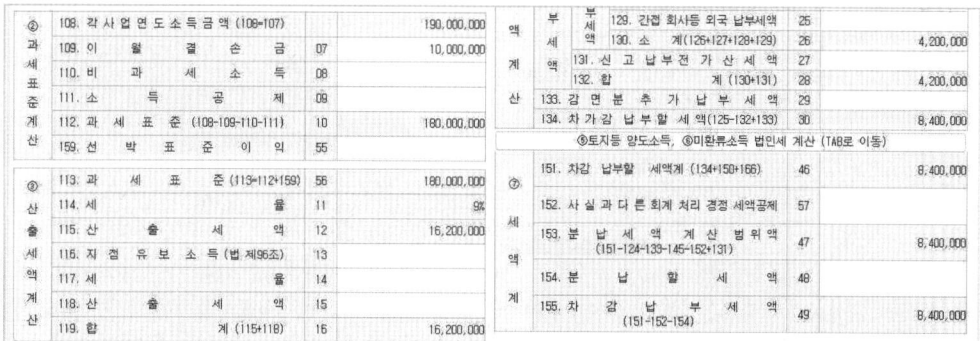

❾ [(121)]란에 [최저한세 조정계산서] 메뉴의 "⑤조정후세액"의 [(123)]란의 3,600,000원을 입력한다.
❿ [(126)]란에 중간예납세액을 입력하고, [(128)]란에 원천납부세액을 입력한다.
⓫ [(126)]란에 법인세중간예납세액을 입력하고, [(128)]란에 원천납부세액을 입력한다.

해설 3　　　　　　　　　　1203

법인세 과세표준 및 세액조정계산서

❶ [(101)]란에 결산서상 당기순이익을 입력한다.
❷ [(102)]란에 익금산입액을 입력하고, [(103)]란에 손금산입액을 입력한다.
❸ [(106)]란에 기부금한도초과 이월분 손금산입액을 입력한다.
❹ [(109)]란에 10년(또는 15년) 이내에 발생한 이월결손금을 입력한다.
❺ 해당 메뉴를 종료하고 작업한 내용을 저장한다.

최저한세 조정계산서

제2장 공제감면세액　503

법인세 과세표준 및 세액조정계산서

(112) 비 과 세 소 득	12							
(113) 최저한세적용대상 비과세소득	13							
(114) 최저한세적용대상 익금불산입 손금산입	14							
(115) 차가감 소 득 금 액(110-111-112+113+114)	15	175,950,000		175,950,000			175,950,000	
(116) 소 득 공 제	16							
(117) 최저한세적용대상 소 득 공 제	17							
(118) 과 세 표 준 금 액(115-116+117)	18	175,950,000		175,950,000			175,950,000	
(119) 선 박 표 준 이 익	24							
(120) 과 세 표 준 금 액 (118+119)	25	175,950,000		175,950,000			175,950,000	
(121) 세 율	19	9 %		7 %			9 %	
(122) 산 출 세 액	20	15,835,500		12,316,500			15,835,500	
(123) 감 면 세 액	21	6,240,000				2,721,000	3,519,000	
(124) 세 액 공 제	22							
(125) 차 감 세 액(122-123-124)	23	9,595,500					12,316,500	

❻ [법인조정Ⅱ]>[세액계산 및 신고서]>[최저한세 조정계산서]에서 상단 툴바의 F12 불러오기 를 클릭하고 대화창에서 예(Y) 를 클릭한다.

❼ "②감면후세액"의 [(123)]란에 중소기업에 대한 특별세액감면 6,240,000원을 입력하고, "⑤조정후세액"의 [(123)]란의 3,519,000원을 확인한다.

❽ 해당 메뉴를 종료하고 작업한 내용을 저장한다.

법인세 과세표준 및 세액조정계산서

①각사업연도소득계산	101. 결산서상 당기순손익	01	231,570,000
	소득조정 102. 익금산입	02	51,220,000
	금액 103. 손금산입	03	79,570,000
	104. 차 가 감 소 득 금 액 (101+102-103)	04	203,220,000
	105. 기 부 금 한 도 초 과 액	05	
	106. 기부금한도초과이월액 손금산입	54	6,270,000
	107. 각 사 업 연 도 소 득 금 액 (104+105-106)	06	196,950,000
②과세표준계산	108. 각 사 업 연 도 소 득 금 액 (108=107)		196,950,000
	109. 이 월 결 손 금	07	21,000,000
	110. 비 과 세 소 득	08	
	111. 소 득 공 제	09	
	112. 과 세 표 준 (108+109-110-111)	10	175,950,000
	159. 선 박 표 준 이 익	55	
③산출세액계산	113. 과 세 표 준 (113=112+159)	56	175,950,000
	114. 세 율	11	9%
	115. 산 출 세 액	12	15,835,500
	116. 지 점 유 보 소 득 (법 제96조)	13	
	117. 세 율	14	
	118. 산 출 세 액	15	
	119. 합 계 (115+118)	16	15,835,500

	120. 산 출 세 액 (120=119)		15,835,500
④납부할세액계산	121. 최저한세 적용대상 공제감면세액	17	3,519,000
	122. 차 감 세 액	18	12,316,500
	123. 최저한세 적용제외 공제감면세액	19	
	124. 가 산 세 액	20	
	125. 가 감 계 (122-123+124)	21	12,316,500
	기한내기납부세액 126. 중 간 예 납 세 액	22	5,100,000
	127. 수 시 부 과 세 액	23	
	128. 원 천 납 부 세 액	24	920,000
	129. 간접 회사등 외국 납부세액	25	
	130. 소 계 (126+127+128+129)	26	6,020,000
	131. 신 고 납부전 가 산 세 액	27	
	132. 합 계 (130+131)	28	6,020,000
	133. 감 면 분 추 가 납 부 세 액	29	
	134. 차 가 감 납 부 할 세 액 (125-132+133)	30	6,296,500
	⑤토지등 양도소득, ⑥미환류소득 법인세 계산 (TAB로 이동)		
⑦세액계	151. 차감 납부할 세액계 (134+150+166)	46	6,296,500
	152. 사실과 다른회계 처리 경정 세액공제	57	
	153. 분 납 세 액 계 산 범 위 액 (151-124-133-145-152+131)	47	6,296,500
	154. 분 납 세 액	48	
	155. 차 감 납 부 세 액 (151-152-154)	49	6,296,500

❾ [(121)]란에 [최저한세 조정계산서] 메뉴의 "⑤조정후세액"의 [(123)]란의 3,519,000원을 입력한다.

❿ [(126)]란에 중간예납세액을 입력하고, [(128)]란에 원천납부세액을 입력한다.

해설 4 ─────────── 1204

법인세 과세표준 및 세액조정계산서

①각사업연도소득계산	101. 결산서상 당기순손익	01	131,450,000
	소득조정 102. 익금산입	02	47,910,000
	금액 103. 손금산입	03	35,170,000
	104. 차 가 감 소 득 금 액 (101+102-103)	04	144,190,000
	105. 기 부 금 한 도 초 과 액	05	
	106. 기부금한도초과이월액 손금산입	54	3,250,000
	107. 각 사 업 연 도 소 득 금 액 (104+105-106)	06	140,940,000

	120. 산 출 세 액 (120=119)		12,234,600
④납부할세액계산	121. 최저한세 적용대상 공제감면세액	17	
	122. 차 감 세 액	18	12,234,600
	123. 최저한세 적용제외 공제감면세액	19	
	124. 가 산 세 액	20	
	125. 가 감 계 (122-123+124)	21	12,234,600
	기한내기납부세액 126. 중 간 예 납 세 액	22	
	127. 수 시 부 과 세 액	23	
	128. 원 천 납 부 세 액	24	

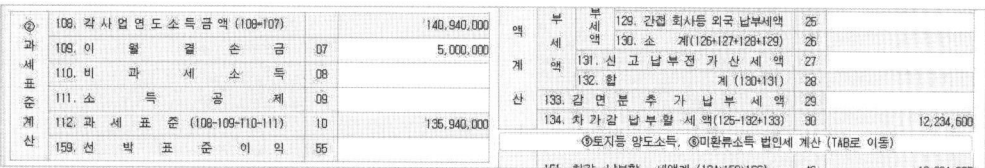

❶ [(101)]란에 손익계산서상의 당기순이익을 입력한다.
❷ [(102)]란에 익금산입 금액을 입력하고, [(103)]란에 손금산입 금액을 입력한다.
❸ [(106)]란에 기부금한도초과 이월액 손금산입 금액을 입력한다.
❹ [(109)]란에 10년(또는 15년) 이내에 발생한 이월결손금을 입력한다.
❺ 해당 메뉴를 종료하고 작업한 내용을 저장한다.

최저한세 조정계산서

❻ 상단 툴바의 F12 불러오기 를 클릭하고 대화창에서 예(Y) 를 클릭한다.
❼ "②감면후세액"의 [(123)]란에 중소기업에 대한 특별세액감면 4,500,000원을 입력하고, "⑤조정후세액"의 [(123)]란의 금액 2,718,800원을 확인한다.

법인세 과세표준 및 세액조정계산서

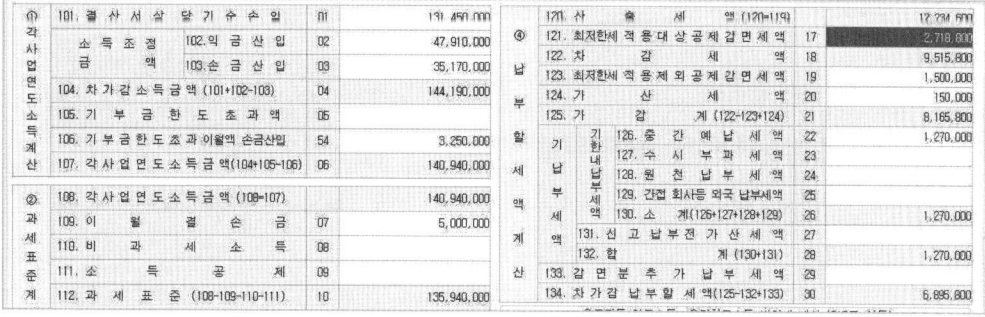

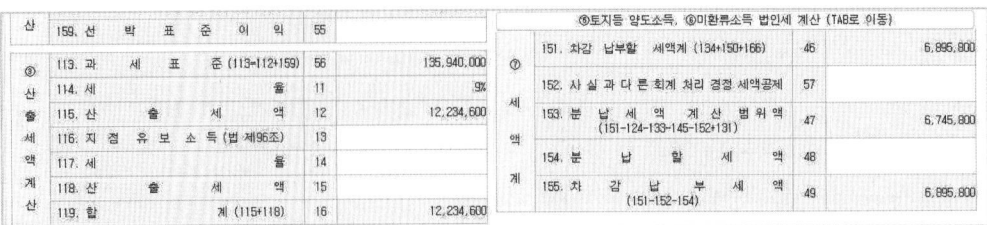

❽ [(121)]란에 [최저한세 조정계산서] 메뉴의 "⑤조정후세액"의 [(123)]란의 2,718,800원을 입력하고, [(123)]란에 외국납부세액공제 1,500,000원을 입력한다.

❾ [(124)]란에 지급명세서 제출불성실 가산세를 입력한다.
  * 지급명세서 제출불성실 가산세 : 60,000,000 × 0.25% = 150,000원
  * 일용근로자의 근로소득에 대한 지급명세서의 경우에는 0.25%(제출기한이 지난 후 1개월 이내에 제출시 0.125%)

❿ [(126)]란에 중간예납세액을 입력한다.

해설 5 _____1205

❋ 법인세 과세표준 및 세액조정계산서

❶ [(101)]란에 손익계산서상 당기순이익을 입력한다.
❷ [(102)]란에 익금산입 금액을 입력하고, [(103)]란에 손금산입 금액을 입력한다.
❸ 해당 메뉴를 종료하고 작업한 내용을 저장한다.

❋ 공제감면세액 계산서(2)

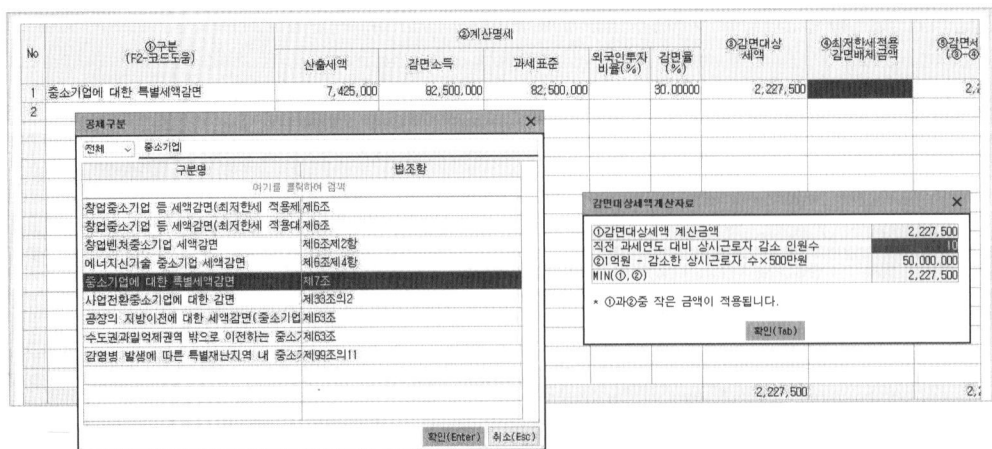

❹ [①]란에서 F2키를 이용하여 해당 세액감면을 선택하고 확인[Enter]을 클릭한다.
❺ 상단 툴바의 F12불러오기를 클릭하고 대화창에서 예(Y)를 클릭하여, [법인세 과세표준 및 세액조정계산서] 메뉴의 "산출세액" 및 "과세표준" 금액을 불러온다.
❻ 감면대상소득은 과세소득과 동일하다고 가정하므로 [감면소득]란에 과세표준 금액을 입력하고, [감면율(%)]란에서 "5: 30%"를 선택한다.
❼ 「감면대상세액 계산자료」 보조창에서 상시근로자 감소 인원수를 입력하고 확인[Tab]을 클릭한다. 해당 메뉴를 종료하고 작업한 내용을 저장한다.

최저한세 조정계산서

①구분	코드	②감면후세액	③최저한세	④조정감	⑤조정후세액
(101) 결 산 서 상 당 기 순 이 익	01	50,000,000			
소득조정금액 (102)익 금 산 입	02	33,000,000			
(103)손 금 산 입	03	500,000			
(104) 조 정 후 소 득 금 액 (101+102-103)	04	82,500,000	82,500,000		82,500,000
최저한세적용대상 특별비용 (105)준 비 금	05				
(106)특별상각,특례상각	06				
(107) 특별비용손금산입전소득금액(104+105+106)	07	82,500,000	82,500,000		82,500,000
(108) 기 부 금 한 도 초 과 액	08				
(109) 기부금 한도초과 이월액 손 금 산 입	09				
(110) 각 사업 년 도 소 득 금 액 (107+108-109)	10	82,500,000	82,500,000		82,500,000
(111) 이 월 결 손 금	11				
(112) 비 과 세 소 득	12				
(113) 최저한세적용대상 비 과 세 소 득	13				
(114) 최저한세적용대상 익금불산입·손금산입	14				
(115) 차가감 소 득 금 액(110-111-112+113+114)	15	82,500,000	82,500,000		82,500,000
(116) 소 득 공 제	16				
(117) 최저한세적용대상 소 득 공 제	17				
(118) 과 세 표 준 금 액(115-116+117)	18	82,500,000	82,500,000		82,500,000
(119) 선 박 표 준 이 익	24				
(120) 과 세 표 준 금 액 (118+119)	25	82,500,000	82,500,000		82,500,000
(121) 세 율	19	9 %	7 %		9 %
(122) 산 출 세 액	20	7,425,000	5,775,000		7,425,000
(123) 감 면 세 액	21	2,227,500		577,500	1,650,000
(124) 세 액 공 제	22				
(125) 차 감 세 액 (122-123-124)	23	5,197,500			5,775,000

❽ [법인조정Ⅱ]>[세액계산 및 신고서]>[최저한세 조정계산서]에서 상단 툴바의 F12불러오기를 클릭하고 대화창에서 예(Y)를 클릭한다.
❾ "④조정감"의 [(123)]란의 577,500원을 확인한다. 해당 메뉴를 종료하고 작업한 내용을 저장한다.

공제감면세액 계산서(2)

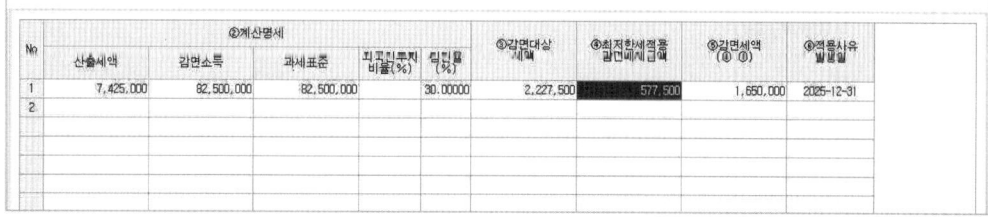

❿ [④]란에 [최저한세 조정계산서] 메뉴의 조정감 금액 577,500원을 입력하고 [⑤]란의 금액 1,650,000원을 확인한다.

법인세 과세표준 및 세액조정계산서

① 각사업연도소득계산	101. 결산서상 당기순손익	01	50,000,000	④ 납부할세액	120. 산 출 세 액 (120=119)		7,425,000
	소득조정금액 102. 익 금 산 입	02	33,000,000		121. 최저한세 적용대상공제감면세액	17	1,650,000
	103. 손 금 산 입	03	500,000		122. 차 감 세 액	18	5,775,000
	104. 차 가 감 소 득 금 액 (101+102-103)	04	82,500,000		123. 최저한세 적용제외공제감면세액	19	
	105. 기 부 금 한 도 초 과 액	05			124. 가 산 세 액	20	
	106. 기 부 금 한 도 초 과 이월액 손금산입	54			125. 가 감 계 (122-123+124)	21	5,775,000
	107. 각 사 업 연 도 소 득 금 액 (104+105-106)	06	82,500,000	기한내납세	126. 중 간 예 납 세 액	22	
					127. 수 시 부 과 세 액	23	
					128. 원 천 납 부 세 액	24	

❶ [(121)]란에 [공제감면세액 계산서(2)] 메뉴의 [⑤]란의 금액 1,650,000원을 입력한다.

해설 6   1206

법인세 과세표준 및 세액조정계산서

① 각사업연도소득계산	101. 결산서상 당기순손익	01	172,000,000	④ 납부할세액	120. 산 출 세 액 (120=119)		17,730,000
	소득조정금액 102. 익 금 산 입	02	29,000,000		121. 최저한세 적용대상공제감면세액	17	
	103. 손 금 산 입	03	4,000,000		122. 차 감 세 액	18	17,730,000
	104. 차 가 감 소 득 금 액 (101+102-103)	04	197,000,000		123. 최저한세 적용제외공제감면세액	19	
	105. 기 부 금 한 도 초 과 액	05			124. 가 산 세 액	20	
	106. 기 부 금 한 도 초 과 이월액 손금산입	54			125. 가 감 계 (122-123+124)	21	17,730,000
	107. 각 사 업 연 도 소 득 금 액 (104+105-106)	06	197,000,000	기한내납세	126. 중 간 예 납 세 액	22	
					127. 수 시 부 과 세 액	23	
					128. 원 천 납 부 세 액	24	

❶ [(101)]란에 손익계산서상 당기순이익을 입력한다.
❷ [(102)]란에 익금산입 금액을 입력하고, [(103)]란에 손금산입 금액을 입력한다.
❸ 해당 메뉴를 종료하고 작업한 내용을 저장한다.

공제감면세액 계산서(2)

No	①구분 (F2-코드도움)	②계산명세					③감면대상세액	④최저한세적용 감면배제금액	⑤감
		산출세액	감면소득	과세표준	외국인투자비율(%)	감면율(%)			
1	창업중소기업 등 세액감면(최저한세 적용대상)	17,730,000	170,000,000	197,000,000		50.00000	7,650,000		
2									

❹ [①]란에서 F2 키를 이용하여 해당 세액감면을 선택하고 확인[Enter]을 클릭한다.
❺ 상단 툴바의 F12 불러오기를 클릭하고 대화창에서 예(Y)를 클릭하여, [법인세 과세표준 및 세액조정계산서] 메뉴의 "산출세액" 및 "과세표준" 금액을 불러온다.
❻ [감면소득]란에 감면대상소득을 입력하고, [감면율(%)]란에서 "1: 50%"를 선택한다.

최저한세 조정계산서

①구분	코드	②감면후세액	③최저한세	④조정감	⑤조정후세액
(101) 결 산 서 상 당 기 순 이 익	01	172,000,000			
소득조정금액 (102) 익 금 산 입	02	29,000,000			
(103) 손 금 산 입	03	4,000,000			
(104) 조 정 후 소 득 금 액 (101+102-103)	04	197,000,000	197,000,000		197,000,000
최저한세적용대상 특별비용 (105) 준 비 금	05				
(106) 특별상각, 특례상각	06				
(107) 특별비용손금산입전소득금액(104+105+106)	07	197,000,000	197,000,000		197,000,000
(108) 기 부 금 한 도 초 과 액	08				
(109) 기부금 한도초과 이월액 손 금 산 입	09				
(110) 각 사 업 년 도 소 득 금 액 (107+108-109)	10	197,000,000	197,000,000		197,000,000
(111) 이 월 결 손 금	11				
(112) 비 과 세 소 득	12				
(113) 최저한세적용대상 비 과 세 소 득	13				
(114) 최저한세적용대상 익금불산입·손금산입	14				

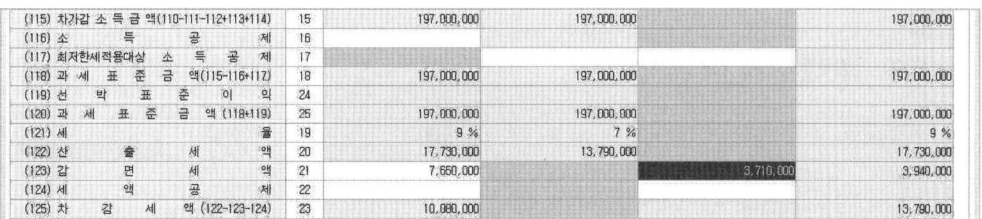

❼ [법인조정Ⅱ]>[세액계산 및 신고서]>[최저한세 조정계산서]에서 상단 툴바의 F12불러오기 를 클릭하고 대화창에서 예(Y) 를 클릭한다.

❽ "④조정감"의 [(123)]란의 금액 3,710,000원을 확인한다. 해당 메뉴를 종료하고 작업한 내용을 저장한다.

공제감면세액 계산서(2)

❾ [④]란에 [최저한세 조정계산서] 메뉴의 조정감 금액 3,710,000원을 입력하고 [⑤]란의 금액 3,940,000원을 확인한다.

❿ [⑥]란에 적용사유 발생일을 입력한다. 해당 메뉴를 종료하고 작업한 내용을 저장한다.

법인세 과세표준 및 세액조정계산서

⓫ [(121)]란에 [공제감면세액 계산서(2)] 메뉴의 [⑤]란의 금액 3,940,000원을 입력한다.

해설 7 _____ 1207

※ 법인세 과세표준 및 세액조정계산서

① 각사업연도소득계산	101. 결산서상 당기순손익	01	312,500,000
	소득조정금액 102. 익금산입	02	27,850,000
	103. 손금산입	03	110,415,000
	104. 차가감소득금액 (101+102-103)	04	229,935,000
	105. 기부금한도초과액	05	
	106. 기부금한도초과이월액 손금산입	54	
	107. 각사업연도소득금액(104+105-106)	06	229,935,000

④ 납부할세액	120. 산 출 세 액 (120=119)		23,687,650
	121. 최저한세 적용대상 공제감면세액	17	
	122. 차 감 세 액	18	23,687,650
	123. 최저한세 적용제외 공제감면세액	19	
	124. 가 산 세 액	20	
	125. 가 감 계 (122-123+124)	21	23,687,650
	기한내납부 126. 중 간 예 납 세 액	22	
	127. 수 시 부 과 세 액	23	
	128. 원 천 납 부 세 액	24	

❶ [(101)]란에 결산서상 당기순이익을 입력한다.
❷ [(102)]란에 익금산입액을 입력하고, [(103)]란에 손금산입액을 입력한다.
❸ 해당 메뉴를 종료하고 작업한 내용을 저장한다.

※ 세액공제 조정명세서(3)

(105)구분	(106)사업연도	요공제액						
		(107)당기분	(108)이월분	(109)당기분	(110)1차연도	(111)2차연도	(112)3차연도	(113)4차연도
연구·인력개발비세액공제(최저한세체외)	2025-12	4,000,000		4,000,000				
소계		4,000,000		4,000,000				
고용을 증대시킨 기업에 대한 세액공제	2024-12		1,500,000		1,500,000			
	2025-12	2,000,000		2,000,000				
합계		6,000,000	1,500,000	6,000,000	1,500,000			

❹ 『3.당기공제 및 이월액계산』 탭 : [(105)]란에서 F2 키를 이용하여 해당 세액공제를 선택하고 확인[Enter]을 클릭한다.
❺ [(106)]란에 세액공제가 발생한 사업연도(2025-12)를 입력하고, [(107)]란에 당기분 4,000,000원을 입력한다.
❻ [(105)]란에서 F2 키를 이용하여 해당 세액공제를 선택하고 확인[Enter]을 클릭한다.
❼ [(106)]란에 세액공제가 발생한 사업연도(2024-12)를 입력하고, [(108)]란에 전기 이월액 1,500,000원을 입력하고, 동 금액을 [(110)1차연도]란에 입력한다.
❽ [(106)]란에 세액공제가 발생한 사업연도(2025-12)를 입력하고, [(107)]란에 당기분 2,000,000원을 입력한다.
❾ 해당 메뉴를 종료하고 작업한 내용을 저장한다.

최저한세 조정계산서

①구분	코드	②감면후세액	③최저한세	④조정감	⑤조정후세액
(101) 결 산 서 상 당 기 순 이 익	01	312,500,000			
소득조정금액 (102) 익 금 산 입	02	27,850,000			
(103) 손 금 산 입	03	110,415,000			
(104) 조 정 후 소 득 금 액 (101+102-103)	04	229,935,000	229,935,000		229,935,000
최저한세적용대상 (105) 준 비 금	05				
특 별 비 용 (106) 특별상각, 특례상각	06				
(107) 특별비용손금산입전소득금액(104+105+106)	07	229,935,000	229,935,000		229,935,000
(108) 기 부 금 한 도 초 과 액	08				
(109) 기부금 한도초과 이월액 손 금 산 입	09				
(110) 각 사업 년 도 소 득 금 액 (107+108-109)	10	229,935,000	229,935,000		229,935,000
(111) 이 월 결 손 금	11				
(112) 비 과 세 소 득	12				
(113) 최저한세적용대상 비 과 세 소 득	13				
(114) 최저한세적용대상 익금불산입ㆍ손금산입	14				
(115) 차가감 소 득 금 액 (110-111-112+113+114)	15	229,935,000	229,935,000		229,935,000
(116) 소 득 공 제	16				
(117) 최저한세적용대상 소 득 공 제	17				
(118) 과 세 표 준 금 액 (115+116+117)	18	229,935,000	229,935,000		229,935,000
(119) 선 박 표 준 이 익	24				
(120) 과 세 표 준 금 액 (118+119)	25	229,935,000	229,935,000		229,935,000
(121) 세 율	19	19 %	7 %		19 %
(122) 산 출 세 액	20	23,687,650	16,095,450		23,687,650
(123) 감 면 세 액	21	5,000,000			5,000,000
(124) 세 액 공 제	22	3,500,000		907,800	2,592,200
(125) 차 감 세 액 (122-123-124)	23	15,187,650			16,095,450

⑩ [법인조정Ⅱ] > [세액계산 및 신고서] > [최저한세조정계산서]에서 상단 툴바의 F12 불러오기 를 클릭하고 대화창에서 예(Y) 를 클릭한다.

⑪ "②감면후세액"의 [(123)]란에 창업중소기업 등에 대한 세액감면 5,000,000원을 입력하고, [(124)]란에 고용증대세액공제 3,500,000원을 입력한다.

⑫ "④조정감"의 [(124)]란의 907,800원을 확인한다.

세액공제 조정명세서(3)

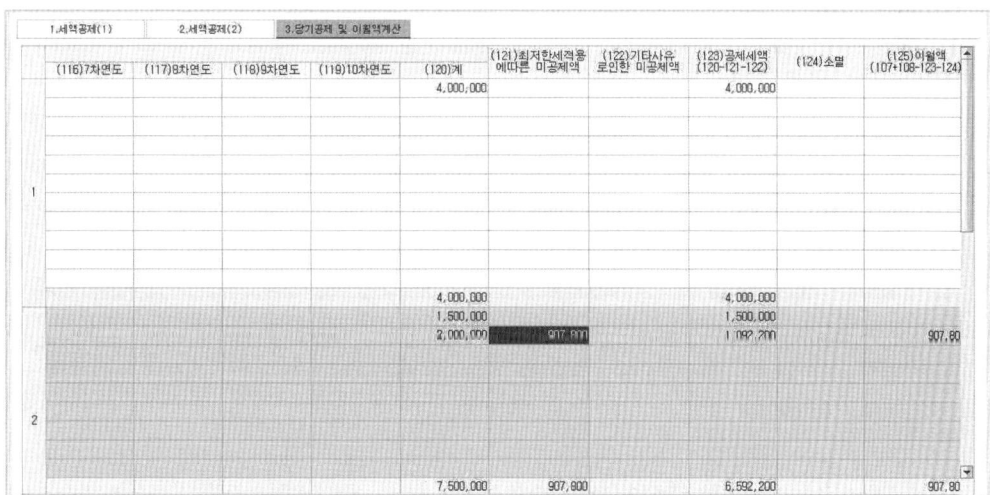

⑬ 『3.당기공제 및 이월액계산』 탭 : [최저한세 조정계산서] 메뉴의 "④조정감"의 [(124)]란의 금액 907,800원을 [(112)]란에 입력하고, [(123)]란의 금액 1,092,200원을 확인한다.

＊최근에 발생한 세액공제를 먼저 배제하는 것이 납세자에게 유리한 방법이다.

법인세 과세표준 및 세액조정계산서

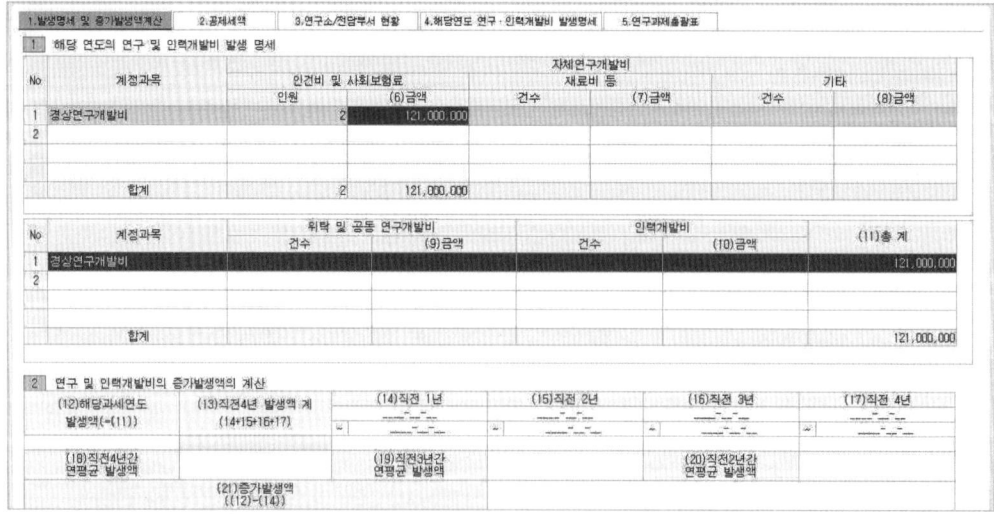

⓮ [(121)]란에 [최저한세 조정계산서] 메뉴의 "⑤조정후세액"의 [(123)]란의 5,000,000원과 [(124)]란의 2,592,200원의 합계금액 7,592,200원을 입력한다.

⓯ [(123)]란에 당기 발생 연구 및 인력개발비 세액공제 4,000,000원을 입력한다.

⓰ [(128)]란에 원천납부세액을 입력하고, [(154)]란에 메뉴 하단에 보이는 분납할 세액을 입력한다.

해설 8   1208

일반연구 및 인력개발비명세서

❶ 『1.발생명세 및 증가발생액 계산』 탭 : F2 키를 이용하여 [계정과목]란을 입력하고 연구 및 인력개발비 발생내역의 구분별로 금액을 입력한다.

＊당해 법인의 주주로서 총발행주식의 10%를 초과하여 소유하는 주주의 인건비는 제외한다.(조특법시행규칙 제7조③)

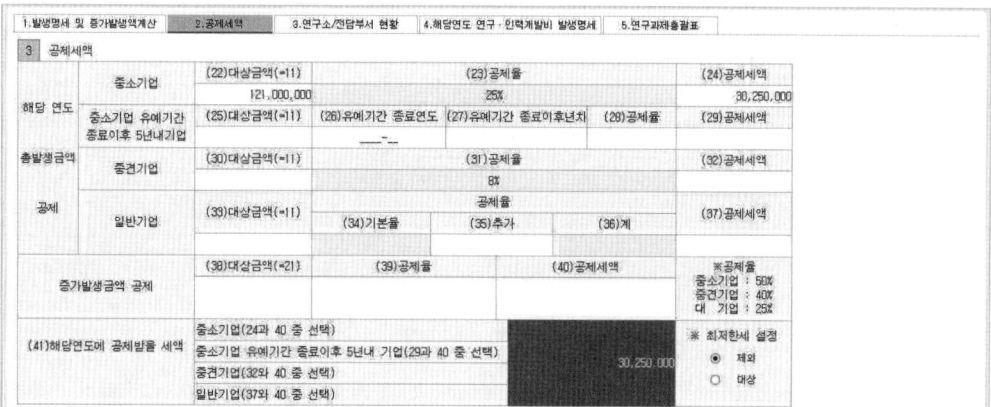

❷ 『2.공제세액』 탭 : [㊶해당연도에 공제받을 세액]란의 금액을 확인하고 저장한다.

세액공제 조정명세서(3)

❸ 『3.당기공제 및 이월액계산』 탭 : [(105)]란에서 F2 키를 이용하여 해당 세액공제를 선택하고 확인 [Enter] 을 클릭한다.

❹ [(106)]란에 세액공제가 발생한 사업연도(2025-12)를 입력하고, [(107)]란에 공제대상세액 30,250,000원을 입력한다.

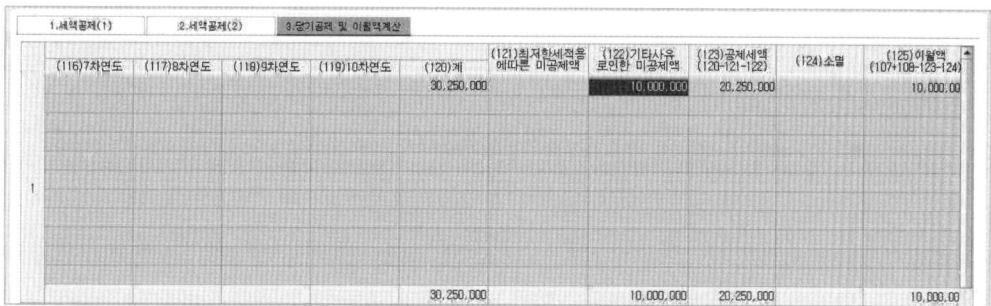

❺ [(122)]란에 법인세 산출세액 20,250,000원을 초과하는 금액을 입력한다.

memo

제3장 자본금과 적립금 조정명세서

기업회계기준에서는 자본을 변동원천과 법률적 요구를 기준으로 자본금, 자본잉여금, 자본조정, 기타포괄손익누계액, 이익잉여금으로 분류하고 있으나 세무회계상 자본은 "자본금과 적립금 조정명세서(갑)"에서 항목별로 당기 중 증감을 기록하고 있다. 세무상 자본은 재무상태표상 자본에 세무조정상 유보금액을 가산하고 △유보금액을 차감하여 계산한다.

 KcLep 길라잡이

- [법인조정II]>[신고부속서류]>[자본금과 적립금 조정명세서]를 선택하면 다음과 같은 화면이 나타난다.

[I] 자본금과 적립금 조정명세서(을)

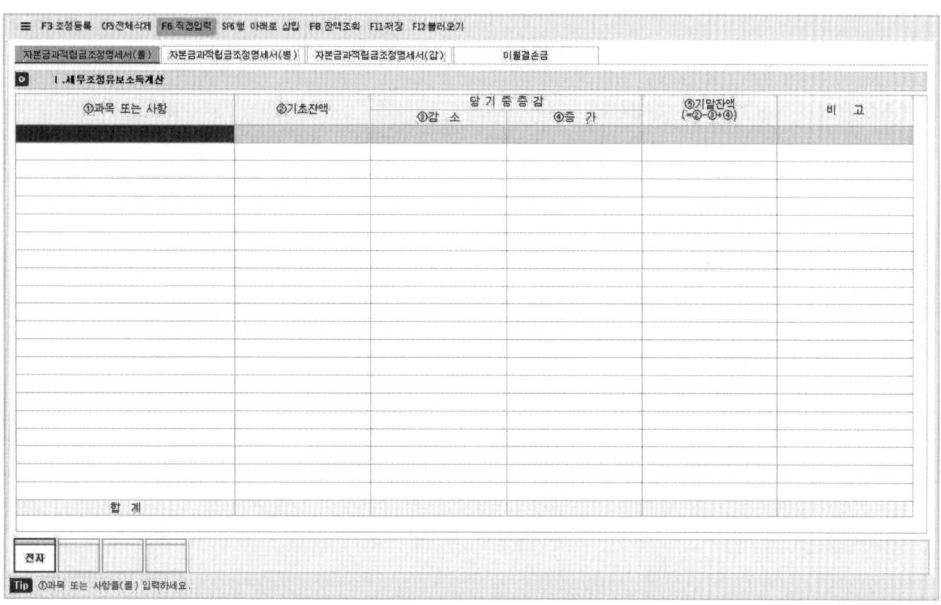

1st Ⅰ. 세무조정 유보소득 계산

①과목 또는 사항	②기초잔액	당 기 중 증 감		⑤기말잔액 (=②-③+④)	비 고
		③감 소	④증 가		

① 과목 또는 사항

세무조정 사항 중 유보(△유보)의 계정과목 또는 사항을 입력한다. [소득 및 과표계산]>[소득금액조정합계표 및 명세서]에서 소득처분이 유보발생과 유보감소인 내용이 자동 반영된다.

② 기초잔액

전기말 현재의 세무회계상 유보(△유보) 금액을 입력한다. 즉, 전기분 [자본금과 적립금조정명세서(을)] 탭의 [⑤기말잔액]란의 금액을 과목 또는 사항별로 입력한다.

③ 감소

전기말 현재 유보 금액 중 당해 사업연도 중에 손금산입 및 익금불산입 △유보로 감소된 금액은 양수로 입력하고, 전기말 현재 △유보 금액 중 당해 사업연도 중에 익금산입 및 손금불산입 유보로 감소된 금액은 음수(-)로 입력한다.

> [참고] [소득금액조정합계표 및 명세서]
> ① 손금산입 및 익금불산입 / 소득처분(2 : 유보감소) : 감소란에 + 로 반영 (예) 위탁매출 과대계상액)
> ② 익금산입 및 손금불산입 / 소득처분(2 : 유보감소) : 감소란에 - 로 반영 (예) 위탁매출원가 과대계상액)

④ 증가

당해 사업연도에 익금산입 및 손금불산입 유보로 증가된 금액은 양수(+)로 입력하고, 손금산입 및 익금불산입 △유보로 증가된 금액은 음수(-)로 입력한다.

> [참고] [소득금액조정합계표 및 명세서]
> ① 익금산입 및 손금불산입 / 소득처분(1 : 유보발생) : 증가란에 + 로 반영 (예) 위탁매출 과소계상액)
> ② 손금산입 및 익금불산입 / 소득처분(1 : 유보발생) : 증가란에 - 로 반영 (예) 위탁매출원가 과소계상액)

⑤ 기말잔액(=②-③+④)

[②기초잔액]란에서 [③감소]란을 차감하고 [④증가]란을 가산한 금액이 자동 반영된다. 이는 차기로 이월될 세무회계상 유보 금액을 의미한다.

▶ 합계

합계 각란의 금액은 『자본금과 적립금 조정명세서(갑)』 탭의 [7.자본금과 적립금 명세서(을)계]란에 자동 반영된다.

▶ 비고

[비고]란에는 과목 또는 사항에 대한 구체적인 유보내역 등을 필요시 입력한다.

[II] 자본금과 적립금 조정명세서(갑)

2nd. I. 자본금과 적립금 계산서

② 기초잔액

직전 사업연도 본 명세서상 자본금 등의 [⑤기말잔액]란의 금액을 입력한다. 다만, 회계기준 변경에 따른 기초잔액 수정이 있는 경우 [㉜수정후 기초잔액]란의 금액을 입력한다.

③ 감소 / ④ 증가

각 과목의 당기 중 증가 및 감소금액을 입력한다.

⑤ 기말잔액(=②-③+④)

([②]란 - [③]란 + [④]란)의 금액이 자동 반영된다. 각 과목의 기말잔액은 당해 사업연도 표준재무상태표의 자본금, 자본잉여금 등의 금액과 일치하여야 한다.

▶ 7. 자본금과 적립금명세서(을)계

『자본금과 적립금 조정명세서(을)』 탭의 [합계]란의 금액이 자동 반영된다.

①과목 또는 사항		코드	②기초잔액	당기 중 증감		⑤기말잔액 (=②-③+④)	비고
				③감소	④증가		
손익미계상 법인세 등	8. 법 인 세	22					
	9. 지 방 소 득 세	23					
	10. 계 (8+9)	30					
11. 차 가 감 계 (6+7-10)		31					

② 기초잔액 / ③ 감소

직전 사업연도 본 명세서상 [⑤기말잔액]을 입력하고 동 금액을 [③감소]란에 입력한다.

④ 증가

당해 사업연도 부담분 법인세 등과 당기 손익계산서에 계상되어 있는 법인세 등을 비교하여 과소계상한 금액을 입력한다. 손익계산서상에 법인세 등을 과소계상하면 기업회계상 자본이 세무회계상 자본보다 과대계상되어 있으므로 이를 차감하기 위하여 입력하는 것이다. 한편, 손익계산서상에 법인세 등을 과대계상한 경우라면 자격시험 답안에서는 과대계상한 금액을 동란에 음수(-)로 입력하도록 하고 있다.

한마디...

법인세 과소계상액은 [법인조정Ⅱ]>[세액계산 및 신고서]>[법인세 과세표준 및 세액조정계산서]의 [(125)가감계]란의 금액에서 [표준손익계산서] 메뉴의 [법인세비용]란의 금액(법인세와 지방소득세의 합계액)을 1.1로(일반적인 경우) 나눈 금액을 차감한 금액이다.

⑤ 기말잔액(=②-③+④)

([②]란 - [③]란 + [④]란)의 금액이 자동 반영된다.

3rd III. 회계기준 변경에 따른 자본금과 적립금 기초잔액 수정

회계기준 변경에 따라 자본금과 적립금의 기초잔액이 수정되는 경우에 입력한다. 자격시험과 무관하므로 자세한 설명은 생략한다.

4th II. 이월결손금 계산서

⑥ 사업연도 / ⑧ 일반결손금

사업연도별로 구분하여 세무회계상 이월결손금 발생 총액을 입력한다. 다만, 전기말 잔액이 없는 사업연도분은 입력하지 않는다.

⑩ 소급공제

소급공제 받은 결손금을 입력한다.

⑪ 차감계

발생액 [⑦계]란에서 [⑩소급공제]란을 차감한 금액이 자동 반영된다.

⑫ **기공제액**

전 사업연도까지 과세표준 계산상 이미 공제된 이월결손금 누계액을 입력한다.

⑬ **당기 공제액**

당기 각 사업연도 소득금액에서 당기 공제대상 이월결손금을 입력하되, [법인세 과세표준 및 세액조정계산서] 메뉴의 [⑩각사업연도 소득금액]란의 금액을 한도로 한다.

⑭ **보전**

세무회계상 이월결손금 발생액 중 채무면제익·자산수증익 등 과세표준에서 공제한 것으로 보는 보전금액을 입력한다.

▶ **잔액**

이월결손금 "발생액"에서 [⑩소급공제]란을 차감한 [⑪차감계]란에서 "감소내역" [⑮계]란을 차감한 잔액으로서, 법인세법 제13조 1호의 공제 기한 내와 기한 경과분으로 구분기재 한다. 즉, 잔액이 다음 사업연도에 공제대상에 해당되면 [⑯기한내]란에 입력하고, 다음 사업연도에 공제대상에 해당되지 않으면 [⑰기한경과]란에 입력한다.

한마디...

> 이하 「2. 법인세 신고 사업연도의 결손금에 동업기업으로부터 배분한도를 초과하여 배분받은 결손금이 포함되어 있는 경우 사업연도별 이월결손금 구분내역」은 "동업기업에 대한 조세특례" 규정으로 그 적용범위가 조합, 익명조합, 합명회사 및 합자회사 등으로 자격시험과 무관하므로 설명을 생략한다.

 KcLep 따라하기

예제 다음 자료에 의하여 ㈜최대리(회사코드 : 1001)의 [자본금과 적립금 조정명세서]를 작성하시오(단, 주어진 자료 이외에 입력된 자료는 모두 무시할 것).

(1) 전기 [자본금과 적립금 조정명세서(을)] 표의 내용은 다음과 같다.

과 목	기초잔액	당기 중 증감		기말잔액
		감 소	증 가	
재고자산평가감			6,000,000	6,000,000
선급비용	3,500,000	3,500,000	−1,800,000	−1,800,000
대손충당금한도초과액			4,500,000	4,500,000
건물감가상각비한도초과액			7,000,000	7,000,000

(2) 당기 [소득금액조정합계표 및 명세서] 중에서 위의 내용과 관련된 내역은 다음과 같다.

익금산입 및 손금불산입		
과 목	금 액	조정이유
전기 선급비용	1,800,000원	전기선급비용 과다계상액의 당기비용 해당액

손금산입 및 익금불산입		
과 목	금 액	조정이유
건물 손금추인액	2,700,000원	당기 감가상각비시인부족액
전기 재고자산평가감	6,000,000원	전기 재고자산평가감
전기 대손충당금	4,500,000원	전기 대손충당금한도초과액

(3) 재무상태표상 자본변동 내역은 다음과 같다.

과 목	당 기	전 기
	금 액	금 액
Ⅰ. 자본금	600,000,000	600,000,000
− 중간 표시 생략 −		
Ⅴ. 이익잉여금	156,700,000	93,900,000
자본총계	756,700,000	693,900,000

(4) 당기 손익계산서상 법인세비용이 법인세 과세표준 및 세액신고서상 법인세비용보다 법인세 20,633,841원, 지방소득세 2,063,384원이 과소계상 되었다(전기분은 고려하지 않음).

자본금과 적립금 조정명세서(을)

①과목 또는 사항	②기초잔액	당기중증감		⑤기말잔액 (=②-③+④)	비고
		③감 소	④증 가		
재고자산평가감	6,000,000			6,000,000	
선급비용	-1,800,000			-1,800,000	
대손충당금한도초과액	4,500,000			4,500,000	
건물감가상각비한도초과액	7,000,000			7,000,000	
합 계	15,700,000			15,700,000	

❶ 『자본금과 적립금 조정명세서(을)』 탭 : 상단 툴바의 [CF5전체삭제]를 클릭하고 대화창에서 [예(Y)]를 클릭한다.

❷ 전기 [자본금과 적립금 조정명세서(을)] 표의 과목을 [①과목 또는 사항]란에 입력하고, 기말잔액을 [②기초잔액]란에 입력한다.

①과목 또는 사항	②기초잔액	당기중증감		⑤기말잔액 (=②-③+④)	비고
		③감 소	④증 가		
재고자산평가감	6,000,000	6,000,000			
선급비용	-1,800,000	-1,800,000			
대손충당금한도초과액	4,500,000	4,500,000			
건물감가상각비한도초과액	7,000,000	2,700,000		4,300,000	
합 계	15,700,000	11,400,000		4,300,000	

❸ 당기 [소득금액조정합계표 및 명세서] 메뉴의 내용 중 [소득처분]란이 "유보감소"인 것의 금액을 동일한 과목 또는 사항의 [③]란에 입력하고, [소득처분]란이 "유보발생"인 것의 금액을 과목 또는 사항별로 [④]란에 입력한다.

자본금과 적립금 조정명세서(갑)

❹ 『자본금과 적립금 조정명세서(갑)』 탭 : "1.자본금"의 [②기초잔액]란에 전기 자본금을 입력하고, [④증가]란에 자동 반영된 금액은 삭제한다.

❺ "5.이익잉여금"의 [②기초잔액]란에 전기 이익잉여금을 입력하고, [④증가]란에 자동 반영된 금액을 62,800,000원으로 수정하여 [⑤기말잔액]란이 당기 이익잉여금이 156,700,000원이 되도록 한다.

❻ "8.법인세" 및 "9.지방소득세"의 [④증가]란에 당기 손익계산서상 법인세비용 과소계상액을 입력한다.

기/출/문/제 [실기]

01 입력된 자료는 무시하고 다음 자료를 이용하여 ㈜일공일(회사코드 : 1101)의 [자본금과 적립금 조정명세서(을)]을 작성하시오.(6점)

(1) 당기말 [소득금액조정합계표]

익금산입 및 손금불산입		
과목	금액	비고
법인세비용	12,000,000원	당기 법인세비용 계상액
선급비용	500,000원	전기 선급비용 과대계상액
대손충당금	5,000,000원	당기 대손충당금 한도초과액
임차료	3,500,000원	렌트한 업무용승용차 관련 감가상각비상당액 한도초과금액
단기매매증권	2,000,000원	당기 단기매매증권평가손실금액

손금산입 및 익금불산입		
과목	금액	비고
선급비용	1,000,000원	당기 선급비용 과대계상액
대손충당금	4,000,000원	전기 대손충당금 한도초과액
감가상각비	800,000원	전기 비품상각부인액
제품	2,700,000원	전기 제품평가감금액

(2) 전기말 [자본금과적립금조정명세서(을)]

과 목	기초잔액	당기 중 증감		기말잔액 (익기초현재)
		감소	증가	
선급비용	-800,000원	-800,000원	-500,000원	-500,000원
대손충당금	2,000,000원	2,000,000원	4,000,000원	4,000,000원
감가상각비			1,500,000원	1,500,000원
제품			2,700,000원	2,700,000원

02 다음 자료를 이용하여 ㈜일공이(회사코드 : 1102)의 [자본금과 적립금 조정명세서(갑),(을)]을 작성하시오(단, 불러온 기존자료 및 다른 문제의 내용은 무시하고 아래 자료만을 이용하도록 하며, 세무조정은 생략한다).(6점)

(1) 다음은 [자본금과 적립금조정명세서(갑)] 상의 변동 내용이다.
  • 전기 자본금 기말잔액 : 50,000,000원
  • 당기 자본금 증가액 : 50,000,000원

- 전기 자본잉여금 기말잔액 : 4,000,000원(당기 중 자본잉여금의 변동은 없음)
- 전기 이익잉여금 기말잔액 : 65,000,000원
- 당기 이익잉여금 증가액 : 72,000,000원

(2) 전기 [자본금과 적립금조정명세서(을)] 잔액은 다음과 같다.
- 대손충당금 한도초과액 : 12,000,000원
- 선급비용 : 2,500,000원
- 재고자산평가감 : 1,000,000원

(3) 당기 중 유보금액 변동 내역은 다음과 같다.
  ① 당기 대손충당금한도초과액은 11,000,000원이다.
  ② 선급비용은 모두 당기 1월 1일 ~ 3월 31일 분으로 전기말에 손금불산입(유보)로 세무조정된 금액이다.
  ③ 재고자산평가감된 재고자산은 모두 판매되었고, 당기말에는 재고자산평가감이 발생하지 않았다.
  ④ 당기 기계장치에 대한 감가상각비 한도초과액이 4,000,000원 발생하였다.

(4) 전기 이월 결손금은 없는 것으로 가정한다.

03 다음의 자료만을 이용하여 ㈜일공삼(회사코드 : 1103)의 [자본금과 적립금조정명세서(을)]를 작성하시오(단, 세무조정 입력은 생략할 것).(6점)

(1) 전기말 [자본금과 적립금조정명세서(을)]

과 목	기초잔액	감 소	증 가	기 말
대손충당금 한도초과	3,000,000원	3,000,000원	5,000,000원	5,000,000원
선급비용(보험료) 과소계상	1,500,000원	1,500,000원	1,800,000원	1,800,000원
기계장치 감가상각비한도초과	4,000,000원	2,500,000원		1,500,000원
단기매매증권평가이익			-2,800,000원	-2,800,000원

(2) 당기 중 유보금액과 관련된 내역은 다음과 같다.
  ① 당기 대손충당금한도초과액은 7,000,000원이다.
  ② 전기 유보된 선급비용은 전액 당기 1월 1일 ~ 6월 30일 비용분이다.
  ③ 당기 기계장치의 감가상각비 시인부족액은 2,000,000원이다.
  ④ 당기에 단기매매증권의 50%를 처분하였다. 그 외에 단기매매증권의 취득 및 처분은 없고, 당기는 별도의 단기매매증권평가를 회계처리하지 않았다.
  ⑤ 당기 기부금 중 어음으로 발행하여 기부한 금액은 4,000,000원이고, 만기일은 다음연도 12월 31일이다.

(3) 재무상태표상 자본변동 내역은 다음과 같다.

과 목	당기말	전기말
Ⅰ. 자본금	300,000,000원	200,000,000원
Ⅱ. 자본잉여금	50,000,000원	25,000,000원
Ⅲ. 자본조정	20,000,000원	20,000,000원
Ⅳ. 기타포괄손익누계액	30,000,000원	30,000,000원
Ⅴ. 이익잉여금	100,000,000원	32,000,000원
(당기순이익)		
당기 :	68,000,000원	15,000,000원
전기 :	15,000,000원	5,000,000원
자본총계	500,000,000원	307,000,000원

① 법인세과세표준 및 세액신고서의 법인세 총부담세액이 손익계산서에 계상된 법인세비용보다 1,578,000원, 지방소득세는 157,800원 각각 더 많이 산출되었다(전기분은 고려하지 않음).
② 이월결손금과 당기결손금은 발생하지 않았다.

04 다음 자료를 이용하여 ㈜일공사(회사코드 : 1104)의 [자본금과 적립금 조정명세서] 중 『자본금과 적립금 조정명세서(을)』 탭을 완성하시오(단, 주어진 자료 이외에 입력된 자료는 모두 무시할 것).(6점)

① 당사는 중소기업이다.
② 전기 자본금과 적립금 조정명세서(을)의 잔액은 본 문제에서 주어진 자료 외에는 없는 것으로 가정한다.

〈자료1〉 전기 소득금액조정합계표의 내용

익금산입 손금불산입 (전기분)		
과 목	금 액	비 고
법 인 세 비 용	10,000,000원	손익계산서에 계상된 법인세비용임
업무추진비한도초과액	5,000,000원	업무추진비한도초과액임
기 부 금	7,000,000원	어음기부금으로 만기가 차기 6월 20일임
건 물 감 가 상 각 비	10,000,000원	감가상각부인액임

손금산입 익금불산입 (전기분)		
과 목	금 액	비 고
상 품	2,000,000원	상품 과대계상액임

〈자료2〉 당기 소득금액조정합계표의 내용

익금산입 손금불산입 (당기분)		
과 목	금 액	비 고
법 인 세 비 용	15,000,000원	손익계산서에 계상된 법인세비용임
업무추진비한도초과액	15,000,000원	3만원초과 신용카드미사용 업무추진비임
상 품	2,000,000원	전기 상품 과대계상액임
상 품	6,000,000원	당기 상품 과소계상액임

손금산입 익금불산입 (당기분)		
과 목	금 액	비 고
기 부 금	7,000,000원	전기 어음기부금(만기는 당기 6월 20일)
건물손금추인액	3,000,000원	전기 귀속 건물상각부인액을 손금추인함
선 급 비 용	6,000,000원	당기 선급비용 과대계상분
외 상 매 출 금	8,000,000원	소멸시효완성채권임

05 다음 자료를 이용하여 ㈜일공이(회사코드 : 1102)의 [자본금과 적립금 조정명세서(갑),(을)]을 작성하시오. 단, 기존자료 무시하고 아래 자료만을 이용하도록 하고 세무조정은 생략한다.(6점)

(1) 전기 자본금과 적립금 조정명세서(을) 잔액은 다음과 같다.
  - 선급비용 과소계상액 : 820,000원(유보)
  - 건물 감가상각비 한도초과액 : 22,000,000원(유보)

(2) 당기 중 유보금액 변동내역은 다음과 같다.
  ① 선급비용은 전액 당기 1월 1일 ~ 3월 31일 분으로 전기말에 손금불산입 유보로 세무조정된 금액이다.
  ② 건물에 대한 감가상각비 세무조정 결과 당기에 시인부족액 10,000,000원이 발생하였다.

(3) 재무상태표상 자본변동 내역은 다음과 같다.

과 목	당기말 금 액	전기말 금 액
Ⅰ. 자본금	1,967,500,000	1,867,500,000
Ⅱ. 자본잉여금	8,900,000	6,900,000
Ⅲ. 자본조정	△3,500,000	△6,500,000
Ⅳ. 기타포괄손익누계액	△1,000,000	△1,000,000
Ⅴ. 이익잉여금	523,341,400	58,020,000
자본총계	2,495,241,400	1,924,920,000

(4) 손익계산서상 법인세비용이 법인세 과세표준 및 세액신고서상 법인세보다 법인세 500,000원, 지방소득세 50,000원 적게 계상되었다(전기분은 고려하지 아니함).

KcLep 도우미

해설 1　　　　　　　　1101

자본금과 적립금 조정명세서(을)

①과목 또는 사항	②기초잔액	당기 중 증감		⑤기말잔액 (=②-③+④)	비 고
		③감 소	④증 가		
선급비용	-500,000			-500,000	
대손충당금	4,000,000			4,000,000	
감가상각비	1,500,000			1,500,000	
제품	2,700,000			2,700,000	
합 계	7,700,000			7,700,000	

❶ 상단 툴바의 [CF5전체삭제]를 클릭하고 대화창에서 [예(Y)]를 클릭한다.

❷ 전기 [자본금과 적립금 조정명세서(을)] 표의 과목을 [①과목 또는 사항]란에 입력하고, 기말잔액을 [②기초잔액]란에 입력한다.

①과목 또는 사항	②기초잔액	당기 중 증감		⑤기말잔액 (=②-③+④)	비 고
		③감 소	④증 가		
선급비용	-500,000	-500,000	-1,000,000	-1,000,000	
대손충당금	4,000,000	4,000,000	5,000,000	5,000,000	
감가상각비	1,500,000	800,000		700,000	
제품	2,700,000	2,700,000			
단기매매증권			2,000,000	2,000,000	
합 계	7,700,000	7,000,000	6,000,000	6,700,000	

❸ 당기 [소득금액조정합계표]의 내용 중 소득처분이 "유보감소"인 것의 금액을 동일한 과목 또는 사항의 [③]란에 입력하고, 소득처분이 "유보발생"인 것의 금액을 동일한 과목 또는 사항의 [④]란에 입력한다.

　＊당기 법인세비용 계상액은 손금불산입(기타사외유출)으로 처분한다.

　＊전기 선급비용 과대계상액은 손금산입(유보발생) ⇒ 당기에 손금불산입(유보감소)

　＊당기 대손충당금 한도초과액은 손금불산입(유보발생)

　＊렌트한 업무용승용차 관련 감가상각비상당액 한도초과액은 손금불산입(기타사외유출)으로 처분한다.

　＊당기 단기매매증권평가손실은 손금불산입(유보발생)

　＊당기 선급비용 과대계상액은 손금산입(유보발생)

　＊전기 대손충당금 한도초과액은 손금불산입(유보발생) ⇒ 당기에 과다환입으로 익금불산입(유보감소)

　＊전기 비품상각부인액은 손금불산입(유보발생) ⇒ 당기에 시인부족액 발생시 손금산입(유보감소)

　＊전기 제품평가감금액은 손금불산입(유보발생) ⇒ 당기에 손금산입(유보감소)

해설 2 _____1102

자본금과 적립금 조정명세서(을)

❶ 상단 툴바의 [CF5전체삭제]를 클릭하고 대화창에서 [예(Y)]를 클릭한다.
❷ 전기 [자본금과 적립금 조정명세서(을)] 표의 과목을 [①과목 또는 사항]란에 입력하고, 금액을 [②기초잔액]란에 입력한다.
❸ 당기 중 유보금액 변동 내역 중 [소득처분]란이 "유보감소"인 것의 금액을 동일한 과목 또는 사항의 [③]란에 입력하고, [소득처분]란이 "유보발생"인 것의 금액을 과목 또는 사항별로 [④]란에 입력한다.
  * 전기 대손충당금 한도초과액은 손금불산입(유보발생) ⇒ 당기에 과다환입으로 익금불산입(유보감소)
  * 당기 대손충당금 한도초과액은 손금불산입(유보발생)
  * 전기 선급비용 과소계상액은 손금불산입(유보발생) ⇒ 당기에 손금산입(유보감소)
  * 전기 제품평가감금액은 손금불산입(유보발생) ⇒ 당기에 손금산입(유보감소)
  * 당기 감가상각비한도초과액은 손금불산입(유보발생)

자본금과 적립금 조정명세서(갑)

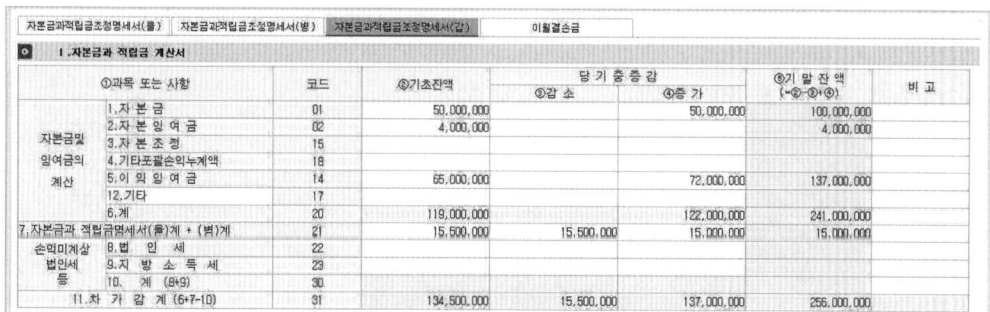

❹ "1.자본금"의 [②기초잔액]란에 전기 자본금 기말잔액 50,000,000원을 입력하고, [④증가]란에 당기 자본금 증가액 50,000,000원을 입력한다.
❺ "2.자본잉여금"의 [②기초잔액]란에 전기 자본잉여금 기말잔액 4,000,000원을 입력한다.
❻ "5.이익잉여금"의 [②기초잔액]란에 전기 이익잉여금 기말잔액 65,000,000원을 입력하고, [④증가]란에 당기 이익잉여금 증가액 72,000,000원을 입력한다.

해설 3 _____ 1103

자본금과 적립금 조정명세서(을)

①과목 또는 사항	②기초잔액	당기 중 증감 ③감소	당기 중 증감 ④증가	⑤기말잔액(=②-③+④)	비고
대손충당금 한도초과	5,000,000	5,000,000	7,000,000	7,000,000	
선급비용(보험료) 과소계상	1,800,000	1,800,000			
기계장치 감가상각비한도초과	1,500,000	1,500,000			
단기매매증권평가이익	-2,800,000	-1,400,000		-1,400,000	
어음기부금			4,000,000	4,000,000	
합계	5,500,000	6,900,000	11,000,000	9,600,000	

❶ 상단 툴바의 [F5전체삭제]를 클릭하고 대화창에서 [예(Y)]를 클릭한다.

❷ 전기 [자본금과 적립금 조정명세서(을)] 표의 과목을 [①과목 또는 사항]란에 입력하고, 금액을 [②기초잔액]란에 입력한다.

❸ 당기 중 유보금액과 관련된 내역 중 [소득처분]란이 "유보감소"인 것의 금액을 동일한 과목 또는 사항의 [③]란에 입력하고, [소득처분]란이 "유보발생"인 것의 금액을 과목 또는 사항별로 [④]란에 입력한다.

 * 전기 대손충당금 한도초과액은 손금불산입(유보발생) ⇒ 당기에 과다환입으로 익금불산입(유보감소)
 * 당기 대손충당금 한도초과액은 손금불산입(유보발생)
 * 전기 선급비용 과소계상액은 손금불산입(유보발생) ⇒ 당기에 손금산입(유보감소)
 * 전기 기계장치 감가상각비한도초과 손금불산입(유보발생) ⇒ 당기에 시인부족액 발생시 손금산입(유보감소)
 * 전기 단기매매증권평가이익은 익금불산입(유보발생) ⇒ 당기에 처분시 익금산입 및 손금불산입(유보감소)
 * 당기 어음기부금 손금불산입(유보발생)

자본금과 적립금 조정명세서(갑)

	①과목 또는 사항	코드	②기초잔액	당기 중 증감 ③감소	당기 중 증감 ④증가	⑤기 말 잔 액(=②-③+④)	비고
자본금및 잉여금의 계산	1.자 본 금	01	200,000,000		100,000,000	300,000,000	
	2.자 본 잉 여 금	02	25,000,000		25,000,000	50,000,000	
	3.자 본 조 정	15	20,000,000			20,000,000	
	4.기타포괄손익누계액	18	30,000,000			30,000,000	
	5.이 익 잉 여 금	14	32,000,000		68,000,000	100,000,000	
	12.기타	17					
	6.계	20	307,000,000		193,000,000	500,000,000	
7.자본금과 적립금명세서(을계 + 병)계		21	5,500,000	6,900,000	11,000,000	9,600,000	
손익미상 법인세 등	8.법 인 세	22			1,578,600	1,578,600	
	9.지 방 소 득 세	23			157,800	157,800	
	10. 계 (8+9)	30			1,735,800	1,735,800	
	11.차 가 감 계 (6+7-10)	31	312,500,000	6,900,000	202,264,200	507,864,200	

❹ "1.자본금"의 [②기초잔액]란에 전기 자본금 200,000,000원을 입력하고, [④증가]란에 100,000,000원을 입력하여 [⑤기말잔액]란이 300,000,000원이 되도록 한다.

❺ "2.자본잉여금"의 [②기초잔액]란에 전기 자본잉여금 25,000,000원을 입력하고, [④증가]란에 25,000,000원을 입력하여 [⑤기말잔액]란이 50,000,000원이 되도록 한다.

❻ "3.자본조정"의 [②기초잔액]란에 전기 자본조정 20,000,000원을 입력한다.

❼ "4.기타포괄손익누계액"의 [②기초잔액]란에 전기 기타포괄손익누계액 30,000,000원을 입력한다.

❽ "5.이익잉여금"의 [②기초잔액]란에 전기 이익잉여금 32,000,000원을 입력하고, [④증가]란에 당기순이익 68,000,000원을 입력하여 [⑤기말잔액]란이 100,000,000원이 되도록 한다.

❾ "8.법인세" 및 "9.지방소득세"의 [④증가]란에 당기 손익계산서상 법인세비용 과소계상액을 입력한다.

해설 4 — 1104

소득금액조정합계표 및 명세서(전기)

익금산입 및 손금불산입			손금산입 및 익금불산입		
과 목	금 액	소득처분	과 목	금 액	소득처분
법인세비용	10,000,000	기타사외유출	상품 평가증	2,000,000	유보발생
업무추진비 한도초과액	5,000,000	기타사외유출			
어음 기부금	7,000,000	유보발생			
건물 상각부인액	10,000,000	유보발생			

❶ 전기 [소득금액조정합계표 및 명세서] 메뉴는 위와 같이 작성되었을 것이다.
 *[과목]란의 명칭은 이해를 돕기 위해서 본서에서 사용한 명칭을 사용하기로 한다.

자본금과 적립금 조정명세서(전기)

①과목 또는 사항	②기초잔액	당 기 중 증 감		⑤기말잔액 (=②-③+④)	비 고
		③감 소	④증 가		
어음 기부금			7,000,000	7,000,000	
건물 상각부인액			10,000,000	10,000,000	
상품 평가증			-2,000,000	-2,000,000	

❷ 전기 [자본금과 적립금 조정명세서(을)] 메뉴는 위와 같이 작성되었을 것이다.

자본금과 적립금 조정명세서(당기)

①과목 또는 사항	②기초잔액	당 기 중 증 감		⑤기말잔액 (=②-③+④)	비 고
		③감 소	④증 가		
어음 기부금	7,000,000			7,000,000	
건물 상각부인액	10,000,000			10,000,000	
상품 평가증	-2,000,000			-2,000,000	

❸ 상단 툴바의 [CF5전체삭제]를 클릭하고 대화창에서 [예(Y)]를 클릭한다.

❹ 전기 [자본금과 적립금 조정명세서(을)] 표의 과목을 [①과목 또는 사항]란에 입력하고, 기말잔액을 [②기초잔액]란에 입력한다.

소득금액조정합계표 및 명세서(당기)

소득금액조정합계표 및 명세서					
익금산입 및 손금불산입			손금산입 및 익금불산입		
과 목	금 액	소득처분	과 목	금 액	소득처분
법인세비용	15,000,000	기타사외유출	선급비용 과대계상액	6,000,000	유보발생
업무추진비 한도초과액	15,000,000	기타사외유출	외상매출금	8,000,000	유보발생
상품 평가감	6,000,000	유보발생	어음 기부금	7,000,000	유보감소
전기 상품 평가증	2,000,000	유보감소	건물 손금추인액	3,000,000	유보감소

❺ 당기 [소득금액조정합계표 및 명세서] 메뉴는 위와 같이 작성되었을 것이다.
　＊[과목]란의 명칭은 이해를 돕기 위해서 본서에서 사용한 명칭을 사용하기로 한다.
　＊전기 상품평가증은 손금불산입(유보발생) ⇒ 당기에 손금산입(유보감소)
　＊당기 상품평가감은 손금산입(유보발생)
　＊전기 어음기부금 손금불산입(유보발생) ⇒ 당기에 어음만기가 도래하면 손금산입(유보감소)
　＊전기 건물상각부인액은 손금불산입(유보발생) ⇒ 당기에 시인부족액 발생시 손금산입(유보감소)
　＊당기 선급비용 과대계상액은 손금산입(유보발생)
　＊당기 소멸시효완성채권은 반드시 세무조정으로 손금산입(유보발생) 하여야 한다.

자본금과 적립금 조정명세서(당기)

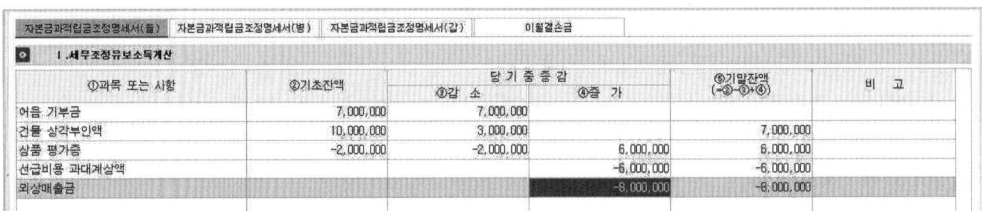

❻ 당기 [소득금액조정합계표 및 명세서] 메뉴의 [소득처분]란이 "유보감소"인 것의 금액을 동일한 과목 또는 사항의 [③]란에 입력하고, [소득처분]란이 "유보발생"인 것의 금액을 동일한 과목 또는 사항의 [④]란에 입력한다.
　＊"상품 평가감"은 "상품 평가증"과 동일한 항목에 대한 세무조정 사항이므로 추가로 등록하지 않고 같은 라인에 입력해도 상관없다.

해설 5　　　　　　　　　　1105

자본금과 적립금 조정명세서(을)

자본금과적립금조정명세서(을)	자본금과적립금조정명세서(병)	자본금과적립금조정명세서(갑)	이월결손금			
I .세무조정유보소득계산						
①과목 또는 사항	②기초잔액	당 기 중 증 감		⑤기말잔액 (=②-③+④)	비 고	
		③감 소	④증 가			
선급비용 과소계상액		820,000	820,000			
건물 감가상각비 한도초과액	22,000,000	10,000,000		12,000,000		

❶ 상단 툴바의 [CF5전체삭제]를 클릭하고 대화창에서 [예(Y)]를 클릭한다.

❷ 전기 [자본금과 적립금 조정명세서(을)] 표의 과목을 [①과목 또는 사항]란에 입력하고, 금액을 [②기초잔액]란에 입력한다.

❸ 당기 중 유보금액과 관련된 내역 중 [소득처분]란이 "유보감소"인 것의 금액을 동일한 과목 또는 사항의 [③]란에 입력하고, [소득처분]란이 "유보발생"인 것의 금액을 과목 또는 사항별로 [④]란에 입력한다.

　＊전기 선급비용 과소계상액은 손금불산입(유보발생) ⇒ 당기에 손금산입(유보감소)

　＊전기 건물 감가상각비한도초과액 손금불산입(유보발생) ⇒ 당기에 시인부족액 발생시 손금산입(유보감소)

❹ 『자본금과 적립금 조정명세서(갑)』 탭 : 재무상태표상 자본변동 내역을 입력한다.

❺ "8.법인세" 및 "9.지방소득세"의 [④증가]란에 당기 손익계산서상 법인세비용 과소계상액을 입력한다.

memo

추 록

↘ 제1장 업무용승용차 관련비용
    제1절 업무용승용차
    제2절 업무용승용차 손금불산입 등 특례(ⅰ)
    제3절 업무용승용차등록
    제4절 업무용승용차 관련비용명세서(ⅰ)
    제5절 업무용승용차 손금불산입 등 특례(ⅱ)
    제6절 업무용승용차 관련비용명세서(ⅱ)

제 1 장 업무용승용차 관련비용

제1절 업무용승용차

1. 개요

법인이 업무에 사용할 목적으로 승용차를 취득하는 경우 그 취득·유지 관련비용은 손금으로 산입한다. 다만, 해당 승용차가 법인의 업무와 직접 관련이 없다고 인정되는 경우에는 그와 관련된 취득·유지 관련비용은 손금으로 인정하지 않는다. 한편, 법인이 고가의 승용차를 취득 또는 임차하여 법인의 업무가 아닌 지극히 개인적인 용도로 많이 사용하고 있는 관행이 있음에도 불구하고 해당 자산의 감가상각비, 임차비용은 물론 운행을 위한 유지비용을 모두 손금처리하여 법인세를 부당하게 감소시키고 있는 현실을 감안하여 법인세법에서는 업무용승용차 관련비용의 손금불산입 등 특례를 마련하였다.

2. 업무용승용차의 범위

"업무용승용차"란 개별소비세 과세대상이 되는 승용차로서 다음 중 어느 하나에 해당하는 승용차를 제외한 것을 말한다.
① 운수업, 자동차판매업, 자동차임대업, 운전학원업, 무인경비업 등에 해당하는 업종 또는 시설대여업에서 사업상 수익을 얻기 위하여 직접 사용하는 승용자동차
② 장례식장 및 장의관련 서비스업을 영위하는 법인이 소유하거나 임차한 운구용승용자동차
③ 연구개발을 목적으로 사용하는 승용자동차로서 국토교통부장관의 임시운행허가를 받은 자율주행자동차

제2절 업무용승용차 손금불산입 등 특례(i)

1. 업무용승용차의 감가상각비

업무용승용차에 대한 감가상각비는 차량에 대한 상각방법과 내용연수 적용에 관한 규정에 불구하고 정액법을 상각방법으로 하고, 내용연수를 5년으로 하여 계산한 금액(상각범위액)을 감가상각비로 하여 손금에 산입하여야 한다(강제상각제도).

예제1 다음 자료에 의하여 세무조정을 하시오.

(1) 당기 1월 1일에 취득한 업무용승용차의 취득가액은 40,000,000원이며, 당기 회사계상 감가상각비는 10,000,000원이다.

(2) 전기에 취득한 업무용승용차에 대한 당기 회사계상 감가상각비는 5,000,000원이며, 당기 상각범위액은 7,000,000원이다.

해설 (1) 업무용승용차는 정액법을 상각방법으로 하고, 내용연수를 5년으로 하여 계산한 금액을 감가상각비로하여 손금에 산입하여야 한다.
☑ 세무조정 : 〈손금불산입〉 감가상각비 과대계상액 2,000,000 (유보/발생)
＊상각시인범위액 : 취득가액(40,000,000) ÷ 내용연수(5년) = 8,000,000원

(2) 업무용승용차의 상각범위액에 미달하는 금액은 강제로 손금에 산입한다.
☑ 세무조정 : 〈손금산입〉 감가상각비 과소계상액 2,000,000 (△유보/발생)

2. 업무용승용차 관련비용 중 업무외사용금액의 손금불산입

업무용승용차를 취득하거나 임차함에 따라 해당 사업연도에 발생하는 업무용승용차 관련비용 중 업무사용금액에 해당하지 않는 금액. 즉, 업무외사용금액은 손금에 산입하지 않는다. 이처럼 손금불산입한 업무외사용금액은 귀속자 등에 따라 소득처분 한다. 단, 귀속자가 불분명한 경우에는 대표자 상여로 처분한다.

> **업무용승용차 관련비용 - 업무사용금액 = (+)업무외사용금액**
> ☑ 세무조정 〈손금불산입〉 업무미사용분 (상여 등)

(1) 업무용승용차 관련비용

"업무용승용차 관련비용"이란 업무용승용차에 대한 ① 감가상각비(세법상 당기 상각범위액), 임차료 중 감가상각비 상당액[주1], ② 유류비, 보험료, 수선비, 자동차세, 통행료, 금융리스부채에 대한 이자비용 등 업무용승용차의 취득·유지를 위하여 지출한 비용을 말한다.

[주] 업무용승용차별 임차료 중 감가상각비 상당액이란 다음의 구분에 따른 금액을 말한다.

구 분	임차료 중 감가상각비 상당액
① 「여신전문금융업법」에 따라 등록한 시설대여업자로부터 임차한 승용차	(임차료 - 해당 임차료에 포함되어 있는 보험료·자동차세·수선유지비)
② 위 ①에 따른 시설대여업자 외의 자동차대여사업자로부터 임차한 승용차	임차료의 70%에 해당하는 금액

(2) 업무사용금액

업무용승용차의 업무사용금액은 다음의 구분에 따른 금액을 말한다.

구 분	업무사용금액
① 업무전용자동차보험[주2]에 가입한 경우	업무용승용차 관련비용 × 업무사용비율
② 업무전용자동차보험에 가입하지 않은 경우	0원

[주2] 업무전용자동차보험이란 해당 사업연도 전체 기간(임차한 승용차의 경우 해당 사업연도 중에 임차한 기간을 말한다) 동안 다음 중 어느 하나에 해당하는 사람이 운전하는 경우만 보상하는 자동차보험을 말한다.
① 해당 법인의 임원 또는 직원
② 계약에 따라 해당 법인의 업무를 위하여 운전하는 사람
③ 해당 법인의 운전자 채용을 위한 면접에 응시한 지원자

구 분	업무사용비율	
① 운행기록 등을 작성·비치한 경우	업무사용비율 = 해당 사업연도의 업무용사용거리[주3] ÷ 총주행거리	
② 운행기록 등을 작성·비치하지 않은 경우	해당 사업연도의 업무용승용차 관련비용이	업무사용비율
	㉠ 1,500만원 이하	100%
	㉡ 1,500만원 초과	1,500만원 ÷ 업무용승용차 관련비용

[주3] 업무용사용거리란 제조·판매시설 등 해당 법인의 사업장 방문, 거래처·대리점 방문, 회의 참석, 판촉 활동, 업무관련 교육·훈련 등 일반업무용 사용거리와 출·퇴근용 사용거리로 구성된다.

예제2 다음의 업무용승용차 관련 자료에 의하여 ×1년의 세무조정을 하시오(업무전용자동차보험에 가입).

구 분	(1)	(2)	(3)	(4)
취득일자	×1-01-01	×1-01-01	×1-01-01	×1-01-01
임차여부	자가	자가	자가	자가
보험기간	전체기간	전체기간	전체기간	전체기간
운행기록부사용	여	여	부	부
총주행거리(km)	10	10	-	-
업무용사용거리(km)	10	9	-	-
취득가액	40,000,000원	40,000,000원	40,000,000원	40,000,000원
업무용승용차관련비용	18,000,000원	18,000,000원	15,000,000원	20,000,000원
ㄴ ① 감가상각비	8,000,000원	8,000,000원	8,000,000원	8,000,000원
ㄴ ② 유류비 등	10,000,000원	10,000,000원	7,000,000원	12,000,000원

해설 업무용승용차 관련비용 − (업무용승용차 관련비용×업무사용비율) = (+)업무외사용금액

(1) ┌ 감가상각비 : 8,000,000 − (8,000,000×100%) = 0원
 └ 관련비용 : 10,000,000 − (10,000,000×100%) = 0원
 *업무사용비율(운행기록부 적용) : 업무사용거리(10) ÷ 총주행거리(10) = 100%
 *관련비용 : 업무용승용차관련비용(18,000,000) − 감가상각비(8,000,000) = 10,000,000원
 ☒ 세무조정 : 업무미사용분 없음

(2) ┌ 감가상각비 : 8,000,000 − (8,000,000×90%) = 800,000원
 └ 관련비용 : 10,000,000 − (10,000,000×90%) = 1,000,000원
 *업무사용비율(운행기록부 적용) : 업무사용거리(9) ÷ 총주행거리(10) = 90%
 ☑ 세무조정 : 〈손금불산입〉 업무미사용분 1,800,000 (상여 등)

(3) ┌ 감가상각비 : 8,000,000 − (8,000,000×100%) = 0원
 └ 관련비용 : 7,000,000 − (7,000,000×100%) = 0원
 *업무사용비율(운행기록부 미적용) : 업무용승용차 관련비용이 1,500만원 이하인 경우 100%
 ☒ 세무조정 : 업무미사용분 없음

(4) ┌ 감가상각비 : 8,000,000 − (8,000,000×75%) = 2,000,000원
 └ 관련비용 : 12,000,000 − (12,000,000×75%) = 3,000,000원
 *업무사용비율(운행기록부 미적용) : 15,000,000 ÷ 업무용승용차관련비용(20,000,000) = 75%
 ☑ 세무조정 : 〈손금불산입〉 업무미사용분 5,000,000 (상여 등)

3. 감가상각비(상당액) 한도초과액의 손금불산입

다음의 감가상각비(상당액) 한도초과액은 해당 사업연도의 손금에 산입하지 않고 이월 손금산입 방법에 따라 이월하여 손금에 산입한다.

① (업무용승용차별 감가상각비 × 업무사용비율) − 800만원 = (+)감가상각비 한도초과액
 ☑ 세무조정 〈손금불산입〉 감가상각비 한도초과액 (유보/발생)

② (업무용승용차별 임차료 중 감가상각비상당액[주4] × 업무사용비율) − 800만원 = (+)감가상각비상당액 한도초과액
 ☑ 세무조정 〈손금불산입〉 감가상각비상당액 한도초과액 (기타사외유출)

[주4] 업무용승용차별 임차료 중 감가상각비상당액이란 다음의 구분에 따른 금액을 말한다.

구 분	감가상각비 상당액
① 「여신전문금융업법」에 따라 등록한 시설대여업자로부터 임차한 승용차	(임차료 − 해당 임차료에 포함되어 있는 보험료·자동차세·수선유지비)
② 위 ①에 따른 시설대여업자 외의 자동차대여사업자로부터 임차한 승용차	임차료의 70%에 해당하는 금액

예제3 다음의 업무용승용차 관련 자료에 의하여 ×1년의 세무조정을 하시오(업무전용자동차 보험에 가입).

구 분	(5)	(6)	(7)	(8)
취득일자	×1-01-01	×1-01-01	×1-01-01	×1-01-01
임차여부	자가	자가	렌트	렌트
보험기간(임차기간)	전체기간	전체기간	전체기간	전체기간
운행기록부사용	여	여	여	여
총주행거리(km)	10	10	10	10
업무용사용거리(km)	10	9	10	9
취득가액	50,000,000원	50,000,000원	-	-
업무용승용차관련비용	20,000,000원	20,000,000원	30,000,000원	30,000,000원
ㄴ ① 감가상각비	10,000,000원	10,000,000원	-	-
ㄴ ② 유류비 등	10,000,000원	10,000,000원	10,000,000원	10,000,000원
ㄴ ③ 임차료	-	-	20,000,000원	20,000,000원

해설 업무용승용차 관련비용 – (업무용승용차 관련비용×업무사용비율) = 업무외사용금액
(업무용승용차별 감가상각비 × 업무사용비율) – 800만원 = (+)감가상각비 한도초과액

(5) ┌ 감가상각비 : 10,000,000 – (10,000,000×100%) = 0원
　　└ 관련비용 : 10,000,000 – (10,000,000×100%) = 0원
　　＊업무사용비율(운행기록부 적용) : 업무사용거리(10) ÷ 총주행거리(10) = 100%
　　☒ 세무조정 : 업무미사용분 없음
◈ 감가상각비 : (10,000,000×100%) – 800만원 = 2,000,000원
　　☑ 세무조정 :〈손금불산입〉감가상각비 한도초과액 2,000,000 (유보/발생)

(6) ┌ 감가상각비 : 10,000,000 – (10,000,000×90%) = 1,000,000원
　　└ 관련비용 : 10,000,000 – (10,000,000×90%) = 1,000,000원
　　＊업무사용비율(운행기록부 적용) : 업무사용거리(9) ÷ 총주행거리(10) = 90%
　　☑ 세무조정 :〈손금불산입〉업무미사용분 2,000,000 (상여 등)
◈ 감가상각비 : (10,000,000×90%) – 800만원 = 1,000,000원
　　☑ 세무조정 :〈손금불산입〉감가상각비 한도초과액 1,000,000 (유보/발생)

업무용승용차 관련비용 – (업무용승용차 관련비용×업무사용비율) = 업무외사용금액
(업무용승용차별 임차료 중 감가상각비상당액 × 업무사용비율) – 800만원 = (+)감가상각비상당액 한도초과액

(7) ┌ 감가상각비상당액 : 14,000,000 – (14,000,000×100%) = 0원
　　└ 관련비용 : 16,000,000 – (16,000,000×100%) = 0원
　　＊임차료 중 감가상각비상당액 : 임차료(20,000,000) × 70% = 14,000,000원
　　＊업무사용비율(운행기록부 적용) : 업무사용거리(10) ÷ 총주행거리(10) = 100%

* 관련비용 : 업무용승용차관련비용(30,000,000) - 감가상각비상당액(14,000,000) = 16,000,000원
  - ☑ 세무조정 : 업무미사용분 없음
- ◈ 감가상각비 : (14,000,000×100%) - 800만원 = 6,000,000원
  - ☑ 세무조정 : 〈손금불산입〉 감가상각비상당액 한도초과액 6,000,000 (기타사외유출)

(8) ┌ 감가상각비상당액 : 14,000,000 - (14,000,000×90%) = 1,400,000원
    └ 관련비용 : 16,000,000 - (16,000,000×90%) = 1,600,000원
  * 임차료 중 감가상각비상당액 : 임차료(20,000,000) × 70% = 14,000,000원
  * 업무사용비율(운행기록부 적용) : 업무사용거리(9) ÷ 총주행거리(10) = 90%
  - ☑ 세무조정 : 〈손금불산입〉 업무미사용분 3,000,000 (상여 등)
- ◈ 감가상각비 : (14,000,000×90%) - 800만원 = 4,600,000원
  - ☑ 세무조정 : 〈손금불산입〉 감가상각비상당액 한도초과액 4,600,000 (기타사외유출)

4. 감가상각비(상당액) 한도초과액의 이월 손금산입방법

감가상각비(상당액) 한도초과액은 다음의 방법에 따라 이월하여 손금에 산입한다.

구 분	이월 손금산입방법
① 감가상각비 이월액	해당 사업연도의 다음 사업연도부터 해당 업무용승용차의 업무사용금액 중 감가상각비가 800만원에 미달하는 경우 그 미달하는 금액을 한도로 하여 손금으로 추인한다. 손금산입액 = MIN (①, ②) ① 전기 이전 감가상각비 한도초과액 중 잔액 ② 업무용승용차별 업무사용금액 중 감가상각비 - 800만원 = (-)한도미달액 ☑ 세무조정 〈손금산입〉 감가상각비 손금추인액 (△유보/감소)
② 임차료 중 감가상각비 상당액 이월액	해당 사업연도의 다음 사업연도부터 해당 업무용승용차의 업무사용금액 중 감가상각비상당액이 800만원에 미달하는 경우 그 미달하는 금액을 한도로 하여 손금에 산입한다. 손금산입액 = MIN (①, ②) ① 전기 이전 임차료 중 감가상각비상당액 한도초과액 중 잔액 ② 업무용승용차별 업무사용금액 중 감가상각비상당액 - 800만원 = (-)한도미달액 ☑ 세무조정 〈손금산입〉 감가상각비상당액 손금추인액 (기타)

예제4 다음의 업무용승용차 관련 자료에 의하여 ×6년의 세무조정을 하시오(업무전용자동차 보험에 가입).

구 분	(9)	(10)	비고
취득일자	×1-01-01	×5-01-01	
임차여부	자가	렌트	
보험기간(임차기간)	전체기간	전체기간	구분 (9)는 감가상각비 한도초과 금액 이월액 10,000,000원이 있다.
운행기록부사용	여	여	
총주행거리(km)	10	10	
업무용사용거리(km)	10	10	
취득가액	50,000,000원	-	
업무용승용차관련비용	10,000,000원	20,000,000원	구분 (10)은 감가상각비상당액 한도초과금액 이월액 6,000,000원이 있다.
└ ① 감가상각비	-	-	
└ ② 유류비 등	10,000,000원	10,000,000원	
└ ③ 임차료	-	10,000,000원	

해설 업무용승용차 관련비용 - (업무용승용차 관련비용×업무사용비율) = 업무외사용금액
(업무용승용차별 감가상각비 × 업무사용비율) - 800만원 = (-)감가상각비 한도미달액

감가상각비(상당액)이월액 손금산입액 = MIN ┌① 전기 이전 감가상각비(상당액) 한도초과액 중 잔액
　　　　　　　　　　　　　　　　　　　　　└② 한도미달액

(9) ┌ 감가상각비 : 0 - (0×100%) = 0원
　　└ 관련비용 : 10,000,000 - (10,000,000×100%) = 0원
　　＊업무사용비율(운행기록부 적용) : 업무사용거리(10) ÷ 총주행거리(10) = 100%
　　☒ 세무조정 : 업무미사용분 없음
◆ 감가상각비 : (0×100%) - 800만원 = -8,000,000원(한도미달액)
　　☒ 세무조정 : 감가상각비 한도초과액 없음
◆ 감가상각비이월액 손금산입액 = MIN (①, ②)
　　┌① 전기 이전 감가상각비 한도초과액 중 잔액 : 10,000,000원
　　└② 한도미달액 : 8,000,000원
　　☑ 세무조정 : 〈손금산입〉 감가상각비 손금추인액 8,000,000 (△유보/감소)

(10) ┌ 감가상각비상당액 : 7,000,000 - (7,000,000×100%) = 0원
　　└ 관련비용 : 13,000,000 - (13,000,000×100%) = 0원
　　＊임차료 중 감가상각비상당액 : 임차료(10,000,000) × 70% = 7,000,000원
　　＊업무사용비율(운행기록부 적용) : 업무사용거리(10) ÷ 총주행거리(10) = 100%
　　☒ 세무조정 : 업무미사용분 없음

◈ 감가상각비 : (7,000,000×100%) − 800만원 = −1,000,000원(한도미달액)
  ☒ 세무조정 : 감가상각비 한도초과액 없음
◈ 감가상각비상당액이월액 손금산입액 = MIN (①, ②)
  ┌① 전기 이전 감가상각비상당액 한도초과액 중 잔액 : 6,000,000원
  └② 한도미달액 : 1,000,000원
    ☑ 세무조정 : 〈손금산입〉 감가상각비상당액 손금추인액 1,000,000 (기타)

제3절 업무용승용차등록

 KcLep 길라잡이

- [기초정보관리]>[업무용승용차등록]을 선택하면 다음과 같은 화면이 나타난다.

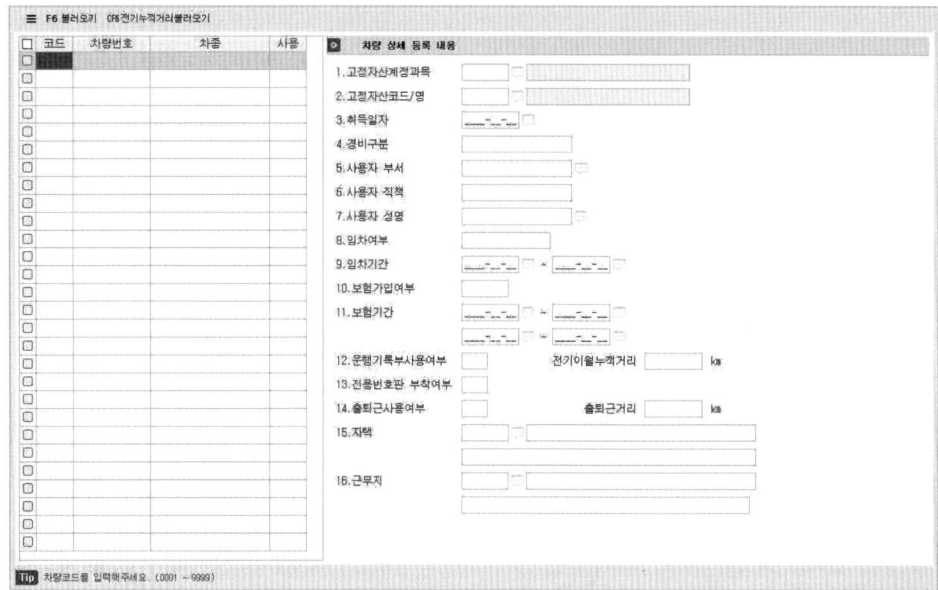

▶ 코드 / 차량번호 / 차종 / 사용

업무용승용차의 관리에 필요한 코드를 "0001 ~ 9999" 사이의 숫자로 입력하고 차량번호, 차종을 입력하고 사용여부를 선택한다.

1. 고정자산계정과목

업무용승용차의 계정과목 코드번호 3자리를 입력한다. 코드번호를 모르는 경우에는 F2 키(또는 상단 툴바의 코드)를 이용하여 「계정코드도움」 보조창에서 해당 자산을 선택하고 확인 [Enter]을 클릭한다.

2. 고정자산코드/명

[감가상각비조정]>[고정자산등록]에 해당 자산이 등록되어 있는 경우에는 F2 키(또는 상단 툴바의 코드)를 이용하여 「고정자산등록」 보조창에서 해당 자산을 선택하고 확인 [Enter]을 클릭하면, [3.취득일자] 및 [4.경비구분]란까지 자동으로 입력된다.

3. 취득일자 / 4. 경비구분

업무용승용차의 취득일자 또는 임차개시일을 입력하고, 용도에 따른 감가상각비의 구분을 선택한다.

5. 사용자 부서 / 6. 사용자 직책 / 7. 사용자 성명

사용자(운전자가 아닌 차량이용자)의 부서, 직책, 성명을 입력한다. ▦를 이용하여 입력하려면 [원천징수]>[근로소득관리]>[사원등록]에서 상단 툴바의 F6기초등록▼을 이용하여 미리 부서등록을 해야 한다.

8. 임차여부 / 9. 임차기간

업무용승용차의 임차여부(1. 자가 / 2. 렌트 / 3. 금융리스 / 4. 운용리스 등)를 선택하고, 임차인 경우에는 임차기간을 입력한다.

10. 보험가입여부 / 11. 보험기간

「법인세법시행령」제50조의2제4항 제1호에 따른 자동차보험(이하 "업무용자동차보험"이라 한다) 가입여부(1. 가입 / 2. 미가입 / 3. 일부가입)를 선택한다. 업무용자동차보험에 가입한 경우 보험기간을 입력한다.

12. 운행기록부 사용여부 / 전기이월누적거리

「법인세법시행령」제50조의2제5항에 따른 운행기록 등의 작성여부를 선택한다. 전기 이전부터 사용한 경우 당기 주행 전 계기판의 누적거리를 입력한다.

13. 전용번호판 부착여부

전용번호판 부착여부를 선택한다. 법인이 취득하거나 임차하여 사용하는 취득가액이 8,000만원 이상인 업무용승용차는 법인업무용 자동차등록번호판(연녹색 바탕에 검은색 문자)을 부착해야한다. 부착하지 않은 경우 업무용승용차 관련비용은 전액 손금으로 인정하지 않는다.

14. 출퇴근 사용여부

업무용 사용거리 중 출·퇴근용 사용여부를 선택한다. 출·퇴근용 사용인 경우 출·퇴근거리를 입력한다.

15. 자택 / 16. 근무지

업무용승용차 사용자(운전자가 아닌 차량이용자)의 자택주소와 근무지 주소를 입력한다.

KcLep 따라하기

 다음 자료에 의하여 ㈜세연(회사코드 : 1002)의 [업무용승용차등록] 메뉴를 작성하시오(모두 업무용자동차보험에 가입).

[자료1]

코드	차량번호	차종	취득일자	임차구분	임차기간 (보험기간)	운행기록부 사용
1	101차1234	그랜져	2025-01-01	자가	전체기간	여
2	102차1234	그랜져	2025-01-01	자가	전체기간	여
3	103차1234	그랜져	2025-01-01	자가	전체기간	부
4	104차1234	그랜져	2025-01-01	자가	전체기간	부
5	105차1234	제네시스	2025-01-01	자가	전체기간	여
6	106차1234	제네시스	2025-01-01	자가	전체기간	여
7	107허1234	제네시스	2025-01-01	렌트	전체기간	여
8	108허1234	제네시스	2025-01-01	렌트	전체기간	여
9	109차1234	벤츠	2020-01-01	자가	전체기간	여
10	110허1234	벤츠	2024-01-01	렌트	전체기간	여

[자료2]

① [4.경비구분]란은 모두 "800번대/판관비"로 입력한다.
② 임차기간 및 보험기간은 모두 "2025-01-01"부터 "2025-12-31"로 한다. 단, 110허1234의 임차기간 및 보험기간은 "2024-01-01"부터 "2025-12-31"로 한다.
③ [13.전용번호판 부착여부]란 및 [14.출퇴근사용여부]란은 모두 "1. 여"로 입력한다.

업무용승용차등록

❶ [기초정보관리]>[업무용승용차등록]에서 다음과 같이 입력한다.

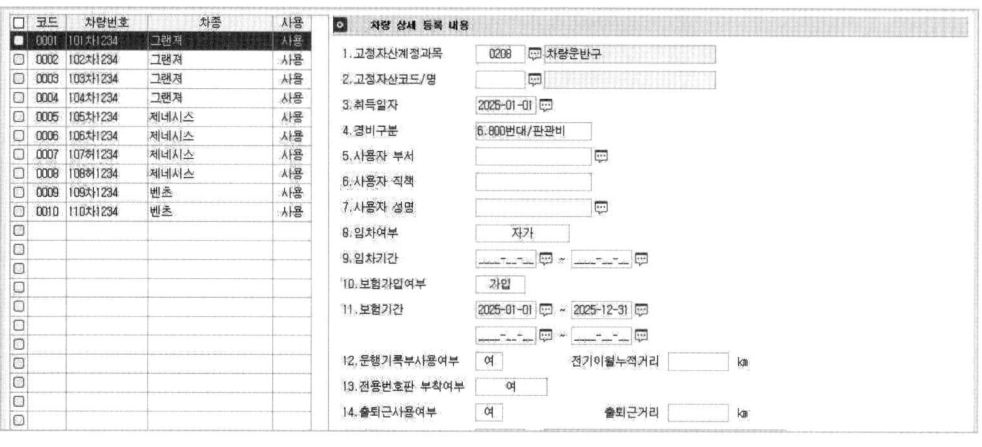

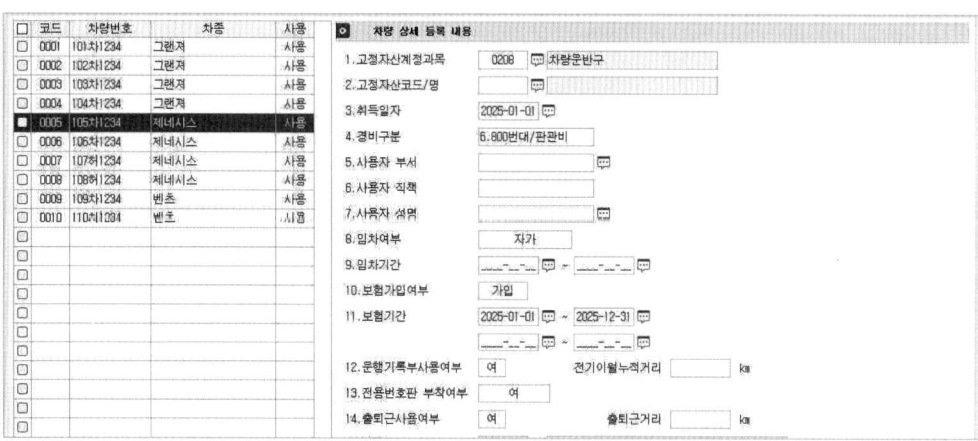

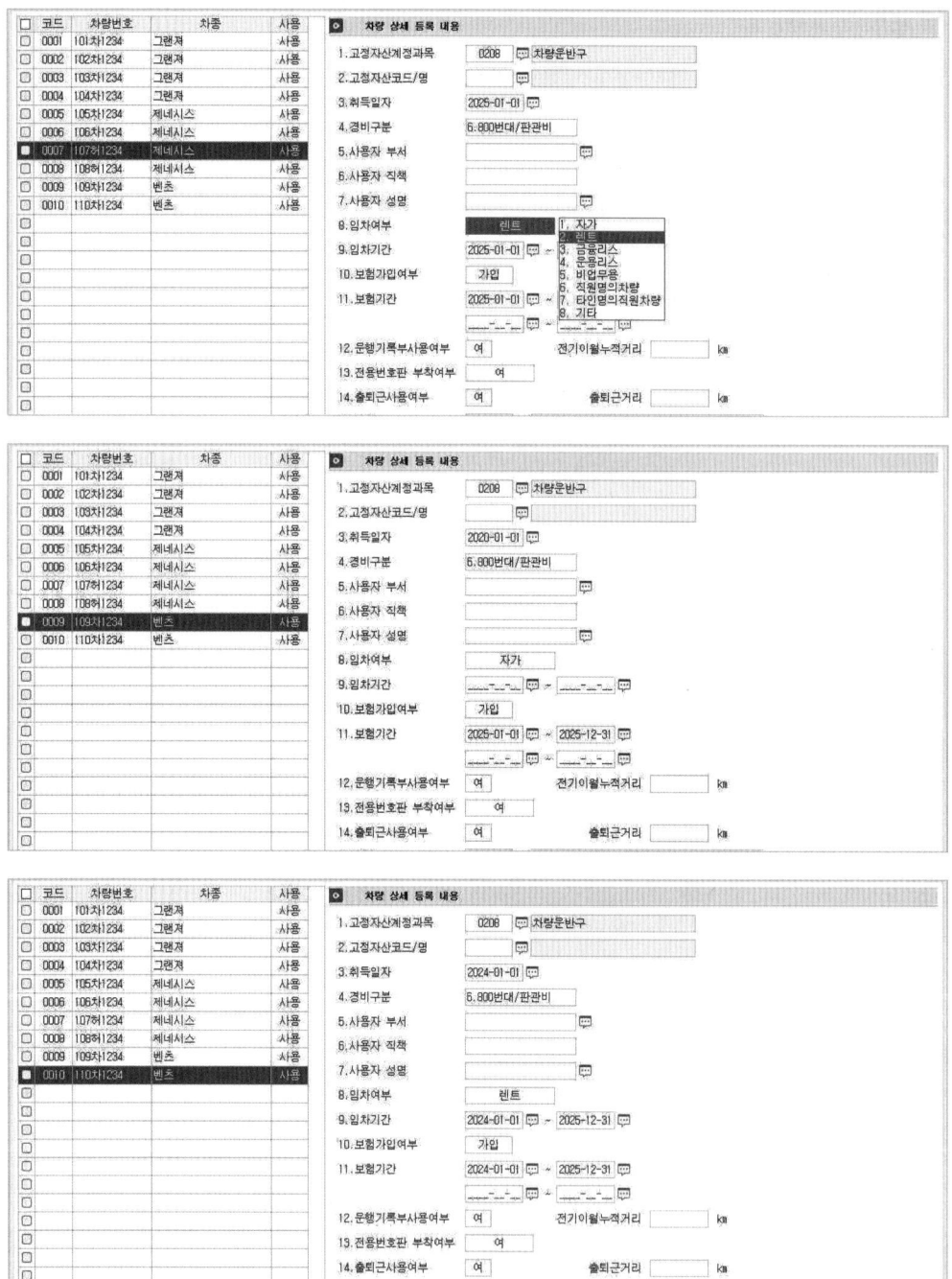

제4절 업무용승용차 관련비용명세서(ⅰ)

 **KcLep 길라잡이**

- [과목별세무조정]>[업무용승용차관련비용명세서]를 선택하면 다음과 같은 화면이 나타난다.

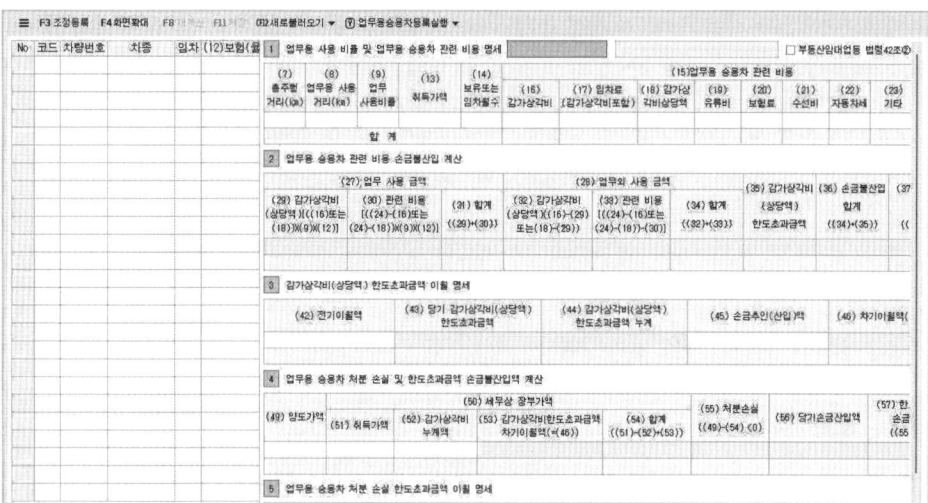

▶ **코드 / 차량번호 / 차종 / 임차 / 보험(율) 등**

상단 툴바의 [CF12새로 불러오기]를 클릭하면 [기초정보관리]>[업무용승용차등록]에 입력된 자료가 자동 반영된다.

1. 업무용사용비율 및 업무용승용차 관련비용 명세

⑦ **총주행거리(km)**

[업무용승용차등록] 메뉴에서 [12.운행기록부사용여부]란에 "1. 여"를 선택한 경우(이하 "운행기록 등을 작성한 경우"라고 한다)에는 해당 사업연도의 총 주행거리를 입력한다.

⑧ 업무용 사용거리(km)

운행기록 등을 작성한 경우에는 거래처·대리점 방문, 회의 참석, 판촉 활동, 출근 및 퇴근 등 직무와 관련된 업무수행에 따라 주행한 거리를 입력한다.

⑨ 업무사용비율

사업연도 전체 기간 동안 업무전용 자동차보험에 가입한 경우로서 ㉮ 운행기록 등을 작성한 경우에는 (⑧업무용사용거리÷⑦총주행거리)×100%로 자동 반영되며, ㉯ 운행기록 등을 작성하지 않은 경우에는 아래 각 호의 비율로 계산된 금액이 자동 반영된다.

해당 사업연도의 업무용승용차 관련비용이	업무사용비율
㉠ 1,500만원 이하인 경우	100%
㉡ 1,500만원을 초과하는 경우	1,500만원 ÷ 업무용승용차 관련비용

⑬ 취득가액

업무용승용차의 취득가액을 입력한다.

⑭ 보유 또는 임차월수

해당 사업연도의 보유 또는 임차기간 월수를 입력한다. [업무용승용차등록] 메뉴의 [3.취득일자]란 또는 [9.임차기간]란에 입력된 일자에 따라 자동 반영된다.

⑮ 업무용승용차 관련비용

└ ⑯ **감가상각비**

[업무용승용차등록] 메뉴에서 [8.임차여부]란을 "1. 자가"로 입력한 경우에는 세법상 당기상각범위액을 입력한다.

└ ⑰ **임차료(감가상각비포함)**

[업무용승용차등록] 메뉴에서 [8.임차여부]란을 "2. 렌트 또는 4. 운용리스"로 입력한 경우에는 당기의 임차료를 입력한다.

└ ⑱ **감가상각비상당액**

[업무용승용차등록] 메뉴에서 [8.임차여부]란을 "2. 렌트"로 입력한 경우에는 임차료의 70%가 자동 반영된다. [8.임차여부]란을 "4. 운용리스"로 입력한 경우에는 임차료 중 감가상각비 상당액(임차료 - 해당 임차료에 포함되어 있는 보험료·자동차세·수선유지)을 입력한다.

└ ⑲ 유류비 ~ ㉓ 기타

업무용승용차 관련비용을 각 항목별로 입력한다.

└ ㉔ 합계

동 금액은 업무용승용차 관련비용의 합계액이다.

2nd 2. 업무용승용차 관련비용 손금불산입 계산

2 업무용 승용차 관련 비용 손금불산입 계산									
(27) 업무 사용 금액				(28) 업무외 사용 금액			(35) 감가상각비 (상당액) 한도초과금액	(36) 손금불산입 합계 ((34)+(35))	(37) 손금산입 합계 ((24)-(36))
(29) 감가상각비 (상당액)[((16)또는 (18))×(9)×(12)]	(30) 관련 비용 [((24)-(16)또는 (24)-(18))×(9)×(12)]	(31) 합계 ((29)+(30))		(32) 감가상각비 (상당액)×((16)-(29) 또는(18)-(29))	(33) 관련 비용 [((24)-(16)또는 (24)-(18))-(30)]	(34) 합계 ((32)+(33))			

㉗ 업무사용금액

└ ㉙ 감가상각비(상당액) [(⑯ 또는 ⑱)×⑨×⑫]

<자가> (⑯감가상각비 × ⑨업무사용비율 × ⑫보험(율))이 자동 반영된다.
<렌트> (⑱감가상각비상당액 × ⑨업무사용비율 × ⑫보험(율))이 자동 반영된다.

└ ㉚ 관련비용 {[(㉔-⑯) 또는 (㉔-⑱)]×⑨×⑫}

<자가> [(㉔합계 - ⑯감가상각비) × ⑦업무사용비율× ⑫보험(율)]이 자동 반영된다.
<렌트> [(㉔합계 - ⑱감가상각비상당액) × ⑦업무사용비율× ⑫보험(율)]이 자동 반영된다.

└ ㉛ 합계 (㉙+㉚)

동 금액은 업무사용금액에 업무사용비율을 곱한 금액의 합계액이다.

㉘ 업무외사용금액

└ ㉜ 감가상각비(상당액) [(⑯-㉙) 또는 (⑱-㉙)]

<자가> [⑯감가상각비 - ㉙감가상각비(상당액)]이 자동 반영된다.
<렌트> [⑱감가상각비상당액 - ㉙감가상각비(상당액)]이 자동 반영된다.

└ ㉝ 관련비용 {[(㉔-⑯) 또는 (㉔-⑱)] - ㉚}

〈자가〉 [(㉔합계 - ⑯감가상각비) - ㉚관련비용]이 자동으로 표시된다.
〈렌트〉 [(㉔합계 - ⑱감가상각비상당액) - ㉚관련비용]이 자동으로 표시된다.

└ ㉞ 합계 (㉜+㉝)

동 금액은 업무외사용금액의 합계액으로 손금불산입하고 귀속자 등에 따라 소득처분 한다. 단, 귀속자가 불분명한 경우에는 대표자 상여로 처분한다.

㉟ 감가상각비(상당액) 한도초과금액

[㉙감가상각비(상당액)]란의 금액이 800만원을 초과하는 금액이 자동 반영된다. 동 금액은 업무용승용차 감가상각비(상당액) 한도초과액으로 〈자가〉인 경우에는 손금불산입(유보/발생)으로 소득처분하고, 〈렌트〉인 경우에는 손금불산입(기타사외유출)로 소득처분 한다.

㊱ 손금불산입 합계 (㉞+㉟)

업무외사용금액의 손금불산입과 감가상각비(상당액) 한도초과 손금불산입의 합계액을 의미한다.

㊲ 손금산입 합계 (㉔-㊱)

업무용승용차 관련비용에서 [㊱손금불산입 합계]란을 차감한 금액으로 손금산입하는 금액의 합계액을 의미한다.

3rd. 3. 감가상각비(상당액) 한도초과금액 이월명세

3 감가상각비(상당액) 한도초과금액 이월 명세				
(42) 전기이월액	(43) 당기 감가상각비(상당액) 한도초과금액	(44) 감가상각비(상당액) 한도초과금액 누계	(45) 손금추인(산입)액	(46) 차기이월액((44)-(45))

㊷ 전기이월액

전기 본 명세서상의 [㊻차기이월액]란의 금액을 입력한다.

㊸ 당기 감가상각비(상당액) 한도초과금액

당기에 발생한 감가상각비(상당액) 한도초과액으로 [㉟]란의 금액이 자동 반영된다.

㊹ 감가상각비(상당액) 한도초과금액 누계

[㊷]란의 금액과 [㊸]란의 금액을 합한 금액이 자동 반영된다.

㊺ 손금추인(산입)액

[㊷전기이월액]란에 금액이 있는 상황에서 [㉙당기 감가상각비(상당액)]란이 800만원에 미달하는 경우 동 미달액과 [㊷]란의 금액 중 작은 금액이 자동으로 반영된다. 동 금액은 업무용승용차 감가상각비(상당액) 손금추인액으로 **<자가>**인 경우에는 손금산입(△유보/감소)으로 소득처분하고, **<렌트>**인 경우에는 손금산입(기타)로 소득처분 한다.

㊻ 차기이월액(㊹-㊺)

[㊹]란에서 [㊺]란을 차감한 금액이 자동 반영된다. 해당 자산이 처분되는 경우 동 금액은 손금산입(△유보/감소)로 소득처분 한다.

 다음 자료에 의하여 ㈜세연(회사코드 : 1002)의 [업무용승용차 관련비용명세서] 메뉴를 작성하고 관련 세무조정을 하시오.

[자료1]

코드	차량번호	총주행거리	업무용 사용거리	취득가액 (또는 임차료)	감가상각비	유류비
1	101차1234	10km	10km	40,000,000원	8,000,000원	10,000,000원
2	102차1234	10km	9km	40,000,000원	8,000,000원	10,000,000원
3	103차1234	-	-	40,000,000원	8,000,000원	7,000,000원
4	104차1234	-	-	40,000,000원	8,000,000원	12,000,000원
5	105차1234	10km	10km	50,000,000원	10,000,000원	10,000,000원
6	106차1234	10km	9km	50,000,000원	10,000,000원	10,000,000원
7	107허1234	10km	10km	(20,000,000원)	-	10,000,000원
8	108허1234	10km	9km	(20,000,000원)	-	10,000,000원
9	109차1234	10km	10km	50,000,000원	-	10,000,000원
10	110허1234	10km	10km	(10,000,000원)	-	10,000,000원

[자료2]
① 코드 3과 4는 운행기록부를 작성하지 않고 있다.
② 코드 9는 감가상각비 한도초과금액 이월액 10,000,000원이 있다.
③ 코드 10은 감가상각비 한도초과금액 이월액 6,000,000원이 있다.

업무용승용차 관련비용명세서

[과목별세무조정]>[업무용승용차 관련비용명세서]에서 상단 툴바의 [F12 새로 불러오기▼]를 클릭하면 [기초정보관리]>[업무용승용차등록]에 입력된 자료가 자동 반영된다.

01

코드	차량번호	차종	임차	보험(율)	운행기록	번호판	월수
0001	101차1234	그랜져	자가	여(100%)	여	여	12

1 업무용 사용비율 및 업무용승용차 관련비용명세 (운행기록부 : 적용)

총주행거리	업무용사용거리	업무사용비율	취득가액	보유 또는 임차월수
10	10	100.0000	40,000,000	12

업무용승용차 관련비용

감가상각비	임차료 (감가상각비포함)	감가상각비 상당액	유류비	보험료	수선비 등	합계
8,000,000			10,000,000			18,000,000

2 업무용승용차 관련비용 손금불산입 계산

업무 사용금액			업무외 사용금액		
감가상각비 (상당액)	관련비용	합계	감가상각비 (상당액)	관련비용	합계
8,000,000	10,000,000	18,000,000			

감가상각비(상당액) 한도초과금액	손금불산입 합계	손금산입 합계
		18,000,000

☒ 세무조정 : 업무미사용분 없음

02

코드	차량번호	차종	임차	보험(율)	운행기록	번호판	월수
0002	102차1234	그랜져	자가	여(100%)	여	여	12

1 업무용 사용비율 및 업무용승용차 관련비용명세 (운행기록부 : 적용)

총주행거리	업무용사용거리	업무사용비율	취득가액	보유 또는 임차월수
10	9	90.0000	40,000,000	12

업무용승용차 관련비용						
감가상각비	임차료 (감가상각비포함)	감가상각비 상당액	유류비	보험료	수선비 등	합계
8,000,000			10,000,000			18,000,000

2 업무용승용차 관련비용 손금불산입 계산

업무 사용금액			업무외 사용금액		
감가상각비 (상당액)	관련비용	합계	감가상각비 (상당액)	관련비용	합계
7,200,000	9,000,000	16,200,000	800,000	1,000,000	1,800,000

감가상각비(상당액) 한도초과금액	손금불산입 합계	손금산입 합계
	1,800,000	16,200,000

☑ 세무조정 : 〈손금불산입〉 102차 업무미사용분 1,800,000 (상여 등)

03

코드	차량번호	차종	임차	보험(율)	운행기록	번호판	월수
0003	103차1234	그랜져	자가	여(100%)	부	여	12

1 업무용 사용비율 및 업무용승용차 관련비용명세 (운행기록부 : 미적용)

총주행거리	업무용사용거리	업무사용비율	취득가액	보유 또는 임차월수
		100.0000	40,000,000	12

*업무사용비율(운행기록부 미적용) : 업무용승용차 관련비용이 1,500만원 이하인 경우 100%

업무용승용차 관련비용						
감가상각비	임차료 (감가상각비포함)	감가상각비 상당액	유류비	보험료	수선비 등	합계
8,000,000			7,000,000			15,000,000

2 업무용승용차 관련비용 손금불산입 계산						
업무 사용금액			업무외 사용금액		
감가상각비 (상당액)	관련비용	합계	감가상각비 (상당액)	관련비용	합계
8,000,000	7,000,000	15,000,000			

	감가상각비(상당액) 한도초과금액	손금불산입 합계	손금산입 합계
			15,000,000

☒ 세무조정 : 업무미사용분 없음

04

코드	차량번호	차종	임차	보험(율)	운행기록	번호판	월수
0004	104차1234	그랜져	자가	여(100%)	부	여	12

1 업무용 사용비율 및 업무용승용차 관련비용명세					(운행기록부 : 미적용)
총주행거리	업무용사용거리	업무사용비율	취득가액	보유 또는 임차월수	
		75.0000	40,000,000	12	

*업무사용비율(운행기록부 미적용) : 15,000,000 ÷ 업무용승용차관련비용(20,000,000) = 75%

업무용승용차 관련비용						
감가상각비	임차료 (감가상각비포함)	감가상각비 상당액	유류비	보험료	수선비 등	합계
8,000,000			12,000,000			20,000,000

2 업무용승용차 관련비용 손금불산입 계산						
업무 사용금액			업무외 사용금액		
감가상각비 (상당액)	관련비용	합계	감가상각비 (상당액)	관련비용	합계
6,000,000	9,000,000	15,000,000	2,000,000	3,000,000	5,000,000

	감가상각비(상당액) 한도초과금액	손금불산입 합계	손금산입 합계
		5,000,000	15,000,000

☑ 세무조정 : 〈손금불산입〉 104차 업무미사용분 5,000,000 (상여 등)

05

코드	차량번호	차종	임차	보험(율)	운행기록	번호판	월수
0005	105차1234	제네시스	자가	여(100%)	여	여	12

1 업무용 사용비율 및 업무용승용차 관련비용명세 (운행기록부 : 적용)

총주행거리	업무용사용거리	업무사용비율	취득가액	보유 또는 임차월수
10	10	100.0000	50,000,000	12

업무용승용차 관련비용					
감가상각비	임차료 (감가상각비포함)	감가상각비 상당액	유류비	보험료	수선비 등	합계
10,000,000			10,000,000			20,000,000

2 업무용승용차 관련비용 손금불산입 계산

업무 사용금액			업무외 사용금액		
감가상각비 (상당액)	관련비용	합계	감가상각비 (상당액)	관련비용	합계
10,000,000	10,000,000	20,000,000			

감가상각비(상당액) 한도초과금액	손금불산입 합계	손금산입 합계
2,000,000	2,000,000	18,000,000

3 감가상각비(상당액) 한도초과금액 이월 명세 (×1년)

전기이월액	당기 감가상각비 (상당액)한도초과액	감가상각비(상당액) 한도초과금액 누계	손금추인(산입)액	차기이월액
	2,000,000	2,000,000		2,000,000

☒ 세무조정 : 업무미사용분 없음
☑ 세무조정 : 〈손금불산입〉 감가상각비 한도초과액 2,000,000 (유보/발생)

- 그 후 4년간의 세무조정 -

3 감가상각비(상당액) 한도초과금액 이월 명세 (×2년)

전기이월액	당기 감가상각비 (상당액)한도초과액	감가상각비(상당액) 한도초과금액 누계	손금추인(산입)액	차기이월액
2,000,000	2,000,000	4,000,000		4,000,000

☑ 세무조정 : 〈손금불산입〉 감가상각비 한도초과액 2,000,000 (유보/발생)

③ 감가상각비(상당액) 한도초과금액 이월 명세				(×3년)
전기이월액	당기 감가상각비 (상당액)한도초과액	감가상각비(상당액) 한도초과금액 누계	손금추인(산입)액	차기이월액
4,000,000	2,000,000	6,000,000		6,000,000

☑ 세무조정 : 〈손금불산입〉 감가상각비 한도초과액 2,000,000 (유보/발생)

③ 감가상각비(상당액) 한도초과금액 이월 명세				(×4년)
전기이월액	당기 감가상각비 (상당액)한도초과액	감가상각비(상당액) 한도초과금액 누계	손금추인(산입)액	차기이월액
6,000,000	2,000,000	8,000,000		8,000,000

☑ 세무조정 : 〈손금불산입〉 감가상각비 한도초과액 2,000,000 (유보/발생)

③ 감가상각비(상당액) 한도초과금액 이월 명세				(×5년)
전기이월액	당기 감가상각비 (상당액)한도초과액	감가상각비(상당액) 한도초과금액 누계	손금추인(산입)액	차기이월액
8,000,000	2,000,000	10,000,000		10,000,000

☑ 세무조정 : 〈손금불산입〉 감가상각비 한도초과액 2,000,000 (유보/발생)

06

코드	차량번호	차종	임차	보험(율)	운행기록	번호판	월수
0006	106차1234	제네시스	자가	여(100%)	여	여	12

① 업무용 사용비율 및 업무용승용차 관련비용명세				(운행기록부 : 적용)	
총주행거리	업무용사용거리	업무사용비율	취득가액	보유 또는 임차월수	
10	9	90.0000	50,000,000	12	

업무용승용차 관련비용						
감가상각비	임차료 (감가상각비포함)	감가상각비 상당액	유류비	보험료	수선비 등	합계
10,000,000			10,000,000			20,000,000

② 업무용승용차 관련비용 손금불산입 계산					
업무 사용금액			업무외 사용금액		
감가상각비 (상당액)	관련비용	합계	감가상각비 (상당액)	관련비용	합계
9,000,000	9,000,000	18,000,000	1,000,000	1,000,000	2,000,000

감가상각비(상당액) 한도초과금액	손금불산입 합계	손금산입 합계
1,000,000	3,000,000	17,000,000

3 감가상각비(상당액) 한도초과금액 이월 명세

전기이월액	당기 감가상각비(상당액)한도초과액	감가상각비(상당액) 한도초과금액 누계	손금추인(산입)액	차기이월액
	1,000,000	1,000,000		1,000,000

☑ 세무조정 : 〈손금불산입〉 106차 업무미사용분 2,000,000 (상여 등)
　　　　　　　　　　　　 106차 감가상각비 한도초과액 1,000,000 (유보/발생)

07

코드	차량번호	차종	임차	보험(율)	운행기록	번호판	월수
0007	107허1234	제네시스	렌트	여(100%)	여	여	12

1 업무용 사용비율 및 업무용승용차 관련비용명세　(운행기록부 : 적용)

총주행거리	업무용사용거리	업무사용비율	취득가액	보유 또는 임차월수
10	10	100.0000		12

업무용승용차 관련비용

감가상각비	임차료(감가상각비포함)	감가상각비 상당액	유류비	보험료	수선비 등	합계
	20,000,000	14,000,000	10,000,000			30,000,000

＊임차료 중 감가상각비상당액 : 임차료(20,000,000) × 70% = 14,000,000원

2 업무용승용차 관련비용 손금불산입 계산

업무 사용금액			업무외 사용금액		
감가상각비(상당액)	관련비용	합계	감가상각비(상당액)	관련비용	합계
14,000,000	16,000,000	30,000,000			

감가상각비(상당액) 한도초과금액	손금불산입 합계	손금산입 합계
6,000,000	6,000,000	24,000,000

3 감가상각비(상당액) 한도초과금액 이월 명세

전기이월액	당기 감가상각비(상당액)한도초과액	감가상각비(상당액) 한도초과금액 누계	손금추인(산입)액	차기이월액
	6,000,000	6,000,000		6,000,000

☒ 세무조정 : 업무미사용분 없음
☑ 세무조정 : 〈손금불산입〉 107허 감가상각비상당액 한도초과액 6,000,000 (기타사외유출)

08

코드	차량번호	차종	임차	보험(율)	운행기록	번호판	월수
0008	108허1234	제네시스	렌트	여(100%)	여	여	12

1 업무용 사용비율 및 업무용승용차 관련비용명세 (운행기록부 : 적용)

총주행거리	업무용사용거리	업무사용비율	취득가액	보유 또는 임차월수
10	9	90.0000		12

업무용승용차 관련비용

감가상각비	임차료(감가상각비포함)	감가상각비 상당액	유류비	보험료	수선비 등	합계
	20,000,000	14,000,000	10,000,000			30,000,000

2 업무용승용차 관련비용 손금불산입 계산

업무 사용금액			업무외 사용금액		
감가상각비(상당액)	관련비용	합계	감가상각비(상당액)	관련비용	합계
12,600,000	14,400,000	27,000,000	1,400,000	1,600,000	3,000,000

감가상각비(상당액) 한도초과금액	손금불산입 합계	손금산입 합계
4,600,000	7,600,000	22,400,000

3 감가상각비(상당액) 한도초과금액 이월 명세

전기이월액	당기 감가상각비(상당액)한도초과액	감가상각비(상당액) 한도초과금액 누계	손금추인(산입)액	차기이월액
	4,600,000	4,600,000		4,600,000

☑ 세무조정 : 〈손금불산입〉 108허 업무미사용분 3,000,000 (상여 등)
　　　　　　　　　 108허 감가상각비상당액 한도초과액 4,600,000 (기타사외유출)

09

코드	차량번호	차종	임차	보험(율)	운행기록	번호판	월수
0009	109차1234	벤츠	자가	여(100%)	여	여	12

1 업무용 사용비율 및 업무용승용차 관련비용명세 (운행기록부 : 적용)

총주행거리	업무용사용거리	업무사용비율	취득가액	보유 또는 임차월수
10	10	100.0000	50,000,000	12

업무용승용차 관련비용						
감가상각비	임차료 (감가상각비포함)	감가상각비 상당액	유류비	보험료	수선비 등	합계
			10,000,000			10,000,000

② 업무용승용차 관련비용 손금불산입 계산					
업무 사용금액			업무외 사용금액		
감가상각비 (상당액)	관련비용	합계	감가상각비 (상당액)	관련비용	합계
	10,000,000	10,000,000			

감가상각비(상당액) 한도초과금액	손금불산입 합계	손금산입 합계
		10,000,000

③ 감가상각비(상당액) 한도초과금액 이월 명세 (×1년)

전기이월액	당기 감가상각비 (상당액)한도초과액	감가상각비(상당액) 한도초과금액 누계	손금추인(산입)액	차기이월액
10,000,000			8,000,000	2,000,000

☒ 세무조정 : 업무미사용분 없음
☑ 세무조정 : 〈손금산입〉 109차 감가상각비 손금추인액 8,000,000 (△유보/감소)

- 그 다음 사업연도 세무조정 -

③ 감가상각비(상당액) 한도초과금액 이월 명세 (×2년)

전기이월액	당기 감가상각비 (상당액)한도초과액	감가상각비(상당액) 한도초과금액 누계	손금추인(산입)액	차기이월액
2,000,000			2,000,000	

☑ 세무조정 : 〈손금산입〉 109차 감가상각비 손금추인액 2,000,000 (△유보/감소)

10

코드	차량번호	차종	임차	보험(율)	운행기록	번호판	월수
0010	110허1234	벤츠	렌트	여(100%)	여	여	12

① 업무용 사용비율 및 업무용승용차 관련비용명세					(운행기록부 : 적용)
총주행거리	업무용사용거리	업무사용비율	취득가액	보유 또는 임차월수	
10	10	100		12	

업무용승용차 관련비용						
감가상각비	임차료 (감가상각비포함)	감가상각비 상당액	유류비	보험료	수선비 등	합계
	10,000,000	7,000,000	10,000,000			20,000,000

2 업무용승용차 관련비용 손금불산입 계산

업무 사용금액			업무외 사용금액		
감가상각비 (상당액)	관련비용	합계	감가상각비 (상당액)	관련비용	합계
7,000,000	13,000,000	20,000,000			

감가상각비(상당액) 한도초과금액	손금불산입 합계	손금산입 합계
		20,000,000

3 감가상각비(상당액) 한도초과금액 이월 명세

전기이월액	당기 감가상각비 (상당액)한도초과액	감가상각비(상당액) 한도초과금액 누계	손금추인(산입)액	차기이월액
6,000,000		6,000,000	1,000,000	5,000,000

☒ 세무조정 : 업무미사용분 없음

☑ 세무조정 : 〈손금산입〉 110허 감가상각비상당액 손금추인액 1,000,000 (기타)

연/습/문/제 [실기]

01 다음 자료에 의하여 ㈜이공일(회사코드 : 1201)의 [업무용승용차등록]과 [업무용승용차 관련비용명세서]를 작성하고 관련 세무조정을 반영하시오.(6점)

2025년 2월 12일 대표이사(이한강) 전용 5인승 승용차(22조8518)를 ㈜대여캐피탈과 장기렌트계약을 체결하였다.

구 분	금 액	비 고
렌트료	? 원	매월 2,000,000원(부가가치세 포함) 세금계산서를 수령한다.
유류비	3,600,000원	
임차기간(보험기간)	2025.01.01. ~ 2028.12.31.	
거 리	• 전기이월 누적거리 : 18,500km • 출퇴근 외 업무거리 : 1,000km	• 출퇴근거리 : 5,000km • 당기 총주행거리 : 6,000km
운행기록부 작성여부	작성함	
기 타	코드 0001, 판매 관리부의 차량으로 등록할 것 업무전용보험 가입, 전용번호판 부착	

02 다음 자료를 이용하여 ㈜이공이(회사코드 : 1202)의 [업무용승용차 관련비용명세서]를 작성하고 관련된 세무조정을 [소득금액조정합계표]에 반영하시오.(6점)

코드/ 차량번호	〈101〉 12구2588 제네시스	〈103〉 35허1566 말리부
취득일	2024.07.01.	2025.01.01.
경비 구분	800번대/판관비	800번대/판관비
사용자 직책	대표이사	과장
임차기간	–	2025.01.01. ~ 2028.12.31.
업무전용자동차보험 가입 여부	가입	가입
보험기간	2024.07.01. ~ 2028.12.31.	2025.01.01. ~ 2028.12.31.
운행기록부 사용 여부	여	여
출퇴근 사용 여부	여	여
총 주행거리	25,000km	40,000km
업무 사용거리	22,500km	40,000km
취득가액	60,000,000원	–
감가상각비	12,000,000원	–
임차료(렌트료)	–	12,000,000원

유류비	5,000,000원	3,600,000원
보험료	1,500,000원	–
자동차세	780,000원	–
전용번호판 부착 여부	여	여

03 ㈜이공삼(회사코드 : 1203)의 법인차량에 대한 자료에 의하여 [업무용승용차등록]과 [업무용승용차 관련비용명세서]를 작성하고 관련 세무조정을 반영하시오. 해당 차량들은 모두 관리부서에서 업무용으로 사용 중이고, 임직원 전용보험가입과 차량운행일지 작성을 이행하였다. 당사는 부동산임대업을 주된 사업으로 하지 않는다.(6점)

[26노6635] 그랜져(자가) - 코드 : 331
- 취득일 : 2024년 10월 1일
- 취득가액 : 54,000,000원
- 감가상각비 : 8,700,000원
- 유류비 : 1,300,000원
- 보험료 : 1,200,000원(당기분)
- 자동차세 : 630,000원
- 보험기간 : 2024. 10. 1. ~ 2028. 9. 30.
- 총 주행거리 : 4,200km (업무용 사용거리 4,200km)
- 전용번호판 부착 및 출퇴근 사용

[12호4371] K5(운용리스) - 코드 : 530
- 취득일 : 2024년 5월 1일
- 월 리스료 : 600,000원(보험료, 자동차세, 수선유지비 미포함)
- 리스기간 : 2024. 5. 1. ~ 2028. 4. 30.
- 유류비 : 8,100,000원
- 보험료 : 720,000원(당기분)
- 자동차세 : 450,000원
- 수선유지비 : 100,000원
- 보험기간 : 2024. 5. 1. ~ 2028. 4. 30.
- 총 주행거리 : 21,000km (업무용 사용거리 19,950km)
- 전용번호판 부착 및 출퇴근 사용

04 다음 자료를 이용하여 ㈜이공사(회사코드 : 1204)의 [업무용승용차등록]과 [업무용승용차 관련비용명세서]를 작성하고 관련 세무조정을 반영하시오. 다만, 아래의 업무용승용차는 모두 임직원전용보험에 가입하였으며, 출퇴근용으로 사용하였으나 당기 차량운행일지를 작성하지는 않았다(전용번호판 부착).(6점)

(1) 운용리스계약기간 및 보험가입기간(계약기간과 보험가입기간은 같다)

구분	계약기간 (보험가입기간)	보증금	자산코드
BMW	2024.06.01. ~ 2028.06.01.	20,500,000원	0101
PORSCHE	2024.05.01. ~ 2028.05.01.	21,000,000원	0102

(2) 차종 및 기타자료

차종	차량번호	운용리스금액	감가상각비 상당액	유류비	차량 비용 총액
BMW	04소7777	20,000,000원	8,000,000원	5,000,000원	25,000,000원
PORSCHE	357우8888	18,000,000원	16,000,000원	2,000,000원	20,000,000원

KcLep 도우미

해설 1 _____ 1201

업무용승용차등록

❶ [업무용승용차등록] 메뉴에 위와 같이 입력한다.

업무용승용차 관련비용명세서

❷ 상단 툴바의 [F12새로 불러오기]를 클릭한다.

코드	차량번호	차종	임차	보험(율)	운행기록	번호판	월수
0001	22조8518	승용차	렌트	여(100%)	여	여	12

1 업무용 사용비율 및 업무용승용차 관련비용명세				(운행기록부 : 적용)	
총주행거리	업무용사용거리	업무사용비율	취득가액	보유 또는 임차월수	
6,000	6,000	100.0000		12	

업무용승용차 관련비용						
감가상각비	임차료 (감가상각비포함)	감가상각비 상당액	유류비	보험료	수선비 등	합계
	24,000,000	16,800,000	3,600,000			27,600,000

❸ [7]란 당기 총주행거리 6,000km을 입력하고, [8]란에 출퇴근거리와 출퇴근 외 업무거리를 합한 6,000km을 입력한다.

❹ [17]란에 연 임차료 24,000,000원을 입력하고, [19]란에 유류비를 입력한다. [18]란은 [17]란의 금액의 70%가 자동 반영된다.

2 업무용승용차 관련비용 손금불산입 계산

업무 사용금액			업무외 사용금액		
감가상각비 (상당액)	관련비용	합계	감가상각비 (상당액)	관련비용	합계
16,800,000	10,800,000	27,600,000			

감가상각비(상당액) 한도초과금액	손금불산입 합계	손금산입 합계
8,800,000	8,800,000	18,800,000

3 감가상각비(상당액) 한도초과금액 이월 명세

전기이월액	당기 감가상각비 (상당액)한도초과액	감가상각비(상당액) 한도초과금액 누계	손금추인(산입)액	차기이월액
	8,800,000	8,800,000		8,800,000

❺ F3 키(또는 상단 툴바의 F3 조정등록)을 이용하여 다음과 같이 세무조정 한다.
[익금산입 및 손금불산입] 감가상각비상당액 한도초과액 8,800,000원 (기타사외유출)

해설 2 _____ 1202

※ 업무용승용차등록

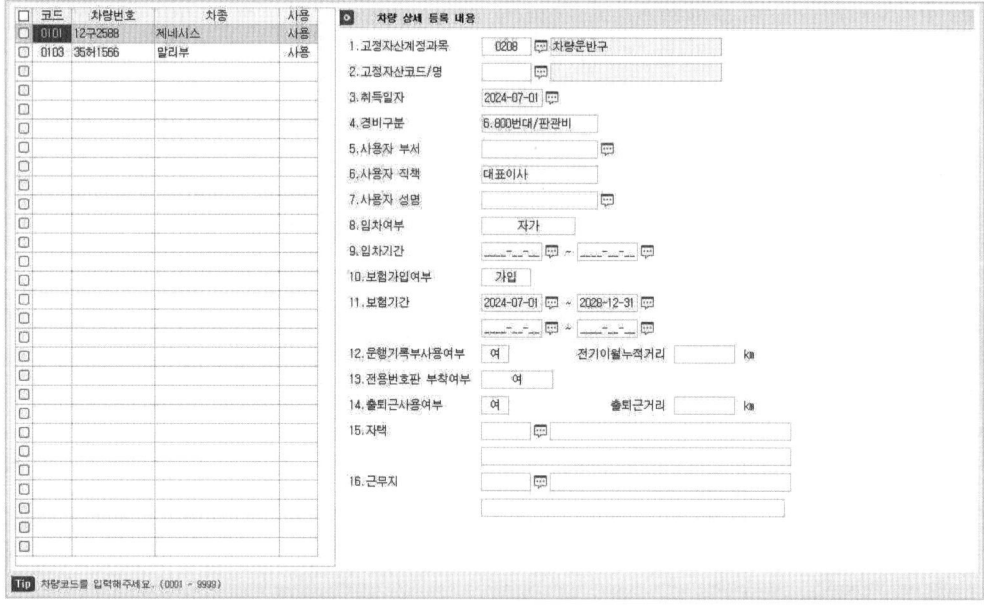

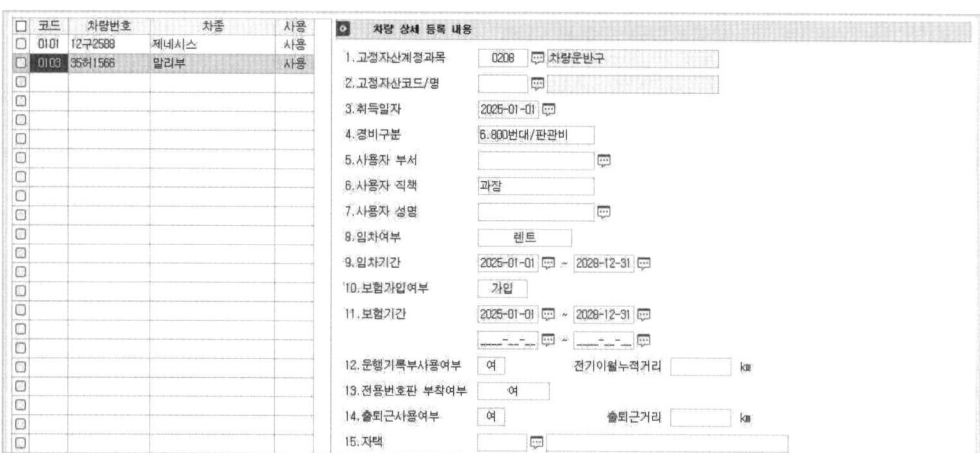

❶ [업무용승용차등록] 메뉴에 위와 같이 입력한다.

업무용승용차 관련비용명세서

❷ 상단 툴바의 [F12 새로 불러오기]를 클릭한다.

코드	차량번호	차종	임차	보험(율)	운행기록	번호판	월수
0101	12구2588	제네시스	자가	여(100%)	여	여	12

1 업무용 사용비율 및 업무용승용차 관련비용명세			(운행기록부 : 적용)		
총주행거리	업무용사용거리	업무사용비율	취득가액	보유 또는 임차월수	
25,000	22,500	90.0000	60,000,000	12	

업무용승용차 관련비용						
감가상각비	임차료 (감가상각비포함)	감가상각비 상당액	유류비	보험료	자동차세	합계
12,000,000			5,000,000	1,500,000	780,000	19,280,000

2 업무용승용차 관련비용 손금불산입 계산					
업무 사용금액			업무외 사용금액		
감가상각비 (상당액)	관련비용	합계	감가상각비 (상당액)	관련비용	합계
10,800,000	6,552,000	17,352,000	1,200,000	728,000	1,928,000

감가상각비(상당액) 한도초과금액	손금불산입 합계	손금산입 합계
2,800,000	4,728,000	14,552,000

3 감가상각비(상당액) 한도초과금액 이월 명세

전기이월액	당기 감가상각비 (상당액)한도초과액	감가상각비(상당액) 한도초과금액 누계	손금추인(산입)액	차기이월액
	2,800,000	2,800,000		2,800,000

❸ F3 키(또는 상단 툴바의 F3 조정등록)을 이용하여 다음과 같이 세무조정 한다.
 [익금산입 및 손금불산입] 업무미사용분 1,928,000원 (상여)
  감가상각비 한도초과액 2,800,000원 (유보/발생)

코드	차량번호	차종	임차	보험(율)	운행기록	번호판	월수
0103	35허1566	말리부	렌트	여(100%)	여	여	12

1 업무용 사용비율 및 업무용승용차 관련비용명세 (운행기록부 : 적용)

총주행거리	업무용사용거리	업무사용비율	취득가액	보유 또는 임차월수
40,000	40,000	100.0000		12

업무용승용차 관련비용

감가상각비	임차료 (감가상각비포함)	감가상각비 상당액	유류비	보험료	수선비 등	합계
	12,000,000	8,400,000	3,600,000			15,600,000

2 업무용승용차 관련비용 손금불산입 계산

업무 사용금액			업무외 사용금액		
감가상각비 (상당액)	관련비용	합계	감가상각비 (상당액)	관련비용	합계
8,400,000	7,200,000	15,600,000			

감가상각비(상당액) 한도초과금액	손금불산입 합계	손금산입 합계
400,000	400,000	15,200,000

3 감가상각비(상당액) 한도초과금액 이월 명세

전기이월액	당기 감가상각비 (상당액)한도초과액	감가상각비(상당액) 한도초과금액 누계	손금추인(산입)액	차기이월액
	400,000	400,000		400,000

❹ F3 키(또는 상단 툴바의 F3 조정등록)을 이용하여 다음과 같이 세무조정 한다.
 [익금산입 및 손금불산입] 감가상각비상당액 한도초과액 400,000원 (기타사외유출)

해설 3 _____ 1203

업무용승용차등록

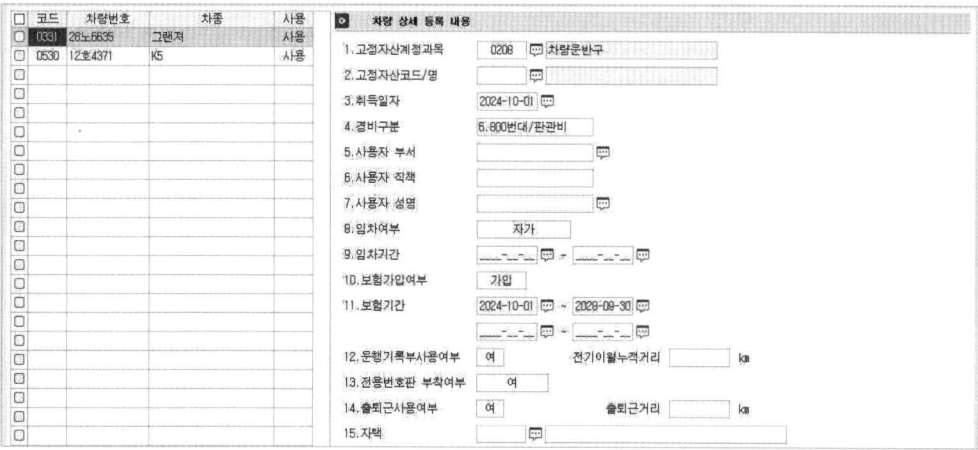

❶ [업무용승용차등록] 메뉴에 위와 같이 입력한다.

업무용승용차 관련비용명세서

❷ 상단 툴바의 [F12 새로 불러오기▼]를 클릭한다.

코드	차량번호	차종	임차	보험(율)	운행기록	번호판	월수
0331	26노6635	그랜져	자가	여(100%)	여	여	12

1 업무용 사용비율 및 업무용승용차 관련비용명세			(운행기록부 : 적용)	
총주행거리	업무용사용거리	업무사용비율	취득가액	보유 또는 임차월수
4,200	4,200	100.0000	54,000,000	12

업무용승용차 관련비용							
감가상각비	임차료 (감가상각비포함)	감가상각비 상당액	유류비	보험료		자동차세	합계
8,700,000			1,300,000	1,200,000		630,000	11,830,000

2 업무용승용차 관련비용 손금불산입 계산

업무 사용금액			업무외 사용금액		
감가상각비 (상당액)	관련비용	합계	감가상각비 (상당액)	관련비용	합계
8,700,000	3,130,000	11,830,000			

감가상각비(상당액) 한도초과금액	손금불산입 합계	손금산입 합계
700,000	700,000	11,130,000

3 감가상각비(상당액) 한도초과금액 이월 명세

전기이월액	당기 감가상각비 (상당액)한도초과액	감가상각비(상당액) 한도초과금액 누계	손금추인(산입)액	차기이월액
	700,000	700,000		700,000

❸ F3 키(또는 상단 툴바의 F3 조정등록)을 이용하여 다음과 같이 세무조정 한다.

[익금산입 및 손금불산입] 감가상각비 한도초과액 700,000원 (유보/발생)

코드	차량번호	차종	임차	보험(율)	운행기록	번호판	월수
0530	12호4371	K5	리스	여(100%)	여	여	12

1 업무용 사용비율 및 업무용승용차 관련비용명세   (운행기록부 : 적용)

총주행거리	업무용사용거리	업무사용비율	취득가액	보유 또는 임차월수
21,000	19,950	95.0000		12

업무용승용차 관련비용							
감가상각비	임차료 (감가상각비포함)	감가상각비 상당액	유류비	보험료	수선비	자동차세	합계
	7,200,000	7,200,000	8,100,000	720,000	100,000	450,000	16,570,000

*임차료 : 월 리스료 × 12개월 = 7,200,000원

*「여신전문금융업법」에 따라 등록한 시설대여업자로부터 임차한 승용차의 임차료 중 감가상각비 상당액은 (임차료 - 해당 임차료에 포함되어 있는 보험료·자동차세·수선유지비)이다.

2 업무용승용차 관련비용 손금불산입 계산

업무 사용금액			업무외 사용금액		
감가상각비(상당액)	관련비용	합계	감가상각비(상당액)	관련비용	합계
6,840,000	8,901,500	15,741,500	360,000	468,500	828,500

감가상각비(상당액) 한도초과금액	손금불산입 합계	손금산입 합계
	828,500	15,741,500

3 감가상각비(상당액) 한도초과금액 이월 명세

전기이월액	당기 감가상각비(상당액)한도초과액	감가상각비(상당액) 한도초과금액 누계	손금추인(산입)액	차기이월액

❸ F3 키(또는 상단 툴바의 F3 조정등록)을 이용하여 다음과 같이 세무조정 한다.
[익금산입 및 손금불산입] 업무미사용분 828,500원 (상여)

해설 4   1204

※ 업무용승용차등록

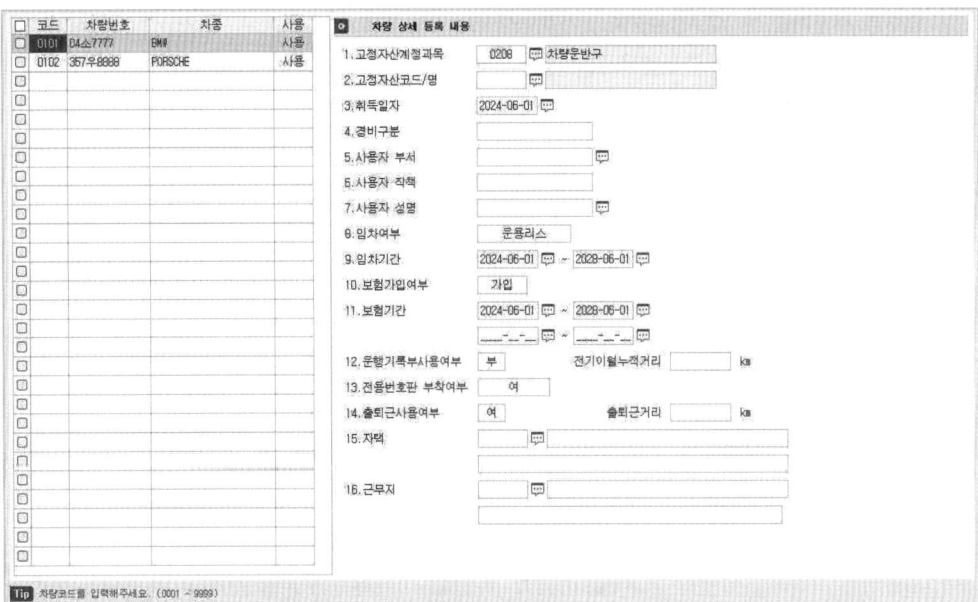

❶ [업무용승용차등록] 메뉴에 위와 같이 입력한다.

업무용승용차 관련비용명세서

❷ 상단 툴바의 [F12 새로 불러오기 ▼] 를 클릭한다.

코드	차량번호	차종	임차	보험(율)	운행기록	번호판	월수
0101	04소7777	BMW	리스	여(100%)	부	여	12

1 업무용 사용비율 및 업무용승용차 관련비용명세				(운행기록부 : 적용)	
총주행거리	업무용사용거리	업무사용비율	취득가액	보유 또는 임차월수	
		60.0000		12	

업무용승용차 관련비용						
감가상각비	임차료 (감가상각비포함)	감가상각비 상당액	유류비	보험료	자동차세	합계
	20,000,000	18,000,000	5,000,000			25,000,000

2 업무용승용차 관련비용 손금불산입 계산					
업무 사용금액			업무외 사용금액		
감가상각비 (상당액)	관련비용	합계	감가상각비 (상당액)	관련비용	합계
10,800,000	4,200,000	15,000,000	7,200,000	2,800,000	10,000,000

감가상각비(상당액) 한도초과금액	손금불산입 합계	손금산입 합계
2,800,000	12,800,000	12,200,000

3 감가상각비(상당액) 한도초과금액 이월 명세

전기이월액	당기 감가상각비 (상당액)한도초과액	감가상각비(상당액) 한도초과금액 누계	손금추인(산입)액	차기이월액
	2,800,000	2,800,000		2,800,000

❸ F3 키(또는 상단 툴바의 [F3 조정등록])을 이용하여 다음과 같이 세무조정 한다.

[익금산입 및 손금불산입] 업무미사용분 10,000,000원 (상여)
　　　　　　　　　　　 감가상각비상당액 한도초과액 2,800,000원 (기타사외유출)

코드	차량번호	차종	임차	보험(율)	운행기록	번호판	월수
0102	257우8888	PORSCHE	리스	여(100%)	부	여	12

1 업무용 사용비율 및 업무용승용차 관련비용명세 　(운행기록부 : 적용)

총주행거리	업무용사용거리	업무사용비율	취득가액	보유 또는 임차월수
		75.0000		12

업무용승용차 관련비용

감가상각비	임차료 (감가상각비포함)	감가상각비 상당액	유류비	보험료	자동차세	합계
	18,000,000	16,000,000	2,000,000			20,000,000

2 업무용승용차 관련비용 손금불산입 계산

업무 사용금액			업무외 사용금액		
감가상각비 (상당액)	관련비용	합계	감가상각비 (상당액)	관련비용	합계
12,000,000	3,000,000	15,000,000	4,000,000	1,000,000	5,000,000

감가상각비(상당액) 한도초과금액	손금불산입 합계	손금산입 합계
4,000,000	9,000,000	11,000,000

3 감가상각비(상당액) 한도초과금액 이월 명세

전기이월액	당기 감가상각비 (상당액)한도초과액	감가상각비(상당액) 한도초과금액 누계	손금추인(산입)액	차기이월액
	4,000,000	4,000,000		4,000,000

❹ F3 키(또는 상단 툴바의 [F3 조정등록])을 이용하여 다음과 같이 세무조정 한다.

[익금산입 및 손금불산입] 업무미사용분 5,000,000원 (상여)
　　　　　　　　　　　 감가상각비상당액 한도초과액 4,000,000원 (기타사외유출)

또는 합쳐서

[익금산입 및 손금불산입] 업무미사용분 15,000,000원 (상여)
　　　　　　　　　　　 감가상각비상당액 한도초과액 6,800,000원 (기타사외유출)

제5절 업무용승용차 손금불산입 등 특례(ⅱ)

1. 업무용승용차 처분손실의 손금불산입

업무용승용차를 처분하여 발생하는 손실 중 다음의 한도초과액은 손금에 산입하지 않고, 이월 손금산입 방법에 따라 이월하여 손금에 산입한다.

> 업무용승용차 처분손실 - 800만원 = (+)한도초과액
> ☑ 세무조정 〈손금불산입〉 업무용승용차 처분손실 한도초과액 (기타사외유출)

2. 업무용승용차 처분손실의 이월 손금산입방법

업무용승용차 처분손실 한도초과액은 해당 사업연도의 다음 사업연도부터 800만원을 균등하게 손금에 산입하되, 남은 금액이 800만원 미만인 사업연도에는 남은 금액을 모두 손금에 산입한다.

> 다음 사업연도부터 손금산입액 = Min (①, ②)
> ┌① 전기 이전 처분손실 한도초과액 중 잔액
> └② 800만원
> ☑ 세무조정 〈손금산입〉 업무용승용차 처분손실이월분 (기타)

예제5 다음의 업무용승용차 관련 자료에 의하여 ×1년, ×2년, ×3년의 세무조정을 하시오 (업무전용자동차 보험에 가입).

구 분	×1년	×2년	비고
차량번호	110차1234		동 차량은 ×2년 12월 31일에 20,000,000원(양도금액)에 처분하였다. ×2년말 감가상각누계액은 20,000,000원이며, 감가상각한도초과금액 전기이월액은 2,000,000원이 있다.
차종	제네시스		
취득일자	×1-01-01		
임차여부	자가		
보험기간(임차기간)	전체기간	전체기간	
운행기록부사용	여	여	
전용번호판 부착	여	여	
총주행거리(km)	10	10	
업무용사용거리(km)	10	10	
취득가액	50,000,000원	50,000,000원	

업무용승용차관련비용	10,000,000원	10,000,000원
└ ① 감가상각비	10,000,000원	10,000,000원
└ ② 유류비 등	10,000,000원	10,000,000원

[해설] 업무용승용차 관련비용 − (업무용승용차 관련비용×업무사용비율) = 업무외사용금액
(업무용승용차별 감가상각비 × 업무사용비율) − 800만원 = (+)감가상각비 한도초과액
양도금액 − 세무상 장부가액 = (−)업무용승용차 처분손실
업무용승용차 처분손실 − 800만원 = (+)처분손실 한도초과액

(1) ×1년 세무조정
- ┌ 감가상각비 : 10,000,000 − (10,000,000×100%) = 0원
  └ 관련비용 : 10,000,000 − (10,000,000×100%) = 0원
  *업무사용비율(운행기록부 적용) : 업무사용거리(10) ÷ 총주행거리(10) = 100%
  ☒ 세무조정 : 업무미사용분 없음
- 감가상각비 : (10,000,000×100%) − 800만원 = 2,000,000원
  ☑ 세무조정 : 〈손금불산입〉 감가상각비 한도초과액 2,000,000 (유보/발생)

(2) ×2년 세무조정
- ┌ 감가상각비 : 10,000,000 − (10,000,000×100%) = 0원
  └ 관련비용 : 10,000,000 − (10,000,000×100%) = 0원
  ☒ 세무조정 : 업무미사용분 없음
- 감가상각비 : (10,000,000×100%) − 800만원 = 2,000,000원
  ☑ 세무조정 : 〈손금불산입〉 감가상각비 한도초과액 2,000,000 (유보/발생)
- 양도금액 − 세무상 장부가액 = (−)처분손실
  20,000,000 − {(50,000,000 − 20,000,000 + 4,000,000)} = −14,000,000원(처분손실)
- 처분손실(14,000,000) − 800만원 = 6,000,000원(처분손실 한도초과액)
  ☑ 세무조정 : 〈손금불산입〉 처분손실 한도초과액 6,000,000 (기타사외유출)
  ☑ 세무조정 : 〈손금산입〉 감가상각비한도초과 차기이월액 양도분 4,000,000 (△유보/감소)
  *감가상각비 한도초과액으로 손금불산입(유보/발생) 소득처분된 금액이 있는 자산이 처분되는 경우에는 반대의 세무조정인 손금산입(△유보/감소)로 정리해야 한다.

(3) ×3년 세무조정
- 처분손실 이월분 손금산입액 : Min (①, ②) = 6,000,000원
  ┌ 처분손실 한도초과액 중 잔액 : 6,000,000원
  └ 한도액 : 8,000,000원
  ☑ 세무조정 : 〈손금산입〉 업무용승용차 처분손실이월분 6,000,000 (기타)

제6절 업무용승용차 관련비용 명세서(ⅱ)

KcLep 길라잡이

• [과목별세무조정]>[업무용승용차관련비용명세서]를 선택하면 다음과 같은 화면이 나타난다.

▶ 코드 / 차량번호 / 차종 / 임차 / 보험(율) / 운행기록 / 번호판 / 월수

상단 툴바의 [F12새로 불러오기▼]를 클릭하면 [기초정보관리]>[업무용승용차등록]에 입력된 자료가 자동 반영된다.

4. 업무용승용차 처분손실 및 한도초과금액 손금불산입액 계산

4 업무용 승용차 처분 손실 및 한도초과금액 손금불산입액 계산				(50) 세무상 장부가액			(55) 처분손실 ((49)-(54)<0)	(56) 당기손금산입액	(57) 한도초과금액 손금불산입 ((55)-(56))
(49) 양도가액	(51) 취득가액	(52) 감가상각비 누계액	(53) 감가상각비한도초과금액 차기이월액(=(46))	(54) 합계 ((51)-(52)+(53))					

(49) 양도가액

업무용승용차의 양도가액을 입력한다.

(50) 세무상 장부가액

└ (51) 취득가액

업무용승용차의 취득가액을 입력한다.

└ (52) 감가상각비누계액

「법인세법」 제23조 및 제27조의2제1항에 따른 상각범위액까지 손금에 산입한 감가상각비 누계액을 입력한다.

└ (53) 감가상각비한도초과금액 차기이월액(=(46))

감가상각비한도초과로 이월된 금액으로 [㊻]란의 금액이 자동 반영된다.

└ (54) 합계((51)-(52)+(53))

업무용승용차의 세무상 장부가액을 의미한다.

(55) 처분손실((49)-(54) < 0)

업무용승용차의 처분손실이 발생한 경우에만 자동 반영된다.

(56) 당기손금산입액

[(55)처분손실]란의 금액 중 800만원 이하인 금액이 자동 반영된다.

(57) 한도초과금액 손금불산입((55)-(56))

[(55)]란의 금액이 [(56)]란의 금액을 초과하는 금액이 자동 반영된다. 동 금액은 처분손실한도초과액으로 손금불산입(기타사외유출)로 소득처분 한다.

5th ◦ ◦ 5. 업무용승용차 처분손실 및 한도초과금액 이월명세

5 업무용 승용차 처분 손실 한도초과금액 이월 명세			
(61) 처분일	(62) 전기이월액	(63) 손금산입액	(64) 차기이월액((62)-(63))
----.--.--			

(61) 처분일

업무용승용차의 처분일자를 입력한다.

(62) 전기이월액

전기에 처분손실이 발생한 경우 전기 본 명세서상의 [(57)한도초과금액 손금불산입]란의 금액을 입력한다. 그 다음연도에는 전기 본명세서상의 [(64)차기이월액]란의 금액을 입력한다.

(63) 손금산입액

[(62)전기이월액]란의 금액 중 800만원을 한도로 손금에 산입할 금액을 입력한다. 동 금액은 손금산입(기타)로 소득처분 한다.

 KcLep 따라하기

 다음 자료에 의하여 ㈜세희(회사코드 : 1003)의 [업무용승용차등록] 및 [업무용 승용차 관련비용명세서] 메뉴를 작성하고 관련 세무조정을 하시오(모두 업무용 자동차보험에 가입).

[자료1] 업무용승용차

코드	차량번호	차종	취득일자	경비구분	임차구분
11	111차1234	제네시스	2024-01-01	800번대/판관비	자가

① [4.경비구분]란은 "800번대/판관비"로 입력한다.
② 보험기간은 "2024-01-01"부터 "2028-12-31"로 한다.
③ 운행기록부 사용, 전용번호판 부착, 출퇴근사용으로 입력한다.

[자료2] 당기 자료

총주행거리	업무용 사용거리	취득가액	감가상각비	유류비
10km	10km	50,000,000원	10,000,000원	10,000,000원

① 동 차량은 당기 12월 31일에 20,000,000원(양도금액)에 처분하였다.
② 당기말 감가상각누계액은 20,000,000원이며, 감가상각비한도초과금액 전기이월액은 2,000,000원이 있다.

업무용승용차등록

❶ [기초정보관리]>[업무용승용차등록]에서 다음과 같이 입력한다.

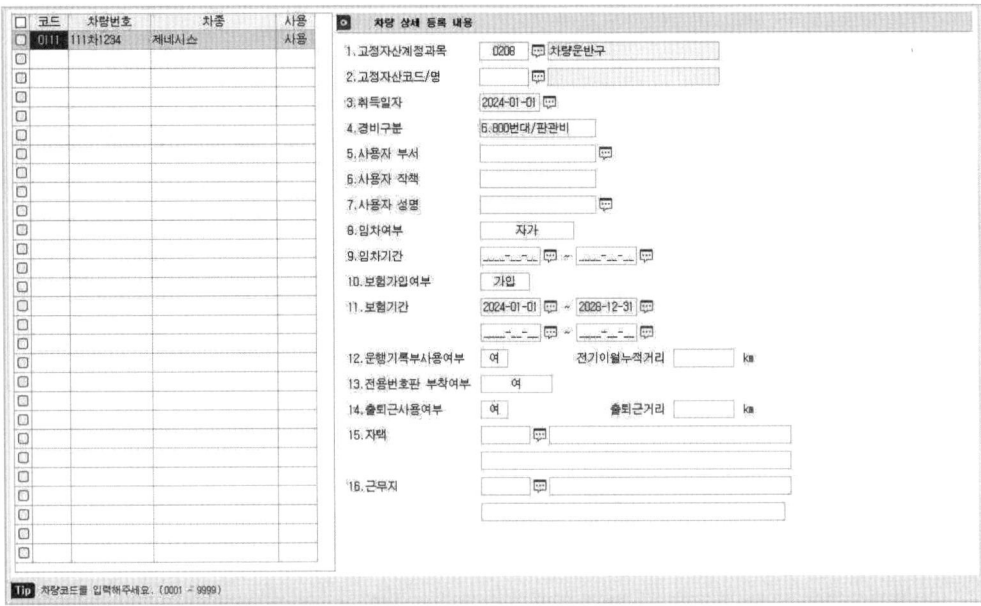

업무용승용차 관련비용명세서

[과목별세무조정]>[업무용승용차 관련비용명세서]에서 상단 툴바의 [F12 새로 불러오기]를 클릭하면 [기초정보관리]>[업무용승용차등록]에 입력된 자료가 자동 반영된다.

코드	차량번호	차종	임차	보험(율)	운행기록	번호판	월수
0011	111차1234	제네시스	자가	여(100%)	여	여	12

1 업무용 사용비율 및 업무용승용차 관련비용명세				(운행기록부 : 적용)	
총주행거리	업무용사용거리	업무사용비율	취득가액	보유 또는 임차월수	
10	10	100	50,000,000	12	

업무용승용차 관련비용						
감가상각비	임차료 (감가상각비포함)	감가상각비 상당액	유류비	보험료	수선비 등	합계
10,000,000			10,000,000			20,000,000

2 업무용승용차 관련비용 손금불산입 계산

업무 사용금액			업무외 사용금액		
감가상각비(상당액)	관련비용	합계	감가상각비(상당액)	관련비용	합계
10,000,000	10,000,000	20,000,000			

감가상각비(상당액) 한도초과금액	손금불산입 합계	손금산입 합계
2,000,000	2,000,000	18,000,000

☒ 세무조정 : 업무미사용분 없음
☑ 세무조정 : 〈손금불산입〉 감가상각비 한도초과액 2,000,000 (유보/발생)

3 감가상각비(상당액) 한도초과금액 이월 명세

전기이월액	당기 감가상각비(상당액)한도초과액	감가상각비(상당액) 한도초과금액 누계	손금추인(산입)액	차기이월액
2,000,000	2,000,000	4,000,000		4,000,000

4 업무용승용차 처분손실 및 한도초과금액 손금불산입액 계산

양도가액	세무상 장부가액				처분손실	당기손금산입액	한도초과금액 손금불산입
	취득가액	감가상각비 누계액	감가상각비한도초과금액 차기이월액	합계			
20,000,000	50,000,000	20,000,000	4,000,000	34,000,000	14,000,000	8,000,000	6,000,000

☑ 세무조정 : 〈손금불산입〉 처분손실 한도초과액 6,000,000 (기타사외유출)
☑ 세무조정 : 〈손금산입〉 감가상각비한도초과 차기이월액 양도분 4,000,000 (△유보/감소)
* 감가상각비 한도초과액으로 손금불산입(유보/발생) 소득처분된 금액이 있는 자산이 처분되는 경우에는 반대의 세무조정인 손금산입(△유보/감소)로 정리해야 한다.

- 그 후의 세무조정 -

5 업무용 승용차 처분손실 한도초과금액 이월명세

처분일	전기이월액	손금산입액	차기이월액
2025-12-31	6,000,000	6,000,000	

☑ 세무조정 : 〈손금산입〉 업무용승용차 처분손실이월분 6,000,000 (기타)

- **편 저 자** 최남규

- **주 요 약 력** 광주고등학교 졸업
  조선대학교 경영학과 졸업
  홍익대학교 세무대학원 졸업
  前 세무사 오기현 사무소
  　㈜더존디지털웨어 강남지점 세무회계팀
  　㈜더존디지털웨어 강사
  　신구대학 세무회계과 겸임교수
  現 ㈜유비온 금융교육팀 교수

- **출 간 목 록** 최대리 전산회계 2급(실기+필기)　　（도서출판 最大利)
  최대리 전산회계 1급(실기+필기)　　（도서출판 最大利)
  최대리 전산회계 1급(기출문제)　　　（도서출판 最大利)
  최대리 전산세무 2급(실기+필기)　　（도서출판 最大利)
  최대리 전산세무 2급(기출문제)　　　（도서출판 最大利)
  최대리 전산세무 1급(실기+필기)　　（도서출판 最大利)

- **네이버 카페** http://cafe.naver.com/choidairi (최대리 전산회계)
- **온라인 강좌** http://www.wowpass.com (와우패스)
- **홈 페 이 지** http://www.choidairi.co.kr
- **문 의 전 화** (031) 942-4596　　　FAX : (031) 943-4598

최대리 전산세무1급 (법인조정)

2006년 8월 28일 초판 1쇄 펴냄	편저자　최남규
2025년 8월 25일 16판 1쇄 펴냄	발행인　최남규
	발행처　도서출판 최대리
저자와의 합의하에 인지를 생략함	반송처　경기도 일산동구 장항동 856-2 파크프라자 903호
	등　록　2005.4.1(등록번호 제313-2005-60호)
	학습문의　http : //cafe.naver.com/choidairi

ISBN 979-11-94230-04-5　13320　　　　　　　　　정가 30,000원

본서의 독창적인 부분에 대한 무단 인용·전재·복제를 금지 책에 실려 있는 내용은 모두 저자에게 저작권이 있습니다. 저자의 서면 허락 없이 이 책의 내용의 일부 또는 전부를 무단 인용·전재·복제하면 저작권 침해로서 5년 이하의 징역 또는 5천만원 이하의 벌금에 처하거나 이를 병과할 수 있습니다.